Das Ravensburger
LEXIKON DER ERDE
Die Länder der Welt

Die Freitagsmoschee in Mopti, Mali

Chinesischer Junge, der die Kalligrafie beherrscht

Straßenszene in Tokio, der Hauptstadt Japans

Schwarzer Pfeffer und getrocknete Pfefferkörner von den Inseln des Pazifik

Hütten des Volks der Tswana in Botsuana

Aymará-Indianer – Bewohner der Hochebenen Boliviens

Das Altiplano, eine vom Wind gepeitschte Hochebene in Bolivien

Verschiedene Früchte auf einem Feld in Italien

Wein und Käse aus Deutschland

Ein Stück Kupfer aus Namibia

Markttag im Schweizer Ort Lausanne

GROSS-BRITANNIEN PHILIPPINEN ARGENTINIEN NEUSEELAND KANADA BRUNEI PARAGUAY KASACHSTAN BAHAMAS SUDAN USA

JAPAN CHINA

Das Ravensburger LEXIKON DER ERDE Die Länder der Welt

BHUTAN RUSSISCHE FÖDERATION

ITALIEN VENEZUELA

SCHWEDEN PANAMA

GHANA PORTUGAL

CÔTE D'IVOIRE BELGIEN

BRASILIEN KENIA

MEXIKO SPANIEN

NORWEGEN IRAK

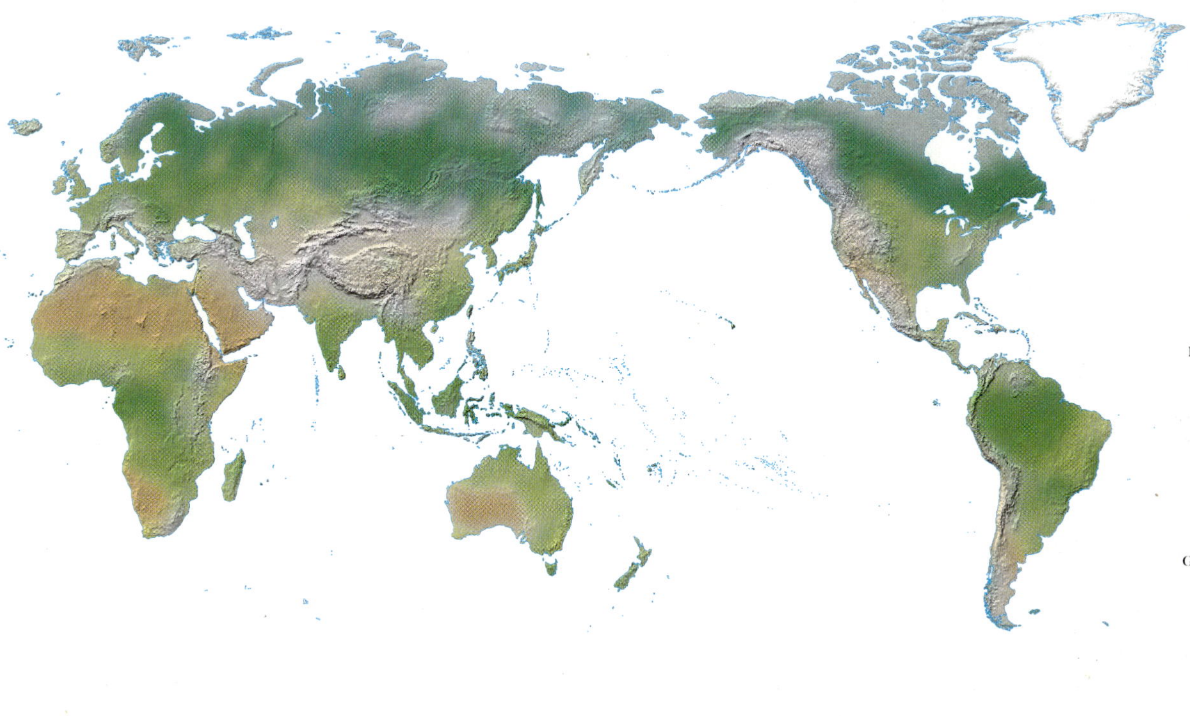

INDIEN CHILE

SAUDI-ARABIEN NIEDERLANDE

DEUTSCHLAND JAMAIKA

FRANKREICH GRIECHENLAND

SÜDAFRIKA INDONESIEN

SENEGAL THAILAND

Ravensburger Buchverlag

AUSTRALIEN ASERBAIDSCHAN TUVALU KIRIBATI MALAYSIA MONGOLEI

Ein Dorling Kindersley Buch

Grafik: Rachael Foster, unter Mitarbeit von Miranda Kennedy, Marcus James, Tina Robinson und Jane Tetzlaff

Redaktion: Susan Peach, unter Mitarbeit von Sophie Mitchell, Marie Greenwood, Fran Jones und Veronica Pennycook

Kartografie: Jan Clark, Robin Giddings

Bildredaktion: Rachel Leach
Bildrecherche: Robert Graham

Spezialfotografie: Andy Crawford

Herstellung: Catherine Semark, Louise Barratt

Beratung: Dr. David Green, unter Mitarbeit von Dr. Kathy Baker, Prof. Mark Blacksell, Dr. Tanya Bowyer-Bower, Dr. Robert Bradnock, Dr. Edward Brown, Dr. Brian Chalkley, Prof. Roman Cybriwsky, Prof. Dennis Dwyer, Prof. Alan Gilbert, St. John Gould, Prof. Ian Hamilton, Robert Headland, Dr. Michael Heffernan, Prof. Eleanore Kofman, Keith Lye, Prof. Robert Mason, Prof. Bill Mead, Prof. William Morgan, Susan Murrell, Jenny Nemko, Dr. Rewi Newnham, Prof. Robert Potter, Dr. Jonathan Rigg, Dr. David Simon, Dr. David Turnock, John Wright und Nicholas Awde, Dr. Ted Yates

Autoren: Simon Adams, Anita Ganeri, Ann Kay
Weitere Texte von: Ann Kramer, Claire Watts

Deutsche Ausgabe: topic Verlag GmbH, Redaktions- und Herstellungsservice für Buch- und Presseverlage, Karlsfeld bei München
Redaktion: Ursula Huber
Fachliche Beratung: Werner Horwath

Die Deutsche Bibliothek – CIP-Einheitsaufnahme

Das **Ravensburger Lexikon der Erde** : die Länder der Welt ; [ein Dorling-Kindersley-Buch] / [Grafik: Rachael Foster, unter Mitarb. von Miranda Kennedy ... Red.: Susan Peach, unter Mitarb. von Sophie Mitchell ... Autoren: Simon Adams ... Weitere Texte von: Ann Kramer ; Claire Watts]. – Ravensburg : Ravensburger Buchverl., 1997
Einheitssacht.: The Dorling Kindersley geography of the world <dt.> ISBN 3-473-35466-X

Umschlaggestaltung: Dirk Lieb

Titel der Originalausgabe:
The Dorling Kindersley Geography Of The World

Printed in Germany
ISBN 3-473-35466-X

INHALT

HINWEISE ZUR BENUTZUNG

Das »Ravensburger Lexikon der Erde« gibt einen umfassenden Überblick über alle Länder unserer Erde. Damit sich jeder schnell zurechtfindet, erklären wir auf diesen beiden Seiten den Aufbau des Buchs. Das Lexikon ist in sechs große Kapitel unterteilt, die je einen Kontinent behandeln: Nordamerika, Mittel- und Südamerika, Europa, Asien, Afrika und Australien mit Ozeanien. Am Anfang dieser Kapitel zeigt eine Karte den gesamten Kontinent, danach folgt Wissenswertes zur Bevölkerung und zu anderen Themen, die den Kontinent betreffen. Auf den nächsten Seiten schließen sich Artikel zu den einzelnen Staaten bzw. Staatengruppen dieses Kontinents an, begleitet von einer eigenen Karte. Diese enthält die bedeutendsten Städte und geografischen Merkmale, z. B. Gebirgszüge, Wüsten, Hochebenen, Flüsse und Seen. Am Ende des Lexikons werden die wichtigsten Fachbegriffe erklärt. Außerdem helfen ein ausführliches Register und ein Stichwortverzeichnis Begriffe und Namen im Text und auf den Karten wiederzufinden.

LÄNDERSEITEN
Auf den Länderseiten, wie hier über Japan, finden sich viele wichtige Informationen. Sie enthalten Wissenswertes über die Menschen, ihre Sitten und Bräuche, über Politik, Wirtschaft und vieles mehr. In gleicher Weise werden alle Länder der Erde abgehandelt.

FARBRAHMEN
Um alle Länderseiten eines Kontinents haben wir einen Rahmen in einer bestimmten Farbe gezogen. So lassen sich die Länder den Kontinenten leicht zuordnen.

KOLUMNE
Oben auf jeder Seite des Buchs benennt eine Kolumne den Erdteil und das auf der jeweiligen Seite dargestellte Land.

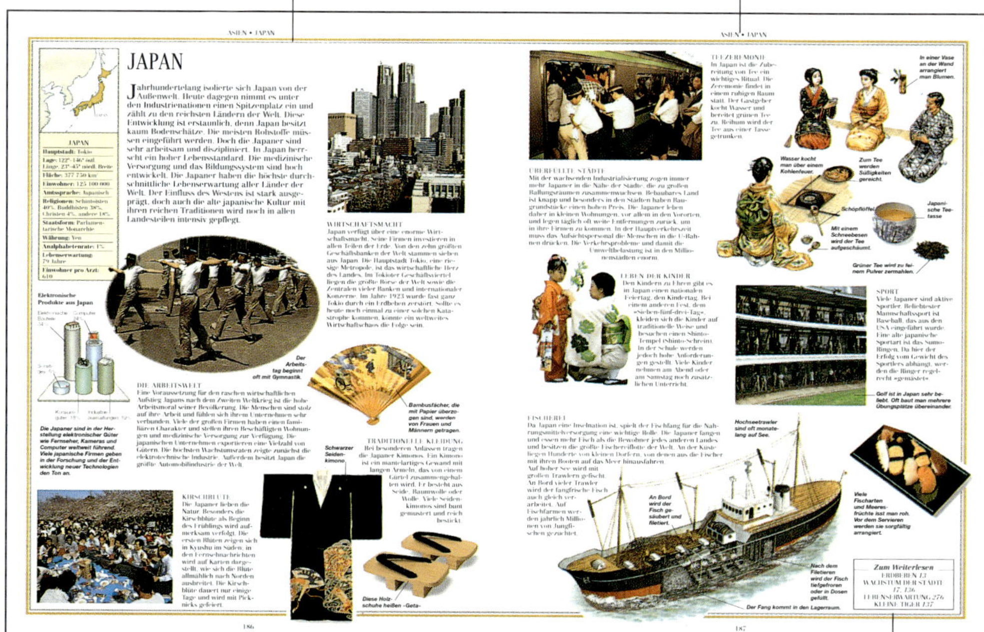

KASTEN MIT FAKTEN
Zu jedem Land gibt es einen Kasten mit den wichtigsten statistischen Angaben, wie z. B. Landesfläche, Hauptstadt und Währung. Unten werden die weiteren Rubriken in diesem Kasten genauer erläutert.

Positionskarte
Sie zeigt die Lage des Landes zu seinen Nachbarn. Aus dieser Karte geht z. B. hervor, dass Japan vor der Küste des asiatischen Festlandes liegt.

JAPAN
Hauptstadt: Tokio
Lage: 122°–146° östl. Länge, 23°–45° nördl. Breite
Fläche: 377 750 km²
Einwohner: 125 100 000
Amtssprache: Japanisch
Religionen: Schintoisten 40%, Buddhisten 38%, Christen 4%, andere 18%
Staatsform: Parlamentarische Monarchie
Währung: Yen
Analphabetenrate: 1%
Lebenserwartung: 79 Jahre
Einwohner pro Arzt: 610

Religionen
Die Zahlen geben einen Überblick darüber, welchen Religionen die Bewohner angehören. Näheres zu den wichtigsten Religionen findet man auf den Seiten 274–275.

Staatsform
Aus dieser Angabe lässt sich entnehmen, wie das Land regiert wird. Näheres zu den wichtigsten Staatsformen steht auf den Seiten 270–271.

Analphabetenrate
Hier erhält man Auskunft darüber, wie viel Prozent der Bewohner des Landes weder lesen noch schreiben können. Auf Schulwesen und Bildungsniveau wird auf Seite 277 genauer eingegangen.

Einwohner pro Arzt
Hier lässt sich ablesen, für wie viele Personen theoretisch ein Arzt zur Verfügung steht. Ausführliche Informationen dazu finden sich auf Seite 276.

Lebenserwartung
Diese Zahl gibt an, welches Alter die Bewohner des Landes im Durchschnitt erreichen. Es handelt sich dabei um einen Mittelwert aus den Zahlen für Männer und für Frauen. Näheres zur Lebenserwartung steht auf Seite 276.

Abkürzungen, die im Buch verwendet werden:

m	Meter
km	Kilometer
km²	Quadratkilometer
cm	Zentimeter
mm	Millimeter
km/h	Stundenkilometer
°C	Grad Celsius
t	Tonne
l	Liter
Mio.	Million
Mrd.	Milliarde
Jh.	Jahrhundert
Jt.	Jahrtausend
v. Chr.	vor Christus
n. Chr.	nach Christus
bzw.	beziehungsweise
d. h.	das heißt
usw.	und so weiter
z. B.	zum Beispiel
u. a.	unter anderem

Zum Weiterlesen
ERDBEBEN *13*
WACHSTUM DER STÄDTE *17, 136*
LEBENSERWARTUNG *276*
KLEINE TIGER *137*

VERWEISKÄSTEN
Am Ende jedes Länderartikels findet sich ein Kasten mit der Überschrift »Zum Weiterlesen«. Dieser Kasten verweist auf andere Seiten des Lexikons, auf denen man sich zu verwandten Themen informieren kann. Im Artikel über Japan wird z. B. erwähnt, dass sich hier jährlich Hunderte von Erdbeben ereignen. Mehr über Erdbeben erfährt man auf Seite 13.

KARTENSEITEN

Jedes Land erscheint auf einer physischen Großraumkarte, wie hier z. B. vom südlichen Afrika. Diese Karten enthalten geografische Informationen wie Berge, Flüsse, Seen und Wüsten sowie die wichtigsten Städte des Landes. Die Liste ganz rechts zeigt die Signaturen, die auf den Karten verwendet werden, und erklärt, was sie bedeuten. Eine Kompassnadel gibt an, wo Norden (N) liegt.

Dies ist die Seitenzahl.

Buchstabe und Zahl geben die Position im Gitternetz an.

Durban, Stadt, Südafrika 247 I10
Duschanbe, Stadt, Tadschikistan 161 G8
Düsseldorf, Stadt, Deutschland 95 D6
Dwina (Nördl., Westl.), Fluss, Russische Föderation 78 I8, L6, 109 G6, J8, 138 E5

E

East London, Stadt, Südafrika 247 H11
Ebro, Fluss, Spanien 78 D11, 100 H3
Ecuador, Staat, S. Amerika 19 V9, 59 C5
Edinburgh, Stadt, GB 87 I6

PLANQUADRATE

Das Gitternetz, das über die Karten gelegt ist, hilft beim Auffinden von Orten. Sucht man z. B. die Stadt Durban, sieht man im Register auf den Seiten 283–293 nach. Dort steht hinter der Stadt der Eintrag 247 I10. Die erste Zahl gibt die Seite an, auf der die Karte mit der Stadt Durban zu finden ist. Die zweite zeigt, dass sie in Quadrat I10 liegt. Man schlägt nun Seite 247 auf und sucht den Buchstaben I auf der obersten Linie des Netzes sowie die Zahl 10 am linken Rand. Dort, wo sich die Quadratreihe I und die Quadratreihe 10 kreuzen, liegt Durban.

So liest man die Karten

0 100 200 300 400 500 km

MASSSTAB

Jede Karte enthält eine Maßstabsleiste mit Kilometerangaben. Anhand dieser Leiste lässt sich die Entfernung zwischen zwei Orten auf der Karte ermitteln oder die Größe des Landes bestimmen. Nicht alle Karten des Lexikons sind im gleichen Maßstab erstellt.

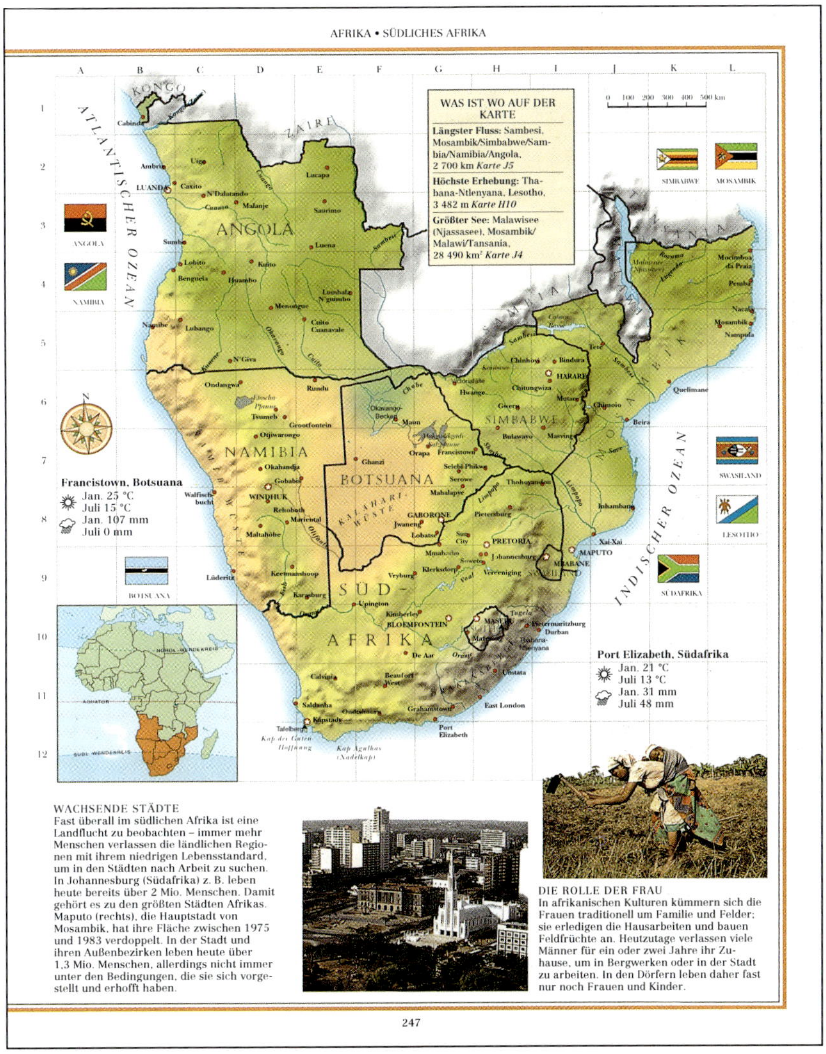

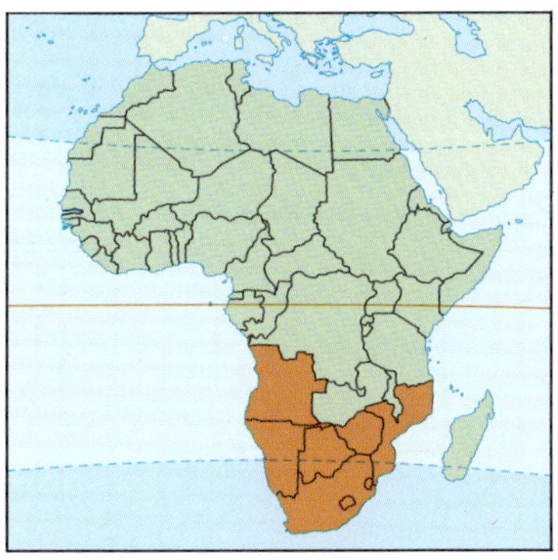

POSITIONSKARTE

Sie gibt die Lage des Landes innerhalb seines Kontinents an. Außerdem zeigt sie, wie weit das Land vom Äquator sowie von den Wende- oder Polarkreisen entfernt ist. Daraus lässt sich bereits viel über das Klima eines Landes ablesen. Näheres zum Klima steht auf den Seiten 14–15.

ANGOLA NAMIBIA

STAATSFLAGGEN

Die Staatsflaggen der Länder erscheinen am Rand der Karte. Symbole auf der Flagge geben oft Auskunft über Kultur oder Religion des Landes.

ANGABEN ZUM WETTER

Am Rand der Hauptkarte findet man Angaben zur Durchschnittstemperatur und der Niederschlagsmenge im Januar und im Juli. Um Unterschiede innerhalb des Landes aufzuzeigen, werden verschiedene Orte berücksichtigt. Im Landesinnern herrschen generell andere Temperaturen als an der Küste.

Hinter dem Sonnensymbol stehen die Durchschnittstemperaturen.

Francistown, Botsuana
Jan. 25 °C
Juli 15 °C
Jan. 107 mm
Juli 0 mm

Die Wolke symbolisiert die durchschnittliche Niederschlagsmenge.

Abkürzungen, die auf den Karten verwendet werden:

I.	Insel
Mt.	Mount (Berg)
St.	Sankt

PHYSISCHES BILD DER ERDE

Die Erde gehört zu den neun Planeten, die die Sonne umkreisen. Nach den bisherigen Erkenntnissen der Wissenschaft ist sie der einzige Himmelskörper, auf dem sich Leben entwickeln konnte, denn ihre Atmosphäre enthält Sauerstoff und auf ihrer Oberfläche gibt es Wasser. Beides sind Grundvoraussetzungen für die Entstehung von Leben. Wasser in Form von Ozeanen, Flüssen und Seen bedeckt mehr als zwei Drittel der Erdoberfläche. Außerdem gibt es sieben große Landmassen, die Kontinente. Sie unterscheiden sich in ihrer Oberflächenbeschaffenheit zum Teil stark voneinander. Auf der Weltkarte unten sind die wichtigsten Merkmale der Kontinente zu erkennen, und zwar Gebirge, Flüsse und Wüsten.

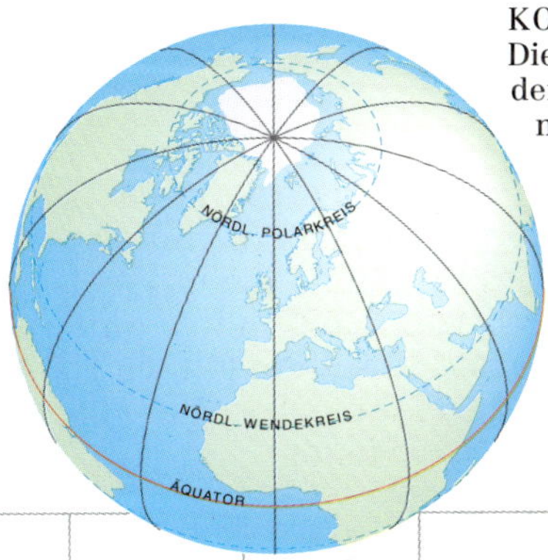

KONTINENTE

Die sieben Kontinente, die die Landmasse der Erde bilden, lassen sich der Größe nach folgendermaßen ordnen: Asien, Afrika, Nordamerika, Südamerika, Antarktis, Europa und Australien. Die Polargebiete sind auf der Karte unten nur unvollständig abgebildet und daher auf den Weltkugeln links und unten zusammenhängend dargestellt.

Nur 29% der Erdoberfläche bestehen aus Land. Die Anteile der verschiedenen Kontinente zeigt die Zeichnung rechts.

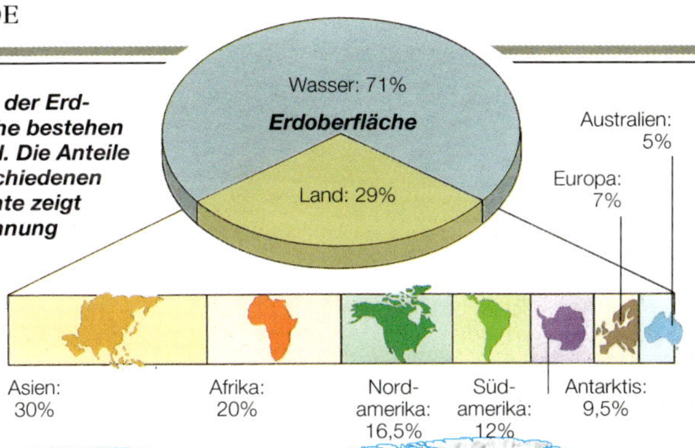

WAS IST WO AUF DER KARTE

Höchster Berg der Erde: Mount Everest, China/Nepal, 8 848 m *Karte H6*

Tiefster Punkt der Erde: Marianengraben, Pazifischer Ozean, 10 924 m unter Meereshöhe *Karte L8*

Längster Fluss: Nil, Ägypten/Sudan/Uganda, 6 738 km; *Karte E7*

Größter See: Kaspisches Meer, Aserbaidschan/Iran/Turkmenistan/Kasachstan/Russische Föderation, 378 400 km² *Karte F5*

Größtes Meer: Pazifischer Ozean, 165 241 000 km² *Karte Q7*

KONTINENTALVERSCHIEBUNG

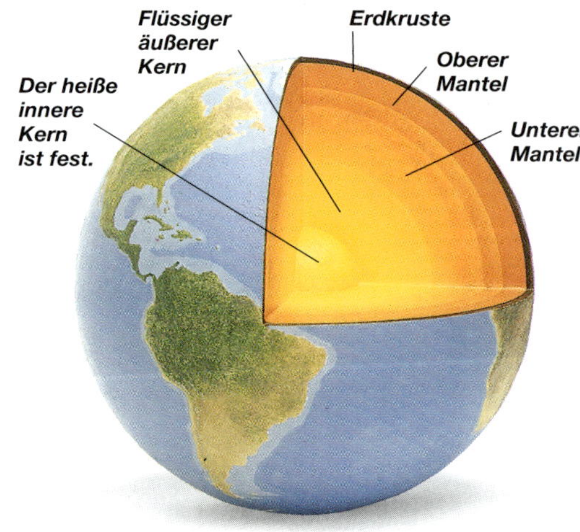

Die Kontinente, die die Landmasse der Erde bilden, sind in Bewegung. Diese Verschiebungen, die man als Kontinentaldrift bezeichnet, werden durch Kräfte tief im Erdinnern ausgelöst. Wie Eisschollen auf dem Meer schwimmen die Kontinentalplatten auf heißem, zähflüssigem Magma (Gesteinsschmelze). In diesem Magma gibt es Strömungen, so genannte Konvektionsströme, die die Kontinentalplatten bewegen. Aufsteigende Strömungen führen dazu, dass Krustengestein zerbricht und auseinander gezogen wird. Hochquellendes Magma bildet hier neue Ozeankruste und treibt die Kontinente auseinander. Absinkende Strömungen ziehen Meeresboden in den Erdmantel. Hier wird Ozeankruste abgebaut und Kontinente treiben aufeinander zu. Andere Strömungen lassen Kontinente aneinander vorbeigleiten. Aufgrund dieser Vorgänge verschieben sich die Kontinentalplatten bis zu 10 cm im Jahr. Europa und Nordamerika z. B. driften jedes Jahr etwa um 2 cm auseinander.

IM ERDINNERN
Die Erde hat einen schalenartigen Aufbau. Ihre Kruste mit den Kontinenten und dem Meeresboden besteht aus einer dünnen Gesteinsschicht und überzieht die Erde als feste Hülle. Der Erdmantel darunter ist rund 3000 km dick und wird aus teilweise geschmolzenem Gestein gebildet. Darauf folgt der Erdkern, das heiße metallische Zentrum der Erde. Er ist außen flüssig, innen fest.

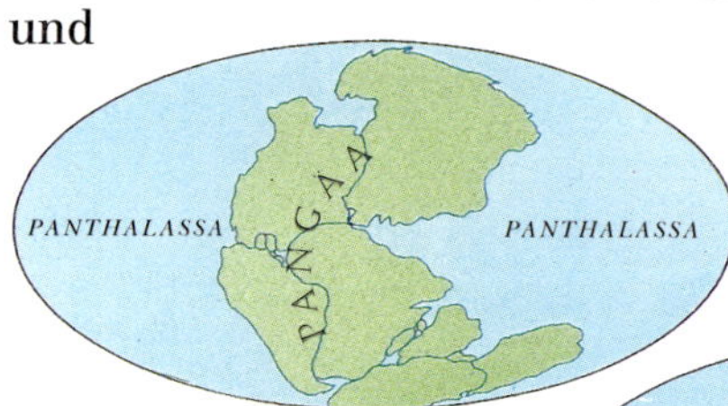

vor 200 Mio. Jahren

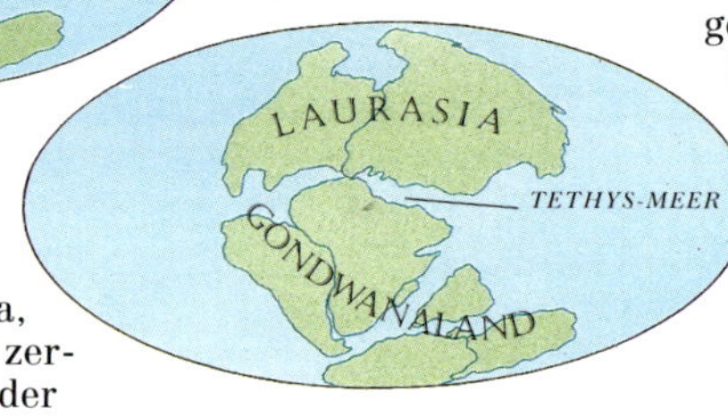

vor 180 Mio. Jahren

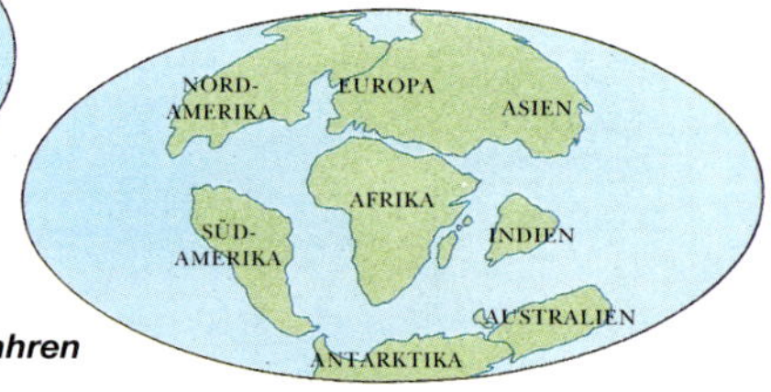

vor 65 Mio. Jahren

AM ANFANG
Die Landmasse der Erde bildete vor etwa 300 Mio. Jahren den Urkontinent Pangäa. Dieser war umgeben vom Urmeer Panthalassa. Als sich vor ca. 200 Mio. Jahren die Erdplatten zu bewegen begannen, zerbrach Pangäa in zwei Kontinente, Laurasia im Norden (Nordamerika, Eurasien) und Gondwanaland im Süden (Südamerika, Afrika, Antarktika, Australien, Indien) – getrennt durch das Thetys-Meer. Später zerbrachen auch diese Landmassen, die Teile drifteten auseinander und bildeten die heutigen Kontinente.

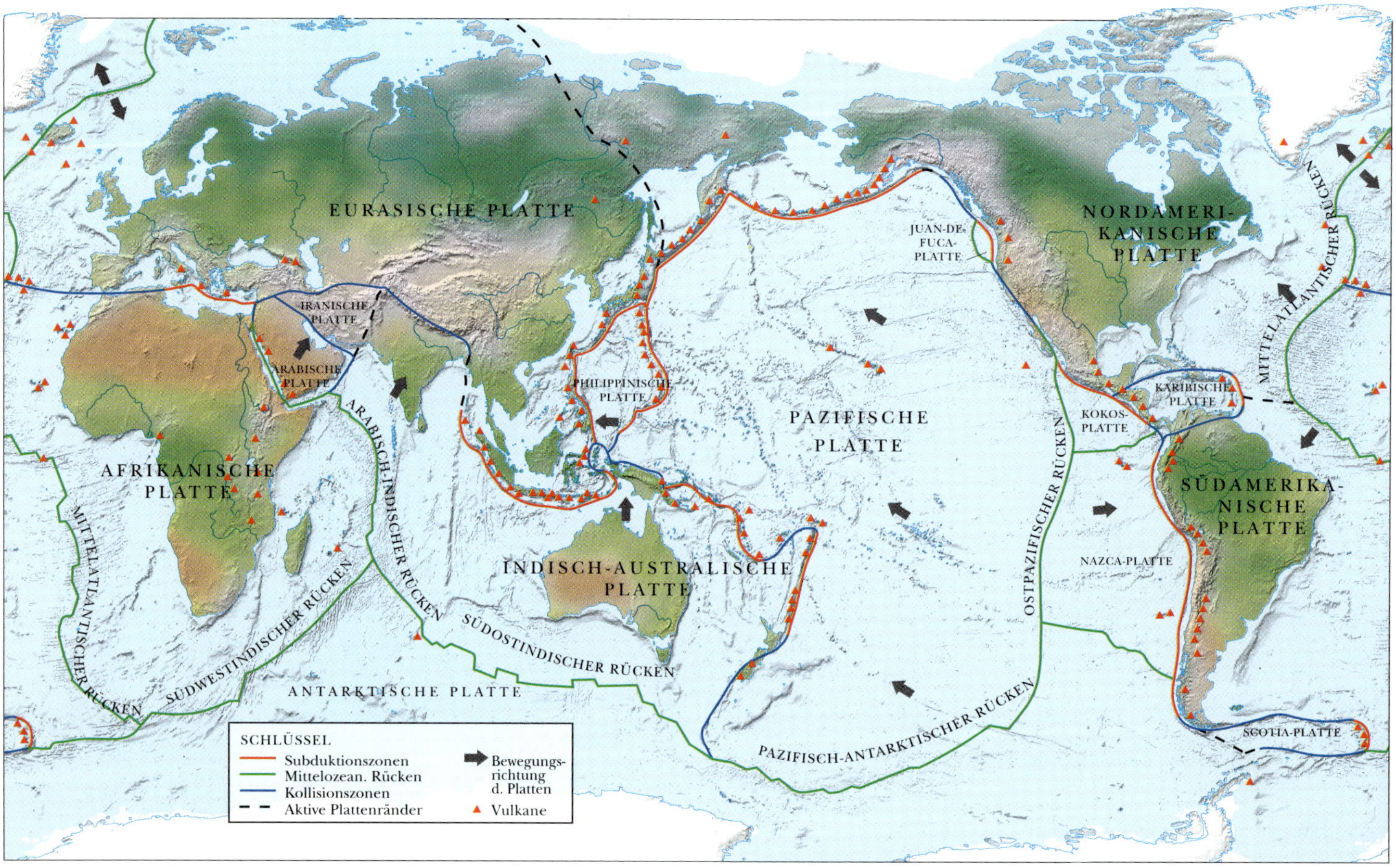

RUHELOSE ERDE

Unmerklich langsam gleiten die Kontinentalplatten über das zähflüssige Material des Erdmantels und bewegen sich dabei relativ zueinander: Sie entfernen sich voneinander (Spreizungszonen), stoßen zusammen (Subduktionszonen) oder sie gleiten reibend aneinander vorbei (Zonen mit Transformstörungen). Diese Vorgänge wirken landschaftsgestaltend. So entstanden die Rocky Mountains in Nordamerika durch das Aufeinanderprallen von zwei Platten, der Ostafrikanische Grabenbruch geht auf Dehnungsprozesse zwischen zwei Platten zurück. Die Plattenränder sind Schwächezonen der Erdkruste. Hier treten Erdbeben und Vulkanismen auf.

Bei Thingvellir auf Island führten die Spreizungsprozesse zwischen der Nordamerikanischen und der Eurasischen Platte zur Bildung einer tiefen Schlucht.

SPREIZUNGSZONEN

Beginnen zwei Platten sich voneinander wegzubewegen, steigt in der entstehenden Spalte Magma aus dem Erdmantel nach oben. Vollzieht sich dies auf dem Meeresboden, bilden sich unterseeische Gebirge wie der Mittelatlantische Rücken. Manchmal erheben sich solche Berggipfel als Vulkaninseln über die Wasseroberfläche (z. B. Island). Dehnungsvorgänge auf dem Land bewirken so genannte Grabenbrüche.

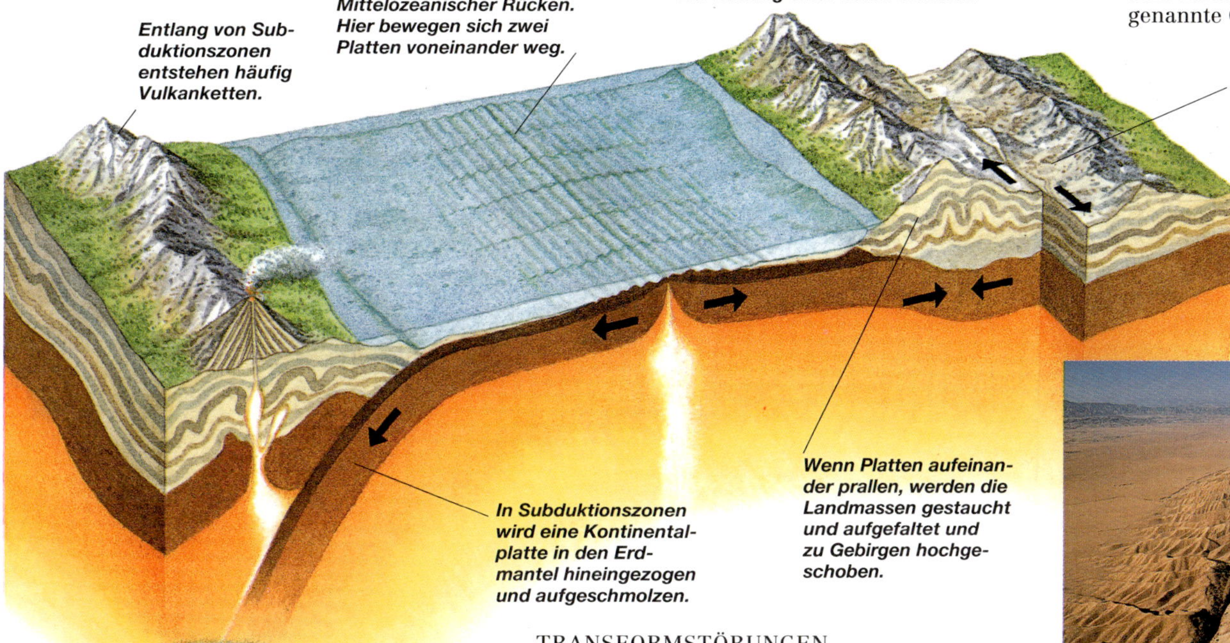

Am San-Andreas-Graben gleiten die Pazifische und die Nordamerikanische Platte nahe aneinander vorbei.

TRANSFORMSTÖRUNGEN

Gleiten zwei Platten reibend aneinander vorbei – entweder in entgegengesetzter Richtung oder in gleicher Richtung bei unterschiedlicher Geschwindigkeit – so entstehen Spannungen, die Brüche und Verwerfungen verursachen. Diese bezeichnet man als Transformstörungen. In solchen Zonen treten häufig Erdbeben auf. Ein besonders aktives Erdbebengebiet ist der San-Andreas-Graben in Kalifornien.

SUBDUKTIONSZONEN

Bewegen sich zwei Platten aufeinander zu und stoßen zusammen, so schiebt sich der Rand der einen Platte langsam unter die andere (Subduktion) und taucht in den Erdmantel ab. Dabei wird das Gestein des Plattenrands aufgeschmolzen. Es entstehen Tiefseegräben und Vulkane. Prallen in Subduktionszonen zwei Landmassen aufeinander, so wird das Gestein gestaucht und zu Gebirgen aufgefaltet.

SUCHE NACH DEM BEWEIS

Als der deutsche Geophysiker Alfred Lothar Wegener seine Theorie der Kontinentaldrift 1912 vorstellte, wurde er weithin belächelt. Spätere Forschungen haben seine Annahmen jedoch bestätigt. So fand man z. B. Fossilien der Farnart Glossopteris in Gestein aus Indien, Australien und Afrika. Diese Erdteile waren früher in Gondwanaland vereinigt. Auch dass in Australien, Antarktika und Südamerika dieselben Gesteinsarten vorkommen, stärkt die Theorie.

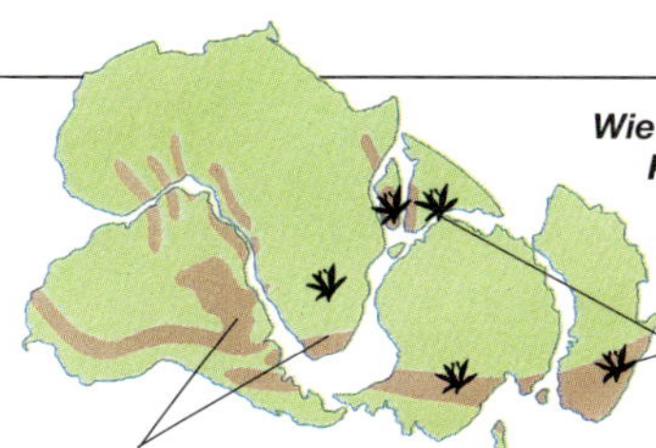

Wie ein Puzzle passen die Kontinente zueinander. Das weist auf die frühere einheitliche Landmasse hin.

KLIMA UND VEGETATION

Unter Klima versteht man den Gesamtcharakter der Witterungserscheinungen, die in einer Region über einen längeren Zeitabschnitt herrschen. Die wichtigsten Klimaelemente sind Temperatur, Luftdruck, Windrichtung und -stärke, Niederschläge, Luftfeuchtigkeit, Bewölkung und Sonnenscheindauer. In verschiedenen Teilen der Erde finden sich ähnliche Klimate. So gibt es heiße, trockene Wüsten sowohl in Afrika und Nordamerika als auch im Zentrum Australiens. Vom Klima einer Region und ihren Landschaftsformen hängt es ab, welche Vegetation sich dort entwickeln kann. In den Kältezonen an den Polen oder auf eisigen Berggipfeln gibt es nur spärliche oder gar keine Vegetation. Das feuchtheiße Klima am Äquator begünstigt dagegen eine sehr üppige und artenreiche Pflanzenwelt.

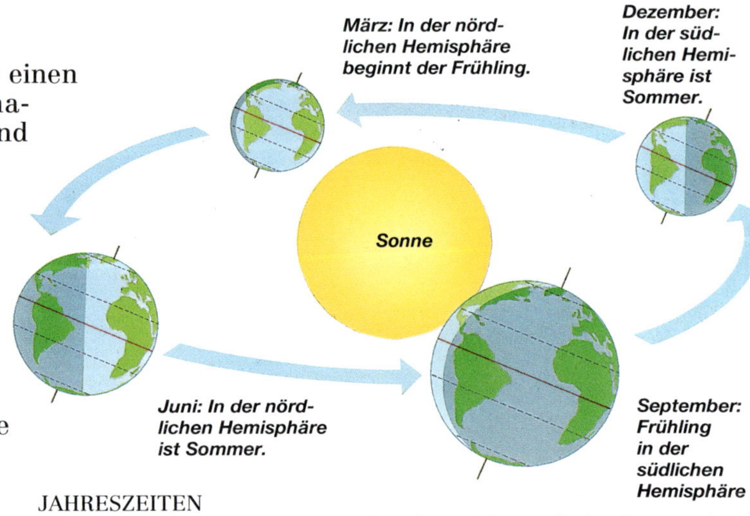

JAHRESZEITEN
Da die Erdachse nicht genau senkrecht auf der Erdbahnebene steht, sind alle sechs Monate abwechselnd die nördliche und die südliche Hemisphäre stärker der Sonne zugewandt. So kommt es zu den Jahreszeiten. Ist die nördliche Hemisphäre der Sonne stärker zugewandt, herrscht dort Sommer, ist sie von ihr abgewandt, Winter. Zur gleichen Zeit verzeichnet die südliche Hemisphäre die entgegengesetzte Jahreszeit. Zwischen Sommer und Winter liegen Frühling und Herbst. Die Erde dreht sich aber nicht nur in 365 Tagen einmal um die Sonne, sondern in 24 Stunden auch um ihre eigene Achse. Auf der Seite, die von der Sonne beschienen wird, ist Tag, auf der anderen Seite der Erdkugel ist zu dieser Zeit Nacht.

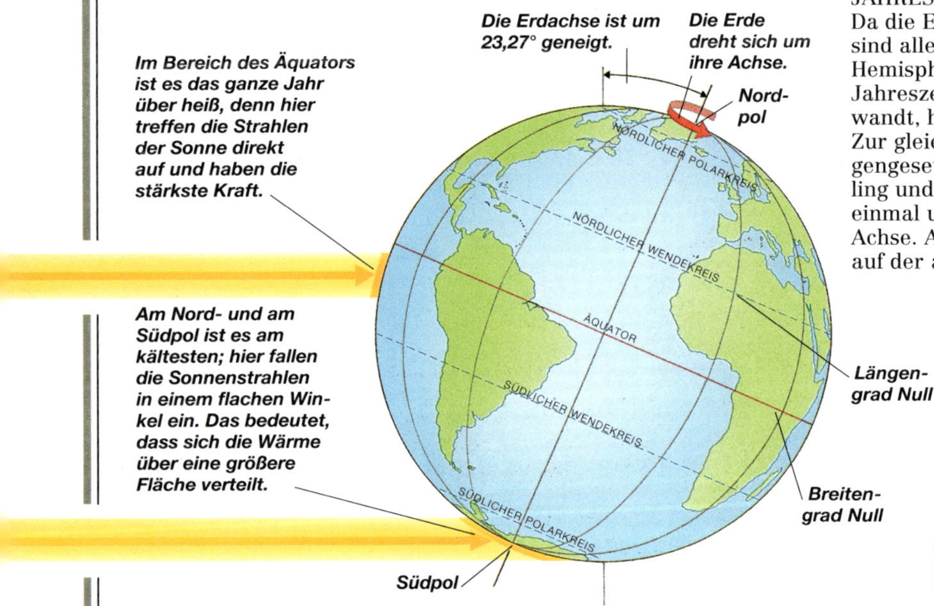

BREITEN- UND LÄNGENGRADE
Über die Erdkugel hat man ein Netz von Breiten- und Längenkreisen gelegt. Die Null-Linie des Breitenkreissystems ist der Äquator. Dabei handelt es sich um einen gedachten Großkreis um die Erde, dessen Ebene durch den Erdmittelpunkt verläuft. Der Äquator teilt die Erde in eine nördliche und eine südliche Halbkugel. Weitere wichtige Breitengrade sind der Nördliche und der Südliche Wendekreis. Von Norden nach Süden verlaufen die Längengrade. Der Längengrad mit der Angabe 0 wurde durch das englische Greenwich bei London gelegt.

REGEN
Die Niederschlagsmenge, die ein Gebiet im Lauf des Jahres erhält, beeinflusst die Vegetation und das Klima wesentlich. Pflanzen brauchen Wasser für ihren Stoffwechsel und wachsen besonders üppig im tropischen Regenwald (wie hier in Costa Rica). Wo nur geringe Niederschläge fallen – in den Wüsten oder in den Polarregionen –, können nur wenige Pflanzen überleben.

LAND UND MEER
Je höher ein Gebiet über dem Meeresspiegel liegt, desto niedriger sind dort die Temperaturen, selbst wenn es sich in Äquatornähe befindet. Wichtig ist auch die Nähe eines Gebiets zum Meer. Das Meer erwärmt sich langsamer und kühlt sich langsamer ab als das Land. Daher gibt es an den Küsten geringere Temperaturschwankungen.

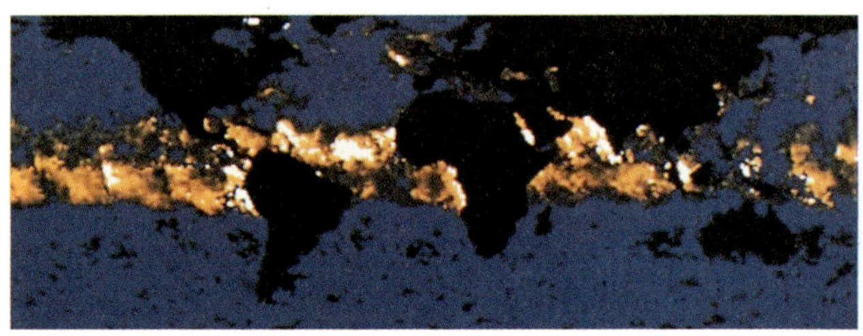

KLIMAVERÄNDERUNGEN
Das Weltklima kann sich durch Naturereignisse, aber auch durch Eingriffe des Menschen verändern. Als der Pinatubo, ein Vulkan auf den Philippinen, 1991 ausbrach, schleuderte er Asche und Staub in die Atmosphäre. Im näheren Umkreis verursachte dies eine Verringerung der Sonneneinstrahlung, heftige Regenfälle und Stürme. Wie weit die Asche davongetragen wurde, sieht man auf diesem Satellitenbild.

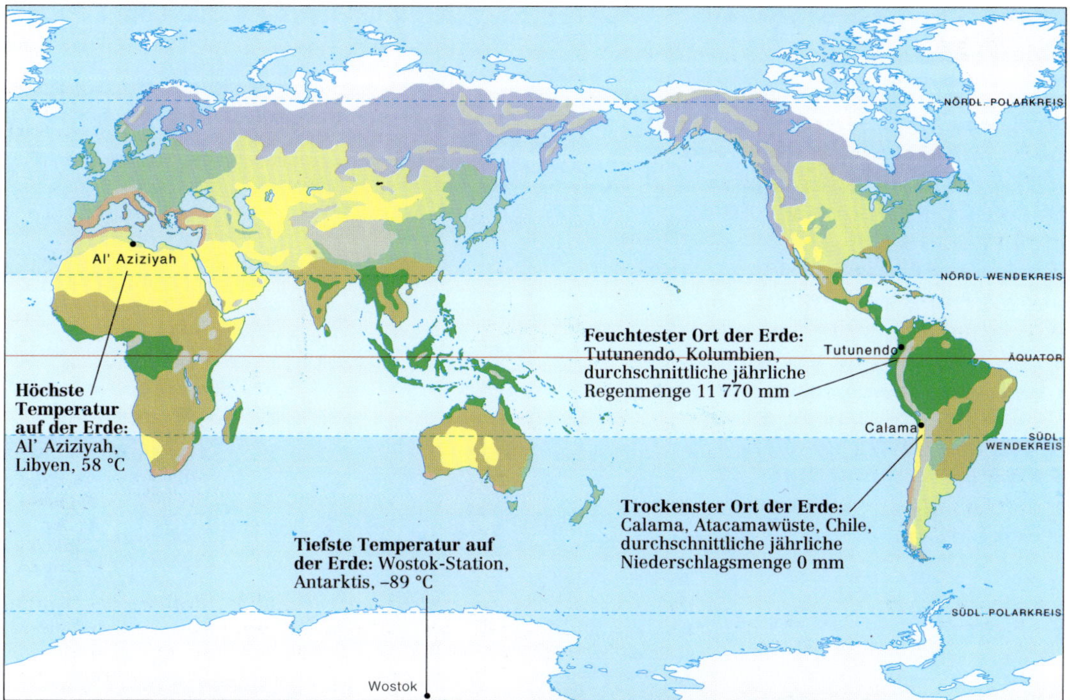

VEGETATIONSZONEN

Die Erde wird in mehrere Vegetationszonen gegliedert. Links auf der Karte sind sie farbig dargestellt. Flora und Fauna dieser Zonen hängen vom Klima, der Landschaft und dem Breitengrad ab. Im Lauf von Jahrmillionen haben sich Pflanzen und Tiere an das Leben in den unterschiedlichen Klimazonen angepasst. Dazu mussten sie immer wieder auch besondere Fähigkeiten und körperliche Merkmale entwickeln, die ihnen halfen zu überleben. Die Karte zeigt, dass ähnliche Vegetationen, wie z.B. Wüsten oder Regenwälder, in etwa auf denselben Breitengraden liegen.

POLARGEBIETE UND TUNDRA

Die Gebiete um den Nord- und den Südpol sind von Eis bedeckt. An diese Kältewüsten schließt sich im Süden die Tundra an, in der nur Moose, Flechten und Sträucher wachsen. In den tieferen Schichten ist der Boden ständig gefroren.

TAIGA

Das russische Wort »Taiga« bedeutet »kalter Wald«. Es bezeichnet die ausgedehnten Nadelwaldgebiete, die sich von Nordkanada über Skandinavien bis Russland erstrecken. Nadelbäume sind gut angepasst an lange, schneereiche Winter.

GEBIRGSREGIONEN

Mit zunehmender Höhe wird es auf den Bergen immer kälter. Ab der Baumgrenze ist es für aufrechte Holzgewächse zu kalt, zu stürmisch oder auch zu trocken. In der schneebedeckten Gipfelzone der Hochgebirge gibt es keine Vegetation.

LAUBWALD DER GEMÄSSIGTEN ZONE

Weite Teile des nördlichen Europas und Nordamerikas waren früher von Laubwäldern bedeckt. Diese Wälder sind mittlerweile jedoch größtenteils abgeholzt worden. Laubwälder wachsen am besten in gemäßigten Klimazonen.

MITTELMEERVEGETATION

In Ländern mit mediterranem Klima gibt es heiße, trockene Sommer und milde, feuchte Winter. Dies gilt nicht nur für die Mittelmeerländer, auch in anderen Gebieten herrschen ähnliche Bedingungen. Die Pflanzen haben sich an das Klima angepasst.

TROCKENES GRASLAND

Weite, grasbewachsene Ebenen, in denen Bäume fehlen, bestimmen das Zentrum einiger Kontinente. Dazu gehört die Pampa in Südamerika. Solche Steppen treten in Gebieten mit heißen, trockenen Sommern und sehr kalten Wintern auf.

TROPISCHER REGENWALD

In den Regionen um den Äquator herrscht das ganze Jahr über ein feuchtheißes Klima. Hier wachsen die dichten, immergrünen tropischen Regenwälder mit ihrem ungeheuren Reichtum an Pflanzen- und Tierarten.

WÜSTE

Wüsten sind die heißesten und trockensten Gebiete der Erde. Tagsüber liegen die Temperaturen sehr hoch, nachts aber können sie bis unter den Gefrierpunkt fallen. Auf dem Sandboden der Wüsten wachsen meist nur Kakteenarten.

TROPISCHES GRASLAND

Zwischen den Wüsten und den tropischen Regenwäldern liegt tropisches Grasland. Hier ist es immer heiß, doch das Jahr teilt sich in eine Regen- und eine Trockenzeit. In diesen Gebieten wachsen Gräser sowie niedrige Bäume und Sträucher.

WELTBEVÖLKERUNG

Seit mindestens 2 Mio. Jahren leben Menschen auf der Erde. Lange Zeit gab es nur kleine Familiengruppen und dann Stämme, die sich nur langsam vergrößerten. Krankheiten und Nahrungsmangel sorgten dafür, dass die Geburten- und die Sterberate in etwa gleich hoch blieben. Doch jede Verbesserung der Nahrungsversorgung, z. B. die Umstellung vom Jäger- und Sammlerleben auf den Feldbau, brachte eine deutliche Zunahme der Bevölkerungszahl. In neuerer Zeit haben die weltweite Modernisierung der Anbaumethoden und der medizinische Fortschritt zu einer regelrechten Bevölkerungsexplosion geführt. Derzeit leben mehr als 5,5 Mrd. Menschen auf der Erde und in 42 Jahren sollen es nach Schätzungen doppelt so viele sein. Riesige Probleme kommen auf die Menschen zu, denn bereits heute sind in vielen Teilen der Erde die Nahrungsmittel knapp.

BEVÖLKERUNGSVERTEILUNG

Die Erdbevölkerung verteilt sich nicht gleichmäßig über alle Kontinente und auch innerhalb eines Kontinents können sich dicht besiedelte Gebiete mit großen menschenleeren Arealen abwechseln. Die Bevölkerungsverteilung hängt u. a. ab von der Oberflächengestalt, von den klimatischen Bedingungen sowie vom Vorhandensein fruchtbarer Böden, abbaubarer Bodenschätze oder einer guten Infrastruktur. Die Weltkarte unten zeigt zu jedem Land, wie viele Einwohner auf 1 km² entfallen. Diese Zahl gibt die Bevölkerungsdichte an.

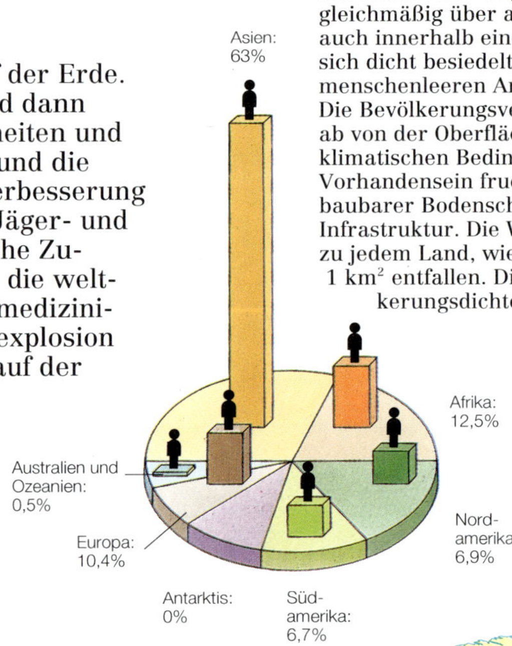

Diese Grafik zeigt die Größe der Kontinente und den prozentualen Anteil ihrer Bewohner an der Weltbevölkerung. In Asien leben mehr Menschen als in allen anderen Erdteilen zusammen.

Bevölkerungsdichte in den einzelnen Ländern

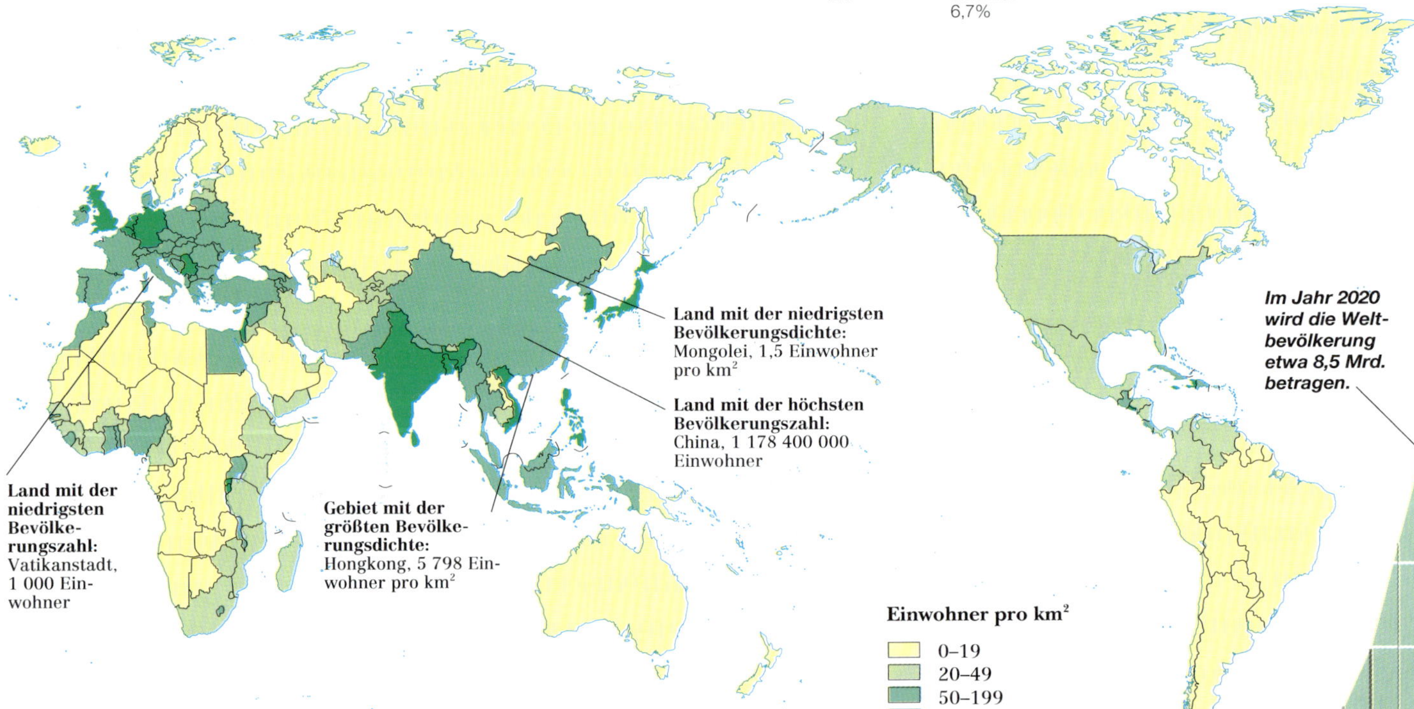

EINST UND JETZT

Um 1500 lebten etwa 425 Mio. Menschen auf der Erde, v. a. auf der nördlichen Halbkugel. Zunächst nahm die Bevölkerung nur langsam zu, aber nach der Industriellen Revolution, die zu einer besseren Gesundheitsversorgung und einer Steigerung der Nahrungsmittelerzeugung führte, schnellte sie in die Höhe. Allein zwischen 1950 und 1990 verdoppelte sich die Weltbevölkerung. Bis zum Jahr 2020 wird die Bevölkerung vor allem in Afrika, Asien, Süd- und Mittelamerika weiter zunehmen.

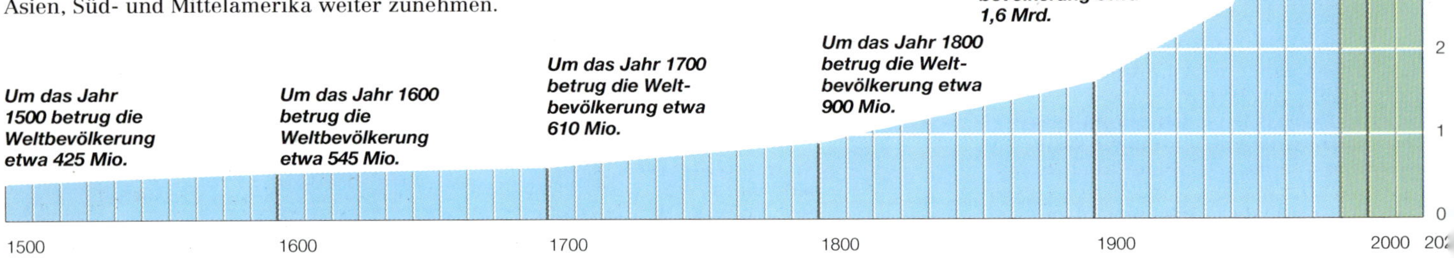

Höchste und niedrigste Geburtenrate auf jedem Kontinent

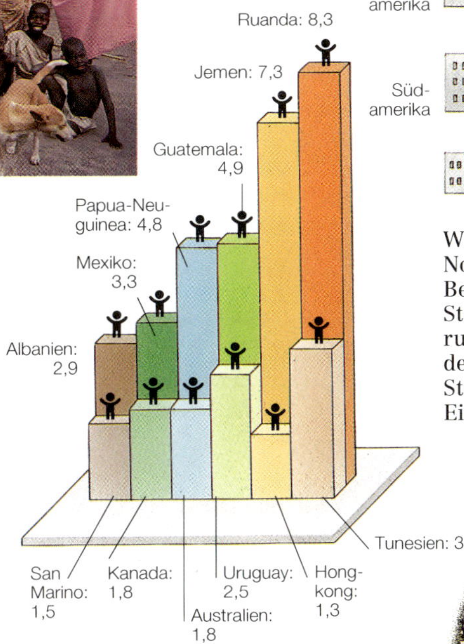

Anteil der städtischen Bevölkerung

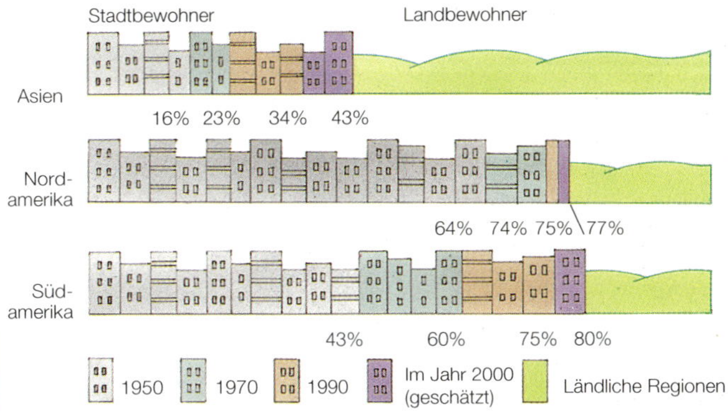

GEBURT UND TOD

Die Geburtenrate ist von Land zu Land unterschiedlich. Im Sudan z. B. (siehe oben) bringt eine Mutter durchschnittlich fünf bis sechs Kinder zur Welt. Da überall auf der Erde die Gesundheitsversorgung verbessert wurde, sterben heute auch in den ärmeren Ländern weniger Kinder an Hunger und Krankheiten und weniger Mütter an Kindbettfieber. Dagegen liegt in den reichen Industrieländern die Geburtenrate relativ niedrig. Die Gesellschaftsstrukturen haben sich hier verändert und die Menschen betreiben Familienplanung. Mit den Fortschritten in der Medizin hat sich allgemein auch die Lebenserwartung erhöht. Immer mehr Menschen erreichen heute ein hohes Alter.

WACHSTUM DER STÄDTE

Noch zu Beginn des 20. Jh. lebte nur ein Zehntel der Bevölkerung in Städten. Heute beträgt der Anteil der Stadtbevölkerung etwa die Hälfte der Gesamtbevölkerung. Wenn das gegenwärtige Wachstum anhält, werden im Jahr 2020 zwei von drei Menschen in einer Stadt leben. Tokio soll bis zum Jahr 2000 auf 28 Mio. Einwohner angewachsen sein.

GRÖSSTE STÄDTE 1950	
New York, USA	12 300 000
London, Großbritannien	8 700 000
Tokio, Japan	6 700 000
Paris, Frankreich	5 400 000
Schanghai, China	5 300 000

GRÖSSTE STÄDTE 1990	
Mexiko-Stadt, Mexiko	20 200 000
Tokio, Japan	18 100 000
São Paulo, Brasilien	17 400 000
New York, USA	16 200 000
Schanghai, China	13 400 000

SLUMSIEDLUNGEN

Die starke Zuwanderung in die Städte führt dort vielfach zu Überbevölkerung, denn es gibt nicht genügend Häuser und Wohnungen, um alle Menschen unterzubringen. In vielen städtischen Ballungsräumen der Dritten Welt breiten sich deshalb an den Rändern der Stadt so genannte Slums aus. In diesen Elendsquartieren, die aus behelfsmäßig errichteten Hütten bestehen, leben die Menschen meist ohne Strom und ohne fließendes Wasser.

MEGASTÄDTE

Bis zum 19. Jh. gab es nur wenige Städte mit mehr als 1 Mio. Einwohner. In den vergangenen 100 Jahren ist die Zahl der Großstädte dagegen dramatisch gewachsen. In manchen Metropolen wie Mexiko-Stadt oder Tokio leben heute schon fast 20 Mio. Menschen. Diese Städte haben damit mehr Einwohner als kleine Länder wie Neuseeland oder Schweden. In vielen Großstädten hat sich die Umweltverschmutzung durch Auto- und Industrieabgase und wachsende Müllmengen zu einem brennenden Problem entwickelt. In Zukunft werden immer mehr Städte mit diesen Schwierigkeiten zu kämpfen haben.

AUSBLICK AUF DIE ZUKUNFT

Eine der wichtigsten Aufgaben für die Zukunft ist die Eindämmung des Bevölkerungswachstums. Viele Regierungen in den Entwicklungsländern unternehmen große Anstrengungen, um die Menschen dazu zu bewegen, weniger Kinder zu bekommen. Sie haben Aufklärungsprogramme ausgearbeitet und informieren Frauen und Männer über Möglichkeiten der Familienplanung. Nach Untersuchungen der Weltgesundheitsorganisation (WHO) geben heute in den Entwicklungsländern mehr als die Hälfte der verheirateten Frauen an, sie oder ihre Ehemänner würden Verhütungsmaßnahmen anwenden; im Jahr 1980 war es erst ein Viertel.

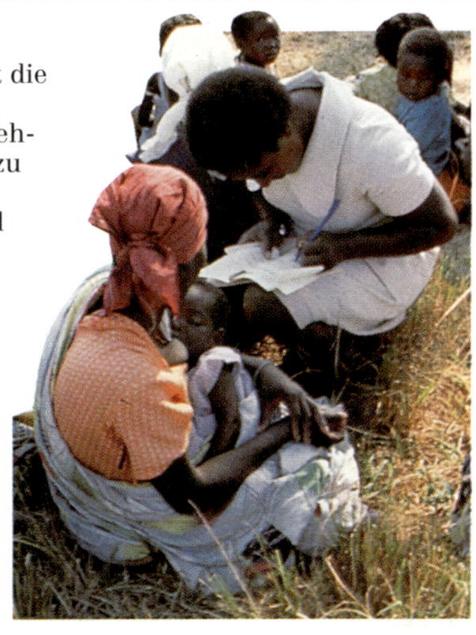

Ein Arzt schreibt ein Rezept für Verhütungsmittel aus; 43% der Frauen in Simbabwe nehmen heute solche Medikamente.

POLITISCHES BILD DER ERDE

Die Erde gliedert sich in Kontinente und diese sind wiederum in einzelne Länder unterteilt. Die Länder unterscheiden sich hinsichtlich Kultur, Sprache und Regierungsform und bilden die politische Landkarte der Welt. 1950 gab es nur 82 Staaten, heute sind es mehr als doppelt so viele. Diese Entwicklung geht vor allem darauf zurück, dass in der zweiten Hälfte des 20. Jh. viele Gebiete von den Kolonialmächten in die Unabhängigkeit entlassen wurden. Neue Staaten entstehen sonst eigentlich nur, wenn einzelne Volksgruppen, die in einem Vielvölkerstaat leben, ihre staatliche Eigenständigkeit durchsetzen. So erhielt die Staatengemeinschaft viele neue Mitglieder, als die Sowjetunion und Jugoslawien auseinander brachen.

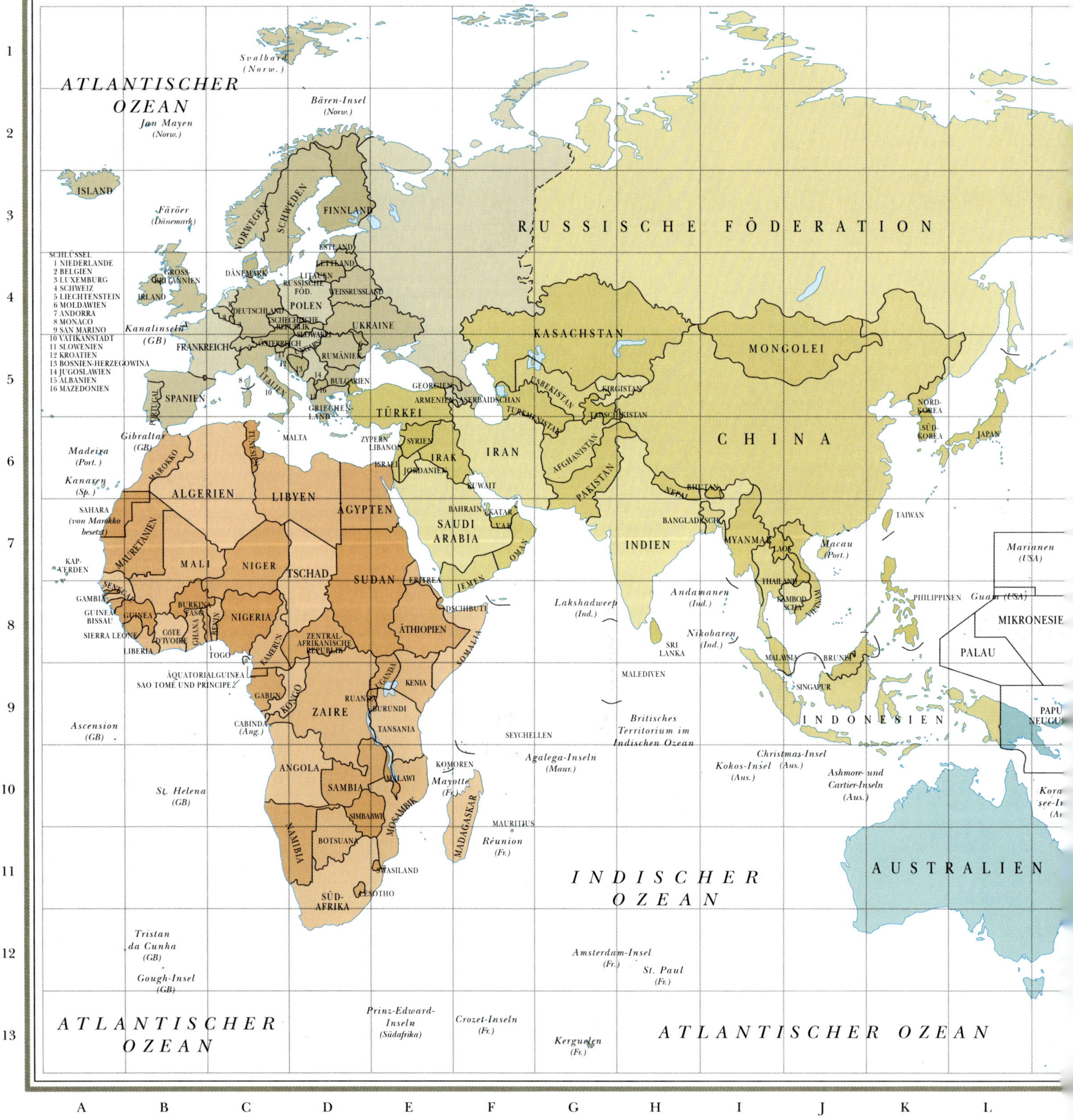

Zwischen den USA und Kanada verläuft die längste grüne, nicht markierte Grenze der Welt. Hier durchschneidet sie ein Waldgebiet im Osten der beiden Staaten.

STAATSGRENZEN

Die Trennungslinie zwischen zwei Staaten bezeichnet man als Grenze. Manchmal folgt sie natürlichen Gegebenheiten, etwa einer Gebirgskette oder einem Fluss. Manchmal wurde sie als gerade Linie einfach künstlich auf der Landkarte gezogen, wie es bei ehemaligen Kolonialgebieten zum Teil der Fall ist. Zwischen Staaten, die gut miteinander auskommen, verliert die Grenze oft an Bedeutung und kann problemlos überschritten werden. Bestehen jedoch Konflikte, wird sie bewacht, und das Reisen zwischen den Ländern ist erschwert.

WAS IST WO AUF DER KARTE

Größtes Land der Welt: Russische Föderation, 17 075 400 km² *Karte I3*

Kleinstes Land der Welt: Vatikanstadt, 0,44 km² *Karte C5*

Längste Grenze der Welt: zwischen USA und Kanada 6 416 km *Karte T4*

Land mit den meisten Nachbarn: China grenzt an 16 andere Länder *Karte I6*

NORDAMERIKA

Der nordamerikanische Kontinent umfasst die Länder Kanada, USA und Mexiko sowie die größte Insel der Welt: Grönland. Der gewaltige Eisschild, der sich während der letzten Eiszeit über den Kontinent schob, hinterließ u. a. riesige Senken wie die der Großen Seen und bereitete das Gelände für Stromschnellen und Wasserfälle vor. Die von Alaska im hohen Norden bis nach New Mexico im Süden verlaufenden Rocky Mountains sind so etwas wie das Rückgrat des Kontinents. Am Rand der östlichen Küstenebenen erheben sich die Appalachen. Der älteste Teil des Kontinents, der Kanadische Schild, bestimmt mit seinen weiten Ebenen das Innere des Landes. Zur Hudsonbai hin fällt er in weite, sumpfige Niederungen ab. Vom Südwesten der USA zieht sich ein Wüstengebiet bis hinein nach Mexiko.

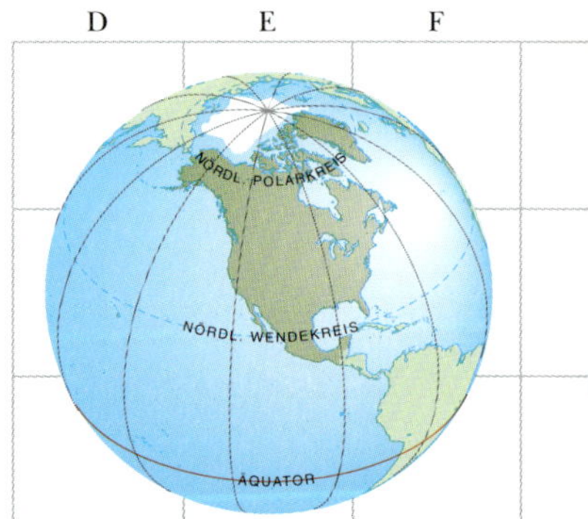

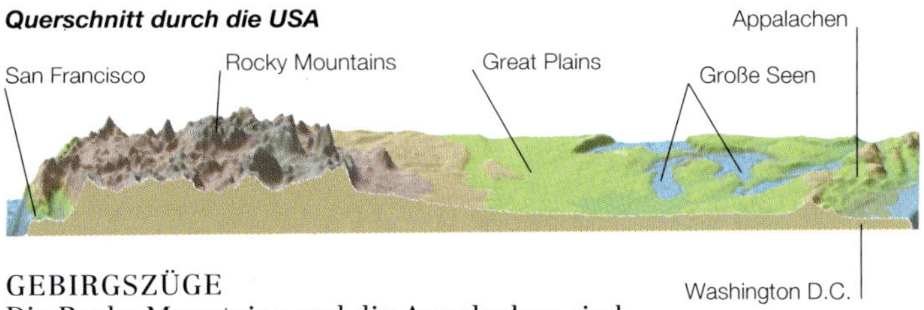

GEBIRGSZÜGE

Die Rocky Mountains und die Appalachen sind die beiden größten Gebirgszüge Nordamerikas. Hoch ragen die schneebedeckten Rocky Mountains über den ganzen Westen des Kontinents in Nord-Süd-Richtung auf. Das relativ junge Gebirge ist den Erosionskräften Wind, Wasser und Eis noch nicht so lange ausgesetzt und hat daher seinen rauen, felsigen Charakter bewahrt. Die bewaldeten Appalachen durchziehen einen Großteil des Ostens in Südwest-Nordost-Richtung. Sie gehören zu den ältesten Gebirgen der Erde und wurden durch Erosion bereits stark abgetragen.

Blick auf die Rocky Mountains in Kanada

GRAND CANYON

Der Colorado und seine Nebenflüsse haben im Lauf von Millionen von Jahren den Grand Canyon in den Fels gegraben. An einigen Stellen ist der Canyon 1 600 m tief und durchschneidet 2 Mrd. Jahre alte Gesteinsschichten. Dort eingeschlossene Fossilien geben Hinweise auf die Vergangenheit des Flusses und des Kontinents.

GREAT PLAINS

Durch das Zentrum des Kontinents ziehen sich von Nordwesten nach Südosten die Great Plains, die Prärie. Diese riesige Steppenlandschaft ist gekennzeichnet von heißen Sommern und kalten, schneereichen Wintern. Wälder entlang von Flussläufen und Seen wechselten sich einst mit weitem Grasland ab, das Millionen von Büffeln ausreichend Nahrung bot. Heute findet man kaum noch natürliche Prärie, da das Gebiet landwirtschaftlich genutzt wird. Auf riesigen Feldern bauen die Farmer hier Mais, Weizen und Baumwolle an.

DIE GROSSEN SEEN

Die fünf Großen Seen fassen etwa ein Fünftel des gesamten Süßwassers der Erde. Bis auf den Michigansee (links), der ganz auf US-amerikanischem Staatsgebiet liegt, führt durch alle Großen Seen die Grenze zwischen Kanada und den USA. Die Seen sind über Wasserwege miteinander verbunden. Für den Abfluss sorgt der St.-Lorenz-Strom, der in den Atlantik mündet.

Niedrigste Temperatur:
Eismitte, Grönland,
–66 °C

…chste Temperatur:
…l des Todes,
…lifornien, USA,
…°C

NORDAMERIKA IN KÜRZE
Fläche: 23 482 844 km²
Höchster Berg: Mount McKinley (Denali), Alaska, USA, 6 194 m *Karte E5*
Längstes Flusssystem: Mississippi–Missouri, USA, 5 971 km *Karte L10*
Größter See: Oberer See, Kanada/USA, 82 414 km² *Karte L8*
Größte Insel: Grönland, 2 175 600 km² *Karte R3*

Die Wasserhyazinthe kann Wasserwege verstopfen.

MISSISSIPPI
Der mächtige Mississippi entspringt in Minnesota und mündet in den Golf von Mexiko. Als man Anfang des 20. Jh. einen großen Teil der Bäume im Bereich des Flusses zur Ackerlandgewinnung abholzte, kam es zu Bodenerosion. Das in den Fluss gespülte Erdreich verursachte Überflutungen. Mit Aufforstungs- und Dammbaumaßnahmen konnten die Fluten wieder unter Kontrolle gebracht werden.

EVERGLADES
Das ausgedehnte Sumpfgebiet im Süden der Halbinsel Florida, die berühmten Everglades, bedeckte ursprünglich eine wesentlich größere Fläche als heute. Zum Anbau von Zuckerrohr wurde es teilweise trockengelegt. Den südlichen Bereich des heutigen Sumpfareals mit seinen zahlreichen seltenen Pflanzen- und Tierarten hat man inzwischen zum Nationalpark erklärt. Sein nördlicher Teil ist eine mit Flachwasser bedeckte Schneidegras-Landschaft, aus der sich immer wieder Inseln erheben. Im südlichen Teil bildet eindringendes Meerwasser Salzwassermarschen, die von Mangrovenwäldern gesäumt sind.

BEVÖLKERUNG NORDAMERIKAS

Vor mehr als 20 000 Jahren besiedelten Menschen aus Asien den nordamerikanischen Kontinent. Diese Ureinwohner nennt man Indianer. Die heutige Bevölkerung besteht überwiegend aus Einwanderern, die während der letzten 400 Jahre ins Land kamen. Heute stellen die USA den Hauptteil der Bevölkerung des Kontinents und erwirtschaften das höchste Bruttosozialprodukt. Das nördlich gelegene Kanada ist zwar wesentlich größer, wegen seiner extremen Klimaverhältnisse aber nur dünn besiedelt. Eine Zeit lang unterstanden die englischen Siedler Nordamerikas britischer Oberhoheit. Amtssprache ist heute noch Englisch. In Kanada, das zunächst französische Provinz war, dann aber unter britische Herrschaft kam, gibt es zwei Amtssprachen: Französisch und Englisch. In Mexiko, einer ehemals spanischen Kolonie, wird Spanisch gesprochen.

Die Bevölkerung von Vancouver hat in den letzten Jahren sehr stark zugenommen. Dabei hat sich besonders der Anteil von Einwanderern aus Hongkong und anderen Teilen Asiens erhöht.

Bevölkerungsdichte

Die Zahlen des Diagramms geben die Anzahl der Einwohner pro km² an.

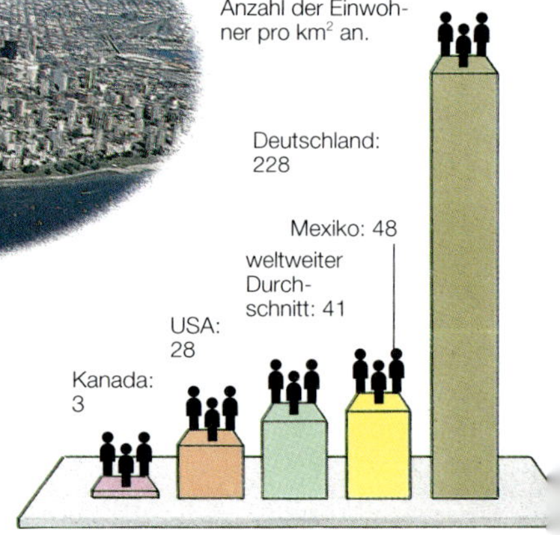

BEVÖLKERUNGSVERTEILUNG
Nordamerika zählt zu den am dünnsten besiedelten Kontinenten der Erde. Mehr als zwei Drittel der Gesamtbevölkerung leben in den USA. Es folgt Mexiko und als Schlusslicht Kanada mit der niedrigsten Einwohnerzahl. Der Osten der USA war einst sehr dicht besiedelt, doch inzwischen sind zahlreiche Amerikaner in die Süd- und Weststaaten abgewandert. Auch in Kanada zogen die Menschen von der Ostküste zu den Großen Seen oder an die Westküste.

Einwohner: ca. 386 500 000
Anzahl der Länder: 3

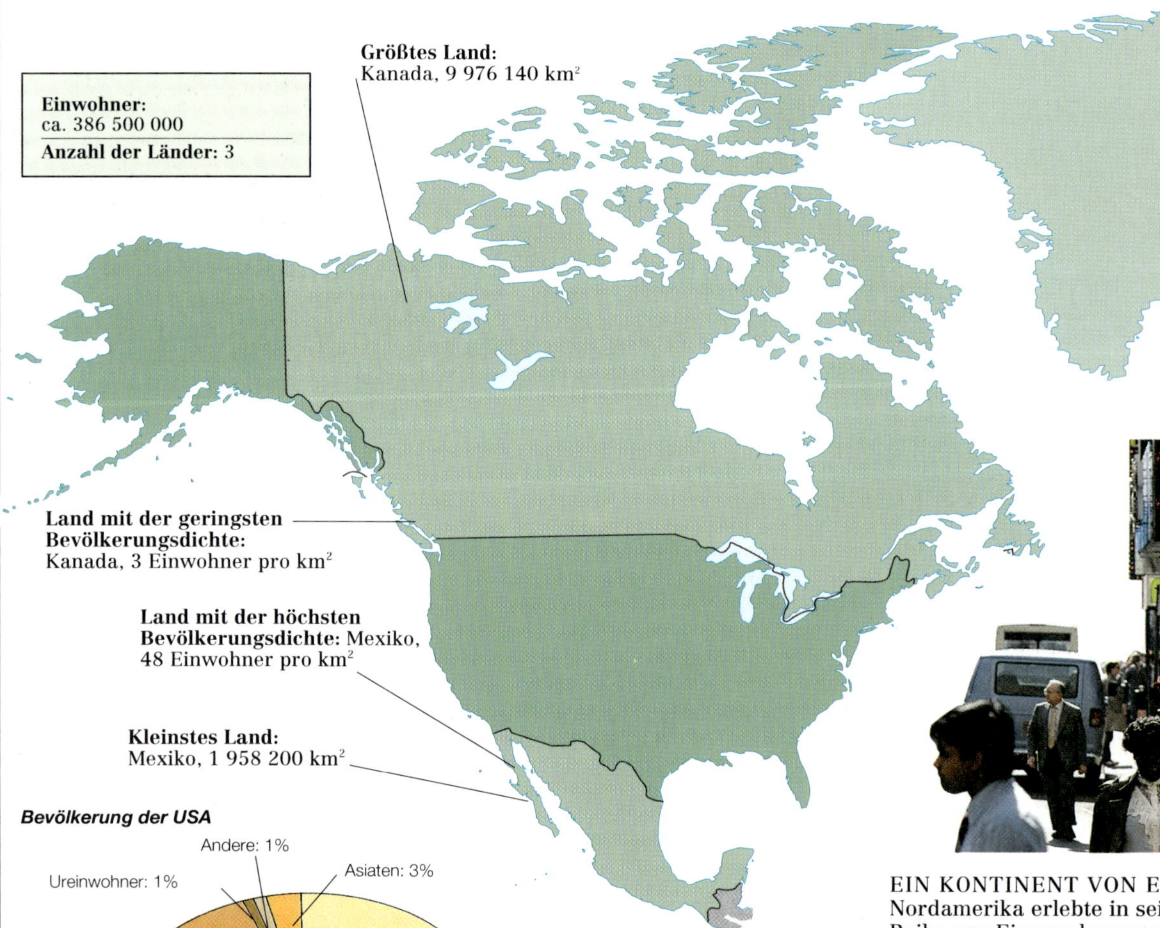

Menschen in New York: Spiegel der kulturellen und ethnischen Vielfalt Amerikas

Bevölkerung der USA

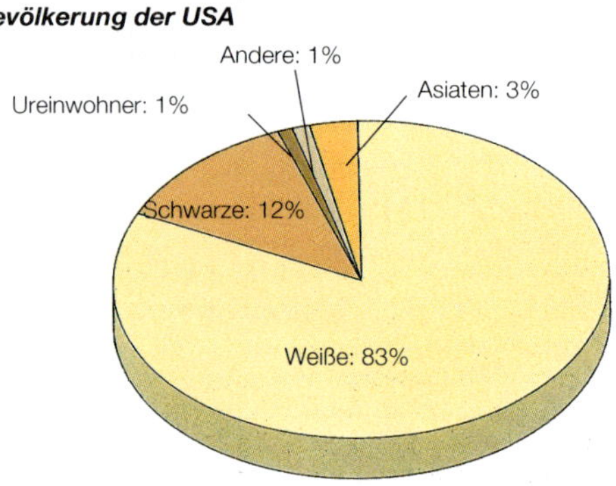

VOLKSGRUPPEN IN DEN USA
In den USA ist die Bevölkerung bunt gemischt. Den größten Anteil an der Bevölkerung stellen die Weißen (Nachfahren der europäischen Einwanderer und Hispanier). Es folgen Schwarze, Asiaten und Indianer.

EIN KONTINENT VON EINWANDERERN
Nordamerika erlebte in seiner Geschichte eine ganze Reihe von Einwanderungswellen. Die meisten Menschen kamen aus Europa, viele auch aus Afrika, Südamerika und Asien. Die Vorfahren der schwarzen Bevölkerung Amerikas jedoch hatten ihre Heimat nicht freiwillig verlassen. Als Sklaven wurden sie zwischen 1619 und 1808 von Afrika nach Amerika verschleppt. Erst 1865 schaffte man die Sklaverei ab. Heute spielen immer mehr Afroamerikaner eine wichtige Rolle innerhalb der amerikanischen Gesellschaft.

KANADISCHE KULTUR

Noch vor 20 Jahren gehörten riesige Fernsehantennen für den Empfang US-amerikanischer Sender zur »Dachlandschaft« kanadischer Städte. Heute sind die Antennen dem Kabelfernsehen gewichen. Der Einfluss der amerikanischen Kultur in Kanada ist groß. Fernsehen und Hörfunk, Schlager und Bücher aus den USA überfluten den nördlichen Nachbarn. Zur Wiederbelebung der kanadischen Kultur fördert die Regierung heute die landeseigene Funk- und Filmproduktion.

Diese kanadische Werkstatt wurde sogar in den Landesfarben gestrichen.

GUTE NACHBARSCHAFT

Beinahe 150 Jahre lang gab es zwischen den drei nordamerikanischen Staaten keinen Krieg. 1994 einigten sich Kanada, die USA und Mexiko auf ein Freihandelsabkommen (NAFTA) und öffneten ihre Märkte für die Produkte ihrer Nachbarn. Die Auswirkungen dieser Politik sind noch nicht klar abzusehen. Diese mexikanischen Bauern jedoch stehen jetzt schon auf der Verliererseite, da ihr Land mit billigen Nahrungsmitteln aus den USA überschwemmt wird. Andererseits verlagerten viele US-amerikanische Firmen ihre Produktion in das Billiglohnland Mexiko und schufen damit viele neue Arbeitsplätze.

Mayafrauen beim Backen von Tortillas

EUROPÄISCHE SIEDLER

Die ersten Europäer siedelten bereits im 16. Jh. an der Ostküste Nordamerikas. Im 19. Jh. setzte ein großer Zustrom ein. Menschen, die ihre Heimat aus wirtschaftlichen, politischen oder religiösen Gründen verlassen mussten, versuchten im »Land der unbegrenzten Möglichkeiten« einen Neuanfang. Zur Schaffung neuer Siedlungsgebiete wurde das Staatsterritorium ständig ausgedehnt. Die Einwanderer drangen schließlich bis an die Westküste vor.

DIE UREINWOHNER AMERIKAS

Die Ureinwohner Nordamerikas kamen vor etwa 50 000 Jahren von Asien über die Beringstraße, die damals noch eine Landbrücke war, auf den Kontinent. Heute stellen sie nur einen geringen Teil der Bevölkerung der USA und Kanadas. Im 19. Jh. wurden in den USA zahlreiche Indianerstämme in Reservationen verbannt, als immer mehr europäische Einwanderer das Land besiedelten. Die Nachfahren der Maya in Mexiko machen noch 30% der Gesamtbevölkerung aus.

Die Regierung des Bundesstaates Kalifornien tagt in diesem imposanten Gebäude in der Hauptstadt Sacramento.

Staatsregierungen	Bundesregierung
Bildungswesen	Außenpolitik
Straßenbau	Währung
Wohnungsbau	Gesundheitswesen
Staatliche Polizei	Nationalparks

In den USA unterstehen das Polizeiwesen, das Erziehungs- und Bildungswesen sowie der Straßenbau der Hoheit der einzelnen Bundesstaaten. Bereiche, die alle Staaten betreffen, werden vom Bund geregelt.

FÖDERALISTISCHES SYSTEM

Alle drei Länder Nordamerikas haben ein föderalistisches Regierungssystem, sind also in mehrere Bundesstaaten aufgeteilt. Jeder Bundesstaat kann eigene Gesetze verabschieden. Er hat aber auch ein Mitspracherecht bei der Verwaltung des Landes und schickt Abgeordnete in ein nationales Parlament. Dabei kann es zu Interessenkonflikten zwischen den Einzelstaaten und dem Bund kommen. So hat sich zum Beispiel in Kanada in der französischsprachigen Provinz Quebec eine starke Unabhängigkeitsbewegung gebildet.

KANADA	
Hauptstadt: Ottawa	
Lage: 53°–152° westl. Länge, 42°–83° nördl. Breite	
Fläche: 9 976 140 km²	
Einwohner: 29 500 000	
Amtssprachen: Englisch, Französisch	
Religionen: Christen 72%, andere 28%	
Staatsform: Parlamentarische Monarchie	
Währung: Kanadischer Dollar	
Analphabetenrate: unter 5%	
Lebenserwartung: 77 Jahre	
Einwohner pro Arzt: 450	

KANADA

Kanada, das zweitgrößte Land der Erde, bedeckt zwei Fünftel des nordamerikanischen Kontinents. Es erstreckt sich über fünf Zeitzonen und ist in zehn Provinzen und zwei Territorien unterteilt. Die Ureinwohner sind Indianer und Inuit. Als erste Europäer besiedelten Franzosen das Land und beanspruchten es für ihre Krone. 1763 musste Frankreich jedoch die Herrschaft an die Briten abtreten, die nun nach und nach als Pioniere und Siedler den Rest des Landes eroberten. Heute ist Kanada ein bedeutender Industriestaat und zählt zu den reichsten Ländern der Erde. Bei der industriellen Produktion wird hauptsächlich auf einheimische Rohstoffe zurückgegriffen wie Holz, Metall und Erdöl.

OTTAWA
Ottawa, seit 1864 die Hauptstadt Kanadas, wurde nach dem Indianerstamm der Ottawa benannt, auf dessen Land sie erbaut ist. Die Stadt besitzt große Regierungsbauten, zahlreiche Museen und Kunstgalerien. Ottawas breiter, von Parkgelände gesäumter Kanal wird im Winter zum größten Natureisstadion der Welt.

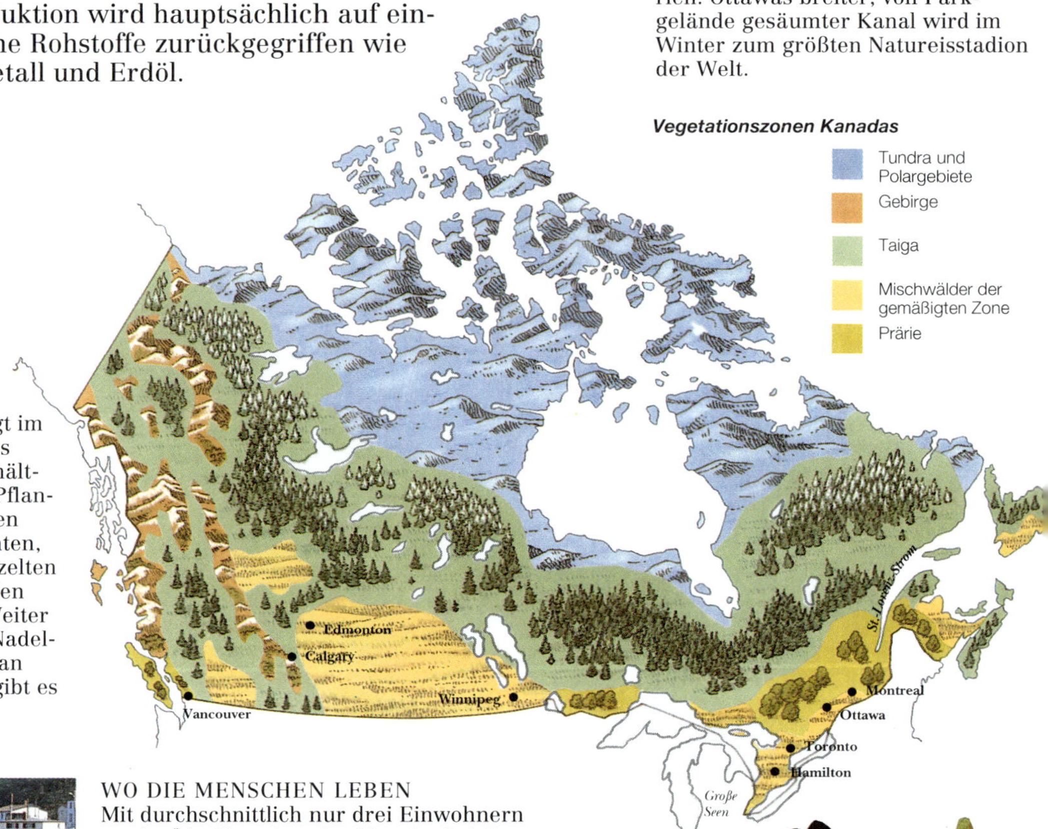

VEGETATIONSZONEN
Etwa ein Drittel der Fläche Kanadas liegt im Bereich der nördlichen Polarzone. Dieses Gebiet kennzeichnen extreme Klimaverhältnisse, an die sich nur wenige Tier- und Pflanzenarten anpassen konnten. In den kalten Tundrengebieten, die lediglich mit Flechten, Gräsern, kleinen Sträuchern und vereinzelten Bäumen bewachsen sind, bleibt der Boden bis zu neun Monate im Jahr gefroren. Weiter im Süden erstrecken sich ausgedehnte Nadelwälder. Im gemäßigten Klimabereich an der Grenze zu den Vereinigten Staaten gibt es Mischwälder und Prärien.

WO DIE MENSCHEN LEBEN
Mit durchschnittlich nur drei Einwohnern pro km² ist Kanada sehr dünn besiedelt. Fast 75% der Bevölkerung des riesigen Landes konzentrieren sich im USA-nahen Grenzgebiet, in den Städten und Ortschaften rund um die Großen Seen sowie entlang des St.-Lorenz-Stroms. Der Rest der Bevölkerung verteilt sich auf Fischerdörfer an den Küsten, auf kleinere Orte und vereinzelte Farmen im Inland.

DIE KANADIER
Die Nachfahren der englischen und französischen Siedler sind die beiden größten Bevölkerungsgruppen Kanadas. Französischsprachige Kanadier, wie die Teilnehmer dieser Wettkampfveranstaltung (rechts), leben vor allem in der Provinz Quebec. Die drittgrößte Bevölkerungsgruppe stellen die Nachfahren italienischer Einwanderer. Inzwischen gibt es in Kanada auch Einwanderer aus Osteuropa, Südostasien und Südamerika. Die Ureinwohner des Landes, also Indianer und Inuit, machen nur noch 4% der Bevölkerung aus.

CALGARY STAMPEDE
Seit 1923 pilgern jedes Jahr Tausende von Schaulustigen zur berühmten Stampede von Calgary in die Provinz Alberta. Beim Lassowerfen und zahlreichen anderen Wettkämpfen stellen die Cowboys ihre Geschicklichkeit unter Beweis.

DIE ERSTEN KANADIER

Indianer und Inuit sind die Ureinwohner des Landes. Sie lebten hier schon lange, bevor die ersten europäischen Siedler eintrafen. Mit der beginnenden Kolonialisierung verdrängten die weißen Siedler die Ureinwohner rücksichtslos aus ihren angestammten Gebieten und machten sie zu einer rechtlosen, in Armut lebenden Minderheit. Seit 1970 bemüht sich die kanadische Regierung um die Integration der Ureinwohner in die Gesellschaft, doch viele von ihnen halten an ihrer eigenen Kultur und Tradition fest. Erst in jüngster Zeit gelang es Indianern und Inuit, ihre Ansprüche auf das Land ihrer Vorfahren gerichtlich durchzusetzen. 1999 soll das Nunavut-Gebiet in den Nordwest-Territorien das Recht auf Selbstverwaltung erhalten. Es wäre damit die erste Provinz Kanadas, die von den Ureinwohnern eigenständig regiert wird.

Inuit leben in polaren Klimazonen. Warme Kleidung ist für sie lebenswichtig.

Das Rentierfell eignet sich für die Verarbeitung zu Kleidungsstücken.

Ein traditioneller Inuit-Parka

Gefütterte Stiefel halten die Füße auch bei klirrender Kälte warm.

JAMESBAI

Im Jahr 1971 begann man mit dem Bau einer riesigen Wasserkraftanlage. Sie sollte die Zuflüsse zur Hudson- und Jamesbai aufstauen und Strom für Kanada und die USA erzeugen. Im Rahmen dieses Projekts müssen jedoch Tausende von Cree-Indianern, die in der Region leben, umgesiedelt werden. Heftige Proteste gefährden die Fortsetzung und Vollendung des Mega-Projekts.

EISENBAHNVERBINDUNG ZUM PAZIFIK

Der letzte Teilabschnitt der transkontinentalen Eisenbahn wurde am 7. November 1885 am Eagle-Pass in British Columbia fertig gestellt. Dieses Datum markiert den Beginn einer neuen Ära. Die Canadian Pacific Railroad öffnete das Tor zum Westen und verband die Ostküste des Landes mit der Pazifikküste. Spektakulär an dieser wichtigen Anbindung ist unter anderem ein spiralförmiger Tunnel, der in die Rocky Mountains gebohrt wurde. In steten Kreisen schraubt sich dieses Wunderwerk damaliger Ingenieurskunst 914 m hoch in den Berg. Die Strecke wird heute nur noch selten für den Personenverkehr genutzt, sie dient fast ausschließlich dem Gütertransport.

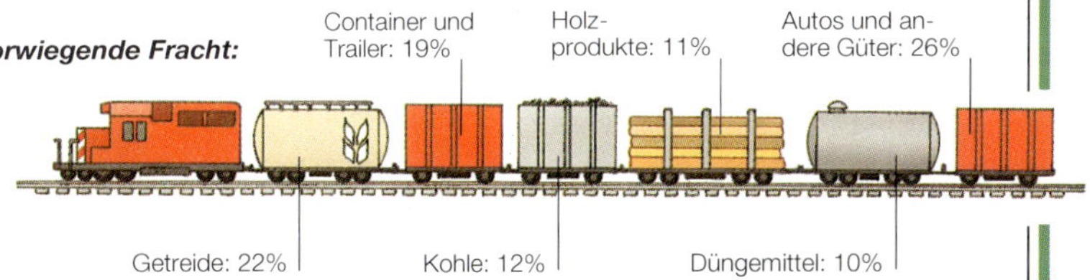

Zink wird als Rostschutz auf Stahl aufgetragen.

Nickel wird bei der Herstellung von Düsentriebwerken eingesetzt.

BODENSCHÄTZE

Kanada verdankt einen Großteil seines Reichtums den Bodenschätzen. Als weltweit führender Erzeuger von Uran, Zink und Nickel besitzt es außerdem Aluminium-, Gold-, Kupfer- und Silbervorkommen. In der Nähe von Yellowknife in den Nordwest-Territorien wird derzeit im Untertagebau die wohl größte Diamantenlagerstätte der Welt erschlossen.

DIE KÄLTE MEISTERN

Die kanadischen Winter sind lang, kalt und ungemein schneereich. Bei Einbruch des Winters nehmen Schneepflüge und Streufahrzeuge ihre Arbeit auf und sorgen für freie Straßen. Kinder vergnügen sich in dieser Jahreszeit mit Schlittschuh laufen und Eishockey spielen auf künstlich angelegten Eisbahnen oder gefrorenen Seen und Teichen.

Schneepflüge räumen im Winter die Straßen.

LANDWIRTSCHAFT

In den Prärien, dem wichtigsten Landwirtschaftsgebiet Kanadas, wird Weizen angebaut und Rinderzucht betrieben. In anderen Regionen gedeihen verschiedenste Obst- und Gemüsesorten. Unter den Obstsorten rangieren Äpfel an erster Stelle. Wie hier in British Columbia (rechts) werden sie auf riesigen Plantagen angebaut. Zwischen Ontario- und Eriesee liegt der so genannte Niagara-Obstgürtel. Im milderen Klima des Seengebiets gedeihen auch empfindliche Sorten wie Birnen, Pflaumen, Pfirsiche und Kirschen.

Zum Weiterlesen

DIAMANTEN *150, 226, 248*
ERSTE SIEDLER *23, 31*
INUIT *266*
VEGETATIONSZONEN *15*

WESTKANADA

Reiche Rohstoffvorkommen lockten die ersten europäischen Siedler in die Wildnis Westkanadas. Pelzjäger, Goldsucher und Holzarbeiter hofften dort ihr Glück zu machen. Heute sind die natürlichen Ressourcen des Landes die Grundlage der kanadischen Wirtschaft. Die fruchtbaren Prärieböden der Provinzen Alberta, Manitoba und Saskatchewan stellen vier Fünftel des gesamten Ackerlands. An der Pazifikküste ist der Fischfang eine wichtige Erwerbsquelle. Dort wird vor allem Lachs für den Export gefangen. In den unwirtlichen Nordwest-Territorien und im Yucon-Territorium lagern bedeutende Gold-, Zink- und Bleivorkommen. Diese Gebiete sind die einzigen Kanadas, in denen die Urbevölkerung überwiegt.

VANCOUVER
Die lebhafte Stadt Vancouver liegt an einem Meeresarm des Pazifischen Ozeans vor der Kulisse hoch aufragender Berge. Das schnell wachsende Industriezentrum unterhält über seinen eisfreien Hafen florierende Handelsbeziehungen zu den asiatischen Ländern auf der anderen Seite des Pazifiks.

Die gängigsten Weichhölzer sind Fichte (links), Kiefer und Tanne.

Bei den Harthölzern überwiegen Pappel, Birke (rechts) und Ahorn.

HOLZINDUSTRIE
Die vom Pazifizischen Ozean kommenden Winde bringen den Westhängen der Rocky Mountains viel Regen. Die Bäume in diesem Bereich wachsen daher schnell und werden sehr hoch. Kanada ist der größte Holzexporteur der Welt; knapp die Hälfte des Exportguts stammt aus British Columbia. Ein Teil der Baumstämme wird heute noch auf den Flüssen zum Sägewerk geflößt, der Rest über Straße oder Hubschrauber transportiert. Man schlägt vorwiegend Weichholz, das zu Bauholz oder auch – für Japan – zu Essstäbchen verarbeitet wird. Hartholz geht in die Möbelindustrie.

Im Sägewerk wird das Holz zu Brettern geschnitten.

Große Mengen Baumstämme werden zu Flößen zusammengefasst und flussabwärts zum Sägewerk getrieben.

Die Baumstämme werden zersägt, solange sie noch grün sind und voll im Saft stehen.

TOTEMPFÄHLE
Über Generationen hinweg schnitzten die Ureinwohner der Nordwestküste Totempfähle aus Holz im Gedenken an ihre Verstorbenen. Ein Abschnitt des Pfahls zeigt an, zu welcher Sippe die Familie gehörte. Häufig schützten die Pfähle den Eingangsbereich der Behausungen.

Tierköpfe und Tier-Mensch-Wesen symbolisieren die Ahnen.

LEBEN IN DER WILDNIS
Große Teile Kanadas, wie etwa die Nordwest-Territorien und das Yukon-Territorium, sind unerschlossen und nur dünn besiedelt. Abgesehen von den Waldgebieten ist der größte Teil des Landes eisige Wildnis. Die hier lebenden Tiere trotzen Schnee und Eis mit einem dicken, Wasser abweisenden Fell. Um ihren knappen Speiseplan zu bereichern, jagen die in den Wäldern heimischen Grislibären auch große Tiere wie das Karibu. Dieses Waldrentier zieht sich im Winter aus der klirrenden Kälte der Taiga in die südlich gelegenen Waldgebiete zurück.

REICHTUM DURCH ERDÖL
Die Entdeckung von Kohle-, Erdöl- und Erdgasvorkommen in den Prärien und den nahen Rocky Mountains brachte den Städten Edmonton und Calgary – einst Zentren der Getreide- und Fleischverarbeitung – Wohlstand und Reichtum. Edmonton z. B. erhielt ein Einkaufszentrum mit Eishockeystadion, Schwimmbad und Hotel.

WAS IST WO AUF DER KARTE

Längster Fluss: Mackenzie, 1 120 km *Karte D9*

Höchster Berg: Mt. Logan, 6 050 m *Karte A9*

Größter See: Großer Bärensee, 31 080 km² *Karte D8*

Arctic Bay, Nordwest-Terr.

a Jan. –30 °C
Juli 7 °C

b Jan. 8 mm
Juli 8 mm

Churchill, Manitoba

a Jan. –28 °C
Juli 12 °C

b Jan. 13 mm
Juli 56 mm

Edmonton, Alberta

a Jan. –14 °C
Juli 17 °C

b Jan. 23 mm
Juli 84 mm

Sonnenblumenöl gewinnt man durch Pressen aus den maschinell geschälten Samen.

PRÄRIEN
Weizen, die wichtigste Getreidesorte Kanadas, wächst vorwiegend auf den fruchtbaren Prärieböden im Westen. Die Provinz Saskatchewan ist der größte Weizenerzeuger. Sonnenblumen und Raps werden ebenfalls angebaut und zu Öl und Tierfutter verarbeitet.

OSTKANADA

Im Osten Kanadas, in den Provinzen Ontario und Quebec, liegen einige der ärmsten und der reichsten Gebiete des Landes. Die wohlhabenden Industrieregionen befinden sich entlang der Großen Seen und des St.-Lorenz-Stroms. Dort lebt auch der größte Teil der kanadischen Bevölkerung. In den Provinzen an der stürmischen Ostküste sind Rohstoffe Mangelware, und die Fischfangerträge gehen stark zurück. Das rauhe Klima und die dünne Bodenschicht lassen kaum Landwirtschaft zu. Nur in wenigen Gebieten Südontarios und in milderen Teilen der Küstenregionen werden widerstandsfähige Nutzpflanzen angebaut. Touristische Attraktion Ostkanadas sind die Niagarafälle zwischen Erie- und Ontariosee an der Grenze zu den USA. Sie ziehen jährlich Tausende von Touristen an.

EISHOCKEY
Beliebter Nationalsport der Kanadier ist das Eishockey. Bei diesem ungeheuer schnellen Spiel rasen zwei Mannschaften auf Schlittschuhen einer kleinen Scheibe, dem Puck, hinterher. Mit Geschwindigkeiten von bis zu 190 km/h flitzt dieser übers Eis. Der Spielverlauf wird oft durch Fouls unterbrochen, die mit Strafminuten geahndet werden.

TORONTO
An der Nordküste des Ontariosees liegt Toronto, Kanadas führendes Industrie- und Finanzzentrum und die am schnellsten wachsende Stadt des Landes. Toronto kann außerdem mit zwei Superlativen aufwarten: Der »SkyDome« ist das erste Stadion der Welt mit einem beweglichen Dach und der »Canadian National (CN) Tower« das höchste frei stehende Bauwerk.

DER ST.-LORENZ-SEEWEG
Die 1959 fertig gestellte Schifffahrtsverbindung zwischen den Großen Seen und dem St.-Lorenz-Strom verschaffte den Industriezentren Nordamerikas den Anschluss zum 3 769 km entfernten Atlantik. Über ein Schleusensystem werden die mit Getreide, Holz, Eisenerz und Kohle beladenen Schiffe vom Ontariosee 183 m tief auf Meeresspiegelhöhe abgesenkt. Die Benutzung ist gebührenpflichtig. Im Winter bleibt der Seeweg wegen Eisbildung vier Monate für den Schiffsverkehr geschlossen.

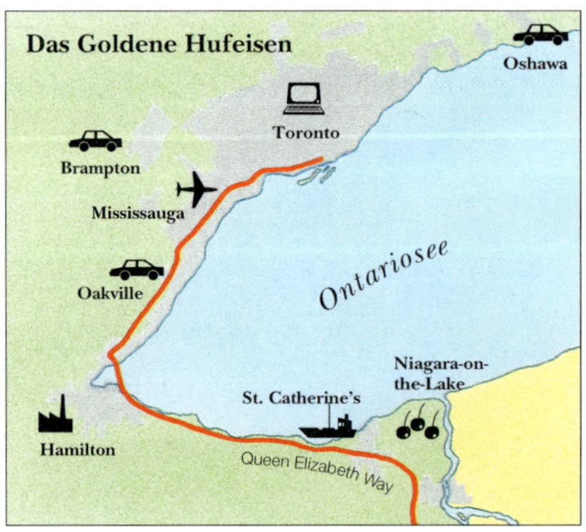

DAS GOLDENE HUFEISEN
Kanadas führende Industrieregion, das »Goldene Hufeisen«, erstreckt sich von Oshawa am Westufer des Ontariosees über Toronto und Hamilton bis nach Niagara. Hier können die Waren per Bahn oder per LKW über den Queen Elizabeth Way (QEW) zum bedeutendsten Handelspartner Kanadas, den USA, weitertransportiert werden. Auf Natur und Umwelt wurde bei der Entwicklung dieses Industrieraums keine Rücksicht genommen.

Automobilindustrie · Stahlwerke · Schiffbau · Flugzeugbau · Finanzzentrum · Obstverarbeitung

QUEBEC
1608 gründete der Franzose Samuel de Champlain eine Fellhandelsstation am St.-Lorenz-Strom – an einem Ort, den die Ureinwohner »kebec«, »Verengung des Wassers«, nannten. Um das Jahr 1700 lebten dort bereits 25 000 Franzosen. Unter britischer Herrschaft entwickelte sich die Stadt zu einem bedeutenden Handelsplatz. Quebec ist die Hauptstadt der gleichnamigen Provinz, in der heute 90% der französischsprachigen Kanadier leben. Zwar räumt die kanadische Zentralregierung den Quebecern zahlreiche Sonderregelungen ein, unter anderem eine eigene Amtssprache, aber dennoch gibt es starke separatistische Gruppen, die lautstark die Unabhängigkeit der Provinz von Kanada fordern.

Preiselbeeren werden zu Marmelade, Soßen und Sirup verarbeitet.

PREISELBEEREN
Auf dem sumpfigen Schwemmland entlang der Küste von New Brunswick baut man Preiselbeeren an. Im September und Oktober werden die reifen Beeren per Hand oder mit maschineller Hilfe geerntet.

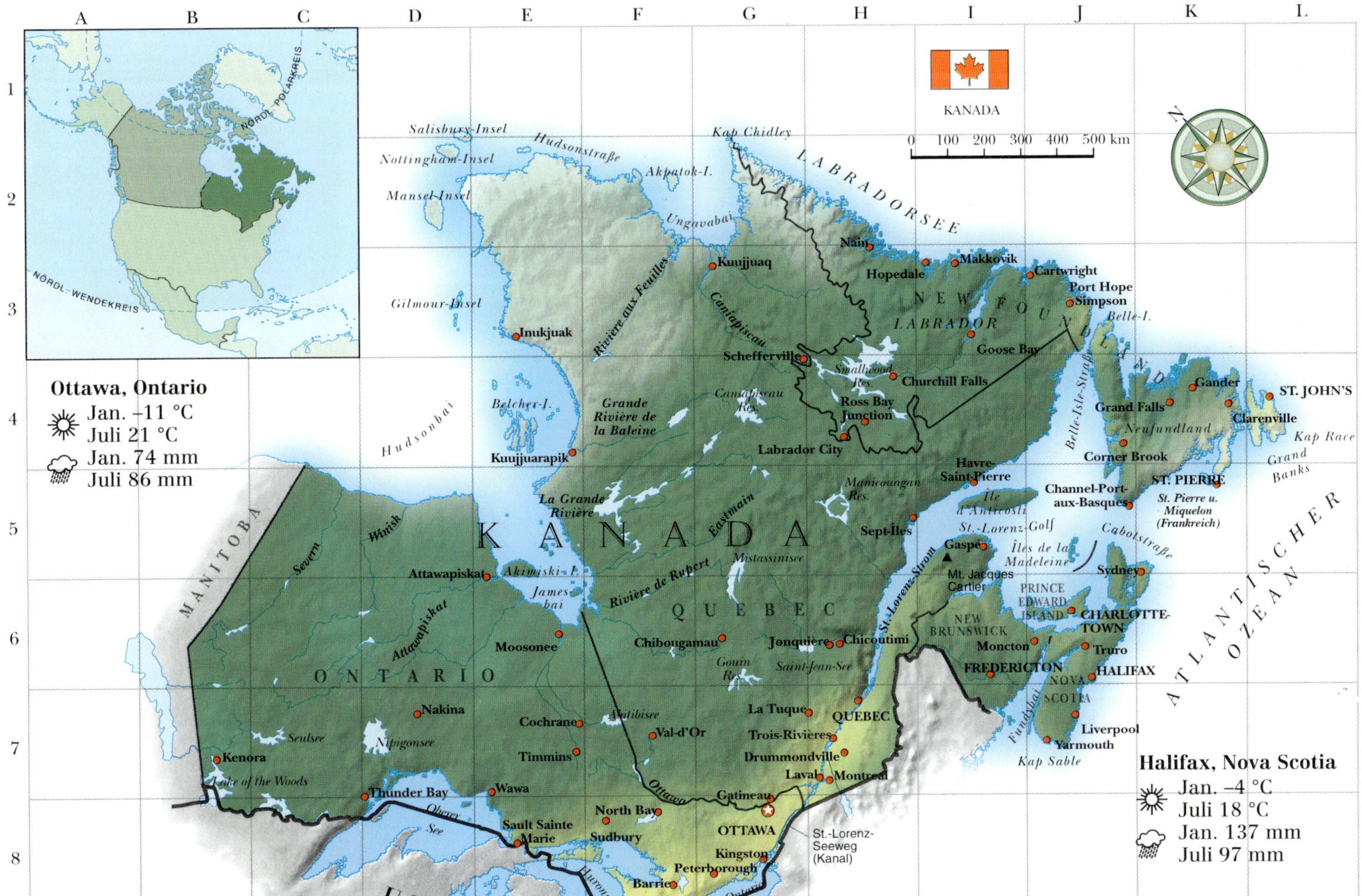

Ottawa, Ontario
Jan. –11 °C
Juli 21 °C
Jan. 74 mm
Juli 86 mm

Halifax, Nova Scotia
Jan. –4 °C
Juli 18 °C
Jan. 137 mm
Juli 97 mm

WAS IST WO AUF DER KARTE

Längster Fluss: St.-Lorenz-Strom, Kanada/USA, 3 782 km *Karte H6*

Höchster Berg: Mt. Jacques Cartier, 1 268 m *Karte I5*

Größter See: Huronsee, Kanada/USA, 59 570 km² *Karte F8*

FISCHFANG
Die Grand Banks vor der Küste Neufundlands zählen zu den reichsten Fischgründen der Erde. Da das Meer in den letzten Jahren jedoch überfischt wurde, regeln nun strenge Gesetze die Fangmenge. Das trifft die Bewohner Neufundlands hart, die vorwiegend vom Fischfang leben.

AHORN
Kanada stellt 75% des weltweit vertriebenen Ahornsirups her. Jedes Jahr im März wird der Saft des Zuckerahorns gewonnen und zu Sirup eingekocht. Auf der Flagge Kanadas prangt ein Ahornblatt.

SAURER REGEN
Im Südosten Kanadas hat der saure Regen bereits Grundwasser, Böden und Gebäude angegriffen. Die Übersäuerung von Flüssen und Seen schädigt Fische und andere Wasserbewohner. Selbst die Zuckerahornbäume leiden unter dem hohen Säuregehalt, der ihre Wurzeln angreift und sie anfälliger für Krankheiten und Dürre macht. Ein kleiner Prozentsatz des sauren Regens geht sicher auf das Konto kanadischer Fabriken, der überwiegende Teil wird jedoch von Industrieabgasen aus den USA verursacht, die der Wind nach Norden trägt.

So entsteht saurer Regen

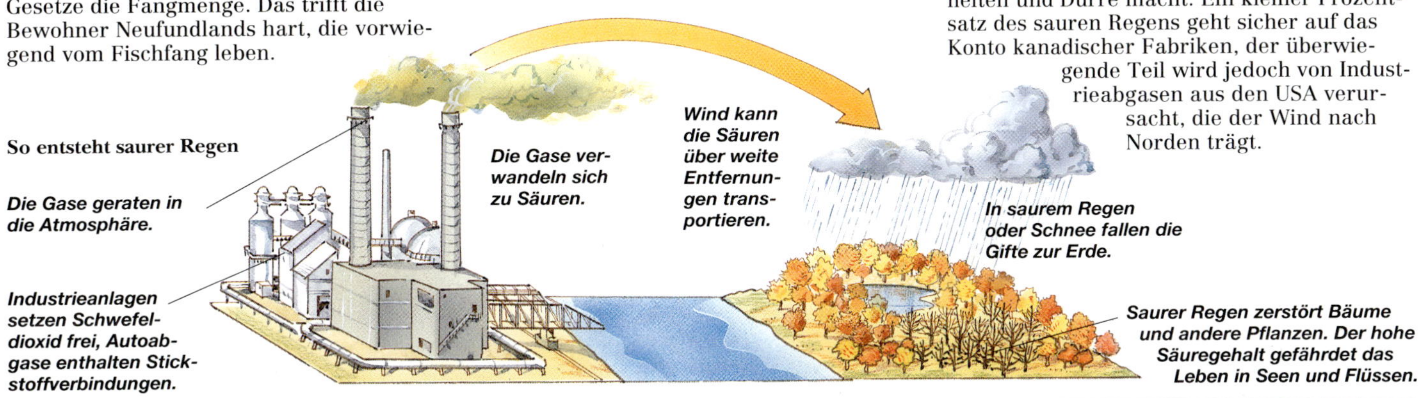

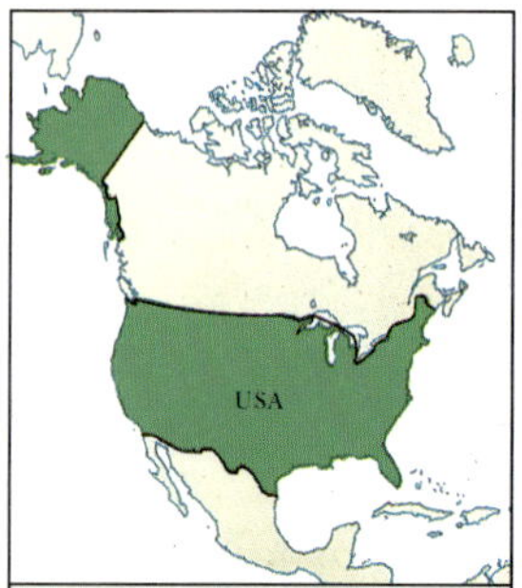

USA
Hauptstadt: Washington D.C.
Lage: 67°–172° westl. Länge, 24°–72° nördl. Breite
Fläche: 9 809 155 km²
Einwohner: 263 300 000
Amtssprache: Englisch
Religionen: Christen 84%, Juden 2%, andere 14%
Staatsform: Präsidiale Bundesrepublik
Währung: US-Dollar
Analphabetenrate: unter 5%
Lebenserwartung: 76 Jahre
Einwohner pro Arzt: 420

DIE USA

In knapp 400 Jahren entwickelten sich die Vereinigten Staaten von einem weithin unberührten Land zum mächtigsten Industriestaat der Welt. Die USA bestehen einschließlich Alaska im Norden und dem Hawaii-Archipel im Pazifik aus 50 Bundesstaaten. Zwei Hauptgebirgszüge, die Appalachen im Osten und die Rocky Mountains im Westen, durchziehen das Land von Norden nach Süden. Zwischen diesen Gebirgsketten liegen die sanften Hügel der Great Plains und riesige Flächen von Acker- und Weideland. Große Kohle-, Erdöl- und Erzlagerstätten sowie die Masseneinwanderungen aus Europa im 19. und 20. Jh. ließen die Industrialisierung rasch voranschreiten. Amerikanische Produkte sind heute der ganzen Welt ein Begriff.

STARS AND STRIPES
Jeder der 50 Sterne auf der amerikanischen Flagge symbolisiert einen Bundesstaat; die 13 Streifen stehen für die 13 Gründerstaaten an der Ostküste, die sich im Jahr 1776 mit einer Unabhängigkeitserklärung von Großbritannien lossagten.

Die Eltern dieses Mädchens stammen aus Hawaii und Korea.

Vater und Mutter dieses Kindes sind von Japan in die USA gezogen.

Afroamerikaner stellen heute 12% der Bevölkerung.

DIE BEVÖLKERUNG DER USA
Die USA sind ein multikulturelles Land mit einer Bevölkerung, die sich aus verschiedensten Volksgruppen und Rassen zusammensetzt. Die Vorfahren der meisten Bürger wanderten aus Europa oder Asien ein. Zahlreiche Afroamerikaner stammen von schwarzen Sklaven ab, die im 17., 18. und 19. Jh. in die USA verschleppt wurden. Heute steigt der Anteil der Hispanier (spanisch sprechende Einwohner), Asiaten und Afroamerikaner ständig. Schätzungen zufolge werden sie bis zum Jahr 2050 mehr als 50% der US-amerikanischen Bevölkerung stellen.

NUMMER EINS
Die USA sind nach der Schweiz das reichste Land der Erde. Führende Produkte sind Eisen und Stahl, Holz- und Papiererzeugnisse, Elektronik sowie Automobile und Flugzeuge. Diese Industriezweige schaffen zahlreiche Arbeitsplätze, die zu fast 50% von Frauen besetzt sind.

LEBEN IN DER STADT
Mehr als 75% der Amerikaner konzentrieren sich in den Städten und ihren Vororten. Die meisten Menschen in den Vororten besitzen ein eigenes Haus und fahren mit dem Auto zur Arbeit. New York ist mit knapp 8 Mio. Einwohnern die größte Stadt der USA, gefolgt von Los Angeles und Chicago. Hier wohnen Menschen verschiedenster Nationen. Eigene Viertel, wie zum Beispiel »Little Italy« oder »Chinatown«, zeugen von ihrem Bedürfnis nach kultureller Identität. Die Insel Manhattan (rechts) ist das Zentrum New Yorks. Sie ist nach einem einfachen Raster angeordnet: Die Hauptstraßen verlaufen von Norden nach Süden und die Querstraßen von Osten nach Westen.

Zunehmende Bevölkerungszahlen und steigende Grundstückspreise veranlassten die Architekten zum Bau immer höherer Gebäude.

Die Grand Central Station ist der Hauptbahnhof New Yorks.

Riesige Apartmentgebäude schaffen Wohnraum in den Stadtzentren.

Wolkenkratzer wie das Empire State Building bestimmen die Skyline vieler Städte in den USA.

Zahlreiche religiöse Gruppierungen laden in Kirchen und Gebetsräumen zur Besinnung ein.

WANDERUNG NACH WESTEN
Bessere Arbeitsbedingungen oder ein höherer Lebensstandard veranlassen viele Amerikaner, häufig den Wohnort zu wechseln. Seit der Zeit der ersten Siedler wurden Wanderbewegungen unterschiedlicher Art verzeichnet (rechts). Wirtschaftskrisen wie die Große Depression, die in den 30er Jahren ein Heer von Arbeitslosen verursachte, zwang die Betroffenen, sich in anderen Bundesstaaten nach Beschäftigung umzusehen. In den letzten 30 Jahren sind mehr und mehr Menschen in die wärmeren »Sunbelt«-Staaten im Süden und Westen der USA wie Kalifornien, Arizona, Texas und Florida abgewandert.

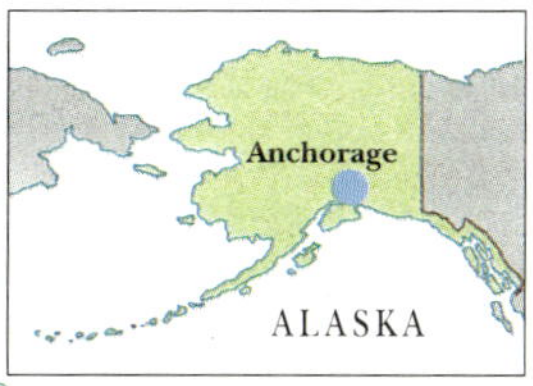

Mitte des 19. Jh. lockte die Aussicht auf Gold viele Menschen in den Westen. Ab 1920 zogen die Flugzeug- und Filmindustrie Arbeit Suchende nach Seattle und Los Angeles.

Um 1870 kamen viele Arbeit Suchende in die schnell wachsenden Industriezentren im Nordosten der USA.

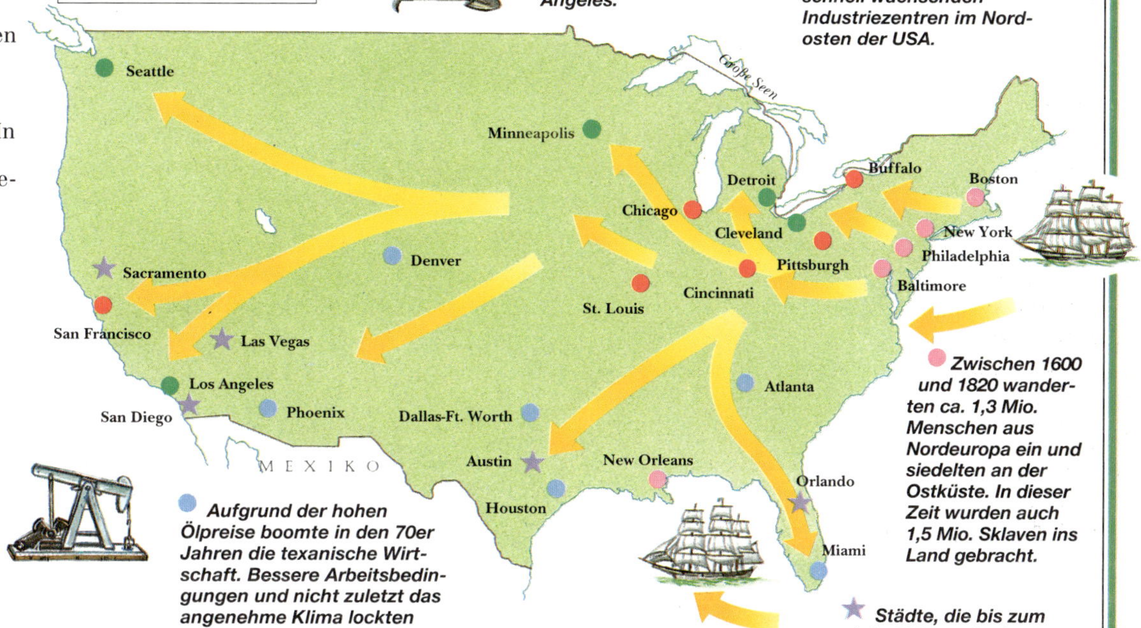

Aufgrund der hohen Ölpreise boomte in den 70er Jahren die texanische Wirtschaft. Bessere Arbeitsbedingungen und nicht zuletzt das angenehme Klima lockten viele Menschen in den Westen und Südwesten des Landes.

Zwischen 1600 und 1820 wanderten ca. 1,3 Mio. Menschen aus Nordeuropa ein und siedelten an der Ostküste. In dieser Zeit wurden auch 1,5 Mio. Sklaven ins Land gebracht.

Städte, die bis zum Jahr 2000 zu Großstädten anwachsen werden

NATIONALPARKS
Die landschaftlich schönsten Gebiete der USA werden in mehr als 350 Nationalparks geschützt. Der 1872 gegründete Yellowstone-Nationalpark (oben) in den Bundesstaaten Wyoming und Montana war der erste dieser Art. Hier leben bedrohte Tiere wie Bisons, Elche, Antilopen, Grislibären und Rotwild.

Dieser zum Stamm der Pueblo gehörende Zuni-Künstler verkauft handgearbeiteten Silber- und Türkisschmuck.

DIE ERSTEN AMERIKANER
Die Indianer, die Ureinwohner der USA, stellen heute nur noch 1% der Bevölkerung. Seit der Ankunft der ersten Europäer im 16. Jh. mussten sie um ihren Grund und Boden kämpfen. Viele Indianer verloren bei diesem Kampf gegen die Weißen ihr Leben. Trotz zahlreicher Unterdrückungsmaßnahmen und Diskriminierungen konnten die Indianer ihre Tradition und Sprache weitgehend bewahren. Etwa ein Fünftel der indianischen Bevölkerung lebt heute in Reservaten – Land, das ihr die amerikanische Regierung wieder zugesprochen hat.

DIE GRÖSSTEN STÄMME	
Cherokee	308 000
Navajo	219 000
Chippewa	104 000
Sioux	103 000
Choctaw	82 000
Pueblo	53 000

BASEBALL
Baseball, der amerikanische Nationalsport, zieht jährlich Tausende von Fans in die Stadien. Das erste Spiel zwischen zwei organisierten Mannschaften fand im Jahr 1846 in New Jersey statt; 30 Jahre später, 1876, wurde die National League, die Nationalliga, gegründet. Der amerikanische Präsident schlägt zu Beginn einer jeden Baseball-Saison den ersten Ball.

LEBENSSTIL
Der amerikanische »Way-of-Life« hat die ganze Welt erobert. Fastfood wie Hamburger und Cola kennt man überall, ebenso amerikanische Kino- und Fernsehfilme und ihre Stars. Der Export dieser Lebens- und Esskultur bringt der amerikanischen Wirtschaft Milliarden von Dollar.

Erdbeer-Milchshake

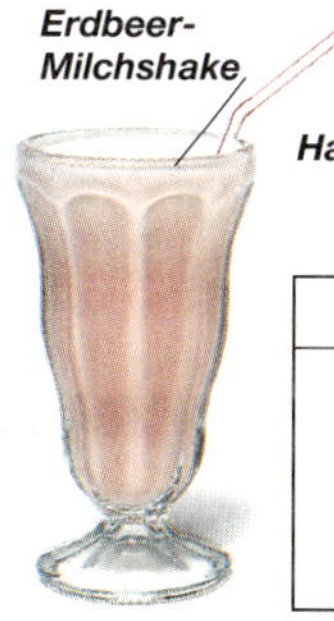

Hamburger

Zum Weiterlesen
INDIANER *22–23*
DIE ERSTEN SIEDLER *23, 24–25*
US-REGIERUNG *23, 270*

USA: WESTSTAATEN

Die Landschaft der Weststaaten ist von ungeheurer Vielfalt. Neben den lebensfeindlichen Eislandschaften Alaskas und den hitzeflirrenden Wüsten Nevadas und Arizonas gibt es Regionen mit reicher Tier- und Pflanzenwelt. Zu den Weststaaten gehören auch die lieblichen, halbtropischen Hawaii-Inseln. Seattle, Portland, San Francisco und andere Hafenstädte am Pazifik verschiffen Holz, Fisch und Obst in die ganze Welt. »Hauptstadt« des millionenschweren amerikanischen Filmbusiness ist Hollywood. Das ebenso erfolgreiche Geschäft mit Hightech-Produkten wird im nordkalifornischen Silicon-Valley gemacht. Sun Valley in Idaho gilt als einer der beliebtesten Sommer- und Wintersportorte.

DIE WÄLDER IM NORDEN
Ausgedehnte Kiefern-, Tannen- und Rotzedernwälder gedeihen im feuchten Klim nahe den Küsten Oregons und Washingto Diese Bundesstaaten sind auch die Haupt feranten von Holz und Zellstoff. Die Bäum werden gefällt und mit Lastwagen an die Küste transportiert. Umweltschützer prot tieren inzwischen gegen den Einschlag di zum Teil über 200 Jahre alten Pflanzen.

ERDBEBENGEFAHR
Kalifornien ist ein von Erdbeben bedrohtes Gebiet. Es liegt auf einer Verwerfung, der Grenze zwischen der nordamerikanischen und der pazifischen Platte der Erdkruste. Wenn sich diese Platten bewegen und aneinander reiben, kommt es zu Erdbeben, die Häuser und Straßen zerstören. Da Erdbeben schwer vorherzusagen sind, sorgen die meisten Kalifornier für den Notfall vor. Ausgerüstet mit einer Tasche, die die wichtigsten Dinge enthält, können sie auch geraume Zeit in einem verschütteten Haus überleben. Einige Gegenstände dieser Notausrüstung sind rechts abgebildet.

VERWERFUNGEN
Die San-Andreas-Verwerfung verläuft 1 207 km von Norden nach Süden durch Kalifornien und berührt auch die Städte San Francisco und Los Angeles. Daneben gibt es Hunderte kleinerer Verwerfungen, die Beben hervorrufen können.

SÜDLICH DER GRENZE
Der Großteil der in den Weststaaten lebenden Einwanderer stammt aus Mexiko. In den USA heißen sie Hispanier, da ein großer Teil ihrer Vorfahren aus Spanien kam und sie heute noch Spanisch sprechen. Hispanier kommen auch aus Kuba, Puerto Rico und El Salvador in die USA.

LAND DES ÜBERFLUSSES
Fruchtbarer Boden, viel Sonne und das abgeleitete Wasser aus den Flüssen der Sierra Nevada machen Kalifornien zum führenden Agrarstaat des Landes. Über 40% aller in den USA verzehrten Gemüse- und Obstsorten werden hier angebaut, so z. B. Pfirsiche, Orangen, Erdbeeren, Artischocken und Rosenkohl. Im nördlich von San Francisco gelegenen Napa Valley wachsen Trauben, aus denen man den bekannten kalifornischen Wein keltert. Er wird auch nach Europa exportiert und kann sich mit seinen Konkurrenten aus Frankreich und Italien durchaus messen. Viele Mexikaner kommen illegal über die Grenze, um auf den großen Obstfarmen zu arbeiten.

AUTOKULTUR
Als der Automobilfabrikant Henry Ford im Jahr 1908 sein Modell T auf den Markt brachte, machten nur wenige Autos die Straßen unsicher. Heute gibt es in den USA mehr Autos als in irgendeinem anderen Land. Sechsspurige Autobahnnetze ziehen sich durch Metropolen wie Los Angeles.

AUTOS PRO 100 EINWOHNER

USA	74
Deutschl.	50
Österreich	49
Brasilien	8,5
Indien	0,7

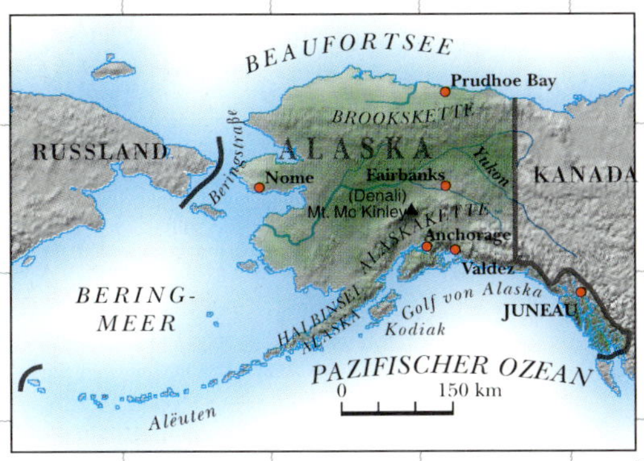

Fairbanks, Alaska

Jan. –24 °C
Juli 16 °C
Jan. 23 mm
Juli 48 mm

Boise, Idaho

Jan. –1 °C
Juli 23 °C
Jan. 48 mm
Juli 5 mm

WAS IST WO AUF DER KARTE

Längster Fluss:
Colorado, USA/Mexiko, 2 253 km *Karte I12*

Höchster Berg:
Mt. McKinley (Denali) 6 194 m *Karte J8*

Größter See:
Großer Salzsee, 3 525 km² *Karte J8*

Größte Schlucht der Welt: Grand Canyon, 349 km lang, 1 900 m tief *Karte J10*

IN DER WÜSTE

Die mitten in der Wüste gelegene Stadt Phoenix im Staat Arizona zählt zu den am schnellsten wachsenden Städten der USA. Zwischen 1960 und 1990 stieg ihre Einwohnerzahl um über 300%. Einen großen Teil des riesigen Wasserbedarfs der Stadt liefert der Colorado. Er wird so stark angezapft, dass er den Pazifik nicht mehr erreicht.

Kakteen sind an das Wüstenklima angepasst.

In der Wüste lebende Eidechsen verstecken sich nachts unter Felsen und schlüpfen erst am Morgen hervor, um sich in den Sonnenstrahlen zu wärmen.

Honolulu, Hawaii

Jan. 22 °C
Juli 25 °C
Jan. 104 mm
Juli 23 mm

0 100 200 300 km

Der Erdkuckuck, amerikanisch »road runner«, kann zwar kaum fliegen, dafür aber sehr schnell laufen.

USA: DIE ZENTRALSTAATEN

Die Zentralstaaten Nordamerikas sind die Kornkammer der USA und ein wichtiges Ölfördergebiet. Hohe Berge, fruchtbare Ebenen und der mächtige Mississippi mit seinen Nebenflüssen prägen diese große Region. Texas und Oklahoma besitzen bedeutende Erdöl- und Erdgasvorkommen; in Wyoming und Montana fördert man Kohle. Reich an Bodenschätzen sind auch die Rocky Mountains, deren landschaftliche Schönheit u. a. im Yellowstone- und Glacier-Nationalpark bewundert werden kann. Heiße Sommer und kalte Winter bestimmen das Klima dieser Gebiete, die von Hagelstürmen und Tornados heimgesucht werden.

Weizen ist ein Brotgetreide.

Aus den Körnern wird Mehl gemahlen.

DIE GREAT PLAINS

Die riesigen Prärien zwischen den Rocky Mountains und dem Mississippi, auf denen einst Millionen von Büffeln grasten, gelten heute als die Kornkammer des Landes. Die Farmer der Great Plains sind die weltweit größten Weizen- und Maisproduzenten. Bei Anbau und Ernte arbeiten sie mit speziellen Maschinen, ohne die eine Bewirtschaftung der riesigen Felder unmöglich wäre. Die trockeneren Gebiete können landwirtschaftlich nur genutzt werden, wenn genug Grundwasser vorhanden ist.

TORNADO ALLEY

Mehrere Hundert Tornados ziehen jedes Jahr durch die berühmt-berüchtigte »Tornado Alley«, einen Korridor, der die Staaten Kansas, Oklahoma und Missouri durchzieht. Tornados bilden sich, wenn heiße Luft vom Golf von Mexiko auf kalte, trockene Luft aus Kanada stößt.

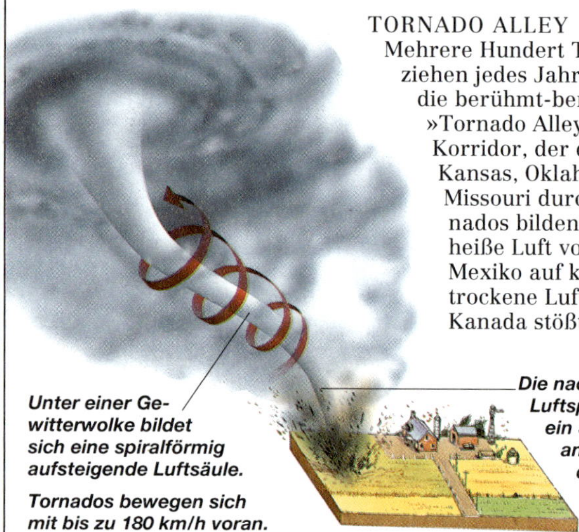

Unter einer Gewitterwolke bildet sich eine spiralförmig aufsteigende Luftsäule.

Die nach oben steigende Luftspirale saugt wie ein Staubsauger alles an, was sich ihr in den Weg stellt.

Tornados bewegen sich mit bis zu 180 km/h voran.

DAS LÄNDLICHE AMERIKA

Zu Beginn des 20. Jh. lebten noch zwei von fünf Erwachsenen auf Farmen, heute wohnen die meisten Amerikaner in den Städten. Daneben gibt es viele kleinere Orte mit weniger als 10 000 Einwohnern. Sie liegen in den landwirtschaftlich genutzten Gebieten und verfügen über Schulen, Kirchen und Einkaufsmöglichkeiten. Dieses ländliche Fest findet in Montana statt.

Der Stetson, ein Filzhut mit breiter Krempe, schützt vor Sonne und Regen.

Ledermanschetten

Mit dem Lasso werden die Rinder eingefangen.

Überhosen aus Leder schützen die Beine.

An den Fransen läuft das Regenwasser ab.

Sporen

Die Absätze an den Stiefeln halten den Fuß fest im Steigbügel.

LAND DER COWBOYS

Auf den Great Plains und am Fuß der Rocky Mountains wird Rinderzucht betrieben. Berittene Cowboys brachten einst die Herden auf neues Weideland, oder sie trieben die Tiere zu den Viehmärkten der größeren Städte. Aus Hollywood-Filmen kennt man Cowboys als mutige Helden, doch ihr Leben war in Wirklichkeit vor allem sehr hart: Gegen geringen Lohn verbrachten die Männer oft bis zu 15 Stunden im Sattel und trotzten sengender Hitze und strömendem Regen. Heute hat sich ihre Situation gebessert. Häufig werden sie mit ihren Pferden in großen Trucks zu den Weidegebieten gebracht.

TOTENSTÄDTE

In New Orleans baut man die Friedhöfe auf Anhöhen, damit sie nicht von den Fluten des Mississippi überschwemmt werden. Diese Friedhöfe heißen im Volksmund »Totenstädte«.

Blumenkranz

DER MISSISSIPPI

Von Minnesota im Norden bis hin zu seinem riesigen Delta im Golf von Mexiko durchfließt der mächtige Mississippi fünf Staaten der USA. Der schiffbare Abschnitt von knapp 2 900 km zählt zu den meistbefahrenen Wasserwegen der Erde. Dieses Foto (oben) zeigt den Fluss in Iowa, wo er die natürliche Grenze zu den Staaten Illinois und Wisconsin bildet. Im Süden des Landes sorgt der Mississippi nach heftigen Regenfällen oft für schwere Überschwemmungen.

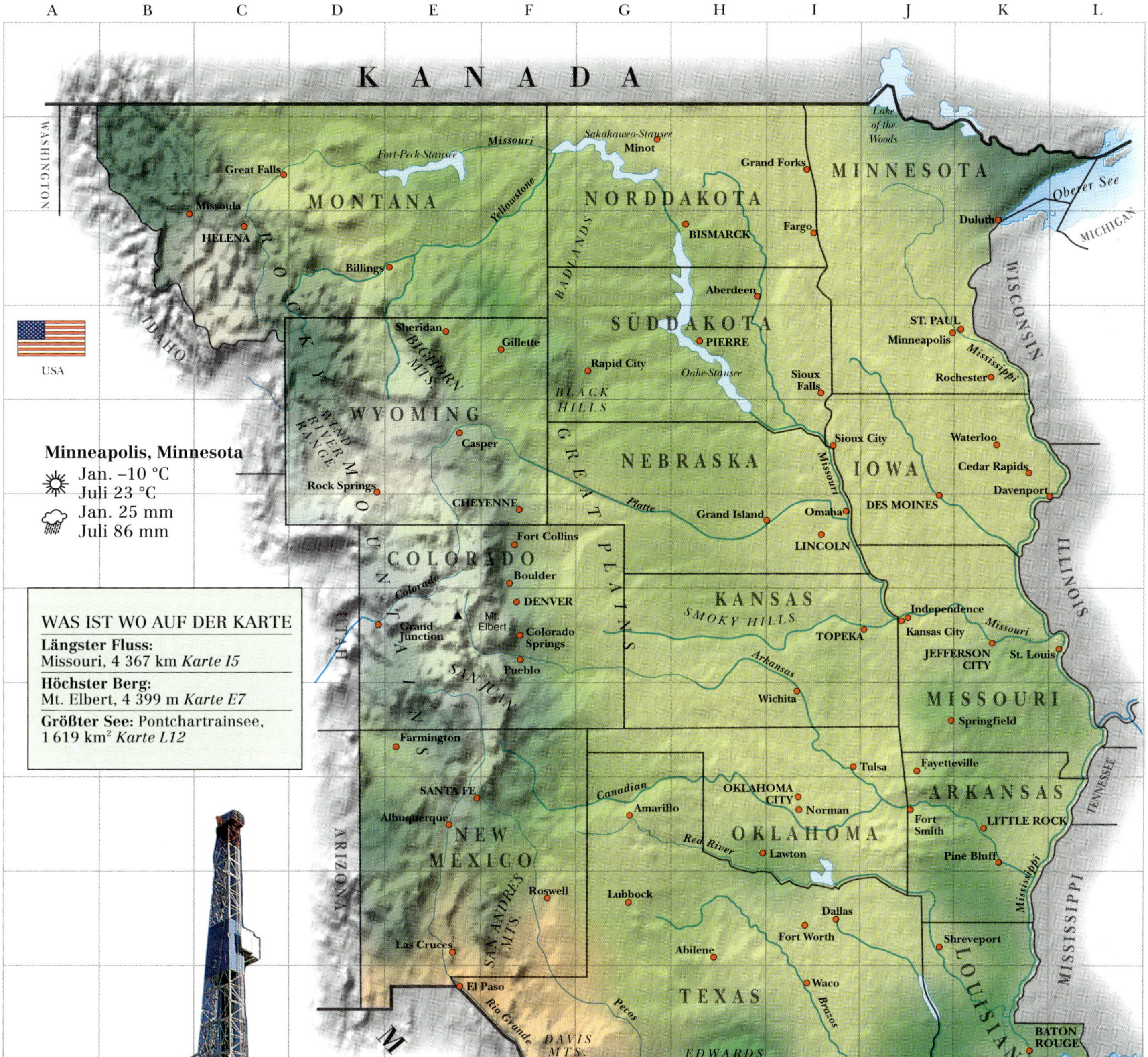

Minneapolis, Minnesota
Jan. –10 °C
Juli 23 °C
Jan. 25 mm
Juli 86 mm

WAS IST WO AUF DER KARTE

Längster Fluss:
Missouri, 4 367 km *Karte I5*

Höchster Berg:
Mt. Elbert, 4 399 m *Karte E7*

Größter See: Pontchartrainsee, 1 619 km² *Karte L12*

ERDÖLFÖRDERUNG
Die USA sind der drittgrößte Rohölproduzent der Welt und führender Hersteller von Mineralölprodukten wie Erdöl. Die ersten Erdölvorkommen entdeckte man Anfang des 20. Jh. in Texas. Sie brachten diesem Staat enormen wirtschaftlichen Wohlstand. Heute ist Texas der zweitgrößte Erdöllieferant.

Houston, Texas
Jan. 12 °C
Juli 27 °C
Jan. 89 mm
Juli 99 mm

USA: OSTSTAATEN

Naturhäfen, fruchtbarer Boden und reiche Bodenschätze machten die Oststaaten zu einer der am dichtesten besiedelten Regionen des nordamerikanischen Kontinents. An der Ostküste landeten im 16. Jh. die ersten Einwanderer aus Europa. Heute liegen hier einige der größten Städte der USA wie New York und Washington D.C. Chicago, Detroit und Cleveland an den Großen Seen waren früher bedeutende Industriezentren. Im Süden werden Baumwolle und Tabak angebaut. Außerdem pflanzt man Sojabohnen, die u. a. zur Speiseölgewinnung dienen. Jedes Jahr bedrohen Hurrikane die Menschen am Golf von Mexiko und an der Atlantikküste.

Seit 1800 ist das Weiße Haus Sitz des amerikanischen Präsidenten.

DIE REGIERUNG
Die Verfassung der USA wurde 1787 erarbeitet und von den einzelnen Bundesstaaten angenommen. Sitz der Nationalregierung ist Washington D.C. Hier residiert auch der Präsident, das Staatsoberhaupt der USA. Während der vierjährigen Amtszeit bewohnen er und seine Familie das Weiße Haus.

DIE APPALACHEN
Die Appalachen erstrecken sich über die Staaten North Carolina, Virginia und West Virginia. Lange Zeit baute man hier Kohle ab. Als die meisten Gruben und Fabriken stillgelegt wurden, verloren viele Menschen ihre Arbeit. Heute zählen die Appalachen zu den ärmsten Regionen der USA.

FINANZZENTRUM NEW YORK
Die einstige Fellhandelsstation an der Mündung des Hudson ist heute das Finanzzentrum der Vereinigten Staaten. Von der Vergangenheit zeugt die Wall Street, die den Verlauf der einstigen Stadtmauer markiert. In dieser kleinen Straße befindet sich die New Yorker Börse, an der täglich Geschäfte im Wert von mehreren Milliarden Dollar abgewickelt werden. Bildschirme über dem Börsenparkett informieren über die neuesten Kursentwicklungen in aller Welt. New York ist berühmt als »Stadt, die niemals schläft«. Museen, Theater, Parks, Restaurants und Nachtlokale sorgen für Unterhaltung rund um die Uhr.

Die aus Neonröhren geformte Gitarre wirbt in Memphis, Tennessee, für einen Blues-Club.

Zahllose Leuchtreklamen sorgen auch nachts für Farbe.

MUSIKFORMEN
In New Orleans liegen die Wurzeln des Jazz und des Blues. Diese Musikformen entwickelten sich aus den Liedern der schwarzen Sklaven. Aus den Volksweisen irischer und britischer Einwanderer entstand in Kentucky und Tennessee die Country- oder Westernmusik.

An den Baumwollpflanzen bilden sich Knospen.

Die Blüten färben sich rosa und fallen dann ab.

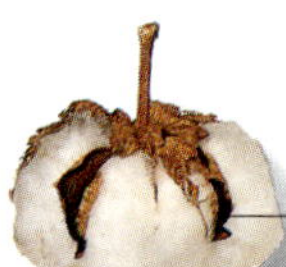

Sind die Blütenblätter abgefallen, reift ein kleines Samenkorn zur Kapsel heran.

Die Samenkapsel öffnet sich, weiße Faserbüschel treten hervor.

Baumwolle wird zu Bekleidung, Wäsche, Gardinen und vielem mehr verarbeitet.

Mit riesigen Maschinen werden die Samenkapseln gepflückt.

BAUMWOLLE – REICHTUM DER SÜDSTAATEN
Mitte des 19. Jh. erzeugten die Südstaaten 80% der weltweit verkauften Baumwolle und brachten es damit zu großem Wohlstand. Auf den Plantagen arbeiteten überwiegend schwarze Sklaven, die die riesigen Baumwollfelder per Hand bestellen mussten. Erst im Jahr 1865 wurde die Sklaverei in den USA abgeschafft. Heute übernehmen Maschinen die Bearbeitung des Bodens und bringen die Ernte ein. Baumwolle ist noch immer ein wichtiges Erzeugnis dieser Region, mittlerweile steht jedoch der Anbau von Sojabohnen an erster Stelle. Diese Nutzpflanze findet in der Nahrungsmittelindustrie vielseitig Verwendung.

Pittsburgh, Pennsylvania
Jan. –1 °C
Juli 23 °C
Jan. 76 mm
Juli 107 mm

Nashville, Tennessee
Jan. 4 °C
Juli 27 °C
Jan. 117 mm
Juli 102 mm

Miami, Florida
Jan. 20 °C
Juli 28 °C
Jan. 71 mm
Juli 155 mm

WAS IST WO AUF DER KARTE

Längster Fluss:
Ohio, 1 579 km *Karte F6*

Höchster Berg:
Mt. Mitchell, 2 037 m *Karte E8*

Größter See:
Michigansee, 57 757 km²
Karte D4

Längstes Höhlensystem der Welt: Mammuthöhlen, 560 km
Karte D7

DIE GROSSEN SEEN

Die fünf Großen Seen bilden die ausgedehnteste Süßwasserfläche der Erde. Sie grenzen die Oststaaten gegen Kanada ab und sind eine wichtige Wasserstraße für den Gütertransport. Am Ufer des Michigansees liegt Chicago (links), die drittgrößte Stadt der USA.

RETTET DIE SÜMPFE

Etwa ein Fünftel der Fläche Floridas ist sumpfiges Gelände. Dazu gehört auch der Nationalpark der Everglades, der vielen gefährdeten Tierarten wie dem Floridapanther und dem Manati eine letzte Zuflucht bietet. Immer wieder gibt es Pläne zur Trockenlegung bestimmter Gebiete der Everglades, um Land zu gewinnen. 1994 verabschiedete die Regierung Floridas ein Programm zum Schutz der noch vorhandenen Sümpfe und zur Rückgewinnung ehemaliger Sumpfgebiete.

Der Mississippi-Alligator ist in den Sümpfen und Flüssen Floridas, Georgias und Alabamas heimisch. Er wird bis zu 3,6 m lang.

MEXIKO

Hauptstadt: Mexiko-Stadt

Lage: 87°–117°westl. Länge, 15°–33° nördl. Breite

Fläche: 1 958 201 km²

Einwohner: 81 141 000

Amtssprache: Spanisch

Religionen: Katholiken 90%, andere 10%

Staatsform: Präsidiale Bundesrepublik

Währung: Peso

Analphabetenrate: 13%

Lebenserwartung: 70 Jahre

Einwohner pro Arzt: 1 850

MEXIKO

Das farbenfrohe Land beherbergte die Hochkulturen der Maya und Azteken. Sie wurden von den Spaniern zerstört, die im 16. Jh. das Land eroberten und es bis zu seiner Unabhängigkeit 1821 regierten. Die Nachfahren dieser Kulturen leben noch in Mexiko. Die meisten Bewohner sind aber »mestizos«, d.h. spanisch-indianische Mischlinge. Mexikos Bevölkerungszuwachs ist groß: Etwa die Hälfte aller Mexikaner ist jünger als 19 Jahre. Das Land hat zu wenig landwirtschaftlich nutzbare Flächen, um die ständig wachsende Bevölkerung ausreichend zu ernähren. Viele Mexikaner wandern in die benachbarten USA aus, um dort ihren Lebensunterhalt zu verdienen.

EIN LAND VOLLER GEGENSÄTZE
Mexikos Landschaft ist geprägt durch weite Wüsten im Norden, schneebedeckte Berggipfel und eine Hochebene im Zentrum sowie tropische Regenwälder im Süden. Die hier abgebildete Sonora-Wüste erstreckt sich bis zu den USA. Sie ist die Heimat riesiger Kandelaber-Kakteen und giftiger Tiere wie Klapperschlangen und Skorpione.

TOURISMUS
Der Tourismus bildet eine der Haupteinnahmequellen Mexikos. Besucher aus aller Welt bestaunen die alten Azteken- und Mayasiedlungen wie Chichén Itzá, Tenochtitlán, Palenque u.v.a. Weitere Anziehungspunkte für Touristen sind die bekannten Badeorte Acapulco und Cancún.

Die Prachtstraße von Mexiko-Stadt ist der Paseo de la Reforma mit Hochhäusern, Cafés und Theatern.

Diese Ruinen bei Teotihuacán nahe Mexiko-Stadt sind die Überreste einer Tempelanlage.

DIE HAUPTSTADT MEXIKO-STADT
Mit gut 16 Mio. Einwohnern zählt Mexiko-Stadt zu den größten Städten der Welt. Lage und Größe der Stadt bringen jedoch Probleme mit sich. Da die Stadt hoch liegt und von Bergen umgeben ist, ziehen die Abgase von Autos und Fabriken nur schwer ab. Wegen der Luftverschmutzung können Kinder oft erst nach dem Hauptberufsverkehr zur Schule gehen. Außerdem leidet die Stadt an Überbevölkerung und ist erdbebengefährdet. Das letzte Erdbeben zerstörte 1985 das gesamte Stadtzentrum und machte viele Menschen heimatlos.

Die meisten Mexikaner sind römisch-katholisch. Ihre Kirchen sind nach bekannten Heiligen benannt.

Frauen tragen bunte Körbe mit Blumen. Der farbige Wickelrock, »enrado« genannt, gehört zur Landestracht Mexikos.

Diese Männer halten riesige Stoffballons, auf denen der Name ihres Heimatorts steht.

DORFFESTE
Feste, »fiestas«, sind ein wichtiger Bestandteil mexikanischen Lebens. Jedes Dorf hat seinen Schutzpatron, an dessen Namenstag eine farbenprächtige Parade stattfindet. In ganz Mexiko gibt es 115 verschiedene Namenstage für Heilige und Schutzpatrone. Hier feiern die Bewohner eines Ortes in der Nähe von Oaxaca ihre »fiesta« mit einer Straßenprozession. Die meisten Mexikaner sind zwar römisch-katholisch, doch sind indianische Riten noch stark vertreten.

Guacamole, ein beliebter Dip aus Avocados

Bier mit einer Zitronenscheibe

Avocado

Chilischoten

Tortillas isst man wie Brot, oder man füllt sie mit Gemüse.

MEXIKANISCHE SPEZIALITÄTEN
Mexikaner essen gern scharf, mit viel Chili (spanische Pfefferschoten). Typische Zutaten sind Avocados, Bohnen, Tomaten und Mais. Am bekanntesten sind »tortillas«, Maispfannkuchen, die mit Fleisch, Gemüse und Käse gefüllt werden. Eine Besonderheit zum Huhn ist »mole«, eine Soße aus Chilischoten und Schokolade.

WAS IST WO AUF DER KARTE

Längster Fluss: Rio Grande (Río Bravo del Norte), 3030 km *Karte G4*

Höchster Berg: Citlaltépetl (Orizaba), 5700 m *Karte H8*

Größter See: Chapala-See (Lago de Chapala), 1550 km² *Karte E7*

Größter Golf der Welt: Golf von Mexiko, 1 813 000 km² *Karte I7*

MEXIKO

ÖL AUS DEM GOLF
1976 fand man im Golf von Mexiko riesige Ölreserven. Heute ist Mexiko der fünftgrößte Ölerzeuger der Welt. Im Golf wird von ca. 3 000 Plattformen aus Öl vom Meeresgrund gefördert. Mexiko ist aber auch reich an anderen Bodenschätzen wie Eisen, Zink, Kupfer und Silber. Mexiko gilt als größter Silberproduzent der Welt.

TRADITIONELLE HANDWERKSKUNST
Weben und Sticken gehören zur Handwerkskunst der mexikanischen Indios. Ihre Muster enthalten Vogel-, Blumen- und Göttermotive. Wie früher verkaufen die Frauen auch heute ihre Stoffe auf den Wochenmärkten der Umgebung.

Blau, Rot und Schwarz sind beliebte Stofffarben.

»MADE IN MEXICO«
Entlang der mexikanischen Nordgrenze zu den USA erstrecken sich gut 2 000 Fabriken, »maquiladoras« genannt. Hier werden unzählige Autos, Computer, Schuhe und andere Verbrauchsgüter für den Export gefertigt. Die meisten Fabriken gehören ausländischen Firmen und wurden wegen der niedrigen Arbeitslöhne in Mexiko errichtet. Die »maquiladoras« sind eine wichtige Einnahmequelle für Mexiko und stellen einen vom Erdöl unabhängigen Wirtschaftszweig dar.

Zum Weiterlesen

ÖL *137, 152, 281*
BEVÖLKERUNG *16–17*
KATHOLIKEN *274*
HANDEL *280*

MITTEL- UND SÜDAMERIKA

Der nord- und der südamerikanische Kontinent sind im äußersten Westen nur durch eine schmale Landbrücke verbunden. Zusammen mit dem Inselkranz der Antillen im Osten begrenzt sie ein großes Meeresbecken, das zwischen den beiden Landblöcken liegt. Die mittelamerikanische Landbrücke wird von einer Gebirgskette mit zahlreichen Vulkankegeln durchzogen. Im Süden verengt sie sich und leitet von Mittelamerika nach Südamerika über. An der Westküste des südamerikanischen Kontinents erstreckt sich der mächtige Gebirgszug der Anden. Zwischen ihn und den Pazifischen Ozean schiebt sich ein schmaler Wüstenstreifen, die Atacama. Grasfluren und Savannen bedecken etwa 60% Südamerikas. Der gesamte Nordosten ist von tropischen und subtropischen Regenwäldern überzogen.

AMAZONAS
In den schneebedeckten Bergen Perus entspringen die Quellflüsse des Amazonas. Sie vereinen sich zum längsten und wasserreichsten Fluss Südamerikas. Der Amazonas durchquert Peru und Brasilien. Bis zu seiner Mündung in den Atlantischen Ozean legt er etwa 6 500 km zurück. Die ungeheuren Wassermengen, die sich im 250 km breiten Mündungsgebiet in den Atlantik ergießen, drängen das Meerwasser bis zu 180 km von der Küste ab. Im Amazonasbecken liegt das größte Regenwaldgebiet der Erde. Die tropischen Wälder dehnen sich zu beiden Seiten des Stromes aus. Ihre Abholzung und die damit verbundene Vernichtung zahlloser Pflanzen- und Tierarten betrachtet man mittlerweile als Problem von globaler Reichweite.

Auf der Suche nach Aas kreist der Kondor über den Anden. Seine Flügel haben eine Spannweite von etwa 3 m.

DIE ANDEN
Die Anden oder Kordilleren sind die längste Gebirgskette der Welt. Sie erstrecken sich von Norden nach Süden 7 500 km weit entlang der Westküste Südamerikas. Viele ihrer Gipfel steigen bis zu einer Höhe von über 6 000 m auf. Dieses Faltengebirge wurde aufgetürmt, als sich die südamerikanische Kontinentalplatte über die ozeanische Platte schob. Die Plattenbewegungen sind noch nicht abgeschlossen und verursachen Erdbeben und Vulkanausbrüche. Ein erloschener Vulkan, der Aconcagua, ist mit 6 960 m der höchste Berg Südamerikas. An der Grenze von Peru und Bolivien liegt in den Anden der Titicacasee. Mit 8 300 km² ist er der größte Hochlandsee der Erde und gilt wegen des dort möglichen Schiffsverkehrs als höchstgelegener befahrbarer See der Welt.

An den Anden steigt die Luft auf und kühlt ab. Die entstehenden Wolken regnen sich ab.

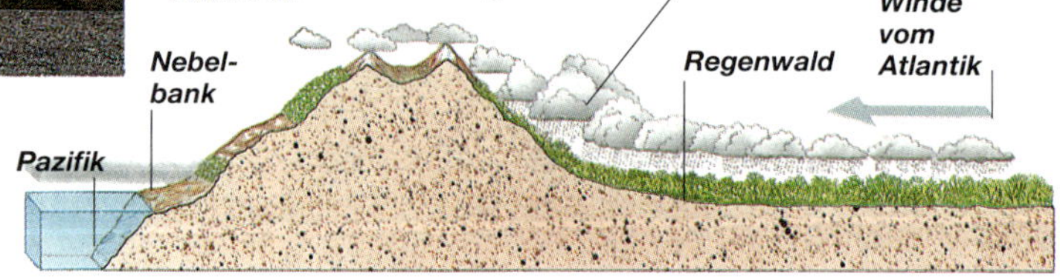

An den Westhängen der Anden fällt wenig Regen. Ein Großteil des Küstenbereichs ist Wüste.

DIE ANDEN UND DAS KLIMA
Der hohe Gebirgszug der Anden ist eine Klimascheide. Vom Atlantik kommende warme, feuchte Winde steigen an den Osthängen auf. Dabei kühlt die Luft ab, der Wasserdampf kondensiert zu Tröpfchen und schlägt sich als Steigungsregen nieder. An den Westhängen der Anden, wie z. B. der Küstenzone Perus, fällt dagegen kaum Niederschlag.

Patagonien liegt mit 760 000 km² auf argentinischem und chilenischem Staatsgebiet.

PATAGONIEN
Im Süden des Kontinents liegt Patagonien. Der Norden dieses dünn besiedelten Gebiets ist Halbwüste mit Strauchbewuchs. Im kalten und regenarmen Süden gibt es nur spärliche Vegetation. Tief eingeschnittene Flüsse durchziehen das Tafelland in west-östlicher Richtung. In den breiten Talauen der Flüsse wird Obst angebaut, auf dem regenarmen, windigen Tafelland betreibt man Schafzucht.

DIE PAMPAS
Über 650 000 km² erstreckt sich die ausgedehnte Graslandschaft der Pampas in Argentinien. Im angrenzenden Paraguay geht sie in die große Ebene des Gran Chaco über. Das Tafelland Patagoniens begrenzt die Pampas im Süden. Im Westen herrscht trockenes Klima, im östlichen Teil regnet es häufig. Die Pampas sind das wirtschaftliche Herz Argentiniens. Auf den riesigen Ebenen werden großflächig Weizen, Mais, Bohnen und andere Feldfrüchte angebaut.

MONT PELEE
Am 8. Mai 1902 brach auf der Karibikinsel Martinique der Vulkan Mont Pelée aus. Eine heiße Gas- und Staubwolke legte sich über die Hafenstadt St. Pierre und erstickte alle 26 000 Einwohner. Die Gefahr von Vulkanausbrüchen besteht in der Karibik ständig. Im August 1995 wurde die Hauptstadt der Insel Montserrat evakuiert, da eine Eruption drohte.

Höchste Temperatur:
Rivadavia, Argentinien,
49 °C

ISTHMUS VON PANAMA
Der Isthmus von Panama ist der schmalste Abschnitt der mittelamerikanischen Landbrücke. Er trennt das Karibische Meer vom Pazifischen Ozean. An seiner engsten Stelle ist er nur 48 km breit. Hier wurde unter großen Opfern der Panamakanal gebaut, der 1914 eröffnet wurde. Diese Schifffahrtstraße ist der bedeutendste Seekanal der Erde.

Niedrigste Temperatur:
Sarmiento,
Argentinien, –33 °C

MITTEL- UND SÜDAMERIKA IN KÜRZE

Fläche: 18 589 km²

Höchster Berg:
Aconcagua, Argentinien,
6 960 m
Karte F11

Längster Fluss:
Amazonas, Peru/Brasilien,
6 439 km *Karte I6*

Größter See:
Titicacasee, Bolivien/Peru,
8 287 km² *Karte F8*

Größte Insel:
Tierra del Fuego,
71 163 km² *Karte F16*

DIE BEVÖLKERUNG MITTEL- UND SÜDAMERIKAS

Einwohner: ca. 373 739 000
Anzahl der Länder: 32

Nachdem Christoph Kolumbus 1492 auf den Bahamas gelandet war, eroberten die Königreiche Spanien und Portugal fast das ganze Land. Kleinere Gebiete im Osten eroberten die Engländer, Franzosen und Niederländer. Viele der indianischen Ureinwohner wurden getötet, ihre Kultur wurde zerstört und ihr Gold geraubt und nach Europa gebracht. Im 16. Jh. wurden zur Arbeit auf den Plantagen Sklaven aus Afrika nach Südamerika verschleppt. Heute prägt daher ein buntes Gemisch verschiedenster Rassen und Völker das Gesicht dieses Großraums. Spanisch ist die häufigste Sprache in Mittel- und Südamerika. Die Amtssprache Brasiliens ist Portugiesisch. In der Karibik trifft man auf Englisch und Französisch. In Surinam wird Niederländisch gesprochen. Die Sprachen der Ureinwohner sind aber noch nicht ganz in Vergessenheit geraten.

Land mit der höchsten Bevölkerungsdichte: Barbados, 609 Einwohner pro km²

Kleinstes Land: Grenada, 340 km²

Land mit der geringsten Bevölkerungsdichte: Surinam, 3 Einwohner pro km²

Größtes Land: Brasilien, 8 511 970 km²

Prächtige Kirchen wie dieser barocke Bau zu Ehren des heiligen Franziskus stammen aus der Kolonialzeit.

CHRISTIANISIERUNG
Ab dem 16. Jh. begannen Spanien und Portugal mit der Kolonialisierung Südamerikas. Auf die Eroberer folgten bald auch Missionare, deren Hauptaufgabe es war, die Ureinwohner zu »zivilisieren« und den römisch-katholischen Glauben mit allen Mitteln zu verbreiten. Einige von ihnen, z. B. der Bischof von Chiapas (Mexiko), Bartolomé de las Casas, setzten sich jedoch auch sehr für die Rechte der unterjochten Indios ein.

VÖLKERGEMISCH
Reine Indios machen heute nur noch etwa 2% der Bevölkerung aus. Minderheit sind auch die Schwarzen afrikanischer Herkunft sowie die Mulatten, die heute vorwiegend in Brasilien und in der Karibik leben. In den meisten Ländern stellen Mestizen, Abkömmlinge von Weißen und Indios, den überwiegenden Teil der Bevölkerung. Die Zahl der Mischlinge quer durch alle hier lebenden Rassen wächst ständig.

An dieser Gruppe von Brasilianern zeigt sich die ethnische Vielfalt des Landes.

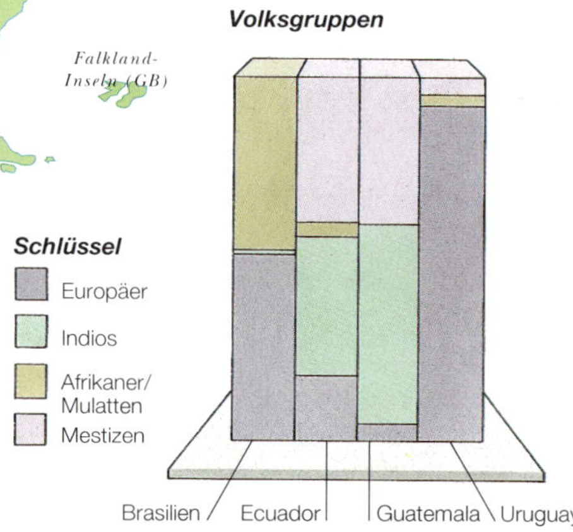

Die Bevölkerung Mittel- und Südamerikas lässt sich in vier ethnische Gruppen unterteilen. Das oben stehende Diagramm zeigt am Beispiel von vier Ländern die proportionale Verteilung dieser Gruppen.

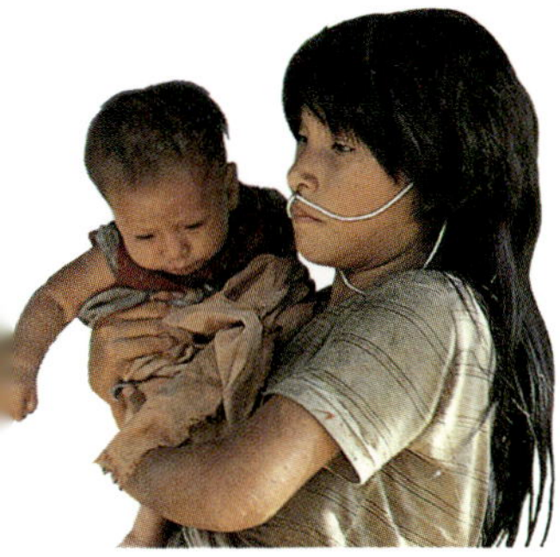

Auf dieser Karte werden die einzelnen Länder Südamerikas in verschiedenen Farben dargestellt. Diese Farben zeigen an, wie viel Prozent der Bevölkerung hier noch Indianer sind. Einige Indios wie diese peruanische Yaminahva-Frau und ihr Kind wohnen in Reservaten.

UREINWOHNER

Kaum 100 Jahre nach der Ankunft der Spanier lebten nur noch 10% der indianischen Urbevölkerung. Das lag zum einen an den unmenschlichen Bedingungen, unter denen die Indianer für die Eroberer arbeiten mussten, zum anderen an den Krankheiten, die die Europäer eingeschleppt hatten. Gegen Pocken und Masern z. B. besaßen die Indios keine Abwehrkräfte. Heute stellen die Indios nur einen geringen Bevölkerungsanteil. Ausnahmen sind Guatemala, wo noch zahlreiche Maya leben, und die Andenregion Boliviens, in die sich die Nachfahren der Inka zurückgezogen haben.

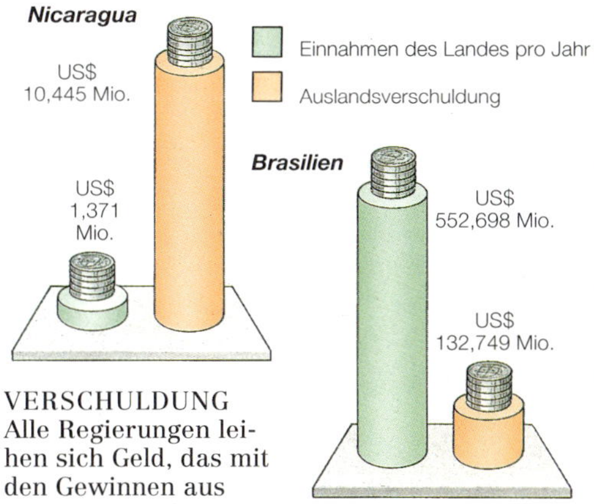

VERSCHULDUNG

Alle Regierungen leihen sich Geld, das mit den Gewinnen aus Exportgeschäften wieder zurückgezahlt wird. Viele Länder häufen jedoch riesige Schuldenberge an. Brasiliens Auslandsverschuldung ist sehr hoch, macht sich aber im Vergleich zu den Einnahmen des Landes noch relativ gering aus. Der Schuldenberg Nicaraguas ist zwar niedriger, beträgt aber das Achtfache der Einkünfte des Landes.

Landflüchtlinge bauen sich in den Slums von Buenos Aires, Argentinien, eine Unterkunft.

GROSSGRUNDBESITZ

Neben den armen Kleinbauern gibt es Großgrundbesitzer mit riesigen Haziendas zur Rinder- und Schafzucht sowie Zuckerrohr- und Bananenplantagen. Die überaus ertragreichen Großfarmen sind im Besitz einiger weniger, sehr reicher Familien oder gehören ausländischen Unternehmen. Nur in Kuba sind die Plantagen Staatseigentum.

VERSTÄDTERUNG

Beinahe drei Viertel der südamerikanischen Bevölkerung leben in Städten. In einigen Staaten wie Chile und Uruguay konzentriert sich mehr als ein Drittel der Bevölkerung in der Hauptstadt des Landes. Arme Landbewohner strömen in die Städte in der Hoffnung, gut bezahlte Arbeit zu finden. Stattdessen fristen viele von ihnen in Slums ein elendes Leben.

KLEINBAUERN

In Mittel- und Südamerika leben viele Kleinbauern. Auf dem wenigen Land, das sie besitzen, bauen sie meist Getreide an und halten ein paar Hühner oder Schweine. Da das Land nicht die ganze Familie ernährt, müssen einige Familienmitglieder anderswo Arbeit suchen. Ihre große Hoffnung ist das Leben in der Stadt.

BEVÖLKERUNGSWACHSTUM

Im 20. Jh. ist besonders in Brasilien und den nördlichen Ländern des Kontinents die Bevölkerung enorm angewachsen. Inzwischen sinken die Geburtenraten zwar langsam wieder, aber das Bevölkerungswachstum hält an. Die meisten Menschen sind noch jung, und wegen der verbesserten medizinischen Versorgung erreichen immer mehr Kinder das Erwachsenenalter, außerdem steigt die Lebenserwartung. Bis zum Jahr 2000 werden in Südamerika weitere 80 Mio. Menschen leben.

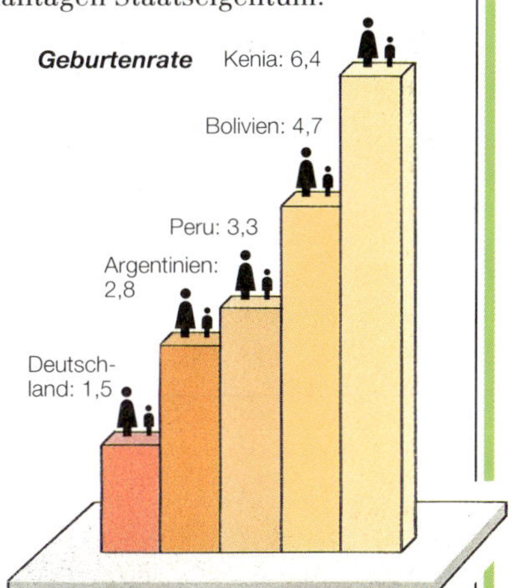

Diese Tabelle zeigt, wie viele Kinder eine Frau durchschnittlich in diesen fünf Ländern bekommt. Die Geburtenrate liegt in Südamerika zwar niedriger als in Afrika, jedoch höher als in Europa, wo die meisten Familien nur ein bis zwei Kinder haben.

MITTELAMERIKA UND DIE KARIBIK

Der mittelamerikanische Raum gliedert sich in das eigentliche Mittelamerika – die Landbrücke zwischen Nord- und Südamerika – und die große Inselkette der Antillen. Beide Regionen gruppieren sich um das Karibische Meer: Das festländische Mittelamerika mit seinen sieben Staaten bildet seine Westgrenze, der Bogen der Antillen mit seinen Hunderten von Inseln säumt es im Osten. Im Süden grenzt das Karibische Meer an Südamerika. Auf den Antillen landete 1492 Christoph Kolumbus. Er glaubte, Asien erreicht zu haben, und gab dem Archipel den Namen »Westindische Inseln«. Für die Landarbeit brachten die Kolonialherren Sklaven aus Afrika auf die Inseln. Die Karibik ist bis heute von afrikanischen Traditionen geprägt, während das festländische Mittelamerika den Stempel der spanischen Kultur trägt. Der mittelamerikanische Raum wird immer wieder durch Erdbeben, vulkanische Tätigkeit und Hurrikane erschüttert.

LANDWIRTSCHAFT
Vor allem zwei Zonen Mittelamerikas sind landwirtschaftlich nutzbar: In den Ebenen am Pazifik wachsen Bananen, Zuckerrohr und Baumwolle; im zentralen Hochland wird Kaffee angepflanzt (oben) und Rinderzucht betrieben. Auf den Antillen gedeihen Zuckerrohr (Kuba), Tabak (Kuba, Haiti und Dominikanische Republik) und Bananen (Kleine Antillen).

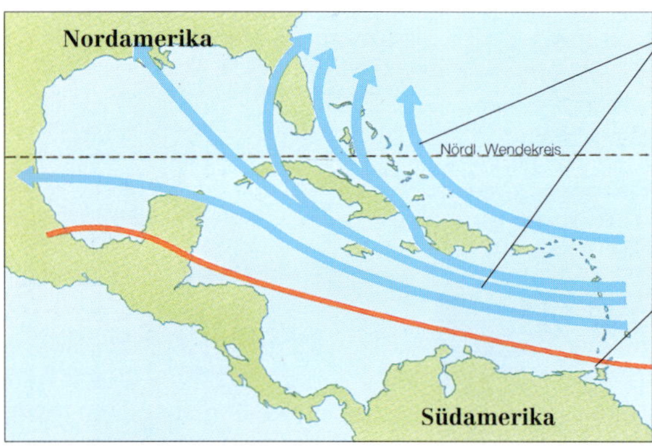

Die Pfeile geben die Bewegungsrichtung der Stürme an.

Die rote Linie markiert die südliche Grenze des hurrikangefährdeten Gebiets.

HURRIKANE
Tropische Wirbelstürme, die gefürchteten Hurrikane, fegen von Juni bis Oktober über die Karibik. Hurrikane sind riesige Tiefdrucksysteme, die sich über warmen Meeresbereichen entwickeln. Um ein klares, wolkenloses Zentrum, das Auge des Hurrikans, kreist feuchte Luft und wird hochgerissen. Dabei bilden sich spiralförmige Wolkenstrudel. Die rotierende Masse aus Wolken, Wind und Regen bewegt sich dann nach Westen auf die Inseln zu, wo sie verheerende Schäden anrichten kann. Über Land oder kaltem Wasser können Hurrikane schnell abflauen. Ihr Name geht auf »Huracan« zurück, den indianischen Gott der Stürme.

GROSSE UND KLEINE INSELN

In den Jahrhunderten nach Kolumbus hielt sich auf dem Festland der Einfluss Spaniens. Auf die karibischen Inseln erhoben abwechselnd Spanien, Frankreich, Großbritannien, die Niederlande und später auch die USA Ansprüche. So wechselte St. Lucia 14-mal zwischen Großbritannien und Frankreich hin und her. Die meisten größeren Inseln haben inzwischen ihre Unabhängigkeit erlangt. Die restlichen sind noch im Besitz der früheren Kolonialmächte. Zum Staatsgebiet der Niederlande gehören bis heute die Niederländischen Antillen; Guadeloupe und Martinique sind Überseedepartements Frankreichs. Diese Zugehörigkeit demonstriert der Nachbau der Pariser Kirche Sacré-Cœur auf Martinique (links).

BEWOHNER DER KARIBIK

Die indianischen Ureinwohner der Antillen, die Kariben und Arawak, wurden unter der Herrschaft der Kolonialmächte fast ausgerottet. Nur auf den kleinen Antillen leben heute noch einige wenige Kariben. Den Großteil der Bevölkerung stellen Nachkommen schwarzer Sklaven. Daneben gibt es einen relativ hohen Anteil weißer und einen geringen Prozentsatz asiatischer Bewohner.

WAS IST WO AUF DER KARTE

Längster Fluss: Coco, Honduras/Nicaragua, 483 km *Karte F10*

Höchster Berg: Tajumulco, Guatemala, 4 220 m *Karte A8*

Größter See: Nicaraguasee, Nicaragua, 8 029 km² *Karte E12*

Port-of-Spain, Trinidad

Jan. 26 °C
Juli 27 °C
Jan. 69 mm
Juli 218 mm

GUATEMALA	
Hauptstadt:	Guatemala-Stadt
Lage:	88°–93° westl. Länge, 13°–18° nördl. Breite
Fläche:	108 890 km²
Einwohner:	10,6 Mio.
Amtssprache:	Spanisch
Religionen:	Christen 98%, andere 2%
Staatsform:	Präsidialrepublik
Währung:	Quetzal
Analphabetenrate:	44%
Lebenserwartung:	64 Jahre
Einwohner pro Arzt:	2 356

BELIZE	
Hauptstadt:	Belmopan
Lage:	88°–89° westl. Länge, 15°–18° nördl. Breite
Fläche:	22 696 km²
Einwohner:	215 000
Amtssprache:	Englisch
Religionen:	Christen 93%, andere 7%
Staatsform:	Parlamentarische Monarchie
Währung:	Belize-Dollar
Analphabetenrate:	7%
Lebenserwartung:	68 Jahre
Einwohner pro Arzt:	1 708

GUATEMALA

Mit den beeindruckenden Ruinenstädten der alten Maya und den Kirchen, Klöstern und Palästen im spanischen Kolonialstil hat Guatemala ein reiches kulturelles Erbe vorzuweisen. Indios stellen in diesem Land die Mehrheit der Bevölkerung. Viele von ihnen sind direkte Nachfahren der Maya und leben in Dörfern im Hochland. Die übrige Bevölkerung ist spanischer Herkunft und verfügt über den größten Teil des Kapitals. Auf den Kaffee-, Zuckerrohr- und Bananenplantagen der reichen Grundbesitzer verdienen viele Indios ihren Lebensunterhalt. Guatemala exportiert neben Feldfrüchten auch frische Schnittblumen, vor allem Rosen, die in den Tälern um Antigua gezüchtet werden.

Lebensgroße Statue der Jungfrau Maria

GLAUBE UND RELIGION
Die meisten Guatemalteken gehören der römisch-katholischen Kirche an, die hier bereits im 16. Jh. Fuß fasste. Heute findet auch die protestantische Kirche Zulauf, und viele Menschen wenden sich wieder indianischen Glaubensrichtungen zu. Prozessionen (oben) gehören zur Karwoche.

MARKTTAG
Markttag in Chichicastenango im Hochland Guatemalas (unten). Bunte Märkte gehören zum täglichen Leben Mittel- und Südamerikas. Viele Guatemalteken bewirtschaften ein kleines Stück Land, auf dem sie Getreide, Bohnen, Kürbisse und Obst anbauen. Was nicht für den Eigenbedarf gebraucht wird, verkaufen die Bauern auf den nächstgelegenen Märkten. Oftmals müssen sie dafür weite Strecken zu Fuß zurücklegen. Neben Feldfrüchten werden auch handgearbeitete Gegenstände wie gewebte Decken, Tongefäße und Körbe feilgeboten.

In der Kirche von Santo Tomás beten die Menschen nicht nur zum Gott der Christen und den Heiligen, sondern auch zu ihren alten Göttern.

Gewogen wird noch immer mit einer einfachen Handwaage.

In den Tälern werden Rosen, Lilien, Nelken und Gladiolen gezüchtet. Hauptabnehmer ist Nordamerika.

Indiofrauen tragen bunte knöchellange Röcke mit alten, traditionellen Mustern.

Mais und Getreide sind die Grundnahrungsmittel.

Kunstvolle Web- und Flechtarbeiten werden gern von Touristen gekauft.

Mit Papayas gefüllter Korb

Avocados baut man in Mittelamerika schon seit Jahrhunderten an.

WEBARTEN
Weben ist in Guatemala eine traditionsreiche Handwerkskunst. Die farbenprächtigen, dekorativen Muster wurden über Jahrhunderte hinweg von Generation zu Generation weitergegeben.

Einfache Webvorrichtung, die befestigt und um die Hüften gespannt wird.

ALTE MAYASTÄDTE
Guatemala gehört zum Kerngebiet der Mayakultur. Ihre Blütezeit lag dort zwischen 300 und 900 n. Chr. Zu den bedeutendsten Zeugnissen zählt die Stadt Tikal mit ihrer gewaltigen Platzanlage, ihren Tempeln und mehr als 3 000 Steinbauten. Ca. 50 000 Menschen haben in dieser Metropole gewohnt.

FLÜCHTLINGE
Die Indios wurden jahrhundertelang von den Kolonialherren unterdrückt. Da sie nach ihren alten Traditionen leben, lassen sie sich nur schwer in eine moderne Gesellschaftsordnung und Wirtschaft einfügen. Als die Militärregierung Guatemalas Anfang der 80er Jahre die Vernichtung der Indianer plante, flohen ca. 60 000 Indios nach Mexiko. Zwar kehren viele inzwischen in ihre Heimat zurück, doch ihr Land wurde zum großen Teil enteignet. Das Volk der Indios kämpft ums Überleben.

STRASSENKINDER
In Guatemala-Stadt steigt die Zahl der so genannten Straßenkinder. Von der zunehmenden Armut aus ihren Familien gedrängt, rotten sich die Kinder zu kleinen Gruppen zusammen und schlagen sich mit Betteln und Diebstahl durch. Hilfsorganisationen wie »UNICEF« machen auf die Not dieser Kinder aufmerksam.

BELIZE

Das an der Karibikküste gelegene Belize ist ein sehr junger Staat, der jedoch auf eine lange Geschichte zurückblicken kann. Beeindruckende Ruinen erinnern an die Hochkultur der Maya. Belize war unter dem Namen Britisch-Honduras seit 1862 formell britische Kronkolonie, wurde 1973 in Belize umbenannt und erhielt 1981 die volle Unabhängigkeit. Die Bevölkerung ist ein buntes Gemisch aus den verschiedensten Volksgruppen. In Belize leben Weiße, Maya, Afrikaner, Kreolen (Mischlinge aus Schwarzen und Weißen), »Black Caribs« (Mischbevölkerung aus Schwarzen und Indios) und Asiaten. Die Amtssprache des Landes ist zwar Englisch, viele Bewohner aber sprechen Kreolisch oder einen afrikanischen Dialekt.

KORALLENRIFF
Ein langes Korallenriff, durchsetzt mit kleinen Sandinseln, erstreckt sich 290 km entlang der Küste Belizes. Es ist nach dem Großen Barriereriff vor Australien das zweitgrößte Korallenriff der Erde. Das klare, warme Wasser mit seinen auffallend gefärbten tropischen Fischen, Schildkröten, Seeanemonen und Hummern gilt als Eldorado für Tauchbegeisterte aus aller Herren Länder.

Da die Küste Belizes häufig von Hurrikanen und Überschwemmungen bedroht ist, baute man im geschützten Hinterland eine neue Hauptstadt, Belmopan.

IN DEN TIEFEN DES REGENWALDS
Die Hälfte der Landfläche Belizes ist von dichtem tropischen Regenwald überzogen. Er liefert Rosenholz und Mahagoni für den Export. Man gewinnt aus diesem Wald aber auch andere Güter, z.B. Chiclegummi, den Grundstoff für Kaugummi, oder Kapok, das sind Pflanzenfasern zur Herstellung von Polster- und Füllmaterial. Anbauflächen für Zitrusfrüchte oder gar Getreide sind nur in sehr beschränktem Umfang vorhanden, da große Regenwaldgebiete als bedeutender Lebensraum für Pflanzen und Tiere unter Naturschutz stehen.

BELMOPAN
Im Jahr 1961 vernichtete ein Hurrikan mit einer Flutwelle die damalige Hauptstadt Belize. Man errichtete daraufhin 1970 die neue Hauptstadt Belmopan 80 km von der Küste entfernt im Innern des Landes. Langsam gelingt es, Menschen und Unternehmen nach Belmopan zu locken, doch Belize ist noch die größte Stadt des Landes.

DAS LEBEN IM REGENWALD
Im Regenwald Belizes leben viele Tier- und Pflanzenarten. Neben Jaguaren, Tapiren, Brüllaffen und Nasenbären bietet er auch ungezählten Insekten und Wirbellosen ein Rückzugsgebiet. Hier gedeihen Mangroven und allein 250 Orchideenarten, darunter auch die wertvolle Schwarze Orchidee.

Tukane leben hoch oben in den Baumwipfeln.

Mit lautem Geschrei verteidigt der Brüllaffe sein Revier.

Zum Weiterlesen
KORALLENRIFFE *255, 258*
HURRIKANE *44*
REGENWÄLDER *15, 69, 204*
RELIGIONEN *274–275*

HONDURAS

Hauptstadt: Tegucigalpa
Lage: 83°–89° westl. Länge, 13°–16° nördl. Breite
Fläche: 112 090 km²
Einwohner: 5,7 Mio.
Amtssprache: Spanisch
Religion: Christen 100%
Staatsform: Präsidialrepublik
Währung: Lempira
Analphabetenrate: 25%
Lebenserwartung: 65 Jahre
Einwohner pro Arzt: 2 330

EL SALVADOR

Hauptstadt: San Salvador
Lage: 88°–90° westl. Länge, 14°–15° nördl. Breite
Fläche: 21 040 km²
Einwohner: 5,77 Mio.
Amtssprache: Spanisch
Religion: Christen 100%
Staatsform: Präsidialrepublik
Währung: El-Salvador-Colón
Analphabetenrate: 25%
Lebenserwartung: 65 Jahre
Einwohner pro Arzt: 1 322

HONDURAS

Das feuchte Klima in der karibischen Küstenzone von Honduras ist ideal für den Anbau von Bananen. Viele Jahre lang bestimmte der Export dieser Früchte das Leben im Land. Um im Außenhandel nicht nur von einem Produkt abhängig zu sein, förderte die Regierung auch die Einrichtung von Tabak- und Kaffeeplantagen. Mehr als die Hälfte der Hondurianer lebt auf dem Land. Die meisten dieser Kleinbauern ernähren sich von Mais, Bohnen und Reis, die sie selbst anpflanzen. Üppige Gewinne erzielen nur die Großgrundbesitzer – einige reiche einheimische Familien und ausländische Fruchtanbaugesellschaften, die im Besitz von 60% des gesamten Landes sind.

DIE HONDURIANER
Die meisten Hondurianer sind Mestizen, Mischlinge aus Indios und europäischen Siedlern. Auch Nachfahren afrikanischer Sklaven leben im Land. Sie vermischten sich mit Indios und Weißen.

BANANENPLANTAGEN
Der Bananenexport ist für die Wirtschaft des Landes von großer Bedeutung. Das Hauptanbaugebiet erstreckt sich im Norden des Landes an der Küste zwischen Puerto Cortés und Trujillo. Dieses Gebiet ist vom Klima her günstig und liegt außerdem ganz in der Nähe der Kunden an der US-amerikanischen Ostküste. Auf den riesigen Plantagen verdienen die Landarbeiter unter härtesten Bedingungen ihren Lebensunterhalt. Es gibt keine tariflich festgelegten Arbeitszeiten, und der Lohn ist gering.

EL SALVADOR

Eine bewegte Geschichte voller Bürgerkriege und Revolutionen hat das kleinste und am dichtesten besiedelte Land Zentralamerikas geprägt. Nur wenige reiche Familien besitzen hier den Großteil der Anbauflächen, während die meisten Salvadorianer in bitterer Armut leben. Dies hat zu starken sozialen Spannungen geführt. Um neues Ackerland zu gewinnen, wurden die einst dichten Zedern-, Mahagoni- und Eichenwälder gerodet. Eine Kette teils noch aktiver Vulkane beherrscht das Landschaftsbild.

SAN SALVADOR
1525 gründeten spanische Siedler die Hauptstadt San Salvador. Seitdem wurde sie mehrmals von Erdbeben zerstört. Die meisten der Bauten im Kolonialstil sind durch moderne Gebäude ersetzt. Viele Menschen suchen vergeblich in San Salvador Arbeit. Sie leben in den ausgedehnten Slums.

FRIEDENSABKOMMEN
Zwischen 1979 und 1991 tobte ein Bürgerkrieg zwischen der von den USA gestützten Regierung und der Guerilla. Mehr als 75 000 Menschen starben. Am 16. Januar 1992 unterzeichnete Guerillaführer Chano Guevara (links) ein Friedensabkommen.

DER FUSSBALLKRIEG
Nach dem Qualifikationsspiel zur Fußball-WM zwischen El Salvador und Honduras am 8. Juni 1969 brachen Konflikte aus, die unter Militäreinsatz gelöst werden mussten. Beim »Fußballkrieg« starben 3 000 Menschen.

Zum Weiterlesen

KAFFEE *50, 62, 66*
ZUCKER *52*
BEVÖLKERUNG *42*
VULKANE UND ERDBEBEN *13*

NICARAGUA

Das landschaftlich reizvolle Nicaragua, das »Land der Seen und Vulkane«, könnte aufgrund seiner fruchtbaren Böden einer der reichsten Staaten Mittelamerikas sein. Aber die politischen Ereignisse in jüngster Zeit haben seine Wirtschaft ins Chaos gestürzt. Die Einnahmen des Landes stützen sich vorwiegend auf den Export von Kaffee, Fleisch und Baumwolle. Nicaragua verfügt aber auch über reiche Vorkommen an Bodenschätzen, wie z. B. Kupfer und Gold, die es ebenfalls ausführt. Die Bevölkerung ist im Durchschnitt sehr jung: Mehr als 50% der Einwohner des Landes sind nicht älter als 15 Jahre.

NICARAGUA
Hauptstadt: Managua
Lage: 11°–15° nördl. Breite, 83–87° westl. Länge
Fläche: 130 000 km²
Einwohner: 4,4 Mio.
Amtssprache: Spanisch
Religionen: Christen 97%, andere 3%
Staatsform: Präsidialrepublik
Währung: Córdoba
Analphabetenrate: 35%
Lebenserwartung: 65 Jahre
Einwohner pro Arzt: 1 490

SANDINISTISCHE REVOLUTION
Mehr als 40 Jahre lang stand Nicaragua unter der Herrschaft der korrupten Familie Somoza. Ihre erbitterten Gegner, die linksgerichteten Sandinisten, übernahmen 1979 die Regierung. Sie verbesserten das Gesundheitswesen und führten eine Landreform durch. Die Reichen wurden enteignet, ihr Land ging an arme Bauern. In Opposition zu den Sandinisten standen die von der amerikanischen Regierung unter Ronald Reagan gestützten Contras. Sie versuchten vom benachbarten Honduras aus das Land zu unterwandern. Aus den Wahlen von 1990 ging die UNO (Unión Nacional Opositoria) – ein Bündnis aus Konservativen, Liberalen, Sozialisten und Kommunisten – erfolgreich hervor.

FAMILIE UND BILDUNG
In Nicaragua gibt es viele kinderreiche Familien. Oft leben Großeltern, Eltern und Kinder unter einem Dach. Dieses System sichert die Versorgung im Alter und ermöglicht vor allem jüngeren Frauen die Mitarbeit auf dem Feld. Die Kinder zu Hause werden von den älteren Frauen versorgt. Bis 1979 konnte über die Hälfte der Bevölkerung weder lesen noch schreiben. Erst die sandinistische Regierung startete eine Alphabetisierungskampagne. Dazu wurden zahlreiche frisch ausgebildete Lehrer – meist Frauen – aufs Land geschickt, um die Bevölkerung zu unterrichten. Nach nur wenigen Monaten sank die Analphabetenrate bereits auf nur 13%. Als die Sandinisten jedoch die Macht verloren, verlief die Kampagne im Sand, und die Zahl der Analphabeten nahm erneut zu.

Überbevölkerung ist auch in Nicaragua ein Problem. Oft wohnen Großfamilien auf engstem Raum zusammen.

GEFÄHRLICHES LAND
Die meisten Einwohner Nicaraguas leben an der Pazifikküste. Hier konzentrieren sich auch die Städte. Das von zahlreichen aktiven Vulkanen übersäte Gebiet ist stark erdbebengefährdet. 1972 wurde die Hauptstadt von einem Erdbeben beinahe völlig zerstört. Dabei kamen 6 000 Menschen ums Leben, 300 000 wurden obdachlos.

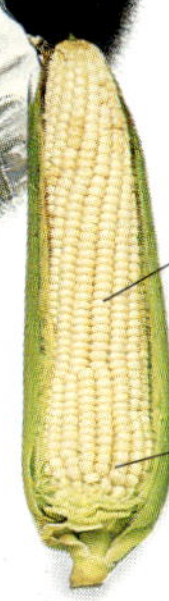

Die Maiskörner werden zu Mehl gemahlen, aus dem man z. B. Tortillas backt.

Maiskolben brauchen viel Sonne, um zu reifen.

LANDWIRTSCHAFT
Die Pazifikküste mit ihren fruchtbaren vulkanischen Böden ist das wichtigste Anbaugebiet des Landes. Mais (rechts), Bohnen und Hirse werden zweimal im Jahr geerntet. Weitere bedeutende Exportartikel sind Kaffee, Baumwolle und Bananen.

Die flachen Ufer des Nicaraguasees werden bei Sturm von Brandungswellen überspült.

DER NICARAGUASEE
Im Westen des Landes liegt der Nicaraguasee, der größte See Zentralamerikas. Er ist der einzige Süßwassersee der Welt, in dem auch Meeresfische, darunter sogar Haie und Schwertfische, leben. Sie sind von der Karibik über den Fluss San Juan bis zum See vorgedrungen und haben sich ans Süßwasser angepasst.

Zum Weiterlesen
ALPHABETISIERUNG *277*
POLITISCHE SYSTEME *270–271*
BEVÖLKERUNGSWACHSTUM *43*
VULKANE UND ERDBEBEN *13*

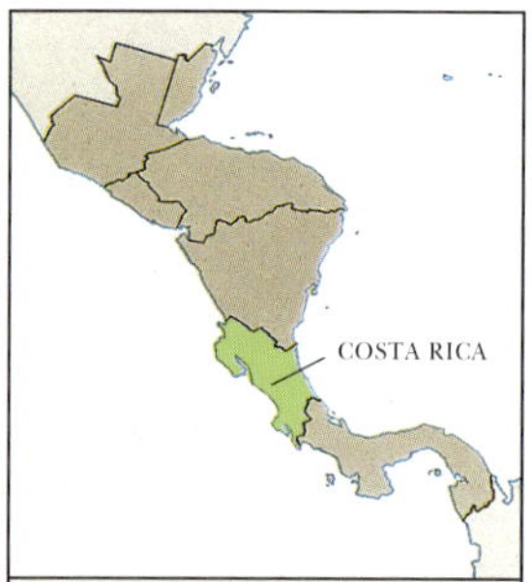

COSTA RICA
Hauptstadt: San José
Lage: 82°–86° westl. Länge, 8°–11° nördl. Breite
Fläche: 51 100 km²
Einwohner: 3,4 Mio.
Amtssprache: Spanisch
Religionen: Christen 95%, andere 5%
Staatsform: Präsidialrepublik
Währung: Costa-Rica-Colón
Analphabetenrate: 5%
Lebenserwartung: 76 Jahre
Einwohner pro Arzt: 798

COSTA RICA

Das auf einem bereits schmalen Abschnitt der mittelamerikanischen Landbrücke gelegene Costa Rica unterscheidet sich in vieler Hinsicht von seinen Nachbarstaaten. Es ist ein friedliches Land mit einer demokratisch gewählten Regierung und einer stabilen Wirtschaftslage. Aufgrund der Verfassung von 1949 wurde das Militär abgeschafft und durch eine mit leichten Waffen ausgestattete Nationalgarde ersetzt. Ein guter Teil des Staatshaushalts fließt in die Bildung. Der Unterricht für die schulpflichtigen Kinder ist kostenfrei. Zu den Exportgütern zählen Kaffee, Bananen und Zucker, die auf den fruchtbaren vulkanischen Böden gut gedeihen.

SAN JOSE
San José liegt im Herzen des Landes, direkt an der »Panamericana«, einer Straße, die von Kanada bis Chile verläuft. Unter den Spaniern entwickelte sich die Stadt zum Zentrum des Kaffeeanbaus. 1823 wurde sie Hauptstadt des Landes.

In Handarbeit ernten die Pflücker täglich etwa 25 kg Bohnen.

Kaffeesträucher werden etwa 3 m groß.

KAFFEEBOHNEN
In Costa Rica entstanden die ersten Kaffeeplantagen Mittelamerikas. Seit über 100 Jahren sind die gerösteten Bohnen neben Bananen und Kakao der wichtigste Exportartikel des Landes. Nach dem Verfall der Weltmarktpreise für Kaffee bestand lange die Gefahr der Überproduktion. Kaffeesträucher gedeihen bei warmem, nicht zu heißem Klima mit reichen Niederschlägen. Oft pflanzt man sie unter großen Bäumen, die den empfindlichen Sträuchern Windschutz und Schatten spenden. Ein Kaffeestrauch liefert etwa 15 Jahre lang gute Erträge, dann wird er durch einen neuen ersetzt.

Die süß duftenden Blüten blühen drei bis vier Tage.

Die kirschähnlichen Kaffeefrüchte

Die Früchte reifen von Grün über Gelb zu einem satten Rotton heran.

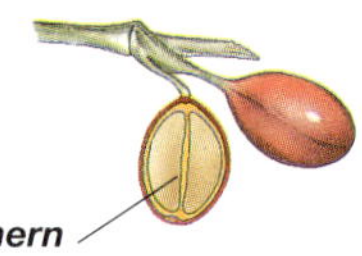

Im Innern der Frucht liegen zwei Steinkerne, die Kaffeebohnen.

VERBINDUNG ZUR KÜSTE
Die Bahnstrecke zur Atlantikküste wurde 1890 fertig gestellt. Der aufwendige Bau kostete vielen Arbeitern das Leben und riss ein tiefes Loch in die Staatskasse. Die wichtige Verbindung dient dem Gütertransport zwischen Plantagen und Häfen.

SCHUTZ DER WÄLDER
Costa Rica war einst von ausgedehnten Tropenwäldern mit Mahagoni- und Zedernbäumen bedeckt. Große Waldflächen wurden jedoch abgeholzt, um Nutzholz und neue Anbauflächen für Kaffeesträucher zu gewinnen. Bei der weiträumigen Zerstörung dieses Ökosystems vernichtete man viele wertvolle Pflanzen- und Tiergemeinschaften. Um die verbliebenen Bestände zu erhalten, sind mittlerweile 23% der Wälder Costa Ricas in Reservate und Nationalparks eingegliedert und werden geschützt.

Dieser Kolibri ist nur 12 cm groß. In der Luft schwirrend saugt er mit seinem langen Schnabel den Nektar aus den Blüten.

Die Flügel des Kolibris schlagen bis zu 55-mal pro Sekunde.

In den Blüten sammelt sich Nektar.

Zum Weiterlesen

KAFFEE *62, 66*
DEMOKRATIE *270*
HOLZFÄLLEN *69, 244*
HANDEL *281*

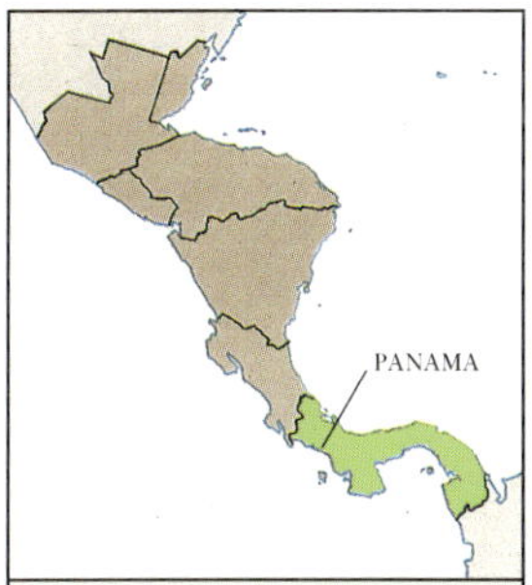

PANAMA

Hauptstadt: Panama-Stadt

Lage: 77°–83° westl. Länge, 7°–10° nördl. Breite

Fläche: 75 517 km²

Einwohner: 2,6 Mio.

Amtssprache: Spanisch

Religionen: Christen 98%, andere 2%

Staatsform: Präsidialrepublik

Währung: Balboa

Analphabetenrate: 10%

Lebenserwartung: 72 Jahre

Einwohner pro Arzt: 840

PANAMA

Auf dem letzten Abschnitt der mittelamerikanischen Landbrücke liegt Panama. Berühmt ist Panama wegen des quer durchs Land verlaufenden Panamakanals, der den Atlantik mit dem Pazifik verbindet. Diese wichtige Schifffahrtsstraße war in der Vergangenheit immer wieder der Grund für Einschreitungen durch die USA bei innenpolitischen Auseinandersetzungen des Landes. Der wirtschaftliche Aufbau Panamas vollzieht sich nur sehr langsam, noch lebt die Hälfte der panamaischen Bevölkerung unter der Armutsgrenze. An der Pazifikküste wachsen die Exportgüter Bananen, Kaffee und Zuckerrohr. Auch Garnelen und Krabben aus den Küstengewässern sind wichtige Devisenbringer.

PANAMAKANAL
Im Jahr 1906 erfolgte der erste Spatenstich, 1914 wurde der Kanal eröffnet. An diesem Projekt waren 40 000 überwiegend karibische Arbeiter beteiligt. Es verschlang die für damalige Verhältnisse enorme Summe von 380 Mio. Dollar. Viele der Arbeiter fielen Tropenkrankheiten zum Opfer. Der Panamakanal ist 82 km lang und hat eine Mindesttiefe von 12 m. Jährlich befahren gut 14 000 Schiffe das Schleusensystem. Bis zum Jahr 2000 soll der wichtige, bisher von den USA kontrollierte Verkehrsweg in die uneingeschränkte Zuständigkeit Panamas überführt werden.

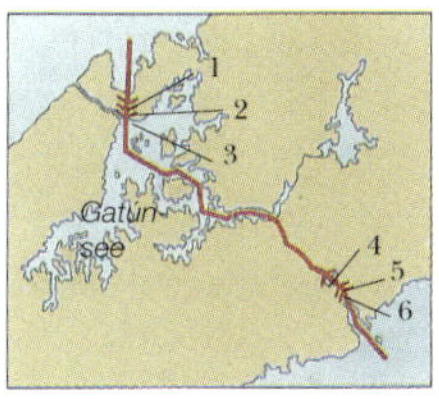

VON OZEAN ZU OZEAN
Die vom Atlantik kommenden Schiffe werden über die Gatún-Schleusen (1, 2 und 3) auf die Höhe des Sees gehievt und über die Pedro-Miguel-Schleuse (4) und die zweistufige Miraflores-Schleuse (5 und 6) wieder zum Pazifik herabgelassen.

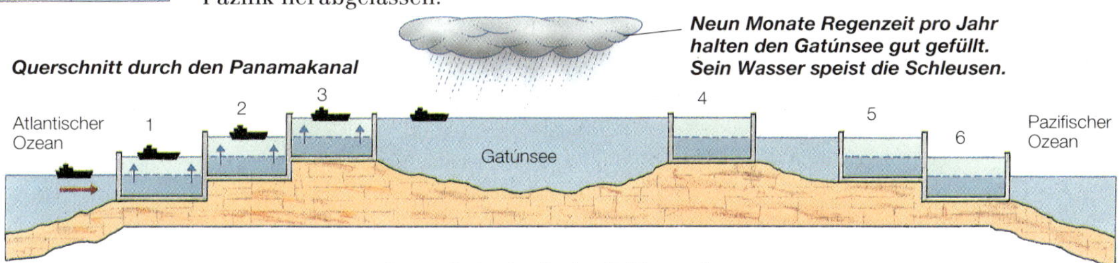

Bank- und Geschäftszentren flankieren den Panamakanal.

EINNAHMEQUELLE
Der Kanal hat Panama zu einem bedeutenden Knotenpunkt im internationalen Handel gemacht. Die Einnahmen aus diesem Schifffahrtsweg und der Freihandelszone sind von allergrößter Bedeutung. Seit 1970 gilt Panama als eines der größten Finanzzentren der Welt.

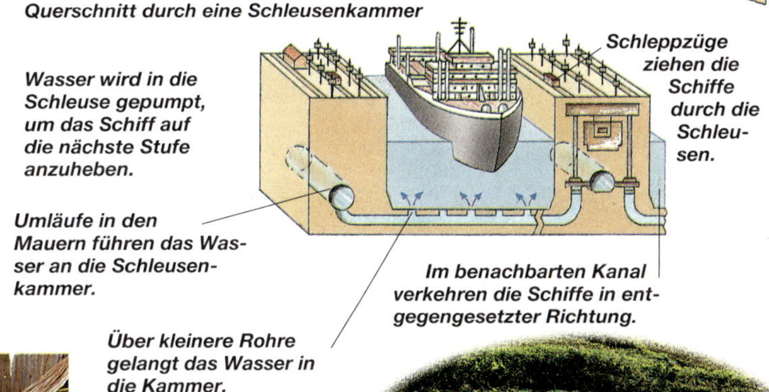

CUNA-INDIANER
Die Ureinwohner Panamas, die Cuna-, Guaymí- und Choco-Indianer, wurden nach der Ankunft der Europäer im 16. Jh. stark dezimiert. Das einst mächtige Volk der Cuna lebt heute auf der Ostseite des Isthmus und im Übergangsgebiet zum südamerikanischen Kontinent. In der Vergangenheit unterhielten die Cuna Handelsverbindungen zu den Dörfern entlang der karibischen Küste, die sie mit ihren Kanus erreichten. Heute leben sie in kleinen Dorfgemeinschaften und betreiben Landwirtschaft. Mehr als alle anderen Indianer bewahrt dieser Stamm seine alten Bräuche und Riten.

Hängematten werden aus gewebten Pflanzenfasern hergestellt.

Typisch für die traditionelle Bekleidung der Cuna sind ausdrucksvoll gemusterte Stoffe.

GUTER BODEN
Aus den von den Flüssen abgelagerten Tonen und Sanden entsteht fruchtbarer Schwemmlandboden, auf dem Feldfrüchte optimal gedeihen (rechts). Magere Böden bewirtschaftet man ein paar Jahre lang und lässt sie dann brachliegen, bis sie sich erholt haben und erneut bepflanzt werden können.

Zum Weiterlesen

BANANEN *48*
KAFFEE *50, 62, 66*
BEVÖLKERUNG DES KONTINENTS *42*

KUBA

Mehr als 200 Flüsse schlängeln sich durch das üppige Grün dieser größten Insel der Karibik. Das Land besteht aus Bergen, sanften Hügeln und flachen Ebenen. Auf dem fruchtbaren Boden wachsen Zuckerrohr, Tabak und eine Reihe tropischer Früchte und Gemüse. Die ehemalige indianische Urbevölkerung der Insel ist ausgestorben. Heute stammen die meisten Kubaner von den frühen spanischen Siedlern oder von afrikanischen Sklaven ab, die zur Plantagenarbeit ins Land geholt wurden. Die sozialistische Politik Fidel Castros hat Kuba in den letzten Jahrzehnten stark von der westlichen Welt isoliert.

KUBA

Hauptstadt: Havanna

Lage: 74°–85° westl. Länge, 20°–23° nördl. Breite

Fläche: 110 860 km²

Einwohner: 11 Mio.

Amtssprache: Spanisch

Religionen: Konfessionslos 55%, Christen 42%

Staatsform: Sozialistische Republik

Währung: Kubanischer Peso

Analphabetenrate: 4%

Lebenserwartung: 76 Jahre

Einwohner pro Arzt: 303

RHYTHMUS IM BLUT
Kubas mitreißende Musik ist deutlich von spanischer und afrikanischer Musik beeinflusst. Von den Spaniern stammen die von Gitarre und Geige begleiteten Melodien; die afrikanischen Rhythmen flossen ebenfalls ein. Aus dieser Mischung entwickelten sich Salsa, Merengue und Mambo. Inzwischen gibt es auch eine afrokubanische Jazzszene.

KUBANISCHE POLITIK
1959 stürzte Fidel Castro mit einer Gruppe Rebellen den herrschenden Diktator Fulgencio Batista. Seitdem ist Kuba ein sozialistisch regierter Staat, der bis Anfang der 90er Jahre stark von der damaligen Sowjetunion unterstützt wurde. Castros Sozialpolitik erwies sich als relativ erfolgreich. Das Wohnungs- und das Gesundheitswesen wurden deutlich verbessert, und die meisten Kubaner können heute lesen und schreiben. Auf den Zusammenbruch des Ostblocks folgte eine wirtschaftliche Flaute. Vorsichtige Reformen nach westlichem Muster sollen die Wirtschaft wieder in Gang bringen.

Zigarren werden in Zedernholzschachteln gelagert, damit sie ihr Aroma bewahren.

Eine gute Zigarre besteht aus mindestens fünf verschiedenen Tabaksorten.

KUBANISCHE ZIGARREN
Warme Tage und kühle Nächte sind das ideale Klima für den Tabakanbau. Die Tabakblätter für die berühmten »Havannas« werden noch grün gebrochen, 40 bis 45 Tage zum Trocknen aufgehängt und dann sortiert. Damit der Tabak geschmacklich reift, wird er fermentiert. Nun können die Blätter in die Fabriken geliefert werden, wo man sie zu Zigarren rollt.

Zuckerrohr gehört zu den Bartgräsern. Es braucht zum Wachsen viel Sonne und Regen.

Der dicke Stengel liefert zuckersafthaltiges Mark.

An Rohzuckerkristallen haftet noch Sirup.

Hellbrauner Zucker ist teilweise raffiniert.

Aus Zuckerrohrmelasse wird Rum hergestellt.

Melasse ist Nebenprodukt der Zuckergewinnung.

HAVANNA
Havanna wurde 1519 von spanischen Siedlern gegründet und ist seit 1552 Hauptstadt des Landes. Mit rund 2 Mio. Einwohnern ist sie die größte Stadt der Karibik. In einigen Stadtteilen erinnern imposante Gebäude an die spanischen Kolonialherren. Andere Stadtviertel sind jedoch stark verfallen und dringend renovierungsbedürftig. Dank der sozialistischen Wohnungsbaupolitik gibt es jedoch keine Slums. Havanna ist das Kultur- und Industriezentrum des Landes und sein Hafen der Umschlagplatz für den größten Teil der kubanischen Exportgüter Zucker, Tabak und tropische Früchte.

ZUCKERINDUSTRIE
Rohrzucker war für Kuba schon immer ein wichtiger Ausfuhrartikel und macht selbst heute noch 75% der Exporteinnahmen aus. Um 1800 boomte die Zuckerindustrie bereits. Auf den riesigen Plantagen schnitten schwarze Sklaven das Zuckerrohr mit der Hand. Heute übernehmen Maschinen diese Arbeit. Anfang der 90er Jahre kam es wegen ungünstiger Witterungsverhältnisse zu schweren Ernteeinbußen. Gleichzeitig entstanden durch den politischen Umbruch in der damaligen Sowjetunion Engpässe in der Treibstofflieferung. Viele Zuckerraffinerien betrieben daraufhin ihre Maschinen mit Bagasse, einem Abfallprodukt des Zuckerrohrs, das sich zuvor bereits als Heizmaterial für die Kesselanlagen bewährt hatte.

Zum Weiterlesen

UDSSR IM UMBRUCH *136*
STÄDTE *17*
BEVÖLKERUNG DES KONTINENTS *42*
POLITISCHE SYSTEME *270–271*

JAMAIKA

Die beliebteste Urlaubsinsel der Karibik ist voller Gegensätze. Weiße Sandstrände, tropische Vegetation und rhythmische Klänge stehen in hartem Kontrast zum sozialen Spannungsfeld, das sich vor allem in der Hauptstadt Kingston zwischen der armen und der reichen Bevölkerung gebildet hat. Landschaft und Klima Jamaikas locken jährlich Scharen von Touristen an, die die wichtigste Devisenquelle der Insel darstellen. Eine weitere bedeutende Einnahmequelle ist die Bauxitgewinnung. Jamaika ist der drittgrößte Bauxitproduzent der Erde. Allerdings gehen die Bauxitminen sehr zu Lasten der Umwelt, da sie rote, säurehaltige Schlammseen hinterlassen, die jegliche Art von Vegetation vernichten.

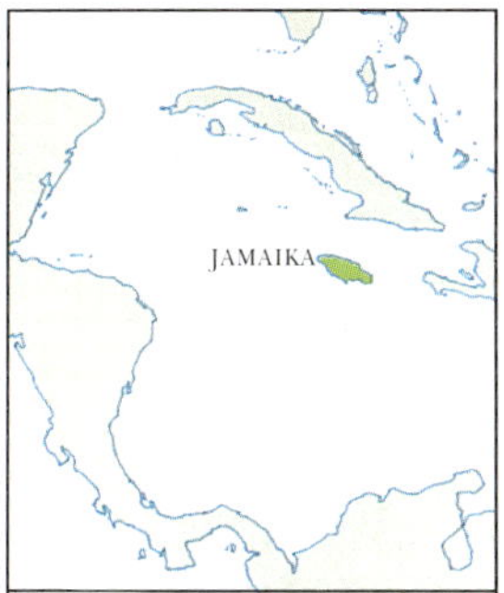

JAMAIKA

Hauptstadt: Kingston

Lage: 77°–79° westl. Länge, 18° nördl. Breite

Fläche: 10 990 km²

Einwohner: 2,4 Mio.

Amtssprache: Englisch

Religionen: Christen 60%, Rastafari 5%, andere 35%

Staatsform: Parlamentarische Monarchie

Währung: Jamaika-Dollar

Analphabetenrate: 15%

Lebenserwartung: 73 Jahre

Einwohner pro Arzt: 6 159

RASTAFARI
Der Rastafarianismus entstand in den 30er Jahren in den schwarzen Armenvierteln Kingstons. Seine Anhänger verehren Ras (= Herr) Tafari, den späteren Kaiser Äthiopiens Haile Selassie I., als Gott. Sie glauben, dass die Schwarzen, die als Sklaven über die ganze Welt verstreut wurden, eines Tages wieder nach Äthiopien zurückgeführt werden. Rastafari essen kein Schweinefleisch und sprechen sich gegen Gewalt aus. Das typische Kennzeichen ihres äußeren Erscheinungsbilds sind die zu langen Locken verdrehten Haare; für ihre Kleidung bevorzugen sie die Farben der äthiopischen Flagge, Grün, Gelb und Rot.

REGGAE
Der eng mit dem Glauben der Rastafari verbundene Reggae entwickelte sich in Jamaika aus dem Calypso unter Einfluss des nordamerikanischen Rhythm and Blues. Die Liedtexte kennzeichnen sozialpolitische und religiöse Inhalte. Der jamaikanische Sänger Bob Marley (1945–1981) und seine Gruppe »The Wailers« machten den Reggae auf der ganzen Welt bekannt und beliebt.

KINGSTON
Jamaikas Hauptstadt zählt zu den größten Städten der Karibik. Sie wurde im Jahr 1692 von den Briten gegründet, und bald entwickelte sich der Hafen zu einem wichtigen Umschlagplatz für den Export von Zuckerrohr nach Europa. 1907 wurde Kingston von einem Erdbeben zerstört. Moderne Architektur, internationale Hotels und Banken prägen heute das Bild dieses jamaikanischen Kultur-, Industrie- und Finanzzentrums. Am westlichen Stadtrand jedoch drängen sich dicht bevölkerte Slums. Oft kommt es dort aufgrund politischer Unruhen oder wegen des fest etablierten Drogenhandels zu Gewalttätigkeiten.

INDUSTRIE
Die Industrie leistet einen bedeutenden Anteil am Bruttoinlandsprodukt Jamaikas. Sie konzentriert sich auf die Nahrungsmittelerzeugung, hier vor allem die Zuckergewinnung, auf die Ölraffinerie und die Förderung von Bodenschätzen, wobei der Bauxitabbau an erster Stelle steht. Als schnell wachsender Bereich darf auch die Datenverarbeitung für US-amerikanische Großfirmen gelten. Im Gegensatz zu anderen Ländern des karibischen Raums befinden sich die Datenverarbeitungsunternehmen vorwiegend in Besitz von Jamaikanern und nicht in den Händen ausländischer Gesellschaften.

LANDWIRTSCHAFT
Nicht jeder Jamaikaner ist in der Industrie oder im Tourismusgewerbe beschäftigt – auch die Landwirtschaft sorgt für Erwerbsmöglichkeiten. Auf den großen Zucker-, Bananen-, Kaffee- und Kakaoplantagen finden zahlreiche Menschen Arbeit. In Küstennähe betreibt man Fischfang, Hochseefischerei gewann allerdings erst in den letzten Jahren an Bedeutung.

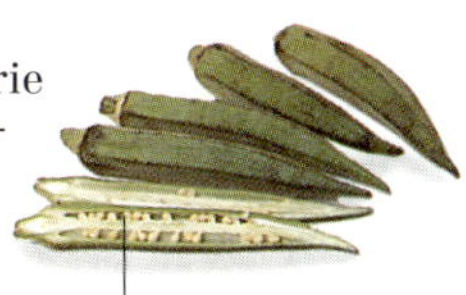

Okraschoten schmecken in Eintöpfen oder als Gemüse.

Von der Essbaren Kolokasie verzehrt man die Wurzel und die Blätter.

Das schmackhafte Fleisch der Brotfrucht wird zu Gemüse verarbeitet.

Zum Weiterlesen

ÄTHIOPIEN *218*
WACHSTUM DER STÄDTE *17*
RELIGIONEN *274–275*
ZUCKERROHR *52*

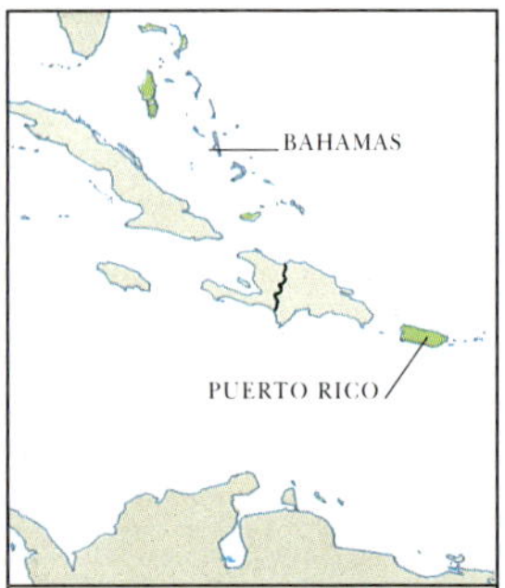

BAHAMAS

Hauptstadt: Nassau

Lage: 71°–79° westl. Länge, 21°–27° nördl. Breite

Fläche: 13 880 km²

Einwohner: 276 000

Amtssprache: Englisch

Religionen: Christen 95%, andere 5%

Staatsform: Parlamentarische Monarchie im Commonwealth

Währung: Bahama-Dollar

Analphabetenrate: 2%

Lebenserwartung: 72 Jahre

Einwohner pro Arzt: 714

PUERTO RICO

Hauptstadt: San Juan

Lage: 18° nördl. Breite, 67° westl. Länge

Fläche: 8 959 km²

Einwohner: 3,5 Mio.

Amtssprachen: Spanisch und Englisch

Religionen: Christen 85%, andere 15%

Staatsform: Commonwealth-Staat der USA mit eigener Regierung

Währung: US-Dollar

BAHAMAS

Am 12. Oktober 1492 betrat Christoph Kolumbus erstmals den Boden der Neuen Welt. Er war auf San Salvador gelandet, einer von 700 Inseln im nördlichen Teil der Karibik, die heute zum Bund der Bahamas gehören. Die aus tertiären Kalken, Mergeln und Sanden aufgebauten Inseln ragen nur wenige Meter aus dem Wasser und sind von ausgedehnten Korallenbänken umgeben. Den Spaniern, die die Inseln Bajamar, »Flaches Meer«, nannten, folgten die Engländer, die sie bis 1973 als Kolonie in Besitz hatten. Seitdem sind die Bahamas ein unabhängiger Staat im britischen Commonwealth of Nations. Wegen ihres Klimas und der tropischen Flora und Fauna ziehen die Bahamas Touristen aus aller Welt an. Aufgrund der günstigen Steuergesetze haben sie sich aber auch zu einem wichtigen Finanzzentrum entwickelt.

JUNKANOO
Am 26. Dezember und in der Silvesternacht feiern die Bewohner der Bahamas mit viel Tanz, Calypsorhythmen und bunten Kostümen den Junkanoo. Dieser Karneval geht auf den afrikanischen Stammeshäuptling John Canoe (Junkanoo) zurück, der als Sklave auf die Inseln kam.

Herkunft der Touristen (1994)

FERIENPARADIES
Aus aller Herren Länder reisen sonnenhungrige Touristen an, um sich an den weißen Sandstränden und in den warmen Gewässern der Bahamas zu erholen. Der Fremdenverkehr ist für die Wirtschaft der Inseln von großer Bedeutung: Mindestens 50% der Beschäftigten arbeiten in der Tourismusbranche. Die Verkehrsämter werben mit dem hohen Standard der touristischen Einrichtungen und locken ein finanzkräftiges Publikum – vor allem aus den USA und Kanada – an. Das auf Grand Bahama gelegene Freeport ist der größte Ferienort der Inseln und mit seinem tiefen Hafenbecken auch Anlaufstelle für Kreuzfahrtschiffe.

PUERTO RICO

Nach ihrer Entdeckung durch Kolumbus 1493 wurde die Insel von den Spaniern kolonisiert. 1897 erhielt sie die Unabhängigkeit, wurde jedoch im Spanisch-Amerikanischen Krieg (1898) von den USA besetzt. Puerto Rico steht noch heute unter der Verwaltung der USA und ist deutlich amerikanisch geprägt. Nach wie vor hat der Anbau von Tabak, Zucker und Tropenfrüchten Bedeutung – trotz der steigenden Zahl von amerikanischen Fabriken. Der Lebensstandard der Bevölkerung ist relativ hoch. Es gibt ausgezeichnete Bildungsmöglichkeiten und eine gute Gesundheitsvorsorge.

BEVÖLKERUNG
Die meisten Puertoricaner sind spanischer und afrikanischer Abstammung. Sie leben v.a. in den Städten, davon allein ein Drittel in San Juan. Viele Menschen sind gezwungen, anderswo Arbeit zu suchen und wandern daher in die USA aus.

OPERATION »SCHNÜRSENKEL«
Dieses Projekt, das 1948 mit amerikanischer Unterstützung in Angriff genommen wurde, sollte die wirtschaftlichen Probleme der Insel lösen. Niedrige Steuern und billige Arbeitskräfte veranlassten zahlreiche amerikanische Firmen sich auf Puerto Rico niederzulassen. Die Zahl der Erwerbsmöglichkeiten für Puertoricaner stieg und damit auch der Lebensstandard. Wichtigste Industriezweige sind heute die petrochemische und die Textilindustrie sowie die Arzneimittelherstellung.

Zum Weiterlesen

KORALLENINSELN *202*
BILDUNG *277*
GESUNDHEIT *276*
BEVÖLKERUNG DES KONTINENTS *42*

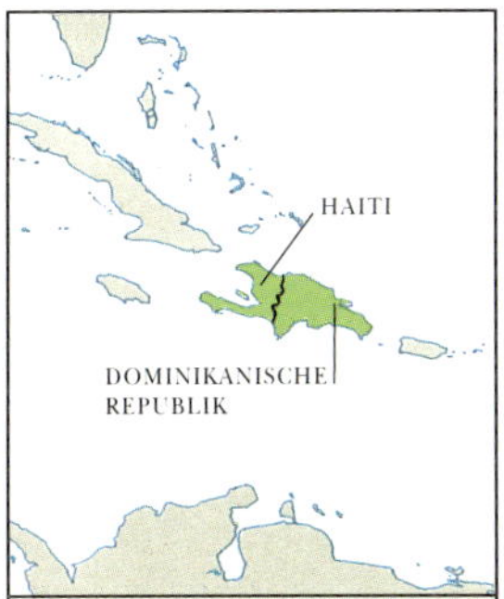

HAITI

Hauptstadt: Port-au-Prince

Lage: 72°–74° westl. Länge, 18°–20° nördl. Breite

Fläche: 27 750 km²

Einwohner: 7,2 Mio.

Amtssprachen: Französisch und Kreolisch

Religionen: Christen 96%, andere 4%

Staatsform: Präsidiale Republik

Währung: Gourde

Analphabetenrate: 45%

Lebenserwartung: 55 Jahre

Einwohner pro Arzt: 6 083

DOMINIKANISCHE REPUBLIK

Hauptstadt: Santo Domingo

Lage: 68°–72° westl. Länge, 17°–20° nördl. Breite

Fläche: 48 730 km²

Einwohner: 7,8 Millionen

Amtssprache: Spanisch

Religionen: Christen 95%, andere 5%

Staatsform: Präsidiale Republik

Währung: Dominikanischer Peso

Analphabetenrate: 17%

Lebenserwartung: 67 Jahre

Einwohner pro Arzt: 934

HAITI

Haiti, eines der ärmsten Länder der westlichen Welt, teilt sich die Insel Hispaniola mit der Dominikanischen Republik. Eine Revolution afrikanischer Sklaven 1791 unter der Führung von Toussaint Ouverture brach die französische Herrschaft und machte Haiti zur ersten von Schwarzen regierten Republik. Die letzten Jahrzehnte waren von der Schreckensherrschaft François Duvaliers, genannt »Papa Doc«, und seines Sohnes Jean-Claude, »Baby Doc«, überschattet. 1986 musste Baby Doc die Inseln verlassen. Nach den ersten freien Wahlen betrat der Armenpriester Jean Bertrand Aristide die politische Bühne des Landes; die Unruhen dauern jedoch an. Viele Haitianer sind Anhänger des Voodookults, der traditionelle afrikanische Glaubensformen mit katholischem Gedankengut vereint. Zum Voodooritual gehören auch die Verehrung mächtiger Geister und der Tanz zum Klang heiliger Trommeln.

KUNSTHANDWERK
Viele Haitianer verkaufen selbst gefertigtes Kleinhandwerk wie Flechtarbeiten, Strohhüte oder Holzschnitzereien. Seit den 30er Jahren entwickelte sich ein typisch haitianischer Kunststil. Seine kräftigen Farben wurden von den expressiven Malereien der Voodootempel beeinflusst.

BODENEROSION
Die Landwirtschaft ist die wichtigste Erwerbsquelle Haitis. Fast alle Haitianer bewirtschaften ein kleines Stück Land, doch die mageren Erträge sichern kaum die Selbstversorgung. Es besteht ständig Bedarf an mehr landwirtschaftlich nutzbarer Fläche. Das Holz der Bäume, die man deshalb fällt, wird zum Teil zu Holzkohle verarbeitet. Sie dient in den ländlichen Gebieten als Brennstoff (links). Was in diesen Waldgebieten noch an Sträuchern übrig bleibt, fressen die Ziegen; der ungeschützte Boden ist mittlerweile so stark erodiert, dass er nicht mehr bewirtschaftet werden kann. Schätzungen zufolge ist inzwischen ein Drittel des haitianischen Bodens als Agrarland unbrauchbar.

DOMINIKANISCHE REPUBLIK

Landschaftlich ähnelt die Dominikanische Republik mit ihren Bergen und Wäldern ihrem Nachbarn Haiti. Die bessere Wirtschaftslage trägt jedoch deutlich zu einem höheren Lebensstandard der Bevölkerung bei. Der Einfluss der Kolonialmacht Spanien ist nicht zu übersehen. Kultur und Bevölkerung des Landes sind aber auch durch afrikanische Elemente geprägt. Den größten Teil der Bevölkerung stellen Mulatten. Die USA machten ihren Einfluss vor allem in finanzpolitischer Hinsicht geltend. Auf der Insel gibt es Silber, Platin, Uran und Nickel sowie die größte Goldmine der Karibik. Wichtigste Einnahmequellen sind der Export von Zucker und der Tourismus.

	Haiti	Dominik. Rep.
	4 Autos pro 1 000 Einw.	84 Autos pro 1 000 Einw.
	9 Telefone pro 1 000 Einw.	86 Telefone pro 1 000 Einw.
	1,7 Jahre Schulbildung	4,3 Jahre Schulbildung

SANTO DOMINGO
Die Hauptstadt Santo Domingo wurde im Jahr 1496 von Bartolomé Kolumbus, dem Bruder des Entdeckers, gegründet. Die zahlreichen Gebäude im Kolonialstil bezeugen, dass die Stadt lange Zeit Spaniens wichtigster Stützpunkt in der Neuen Welt war.

WIRTSCHAFT
In der Dominikanischen Republik sorgen der Fremdenverkehr und der Abbau von Bodenschätzen für gute Erwerbsmöglichkeiten. Gerade der Ausbau des Tourismus trug wesentlich dazu bei, dass die Menschen Arbeit finden. Zudem fördert die Regierung die Ansiedlung neuer Industriezweige wie der Textilindustrie. Viele Haitianer versuchen im Nachbarstaat ihr Glück als Gastarbeiter.

Zum Weiterlesen

DIKTATUR *271*
BEVÖLKERUNG DES KONTINENTS *42*
RELIGION *274–275*
BODENEROSION *244*

KLEINE ANTILLEN

ST. KITTS UND NEVIS
Hauptstadt: Basseterre
Fläche: 360 km²
Einwohner: 41 800

ANTIGUA UND BARBUDA
Hauptstadt: St. John's
Fläche: 440 km²
Einwohner: 66 000

DOMINICA
Hauptstadt: Roseau
Fläche: 750 km²
Einwohner: 71 000

ST. LUCIA
Hauptstadt: Castries
Fläche: 622 km²
Einwohner: 141 000

ST. VINCENT UND DIE GRENADINEN
Hauptstadt: Kingstown
Fläche: 388 km²
Einwohner: 111 000

BARBADOS
Hauptstadt: Bridgetown
Fläche: 430 km²
Einwohner: 262 000

GRENADA
Hauptstadt: St. George's
Fläche: 344 km²
Einwohner: 91 000

TRINIDAD UND TOBAGO
Hauptstadt: Port of Spain
Fläche: 5 130 km²
Einwohner: 1,3 Mio.

Im Osten der Karibik ziehen sich die Kleinen Antillen in einem sanften Bogen von Puerto Rico bis hin zur südamerikanischen Küste. Früher waren alle diese Inseln im Besitz europäischer Kolonialmächte, inzwischen haben die meisten ihre Unabhängigkeit erworben. Europäische, afrikanische und asiatische Einflüsse verschmolzen hier zu einer äußerst lebendigen Kultur. Die Menschen der Kleinen Antillen lieben die Musik und feiern gern und oft. Zu den wichtigsten Anbauprodukten gehören Bananen, die im tropischen Klima der Kleinen Antillen gut gedeihen. Sie sind ein bedeutender Exportartikel. Häufig rasen Hurrikane über die Inselwelt, die eine Schneise der Verwüstung hinterlassen und ganze Ernten vernichten können.

KRICKET
Kricket ist der Nationalsport der englischsprachigen Inseln. Schon im Kindesalter lernt man auf ausgedörrten Spielfeldern, auf denen der Ball eine besonders hohe Geschwindigkeit erreicht. Echten Profis winkt sogar ein Platz in der Nationalmannschaft der Antillen.

Brian Lara aus Trinidad spielt seit 1990 im westindischen Kricketteam.

TOURISMUS
Der wichtigste Industriezweig des karibischen Raums ist der Fremdenverkehr. Er bringt den Insulanern Arbeit in Hotels, Restaurants und Geschäften. Allerdings beschränkt sich die Saison auf die Wintermonate der nördlichen Hemisphäre. In dieser Zeit fliehen viele Menschen in die Wärme der Tropen, vor allem an die weißen Strände der Antillen. Eine große Zahl von Hotels ist in der Hand ausländischer Unternehmen, die die Löhne und Preise diktieren und die meisten Einnahmen aus dem Land abziehen. Einige Inseln versuchen weitere Erwerbsquellen zu erschließen, um vom Tourismus unabhängig zu sein.

TRANSPORT UND VERKEHR
Der Güter- und Personentransport zwischen den Inseln erfolgt auch heute noch vor allem mit Schiffen. Eisenbahnstrecken und Straßen konzentrieren sich auf den meisten Inseln im Küstenbereich. Antigua, Barbados, Martinique und andere Inseln besitzen inzwischen große Flughäfen für den internationalen Luftverkehr – eine wichtige Voraussetzung für den Tourismus.

LANDWIRTSCHAFT
Die wenigen Agrarflächen der Inseln sind in kleine Parzellen unterteil Kleinbauern produzieren hier für den Eigenbedarf und verkaufen ihre knappen Überschüsse an Yamswurzeln, Süßkartoffeln, Okraschoten, Salat, Mangos, Limonen, Kokosnüssen und Bananen auf den nahe gele genen Dorfmärkten. Darüber hinaus wird jedoch auch für den Export angebaut. Einzelne Inseln haben sich auf die Produktion bestimmter Ausfuhrartikel spezialisiert: So exportiert Grenada Muskatnüsse, Trinidad Kaffee und St. Vincent Pfeilwurz. Zuckerrohr und Bananen wachsen dagegen auf fast allen Inseln.

Der lange Schnabel dient der Nahrungssuche.

ROTER IBIS
Auf den Antillen sind zahlreiche prächtige Vogelarten heimisch, darunter auch der Rote Ibis oder Scharlachibis. Er lebt in den Mangrovensümpfen der Inseln Trinidad und Tobago und sucht im Küstenschlamm nach Krabben.

INDUSTRIE

Das am stärksten industrialisierte Land der Kleinen Antillen ist Trinidad und Tobago. Mit seinen Erdöl- und Erdgasvorkommen hat es eine petrochemische Industrie sowie eine Eisen- und Stahlindustrie aufgebaut. Auf Barbados, das ebenfalls einige Bodenschätze besitzt, gibt es Elektroindustrie. Die meisten Inseln sind jedoch von den Devisenbringern Bananen, Zucker, Baumwolle und Kakao abhängig. In letzter Zeit versuchen sie verstärkt die Palette ihrer Exportgüter zu erweitern. St. Vincent besitzt mittlerweile eine Mühle und Martinique eine Erdölraffinerie. Unternehmen der Leichtindustrie haben ebenfalls auf einer Reihe der Inseln Fuß gefasst.

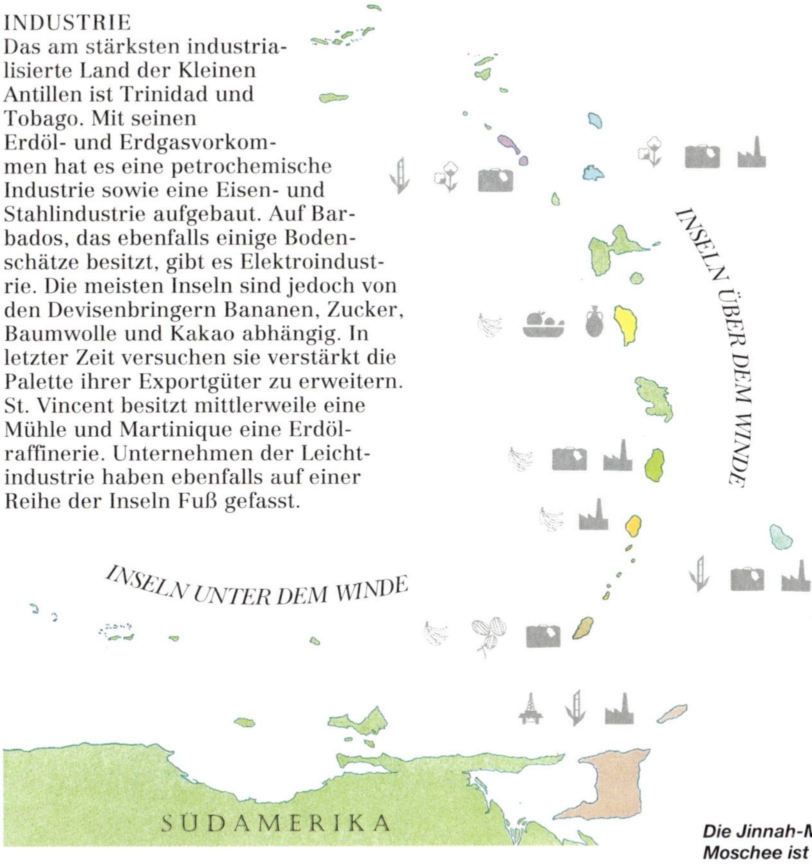

Industrie der Kleinen Antillen	
ANTIGUA U. BARBUDA	Baumwolle, Fremdenverkehr, Rum
ST. KITTS UND NEVIS	Zucker, Baumwolle, Fremdenverkehr
DOMINICA	Bananen, Zitrusfrüchte, ätherische Öle
ST. LUCIA	Bananen, Fremdenverkehr, Elektroteile
ST. VINCENT UND DIE GRENADINEN	Bananen, Zementwerke, Lebensmittelverarbeitung
BARBADOS	Zucker, Fremdenverkehr, Elektroteile
GRENADA	Bananen, Kakao, Fremdenverkehr
TRINIDAD U. TOBAGO	Ölraffinerie, Zucker, chemische Industrie

ASPHALTSEE

Das im Süden Trinidads gelegene La Brea hat eine außerordentliche Sehenswürdigkeit aufzuweisen: Nahe der Stadt liegt der Pitch Lake (Pechsee), der mit Asphalt gefüllt ist. Der 60 m tiefe See ist die weltweit größte offene Asphaltlagerstätte. Die zähe schwarze Masse entsteht aus Erdöl und wird u. a. im Straßenbau verwendet. Der See steht in Verbindung mit den Erdöl führenden Schichten, die Südamerika versorgen.

Diese Steelband spielt für Touristen auf Tobago.

Auf Trinidad entstanden die Steelbands (steel = Stahl). Sie bauen ihr Schlagzeug aus Benzinkanistern und großen Öltonnen.

CALYPSO

Fast auf jeder karibischen Insel erklingt der Calypso, ein rumbaähnlicher Rhythmus, der auf die Gesänge schwarzafrikanischer Sklaven zurückgeht. Der starke Rhythmus des Calypso begleitet vor allem Texte mit sozialkritischem und politischem Inhalt.

Die Jinnah-Memorial-Moschee ist eine der muslimischen Gebetsstätten auf Trinidad. Vom Minarett aus ruft der Muezzin die Gläubigen zum Gebet.

GEWÜRZE

Die Insel Grenada ist nach Indonesien der zweitgrößte Produzent von Muskat und baut etwa ein Viertel der gesamten Welternte an. Die Muskatnuss stammt aus Südostasien und wurde erst im 19. Jh. von den Holländern nach Grenada eingeführt. Das warme, regenreiche Klima und die fruchtbaren vulkanischen Böden der Insel sind die besten Voraussetzungen für ertragreiche Ernten. Ebenfalls aus dem asiatischen Raum stammt die Ingwerpflanze, deren aromatische Wurzel ein beliebtes Würzmittel ist. Auf der Insel Grenada werden außerdem Zimt, Pfeffer und Gewürznelken angebaut.

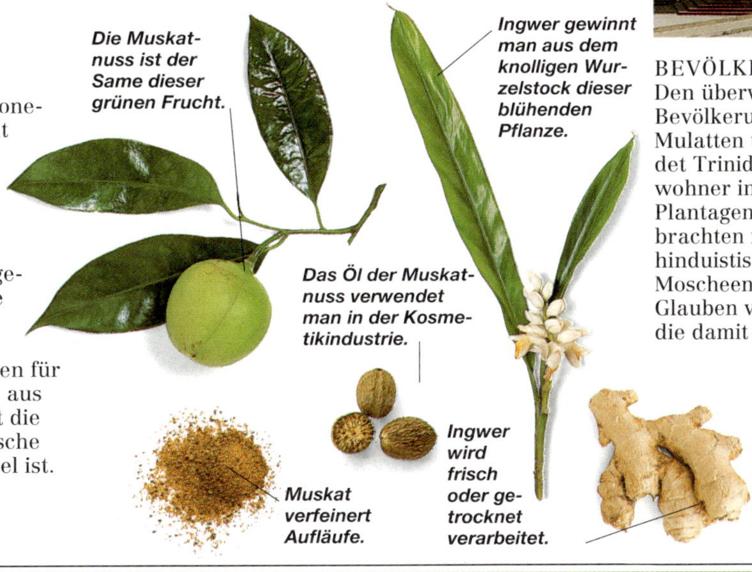

Die Muskatnuss ist der Same dieser grünen Frucht.

Ingwer gewinnt man aus dem knolligen Wurzelstock dieser blühenden Pflanze.

Das Öl der Muskatnuss verwendet man in der Kosmetikindustrie.

Muskat verfeinert Aufläufe.

Ingwer wird frisch oder getrocknet verarbeitet.

BEVÖLKERUNG DER KARIBIK

Den überwiegenden Teil der karibischen Bevölkerung stellen Weiße, Schwarze, Mulatten und Mestizen. Eine Ausnahme bildet Trinidad, wo mindestens 40% der Einwohner indischer Herkunft sind. Die zur Plantagenarbeit ins Land gekommenen Inder brachten ihre Religion mit und errichteten hinduistische Tempel und islamische Moscheen. Sie sind ihrem traditionellen Glauben verhaftet geblieben und pflegen die damit verbundenen Bräuche.

Zum Weiterlesen

BANANEN *48*
HURRIKANE *44*
GEWÜRZE *198, 264*
ZUCKER *52*

NÖRDLICHES SÜDAMERIKA

Die Länder des nördlichen Südamerika werden im Westen von den Anden beherrscht. Den Ostausläufern des gewaltigen Gebirges bringen die Passatwinde hohe Niederschläge. Bis in die Niederungen hinein wachsen dichte Regenwälder und verschiedenste Nutzpflanzen. Der von Venezuela über Ecuador nach Chile verlaufende Gebirgszug der Anden war die Heimat der Inka, deren riesiges Reich im 16. Jh. die Spanier unter Francisco Pizarro eroberten. Im Nordosten entstanden britische, französische und holländische Kolonien. Inzwischen sind alle Staaten bis auf Französisch-Guayana unabhängig, haben aber mit großen Problemen zu kämpfen. Extremer Reichtum einiger weniger und krasse Armut im Volk, explodierende Städte und illegaler Drogenhandel kennzeichnen fast alle Länder dieser Region.

DAS LAMA

Das Andenhochland ist Lebensraum von vier Lamaarten. Wild leben das Vikunja und das Guanako. Aus dem Guanako züchtete man die Haustierarten Lama und Alpaka. Das Lama wird als Lasttier eingesetzt, seine Wolle zu Ponchos und Matten verarbeitet, die feine Wolle des Alpaka geht in den Export.

Das Lama ist ein ausdauernder Lastträger.

QUECHUA

Der beherrschende Stamm des Inkareichs, die Quechua-Indianer, lebt seit Jahrhunderten in den Anden Boliviens, Perus und Ecuadors. Ihre Sprache war weit verbreitet und wurde sogar von den Missionaren gesprochen. Viele Quechua sind mittlerweile in die Städte gezogen. Die wenigen, die auf dem Land geblieben sind, bestellen nur noch kleine Äcker.

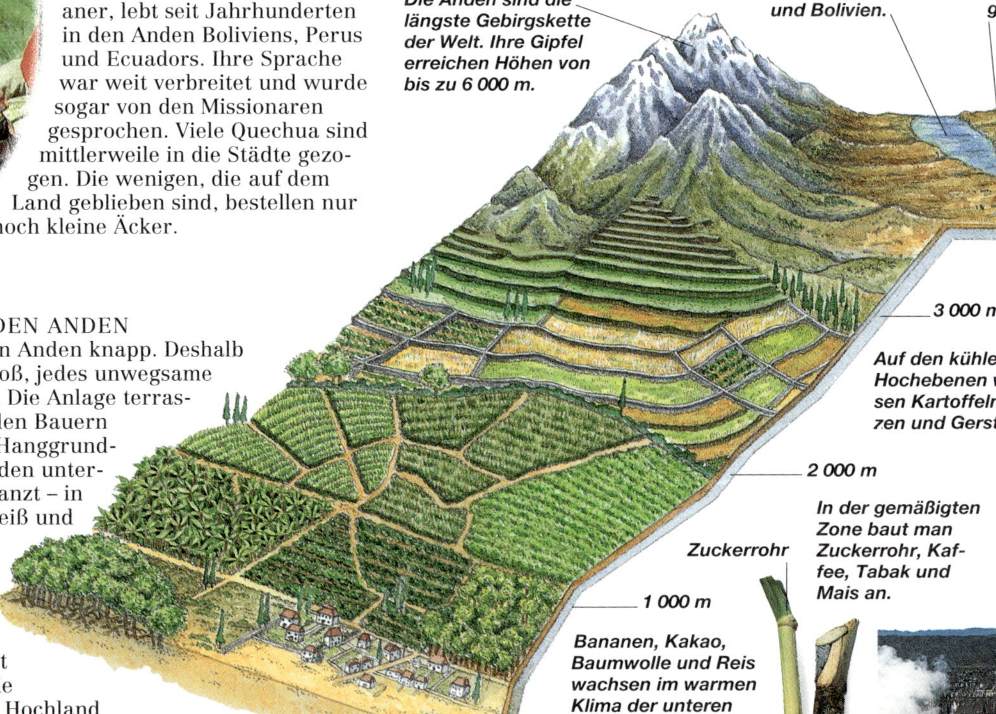

Kartoffel

Zuckerrohr

Bananen

LANDWIRTSCHAFT IN DEN ANDEN

Fruchtbares Land ist in den Anden knapp. Deshalb sind die Anstrengungen groß, jedes unwegsame Stück Erde zu erschließen. Die Anlage terrassierter Felder ermöglicht den Bauern eine bessere Nutzung der Hanggrundstücke. Je nach Klima werden unterschiedliche Produkte gepflanzt – in den tieferen Lagen ist es heiß und feucht, mit zunehmender Höhe sinken die Temperaturen. Die Hochebenen eignen sich nur noch für den Anbau von Kartoffeln. Die Grafik rechts zeigt einen Querschnitt durch die Anden vom Bolivianischen Hochland bis zur Pazifikküste Perus.

Hauptrouten des Drogenhandels

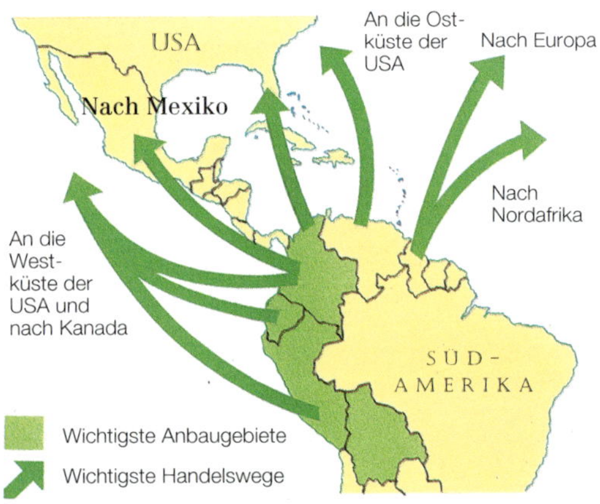

DROGENHANDEL

Seit alters her kauen die Bewohner der Andenregion die Hunger stillenden Blätter des Kokastrauchs. Heute wird aus den Blättern die gesundheitsschädliche Droge Kokain hergestellt und vor allem nach Europa und Nordamerika geschmuggelt. Viele Bauern der Anden haben sich auf den gewinnbringenden Anbau von Kokasträuchern verlegt, die sogar auf schlechtem Boden bei wenig Pflege gedeihen. Die Produktion von Koka ist zwar gesetzlich verboten, doch in den schlecht zugänglichen Gebirgsregionen sind Kontrollen kaum möglich. So können jährlich unübersehbar große Mengen der gefährlichen Droge in die Abnehmerländer geschmuggelt werden.

ANGELFALL

Der Angelfall ist der höchste Wasserfall der Welt. 1935 entdeckte ihn der amerikanische Pilot Jimmy Angel, als er auf der Suche nach einem Gold führenden Fluss Venezuela abflog. Über einen Höhenunterschied von 978 m stürzen die Wassermassen in den Rio Churún.

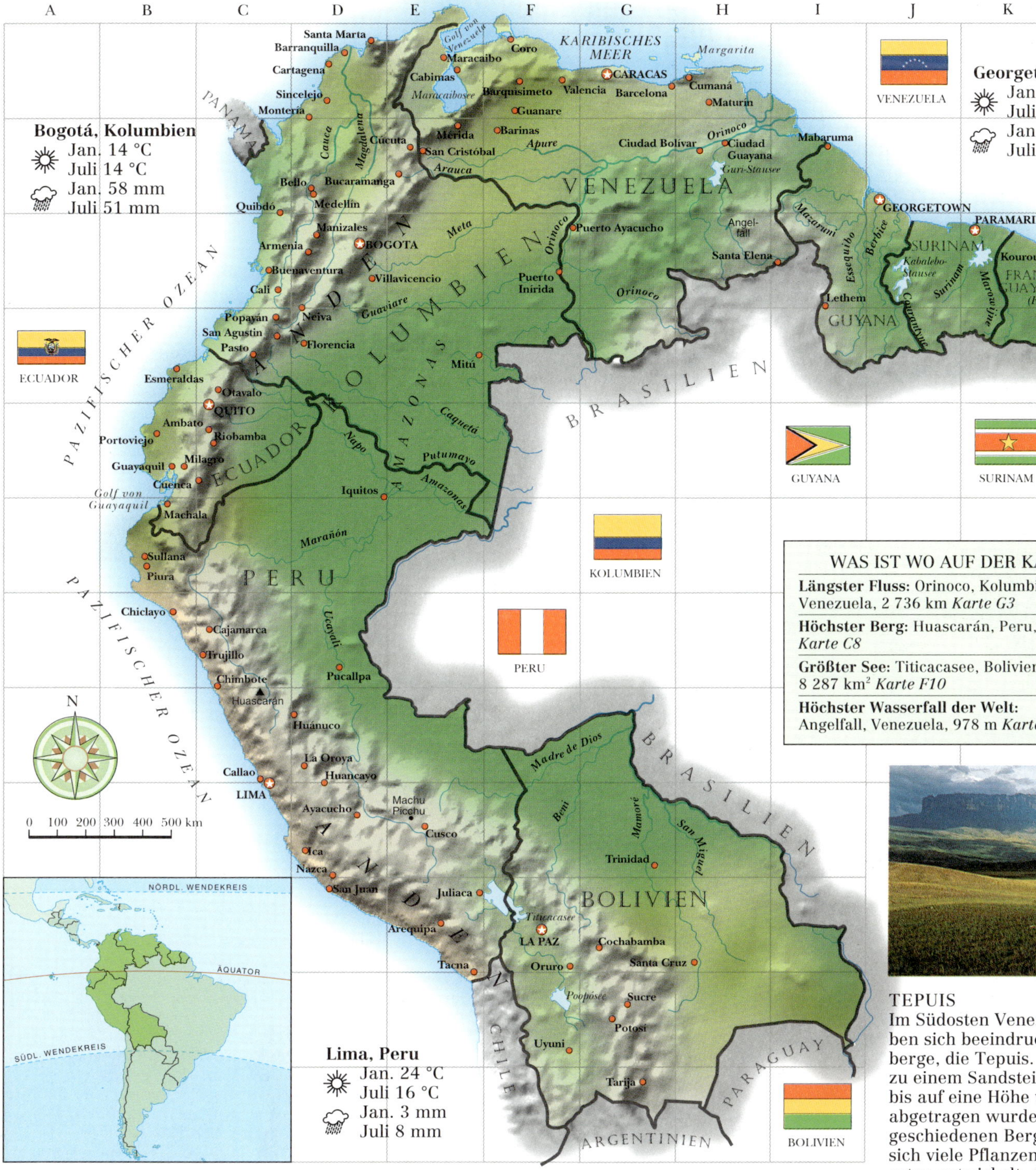

Bogotá, Kolumbien
Jan. 14 °C
Juli 14 °C
Jan. 58 mm
Juli 51 mm

Georgetown, Guyana
Jan. 26 °C
Juli 26,5 °C
Jan. 203 mm
Juli 254 mm

Lima, Peru
Jan. 24 °C
Juli 16 °C
Jan. 3 mm
Juli 8 mm

WAS IST WO AUF DER KARTE

Längster Fluss: Orinoco, Kolumbien/Venezuela, 2 736 km *Karte G3*

Höchster Berg: Huascarán, Peru, 6 768 m *Karte C8*

Größter See: Titicacasee, Bolivien/Peru, 8 287 km² *Karte F10*

Höchster Wasserfall der Welt: Angelfall, Venezuela, 978 m *Karte H3*

TEPUIS
Im Südosten Venezuelas erheben sich beeindruckende Tafelberge, die Tepuis. Sie gehörten zu einem Sandsteinplateau, das bis auf eine Höhe von 1 000 m abgetragen wurde. In der abgeschiedenen Bergwelt haben sich viele Pflanzen- und Tierarten entwickelt, die nur hier vorkommen.

DIE KARIBIKKÜSTE
Die Bevölkerung der meisten Länder Südamerikas ist europäischer oder indianischer Herkunft. An der Karibikküste jedoch liegt der Anteil Schwarzer an der Gesamtbevölkerung relativ hoch. Auch diese Kolumbianer (links) sind Nachfahren der Sklaven, die aus Afrika zur Arbeit auf den Zuckerrohrfeldern verschleppt wurden. Viele von ihnen gehören noch zur ärmsten Bevölkerungsschicht.

GRENZSTREITIGKEITEN
Die meisten südamerikanischen Staaten führten Kriege um den Verlauf ihrer Grenzen. In den 30er und 40er Jahren des 20. Jh. forderten Streitigkeiten zwischen Bolivien und Paraguay bzw. zwischen Ecuador und Peru Tausende von Menschenleben. An diesem Übergang (links) verlässt man Chile und betritt Bolivien.

VENEZUELA
Hauptstadt: Caracas
Lage: 60°–73° westl. Länge, 1°–12° nördl. Breite
Fläche: 912 050 km²
Einwohner: 21,8 Mio.
Amtssprache: Spanisch
Religionen: Christen 98%, andere 2%
Staatsform: Präsidiale Bundesrepublik
Währung: Bolivar
Analphabetenrate: 9%
Lebenserwartung: 70 Jahre
Einwohner pro Arzt: 640

VENEZUELA

Als der spanische Entdecker Alonso de Hojeda 1499 die Nordküste Südamerikas erforschte, stieß er auf den Maracaibosee. Die Pfahlbauten der dort lebenden Bevölkerung erinnerten den Weitgereisten an Venedig mit seinen ins Wasser gebauten Häusern. Daher taufte er das Land Venezuela, »Klein-Venedig«. Drei Jahrhunderte lang gehörte Venezuela zum spanischen Weltreich, bis es 1811 die Unabhängigkeit erlangte. Die Erschließung der Erdölvorkommen verhalf dem Land zu großem Reichtum, doch nur wenige kommen in den Genuss des Geldes. Dicht bevölkerte Slumviertel, so genannte Ranchos, ziehen sich um die ständig wachsenden Städte. In entlegenen Gebieten des Landesinnern leben noch einige wenige Indianerstämme.

CARACAS
Fast 400 Jahre lang war Caracas ein verschlafenes Städtchen, bis eines Tages im Norden des Landes Erdöl entdeckt wurde. Daraufhin stieg die Einwohnerzahl in kürzester Zeit auf mehr als 4 Mio. an. Moderne Hochhäuser und ein ausgedehntes Autobahn- und U-Bahn-Netz prägen das Gesicht der Stadt.

INDIOS IM LANDESINNERN
Die wenigen Indianer, die es noch in Venezuela gibt, leben in abgeschiedenen Regionen im Landesinnern und an der Grenze zu Brasilien. Mit etwa 17 000 Stammesmitgliedern stellen die Yanomami die größte Indiogruppe Venezuelas. Diese Jäger und Sammler errichten in Lichtungen des Regenwalds riesige Palmblatthütten, so genannte »yanos«. Doch ihr Lebensraum, und damit auch ihre Existenz, ist durch die fortschreitende Abholzung des Regenwalds bedroht. Außerdem besitzen die Eingeborenen keine Abwehrkräfte gegen Krankheiten, die von europäischen Siedlern eingeschleppt werden. Die Zahl der Indianer wird dadurch stark dezimiert.

Wo die Menschen leben

91% leben in den Städten. 9% leben auf dem Land.

In den kreisförmigen »yanos« leben zehn bis 20 Familien zusammen, jede in einem eigenen Abschnitt.

Hängematten werden zwischen den tragenden Pfosten gespannt.

Die Yanos bestehen aus einem Holzgerüst, dessen Seitenflächen mit Matten bespannt sind. Das Dach wird mit Palmblättern gedeckt.

Mit 2 m langen Bögen gehen die Indios auf die Jagd. Die Spitzen der Pfeile enthalten ein Pflanzengift.

Die Frauen kümmern sich um die Feldarbeit und ziehen die Kinder groß.

Die Yanomami-Männer sind erfahrene Jäger. Sie jagen mit traditionellen Waffen.

ÖLSEGEN
Als 1917 im Maracaibosee Öl entdeckt wurde, stieg Venezuela zu einem der reichsten Länder Südamerikas auf. Die Ölvorkommen unter dem Maracaibosee sind die zweitgrößten der Welt. Außerdem tragen Asphalt führende Schichten entlang des Orinoco zum Wohlstand bei. Die Regierung versäumte es jedoch, mit dem Geld aus den Erdölerlösen andere Wirtschaftszweige zu fördern. Auf den Gebieten der Landwirtschaft und der verarbeitenden Industrie z. B. wurden erst in den 70er Jahren des 20. Jh. Investitionen vorgenommen. Der Einbruch der Ölpreise wirkte sich daher besonders negativ auf die Wirtschaftslage aus.

DAS JUNGE VENEZUELA
Von den rund 21 Mio. Einwohnern Venezuelas sind 8 Mio. jünger als 15 Jahre. Die meisten Jugendlichen leben in den Städten des Nordens. Sie orientieren sich am Lebensstil der USA – das Karibische Meer trennt sie jedoch vom Land ihrer Träume und Hoffnungen.

SEILBAHN
Die höchste Seilbahn der Welt führt von Mérida aus auf den 4 765 m hohen Monte Pico Espejo. Die Fahrt erfolgt in vier Stufen und dauert eine Stunde.

Zum Weiterlesen
UREINWOHNER *43*
ERDÖL *137, 152, 281*
BEVÖLKERUNGSWACHSTUM *43*
REGENWÄLDER *15, 69, 204*

GUYANA

Hauptstadt:	Georgetown
Lage:	57°–62° westl. Länge, 2°–8° nördl. Breite
Fläche:	214 970 km²
Einwohner:	835 000
Amtssprache:	Englisch
Religionen:	Christen 57%, Hindus 33%, Muslime 9%, andere 1%
Staatsform:	Präsidiale Republik
Währung:	Guyana-Dollar
Analphabetenrate:	2%
Lebenserwartung:	65 Jahre
Einwohner pro Arzt:	2 552

SURINAM

Hauptstadt:	Paramaribo
Lage:	53°–58° westl. Länge, 1°–6° nördl. Breite
Fläche:	163 265 km²
Einwohner:	423 000
Amtssprache:	Niederländisch
Religionen:	Christen 39,6%, Hindus 26%, Muslime 18,6%
Staatsform:	Präsidiale Republik
Währung:	Surinam-Gulden
Analphabetenrate:	7%
Lebenserwartung:	70 Jahre
Einwohner pro Arzt:	1 348

FRANZÖSISCH-GUAYANA

Hauptstadt:	Cayenne
Lage:	52°–53° westl. Länge, 1°–6° nördl. Breite
Fläche:	91 000 km²
Einwohner:	114 808
Amtssprache:	Französisch
Religionen:	Christen 75%, andere 25%
Staatsform:	Französisches Überseedepartement
Währung:	Französischer Franc

GUYANA

Die ehemals britische Kolonie Guyana erlangte 1966 die Unabhängigkeit von der Krone. In der Hauptstadt Georgetown und ihren Außenbezirken konzentriert sich die überwiegende Mehrheit der Bevölkerung. Das aus einer Indianersprache stammende Wort »Guyana« bedeutet »Land der vielen Wasser«. Tatsächlich gibt es hier ein weit verzweigtes Flusssystem mit zahlreichen Wasserfällen. Tropischer Regenwald überzieht den Großteil dieses Agrarlands. Auf den Feldern gedeihen Reis, Zuckerrohr und Zitrusfrüchte. Das Land besitzt viele Bodenschätze, z. B. Manganerz, Tonerde, Gold und Diamanten. Sie werden jedoch nur in geringem Umfang gefördert.

ZUCKERROHRPLANTAGEN
Die ersten europäischen Siedler in Guyana stammten aus Holland. Im Jahr 1615 errichteten sie eine Niederlassung am Rio Essequibo und begannen Zuckerrohr-, Kakao- und Zitrusfruchtkulturen anzulegen. Sklaven aus Afrika mussten die Schwerarbeit auf den Plantagen verrichten. 1814 übernahm Großbritannien die Herrschaft in Guyana. Die Siedler konzentrierten sich nun auf den Anbau und Export von Zuckerrohr. Auch heute noch gehört Zucker zu den wichtigsten Devisenquellen des hochverschuldeten Landes.

DIE BEVÖLKERUNG
Die meisten Bewohner Guyanas sind Nachfahren von Plantagenarbeitern, darunter vieler afrikanischer Sklaven. Als 1833 im Britischen Empire die Sklavenhaltung verboten wurde, strömten Inder als Kontraktarbeiter ins Land. Afrikaner und Inder stellen die Mehrheit der Bevölkerung. Einen geringen Prozentsatz machen Europäer, Chinesen und Araber aus.

SURINAM

Britische Einwanderer besiedelten 1630 als Erste dieses Gebiet. Im Jahr 1667 ging es im Tausch gegen die holländische Insel Nieuw Amsterdam, den heutigen New Yorker Stadtteil Manhattan, an die Niederlande und erhielt den Namen Niederländisch-Guayana. 1975 wurde das Land unabhängig und nennt sich heute nach dem wichtigsten Fluss des Landes Surinam. Da es in Surinam kaum Erwerbsmöglichkeiten gibt, arbeiten heute etwa 200 000 Surinamesen in den Niederlanden.

PARAMARIBO
Paramaribo liegt an der Atlantik-Mündung des Suriname. Niederländischer Einfluss zeigt sich an der Architektur der aus Holz gebauten Stadthäuser. Zu den Sehenswürdigkeiten aus niederländischer Zeit gehört die Kirche St. Peter und Paul (19. Jh., rechts). In Paramaribo lebt die Hälfte der Bevölkerung Surinams.

FRANZÖSISCH-GUAYANA

In ganz Südamerika gibt es nur noch eine Kolonie: Französisch-Guayana. Lange Zeit waren das Land und die ihm vorgelagerte Teufelsinsel mit ihrem Staatsgefängnis als Strafkolonie Frankreichs bekannt. Heute hat sie sich einen Namen aufgrund ihrer Rolle im europäischen Raumfahrtprogramm erworben. Die Abhängigkeit von Frankreich beschert Französisch-Guayana einen relativ hohen Lebensstandard. Er kann jedoch nur mit der ständigen Unterstützung durch das Mutterland gehalten werden.

KOUROU
Kourou ist die Abschussbasis der Europäischen Raumfahrtbehörde ESA. Von hier aus transportieren Ariane-Raketen Satelliten und Sonden in den Weltraum.

Der Ozelot ist vom Aussterben bedroht.

WÄLDER
Die dichten Regenwälder im Landesinnern sind fast völlig unberührt. Sie bieten Tausenden von Tier- und Pflanzenarten Lebensraum, so z. B. Ozeloten, Jaguaren, Pumas und einer Reihe von Reptilien.

Zum Weiterlesen

ABHÄNGIGE TERRITORIEN *271*
UREINWOHNER *43*
REGENWÄLDER *15, 69, 204*
ZUCKER *52*

KOLUMBIEN

Als die spanischen Eroberer 1499 Kolumbien erreichten, trafen sie auf den Indiostamm der Chibcha, die Meister waren in der Verarbeitung von Gold. Schnell verbreitete sich die Kunde vom sagenumwobenen El Dorado, dem Land voller Goldschätze. Doch die Spanier fanden in Kolumbien nicht mehr Gold als anderswo in Südamerika. Seit seiner Unabhängigkeit im Jahre 1819 wird Kolumbien von Bürger- und Guerillakriegen erschüttert. Dazu kommen in jüngerer Zeit die blutigen Auseinandersetzungen der Drogenmafia. Kolumbien ist der weltweit größte Kokainproduzent. Prägendes Landschaftselement sind die Anden, die sich in Kolumbien in vier Gebirgszüge mit tiefen Tälern auffächern.

KOLUMBIEN

Hauptstadt: Bogotá

Lage: 66°–79° westl. Länge, 12° nördl.–4° südl. Breite

Fläche: 1 138 910 km²

Einwohner: 35,1 Mio.

Amtssprache: Spanisch

Religionen: Christen 95%, andere 5%

Staatsform: Präsidialrepublik

Währung: Kolumbianischer Peso

Analphabetenrate: 10%

Lebenserwartung: 69 Jahre

Einwohner pro Arzt: 1 061

CARTAGENA
Die Hafenstadt Cartagena wurde im 16. Jh. von den Spaniern gegründet. Große spanische Galeonen machten sich von hier aus auf den Heimweg nach Europa. Die alten Stadtmauern und Festungsanlagen zum Schutz gegen angreifende Feinde sind noch heute erhalten. Die Stadt selbst wartet mit Häusern aus der Kolonialzeit und prächtigen Kirchenbauten auf.

LA CUMBIA
Von Kindesbeinen an tanzen die Kolumbianer den »Cumbia«. Zur Musik, bei der sich afrikanische Rhythmen mit spanischen und indianischen Einflüssen vermischen, tanzen die Männer ganz in Weiß, der traditionellen Farbe für die Kleidung der Sklaven. Die Kostüme der Tänzerinnen erinnern an spanische Vorbilder.

Die Röcke der Frauen erinnern an die spanischen Flamenco-Tänzerinnen.

In den Saum werden Gewichte eingenäht, damit der Rock nicht zu hoch schwingt.

In der »mochila«, einem kleinen Beutel, werden Kokablätter oder Rum aufbewahrt.

Die Männer tragen Sombreros, Schatten spendende Hüte mit breiter Krempe.

VERSTECKTE SCHÄTZE
Nach der Entdeckung von Rohölvorkommen nordöstlich von Bogotá hat sich im Land eine bedeutende petrochemische Industrie entwickelt. Erdöl verarbeitende Anlagen wie diese hier in Barranquilla stellen Treibstoff für Autos und Flugzeuge her. Der Abbau von Kohle – Kolumbien verfügt über die größten Kohlevorkommen Südamerikas – und die Nutzung der Nickelvorräte bringen ebenfalls die für die Wirtschaft so wichtigen Devisen. Die USA, Deutschland und Japan sind Kolumbiens wichtigste Handelspartner.

Smaragdadern finden sich in Gesteinen wie Kalkspat oder Pyrit.

SMARAGDE
Kolumbien fördert mehr als die Hälfte aller weltweit gehandelten Smaragde. Sie gelten allgemein als besonders hochwertig. Aus präkolumbischer Zeit sind kunstvolle Objekte aus Gold erhalten, bei denen auch Smaragde verarbeitet wurden.

LANDWIRTSCHAFT
In den unterschiedlichen Klimazonen Kolumbiens wächst eine Vielfalt von Feldfrüchten. Lange Zeit war Kaffee der Hauptausfuhrartikel Kolumbiens, und auch heute noch nimmt das Land auf der Weltrangliste der Kaffeeexporteure nach Brasilien den zweiten Platz ein. Die reifen Bohnen werden gepflückt, auf großen Holzstellagen ausgebreitet und von der Sonne getrocknet (links). Die sinkenden Preise für Kaffee zwangen die Bauern jedoch, auch Zuckerrohr, Bananen, Baumwolle und Schnittblumen anzubauen. Außerdem haben sie den Kokaanbau als ertragreiche Einkommensquelle für sich entdeckt.

In San Agustín wurden über 500 Statuen in Tier- und Menschengestalt gefunden.

SAN AGUSTIN
Bei diesem kleinen Dorf im Quellgebiet des Magdalenenflusses wurden die Überreste einer Indianerkultur entdeckt. Die bis zu 4 m hohen Steinskulpturen in Menschen- und Tiergestalt gehörten wahrscheinlich zu einem Kultplatz. Entstanden sind diese riesigen Monolithe um 650 v. Chr.

Zum Weiterlesen

KAFFEE *50, 66*
DROGENHANDEL *58*
EDELSTEINE *172, 191*
ERDÖL *137, 152, 281*

ECUADOR

ECUADOR

Hauptstadt:	Quito
Lage:	75°–81° westl. Länge, 2° nördl.–5° südl. Breite
Fläche:	283 560 km²
Einwohner:	11,46 Mio.
Amtssprache:	Spanisch
Religionen:	Christen 95%, andere 5%
Staatsform:	Präsidiale Republik
Währung:	Sucre
Analphabetenrate:	9%
Lebenserwartung:	66 Jahre
Einwohner pro Arzt:	960

Namen gebend für dieses kleine Land war der Äquator. Er schneidet Ecuador im Norden. Die Anden durchlaufen das Staatsgebiet in Nord-Süd-Richtung und unterteilen es in eine pazifische Region mit feuchten Küstenebenen und eine tropische Region mit dichten Regenwäldern. Zu Ecuador gehören auch die berühmten Galapagosinseln, die etwa 1 300 km von der Küste entfernt im Pazifischen Ozean liegen. Große Erdöl- und Erdgasvorkommen machen knapp die Hälfte der gesamten Exporteinnahmen des Landes aus.

COTOPAXI
In Ecuador gibt es zahlreiche Vulkane, von denen noch mindestens zehn aktiv sind. Einer der berühmtesten ist der Cotopaxi, mit seinen 5 897 m der höchste aktive Vulkan der Erde. Sein letzter Ausbruch erfolgte Anfang des 20. Jh.

MANGROVEN

Entlang der Küste erstrecken sich ausgedehnte Mangrovenwälder. Mangroven wachsen im salzhaltigen Schlick des Gezeitenbereichs. Dort liefern sie Planktonorganismen Nahrung. Vom Plankton leben Fische, Krustentiere und Muscheln, die eine wichtige Nahrungsquelle für den Menschen sind. Garnelen haben sich zu einem bedeutenden Exportartikel Ecuadors entwickelt. Große Zuchtfarmen bieten Tausende von Arbeitsplätzen, zerstören jedoch nach und nach die Küstenflora, von der sie abhängig sind. Mangroven sind nicht nur für die Meeresfauna von Bedeutung, sondern liefern auch ein sehr widerstandsfähiges Holz.

Die Wurzeln verhindern, dass Sand und Kies abgeschwemmt werden, und festigen so den Küstensaum.

Bei Flut bedeckt das Wasser die Wurzeln.

Mit einem fast undurchdringlichen Geflecht aus Stelzwurzeln verankern sich die Mangroven im Schlick.

Schlammspringer sind die einzigen Fische, die sowohl an Land als auch im Wasser leben können.

Der Schlick macht das Wasser im zeitweise überschwemmten Küstenbereich trübe.

Die Flut spült Garnelen ans Land. Diese ernähren sich von Plankton.

Strandnelke

Nelken

WIRTSCHAFT

Noch vor 20 Jahren basierte Ecuadors Wirtschaft auf drei Agrarerzeugnissen: Bananen, Kaffee und Kakao. Die Landwirtschaft hat zwar an Bedeutung verloren, sie beschäftigt aber immerhin noch ein Drittel der Erwerbstätigen. Auch der Fischfang nimmt einen wichtigen Stellenwert ein. Garnelen, Sardinen und Thunfisch werden ausgeführt. Seit kurzem werden auch Blumen exportiert.

Panamahüte werden aus den jungen Blättern der Panamapalme geflochten.

Der farbenprächtige Markt in Otavalo ist eine beliebte Touristenattraktion.

OTAVALO-INDIANER

Hoch in den Anden liegt die Stadt Otavalo. Die hier lebenden Otavalo-Indianer haben es mit ihrer Handwerkskunst zu relativ großem Wohlstand gebracht. Sie weben Decken, Ponchos, Teppiche sowie andere Artikel und verkaufen sie an Touristen oder exportieren sie in andere südamerikanische Länder, in die USA und selbst nach Europa. Die Nachfrage ist so groß, dass man schon zur maschinellen Massenproduktion übergegangen ist, unter Verwendung künstlicher Farben und Fasern. Die Einnahmen aus diesem Gewerbe sichern den Otavalo ihren traditionellen Lebensstil.

Otavalo-Teppich mit stilisierten Lamas

PANAMAHÜTE

Panamahüte wurden in Ecuador hergestellt und nach Panama exportiert. Die breitkrempige Kopfbedeckung zeichnet sich durch ungewöhnliche Elastizität aus. Sie kann zusammengerollt werden ohne zu brechen.

Zum Weiterlesen

ANDEN *40, 58*
GALAPAGOSINSELN *265*
UREINWOHNER *43*
VULKANE *13*

PERU

Hauptstadt: Lima

Lage: 69°–81° westl. Länge, 0°–18° südl. Breite

Fläche: 1 285 220 km²

Einwohner: 23,8 Mio.

Amtssprachen: Spanisch und Quechua

Religionen: Christen 95%, andere 5%

Staatsform: Präsidialrepublik

Währung: Nuevo Sol

Analphabetenrate: 12%

Lebenserwartung: 64 Jahre

Einwohner pro Arzt: 940

LIMA
Die Hauptstadt Perus wurde 1535 von Francisco Pizarro gegründet und ist heute das Handels- und Industriezentrum des Landes. Arme Landbewohner auf der Suche nach Arbeit haben die Stadt in den letzten Jahrzehnten auf 7,2 Mio. Einwohner anwachsen lassen. Während die reichen Bürger in Apartmenthäusern oder Vorstadtvillen leben, hausen die Armen in »calampas«, riesigen Slumsiedlungen am Stadtrand. Fast das ganze Jahr hängen über der Hauptstadt eine dichte Wolkendecke und ein grauer Nebelschleier, aus dem immer wieder die »Garua«, ein feiner Sprühregen, niedergeht.

PERU

Um 1200 gründeten die Inka im Gebiet des heutigen Peru ein riesiges Reich, das sich während seiner Blütezeit im 16. Jh. von Ecuador bis Chile erstreckte. Etwa die Hälfte der Bevölkerung Perus sind Indianer. In den letzten Jahren führten Spannungen zwischen der reichen spanischstämmigen Minderheit und der armen indianischen Mehrheit zu bürgerkriegsähnlichen Unruhen. Ausländische Unternehmen vermieden daraufhin Investitionen in Peru. Das führte zu einer weiteren Verschlechterung der Lebensbedingungen. Erst in den letzten Jahren ist es gelungen, durch die Privatisierung von Staatsunternehmen die Geldreserven zu erhöhen und die Inflationsrate zu senken.

FISCHFANG
Perus Küstengewässer sind reich an Plankton, von dem sich viele Fischarten wie Sardellen ernähren. Zu Mehl und Paste verarbeitete Sardellen sind ein wichtiger Ausfuhrartikel. Alle neun bis zehn Jahre stört eine warme Meeresströmung das Planktongleichgewicht, so dass die Fische in andere Gewässer abwandern – eine Katastrophe für die Fischer.

TITICACASEE
Der Titicacasee erstreckt sich auf peruanischem und bolivianischem Staatsgebiet in 3 810 m Höhe über mehr als 8 000 km². Er ist damit das höchst gelegene befahrbare Gewässer der Welt. Den Indianern liefert er seit Tausenden von Jahren Nahrung. Die Uru-Indianer leben hier in schwimmenden Dörfern auf riesigen Schilfflößen. Der karge Boden lässt bis auf den Anbau von Kartoffeln nur wenig Landwirtschaft zu. Kartoffeln, Fische und die Vögel am Seeufer sind die Hauptnahrungsmittel der Indianer.

Hinter den Ruinen von Machu Picchu erhebt sich der Kegel des Huayna Picchu.

VERGESSENE STADT
Das hoch in den Anden gelegene Machu Picchu war im 15. Jh. eine bedeutende Inkastadt. Die schwer zu erreichende Festung entging der Aufmerksamkeit der spanischen Eroberer, die 1532 einfielen, und wird deshalb auch »Vergessene Stadt« genannt. Im Jahre 1911 wurde die Anlage entdeckt. Sie umfasst Tempelanlagen und 143 Häuser.

LEUCHTENDER PFAD
Guerillakämpfer, die sich »Leuchtender Pfad« (»Sendero Luminoso«) nennen, versuchten in den 80er Jahren einen gewaltsamen politischen Umsturz. Der Anführer dieser linksradikalen Guerilleros, der Philosophieprofessor Abimael Guzmán Reynoso, wurde im Jahr 1993 gefasst und inhaftiert.

Zum Weiterlesen

ANDEN *40, 58*
STÄDTE *17, 43*
UREINWOHNER *43*
KARTOFFELN *140*

BOLIVIEN
Hauptstadt: La Paz
Lage: 58°–69° westl. Länge, 10°–23° südl. Breite
Fläche: 1 098 580 km²
Einwohner: 7,4 Mio.
Amtssprachen: Spanisch, Quechua, Aymará
Religionen: Christen 92,5%, Bahai 2,6%
Staatsform: Präsidialrepublik
Währung: Boliviano
Analphabetenrate: 17%
Lebenserwartung: 61 Jahre
Einwohner pro Arzt: 2 124

BOLIVIEN

Das kleine, gebirgige Land Bolivien besitzt keinen Zugang zum Meer. 1883 musste es im Pazifikkrieg seinen schmalen Küstenstreifen an Chile abgeben. Seither ist es darauf angewiesen, Exportgüter auf dem teuren Schienenweg durch Peru und Chile zu transportieren. Bolivien besitzt zwar viele Bodenschätze wie z.B. Silber und Zinn, doch seine isolierte Lage und die häufigen Regierungswechsel behinderten die Entwicklung einer Devisen bringenden Wirtschaft. Etwa 70% der Bevölkerung sind Aymará- oder Quechua-Indianer, die auf den kargen Hochebenen der Anden, dem Altiplano, leben. Die landwirtschaftlichen Erträge in diesem Gebiet reichen jedoch kaum für die Versorgung der Familien.

SIMON BOLIVAR

Bolivien erhielt seinen Namen nach dem venezolanischen Freiheitskämpfer Simón Bolívar (1783–1830). Bolívar wollte die südamerikanischen Staaten von den europäischen Kolonialmächten befreien. Er erkämpfte die Unabhängigkeit für Neugranada (Kolumbien), Venezuela, Ecuador, Panama und Bolivien (damals Oberperu). Bolívars Traum von einem Vereinigten Südamerika erfüllte sich jedoch nie.

Über die Hochebenen bläst ein kalter Wind. Auf dem kargen Boden werden Kartoffeln angebaut.

LEBEN AUF DEN HOCHEBENEN

Auf dem Altiplano herrschen ausgesprochen harte Lebensbedingungen. In den Dörfern gibt es weder Strom noch sanitäre Anlagen. Ihre Bewohner, meist Aymará-Indianer, leben überwiegend von der Landwirtschaft, die allerdings nur zur Selbstversorgung reicht. Auf dem kargen Boden der Hochebenen wachsen nur Kartoffeln, Mais und Gerste. Kühe, Schafe und Hühner liefern den Kleinbauern Milch, Eier und Fleisch. Die Nutztiere Alpaka und Lama versorgen sie mit Wolle für warme Kleider; ihr getrockneter Kot dient als Brennmaterial.

Dieses Lamm wird der Familie einmal Milch liefern.

Viele Aymará tragen Plastikschuhe. Man nennt sie »ojotas«.

Zinn

Silber

BODENSCHÄTZE

Bolivien besitzt viele Bodenschätze, darunter reiche Zinn-, Silber-, Blei- und Zinkvorkommen. Eine wichtige Erwerbsquelle ist der Zinnabbau.Er ging zwar in den letzten Jahren zurück, Bolivien zählt aber immer noch zu den fünf größten Zinnförderländern. Tausende von Bolivianern arbeiten unter miserablen Bedingungen bei schlechter Bezahlung in den Zinnbergwerken. Für die Bergarbeiter haust in den Gruben ein Geist, »El Tio«. Sie »opfern« ihm einige ihrer wertvollen Zigaretten, um ihn günstig zu stimmen.

FEST DER SONNE

Noch immer sind zahlreiche indianische Glaubensvorstellungen und Riten in den Menschen lebendig oder verschmolzen mit christlichem Gedankengut. Die Isla del Sol (Sonneninsel) im Titicacasee gilt als Geburtsstätte der Sonne. Zu ihren Ehren finden dort Feste statt, die mit viel Musik begangen werden. Beliebt sind neben der Panflöte Trommeln und Blechblasinstrumente.

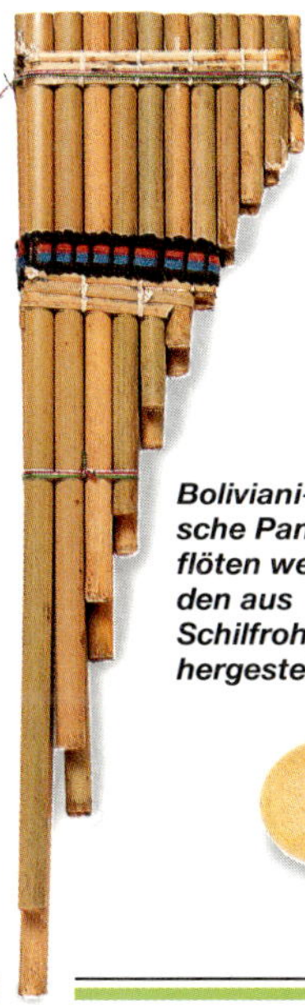

Bolivianische Panflöten werden aus Schilfrohr hergestellt.

KOKAPRODUKTION

Aus den Blättern des Kokastrauchs, der in den Bergtälern Boliviens angebaut wird, gewinnt man die Droge Kokain. Kokain ist der wichtigste Ausfuhrartikel Boliviens und bringt viel Geld ein. Der illegale Handel übersteigt allerdings die legalen Exporte noch um ein Vielfaches. Die Regierung bot den Bauern Prämien für die Zerstörung der Kokaplantagen und den Anbau anderer Feldfrüchte, jedoch ohne Erfolg.

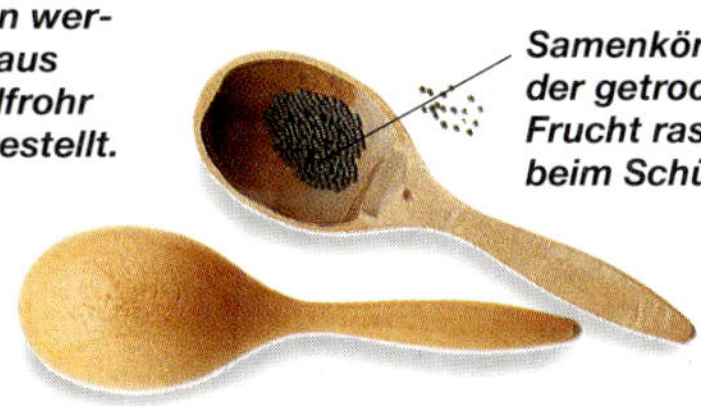

Samenkörner in der getrockneten Frucht rasseln beim Schütteln.

Maracás sind Rasseln aus den Früchten des Kalebassenbaums.

Zum Weiterlesen

DROGENHANDEL *58*
LAMAS *58*
UREINWOHNER *43*
KATHOLIKEN *274*

BRASILIEN

Brasilien, der größte Staat Südamerikas, nimmt beinahe die Hälfte des Kontinents ein. Vom 16. bis zum 19. Jh. stand das Land unter der Herrschaft der Portugiesen, die es nach dem Brasilholzbaum benannten. Brasilien ist zu 60% von tropischem Regenwald bedeckt. Die Regenwaldgebiete liegen im Norden und Westen, im Nordosten des Landes trifft man auf Wüsten. Hügeliges Grasland bestimmt den Süden, im Osten erstreckt sich das Brasilianische Bergland. Starke Gegensätze prägen den städtischen und ländlichen Bereich. Modernen Metropolen stehen kaum erforschte Gebiete gegenüber, in denen Indiostämme noch so leben wie in alter Zeit. Die Wassermassen der Flüsse Paraná und Paraguay werden im Itaipú-Stausee gespeichert und im weltweit größten Wasserkraftwerk zur Stromgewinnung genutzt.

STADTLEBEN

Die meisten großen Städte Brasiliens liegen an der Atlantikküste. Hier siedelte sich auch die Industrie an, und es entstanden Arbeitsplätze. Viele Menschen zogen daher vom Land in die Städte, um ihre Familien besser ernähren zu können. Mittlerweile leben etwa 75% der Brasilianer in diesen großen Ballungsräumen. Mit 16,8 Mio. Einwohnern – mehr als London und Paris zusammen – ist São Paulo die größte Stadt Brasiliens. Das zunächst explosionsartige Wachstum der Städte hat sich inzwischen wieder etwas verlangsamt.

DIE GRÖSSTEN STÄDTE	
São Paulo	16 800 000
Rio de Janeiro	11 100 000
Belo Horizonte	3 400 000
Salvador	2 400 000
Fortaleza	2 100 000

Die Vorfahren dieses Mädchens stammen aus Afrika.

Dieser Junge hat portugiesische und afrikanische Vorfahren.

Das Mädchen in der Mitte ist eine Amazonas-Indianerin vom Stamm der Tembé.

BEVÖLKERUNG

Wie überall in Mittel- und Südamerika siedelten sich auch in Brasilien Einwanderer verschiedenster Nationalität an. Neben der indianischen Urbevölkerung leben hier Weiße, Schwarze und Asiaten. 34% der Bevölkerung sind Mulatten und Mestizen. Viele Brasilianer haben afrikanische Vorfahren, die im 17. Jh. als Sklaven zur Arbeit auf den Zuckerrohrplantagen ins Land gebracht wurden. Aus Europa kamen die Portugiesen, die 300 Jahre lang das Land beherrschten. Anfang des 19. und des 20. Jh. wanderten erneut zahlreiche Europäer nach Brasilien ein. Ein großes deutsches Siedlungsgebiet z. B. erstreckt sich im Norden und Westen von Porto Alegre. Auch Japaner leben seit Anfang des 20. Jh. in Brasilien.

Die Hütten dieses Elendsviertels in São Paulo bestehen aus Holzbrettern und Wellblech.

Die größten Kaffeeerzeuger der Welt 1994
(in % der Weltproduktion)

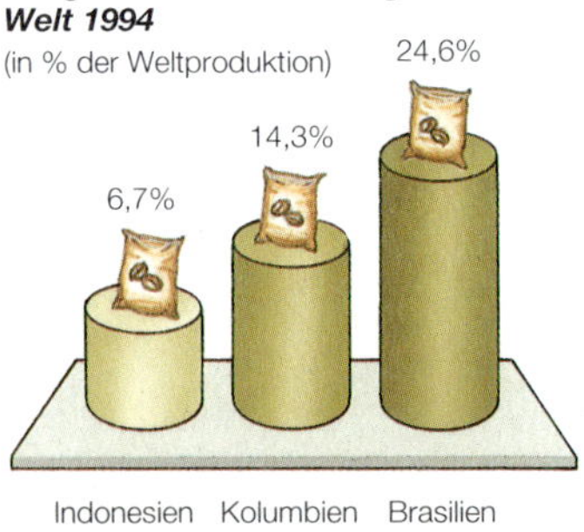

FAVELAS

Landflucht, Wohnungsknappheit und Arbeitsmangel haben rund um die großen Städte riesige Elendsviertel, die so genannten »favelas«, entstehen lassen. Hier leben etwa 25 Mio. Brasilianer in selbst gebauten Hütten aus Brettern und Wellblech, meist ohne Strom, Wasseranschluss oder Sanitäranlagen.

Favelas (1993)

Ohne fließendes Wasser: 80% | Ohne Toiletten oder Kanalisation: 60% | Ohne Müllentsorgung: 52%

LANDWIRTSCHAFT

Brasilien ist weltweit der größte Produzent und Exporteur von Kaffee. Hauptanbaugebiete sind die Bundesstaaten Paraná und São Paulo, wo die Kaffeesträucher auf riesigen Plantagen wachsen. Neben Kaffee als wichtigstem Exporterzeugnis werden Sojabohnen, Zuckerrohr, Kakaobohnen und Baumwolle ausgeführt. Reis und Südfrüchte wie Orangen und Bananen bringen ebenfalls Devisen. Etwa ein Drittel der Brasilianer ist in der Landwirtschaft beschäftigt. Sie bestellen als Kleinbauern ihr eigenes Land oder verdingen sich als Feldarbeiter auf den riesigen Plantagen der Großgrundbesitzer. Dabei wird ihnen nur ein ganz geringer Lohn gezahlt. Von den enormen Gewinnen, die auf den Plantagen erwirtschaftet werden, profitieren nur die Großgrundbesitzer.

FUSSBALL

Die Brasilianer sind eine fußballbegeisterte Nation. Jede Stadt verfügt über mindestens ein Fußballstadion. In Rio de Janeiro baute man im Jahr 1950 für die Fußballweltmeisterschaft das Maracana-Stadion, das 200 000 Besucher fasst. Brasilien hat den Weltmeistertitel häufiger als jedes andere Land gewonnen, zuletzt im Jahr 1994.

WAS IST WO AUF DER KARTE

Längster Fluss: Amazonas, Peru/Brasilien, 6 439 km *Karte G3*

Höchster Berg: Pico da Neblina, 3 014 m *Karte C3*

Größte Lagune der Welt: Lagoa dos Patos, 10 145 km² *Karte G12*

PIRANHAS
Im Amazonas und in seinen Nebenflüssen leben Piranhas. Ein Schwarm dieser Raubfische kann ein großes Tier in kurzer Zeit bis aufs Skelett abnagen.

Der Amazonas bildet mit seinen Nebenflüssen ein riesiges Süßwassernetz.

AMAZONAS
Die Quellflüsse des Amazonas entspringen in den peruanischen Anden. Auf seinem Weg zum Atlantischen Ozean vereint sich der Amazonas mit zahlreichen Nebenflüssen und wird zum wasserreichsten Strom der Erde. Bis zu seiner Mündung legt er mehr als 6 400 km zurück, der Hauptteil dieser Strecke liegt in Brasilien. Der Amazonas ist der bedeutendste Wasserweg des Landes, und selbst große Schiffe können ihn bis Manaus, das 1 600 km im Landesinnern liegt, befahren. Jedes Jahr tritt der mächtige Strom über die Ufer und lagert dabei fruchtbaren Schlamm ab.

SPASS AM STRAND
Brasiliens Atlantikküste ist 7 400 km lang und lockt mit wunderbaren Badestränden. An den weißen Sandstränden von Rio de Janeiro trifft man sich zum Schwimmen und Sonnen. Der beliebteste Strand der Stadt ist die Copacabana, in deren Hintergrund sich der Zuckerhut erhebt. Wegen der starken Strömung ist hier Vorsicht geboten.

BRASILIEN

Hauptstadt:	Brasília
Lage:	35°–74° westl. Länge, 5° nördl.–34° südl. Breite
Fläche:	8 511 970 km²
Einwohner:	161,8 Mio.
Amtssprache:	Portugiesisch
Religionen:	Katholiken 85%, Protestanten 11%
Staatsform:	Bundesrepublik
Währung:	Real
Analphabetenrate:	17%
Lebenserwartung:	66 Jahre
Einwohner pro Arzt:	685

BRASILIEN

Die Wirtschaft Brasiliens ist von einem ständigen Auf und Ab gekennzeichnet. Dem Boom der 60er und 70er Jahre folgte ein wirtschaftlicher Einbruch, der Brasilien zum größten Schuldnerland der Welt machte. Noch heute ist die Rückzahlung des Schuldenbergs das größte Problem der Regierung. Ursache für die katastrophale Wirtschaftslage sind u. a. Fehler in der Sozialpolitik, Versäumnisse bei der Einkommens- und Landverteilung, zu hohe Rüstungsausgaben und eine wuchernde Bürokratie. Seit 1985 besitzt das Land zwar eine demokratische Regierung, bis heute ist es aber nicht gelungen, Korruption und Vetternwirtschaft einzudämmen, die weit verbreitet sind und die wirtschaftliche Entwicklung behindern. Ungeheuer wichtig wäre eine Landreform. Da der überwiegende Teil des Bodens nur einigen wenigen Großgrundbesitzern gehört, bleiben viele wirtschaftliche Möglichkeiten ungenutzt.

KARNEVAL
Vor Beginn der Fastenzeit wird vier Tage und Nächte lang der Karneval gefeiert, ein sinnenfreudiges, rauschendes Fest, das Touristen aus aller Welt vor allem nach Rio de Janeiro zieht. In diesen Tagen beherrscht der aus den »favelas« stammende Samba die Stadt. In prächtigen Kostümen tanzen die Menschen zu rhythmischen Klängen in den Straßen. Überall finden farbenfrohe Umzüge und ausgelassene Straßenfeste statt. Die große Parade der Sambaschulen ist der absolute Höhepunkt der Festlichkeiten. Sie wird begleitet von Menschenmengen, die sich dem hypnotisierenden Dauerton der Trommeln hingeben.

DIE KÜCHE BAHIAS
Der Bundesstaat Bahia im Nordosten Brasiliens ist bekannt für seine von afrikanischen Einflüssen geprägte Küche. Zu den typischen Zutaten der leichten, würzigen Speisen gehören Palmöl, Kokosmilch und Koriander. Die Frauen Bahias verkaufen am Straßenrand ihre traditionellen Suppen, Hühnchen- und Fischgerichte sowie Süßigkeiten.

RELIGION
Fast die gesamte brasilianische Bevölkerung bekennt sich zum römisch-katholischen Glauben, der einst von portugiesischen Missionaren ins Land gebracht wurde. Besonders ausgeprägt ist die Heiligenverehrung. Jede Stadt und jedes Dorf besitzen einen eigenen Schutzpatron. Daneben aber wendet man sich mit seinen Sorgen und Nöten auch noch an die alten afrikanischen Götter. In der Neujahrsnacht z. B. wird in Rio de Janeiro an der Copacabana das Fest der Meeresgöttin Yemanjá gefeiert. Mit Blumen, Seifen und Parfüms versuchen die Menschen, die Göttin für das neue Jahr günstig zu stimmen. Sie erhoffen sich üppigen Fischfang und die Erfüllung geheimer Wünsche. Dabei vermischt sich das Bild der Göttin mit dem der Jungfrau Maria.

EXPORT
Brasilien produziert einen großen Teil der im Land benötigten Nahrungsmittel und Güter, braucht aber dringend Geld aus Exporten, um seinen riesigen Schuldenberg abzuzahlen. Wichtigster landwirtschaftlicher Ausfuhrartikel ist Kaffee, gefolgt von Soja, Baumwolle und Zucker. Auch die Industrie, vor allem Fahrzeug- und Maschinenbau, Elektrotechnik, Metallverarbeitung und chemische Industrie, bringt Devisen ein. Die verarbeitende Industrie konzentriert sich im Dreieck zwischen Rio de Janeiro, São Paulo und Belo Horizonte.

ÖKOBENZIN
In den 70er Jahren suchte Brasilien als Reaktio auf die Ölkrise und die gestiegenen Ölpreise na einem alternativen Treibstoff. Das Ergebnis wa Äthanol, ein aus Zuckerrohr hergestellter Alkohol. Äthanol ist billiger als Benzin und gibt bei seiner Verbrennung weniger Kohlenmonoxid a Heute fährt etwa ein Drittel aller Autos in Brasi lien mit diesem »Ökobenzin«.

REGENWALD DES AMAZONAS

Im Amazonasbecken erstreckt sich das größte tropische Regenwaldgebiet der Erde. Erst in den letzten Jahren hat man erkannt, dass der Regenwald als Lebensraum seltener Tierarten, noch unerforschter Heilpflanzen und Nahrungsmittel, als Klimaregulator und Süßwasserspeicher sowie als Rückzugsgebiet für einzelne Indianerstämme von unschätzbarem Wert ist. Doch große Flächen dieses einzigartigen Ökosystems wurden bereits gerodet, um Nutzholz und Acker- oder Weideland zu gewinnen. Internationale Proteste haben zwar die brasilianische Regierung aufgeschreckt, konnten weitere Abholzungsaktionen aber bisher noch nicht verhindern.

KRAFT DER PFLANZEN

Zahlreiche Pflanzenarten des Regenwalds liefern Grundstoffe für so wichtige Güter wie Gummi, Lacke, Farben, Kosmetika und vor allem Medikamente. Die Indianer nutzen die heilende Wirkung verschiedener Pflanzen seit Jahrhunderten.

RAUBBAU AM WALD

Die Schätzungen über den Umfang der Zerstörung des Regenwalds schwanken beträchtlich, doch mit Sicherheit handelt es sich um gewaltige Größenordnungen. Das hochsensible Ökosystem wurde durch Rodungen bereits stark gestört.

UMSIEDELUNG

Die brasilianische Regierung hat einige Waldgebiete für landlose Bauern freigegeben. Seither versuchen sie meist vergeblich, die abgeholzten Flächen zu nutzen, denn der Boden eignet sich nicht als Kulturland.

Heimat der Indianer

Dorfhäuptling vom Stamm der Tembé

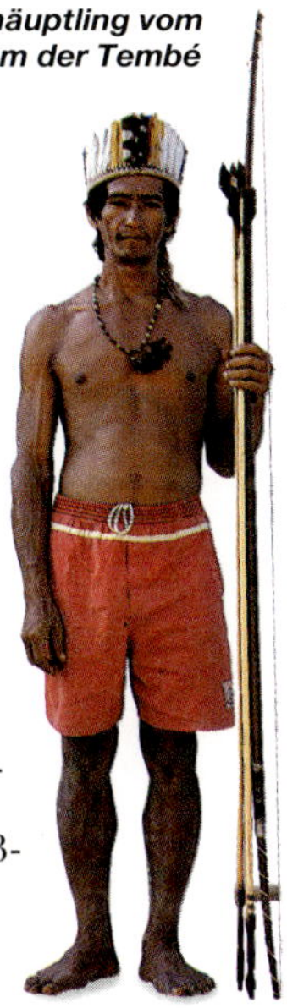

INDIANERSTÄMME

Früher lebten etwa 5 Mio. Indianer im Regenwald – heute sind es kaum mehr 200 000. Die größten Stämme sind auf der Karte oben verzeichnet. Die meisten von ihnen bilden Großfamilien und bewohnen einige Jahre ein Gebiet, in dem sie jagen, Maniok, Mais und Bananen anbauen. Ist der Boden erschöpft, ziehen die Indios weiter, und die Erde kann sich wieder erholen. Seit die Indianer mit der Außenwelt in Berührung gekommen sind, bedrohen sie Krankheiten wie Masern, Keuchhusten und Grippe, gegen die sie keinerlei Abwehrkräfte besitzen.

VIEHZUCHT

Etwa 30% des tropischen Regenwalds in Brasilien mussten der Viehhaltung weichen. Das Land ist jedoch in wenigen Jahren abgeweidet, und die Bauern müssen weiterziehen und neue Flächen roden.

ABHOLZUNG

Tausende von Mahagoni-, Teak- und Ebenhölzern werden jedes Jahr eingeschlagen. Appelle, schnell wachsende Weichhölzer wie Kiefern den Tropenhölzern vorzuziehen, tragen jedoch Früchte.

Plan von Brasília

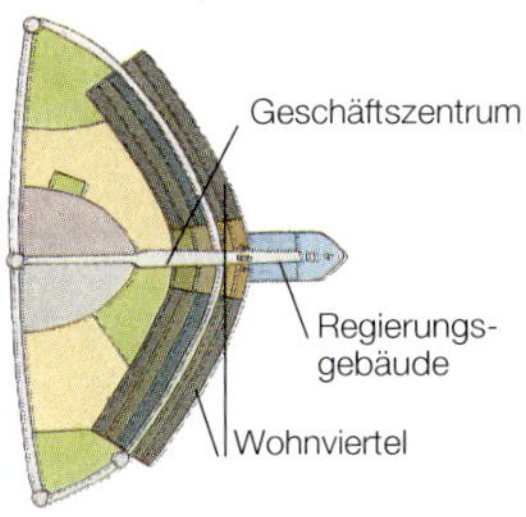

BERGBAU

Der Bergbau ist einer der wichtigsten Industriezweige Brasiliens. In den letzten 20 Jahren wurden im Amazonasgebiet Gold und andere Bodenschätze entdeckt, darunter große Eisenerz-, Mangan- und Kupfervorkommen, die bedenkenlos abgebaut werden. Für das Eisenerzprojekt »Grande Carajás« wurden Tausende km^2 Regenwald zerstört.

BRASILIA

Die Stadt Brasília wurde Ende der 50er Jahre im geografischen Zentrum des Landes erbaut. 1960 löste Brasília Rio de Janeiro als Hauptstadt ab. Die Stadt wurde von Lúcio Costa in Form eines Flugzeugs entworfen: Die offiziellen Gebäude sowie das Geschäftsviertel liegen im Rumpf, die Wohnbereiche in den Flügeln und die Regierung im Cockpit. Kühne architektonische Formen wie die von Oscar Niemeyer gebaute Glaskathedrale (oben) sind typische Merkmale dieser modernen Metropole.

Zum Weiterlesen

STÄDTE *17, 43*
KAFFEE *50, 62*
REGENWÄLDER *15, 204*
KATHOLIKEN *274*

SÜDLICHES SÜDAMERIKA

Landschaftliche Kontraste kennzeichnen das südliche Südamerika von den Tropenwäldern Paraguays über die Wüste Nordchiles bis hin zu den eisbedeckten Gletschern Südargentiniens. Vier Länder liegen in diesem Teil des Kontinents: Chile, Argentinien, Paraguay und Uruguay. Zwischen Argentinien und Paraguay erstreckt sich das Grasland der Pampas mit seinen ausgedehnten Getreidefeldern, den Kornkammern dieser beiden Staaten. In den 70er Jahren standen alle vier Länder wegen politischer Unruhen und gewaltsamer Machtübernahme durch die Militärs im Zentrum der internationalen Aufmerksamkeit. Die Militärregimes wurden jedoch inzwischen gestürzt und mussten demokratischen Regierungen weichen.

ATACAMA
Im Norden Chiles liegt die trockenste Wüste der Erde, die Atacama. Extrem geringe Niederschläge und starke Temperaturunterschiede zwischen Tag und Nacht bestimmen das lebensfeindliche Gebiet. Die einzige asphaltierte Straße, die durch diese Region führt, ist die »Carretera Panamericana« (oben).

INDIANER
Im südlichen Teil Südamerikas leben nur wenige Indianerstämme. Die meisten von ihnen findet man in Paraguay; in Uruguay gibt es keine indianische Restbevölkerung. Die größten überlebenden Indianerstämme sind neben den Kolla in Argentinien (links) die Mataco und Mapuche in Zentral- und Südchile sowie die Ache in Paraguay.

Haupteinwanderung von 1860 bis 1926

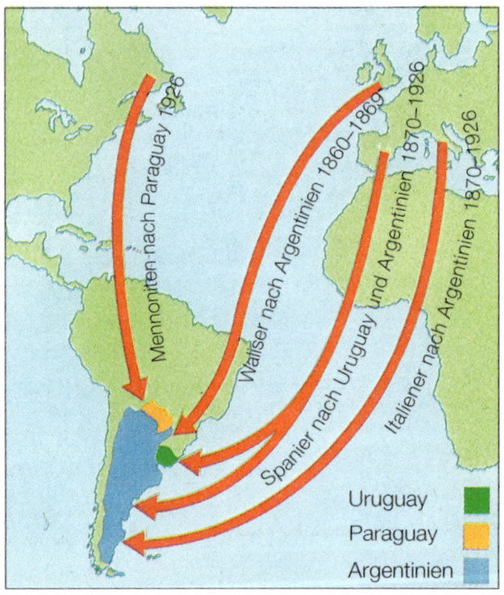

EINWANDERER
Auch im südlichen Teil des Kontinents haben sich zahlreiche Europäer niedergelassen. Im 19. Jh. und Anfang des 20. Jh. trieb die Armut in Italien viele Arbeiter zur Weizenernte nach Argentinien – und ein großer Teil von ihnen blieb im Land. Spanische Arbeiter wanderten nach Argentinien und Uruguay ein. Deutsche Mennoniten aus Kanada fanden ab Ende des 19. Jh. in Paraguay eine neue Heimat; in Argentinien haben sich Emigranten aus der englischen Grafschaft Wales niedergelassen, die sich dem englischen Einfluss entziehen und ihre traditionelle Sprache bewahren wollten.

RINDER- UND SCHAFZUCHT
Rindfleich gehört zu den wichtigsten Exportgütern Argentiniens, Paraguays und Uruguays. Auf den weitläufigen Feldern der Pampas weiden riesige Viehherden. Besonders mager ist das Fleisch von Tieren, die mit der Futterpflanze Luzerne (Alfalfa) ernährt werden. Die großen Zuchtrassen sind das Aberdeen-, das Angus- und das Herefordrind. Sie wurden im 19. Jh. aus Europa eingeführt. In der trockenen Strauchsteppe Patagoniens mit ihren verheerenden Schneestürmen im Winter wird Schafzucht betrieben, ebenso im südlichen Feuerland. Argentinien gehört wie Uruguay zu den bedeutendsten Wollherstellern der Welt.

WO DIE MENSCHEN LEBEN
Die Wanderungsbewegungen Arbeit suchender Menschen haben in den vergangenen 50 Jahren zu großen Verschiebungen in der Bevölkerungsverteilung geführt. Während die ländlichen Regionen allmählich verwaisten, stiegen die Einwohnerzahlen der Städte rapide an. In Argentinien und Uruguay war die Stadtbevölkerung bereits durch Einwanderer stark angewachsen, hinzu kamen nun die Landflüchtlinge, die sich vor allem in den Hauptstädten niederließen und deren Wachstum enorm beschleunigten. Seit den 70er Jahren geht der Zustrom in die Städte jedoch langsam zurück. Etwa ein Drittel der argentinischen Bevölkerung lebt heute in der Hauptstadt Buenos Aires (rechts).

Heute leben etwa 11 Mio. Menschen in Buenos Aires und seinen Außenbezirken.

Städtewachstum

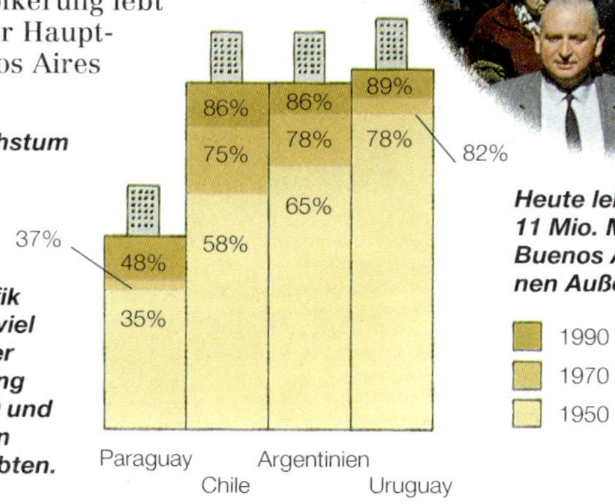

Diese Grafik zeigt, wie viel Prozent der Bevölkerung 1950, 1970 und 1990 in den Städten lebten.

CHILE

DER ITAIPU-STAUDAMM
Das größte Wasserkraftwerk der Welt, der Itaipú-Staudamm an der Grenze Paraguay/Brasilien, staut mit einer 195 m hohen Mauer den Fluss Paraná zu einem Speichersee, der fast die Größe Schleswig-Holsteins hat. Dieses Gemeinschaftsprojekt Paraguays und Brasiliens beliefert seit 1984 beide Länder mit Strom.

MORENOGLETSCHER
Im Südwesten Patagoniens gibt es ein beeindruckendes Naturschauspiel: Alle paar Jahre schiebt sich der riesige Morenogletscher in den Argentinosee vor und bildet dort eine Eisbarriere, die bis zu 60 m Höhe erreichen kann. Irgendwann überschwemmen die aufgestauten Wassermassen die Eisbarriere, und sie bricht unter großem Getöse auseinander.

GROSSER AMEISENBÄR
Den ganzen Tag durchstreift dieser zahnlose Säuger die Pampas auf der Suche nach Termiten und Ameisen. Hat der Ameisenbär schließlich einen Termitenhügel gefunden, bricht er ihn mit seinen mächtigen Klauen auf und leckt die Insekten auf.

Asunción, Paraguay
Jan. 28 °C
Juli 17 °C
Jan. 140 mm
Juli 56 mm

PARAGUAY

Buenos Aires, Argentinien
Jan. 23 °C
Juli 10 °C
Jan. 79 mm
Juli 56 mm

URUGUAY

ARGENTINIEN

WAS IST WO AUF DER KARTE

Längster Fluss: Paraná, Argentinien/Paraguay/Brasilien, 2 940 km *Karte J7*

Höchster Berg: Aconcagua, Argentinien, 6 960 m *Karte F7*

Größter See: Buenos-Aires-See/General-Carrera-See, Argentinien/Chile, 2 240 km² *Karte G13*

Trockenste Wüste der Welt: Atacama, Chile *Karte F4*

URUGUAY

Hauptstadt:	Montevideo
Lage:	53°–58° westl. Länge, 30°–35° südl. Breite
Fläche:	176 215 km²
Einwohner:	3,2 Mio.
Amtssprache:	Spanisch
Religionen:	Christen 68%, Juden 2%, andere 30%
Staatsform:	Präsidialrepublik
Währung:	Peso Uruguayo
Analphabetenrate:	3%
Lebenserwartung:	72 Jahre
Einwohner pro Arzt:	341

PARAGUAY

Hauptstadt:	Asunción
Lage:	19°–27° südl. Breite, 54°–62° westl. Länge
Fläche:	406 752 km²
Einwohner:	4,8 Mio.
Amtssprachen:	Spanisch und Guaraní
Religionen:	Katholiken 96%, andere 4%
Staatsform:	Präsidialrepublik
Währung:	Guaraní
Analphabetenrate:	8%
Lebenserwartung:	70 Jahre
Einwohner pro Arzt:	1 260

URUGUAY

Das am Atlantik gelegene Uruguay grenzt im Norden an Brasilien und im Westen an Argentinien. In seinen weiten Ebenen wird Getreide angebaut und Viehzucht betrieben. Die Rinderhaltung hat Uruguay in der Vergangenheit großen Wohlstand gebracht. In den letzten Jahren trägt aber auch immer mehr der Fremdenverkehr zum Einkommen des Landes bei. Abgesehen von der kurzen Zeit einer Militärdiktatur in den 70er Jahren ist das Land politisch sehr stabil. Es sicherte seine Bürger mit einer beispielhaften Sozialgesetzgebung ab.

MATE
Das Nationalgetränk Uruguays ist Mate. Für das koffeinhaltige Getränk werden getrocknete Blätter eines Stechpalmengewächses in einen hohlen Kürbis gefüllt, mit Wasser überbrüht und gesüßt. Über ein Röhrchen saugt man den Tee an.

RINDER UND SCHAFE
Auf den ausgedehnten Weideflächen Uruguays grasen 9 Mio. Rinder und 25 Mio. Schafe. Seit 1859 gibt es in Fray Bentos Fabriken, die Rindfleisch zu Salz- und Trockenfleisch verarbeiten oder Fleischextrakt herstellen. Die Eröffnung einer riesigen Kühlanlage im Jahr 1901 machte die Stadt endgültig zum Zentrum der Fleischverarbeitung und damit zum Inbegriff für Cornedbeef. Heute exportiert Uruguay tierische Produkte in die ganze Welt und gilt nach Neuseeland als zweitgrößter Wollexporteur der Erde.

PARAGUAY

Das Binnenland Paraguay ist kaum besiedelt und besitzt nur wenige Rohstoffe. Der Fluss Paraguay, der das Land in Nord-Süd-Richtung durchfließt, teilt es in zwei Hälften. Im Südosten erheben sich Gebirge und Hochflächen, im Nordwesten erstreckt sich die weite, halbtrockene Ebene des Gran Chaco. Im Jahr 1811 erlangte Paraguay die Unabhängigkeit von den spanischen Kolonialherren. Seither wird es überwiegend von Militärdiktatoren regiert. Der bekannteste unter ihnen ist der deutschstämmige General Alfredo Stroessner, der 35 Jahre lang die Macht innehatte, bis er 1989 von Andrés Rodríguez gestürzt wurde. Paraguays Wirtschaft stützt sich vor allem auf land- und forstwirtschaftliche Erzeugnisse. Man bemüht sich jedoch, auch die Industrie auszubauen. Seine Wasserkraftwerke, u.a. der Itaipú-Staudamm, machen Paraguay zu einem bedeutenden Stromexporteur.

JESUITEN
Mit Zustimmung des spanischen Königs Philipp III. übernahmen die Jesuiten im Jahr 1588 die Aufgabe der Befriedung und der Verwaltung Paraguays. Sie errichteten spezielle Siedlungen, in denen die zum Christentum bekehrten Indianer lebten. Diese Dörfer erleichterten die geistliche Betreuung der Indianer und schützten sie vor Übergriffen durch Siedler. Außerdem wurden hier Handwerker ausgebildet. Als die Jesuiten 1767 das Land verlassen mussten, verfielen die meisten dieser Siedlungen. Die Indianer wurden vertrieben oder getötet.

ASUNCION
Die Hauptstadt Asunción hat mit ihren Außenbezirken etwa 800 000 Einwohner. Die am Ostufer des Paraguay erbaute Stadt ist rasterförmig angelegt und durch breite Alleen und schöne Parkflächen gegliedert. Viele prachtvolle Bauten in Asunción erinnern noch an die Kolonialzeit.

MENSCHEN IM GRAN CHACO
Den Westen Paraguays beherrscht der Gran Chaco, eine ausgedehnte Savannenlandschaft. Hier leben die Guaraní- und Macá-Indianer. Die Macá verkaufen ihre bunten Webtaschen an Touristen.

Zum Weiterlesen
RINDERZUCHT *75*
UREINWOHNER *43*
POLITISCHE SYSTEME *270–271*
KATHOLIKEN *274*

CHILE	
Hauptstadt:	Santiago
Lage:	66°–75° westl. Länge, 17°–56° südl. Breite
Fläche:	756 626 km²
Einwohner:	14 Mio.
Amtssprache:	Spanisch
Religionen:	Katholiken 76,7%, Protestanten 13,2%
Staatsform:	Präsidialrepublik
Währung:	Chilenischer Peso
Analphabetenrate:	5%
Lebenserwartung:	74 Jahre
Einwohner pro Arzt:	2 150

CHILE

Fast 4 300 km lang erstreckt sich das Land von Norden nach Süden zwischen den Anden und dem Pazifischen Ozean auf der Westseite des Kontinents. Chile umfasst die unterschiedlichsten Landschaften und Klimate, überall auf dem schmalen Landstreifen aber sind die Anden der bestimmende Faktor. Im Jahr 1818 erklärte Chile seine Unabhängigkeit von Spanien. Der Sozialist Allende, der 1970 die Regierungsgeschäfte übernahm, wollte ohne Revolution Wirtschaft und Gesellschaft neu ordnen. Er wurde von einem Militärregime gestürzt, das bis 1990 das Land beherrschte. Heute ist die politische Lage des demokratisch regierten Landes wesentlich stabiler. In den fruchtbaren Tälern, die von Flüssen aus den Anden bewässert werden, wachsen Obst und Getreide. Die Fischgründe des Pazifiks machen Chile zur fünftgrößten Fischfangnation der Welt.

CHILENISCHER WEIN
Die ersten Reben und die Kenntnisse in Weinanbau und Kelterung brachten die Spanier ins Land. Heute gehören die Weinsorten, die man in den Tälern rund um Santiago anbaut, zu den besten ganz Amerikas, und sie werden in die ganze Welt exportiert.

BERGBAU
Chile ist der größte Kupferexporteur der Welt. Hoch oben in der Atacama liegt eines der ausgedehntesten Kupfervorkommen. Die Mine in Chuquicamata ist 4 115 m lang und 670 m tief. Jede Woche werden zahllose Tonnen Gestein abgesprengt und zur Kupfergewinnung abtransportiert. Darüber hinaus fördert Chile große Mengen Eisenerz, Kohle, Gold und Silber sowie Erdöl und Erdgas.

LANDSCHAFTLICHE VIELFALT
Von der trockenen Wüstenlandschaft im Norden bis hin zu den Eisbergen am Kap Hoorn im Süden umfasst Chile zahlreiche Klimate und Landschaftstypen. Die Atacama im Norden ist die trockenste Wüste der Erde und ausgesprochen lebensfeindlich. Im mediterranen Klima Zentralchiles wird Landwirtschaft betrieben. Den kalten, sturmgepeitschten Süden prägen 55 noch aktive Vulkane und riesige Gletscher. Über 80% des Landes sind gebirgiges, unwegsames Gelände, in den restlichen Gebieten herrschen dichte Wälder vor. Es gibt nur wenige Agrarflächen.

Von Nord nach Süd

Chile erstreckt sich von Norden nach Süden über 4 225 km. An keiner Stelle ist das Land breiter als 180 km.

Auf den steilen Andenpfaden tragen noch immer Lamas die Last.

In einigen Teilen der Atacama-Wüste regnet es nie.

Das Cerro-Tololo-Observatorium liegt in den chilenischen Anden. Sein Teleskopspiegel hat einen Durchmesser von 4 m.

In den Tälern Zentralchiles wachsen Aprikosen, Pfirsiche und Nektarinen, im Süden sind es Äpfel, Birnen und Pflaumen.

Skisport ist in einigen Andenregionen das ganze Jahr über möglich.

Fjorde, Gletscher und schneebedeckte Berggipfel kennzeichnen Südchile.

Punta Arenas ist die südlichste Stadt der Welt. Im Umland wird Schafzucht betrieben.

Königspinguine leben in Südpatagonien.

ARAUKANER
Jahrhundertelang haben die Araukaner, die aus mehreren Indianerstämmen bestehen, um ihre Unabhängigkeit gekämpft: Zuerst gegen die Inka aus Peru, dann gegen die spanischen Eroberer und zuletzt gegen die chilenische Regierung. Heute leben die meisten der 240 000 Indianer in Reservaten, die man ihnen zugeteilt hat. Eine der bekanntesten Fußballmannschaften Chiles, die Colo-Colo, nennt sich nach einem ehemaligen Häuptling aus dem Araukanerstamm der Mapuche.

PUNTA ARENAS
Die Stadt Punta Arenas liegt an der Magellanstraße, einer strategisch wichtigen Meerenge. Hier passieren alle Schiffe, die das stürmische Kap Hoorn nicht umfahren wollen. Im Hafen der Stadt liegen viele Fischerboote, außerdem Forschungsschiffe, mit denen man nach Erdöl sucht.

Zum Weiterlesen

ANDEN *40, 58*
KUPFERABBAU *237, 245*
UREINWOHNER *43*
VEGETATIONSZONEN *15*

ARGENTINIEN
Hauptstadt: Buenos Aires
Lage: 53°–73° westl. Länge, 22°–55° südl. Breite
Fläche: 2 766 889 km²
Einwohner: 34,2 Mio.
Amtssprache: Spanisch
Religionen: Christen 93%, Juden 1%, andere 6%
Staatsform: Bundesrepublik
Währung: Argentinischer Peso
Analphabetenrate: 4%
Lebenserwartung: 72 Jahre
Einwohner pro Arzt: 340

ARGENTINIEN

Argentinien nimmt den überwiegenden Teil der schmalen südlichen Hälfte Südamerikas ein. Es umfasst drei Großräume: das Tiefland im Norden mit seinen subtropischen Wäldern, den gebirgigen Westen und die Meseta, die Hochflächen der Pampas. Das Land ist im Westen von den Anden begrenzt und fällt nach Osten hin sanft zum Atlantischen Ozean ab. Die Bevölkerung setzt sich hauptsächlich aus Indios und spanischen Siedlern zusammen. In den vergangenen 100 Jahren kamen weitere Einwanderer aus Südeuropa dazu. Dem Sturz der Demokratin Isabel Perón folgte 1976 ein brutales Militärregime, das im Jahr 1983 schließlich durch eine demokratisch gewählte Regierung abgelöst wurde. Seither gelingt es auch, die Wirtschaftslage des einst reichen Landes wieder zu stabilisieren.

TANGO
Der Tango entwickelte sich Ende des 19. Jh. als reine Instrumentalmusik in Buenos Aires. Erst um 1913 entstand der dazugehörige Tanzstil, der mit seinen gewagten Figuren in Europa rasch beliebt wurde. Als Instrumente dienten zwei Bandoneons, ein Klavier, zwei Violinen und ein Kontrabass.

BUENOS AIRES
Fast 11 Mio. Menschen leben in der Hauptstadt und ihren Außenbezirken. Damit ist Buenos Aires eine der bevölkerungsreichsten Städte der südlichen Hemisphäre. Die Hafenstadt wurde 1536 am Rio de la Plata gegründet, und noch heute heißen die Bewohner »portenos« – Hafenbewohner. Das moderne Buenos Aires glänzt durch eindrucksvolle Bauwerke, weitläufige Straßen und Plätze, ein U-Bahn-Netz und Geschäfte von internationalem Rang. Es ist das Handelszentrum des Landes, von dem aus fast alle argentinischen Exporte verschifft werden.

ZEITUNGEN
Den Argentiniern stehen 220 Tageszeitungen zur Wahl, darunter »La Prensa«, »La Nación« und »Clarín«. Die Auflage von »Clarín« übertrifft die aller südamerikanischer Nachrichtenblätter. Neben den spanischsprachigen Zeitungen gibt es auch eine Reihe deutscher, französischer und englischer Veröffentlichungen. Trotz der Pressefreiheit, die in der Verfassung verankert ist, waren die Medien während der Zeit der Militärherrschaft einer strengen Zensur unterworfen, die keine kritischen Bemerkungen zuließ.

Kartoffelnudeln waren einst das Alltagsgericht armer italienischer Einwanderer.

ITALIENISCHE EINWANDERER
In den Jahren vor dem Ersten Weltkrieg flohen etwa 2 Mio. Südeuropäer nach Argentinien. Mehr als die Hälfte von ihnen waren Italiener, die hier Arbeit suchten. Sie brachten jedoch nicht nur ihre Arbeitskraft mit, sondern auch viele kulturelle und kulinarische Besonderheiten, die mittlerweile vollkommen in den argentinischen Lebensstil integriert sind.

FALKLAND-INSELN
Etwa 480 km vor der argentinischen Küste liegen die umstrittenen Islas Malvinas. Die 1767 von den Spaniern besetzten Malwinen wurden 1833 von den Briten erobert und in Falkland-Inseln umbenannt. Eine Invasion Argentiniens im Jahr 1982 wurde von den Briten unter Militäreinsatz abgewehrt.

TIERRA DEL FUEGO
Als Ferdinand Magellan 1520 an der Südspitze Argentiniens landete, sah er viele Indianerfeuer aufleuchten. Daher taufte er dieses Gebiet »Tierra del Fuego« – Feuerland. Die zu Argentinien und Chile gehörenden Inseln werden von mächtigen Gebirgsmassiven mit tief eingeschnittenen Tälern bestimmt.

WIRTSCHAFT

Aufgrund großer landwirtschaftlich nutzbarer Flächen und reicher Bodenschätze gehört Argentinien zu den wohlhabenderen Ländern Südamerikas. Die ehemals florierende Wirtschaft hat jedoch zur Zeit des Militärregimes erhebliche Einbrüche erlitten. Wichtigste Ausfuhrprodukte sind die landwirtschaftlichen Erzeugnisse aus den Pampas: Weizen, Mais, Fleisch, Leder und Wolle. Argentiniens Industrie produziert Stahl, Chemikalien, Kunststoffe und Maschinen. Das Land ist in seiner Energieversorgung unabhängig und verfügt über große Erdgas- und Erdölvorkommen, die teilweise noch nicht erschlossen sind.

Exportgüter 1993

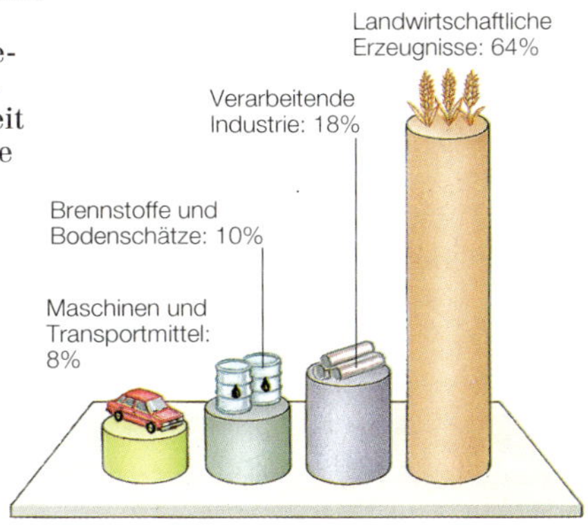

DAMPFLOKS

Im Jahr 1857 wurde die erste Eisenbahnstrecke Argentiniens eröffnet. Ein dampfgetriebener Zug verband Buenos Aires mit der im Landesinnern gelegenen Stadt Las Flores. 40 Jahre später vernetzten bereits 34 000 km Schienen das Land. Das vorwiegend von britischen Ingenieuren gebaute Eisenbahnsystem ist heute noch in Betrieb, jedoch haben Diesellokomotiven die alten Dampfloks abgelöst.

Die Kraftfahrzeugindustrie spielt für die argentinische Wirtschaft eine bedeutende Rolle. Zentren der Automobilproduktion sind Buenos Aires, Córdoba und Rosario.

SCHULBILDUNG

Argentinien hat ein relativ gutes Bildungssystem. Die niedrige Analphabetenrate von 4% ist auf die vom 6. bis 12. Lebensjahr bestehende Schulpflicht zurückzuführen. In ländlichen Gebieten wird diese Regelung allerdings kaum eingehalten. Die Schüler der staatlichen Grundschulen tragen weiße Kittel.

GAUCHOS

Die südamerikanische Entsprechung zum nordamerikanischen Cowboy ist der Gaucho. Seit mehr als 100 Jahren beherrschen diese Rinderhirten die Weiten der argentinischen Pampas. Der Name »gaucho« leitet sich von einem spanischen Wort für »Ausgestoßene« ab, da Gauchos seit jeher ein freies Leben führten, weit entfernt von der Zivilisation. Die Männer arbeiten auf den »estancias«, riesigen Rinderfarmen. Sie reparieren Koppelzäune, versorgen die Pferde und bewachen die Herden. Die Gauchos der Pampas sind mittlerweile zu argentinischen Nationalhelden geworden.

Gauchos reiten Criollos, eine widerstandsfähige Pferderasse, die ursprünglich aus Mexiko stammt.

Schlachtrinder werden auf die Weiden geführt oder mit Alfalfa und Sorghum gefüttert. Ihr Fleisch ist besonders mager.

Gauchos untersuchen die Rinder regelmäßig, um sie von Parasiten und Ungeziefer zu befreien.

Ein Mann fasst den Stier bei den Hörnern, zwei Männer halten ihn am Schwanz fest.

Der Gaucho trägt einen Hut mit breiter Krempe, der ihn vor Sonne und Regen schützt.

Der Poncho, ein Überwurf aus Baumwolle oder Wolle, hält den Gaucho warm.

Der breite Ledergürtel ist mit einer großen Silberschnalle und Silbermünzen geschmückt.

Die Hosenbeine der »bombachas« werden in die Stiefel gesteckt.

»Bolas« werden wie Lassos nach dem laufenden Rind geworfen. Steine am Ende wickeln sich um die Beine des Tiers und halten es fest.

Die Steine am Ende der »bola« sind mit Leder überzogen.

Zaumzeug aus geflochtenem Pferdeleder

Die Stiefel sind aus strapazierfähigem Leder.

Zum Weiterlesen

VERSCHULDUNG *280*
BILDUNGSSYSTEM *277*
POLITISCHE SYSTEME *270–271*
VEGETATIONSZONEN *15*

ISLAND
Hauptstadt: Reykjavík
Lage: 13°–25° westl. Länge, 63°–66° nördl. Breite
Fläche: 103 000 km²
Einwohner: 269 000
Amtssprache: Isländisch
Religionen: Protestanten 96%, Katholiken 1%, andere 3%
Staatsform: Republik
Währung: Isländische Krone
Analphabetenrate: 1%
Lebenserwartung: 78 Jahre
Einwohner pro Arzt: 355

KAP VERDE
Hauptstadt: Praia
Lage: 22°–26° westl. Länge, 15°–17° nördl. Breite
Fläche: 4 033 km²
Einwohner: 392 000
Amtssprache: Portugiesisch
Religionen: Katholiken 96%, Protestanten 1%, andere 3%
Staatsform: Republik
Währung: Kap-Verde-Escudo
Analphabetenrate: 28%
Lebenserwartung: 64 Jahre
Einwohner pro Arzt: 4 929

ATLANTISCHER OZEAN

Der Atlantische Ozean brandet im Osten an den europäischen und den afrikanischen Kontinent, im Westen an den nord- und südamerikanischen Kontinent. Mit etwa 82 Mio. km² bedeckt der Atlantik ein Fünftel der Erdoberfläche. Nimmt man seine Nebenmeere (Europäisches, Arktisches und Amerikanisches Mittelmeer und Ostsee sowie die vier Randmeere Nordsee, Ärmelkanal, Irische See und St.-Lorenz-Golf) hinzu, sind es sogar mehr als 106 Mio. km². Über die gesamte Nord-Süd-Ausdehnung des Ozeans erstreckt sich der Mittelatlantische Rücken. Der Atlantik hat reiche Fischvorkommen, ist aber von den Industrieanlagen an seinen Küsten bereits stark verschmutzt.

ISLAND UND KAP VERDE
Die Insel Island ist Teil des Mittelatlantischen Rückens und vulkanischen Ursprungs. Weit über 100 Vulkane, dazu Thermalquellen, Geysire und Solfataren (austretende schwefelhaltige Dämpfe) zeugen von der unruhigen Vergangenheit dieses Gebiets. Viele Städte und Orte der Insel werden mit heißem Wasser aus dem Erdinnern beheizt (oben). Die Kapverdischen Inseln, die etwa 600 km vor der Westküste Afrikas liegen, bauen sich aus Lava- und Aschemassen auf.

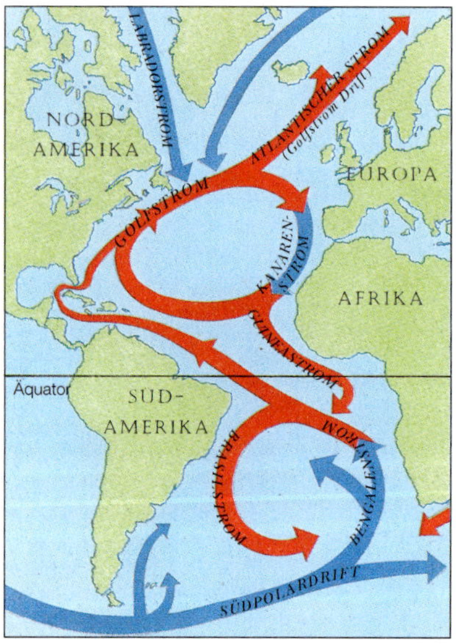

Meeresströmungen

Warmer Strom

Kalter Strom

MEERESSTRÖMUNGEN
Das Wasser in den Weltmeeren bewegt sich in großen, oberflächennahen Strömungen. Sie werden durch die Schubkraft regelmäßig wehender Winde verursacht. Diese Winde entstehen durch die Temperaturunterschiede zwischen den Luftmassen über den kalten Polen und dem heißen Äquatorgebiet. Die Richtung der Strömungen wird beeinflusst durch die Erdrotation, das ist die Drehung der Erde um ihre eigene Achse, außerdem durch die Form des Ozeanbeckens. Das warme Wasser vom Äquator strömt zu den kühleren Polarregionen, erwärmt dabei die Luft und beeinflusst das Klima.

FISCHFANG
Der Fischbestand der Weltmeere konzentriert sich zu 90% in den flachen Bereichen der Kontinentalschelfe. Verbesserte Fangmethoden, größere Fischereiflotten, aber auch die Verschmutzung der Meere haben zur drastischen Abnahme vieler Fischarten im Atlantik beigetragen.

EISBERGE
Eisberge sind Blöcke, die von den Gletschern abbrechen. Man nennt diesen Vorgang »Kalben«. Winde und Meeresströmungen treiben die Eisberge ins offene Meer, wo sie zu einer ernsten Gefahr für passierende Schiffe werden können. Ihre Größe schwankt von kleinen Schollen bis hin zu den Rieseneisbergen der Antarktis, die eine Länge von bis zu 8 km erreichen. Der Großteil des Eisbergs ist unter Wasser verborgen, nur etwa ein Siebtel der weißen Giganten ist sichtbar.

Nur etwa ein Siebtel eines Eisbergs ragt über die Wasseroberfläche; der Rest ist unter Wasser verborgen.

DER GOLFSTROM
Der Golfstrom, ein warmer, nur etwa 100 km breiter Strom, zieht sich durch den gesamten Nordatlantik. In seinem Einzugsbereich sorgt er für milde Temperaturen. Das führt dazu, dass in ansonsten kalten Gebieten wie an der Westküste Schottlands sogar tropische Pflanzen gedeihen.

Rio de Janeiro, Brasilien
Jan. 26 °C
Juli 20 °C
Jan. 125 mm
Juli 41 mm

ISLAND

Reykjavík, Island
Jan. 0 °C
Juli 11 °C
Jan. 89 mm
Juli 50 mm

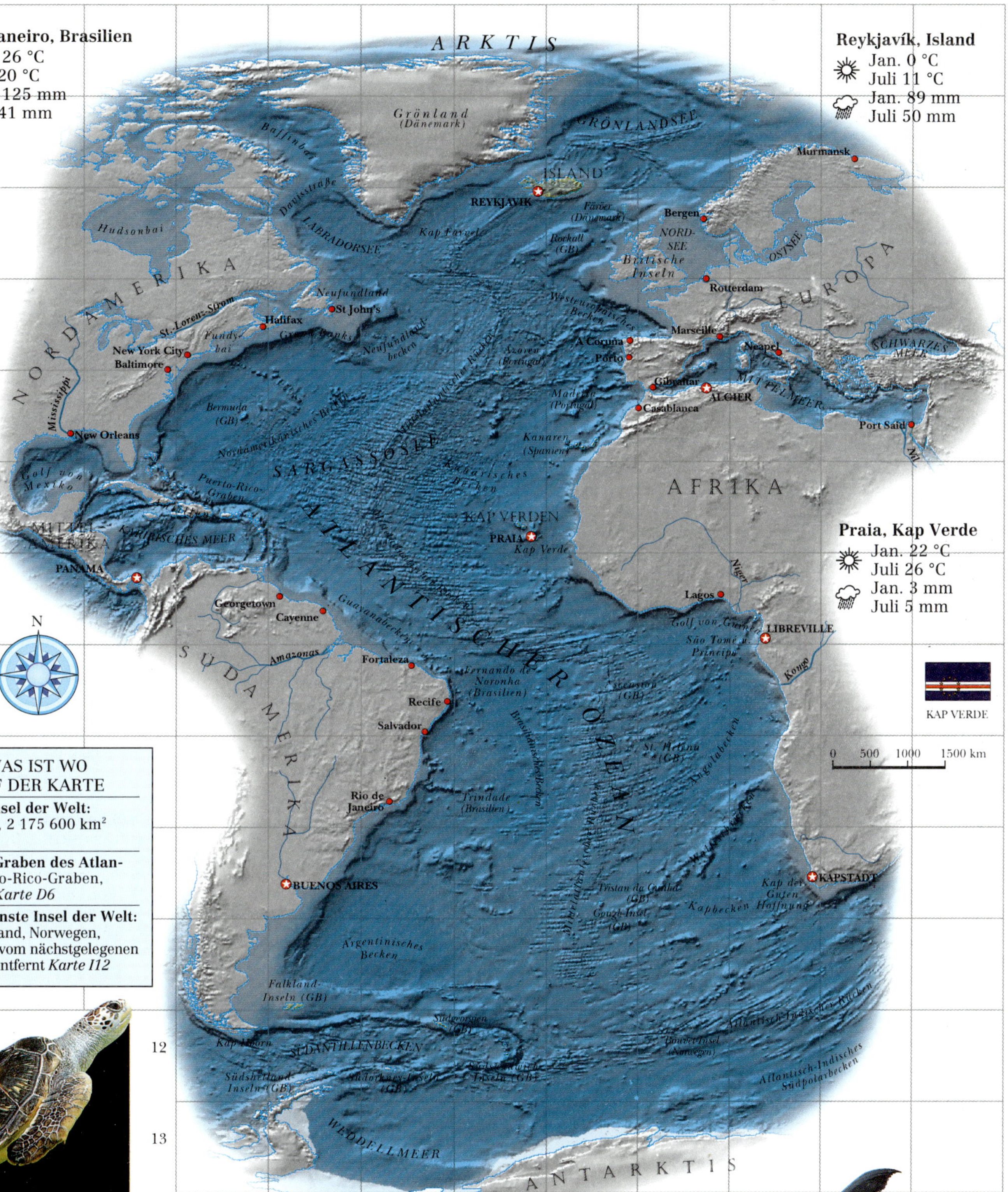

Praia, Kap Verde
Jan. 22 °C
Juli 26 °C
Jan. 3 mm
Juli 5 mm

KAP VERDE

WAS IST WO AUF DER KARTE

Größte Insel der Welt: Grönland, 2 175 600 km² *Karte F2*

Tiefster Graben des Atlantik: Puerto-Rico-Graben, 8 648 m *Karte D6*

Abgelegenste Insel der Welt: Bouvet Island, Norwegen, 1 700 km vom nächstgelegenen Festland entfernt *Karte I12*

WEG DER SCHILDKRÖTEN
Die vor der Küste Brasiliens lebende grüne Schildkröte durchquert den Südatlantik, um ihre Eier auf der Insel Ascencion abzulegen. Sind die Jungen geschlüpft, paddelt sie zurück nach Brasilien.

Ein durchschnittlicher Buckelwal benötigt pro Tag etwa 1 t Nahrung.

WANDERUNG DER WALE
Buckelwale findet man in allen Weltmeeren. Viele von ihnen leben das Jahr über in den kalten Gewässern vor den Küsten Kanadas, Grönlands und Islands und ernähren sich dort von Fisch und Krill. Zur Paarungszeit schwimmen sie nach Süden, um in den warmen Gewässern der Karibik ihre Jungen zur Welt zu bringen.

Zum Weiterlesen
FISCHFANG *29, 203*
GEYSIRE *255*
MITTELATLANTISCHER RÜCKEN *13*
MEERESSTRÖMUNGEN *64*

EUROPA

Eine lang gezogene Gebirgskette, zu der die Pyrenäen und die Alpen gehören, trennt den kühleren Norden Europas vom wärmeren Süden. An die baumlose Tundra im hohen Norden schließt sich zunächst eine Nadelwaldzone an, die von Skandinavien bis nach Sibirien reicht. Darauf folgt das West- und Osteuropäische Tiefland mit seinen Mischwäldern. In diesem Bereich mit warm gemäßigtem Regenklima liegen die wichtigsten landwirtschaftlichen Anbaugebiete Europas. Ihr südlicher Teil, die Mittelmeerregion, hat ein wärmeres und trockeneres Klima. Hier herrschen niedrige Hartlaubgehölze vor. Die Ostgrenze des Kontinents bildet das zur Tundraregion gehörende Uralgebirge. Nach Süden hin schließt ihn der Kaukasus ab, bei dem Laubwälder in Nadelwälder und Almen übergehen. Vulkane sind in Europa nur noch auf Island und in Süditalien tätig. Auf Sizilien z. B. ist der Ätna aktiv.

ALPEN
Die Alpen, das höchste Gebirge Europas, erstrecken sich von Südfrankreich über die Schweiz und Italien bis nach Österreich. Sie wurden im Tertiär vor 5 bis 23 Mio. Jahren aufgefaltet, ihr heutiges Aussehen erhielten sie in den letzten 2 Mio. Jahren. Frostverwitterung und Gletscher formten pyramidenartige Gipfel wie das Matterhorn (oben) und breite Wannen, in denen sich Wasser zu Seen sammelte.

Die Mehlprim
eine Blume d
Alpenregion

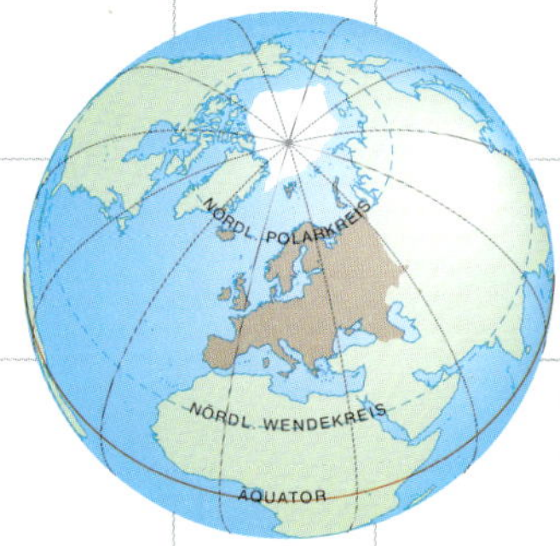

Höchste Temperatur:
Sevilla, Spanien, 50 °C

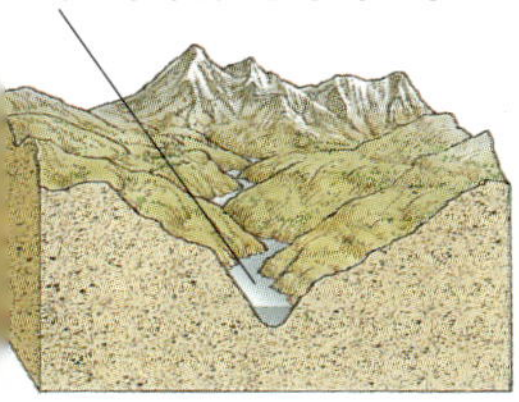

Flusstal vor der Vergletscherung. Gletscher sind große Eismassen, die sich talwärts bewegen und dabei das Land formen.

LAKE DISTRICT

Die 15 Seen des Lake Districts im Nordwesten Englands liegen in U-förmigen Tälern, die sich von den Cumbrian Mountains sternförmig entfernen. Früher waren diese Täler von Flüssen durchzogen, doch die Gletscher der Eiszeit vertieften sie und weiteten sie zu Trogtälern aus. Von den Gletschern mitgeführter Schutt, so genannte Moränen, dämmte sie ab und so konnten in diesen Wannen schöne Seen entstehen. Oft münden kleinere Seitentäler über hohe Stufen ins Haupttal. Man nennt sie Hängetäler. Aus ihnen stürzen Bäche und Flüsse als Wasserfälle herab. Der größte Teil des Lake Districts ist in einen Nationalpark eingegliedert, der Wanderer und Kletterfreunde anzieht.

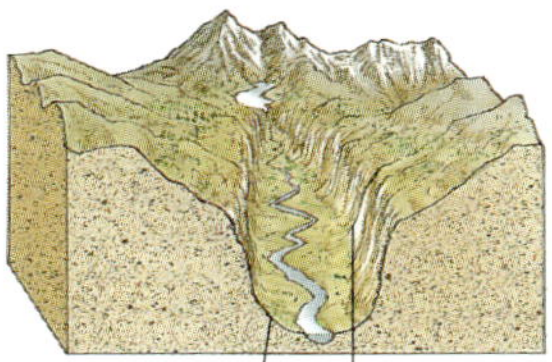

Ziehen sich Gletscher zurück, z. B. am Ende einer Eiszeit, werden ausgeschürfte U-förmige Täler sichtbar.

Hängetal an einer seitlichen Stufe des Haupttals

Der Ullswatersee liegt in einem U-förmigen Tal.

NADELWALDZONE

Über Nordeuropa zieht sich ein breiter Nadelwaldgürtel, der bis in die Taiga Sibiriens reicht. Immergrüne Nadelhölzer wie Kiefern und Fichten haben sich an die Klimabedingungen dieser Region angepasst und trotzen auch heftigen Schneestürmen.

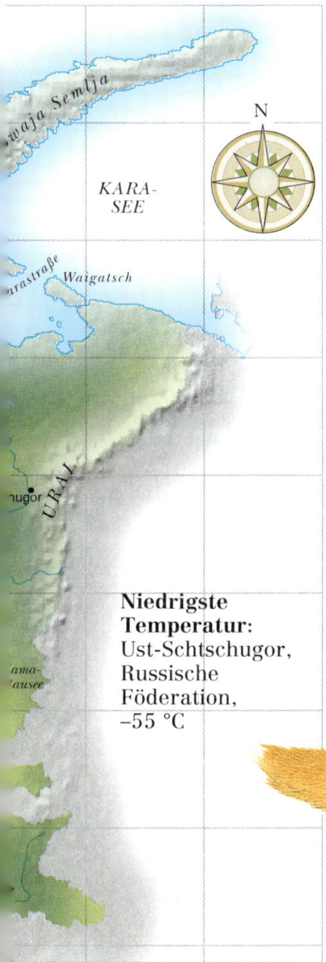

Niedrigste Temperatur: Ust-Schtschugor, Russische Föderation, –55 °C

EUROPÄISCHES TIEFLAND

Das West- und Osteuropäische Tiefland erstreckt sich von Südengland über Frankreich und Deutschland bis nach Russland und endet am Ural. In den Niederlanden liegt es teilweise unter dem Meeresspiegel. Durch die Errichtung von Deichen konnten hier große Gebiete trockengelegt werden. Im Europäischen Tiefland gibt es viel fruchtbares Ackerland sowie reiche Kohle-, Öl- und Gasvorkommen. Es ist sehr dicht besiedelt; es gibt zahlreiche große Städte.

In den Ebenen Nordfrankreichs gedeihen Weizen, Zuckerrüben und Äpfel.

Füchse leben in den Wiesen und Wäldern Europas, häufig aber sogar schon in Städten. Sie fressen fast alles: Kaninchen, Gänse, Mäuse, Käfer, Würmer und Obst.

EUROPA IN KÜRZE

Fläche: 10 400 000 km²

Höchster Berg: Elbrus, Russische Föderation, 5 642 m *Karte K11*

Längster Fluss: Wolga, Russische Föderation, 3 530 km *Karte L8*

Größter See: Ladogasee, Russische Föderation, 18 389 km² *Karte J7*

Größte Insel: Großbritannien, 229 850 km² *Karte D9*

N O P

MITTELMEER

Im Mittelmeerraum sind die Winter mild und feucht, die Sommer heiß und trocken. Dieses Klima eignet sich besonders für den Anbau von Zitrusfrüchten, Weintrauben und Oliven (rechts). Viele Bäume, z. B. die Korkeichen, schützen sich vor der sengenden Sonne mit einer dicken Rinde.

DONAU

Die Donau ist mit 2 858 km der längste Fluss Mitteleuropas. Sie entspringt in Südwestdeutschland und fließt nach Osten zum Schwarzen Meer. Die neun Staaten, die sie passiert, nutzen die Donau als Schifffahrtsweg. In ihrem Mündungsgebiet bildet sie ein großes Delta. Hier breitet sich eine Sumpflandschaft aus, in der Bären, Rotwild und Wildkatzen leben.

BEVÖLKERUNG EUROPAS

Europa ist von der Fläche her der zweitkleinste Kontinent, besitzt aber die zweithöchste Bevölkerungszahl. Die Bevölkerungsdichte liegt demnach sehr hoch, ebenso der Anteil der Menschen, die in Städten leben. In Europa gibt es viele Völker und Volksgruppen. Die mehr als 40 Staaten, die sich auf der politischen Landkarte drängen, haben schon häufig Kriege gegeneinander geführt. So war Europa auch Schauplatz der beiden Weltkriege des 20. Jh. Trotz all seiner Probleme ist dieser Kontinent sehr reich; viele europäische Staaten zählen zu den wohlhabendsten Ländern der Welt. Zwar gibt es auch hier Menschen, die unterhalb der Armutsgrenze leben, doch im Allgemeinen liegt der Lebensstandard der Bevölkerung wesentlich höher als in den meisten anderen Erdteilen. Der Wohlstand Europas beruht auf einem ständigen Wirtschaftswachstum, das sich aus der zunehmenden Industrialisierung ergibt. Die Staaten des Kontinents haben aber auch sehr stark von den großen Kolonialreichen profitiert, die sie früher in Afrika, Asien und Amerika besaßen.

EUROPÄISCHE STÄDTE
Ein großer Teil der Bevölkerung Europas lebt in Städten. Am dichtesten besiedelt ist der Westen Europas, in einem Gürtel, der vom Südosten Großbritanniens über Nordfrankreich, Belgien und die Niederlande bis nach Deutschland reicht. Hier sind immer wieder nahe beieinander liegende Städte zu großen Ballungsräumen zusammengewachsen. Größter städtischer Ballungsraum Europas ist das Ruhrgebiet in Deutschland. In Osteuropa leben demgegenüber noch wesentlich mehr Menschen auf dem Land.

Bevölkerung: etwa 578 240 000 Einwohner (ohne Berücksichtigung Russlands)

Anzahl der Staaten: 42

BEVÖLKERUNGSDICHTE
Mehr als 578 Mio. Europäer drängen sich auf einem Gebiet, das kaum größer ist als Australien (18 Mio. Einwohner). In den Ländern Europas ist die Bevölkerungsdichte also sehr hoch. In den Niederlanden zählt man 368 Einwohner pro km². In Osteuropa liegt die Bevölkerungsdichte niedriger, aber immer noch über dem Weltdurchschnitt.

Bevölkerungsdichte

Die Balken in diesem Diagramm bezeichnen die Anzahl der Einwohner pro km². Zum Vergleich werden außereuropäische Länder aufgeführt.

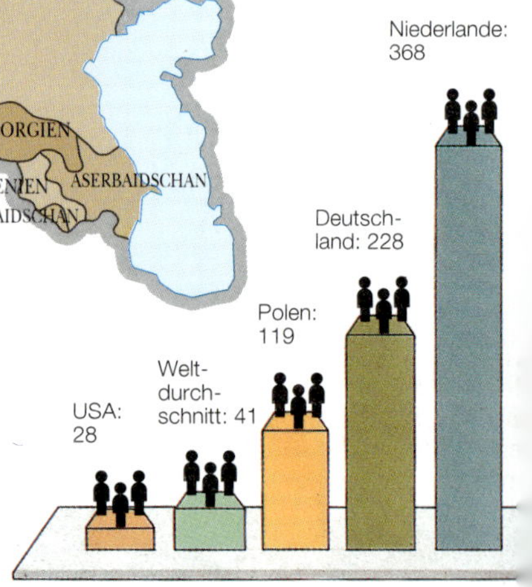

DIE BEIDEN EUROPA

In wirtschaftlicher Hinsicht zerfallen die Länder Europas in zwei Gruppen. In Westeuropa liegen die reichsten und ökonomisch wichtigsten Länder des Kontinents – Deutschland, die Schweiz und Frankreich. Die ehemals kommunistischen Länder Osteuropas sind wesentlich ärmer. Sie haben den Übergang von der Zentralverwaltungs- zur Marktwirtschaft noch nicht bewältigt.

Zu Zeiten des Kommunismus standen die Menschen in Osteuropa häufig um Lebensmittel an.

WANDEL IN DER BEVÖLKERUNG

Verglichen mit Asien und Afrika ist die Bevölkerung der meisten europäischen Länder stabil, d. h., sie verändert sich nur geringfügig. Die Geburtenraten sind niedrig, die durchschnittliche Lebenserwartung liegt mit rund 75 Jahren sehr hoch (in Indien und Afrika beträgt sie kaum 60 Jahre). Gemessen an der Gesamtbevölkerung ist daher der Anteil der Alten, der Menschen über 65 Jahren, relativ hoch. Dieser Umstand führt in manchen Staaten zu Problemen bei der Finanzierung des sozialen Netzes.

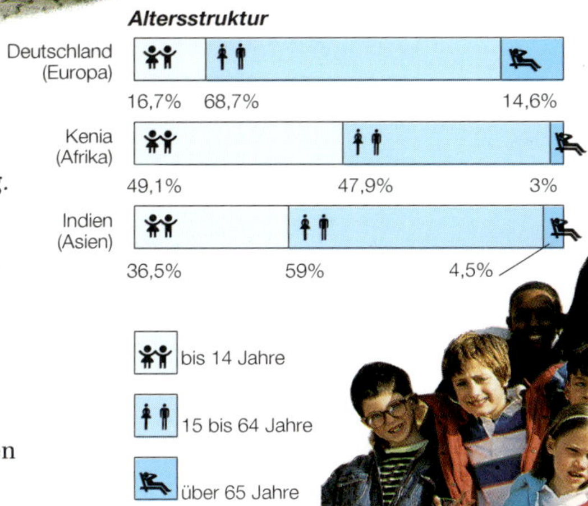

Zur britischen Bevölkerung gehören auch viele Einwanderer aus Indien, Pakistan, Bangladesch und der Karibik.

KULTURELLER SCHMELZTIEGEL

Europas Wohlstand und seine politische Stabilität haben viele Menschen aus anderen Teilen der Welt angezogen, unter anderem aus den ehemaligen Kolonien in Afrika. In den meisten Ländern Westeuropas gibt es daher heute starke ethnische Minderheiten. Paris und Marseille z. B. haben einen hohen Anteil an Einwohnern, die aus Algerien stammen. Da ihr Heimatland früher eine französische Kolonie war, haben sie die Möglichkeit in Frankreich zu leben und zu arbeiten.

Junge europäische Staaten

Die Tschechoslowakei spaltete sich 1993 in die Tschechische und die Slowakische Republik.

Das ehemalige Jugoslawien wurde seit 1991 von Kriegen erschüttert, nachdem sich mehrere Teilrepubliken für unabhängig erklärt hatten.

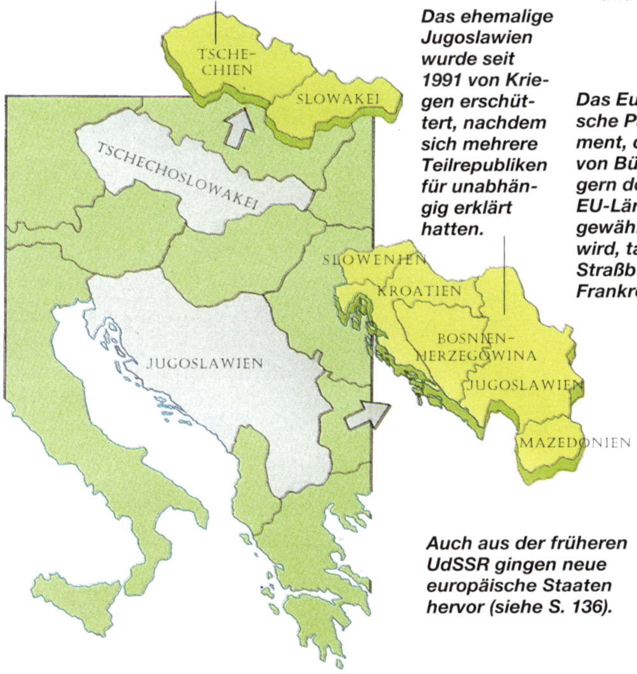

Auch aus der früheren UdSSR gingen neue europäische Staaten hervor (siehe S. 136).

Das Europäische Parlament, das von Bürgern der EU-Länder gewählt wird, tagt in Straßburg in Frankreich.

Die Sterne der EU-Fahne repräsentieren die Mitgliedstaaten.

ZERSPLITTERUNG

Europa setzt sich aus mehr als 40 selbstständigen Staaten zusammen. In vielen dieser Staaten gibt es nationale Minderheiten wie die Basken in Spanien, die nach Unabhängigkeit streben oder von der Zentralregierung mehr Rechte fordern. Als in den letzten Jahren die UdSSR und mit ihr der gesamte Ostblock zerfiel, entstanden überall neue Staaten, z. B. auch aus dem jugoslawischen Vielvölkerstaat oder aus der Tschechoslowakei.

DIE EUROPÄISCHE UNION

Im Jahr 1957 gründeten sechs westeuropäische Länder (Belgien, die Bundesrepublik Deutschland, Frankreich, Italien, Luxemburg und die Niederlande) die Europäische Wirtschaftsgemeinschaft (EWG). Sie hofften wirtschaftliche Zusammenarbeit werde die Gefahr eines neuen Kriegs in Europa vermindern und den Menschen einen höheren Lebensstandard sichern. Im Lauf der Zeit schlossen sich weitere Staaten der EWG an, die sich Anfang der 90er Jahre in Europäische Union (EU) umbenannte. Heute umfasst sie 15 Mitgliedstaaten und erstrebt neben der Errichtung eines gemeinsamen Markts mit einheitlicher Währung auch einen weiter gehenden politischen Zusammenschluss.

SKANDINAVIEN

Schweden und Norwegen, die Länder der Skandinavischen Halbinsel, fasst man unter der Bezeichnung Skandinavien zusammen. Im weiteren Sinn rechnet man dazu auch den östlichen Nachbarn Finnland sowie das sich im Süden anschließende Dänemark. Diese vier Staaten haben nur eine geringe Einwohnerzahl und eine niedrige Bevölkerungsdichte, zeichnen sich aber durch einen hohen Lebensstandard und eine hervorragende Sozialgesetzgebung aus. Norwegen, Schweden und Finnland sind zum großen Teil von Kiefern-, Fichten- und Birkenwäldern bedeckt. Gletscher ließen hier im Lauf der letzten Eiszeit zahllose Seen zurück. Diese Seengebiete sind eine landschaftliche Besonderheit, die von Touristen aus aller Welt gern besucht wird. Norwegen und Schweden sind gebirgige Länder, während in Finnland und Dänemark Flachland vorherrscht.

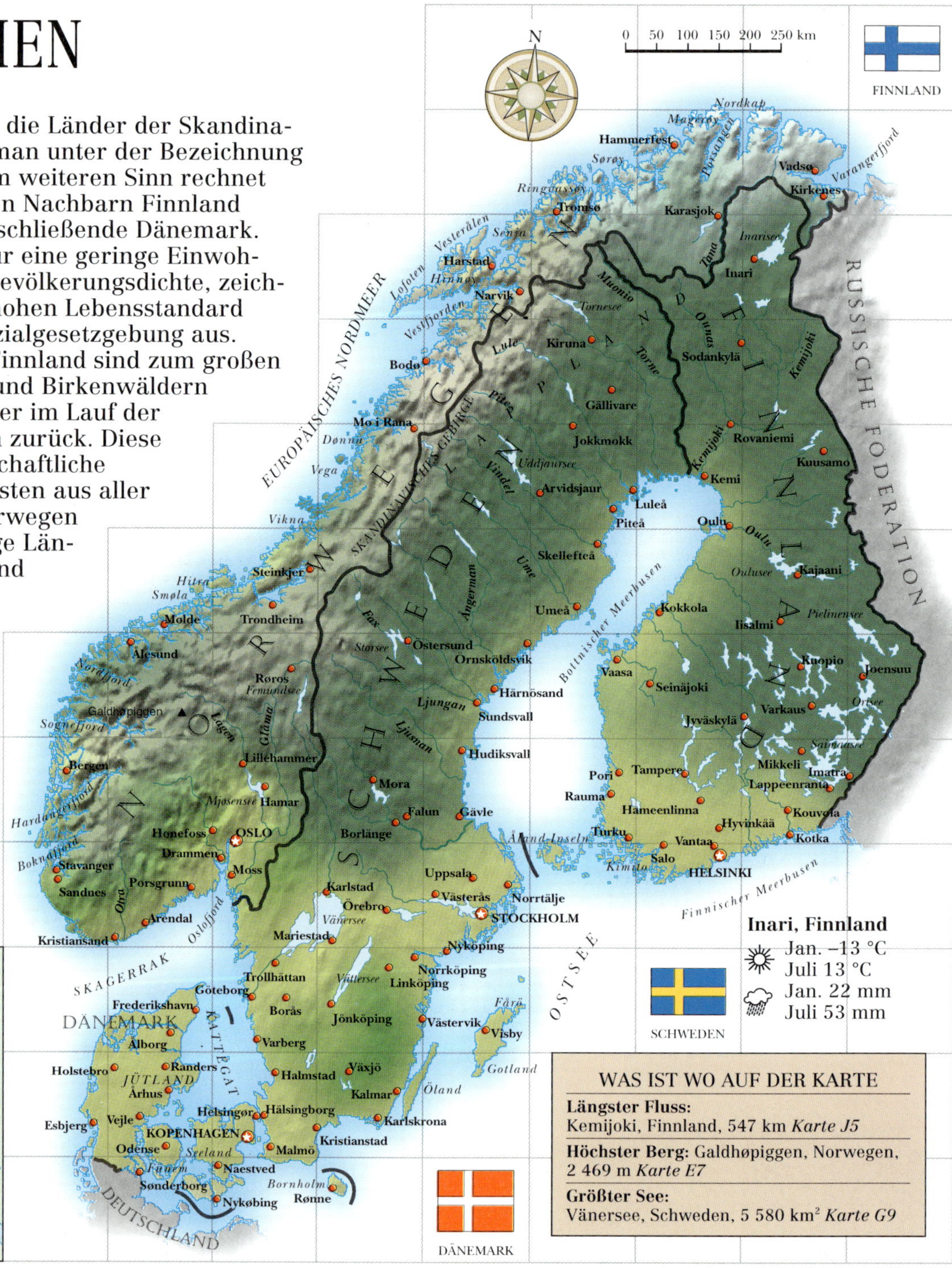

Kopenhagen, Dänemark
Jan. 0 °C
Juli 18 °C
Jan. 49 mm
Juli 71 mm

Inari, Finnland
Jan. –13 °C
Juli 13 °C
Jan. 22 mm
Juli 53 mm

WAS IST WO AUF DER KARTE

Längster Fluss: Kemijoki, Finnland, 547 km *Karte J5*

Höchster Berg: Galdhøpiggen, Norwegen, 2 469 m *Karte E7*

Größter See: Vänersee, Schweden, 5 580 km² *Karte G9*

MITTERNACHTSSONNE
Die nördlichen Regionen Skandinaviens liegen jenseits des Nördlichen Polarkreises. Hier geht die Sonne im Sommer nicht unter – es bleibt 24 Stunden lang hell – und im Winter nicht auf. Im äußersten Norden dauert die Polarnacht, die Phase der winterlichen Dunkelheit, fast zwei Monate, nach Süden hin wird diese Periode kürzer.

Mitternachtssonne in Senja

KÜSTENSTÄDTE
Die meisten Skandinavier leben in Küstenstädten oder in Siedlungen an Seen. Diese großen Binnengewässer bieten sich zum Transport von Menschen und Gütern an. Die reißenden Flüsse, die es in diesen Ländern gibt, sind als Verkehrswege meist ungeeignet. Problematisch ist auch die Erschließung Skandinaviens durch Straßen- und Eisenbahnnetze, denn das Landesinnere ist zerklüftet und unwegsam. Daher haben sich die meisten »Nordländer« an den gut zugänglichen Küsten angesiedelt.

NORWEGEN	
Hauptstadt: Oslo	
Lage: 5°–31° östl. Länge, 58°–71° nördl. Breite	
Fläche: 323 895 km²	
Einwohner: 4 220 000	
Amtssprache: Norwegisch	
Religionen: Christen ca. 90%, andere ca. 10%	
Staatsform: Parlamentarische Monarchie	
Währung: Norwegische Krone	
Analphabetenrate: 1%	
Lebenserwartung: 77 Jahre	
Einwohner pro Arzt: 500	

NORWEGEN

Norwegen liegt im Westen der Skandinavischen Halbinsel. Seine Landschaft ist geprägt von zahlreichen Fjorden, Buchten und Gebirgen. An seiner schmalsten Stelle ist es nur 6,3 km breit. Obwohl ein Drittel Norwegens nördlich des Polarkreises liegt, bleibt seine Küste dank des warmen Golfstroms im Winter eisfrei. Von wirtschaftlicher Bedeutung ist die Förderung von Erdöl und Erdgas. Norwegen ist Europas größter Hersteller von Aluminium-, Magnesium- und Nickelprodukten. In der Land-, Forst- und Fischereiwirtschaft arbeiten nur 6% der Erwerbstätigen.

ÖLINDUSTRIE
Nach der Entdeckung von Erdöl und -gas unter der Nordsee im Jahr 1969 wurde Norwegen zum größten europäischen Erdölproduzenten. Viele Menschen sind beim Bau von Tankern, auf Bohrplattformen und in der Rohölverarbeitung beschäftigt. Norwegen deckt seinen Energiebedarf aus eigenen Quellen und exportiert den größten Teil der Öl- und Gasförderung.

FJORDE
Da ein Großteil des Landes aus rauen Gebirgen und Wasser besteht, eignen sich nur 3% der Landschaft für den Ackerbau. Die meisten kultivierten Flächen liegen an den Fjorden. Das sind Meeresarme, die weit ins Landesinnere reichen. Sie wurden gebildet, als durch den Rückgang der Gletscher Täler entstanden, in die das Meerwasser nachfloss. Fjorde sind natürliche Häfen und bieten den Dörfern Schutz. Bei Touristen sind Ausflugsfahrten in die spektakuläre Landschaft der Fjorde besonders beliebt.

Traditionelle Stabkirche am Sognefjord

SKISPORT
Norwegen ist die Heimat des Skisports. Hier fand man in Gletschern die ältesten Überreste von Skiern und auch das Wort »Ski« ist norwegischer Herkunft. Während der schneereichen Wintermonate sind die Norweger gern auf Skiern unterwegs. Die alljährlichen Wettkämpfe im Skispringen ziehen viele Besucher an.

SCHIFFFAHRT
Norwegen besitzt eine der größten Handelsflotten der Erde. Tausende von Menschen finden Arbeit auf Werften und Docks sowie auf Fähren und Frachtern, die die Orte an der Westküste und die Inseln versorgen. Die Hauptstadt Oslo hat einen der wichtigsten Häfen des Landes. Fast eine halbe Million Menschen leben in dieser geschäftigen, pulsierenden Metropole, die das kulturelle und wirtschaftliche Zentrum Norwegens bildet.

KIRCHEN AUS HOLZ
Überall in Norwegen gibt es hölzerne Stabkirchen. Anders als Holzhütten, die aus waagerecht liegenden Stämmen gebaut werden, sind die Wände der Stabkirchen aus senkrecht gestellten Pfosten errichtet. Kein einziger Nagel wurde bei diesen Bauten verwendet.

Zum Weiterlesen

ERDGAS *163, 198, 211*
GLETSCHER *79*
GOLFSTROM *76*
ERDÖL *152, 281*

DÄNEMARK

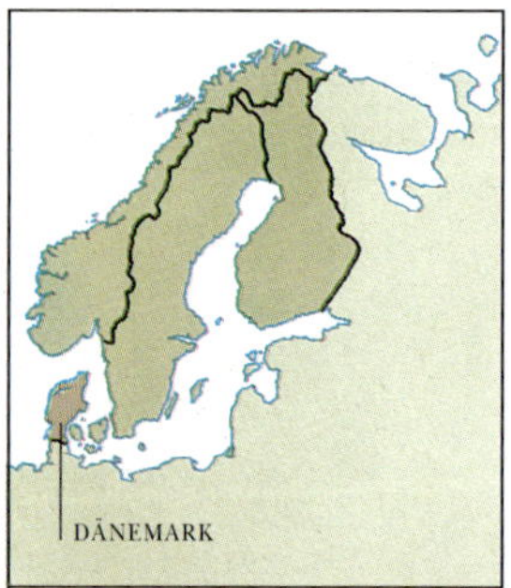

DÄNEMARK
Hauptstadt: Kopenhagen
Lage: 8°–15° östl. Länge, 55°–58° nördl. Breite
Fläche: 43 069 km²
Einwohner: 5 173 000
Amtssprache: Dänisch
Religionen: Protestanten 98%, andere 2%
Staatsform: Parlamentarische Monarchie
Währung: Dänische Krone
Analphabetenrate: 1%
Lebenserwartung: 75 Jahre
Einwohner pro Arzt: 390

Dänemark umfasst die Halbinsel Jütland, die das Festland bildet, und ca. 480 in der Nord- und der Ostsee gelegene Inseln. Von diesen Inseln sind aber nur etwa 100 bewohnt. Dänemark ist das südlichste skandinavische Land und eines der flachsten Länder der Erde. Seine höchste Erhebung liegt 173 m über dem Meeresspiegel. Wie seine Nachbarn zeichnet es sich durch politische Stabilität und einen hohen Lebensstandard aus. Die Industrie ist hoch entwickelt. Mehr als 25% der Erwerbstätigen arbeiten in mittelständischen Betrieben.

KOPENHAGEN
Dänemarks Hauptstadt liegt auf der Insel Sjaelland. Kopenhagen ist die größte Stadt Skandinaviens und das wirtschaftliche Zentrum Dänemarks. Besucher, die durch alte Gassen und Fußgängerzonen spazieren, stoßen auf historische Kirchen, Marktplätze und ein Netz von Kanälen. In der Stadt sind viele Menschen mit dem Fahrrad unterwegs. Zahlreiche Radwege führen aufs Land, wo viele Stadtbewohner im Sommer leben.

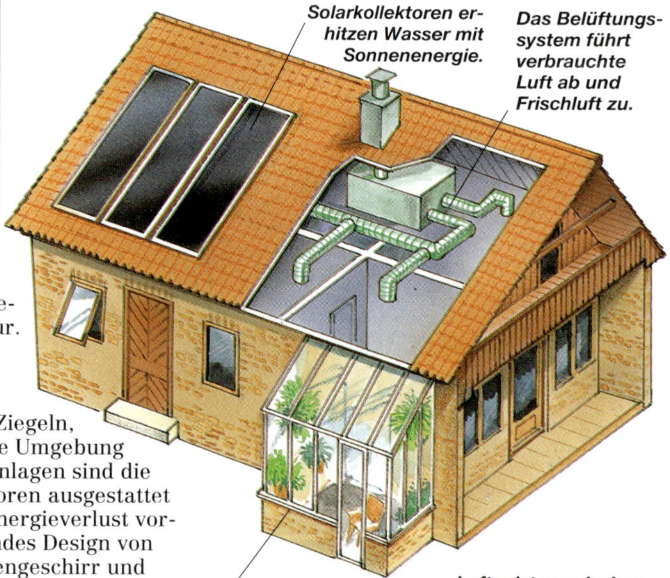

ARCHITEKTUR
Ähnlich wie seine Nachbarländer ist Dänemark berühmt für seine Architektur. Dänische Architekten entwerfen Gebäude hauptsächlich aus heimischen Materialien wie Holz und Ziegeln, die sich harmonisch in ihre Umgebung einfügen. In vielen Wohnanlagen sind die Häuser mit Sonnenkollektoren ausgestattet und speziell isoliert, um Energieverlust vorzubeugen. Auf ansprechendes Design von Möbeln, Glaswaren, Küchengeschirr und Porzellan wird Wert gelegt.

LANDWIRTSCHAFT
Die dänischen Landwirte sind in Genossenschaften organisiert. Das sind Vereine, die Waren gemeinschaftlich im In- und Ausland verkaufen. Zu den Erzeugnissen der Genossenschaften zählen Molkereiprodukte, Fleisch- und Wurstwaren sowie Getreide.

LEGOLAND
Legosteine wurden in den 30er Jahren von Ole Kirk Christiansen aus Billund erfunden. 1968 wurde dort der Legoland-Freizeitpark mit Sehenswürdigkeiten aus aller Welt im Maßstab 1:20 eröffnet. »Lego« leitet sich von den dänischen Worten »leg« und »godt« ab, was »Spiele schön« bedeutet.

FAMILIENLEBEN
In vielen westlichen Ländern hat sich die Familienstruktur gewandelt. Dies gilt besonders für Dänemark und die übrigen skandinavischen Länder. In Dänemark wird ein Großteil der Kinder von Alleinerziehenden oder unverheirateten Paaren erzogen, die verheirateten Eltern rechtlich gleichgestellt sind. Männer beteiligen sich an der Hausarbeit und an der Kindererziehung. Die Zahl der berufstätigen Frauen hat in den letzten Jahren sehr stark zugenommen.

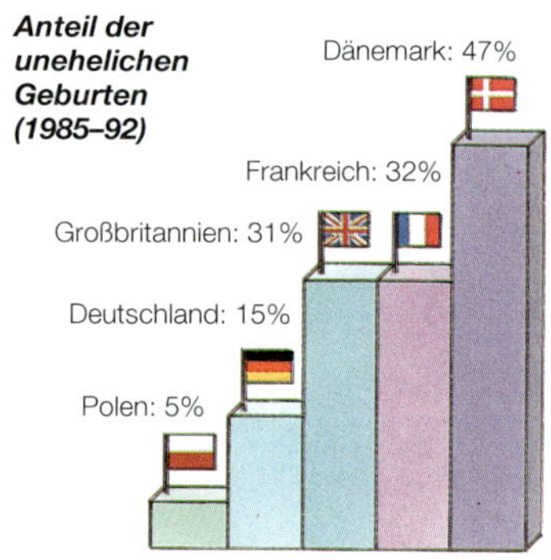

Zum Weiterlesen

RAD FAHREN *92, 192*
FAMILIEN IN EUROPA *81*
HAUSISOLIERUNG *143*
BERUFSTÄTIGE FRAUEN *137, 141*

SCHWEDEN

- **Hauptstadt:** Stockholm
- **Lage:** 11°–24° östl. Länge, 55°–69° nördl. Breite
- **Fläche:** 449 964 km²
- **Einwohner:** 8 735 000
- **Amtssprache:** Schwedisch
- **Religionen:** Christen 97%, andere 3%
- **Staatsform:** Parlamentarische Monarchie
- **Währung:** Schwedische Krone
- **Analphabetenrate:** 1%
- **Lebenserwartung:** 78 Jahre
- **Einwohner pro Arzt:** 395

SCHWEDEN

Das Königreich Schweden erstreckt sich im östlichen Teil der Skandinavischen Halbinsel vom arktischen Norden bis weit nach Süden. In den gemäßigten Zonen des Südens lebt der Großteil der schwedischen Bevölkerung. Eine lange industrielle Tradition und hoch qualifizierte Arbeitskräfte haben Schweden zu einer der weltweit führenden Industrienationen gemacht. In diesem modernen Wohlfahrtsstaat legt man großen Wert auf die Gleichberechtigung aller sozialen Gruppen.

WOHLFAHRTSSTAAT

Schweden diente über lange Zeit vielen Ländern als Modell eines modernen Sozialstaats. Die geringe Bevölkerungszahl erleichterte es der Regierung ihre Bürger mit Sozialleistungen zu versorgen. Kindergärten, Gesundheitswesen und Altenbetreuung gelten als vorbildlich. Die Arbeitslosenrate zählte viele Jahre lang zu den niedrigsten in Europa (Diagramm unten). Dafür mussten die Bürger jedoch hohe Steuern zahlen. Wirtschaftliche Probleme haben in jüngster Zeit zur Einschränkung vieler Sozialleistungen geführt.

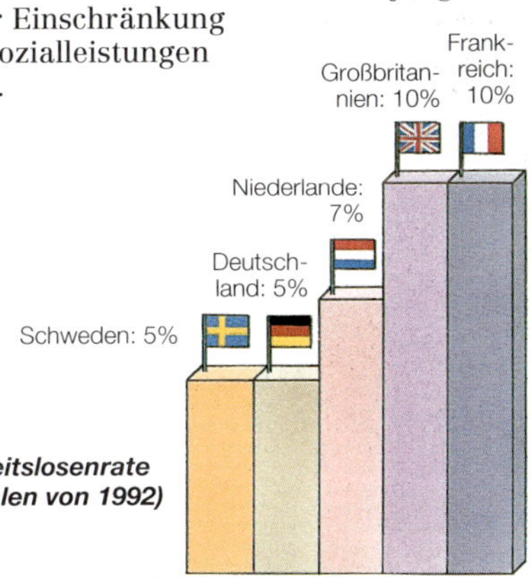

Arbeitslosenrate (Zahlen von 1992)

Recyclingsystem

Die Kunden bringen leere Aluminiumdosen in die Geschäfte zurück. Dort werden die Dosen in Maschinen flach gepresst.

Die zusammengepressten Dosen werden abtransportiert, eingeschmolzen und zu Aluminiumblechen ausgewalzt.

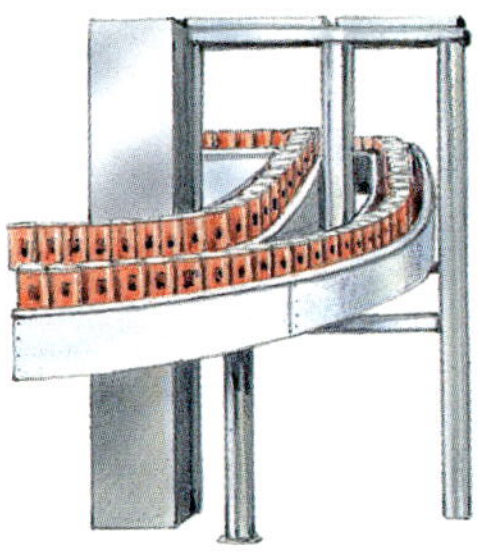

Kurze Zeit später rollen neue Blechdosen vom Band, in die erneut Getränke abgefüllt werden. Der Kreislauf beginnt von vorn.

UMWELTSCHUTZ

In Schweden werden Erhalt und Schutz der Umwelt groß geschrieben. Hier gibt es zahlreiche Naturreservate und im gebirgigen Norden liegen einige der größten Nationalparks Europas. Schweden setzt sich für den Schutz der Ostsee ein. In manchen Küstenregionen ist die Ansiedlung neuer Industriebetriebe untersagt, um die Wasserverschmutzung zu stoppen. Sparsamer Umgang mit Rohstoffen ist zu einem festen Bestandteil des Alltagslebens geworden. Das Land kann auf ein wirkungsvolles Recyclingsystem stolz sein (rechts).

SOMMERHÄUSER

Viele Schweden besitzen Sommerhäuser. Überall an Küsten, Seen und Flüssen findet man diese kleinen, meist rot gestrichenen Holzhäuschen. Sie sind ein idealer Erholungsort für Stadtbewohner, die hier die Wochenenden oder den Urlaub verbringen. In der übrigen Zeit werden die Häuser auch an Touristen vermietet.

DESIGN

Schwedisches Design ist berühmt für seine Schlichtheit – seine einfachen Formen und die klaren Linien. Schwedische Designer machten erstmals in den 60er Jahren von sich reden und haben mittlerweile weltweit begeisterte Nachahmer gefunden. Ihre ansprechenden Entwürfe förderten den Verkauf schwedischer Produkte wie z. B. Autos (Saab oder Volvo), Elektrogeräte und Textilien sowie Möbel aus einheimischen Hölzern.

Kinderstuhl, entworfen von einem schwedischen Designer

SMÖRGASBORD

»Smörgas« bezeichnet eine Scheibe Brot und »bord« heißt Tisch; doch unter diesem Begriff versteht man weit mehr als nur einen Tisch mit Broten: Es handelt sich dabei um ein üppiges kaltes Büfett mit Fisch, Käse, Fleisch und Salat.

Zum Weiterlesen

GESUNDHEIT, ERZIEHUNG *276–277*
RECYCLING *94*
REICH UND ARM *278–279*
POLITISCHE SYSTEME *270*

FINNLAND
Hauptstadt: Helsinki
Lage: 20°–32° östl. Länge, 60°–71° nördl. Breite
Fläche: 338 144 km²
Einwohner: 5 083 000
Amtssprachen: Finnisch und Schwedisch
Religionen: Christen 95%, andere 5%
Staatsform: Republik
Währung: Finnmark
Analphabetenrate: 1%
Lebenserwartung: 76 Jahre
Einwohner pro Arzt: 406

FINNLAND

Finnland ist der nördlichste unabhängige Staat der Erde. Luftaufnahmen des Landes zeigen ein Muster aus riesigen Wäldern, Mooren, Sümpfen, großen Seen und Inseln. Finnland liegt im borealen Nadelwaldgürtel. Der größte Teil des Landes ist von Kiefern und Fichten bewachsen, im Übergangsgebiet zur Tundra herrschen Birken vor. Ausgedehnte Gebiete Finnlands sind fast die Hälfte des Jahres schneebedeckt. Nachdem es 600 Jahre unter schwedischer Herrschaft gestanden hatte, kam Finnland Anfang des 19. Jh. zu Russland und erlangte im Jahr 1917 die Unabhängigkeit. Durch seine eigenständige Kultur und Sprache, die zur finnisch-ugrischen Familie gehört, unterscheidet es sich deutlich von seinen Nachbarn. Die Finnen nennen ihr Land »Suomi«.

LAPPLAND
Der eisig kalte Norden Schwedens, Norwegens, Finnlands und der russischen Halbinsel Kola trägt den Namen Lappland. Die Menschen, die hier in kleinen Dörfern leben – die Samen oder Lappen –, sprechen eine eigene Sprache mit zahlreichen Dialekten. Viele Lappen halten Rentiere, die ihnen Fleisch und Milch liefern. Früher zogen die Lappen als Nomaden umher, sie sind inzwischen aber überwiegend sesshaft geworden oder unterhalten halbnomadische Wirtschaftsbetriebe.

HOLZINDUSTRIE
Die Forstwirtschaft hat in diesem waldreichen Land große Bedeutung – Finnland ist neben Schweden der wichtigste europäische Holzlieferant. In Fabriken wird ein Teil des Holzes zu einer breiigen Masse zerkleinert. Aus der Flüssigkeit, dem Holzgeist, stellt man Chemikalien wie Methylalkohol und Lösungsmittel her, während man den Holzbrei zu Sperrholz, Brettern und Papier weiterverarbeitet. Sägemehl, Rinde und andere Abfälle werden anschließend in Kraftwerken verbrannt.

Landnutzung

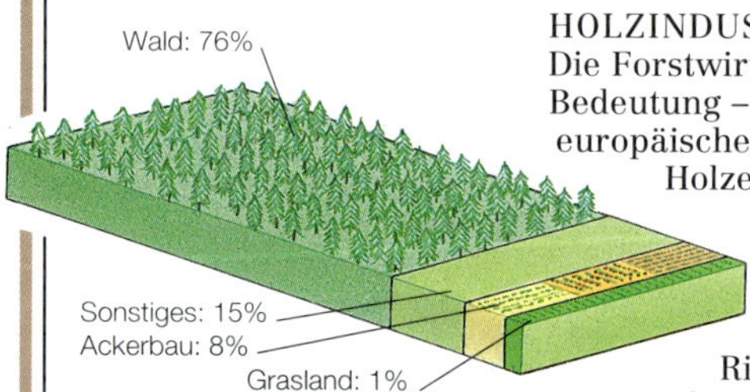

HELSINKI
Helsinki, das an drei Seiten vom Meer umgeben ist, wird auch »Tochter der Ostsee« genannt. Zentrum der Stadt ist der Hafen, der von klassizistischen Bauwerken umrahmt wird. An Markttagen bieten die Bauern aus der Umgebung auf Booten ihre Waren an. Die großzügigen Boulevards, die hellen Fassaden sowie das Nebeneinander alter und moderner Bauwerke verleihen Helsinki ein einzigartiges Flair.

LAND DER SEEN
Die rund 50 000 Seen Finnlands nehmen 10% der Landesfläche ein. Der größte ist der Saimaasee, über den Hunderte von Inseln verstreut sind. Fähren stellen die Verbindung zwischen den Inseln vor der Küste her. Im Winter frieren die Seen zu, dann müssen Eisbrecher Fahrrinnen für die Handelsschiffe freiräumen.

Die Saunagänger schlagen sich mit Birkenzweigen, um die Durchblutung anzuregen.

Nach einem Saunagang kühlt man sich unter einer kalten Dusche ab – oder springt in den nächsten See!

Auf dem Land heizt man die Sauna mit Holz, in der Stadt meist mit Strom.

SAUNA
Finnland ist die Heimat der Sauna. Viele Häuser sind mit einem solchen Schwitzbad ausgestattet. Eine Sauna ist ein kleiner, holzgetäfelter Raum, der bis auf 80 °C aufgeheizt wird. Nach jedem Saunagang, der etwa zehn Minuten dauern sollte, kühlt man sich mit kaltem Wasser oder im Schnee ab. Die Temperaturgegensätze aktivieren das Immunsystem, das Schwitzen entspannt und reinigt den Körper. Nicht zuletzt aber hat die Sauna auch eine wichtige Bedeutung als Ort geselligen Beisammenseins.

Zum Weiterlesen

INUIT *25, 266*
HOLZWIRTSCHAFT *26, 69, 244*
NADELWÄLDER UND TUNDRA *15, 132*

BRITISCHE INSELN

Am nordwestlichen Rand Europas liegen die Britischen Inseln mit den Ländern Großbritannien und Irland. Zum Staatsgebiet Großbritanniens gehören England, Schottland, Wales und Nordirland. Jahrhundertelang wurde ganz Irland von den protestantischen Briten regiert. Im Jahr 1922 erhoben sich die katholischen Iren gegen die Vorherrschaft der Briten und riefen ihren eigenen Staat aus. Seither ist der südliche Teil Irlands unabhängig. Irland ist noch überwiegend ländlich und von Landwirtschaft geprägt, Großbritannien dagegen stark verstädtert. Trotz vieler Gegensätze stehen sich beide Staaten schon wegen ihrer geografischen Lage sehr nahe: Sie sind beide durch das Meer von Kontinentaleuropa getrennt.

Oban, Großbritannien
Jan. 4 °C
Juli 14 °C
Jan. 146 mm
Juli 120 mm

Cork, Irland
Jan. 6 °C
Juli 16 °C
Jan. 119 mm
Juli 70 mm

London, Großbritannien
Jan. 4 °C
Juli 18 °C
Jan. 54 mm
Juli 57 mm

WAS IST WO AUF DER KARTE

Längster Fluss: Shannon, Irland, 386 km *Karte F8*

Höchster Berg: Ben Nevis, Großbritannien, 1 343 m *Karte H5*

Größter See: Lough Neagh, Irland, 396 km² *Karte G7*

Tiefster See Europas: Loch Morar, Großbritannien, 310 m *Karte H4*

DIE GRÜNE INSEL
Irland wird auch die »Grüne Insel« genannt, denn in ihrem milden und feuchten Klima wächst überall saftiges grünes Gras. Die weiten Grasflächen eignen sich hervorragend für die Viehzucht und deshalb leben die Iren schon immer von der Landwirtschaft. Irlands schöne Landschaft, vor allem die wildromantische Westküste, zieht viele Touristen an.

Küste in Nord-Yorkshire, England

LANDSCHAFT
Auf den Britischen Inseln ist die Landschaft überall sehr abwechslungsreich. Im Norden Englands, Schottlands und Nordirlands gibt es hohe, zerklüftete Berge, in East Anglia flaches Moorland und weite Gebiete Südenglands sind sanft gewellt. Drei Viertel der Fläche werden – je nach Klima und Bodenbeschaffenheit – für die Landwirtschaft genutzt.

GROSSBRITANNIEN
Hauptstadt: London
Lage: 2° östl.–8° westl. Länge, 49°–62° nördl. Breite
Fläche: 241 752 km²
Einwohner: 58 280 000
Amtssprache: Englisch
Religionen: Christen 61%, Muslime 3%, andere 36%
Staatsform: Parlamentarische Monarchie
Währung: Pfund Sterling
Analphabetenrate: 1%
Lebenserwartung: 76 Jahre
Einwohner pro Arzt: 611

GROSSBRITANNIEN

Vom 16. bis zum 19. Jh. war Großbritannien die weltweit führende See- und Kolonialmacht. Daher kommt es, dass Englisch schließlich zur Weltsprache wurde. Die Industrielle Revolution, die zu entscheidenden sozialen und politischen Umwälzungen führte, begann um 1760 in Großbritannien und verschaffte dem Land auch eine wirtschaftliche Führungsposition. Heute haben viele alte Industrien an Bedeutung verloren, denn in der modernen Gesellschaft stehen Dienstleistungsbranchen wie Banken und Versicherungen im Vordergrund. Das in der Nordsee geförderte Öl sichert die Energieversorgung des Landes.

Rote Londoner Busse fahren am Parlamentsgebäude vorbei, dem Sitz der britischen Regierung. Rechts im Bild der berühmte Uhrturm »Big Ben«.

MULTIKULTURELLE GESELLSCHAFT
Seit den 50er Jahren des 20. Jh. entwickelte sich Großbritannien zu einer multikulturellen Gesellschaft. Die zahlreichen Einwanderer, die vornehmlich aus ehemaligen britischen Kolonien in Afrika, der Karibik und dem indischen Subkontinent stammen, bereichern durch ihre Kultur, ihre Sitten und Bräuche das britische Leben.

EDINBURGH
Edinburgh liegt an der kühlen Ostküste Schottlands. Das auf einem Felsen erbaute Edinburgh Castle thront über einer schmucken Altstadt mit verwinkelten Gassen und prunkvollen Bürgerhäusern in georgianischem Stil. Jedes Jahr findet hier ein internationales Sommerfestival statt.

Straßenartisten beim Festival von Edinburgh

Besucherzahlen der sieben beliebtesten Touristenziele (1994)

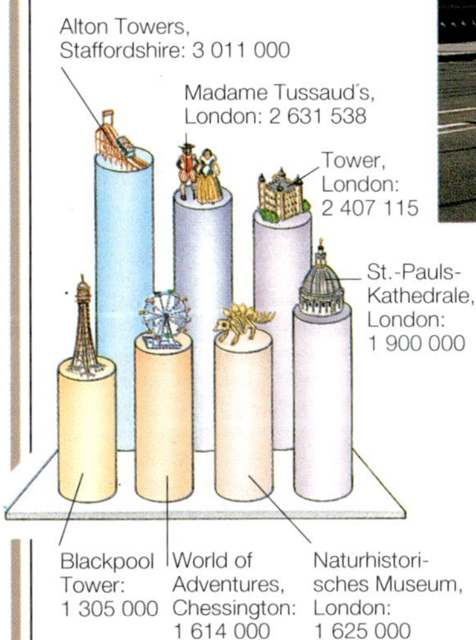

LONDON
Londinium, das im Jahr 43 n. Chr. von den Römern als Militärlager gegründet wurde, hat heute 7 Mio. Einwohner. Es ist damit eine der größten Städte Europas und gehört zu den wichtigsten Kultur- und Finanzmetropolen der Welt. Die Auktionshäuser Sotheby's und Christie's machen es außerdem zu einem Zentrum des Kunsthandels. Jährlich strömen Millionen von Touristen in die Stadt, angezogen durch deren Theater, Museen und historische Bauwerke. Auch in anderen Regionen Großbritanniens ist der Tourismus ein wichtiger Wirtschaftszweig. Die Westküste Schottlands und die alten Städte Bath, York sowie Stratford-upon-Avon locken jedes Jahr unzählige Besucher an.

WOHNEN
Viele Briten leben in Vorstädten. Hier ist die Umwelt noch kinderfreundlicher, die Luft weniger verschmutzt und Wohnraum günstiger als in den Stadtzentren. Gute Verkehrsanbindungen machen die Arbeitsplätze in den Innenstädten leicht erreichbar. Das Leben der Briten konzentriert sich vornehmlich auf das eigene Zuhause. Gartenarbeit und Heimwerken sind in ganz Großbritannien beliebte Freizeitbeschäftigungen.

Typische britische Wohnhäuser

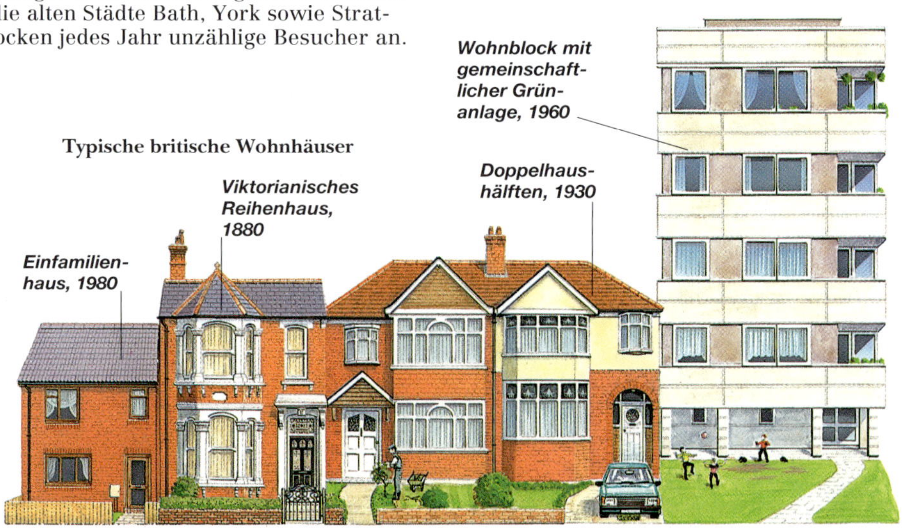

Wo die Menschen leben

BERGBAU IN WALES

In Wales spielte der Steinkohlebergbau bis vor kurzem eine wichtige Rolle; viele Städte und Dörfer lebten von der Arbeit unter Tage. Doch in den letzten Jahren mussten überall in Großbritannien Bergwerke geschlossen werden und man ging dazu über den Bedarf an Steinkohle durch billigere Importe zu decken. Wales war besonders hart von dieser Entwicklung betroffen und verzeichnete einen starken Anstieg der Arbeitslosigkeit. Einigen Städten ist es jedoch gelungen neue Industrien anzusiedeln. Außerdem entdecken immer mehr Touristen die eindrucksvolle Berglandschaft von Wales.

SPORT

Sport steht bei den Briten hoch im Kurs. Fußball und Rugby spielt man vor allem im Winter, Kricket und Golf im Sommer. Rugby, Kricket und Golf, Sportarten, die heute in fast allen Teilen der Welt bekannt sind, entstanden in Großbritannien. Die Fußballregeln gehen auf Ballspiele englischer Schuljungen zurück.

Walisischer Wollhut

Schottischer Tartanschal

Weste aus irischem Leinen

NATIONALE IDENTITÄT

In Schottland, Wales und Nordirland gibt es unterschiedlich starke Autonomiebewegungen. Das Bewusstsein einer nationalen Eigenständigkeit äußert sich z. B. durch das Festhalten an alten Bräuchen. So tragen manche Schotten bei besonderen Anlässen noch immer den Kilt ihrer Familie.

Das Bankwesen und die Dienstleistungsbranche förderten den britischen Wirtschaftsaufschwung.

WIRTSCHAFT

Früher beruhte die Wirtschaft Großbritanniens auf der Schwerindustrie. Heute sind Konsumgüter, Maschinen, Autos und Rüstungsgüter seine wichtigsten Exportprodukte. Mehr als 70% der Erwerbstätigen arbeiten mittlerweile im Dienstleistungssektor. Erst in den 80er Jahren konnte der wirtschaftliche Niedergang aufgehalten werden, der mit dem Verlust der Kolonien eingesetzt hatte. Viele große, multinationale Konzerne haben in Großbritannien ihren Stammsitz.

NORDIRLAND

Seit dem Ende der 60er Jahre werden Nordirland und seine Hauptstadt Belfast (oben) von schweren Unruhen erschüttert. Die protestantische Mehrheit der Bevölkerung, die von britischen Siedlern abstammt, möchte bei Großbritannien bleiben. Die katholische Minderheit, die wirtschaftlich benachteiligt wird, wünscht dagegen den Anschluss an die Republik Irland. Beide Seiten stellten Kampfgruppen auf, um ihre Interessen gewaltsam durchzusetzen. Die katholische Irisch-Republikanische Armee (IRA) verübte auch in Großbritannien Bombenanschläge. Gespräche zwischen allen Beteiligten führten ab 1994 zu einer Entspannung; eine Lösung des Konflikts liegt jedoch noch in weiter Ferne.

FINANZWESEN

In London wird täglich mehr Geld umgeschlagen als in jeder anderen Stadt der Welt. In der City haben sich gut 500 Banken niedergelassen, denn London gilt als führender Finanzplatz. Darin spiegelt sich zum Teil noch die alte Rolle Großbritanniens als Weltmacht wider. Wichtiger sind jedoch die günstige Lage der Stadt – sie liegt auf halbem Weg zwischen den beiden anderen großen Finanzmetropolen Tokio und New York – und die in vielen Jahren erworbene Erfahrung im Finanz- und Bankwesen.

Das Bürohaus der Llodys-Versicherungsgruppe im Herzen der Londoner City

Zum Weiterlesen

KOHLEBERGBAU *96, 112, 162*
MULTIKULTUR *81*
EUROPÄISCHE STÄDTE *80*
DIENSTLEISTUNGSSEKTOR *281*

IRLAND

IRLAND
Hauptstadt: Dublin
Lage: 6°–11 westl. Länge, 51–55° nördl. Breite
Fläche: 70 285 km²
Einwohner: 3 533 000
Amtssprachen: Gälisch und Englisch
Religionen: Christen 93%, andere 7%
Staatsform: Republik
Währung: Irisches Pfund
Analphabetenrate: 1%
Lebenserwartung: 75 Jahre
Einwohner pro Arzt: 630

Seit dem Jahr 1171 beherrschten die Engländer die irische Insel. Erst 1922 erklärte sich der südliche Teil, der ungefähr zwei Drittel der Insel einnimmt, zu einem unabhängigen Freistaat. Die sechs Grafschaften der nördlichen Provinz Ulster blieben britisch. Die Bevölkerung Irlands lebt überwiegend von der Landwirtschaft, von Rindermast und Milcherzeugung. Irland verfügt nur über wenige Bodenschätze. Viele Menschen sind seit der Mitte des 19. Jh. ins europäische Ausland sowie nach Amerika und Kanada ausgewandert, um dort Arbeit zu suchen. Obwohl der Tourismus zunimmt und sich in jüngster Zeit auch neue Industriebetriebe angesiedelt haben, gehört Irland noch immer zu den ärmeren Ländern innerhalb der Europäischen Union.

RELIGIÖSES LEBEN
Die meisten Iren sind gläubige Katholiken. An katholischen Feiertagen finden regelmäßig Prozessionen statt und überall im Land stößt man auf Kapellen, die der Jungfrau Maria geweiht sind. Die Kirche unterhält Schulen und Krankenhäuser und lehnt Geburtenkontrolle und Abtreibung strikt ab. Bis vor kurzem war auch die zivilrechtliche Ehescheidung in Irland verboten. Erst im November 1995 entschied sich eine knappe Mehrheit von nur 50,2% der Iren in einer Volksabstimmung für ein neues Scheidungsrecht.

IRISCHE PUBS
Ein großer Teil des gesellschaftlichen Lebens spielt sich in den Pubs ab, den »öffentlichen Bars« oder Kneipen. Häufig spielt und singt man hier irische Lieder, die von historischen Ereignissen erzählen. Das wohl beliebteste Getränk ist das Stout, ein starkes dunkles Bier mit wenig Schaum. In Dublin liegt die größte Brauerei Europas; sie wurde vor 200 Jahren von der Familie Guinness gegründet.

Die geschäftige O'Connor Street ist Dublins bedeutendste Straße.

DUBLIN
Die Hauptstadt Irlands spielte eine wichtige Rolle in der Geschichte des Landes. Hier konzentrierte sich der Widerstand gegen die britische Herrschaft und hier wurde 1922 der Freistaat ausgerufen. Dublin, das Kultur- und Handelszentrum des Landes, besitzt zwei Universitäten, eine Reihe von Museen und zahlreiche Industriebetriebe. Im Hafen wird ein großer Teil der Import- und Exportgüter umgeschlagen. Immer noch ziehen Menschen aus allen Teilen der Insel nach Dublin, in der Hoffnung hier Arbeit zu finden.

RENNPFERDE
Irlands üppige Wiesen eignen sich ideal als Weideland für Pferde. In Gestüten werden die irischen Vollblüter gezüchtet. Diese Rennpferde sind weltberühmt und gewinnen häufig bei internationalen Veranstaltungen. Sie sind eine wichtige Einkommensquelle Irlands. Pferdemärkte finden überall auf der grünen Insel statt.

Viele irische Torfmoore haben eine charakteristische Hügelform.

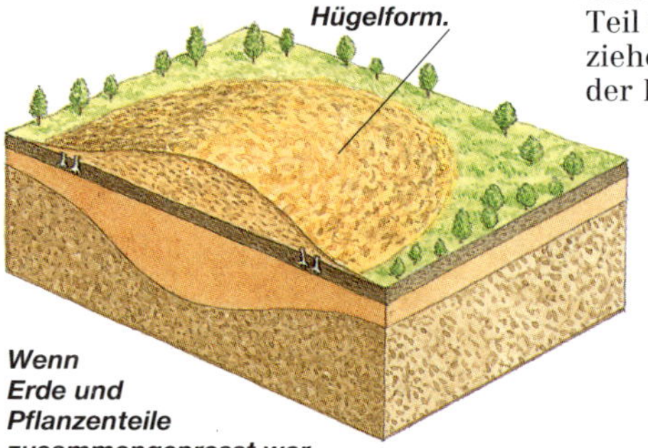

Wenn Erde und Pflanzenteile zusammengepresst werden, entsteht im Lauf von Jahrtausenden Torf.

Torf wird in Irland vielfach noch mit dem Spaten gestochen.

Den gestochenen Torf stapelt man im Freien zum Trocknen.

TORF
Irland besitzt keine Rohstoffe wie Kohle oder Erdöl, aus denen man Energie gewinnen kann, verfügt jedoch über riesige Torfvorkommen. Torf besteht aus abgestorbenen Pflanzenteilen, die sich in Mooren unter Luftabschluss nur unvollständig zersetzt haben. Torf lässt sich gut als Heizmaterial verwenden. Auf großen Flächen betreibt man maschinellen Torfabbau. Der Torf wird getrocknet und als Brennstoff in Stromkraftwerken eingesetzt.

Zum Weiterlesen

BIERBRAUEN *115*
KOHLE UND ÖL *96, 152, 162*
NORDIRLAND *89*
RELIGIONEN *274–275*

BENELUXSTAATEN

Belgien, die Niederlande und Luxemburg werden häufig unter dem Sammelnamen Beneluxstaaten zusammengefasst, da sie seit 1948 eine Zoll- und Wirtschaftsunion bilden. Diese Union ermöglichte den freien Warenverkehr zwischen den drei Ländern, die jedoch weiterhin ihre eigenen Währungen behielten. Die Beneluxstaaten gehörten 1957 zu den Gründungsmitgliedern der Europäischen Wirtschaftsgemeinschaft (EWG). Sie sind die am dichtesten besiedelten Länder Europas und ihre Einwohner verfügen über einen relativ hohen Lebensstandard. Die Schwerindustrie verlor in den letzten Jahren zunehmend an Bedeutung. Betroffen war vor allem der in Belgien stark ausgeprägte Kohlebergbau. Heute sind die Konsumgüterindustrie und der Dienstleistungsbereich die wichtigsten Wirtschaftszweige.

WAS IST WO AUF DER KARTE

Längster Fluss: Maas, Frankreich/Belgien/Niederlande, 901 km *Karte J8*

Höchste Erhebung: Botrange, Belgien, 694 m *Karte J10*

Größter See: Ijsselmeer, Niederlande, 1 210 km² *Karte I5*

NIEDERLANDE

De Bilt, Niederlande
Jan. 2 °C
Juli 18 °C
Jan. 68 mm
Juli 77 mm

BELGIEN

LUXEMBURG

Luxemburg, Luxemburg
Jan. 1 °C
Juli 18 °C
Jan. 61 mm
Juli 60 mm

Rotterdams Europoort ist einer der größten Häfen der Welt.

FLÜSSE

Die Beneluxstaaten haben Anteil an einigen der wichtigsten Flüsse Europas. Als viel befahrene Schifffahrtswege verbinden sie das Landesinnere mit den Küstengebieten. Auf den Flüssen Rhein, Mosel und Maas transportieren große Kähne und Frachtschiffe Güter aller Art. An der Mündung des Rheins liegt der Hafen von Rotterdam, der Europoort, der sich über eine Länge von 20 km erstreckt. Hier können gleichzeitig bis zu 300 Frachtschiffe abgefertigt werden. Zahlreiche Kanäle verbinden zusätzlich Inland und Häfen.

LANDWIRTSCHAFT

Ihre weiten Ebenen nutzen die Beneluxstaaten als Weideland für Rinder und für den Ackerbau. Ein großer Teil dieses Landes wurde durch Eindeichung und Trockenlegung dem Meer abgerungen. Die einzigen höher gelegenen Gebiete sind die bewaldeten Ardennen. Sie erstrecken sich von Südbelgien bis nach Luxemburg.

NIEDERLANDE

- **Hauptstadt:** Amsterdam (Regierungssitz: Den Haag)
- **Lage:** 3°–7° östl. Länge, 50°–54° nördl. Breite
- **Fläche:** 41 865 km²
- **Einwohner:** 15 391 000
- **Amtssprachen:** Niederländisch und Friesisch
- **Religionen:** Katholiken 34%, Protestanten 25%, Muslime 3%, weniger als 1% Juden, andere 37%
- **Staatsform:** Parlamentarische Monarchie
- **Währung:** Holländischer Gulden
- **Analphabetenrate:** 1%
- **Lebenserwartung:** 77 Jahre
- **Einwohner pro Arzt:** 410

NIEDERLANDE

Die Niederlande sind ein kleiner, dicht besiedelter Staat an der Nordsee. Im Lauf des 16. und 17. Jh. fuhren holländische Kaufleute auf allen Weltmeeren und handelten mit Gold, Stoffen und Gewürzen. Ihr riesiges Handelsimperium erstreckte sich von Südostasien bis in die Karibik. Auch heute noch ist der Handel für die Niederlande von großer Bedeutung. Zahlreiche Konzerne, die mittlerweile in vielen Staaten der Welt vertreten sind, wurden in den Niederlanden gegründet. Über den Export erwirtschaftet man rund die Hälfte des Volkseinkommens. Die Niederländer sind berühmt für ihre Toleranz gegenüber anderen Lebensweisen.

AMSTERDAM

Die Hauptstadt der Niederlande wird jährlich von vielen Touristen besucht. Im 17. Jh. trafen sich hier Händler aus aller Welt, um ihre Geschäfte abzuwickeln. Bezeichnend für das Stadtbild sind die rund 150 Kanalstraßen, die man als Grachten bezeichnet. Sie werden von prunkvollen historischen Bürgerhäusern gesäumt. Wegen der Ähnlichkeit mit Venedig, der für ihre Kanäle berühmten italienischen Stadt, wird Amsterdam auch »Venedig des Nordens« genannt.

Mehr als 1 Mio. Amsterdamer fahren täglich mit dem Rad zur Arbeit oder in die Schule.

RAD FAHREN

Da die Niederlande sehr flach sind, kann man hier bequem Fahrrad fahren. Das Rad hat sich daher zu einem beliebten Verkehrsmittel entwickelt. Auf dem Land gibt es zahlreiche Radwege, die ausgeschildert und auf Karten eingezeichnet sind. Viele Innenstädte sind für Autos weitgehend gesperrt. Die Niederländer leben gern in diesen ruhigen Stadtzentren.

Tulpen kamen um 1630 aus der Türkei in die Niederlande. Damals interessierte man sich mehr für ihre essbaren Zwiebeln als für die Blüten.

Asiatische Lilienzwiebel

Gladiolenzwiebeln

LANDWIRTSCHAFT

Die Niederländer haben intensive Bewirtschaftungsmethoden entwickelt, um das knappe, aber fruchtbare Ackerland bestmöglich zu nutzen. Sie bauen Kartoffeln, Gerste und Gemüse an. Weltweite Berühmtheit erlangten die Exportprodukte Blumen und Blumenzwiebeln, insbesondere Tulpen. Aber auch holländischer Käse wie Gouda und Edamer ist international bekannt.

ETHNISCHE VIELFALT

In den 40er und 50er Jahren strömten viele Menschen aus den ehemaligen holländischen Kolonien in Südostasien in die Niederlande. Ihnen folgten in den 60er Jahren Arbeitskräfte aus Südeuropa, der Türkei und Marokko. Rund ein Fünftel der großstädtischen Bevölkerung sind Einwanderer. Die meisten von ihnen besitzen die niederländische Staatsbürgerschaft. Zuwanderer werden hier gastfreundlich aufgenommen.

Schaffung eines Polders

Flachwassergebiete umgibt man mit einem Erdwall.

1.–2. Jahr

Das Wasser wird allmählich abgepumpt.

Das Land wird mit einem Zweiggeflecht abgedeckt.

Per Flugzeug sät man Schilf aus, das zwischen den Zweigen wächst.

3.–6. Jahr

Das Schilf wird niedergebrannt und die Asche eingeackert.

7. Jahr

8. Jahr

Schon nach acht Jahren kann das Neuland landwirtschaftlich genutzt und bebaut werden.

LANDRÜCKGEWINNUNG

Ungefähr ein Drittel ihrer Landesfläche haben die Niederländer dem Meer abgerungen. Diese Gebiete bezeichnet man als Polder. Den Großteil davon nutzt man zum Pflanzenanbau und als Weideland, etwa ein Viertel für Wohnungen, Straßen und Parks. Da weite Gebiete des Landes auf Meeresspiegelhöhe oder darunter liegen, ist die Gefahr der Überflutung groß. Zum Schutz errichtete man hohe Dämme und überwacht den Wasserstand regelmäßig.

Zum Weiterlesen

RAD FAHREN *192*
ETHNISCHE VIELFALT *81*
BEVÖLKERUNGSDICHTE *80*
HANDEL *280–281*

BELGIEN

Hauptstadt: Brüssel

Lage: 3°–6° östl. Länge, 50°–51° nördl. Breite

Fläche: 30 518 km²

Einwohner: 10 080 000

Amtssprachen: Französisch, Niederländisch und regional Deutsch

Religionen: Katholiken 88%, Muslime 3%, andere 9%

Staatsform: Parlamentarische Monarchie

Währung: Belgischer Franc

Analphabetenrate: 1%

Lebenserwartung: 76 Jahre

Einwohner pro Arzt: 310

LUXEMBURG

Hauptstadt: Luxemburg/Lützelburg

Lage: 5°–6° östl. Länge, 49°–50° nördl. Breite

Fläche: 2 586 km²

Einwohner: 400 900

Amtssprachen: Französisch, Deutsch und Lëtzebuergesch

Religionen: Katholiken 94%, andere 6%

Staatsform: Parlamentarische Monarchie

Analphabetenrate: 1%

Lebenserwartung: 76 Jahre

Einwohner pro Arzt: 550

BELGIEN

Belgiens Geschichte ist eng mit der Geschichte der benachbarten Niederlande verknüpft, denn die beiden Länder bildeten einst einen gemeinsamen Staat. Erst 1831 wurde Belgien unabhängig. Seine Grenzen legte man 1919 fest. Das Tal der Maas teilt das Land in zwei Hälften. Im Norden erstrecken sich flache, fruchtbare Ebenen. Der Süden wird von den Ardennen eingenommen, einer Mittelgebirgsregion, die nur über wenige fruchtbare Böden verfügt. Belgische Städte wie Brüssel und Antwerpen entwickelten vom 15. bis zum 17. Jh. eine florierende Textilindustrie. In den zunehmend reicher werdenden Städten fanden Künstler wie Rubens und Rembrandt interessierte Kunden.

Der mittelalterliche Marktplatz ist das Herz Brüssels.

BRÜSSEL

Brüssel ist das politische, wirtschaftliche und kulturelle Zentrum Belgiens. Darüber hinaus besitzt es auch große internationale Bedeutung. Es ist Zentrum der Beneluxunion und Sitz wichtiger Institutionen der Europäischen Union (EU). Auf diese Weise wächst es allmählich zur Hauptstadt des vereinten Europa heran.

SPRACHEN

In Belgien werden drei Sprachen gesprochen. Im Süden, im wallonischen Landesteil, spricht man Französisch. Nördlich von Brüssel herrscht Flämisch vor, ein niederländischer Dialekt. Im östlichen Grenzgebiet ist Deutsch die bevorzugte Sprache. In Brüssel wird mehrheitlich Französisch gesprochen.

Wichtigste Sprachen

In Belgien spricht man Französisch, Flämisch und Deutsch.

Brüsseler Kioske verkaufen Zeitungen in drei Sprachen.

BELGISCHE KÜCHE

Die belgische Küche verbindet französische und flämische Einflüsse. Jede Region des Landes hat ihre eigenen Rezepte entwickelt. Besonders gern essen die Belgier Suppen. Eine Spezialität sind Muscheln mit Pommes frites.

WIRTSCHAFT

Früher stützte sich die Wirtschaft Belgiens auf die Schwerindustrie, vor allem den Kohlebergbau und die Stahlerzeugung. Mittlerweile haben andere Industrien wie Chemie- und Elektroindustrie (rechts) und Dienstleistungsbranchen wie das Bankwesen deren Platz eingenommen. Heute arbeiten zwei von drei Belgiern im Dienstleistungssektor.

LUXEMBURG

Das Großherzogtum Luxemburg liegt eingezwängt zwischen seinen Nachbarstaaten Frankreich und Belgien. Es zählt zu den reichsten Ländern der Welt und hat sich dank seines großzügigen Steuersystems zu einem der wichtigsten Finanzplätze Europas entwickelt. Zum Wohlstand des Landes haben aber auch die Eisen- und Stahlindustrie beigetragen. Luxemburg ist zwar sehr klein, spielt jedoch eine wichtige Rolle in der EU und ist Sitz des Europäischen Gerichtshofs.

Das winzige Land ist in Europa seit Jahrhunderten von großer Bedeutung. Überall trifft man auf Burgen, die zur Verteidigung gegen feindliche Heere dienten.

TOURISMUS

Luxemburg ist ein beliebtes Urlaubsland. Den größten Teil seines Staatsgebiets bestimmen die Ardennen, ein Bergland mit großen Wäldern. Neben der schönen Landschaft sind malerische Burgen und alte Städte weitere Touristenziele.

Zum Weiterlesen
EUROPÄISCHE TIEFEBENE *79*
EUROPÄISCHE UNION *81, 273*
REICH UND ARM *278–279*
DIENSTLEISTUNGSSEKTOR *281*

DEUTSCHLAND

DEUTSCHLAND
Hauptstadt: Berlin
Lage: 6°–15° östl. Länge, 47°–55° nördl. Breite
Fläche: 356 973 km²
Einwohner: 81 538 000
Amtssprache: Deutsch
Religionen: Protestanten 36%, Katholiken 35%, Muslime 3%, andere 26%
Staatsform: Demokratisch-parlamentarische Bundesrepublik
Währung: Deutsche Mark
Analphabetenrate: 1%
Lebenserwartung: 76 Jahre
Einwohner pro Arzt: 319

Mitten im Herzen Europas liegt Deutschland. Nach dem Zweiten Weltkrieg wurde es in zwei Staaten geteilt – die Bundesrepublik Deutschland, eine Demokratie westlicher Prägung, und die Deutsche Demokratische Republik, die sich an die sozialistisch regierte UdSSR anlehnte. 1990 wurden beide Teile wieder vereinigt. In Ostdeutschland führte der Übergang zur Marktwirtschaft zu hoher Arbeitslosigkeit. Die Kosten, die durch die Angleichung des Lebensstandards an das Westniveau entstanden sind, haben ein ungeahntes Ausmaß erreicht. Dennoch zählt Deutschland zu den wohlhabendsten Ländern der Erde.

SCHULE

In Deutschland kommen die Kinder mit sechs Jahren in die Grundschule. Mit zehn Jahren wechseln sie entweder auf ein Gymnasium oder eine Realschule oder besuchen die Hauptschule. Das Gymnasium wird mit dem Abitur abgeschlossen und bereitet auf ein Studium vor oder, wie Haupt- und Realschule, auf eine Berufsausbildung.

JÜNGSTE GESCHICHTE

Die Wiedervereinigung Deutschlands wurde am 3. Oktober 1990 vollzogen. Massendemonstrationen hatten die DDR-Regierung im Herbst 1989 zu politischen Reformen gezwungen. Schließlich wurde die Berliner Mauer, das Sinnbild für die deutsche Teilung, geöffnet. Tausende strömten nun von Ostdeutschland nach Westberlin. Die Hauptstadt des wiedervereinigten Deutschland wurde von Bonn wieder nach Berlin verlegt.

BUNDESLÄNDER

Der Zusammenschluss der bis dahin eigenständigen deutschen Länder zu einem Staat fiel in das Jahr 1871. In diesem Jahr wurde das Deutsche Reich gegründet. Deutschland ist heute ein föderalistischer Staat und besteht aus 16 Bundesländern (links) mit eigenen Verfassungen, Regierungen und Parlamenten. Die Bundesländer sind für die Schul- und Kulturpolitik eigenverantwortlich zuständig, in vielen anderen Bereichen wirken sie an der Gesetzgebung mit. Regionale Sitten und Bräuche haben sich in zahlreichen Gebieten Deutschlands erhalten.

Viele größere deutsche Städte waren früher Hauptstädte unabhängiger Fürstentümer. Dresden, die Hauptstadt des Bundeslands Sachsen, war einst die Residenz der sächsischen Könige. Das Bild zeigt die Dresdner Oper, ein Meisterwerk Gottfried Sempers.

UMWELT

In Deutschland gelten strenge Umweltgesetze. Deutschland wirkte in Europa als treibende Kraft für die Einführung des Autokatalysators und des bleifreien Benzins. In vielen Haushalten wird der anfallende Müll für die Wiederverwertung sortiert. Der Müll wird nach Glas, Papier, Dosen, Verbundstoffen, Biomüll und Restmüll getrennt.

Altpapier wird getrennt gesammelt und auf großen Lagerplätzen für die Wiederverwertung vorbereitet.

DEUTSCHE KÜCHE

Die vielen Regionen Deutschlands sind für unterschiedlichste Spezialitäten bekannt. Berühmt ist Deutschland für seine zahlreichen Brotsorten, für Kartoffel- und Kohlgerichte sowie für Käse und Wurst. Bier und Wein sind beliebte Getränke. Das bayerische Bier unterliegt bis heute dem »Reinheitsgebot« von 1516.

Berlin
Jan. –0,5 °C
Juli 19 °C
Jan. 46 mm
Juli 73 mm

Köln
Jan. 3 °C
Juli 19 °C
Jan. 60 mm
Juli 69 mm

München
Jan. –2 °C
Juli 18 °C
Jan. 59 mm
Juli 139 mm

DEUTSCHLAND

WAS IST WO AUF DER KARTE

Längster Fluss: Rhein, Schweiz/Deutschland/Frankreich/Niederlande, 1 320 km *Karte D6*

Höchste Erhebung: Zugspitze, 2 962 m *Karte H12*

Größter See: Müritz, 117 km² *Karte J3*

Meistbefahrener Kanal der Welt: Nord-Ostsee-Kanal, 98 km *Karte G2*

LANDSCHAFT
Die Landschaften Deutschlands sind sehr vielfältig. Sie reichen von der flachen norddeutschen Tiefebene bis zu den schneebedeckten Gipfeln der Alpen (oben). Zu den schönsten Gebieten zählt der Schwarzwald. In dieser Mittelgebirgsregion gibt es dichte Nadelwälder.

VERKEHRSNETZ
Weit verzweigte Kanäle und Flüsse spielen eine bedeutende Rolle für den deutschen Gütertransport. Auf Flüssen wie dem Rhein oder der Oder fahren viele Lastkähne, die Güter innerhalb Deutschlands oder ins Ausland befördern. Zu Lande kann man sich in Deutschland auf einem gut ausgebauten, weit verzweigten Autobahn- und Schienennetz fortbewegen.

RELIGION

Im 16. Jh. prangerte Martin Luther die Missstände in der katholischen Kirche an und forderte eine Erneuerung des Glaubens. Die Bewegung, die er in Gang setzte, bezeichnet man als Reformation, seine Anhänger als Protestanten. Unterstützung fand Luther vor allem im Norden Deutschlands. Hier ist die Mehrheit der Bevölkerung protestantisch. Im Süden sind die meisten Menschen katholisch.

Die Bibel war das erste Buch, das der Mainzer Buchdrucker Johannes Gutenberg herstellte.

SPORT

Viele weltberühmte Sportler kommen aus Deutschland, wie zum Beispiel die Tennisspieler Boris Becker, Steffi Graf (rechts) und Michael Stich, der Rennfahrer Michael Schumacher oder die Skifahrerin Katja Seizinger. Fußball ist die beliebteste Sportart. Die deutsche Nationalelf kann viele Erfolge vorweisen; 1990 wurde sie Weltmeister, 1996 Europameister.

Die Gastarbeiter übernahmen häufig unbeliebte und schlecht bezahlte Arbeiten.

NEUE DEUTSCHE

Wegen des raschen Wirtschaftswachstums waren viele neue Arbeitskräfte nötig. In den 60er Jahren holte man deshalb Zehntausende von »Gastarbeitern« aus Italien, der Türkei und Jugoslawien ins Land. Viele von ihnen sind für immer in Deutschland geblieben. Ab 1990 wanderte etwa eine Million deutschstämmiger Aussiedler aus Osteuropa nach Deutschland ein.

Noch gut ein Drittel der Berufstätigen arbeitet in der Industrie.

WIRTSCHAFT

Die deutsche Wirtschaft wurde nach dem Zweiten Weltkrieg vollständig neu aufgebaut. Das schnelle Wachstum hat Deutschland zur führenden Industrienation gemacht. Hier werden Elektrogeräte aller Art erzeugt, Lastwagen und Autos produziert; Automarken wie Volkswagen, Mercedes oder BMW exportiert man in viele Länder.

Querschnitt durch ein Kohlebergwerk

Im Bergbau werden kohlehaltige Gesteinsschichten oder Flöze abgebaut.

Kohlereviere im Ruhrgebiet

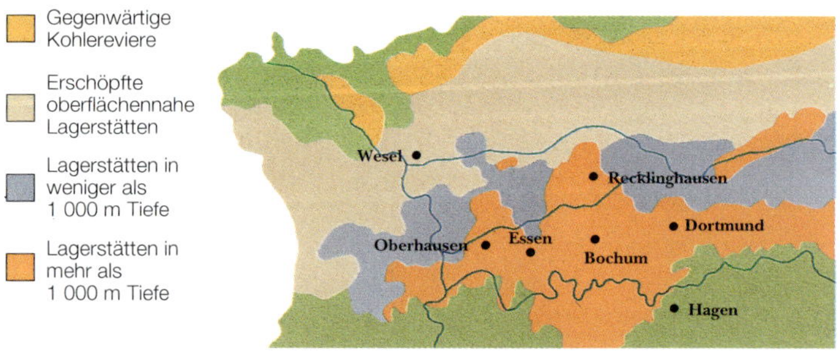

RUHRGEBIET

Das Ruhrgebiet ist die am stärksten industrialisierte Region Deutschlands. Hier entstanden ausgedehnte städtische Ballungsräume. Im 19. Jh. entdeckte man große Kohlevorkommen und schon bald entwickelte sich das Ruhrgebiet zum Zentrum der deutschen Eisen- und Stahlindustrie. Diese wiederum ist wichtig für die Autoindustrie. Zunächst förderte man Kohle aus oberflächennahen Lagerstätten im Süden des Ruhrgebiets, heute baut man die tiefer liegenden Kohleflöze im Norden ab. Das Ruhrgebiet hat wegen der vielen Industriebetriebe mit großen Umweltbelastungen zu kämpfen.

KOHLEBERGBAU

Die Kohlevorkommen im Ruhrgebiet zählen zu den größten der Erde und umfassen sowohl Stein- als auch Braunkohle. Braunkohle lässt sich von der Oberfläche aus abbauen, Steinkohle aber muss aus tief liegenden Minen gefördert werden. Heute steht das Ruhrgebiet vor schwierigen Problemen, da die heimische Kohle gegenüber den billigeren Importen aus dem Ausland nicht mehr konkurrenzfähig ist.

Zum Weiterlesen

ZUSAMMENBRUCH DER UDSSR *136*
KOHLEBERGBAU *112, 162*
ZUWANDERER *81*
PROTESTANTEN *274*

FRANKREICH, MONACO UND ANDORRA

Viele natürliche Grenzen umschließen Frankreich, das flächenmäßig größte Land Westeuropas. Die Gebirgsketten der Pyrenäen im Südwesten und der Alpen im Osten trennen es von Spanien und Italien. Das Mittelmeer begrenzt es im Süden und der Atlantik im Westen und in weiten Teilen des Nordens. Die Insel Korsika im Mittelmeer gehört ebenfalls zu Frankreich. Die Kleinstaaten Monaco und Andorra grenzen im Süden an den großen Nachbarn Frankreich.

LANDSCHAFT
Den Norden Frankreichs kennzeichnet Hügelland mit feuchtgemäßigtem Klima. In der Landesmitte steigen die Berge des Zentralmassivs auf. Im Osten hat das Land Anteil am Hochgebirge. Der Süden genießt das warme Mittelmeerklima. Hier, in der Provence, gibt es große Lavendelfelder (oben).

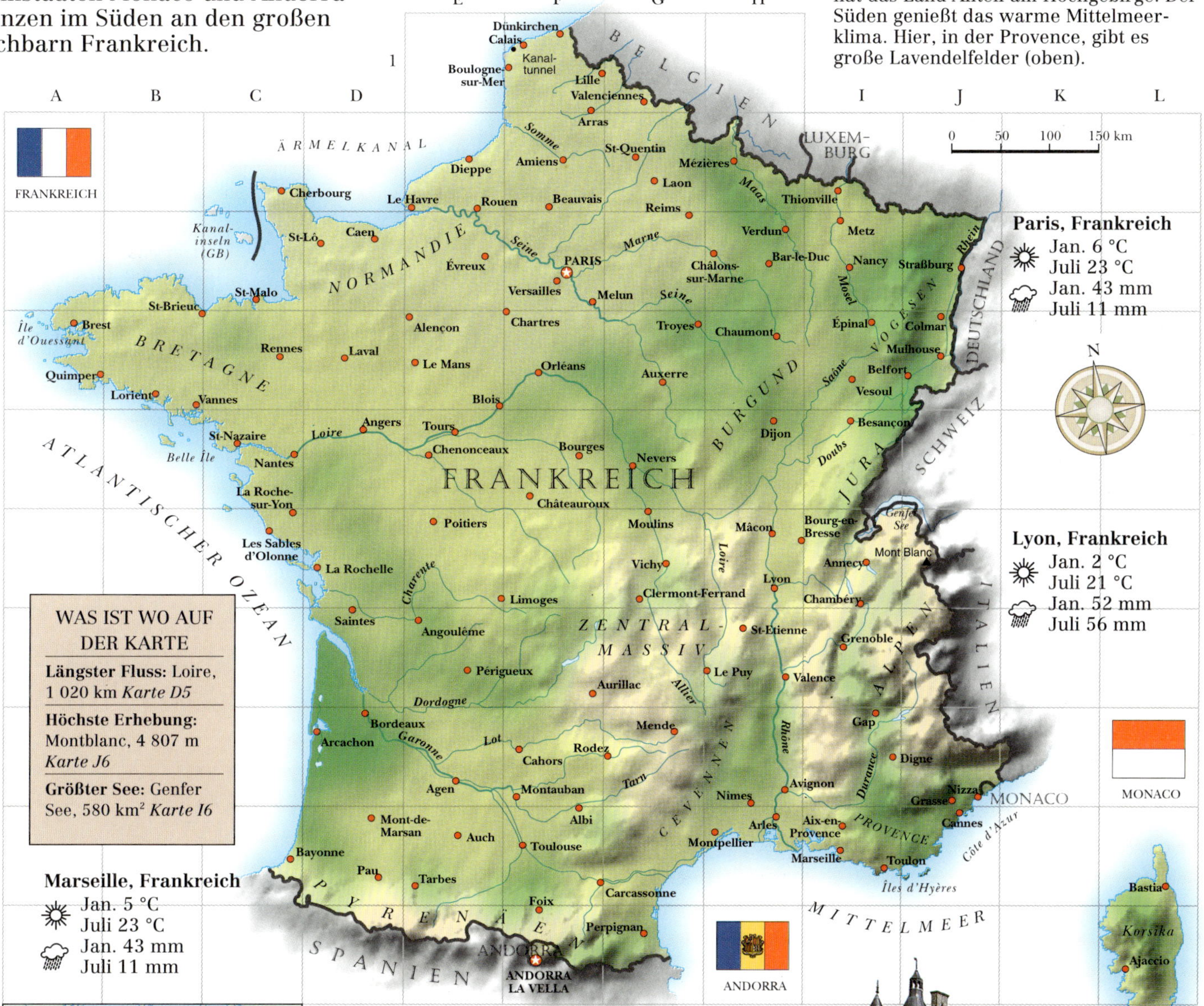

Paris, Frankreich
Jan. 6 °C
Juli 23 °C
Jan. 43 mm
Juli 11 mm

Lyon, Frankreich
Jan. 2 °C
Juli 21 °C
Jan. 52 mm
Juli 56 mm

Marseille, Frankreich
Jan. 5 °C
Juli 23 °C
Jan. 43 mm
Juli 11 mm

WAS IST WO AUF DER KARTE

Längster Fluss: Loire, 1 020 km *Karte D5*

Höchste Erhebung: Montblanc, 4 807 m *Karte J6*

Größter See: Genfer See, 580 km² *Karte I6*

GESCHICHTE
Frankreich wurde jahrhundertelang von Königen regiert, die auf Kosten des Volkes prunkvolle Schlösser wie Chenonceaux (rechts) erbauten. Die unzufriedenen Menschen sammelten sich zum Widerstand. Im Verlauf der »Französischen Revolution« (1789–1799) starben König Ludwig XVI. und seine Frau Marie Antoinette unter dem Fallbeil. Frankreich wurde eine Republik. Die Geschichte der Fürstentümer Monaco und Andorra ist eng mit der Geschichte Frankreichs verknüpft.

FRANKREICH

Hauptstadt: Paris

Lage: 5° westl.– 8° östl. Länge, 42°–51° nördl. Breite

Fläche: 543 965 km²

Einwohner: 57 726 000

Amtssprache: Französisch

Religionen: Katholiken 77%, Muslime 4%, Juden 1%, andere 18%

Staatsform: Republik

Währung: Französischer Franc

Analphabetenrate: 1%

Lebenserwartung: 77 Jahre

Einwohner pro Arzt: 350

MONACO

Hauptstadt: Monaco-Ville

Lage: 7° östl. Länge, 44° nördl. Breite

Fläche: 1,95 km²

Einwohner: 32 000

Amtssprache: Französisch

Religionen: Katholiken 90%, Protestanten 6%, andere 4%

Staatsform: Parlamentarische Monarchie

Währung: Französischer Franc

Analphabetenrate: 1%

Lebenserwartung: 78 Jahre

Einwohner pro Arzt: 373

ANDORRA

Hauptstadt: Andorra la Vella

Lage: 2° östl. Länge, 43° nördl. Breite

Fläche: 468 km²

Einwohner: 61 000

Amtssprache: Katalanisch

Religionen: Katholiken 86%, andere 14%

Staatsform: Souveränes Fürstentum

Währung: Französischer Franc und Spanische Peseta

Analphabetenrate: 1%

Lebenserwartung: 77 Jahre

Einwohner pro Arzt: 467

FRANKREICH

Kultur, Mode und Küche Frankreichs sind in der ganzen Welt ein Begriff. Als führende Industrienation und Gründungsmitglied der Europäischen Union spielt es auch eine wichtige politische Rolle. In den vergangenen 50 Jahren entwickelte sich Frankreich zu Europas bedeutendstem Erzeuger von Agrarprodukten wie Weizen, Zuckerrüben, Obst und Weintrauben. Seine zahlreichen Flüsse, insbesondere die Seine, die Loire und die Rhône, werden zum Gütertransport und zur künstlichen Bewässerung genutzt. Französische Ingenieure haben den schnellsten Zug der Welt gebaut: Der TGV erreicht Spitzengeschwindigkeiten von bis zu 515 km/h.

Der 300 m hohe Eiffelturm wurde für die Weltausstellung 1889 erbaut. Im Oberservatorium finden 800 Menschen Platz.

Die mittlere Ebene erreicht man per Lift oder zu Fuß über 700 Stufen.

Ein Aufzug oder 360 Stufen führen zur ersten Ebene.

KULTURSTADT

Paris ist das politische und kulturelle Zentrum Frankreichs. Zu den berühmtesten Attraktionen dieser viel besuchten Stadt zählen der Eiffelturm, der Louvre und die Kathedrale Notre-Dame. Auch die zahlreichen Museen, Geschäfte und Restaurants ziehen Touristen an. Jedes Jahr stellen die bekanntesten Modeschöpfer hier ihre neuen Kollektionen vor.

DÖRFLICHES LEBEN

In vielen Dörfern Frankreichs gliedern Jahrmärkte, Feste und Feiertage den Jahresablauf; auch wöchentliche Markttage sind weit verbreitet. Das öffentliche Leben ist beschaulich und spielt sich häufig auf dem Dorfplatz ab. Hier trifft man sich zum Klatsch oder zum Pétanque (rechts), dem Nationalspiel der Franzosen.

WIRTSCHAFT

Frankreich besitzt eine hoch entwickelte Maschinenbau-, Stahl- und Chemieindustrie. Außerdem gehört es zu den führenden Auto- und Flugzeugherstellern der Welt. Das Großraumflugzeug Airbus beispielsweise wird in Toulouse gebaut. Die stark ausgebaute Nuklearindustrie erzeugt rund drei Viertel des nationalen Strombedarfs. Auch der Tourismus ist ein wichtiger Wirtschaftsfaktor; jährlich strömen Millionen Besucher ins Land.

FRANZÖSISCHE KÜCHE

Frankreich ist das Schlaraffenland für Schlemmer und Feinschmecker. Auf dem reichhaltigen Speiseplan der französischen Köche finden sich viele regionale Spezialitäten. In Zentralfrankreich isst man »Bœuf bourguignon« (Rindfleisch in Rotwein), während in Marseille an der Mittelmeerküste »Bouillabaisse« (Fischsuppe) gekocht wird. Brot und Gebäck aus französischen Backstuben sind fast genauso berühmt wie das überreiche Käsesortiment.

»Crottins de Chavignol« (Käse)

Croissant

Knoblauch

Cafés und Restaurants sind beliebte Treffpunkte.

Lavendelöl ist ein wichtiger Bestandteil vieler Parfüms, aber auch von Seifen und Badeölen.

EDLE DÜFTE

Seit dem 16. Jh. ist Frankreich der führende Parfümproduzent. Das Zentrum der Parfümherstellung ist der südfranzösische Ort Grasse. Hier werden Lavendel, Rosen und Jasmin angebaut. Daraus gewinnt man Öle, die als Riechstoffe verwendet werden. Für die Zusammenstellung eines Parfüms sind bis zu 300 Öle nötig.

WEINANBAU
Ein Viertel der weltweiten Weinproduktion stammt aus Frankreich. Viele Regionen sind überzogen von Weinbergen. Zu den wichtigsten Anbaugebieten gehören das Elsass, Burgund und Bourdeaux sowie das Tal der Loire. Französische Weine werden je nach Qualität in Tafelweine, Landweine und Qualitätsweine unterteilt. Wein stellt man aus dem Saft roter oder weißer Trauben her. Früher wurde der Saft durch Austreten der Trauben gewonnen, heute verwendet man dafür Maschinen. Die Weinerzeugung durchläuft mehrere Stufen; in der Fermentation verbindet sich die natürliche Hefe der Traubenhülle mit dem Traubenzucker.

Französischer Weinberg

Weißwein kann man aus roten und weißen Trauben herstellen. Die Traubenhüllen verleihen dem Rotwein seine Farbe.

Pneumatische Presse

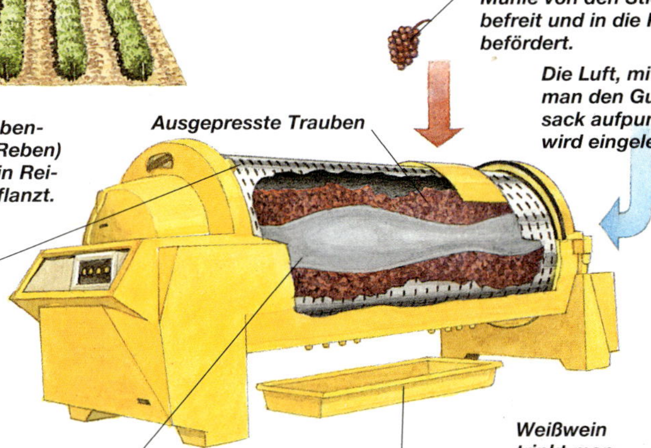

Weißwein trinkt man gewöhnlich aus einem hohen Glas, das das Aroma erhält.

EINWANDERUNG
In Frankreich leben rund 4 Mio. Einwanderer. Viele von ihnen stammen aus den früheren französischen Kolonien in Nordafrika, Marokko, Tunesien und Algerien. Die Einwanderer haben es jedoch sehr schwer, in dem fremden Land heimisch zu werden.

WELT DES KINOS
Die Geschichte des Kinos begann 1895 in Frankreich, als die Gebrüder Louis und Auguste Lumière vor 33 Zuschauern erstmals einen Film vorführten. Sie hatten den „Kinematographen" entwickelt, mit dem bewegte Bilder gezeigt werden konnten.

MONACO

Der winzige Staat am Mittelmeer liegt nahe der italienischen Grenze. Sein Herzstück bildet die Stadt Monte Carlo, die für ihre Spielkasinos und als Austragungsort des bekannten Formel-1-Rennens berühmt ist. Das unabhängige Fürstentum Monaco wird seit Jahrhunderten von der Familie Grimaldi regiert. Sollte diese Dynastie aussterben, dann fällt Monaco an Frankreich. Die einheimischen Monegassen stellen nur einen kleinen Teil der Einwohner; knapp die Hälfte sind Franzosen, 17% sind Italiener.

TOURISMUS
Das warme Klima und der Glanz der Spielkasinos ziehen jährlich Tausende von Touristen an. Viele Großverdiener verlegen aufgrund der niedrigen Steuersätze ihren Wohnsitz nach Monaco. Der Kleinstaat ist auch ein bedeutender internationaler Finanzplatz.

ANDORRA

Hoch in den Pyrenäen, zwischen Frankreich und Spanien, liegt Andorra. Gleichberechtigte Staatsoberhäupter dieses Fürstentums sind der französische Präsident und der Bischof von Urgel in Nordostspanien. Die Amtssprache ist Katalanisch, viele Bewohner sprechen jedoch auch die Sprachen der angrenzenden Länder: Französisch oder Spanisch. Der einzige größere Ort ist die Hauptstadt Andorra la Vella.

PYRENÄEN
Der Tourismus ist die wichtigste Einkommensquelle Andorras. Viele Besucher kommen zum Ski fahren in die Pyrenäen, doch die einzige Straße zwischen Frankreich und Spanien ist oft tief verschneit.

Zum Weiterlesen
ETHNISCHE GRUPPEN *81*
STÄDTE IN EUROPA *80*
EUROPÄISCHE UNION *81, 273*
EHEMALIGE KOLONIEN *208–212*

IBERISCHE HALBINSEL

Im Südwesten Europas erstreckt sich die Iberische Halbinsel mit den Ländern Spanien und Portugal. Jahrhundertelang wurden große Teile der Halbinsel von den Mauren beherrscht. Diese muslimischen Araber waren aus Nordafrika eingedrungen und hatten ihr gesamtes Wissen auf dem Gebiet von Medizin und Technik sowie eine hoch entwickelte Literatur und Kunst ins Land gebracht. Die Iberische Halbinsel wird durch die Pyrenäen vom restlichen Europa und durch die Straße von Gibraltar von Afrika getrennt. Spanien und Portugal besitzen Mittelmeerklima und leben hauptsächlich vom Fremdenverkehr.

LANDSCHAFT
Die Iberische Halbinsel wird im Inland von der Meseta geprägt, einer ausgedehnten, fast baumlosen Hochebene. Im Sommer herrschen hier sehr hohe Temperaturen; viele Flüsse trocknen zu dieser Jahreszeit wegen der großen Hitze aus. Im Winter fallen die Temperaturen oft unter den Gefrierpunkt und Schneestürme fegen über das Land. Aufgrund der geringen Niederschläge müssen die Bauern ihre Anbauflächen künstlich bewässern.

Barcelona, Spanien
Jan. 9 °C
Juli 24 °C
Jan. 31 mm
Juli 27 mm

Lissabon, Portugal
Jan. 11 °C
Juli 22 °C
Jan. 111 mm
Juli 3 mm

WAS IST WO AUF DER KARTE

Längster Fluss: Tajo/Tejo, Spanien/Portugal, 1 007 km *Karte E5*

Höchste Erhebung: Mulhacén, Spanien, 3 478 m *Karte F8*

Westlichster Punkt Festlandeuropas: Cabo da Roca, Portugal *Karte A6*

Der Felsen von Gibraltar liegt am Eingang zum Mittelmeer.

GIBRALTAR
Die rund 5 km lange Halbinsel Gibraltar erstreckt sich zwischen dem Mittelmeer und dem Atlantik. Wegen ihrer strategischen Bedeutung wurde sie 1704 von den Briten erobert. Spanien erhob Anspruch auf das Gebiet, doch 1967 stimmten die Bewohner dafür bei Großbritannien zu bleiben.

SPANIEN
Hauptstadt: Madrid
Lage: 9° westl.–4° östl. Länge, 36°–44° nördl. Breite
Fläche: 504 782 km²
Einwohner: 39 551 000
Amtssprache: Spanisch (Kastilisch)
Religionen: Katholiken 96%, andere 4%
Staatsform: Parlamentarische Monarchie
Währung: Peseta
Analphabetenrate: 5%
Lebenserwartung: 78 Jahre
Einwohner pro Arzt: 280

SPANIEN

Wer an Spanien denkt, denkt an Stierkampf, an Flamenco und »fiestas«. Die meisten Spanier sind römisch-katholisch. Sie feiern ihre örtlichen Namenspatrone und Heiligen mit so genannten »fiestas«, zu denen farbenfrohe Umzüge, Musik und Tanz gehören. Durch den Bürgerkrieg (1936–39) kam General Francisco Franco an die Macht, der bis 1975 als Diktator herrschte. Unter König Juan Carlos I. kehrte das Land zur Demokratie zurück. Heute ist Spanien ein wichtiger Industriestaat, aber auch der Landwirtschaft kommt noch große Bedeutung zu. In den Küstenregionen spielt der Tourismus eine entscheidende Rolle, das Landesinnere ist teilweise unterentwickelt.

MADRID UND BARCELONA
König Philipp II. machte Madrid (oben) im Jahr 1561 zur Hauptstadt Spaniens, denn er liebte das Klima und die zentrale Lage des Ortes. Barcelona, die zweitgrößte Stadt Spaniens, ist die Hauptstadt Kataloniens. Es liegt im Herzen einer großen Industrieregion im Norden des Landes und war 1992 Austragungsort der Olympischen Spiele.

Fächer eines Flamencotänzers

Kastagnetten aus Holz

FLAMENCO
Als Flamenco bezeichnet man das Tanzlied der andalusischen Zigeuner. Männer in Schwarz und Frauen in farbigen Kleidern mit weiten, rüschenbesetzten Röcken tanzen zu Gitarrenmusik und Kastagnettenbegleitung mit schnell wechselndem Rhythmus.

Die Gitarre gibt es seit dem 15. Jh. Dieses Zupfinstrument ist wichtigstes Instrument beim Flamenco.

BEVÖLKERUNG
Spanien gliedert sich in mehrere Regionen, die teilweise eine eigene Sprache und eine eigenständige Kultur besitzen. Zu den wichtigen regionalen Sprachen gehören Katalanisch und das in Galicien übliche Gallego. Euskera ist die Sprache des Baskengebiets, das von Nordspanien bis nach Frankreich hineinreicht. Amtssprache ist das kastilische Spanisch; es wird in den Schulen gelehrt. Spanische Schulkinder dürfen abends lange aufbleiben. Nach der Schule bekommen sie oft einen kleinen Imbiss, die so genannte »Merienda«, dann spielen sie draußen, bis die Familie gegen 21 Uhr zu Abend isst.

WIRTSCHAFT
Landwirtschaft und Fischfang waren lange Zeit die Hauptstützen der spanischen Wirtschaft. Heute besitzt das Land eine leistungsfähige Stahlindustrie. Sie siedelt vor allem im Raum Barcelona und produziert Autos. In den 80er Jahren trieb man den Ausbau der Elektroindustrie voran, häufig mit finanzieller Unterstützung ausländischer Konzerne. Zu den wichtigsten landwirtschaftlichen Erzeugnissen Spaniens gehören Getreide, Oliven, Weintrauben und Zitrusfrüchte.

Hauptexportprodukte (1994)

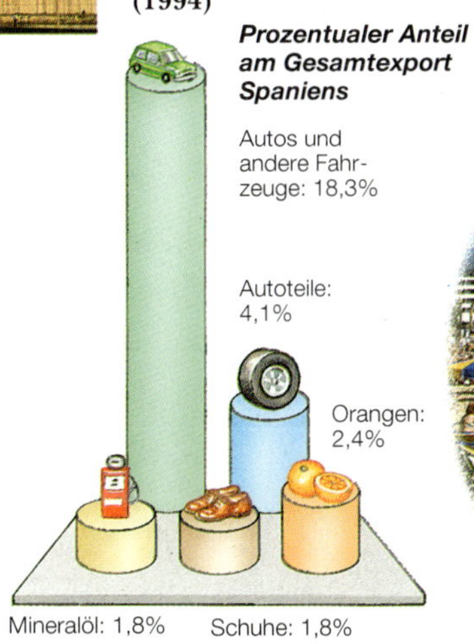

TOURISMUS
Jährlich besuchen mehr als 55 Mio. Touristen Spanien. Sie interessieren sich für die Sehenswürdigkeiten von Städten wie Barcelona und Sevilla oder erholen sich an den Stränden der Costa del Sol und der Baleareninseln Mallorca, Menorca und Ibiza. Die Stierkämpfe, die vielerorts veranstaltet werden, locken Schaulustige an, stoßen aber auch viele Menschen ab.

Zum Weiterlesen

OLIVENANBAU *130*
POLITISCHE SYSTEME *270–271*
KATHOLIKEN *274*
SPANISCHES WELTREICH *42*

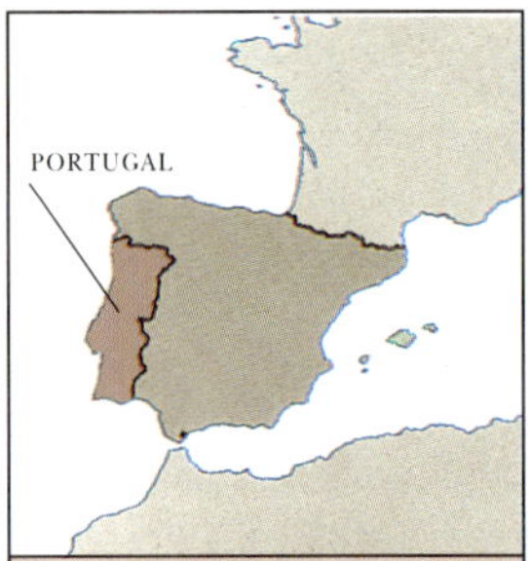

PORTUGAL
Hauptstadt: Lissabon
Lage: 6°–9° westl. Länge, 37°–42° nördl. Breite
Fläche: 92 270 km²
Einwohner: 9 841 000
Amtssprache: Portugiesisch
Religionen: Katholiken 98%, andere 2%
Staatsform: Republik
Währung: Escudo
Analphabetenrate: 15%
Lebenserwartung: 75 Jahre
Einwohner pro Arzt: 490

PORTUGAL

Portugiesische Seefahrer segelten im 15. und 16. Jh. über alle Weltmeere. Sie entdeckten den Seeweg nach Indien, nahmen in Afrika und Asien große Gebiete in Besitz und kolonisierten Brasilien. Lange Zeit war Portugal eine wichtige Handelsmacht. Von 1932 bis 1968 stand Portugal unter der Herrschaft des Diktators Oliveira Salazar, dessen Nachfolger 1974 von jungen Offizieren gestürzt wurde. 1986 trat Portugal der Europäischen Gemeinschaft bei, ist aber immer noch das ärmste Land Westeuropas. Der Tourismus, insbesondere an der Algarve, ist von großer Bedeutung für die Wirtschaft des Landes.

LISSABON
Die Hauptstadt Portugals liegt an der Mündung des Tejo in den Atlantik. Im 15. Jh. war Lissabon das Zentrum des Gewürz- und Goldhandels. Der Turm von Belém (oben) erinnert an die Kolonialzeit: Von hier stachen die portugiesischen Entdecker in See. Viele alte Paläste und Herrenhäuser werden heute als Restaurants und Geschäfte genutzt.

LÄNDLICHES LEBEN
In weiten Teilen Portugals wird das Ackerland noch auf traditionelle Art bestellt. Zum Pflügen setzt man beispielsweise häufig noch Ochsen ein. Das wichtigste Anbauprodukt Portugals ist Mais, eine Pflanze, die Christoph Kolumbus im 15. Jh. von einer seiner Entdeckungsfahrten aus Amerika mitbrachte. Auch Oliven und Feigen sind wichtige Anbauprodukte. Wein, Kork und Tomaten werden exportiert; an der Küste spielt der Fischfang eine bedeutende Rolle als Erwerbsquelle für die Bevölkerung.

HANDWERK
Zu den traditionellen Produkten des portugiesischen Kunsthandwerks gehören farbig glasierte Keramikfliesen. Mit diesen »Azulejos« schmückte man Häuser und Kirchen. Auf den Straßenmärkten gibt es Töpferwaren, Möbel, Glas und Porzellan. Silberschmuck und reich bestickte Stoffe aus Madeira werden in die ganze Welt exportiert.

Korkgewinnung

KORKHERSTELLUNG
Rund ein Drittel der Landesfläche Portugals ist mit Korkeichen bewachsen, aus deren Rinde man Korkprodukte herstellt. Die dicke Rindenschicht wird vom Stamm abgelöst und getrocknet. Dann erhitzt man sie, um sie weich zu machen, und presst sie in Platten. Portugal ist der führende Erzeuger von Korkprodukten wie Flaschenverschlüssen, Bodenbelägen oder auch Schwimmgürteln. Eine Korkeiche lässt sich mehr als 100 Jahre lang nutzen, darf aber nur alle neun Jahre geschält werden.

Feier zum Studienende

DIE PORTUGIESEN
Die meisten Portugiesen sind Katholiken. Das Familienleben ist von großer Bedeutung. Mädchen wohnen oft bis zu ihrer Hochzeit bei den Eltern. Die Zahl der Frauen, die eine Universität besuchen oder einen Beruf erlernen, steigt ständig. Mitte Mai findet die »Queima das Fitas« (links) statt. Bei diesem Fest feiert man das Ende der Studentenzeit. In den letzten Jahrzehnten sind mehr als 3 Mio. Portugiesen ins Ausland gegangen, um dort zu arbeiten. Viele schicken Geld nach Hause, um ihre Familien zu unterstützen.

Zum Weiterlesen
EUROPÄISCHE UNION *81, 273*
OLIVENANBAU *130*
POLITISCHE SYSTEME *270–271*
KATHOLIKEN *274*

APENNINENHALBINSEL

Italien auf dem Atlas zu finden ist leicht, denn es deckt sich fast völlig mit der Apenninenhalbinsel, die eine ganz eindeutige Form hat. Wie ein Stiefel schiebt sie sich mit Schaft, Absatz und Spitze weit ins Mittelmeer. Nordgrenze sind die Alpen, von der Poebene bis in den äußersten Süden erstreckt sich die Bergkette des Apennin. Zu Italien gehören die beiden Inseln Sizilien und Sardinien. Das italienische Staatsgebiet umschließt die beiden eigenständigen Kleinstaaten San Marino und Vatikanstadt. Südlich von Sizilien liegt das ebenfalls unabhängige Malta, eine Gruppe von drei Inseln. Italiens Geschichte ist sehr bewegt. Erstmals wurde es unter den Römern vereinigt, die ein halbes Jahrtausend lang über den größten Teil Europas herrschten. Im Mittelalter zerfiel Italien in mehrere unabhängige Fürstentümer, die sich erst im Jahr 1870 zu einem Staat zusammenschlossen.

Mailand, Italien
Jan. 2,5 °C
Juli 25 °C
Jan. 44 mm
Juli 64 mm

SAN MARINO

VATIKANSTADT

ITALIEN

MALTA

Brindisi, Italien
Jan. 9 °C
Juli 25 °C
Jan. 77 mm
Juli 14 mm

Valletta, Malta
Jan. 12 °C
Juli 25 °C
Jan. 90 mm
Juli 0 mm

WAS IST WO AUF DER KARTE
Längster Fluss: Po, 652 km *Karte B4*
Höchster aktiver Vulkan: Ätna, 3 263 m *Karte H13*
Größter See: Gardasee, 370 km² *Karte D3*

LANDSCHAFT
Die Alpen und der Apennin bestimmen die Landschaft der Halbinsel. Der Norden ist grün und fruchtbar. Nach Süden hin wird das Land zunehmend trocken und felsig. Der früher dicht bewaldete Apennin ist heute in weiten Teilen nur noch mit Sträuchern bewachsen.

ITALIEN
Hauptstadt: Rom
Lage: 8°–19° östl Länge, 36°–47° nördl. Breite
Fläche: 301 302 km²
Einwohner: 57 154 000
Amtssprache: Italienisch
Religionen: Katholiken 90%, andere 10%
Staatsform: Republik
Währung: Italienische Lira
Analphabetenrate: 3%
Lebenserwartung: 77 Jahre
Einwohner pro Arzt: 210

ITALIEN

Aufgrund seiner bedeutenden kulturellen Vergangenheit besitzt Italien viele Kunstschätze. Besonders die Kulturgüter aus der Zeit der Etrusker und der Römer, aber auch aus Renaissance und Barock ziehen viele Besucher an. Heute gehört Italien zu den wichtigsten Industrieländern der Welt. Es gibt allerdings einen deutlichen Gegensatz zwischen dem reichen industrialisierten Norden und dem armen agrarischen Süden. Diese wirtschaftliche Spaltung beeinflusst das Leben der Italiener in vielfacher Hinsicht und ist einer der Gründe für die häufigen Wechsel in der Regierung.

TOURISMUS
In Italien gibt es zahlreiche weltberühmte Sehenswürdigkeiten. Besonders beliebt bei Touristen sind die antiken Stätten Roms und die Kunstdenkmäler von Florenz. In dieser Stadt besann man sich im 15. Jh. auf die Ideale der Antike und löste eine Bewegung aus, die unter dem Namen Renaissance ganz Europa beeinflusste.

In der römischen Arena von Verona finden die Opernfestspiele statt.

OPER
Die Stadt Florenz ist die Geburtsstätte der Oper. Um 1600 entstand hier diese Musikgattung, bei der Sprache, Musik und Szene zusammenwirken. Aus Italien stammen weltberühmte Tenöre wie Enrico Caruso oder Luciano Pavarotti. Die Mailänder Scala ist das berühmteste Opernhaus der Welt.

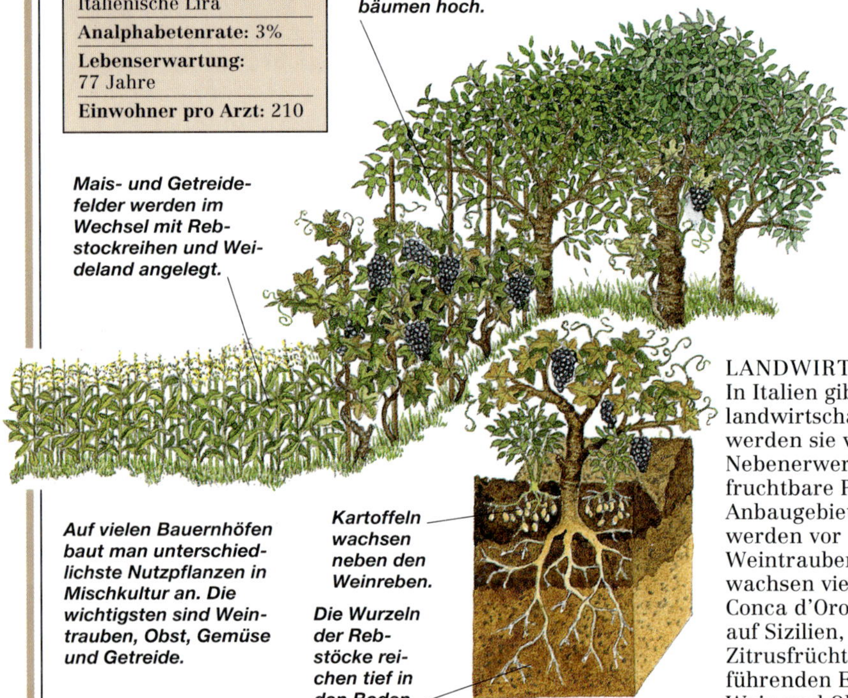

Weinreben ranken sich an Stangen oder an den Stämmen von Obstbäumen hoch.

Mais- und Getreidefelder werden im Wechsel mit Rebstockreihen und Weideland angelegt.

Auf vielen Bauernhöfen baut man unterschiedlichste Nutzpflanzen in Mischkultur an. Die wichtigsten sind Weintrauben, Obst, Gemüse und Getreide.

Kartoffeln wachsen neben den Weinreben.

Die Wurzeln der Rebstöcke reichen tief in den Boden.

LANDWIRTSCHAFT
In Italien gibt es noch viele kleine landwirtschaftliche Betriebe. Oft werden sie von den Familien nur im Nebenerwerb bewirtschaftet. Die fruchtbare Poebene ist das wichtigste Anbaugebiet Italiens. Angepflanzt werden vor allem Getreide, Obst, Weintrauben und Gemüse. Im Süden wachsen viele Olivenbäume, und die Conca d'Oro, eine fruchtbare Ebene auf Sizilien, ist berühmt für ihre Zitrusfrüchte. Italien gehört zu den führenden Erzeugern von Obst, Wein und Olivenöl.

INDUSTRIE
Italien hat sich vom Agrar- zum Industrieland gewandelt. Die großen Fabriken haben sich vor allem im Norden des Landes niedergelassen. Sie ziehen viele Arbeit Suchende aus dem ärmeren Süden an. Da Italien nur wenige Bodenschätze besitzt, muss es den größten Teil der benötigten Rohstoffe importieren. Hoch qualifizierte Arbeitskräfte stellen Maschinen und Autos, aber auch elektronische Geräte wie Computer her.

Harter Parmesankäse ist eine Spezialität der norditalienischen Provinz Emilia Romagna.

Über Nudelgerichte streut man geriebenen Parmesankäse.

Tomaten gedeihen in Süditalien.

Nudeln gibt es in vielen Formen.

ITALIENISCHE KÜCHE
Die ganze Welt liebt die aus Süditalien stammende Pizza sowie die vielseitigen Nudelgerichte. Nudeln werden in Italien übrigens nicht als Hauptspeise serviert, sondern meist als Vorspeise vor einem Fleisch- oder Fischgericht. Im Norden ersetzt man sie oft durch Reis oder Polenta (Maisgries). Gemüse, Olivenöl, Obst und Brot fehlen auf keinem Tisch.

Eine Familie auf der süditalienischen Insel Lipari beim gemeinsamen Essen.

Zum Weiterlesen

EUROPÄISCHE STÄDTE *80*
OLIVENANBAU *131*
KATHOLIKEN *274*
WEINANBAU *99*

MALTA

Hauptstadt: Valletta

Lage: 14° östl. Länge, 36° nördl. Breite

Fläche: 315,6 km^2

Einwohner: 364 000

Amtssprachen: Maltesisch und Englisch

Religionen: Katholiken 93%, andere 7%

Staatsform: Republik

Währung: Maltesische Lira

Analphabetenrate: 16%

Lebenserwartung: 76 Jahre

Einwohner pro Arzt: 890

VATIKANSTADT

Hauptstadt: Vatikanstadt

Lage: 12° östl. Länge, 41,5° nördl. Breite

Fläche: 0,44 km^2

Einwohner: 800

Amtssprachen: Italienisch und Lateinisch

Religion: Katholiken 100%

Staatsform: Souveränes Bistum

Währung: Vatikanische Lira

Zu den übrigen Punkten sind keine Angaben verfügbar.

SAN MARINO

Hauptstadt: San Marino

Lage: 12° östl. Länge, 43° nördl. Breite

Fläche: 60,5 km^2

Einwohner: 24 300

Amtssprache: Italienisch

Religionen: Katholiken 93%, andere 7%

Staatsform: Republik

Währung: Italienische Lira

Analphabetenrate: 2%

Lebenserwartung: 81 Jahre

Zu den übrigen Punkten sind keine Angaben verfügbar.

MALTA

Zu diesem Inselstaat gehören die beiden Hauptinseln Malta und Gozo sowie die kleinere Insel Comino. Die Inselgruppe liegt zwischen Europa und Afrika. Diese strategisch wichtige Lage führte dazu, dass Malta im Lauf der Jahrhunderte immer wieder den Besitzer wechselte. Erst in den 60er Jahren des 20. Jh. wurde es ein unabhängiger Staat. Die fast ausschließlich katholische Bevölkerung Maltas ist stolz auf ihr Land und ihre Nationalität und spricht auch eine eigene Sprache.

TOURISMUS
Schöne Strände und das milde Klima locken viele Besucher an. Anziehungspunkte sind auch die Kultstätten aus der Jungsteinzeit und die Bauten aus römischer und byzantinischer Herrschaft sowie aus der italienischen und der britischen Kolonialzeit. Wegen der schlechten Böden steht die Landwirtschaft als Erwerbsquelle erst an dritter Stelle hinter Textilindustrie und Maschinenbau.

SEEHANDEL
Der große Hafen der Hauptstadt Valletta ist ein Symbol für die Bedeutung des maltesischen Seehandels. Da Malta an den wichtigen Schifffahrtsrouten zwischen Europa und Afrika liegt, dient es seit Jahrhunderten als Warenumschlagplatz. Viele Reedereien lassen hier ihre Schiffe überholen.

VATIKANSTADT

Der Kirchenstaat ist der kleinste unabhängige Staat der Welt. Er liegt im Herzen Roms. Der Vatikan ist das Zentrum der katholischen Kirche und Amtssitz des Papstes. Früher gehörten größere Teile Mittelitaliens zum Kirchenstaat, der einst eine wichtige politische Macht war. Er besitzt eine eigene Flagge, eine Nationalhymne, eigene Briefmarken und Münzen sowie eine Zeitung und einen Radiosender. Die »Heilige Stadt« zieht nicht nur Gläubige an, sondern auch zahllose Touristen, die sich für den Petersdom und die vatikanischen Museen interessieren.

Blick vom Petersdom auf den Petersplatz. Auf diesem Platz drängen sich die Menschen, wenn der Papst den Segen erteilt.

SAN MARINO

Die älteste Republik der Welt ist San Marino. Schon um 900 n. Chr. wurde dieser kleine Staat im gebirgigen Nordosten Italiens gegründet und erhielt um das Jahr 1600 seine Verfassung, die in ihren wesentlichen Bestandteilen noch heute gültig ist. In der frühen Neuzeit bestand Italien aus mehreren mächtigen Stadtstaaten wie Florenz oder Venedig, die später zum italienischen Nationalstaat vereinigt wurden. San Marino jedoch bewahrt bis heute seine Eigenständigkeit. Der Ministaat unterhält sogar eine Fußballmannschaft, die an internationalen Meisterschaften teilnimmt.

TOURISMUS
Wie ein Märchenschloss überragt die Festung von San Marino die Stadt. Das mittelalterliche Städtchen ist ein beliebtes Touristenziel.

Zum Weiterlesen

POLITISCHE SYSTEME *270–271*
KATHOLIKEN *274*
EUROPÄISCHE KLEINSTAATEN *80–81*

SCHWEIZ, LIECHTENSTEIN UND ÖSTERREICH

Mitten in den Alpen, dem Gebirge mit den höchsten Erhebungen Europas, liegen die Schweiz, Österreich und der Kleinstaat Liechtenstein. In den größeren Ländern Schweiz und Österreich erschwerten die Berge die Verbindung zwischen den einzelnen Regionen. Beide Staaten sind daher in kleinere Gebietseinheiten mit weitgehender Eigenständigkeit aufgeteilt – die Schweiz in Kantone und Österreich in Bundesländer. Die drei Länder, die keine nennenswerten Bodenschätze besitzen und auch keinen Zugang zum Meer haben, beziehen ihre enorme Wirtschaftskraft aus einer hoch spezialisierten Industrie und dem Tourismus.

BERGE UND SEEN

Idyllische Städtchen und kleine Dörfer am Ufer malerischer Bergseen locken Touristen aus aller Welt in diesen Teil Europas. In der Schweiz und in Österreich liegen die größten Seen und die höchsten Berge Europas.

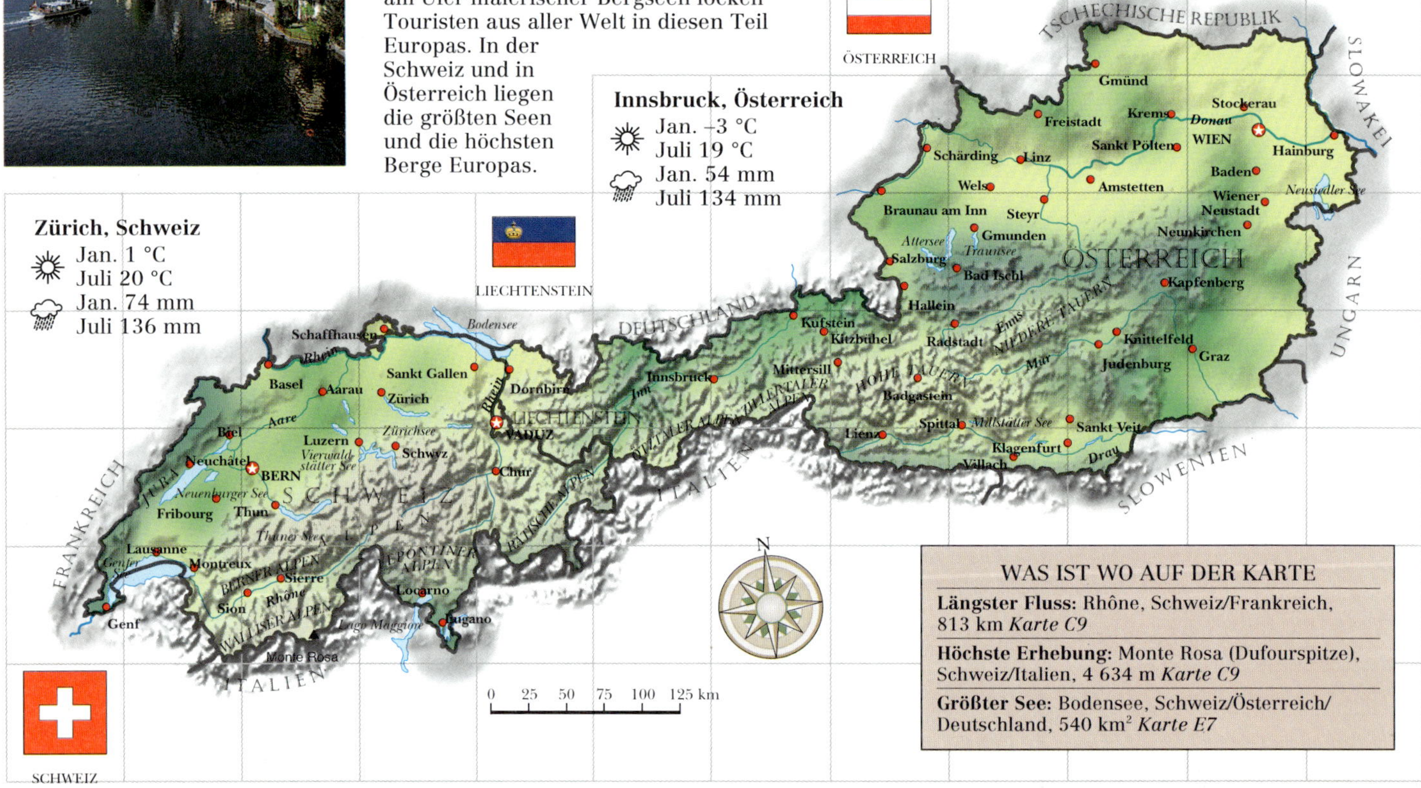

Innsbruck, Österreich
Jan. –3 °C
Juli 19 °C
Jan. 54 mm
Juli 134 mm

Zürich, Schweiz
Jan. 1 °C
Juli 20 °C
Jan. 74 mm
Juli 136 mm

WAS IST WO AUF DER KARTE

Längster Fluss: Rhône, Schweiz/Frankreich, 813 km *Karte C9*

Höchste Erhebung: Monte Rosa (Dufourspitze), Schweiz/Italien, 4 634 m *Karte C9*

Größter See: Bodensee, Schweiz/Österreich/Deutschland, 540 km² *Karte E7*

Jahrhundertelang stellten schmale Gebirgspässe die einzige Verbindung zu Nachbartälern dar.

VERKEHR

Die hoch aufragenden Alpen trennen den Norden Europas von den Mittelmeerländern im Süden. Früher konnte man die Berge nur auf steilen Pässen überqueren, die im Winter oft tief verschneit waren. Heute ermöglichen Tunnels und Talbrücken das ganze Jahr über Straßen- und Schienenverkehr. Schweizerische Ingenieurfirmen haben sich zu Experten auf dem Gebiet des Tunnelbaus entwickelt.

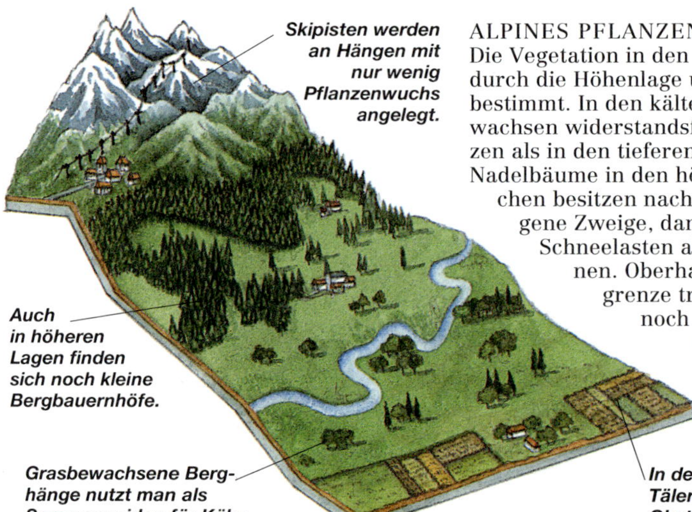

Skipisten werden an Hängen mit nur wenig Pflanzenwuchs angelegt.

Auch in höheren Lagen finden sich noch kleine Bergbauernhöfe.

Grasbewachsene Berghänge nutzt man als Sommerweiden für Kühe.

In den fruchtbaren Tälern baut man Obst und Wein an.

ALPINES PFLANZENKLEID

Die Vegetation in den Alpen wird durch die Höhenlage und das Klima bestimmt. In den kälteren Hochlagen wachsen widerstandsfähigere Pflanzen als in den tieferen Regionen. Die Nadelbäume in den höheren Bereichen besitzen nach unten gebogene Zweige, damit größere Schneelasten abgleiten können. Oberhalb der Baumgrenze trifft man nur noch auf kleine Blütenpflanzen und Sträucher.

SCHWEIZ

Hauptstadt: Bern
Lage: 6°–11° östl. Länge, 46°–48° nördl. Breite
Fläche: 39 987 km²
Einwohner: 7 200 000
Amtssprachen: Deutsch, Französisch, Italienisch, und Rätoromanisch
Religionen: Katholiken 46%, Protestanten 40%, andere 14%
Staatsform: Parlamentarischer Bundesstaat
Währung: Schweizer Franken
Analphabetenrate: 1%
Lebenserwartung: 78 Jahre
Einwohner pro Arzt: 630

LIECHTENSTEIN

Hauptstadt: Vaduz
Lage: 47° nördl. Breite, 9° östl. Länge
Fläche: 160 km²
Einwohner: 30 600
Amtssprache: Deutsch
Religionen: Katholiken 81%, Protestanten 7%, andere 12%
Staatsform: Parlamentarische Monarchie
Währung: Schweizer Franken
Analphabetenrate: 0,3%
Lebenserwartung: 72 Jahre

Zu den übrigen Punkten sind keine Angaben verfügbar.

SCHWEIZ

Die Schweiz ist seit 1815 neutral, d. h., sie gehört keinem militärischen Bündnis an. Daher hat sie sich auch aus all den Kriegen herausgehalten, die Europa erschütterten. Die Schweizerische Eidgenossenschaft setzt sich aus relativ eigenständigen Kantonen zusammen. In der Schweiz gibt es einen deutsch-, einen französisch- und einen italienischsprachigen Landesteil. Stabile politische Verhältnisse und eine harte Währung haben die Schweiz zum reichsten Land der Welt gemacht. Wichtigster Wirtschaftsbereich ist heute der Dienstleistungssektor, vor allem das Banken- und Versicherungswesen.

GENF

Die wohlhabende Stadt am Genfer See ist das Zentrum des französischsprachigen Teils der Schweiz. In Genf sind zahlreiche internationale Organisationen ansässig. Die Stadt ist europäischer Sitz der UNO, obwohl die Schweiz kein UNO-Mitglied ist. Aufgrund der stabilen politischen Lage des Landes haben sich in Genf außerdem noch die Weltgesundheitsorganisation (WHO) und das Internationale Rote Kreuz niedergelassen.

INDUSTRIE

Die Schweiz besitzt fast keine Rohstoffe, dennoch hat sie sich zu einem wichtigen Industrieland entwickelt. Erzeugt werden vor allem hochwertige feinmechanische Produkte wie Uhren. Produkte aus der Schweiz werden weltweit vertrieben.

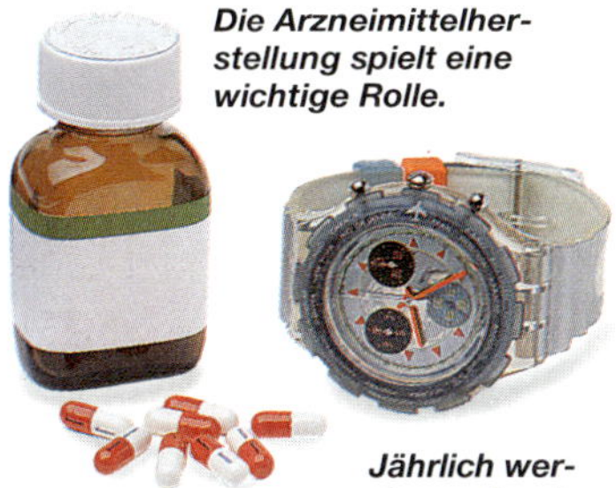

Die Arzneimittelherstellung spielt eine wichtige Rolle.

Jährlich werden mehr als 50 Mio. Uhren produziert.

LANDWIRTSCHAFT

In den Bergregionen haben die Bauern kein einfaches Leben, die fruchtbaren Täler können jedoch intensiv für den Ackerbau genutzt werden. Auf den sonnigen, nach Süden gerichteten Berghängen baut man Obst und Wein an. Die Milchwirtschaft spielt von jeher eine große Rolle. Rinder und Schafe weiden im Sommer auf den Almen und werden im Herbst wieder ins Tal getrieben. Aus der Milch erzeugt man Käse wie z. B. den berühmten Emmentaler.

Ein Straßenmarkt im französischsprachigen Lausanne.

SPRACHEN

In der Schweiz werden vier Sprachen gesprochen. Wichtigste Sprachen sind Deutsch, Französisch und Italienisch. Aber auch Rätoromanisch, eine romanische Sprache, die man noch im Kanton Graubünden spricht, ist als Amtssprache zugelassen.

LIECHTENSTEIN

In der Rheinebene zwischen der Schweiz und Österreich liegt das winzige deutschsprachige Fürstentum Liechtenstein. Es gehört zu den kleinsten, aber auch reichsten Ländern der Welt. Seit dem Ende des Zweiten Weltkriegs lehnt sich Liechtenstein politisch und wirtschaftlich eng an die Schweiz an. Es lässt seine Interessen im Ausland von der Schweiz vertreten und ist in einer Post-, Zoll- und Währungsunion mit ihr verbunden.

Liechtenstein produziert schmuckvolle Briefmarken, die bei Sammlern sehr begehrt sind. Diese Marke erschien anlässlich eines Thronjubiläums des Fürstenpaars.

Der Verkauf von Briefmarken bringt rund 10% der Staatseinnahmen.

WIRTSCHAFT

Liechtenstein ist ein sehr wohlhabendes Land. Es verdient vor allem an den Exporten seiner Industrie und am Vertrieb von Briefmarken. Außerdem legen viele Ausländer ihr Geld in Liechtenstein an, denn es hat liberale Steuergesetze und ein strenges Bankgeheimnis.

Zum Weiterlesen
INTERNATIONALE ORGANISATIONEN *272–273*
ARM UND REICH *278–279*
DIENSTLEISTUNGSBEREICH *281*

ÖSTERREICH

ÖSTERREICH

- **Hauptstadt:** Wien
- **Lage:** 10°–17° östl. Länge, 46°–49° nördl. Breite
- **Fläche:** 83 845 km²
- **Einwohner:** 8 000 000
- **Amtssprache:** Deutsch
- **Religionen:** Katholiken 78%, Protestanten 5%, andere 17%
- **Staatsform:** Parlamentarisch-demokratische Republik
- **Währung:** Schilling
- **Analphabetenrate:** 1%
- **Lebenserwartung:** 76 Jahre
- **Einwohner pro Arzt:** 230

Früher war die Alpenrepublik das Kernland des Habsburgerreichs und der österreichisch-ungarischen Doppelmonarchie. 1955 wurde Österreich in seinen heutigen Grenzen unabhängig. Der Westen ist gebirgig, im Osten erstreckt sich fruchtbares Tiefland. In den Bergregionen betreibt man Milchwirtschaft, im Norden werden Getreide und Obst angebaut. Österreich ist heute ein hoch entwickeltes Industrieland. In einigen großen Städten sind bedeutende Industrien angesiedelt, die Eisen, Stahl, Chemikalien und Textilien erzeugen. Österreich hat keinen Zugang zum Meer, es liegt jedoch sehr günstig zwischen Mittel-, Süd- und Osteuropa. Im Januar 1995 ist Österreich der Europäischen Union beigetreten.

WIEN

Die österreichische Hauptstadt Wien ist seit Jahrhunderten ein Zentrum der europäischen Politik und Kultur. Im späten 18. und frühen 19. Jh. entwickelte es sich zur »Musikhauptstadt« Europas, als Komponisten wie Mozart, Beethoven und Schubert hier lebten und arbeiteten. Zahlreiche Touristen besuchen Wien, das mit seinen historischen Bauwerken, den vielen Museen, seinen Theatern und der Oper sowie durch die stilvollen Kaffeehäuser ein attraktiver Anziehungspunkt ist.

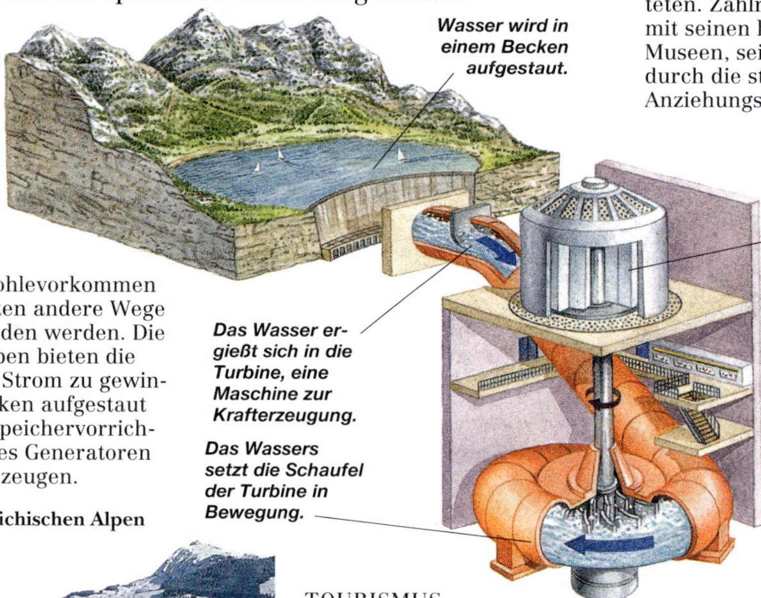

Wasser wird in einem Becken aufgestaut.

Das Wasser ergießt sich in die Turbine, eine Maschine zur Krafterzeugung.

Das Wassers setzt die Schaufel der Turbine in Bewegung.

Die Bewegung der Turbine treibt einen Stromgenerator an.

WASSERKRAFT

Da Österreich nur geringe Kohlevorkommen und kein Erdöl besitzt, mussten andere Wege der Energiegewinnung gefunden werden. Die zahlreichen Flüsse in den Alpen bieten die Möglichkeit aus Wasserkraft Strom zu gewinnen. Das Wasser wird in Becken aufgestaut und dann in tiefer liegende Speichervorrichtungen geleitet. Dabei treibt es Generatoren an, die elektrischen Strom erzeugen.

Fremdenverkehr in den österreichischen Alpen

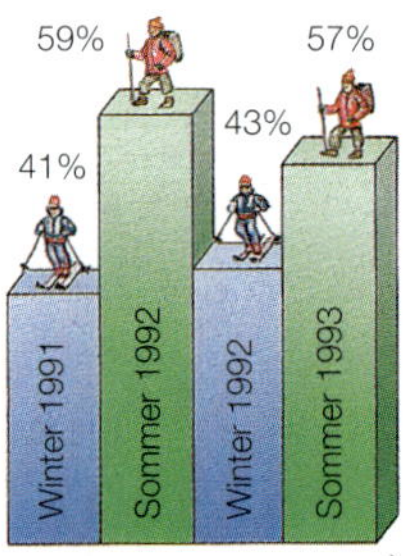

Diese Grafik zeigt die Verteilung der Touristen nach der Jahreszeit. Winterurlauber fahren Ski, Sommerurlauber bevorzugen Bergwanderungen.

TOURISMUS

Mit dem Fremdenverkehr erwirtschaftet Österreich ungefähr 15% des staatlichen Einkommens. Für Wintersportler gibt es überall im Land Skilifte und Abfahrten; Bergwanderer können im Sommer die herrliche Landschaft genießen. Zusätzliche Anziehungspunkte sind die Seen im Salzkammergut und der Neusiedler See im Burgenland sowie die an Sehenswürdigkeiten reichen historischen Städte. Vielerorts hat man Maßnahmen ergriffen, um Umweltschäden durch den starken Besucherandrang so weit wie möglich zu verhindern.

Steile Dächer lassen den Schnee abgleiten.

BAUERNHÄUSER

Die Bergbauern errichten ihre Häuser im unteren Teil aus Stein und setzen darauf einen Oberstock aus Holz mit Balkon. Früher lebten Menschen und Tiere eng zusammen. Im Erdgeschoss waren die Ställe, im ersten Stock wohnte die Bauernfamilie und unter dem Dach lagerte das Heu. So wurden die Bauernstuben von unten und von oben gut warm gehalten.

ÖSTERREICHISCHE KÜCHE

Die österreichische Küche hat Einflüsse aus allen Ländern des früheren Habsburgerreichs aufgenommen. Gulasch z. B. kommt aus Ungarn. Viele Mehlspeisen stammen aus der böhmischen Küche. Die Wiener Kaffeehäuser sind berühmt für ihre Kuchen und Torten.

Kaffee trinkt der Österreicher mit Milch oder Sahne oder er gönnt sich einen starken schwarzen »Braunen«.

Zur Kaffeepause am Nachmittag gehört ein Stück Torte.

Die »Dobostorte« ist ein Biskuitkuchen mit Schokocreme und Karamelplättchen.

Zum Weiterlesen

ALPINE LANDSCHAFT *106*
EUROPÄISCHE UNION *81, 273*
WASSERKRAFT *262*
DONAU *78*

WEISSRUSSLAND UND DAS BALTIKUM

Der nordwestliche Teil der ehemaligen Sowjetunion bestand aus vier Ländern. Mit dem Zerfall des riesigen Staates erlangten diese Anfang der 90er Jahre ihre Unabhängigkeit. Die drei baltischen Staaten – Estland, Lettland und Litauen – liegen an der Ostsee, Weißrussland dagegen ist ein Binnenstaat ohne direkten Zugang zum Meer. Sanfte Hügel, Seen und Sümpfe prägen in diesem großen Gebiet die überwiegend flache Landschaft. Es herrscht gemäßigtes, feuchtes Klima. In der nur dünn besiedelten Region gibt es wenig Bodenschätze. Die Menschen, die hier leben, gehören unterschiedlichen Volksgruppen mit eigenständigen Kulturen und Sprachen an.

Tallinn, Estland
Jan. –7 °C
Juli 16 °C
Jan. 39 mm
Juli 68 mm

WAS IST WO AUF DER KARTE

Längster Fluss: Düna, Russische Föderation/Weißrussland/Ukraine, 1 018 km *Karte J8*

Höchste Erhebung: Gaising, Lettland, 310 m *Karte H6*

Größter See: Peipussee, Estland/Russische Föderation, 3 626 km² *Karte I4*

Vilnius, Litauen
Jan. –8 °C
Juli 18 °C
Jan. 30 mm
Juli 51 mm

LANDWIRTSCHAFT UND FISCHFANG

Der Mangel an guten Böden und das kühle, feuchte Klima lassen nur wenig Ackerbau zu. Am besten gedeihen Getreide, Kartoffeln und Zuckerrüben. Auf den Wiesen grasen Rinder. An den Küsten ist die Fischerei von Bedeutung.

Waldkäuze finden in den dichten Wäldern Schutz. Nachts jagen sie über dem Ackerland nach Beute.

UNABHÄNGIGKEIT

In den drei baltischen Staaten erstarkten die Unabhängigkeitsbewegungen bereits in den 80er Jahren. Einmal forderten sie mit einer Menschenkette, die sich durch ihre Länder zog, die Unabhängigkeit. Heute bemühen sich die baltischen Republiken um engere wirtschaftliche Beziehungen zu ihren europäischen Nachbarn.

WEISSRUSSLAND

Hauptstadt: Minsk

Lage: 23°–33° östl. Länge, 51°–56° nördl. Breite

Fläche: 207 595 km²

Einwohner: 10 100 000

Amtssprachen: Weißrussisch und Russisch

Religionen: Russisch-orthodoxe 60%, Katholiken 8%, andere 32%

Staatsform: Präsidialrepublik

Währung: Belarus-Rubel

Analphabetenrate: 2%

Lebenserwartung: 70 Jahre

Einwohner pro Arzt: 250

WEISSRUSSLAND

Das dünn besiedelte, landwirtschaftlich geprägte Land besitzt nur wenige Rohstoffe. Die Lebensumstände der Bevölkerung haben sich jedoch deutlich verbessert, seit man in den 60er Jahren damit begann die Entwicklung der Industrie und den Bau von Wohnungen voranzutreiben. Der Reaktorunfall von Tschernobyl in der benachbarten Ukraine im Jahr 1986 gefährdete auch die Gesundheit der Bewohner Weißrusslands. 1991 erlangte Weißrussland seine Unabhängigkeit. Seit Ende des 18. Jh. gehörte es zunächst zu Russland und später zur Sowjetunion.

PRIPJAT-SÜMPFE
Die Pripjat-Sümpfe im Süden Weißrusslands sind das größte zusammenhängende Sumpfgebiet Europas. Hier wachsen Fichten-, Espen- und Eichenwälder, die für die Holzindustrie genutzt werden. Die Sümpfe und Wälder bieten zahlreichen Tierarten Lebensraum, z. B. Elchen, Luchsen, Wildschweinen und Waldhühnern.

WIRTSCHAFT
In Weißrussland spielt die Schwerindustrie, insbesondere die Erdölverarbeitung und der Maschinenbau, eine große Rolle. Während der Sowjetzeit entstanden große Industriekombinate, die Rohstoffe aus Russland und der Ukraine verarbeiteten. Die einzigen Bodenschätze, über die Weißrussland verfügt, sind Erdöl und Steinsalz sowie bestimmte Quarzsande zur Herstellung hochwertiger Glaswaren.

Glasherstellung

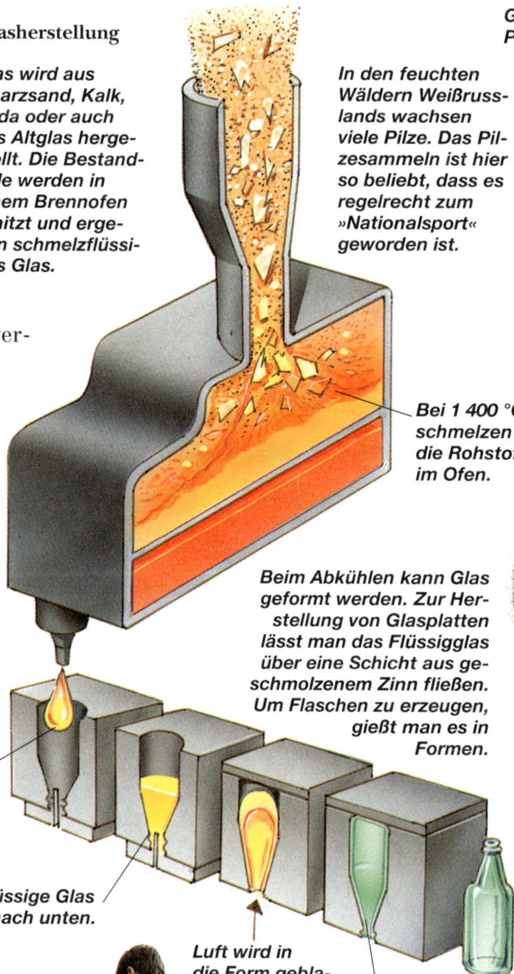

In den feuchten Wäldern Weißrusslands wachsen viele Pilze. Das Pilzesammeln ist hier so beliebt, dass es regelrecht zum »Nationalsport« geworden ist.

EINHEIMISCHE KÜCHE
Pilze und Kartoffeln gehören zu den Grundnahrungsmitteln. Kartoffeln gibt es auf unterschiedliche Art zubereitet, morgens, mittags und abends. Frische Pilze werden mit Hasen- oder Schweinefleisch gegessen. Der Rest der Pilzernte wird getrocknet oder eingelegt.

MINSK
Die im Zentrum des Landes gelegene Hauptstadt blickt auf eine wechselvolle Geschichte zurück. Sie wurde im Zweiten Weltkrieg fast völlig zerstört, entwickelte sich nach dem Neuaufbau aber rasch zum kulturellen und wissenschaftlichen Zentrum. 30% aller Industriebetriebe Weißrusslands sind hier angesiedelt. Minsk ist darüber hinaus Verwaltungssitz der Gemeinschaft Unabhängiger Staaten (GUS), einem Staatenbund, dem alle Nachfolgestaaten der ehemaligen UdSSR beigetreten sind – mit Ausnahme der baltischen Länder Estland, Lettland und Litauen.

SCHULBILDUNG
In der ehemaligen Sowjetunion lernte nahezu jedes Kind Lesen und Schreiben. Die Schulausbildung dauerte vom 7. bis zum 17. Lebensjahr und war kostenlos. In Weißrussland entwickelte sich eine starke literarische und musikalische Tradition.

Zum Weiterlesen

SCHULBILDUNG *277*
EUROPÄISCHE STÄDTE *80*
EHEMALIGE UDSSR *134*
ERDÖL *135, 152, 281*

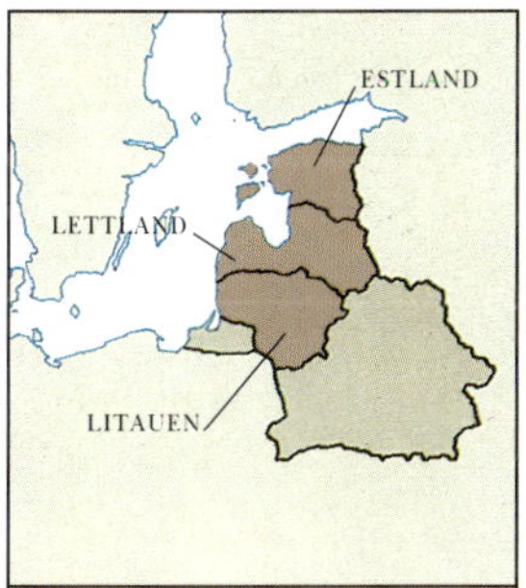

ESTLAND

Hauptstadt: Tallinn

Lage: 22°–28° östl. Länge, 57°–59° nördl. Breite

Fläche: 45 227 km²

Einwohner: 1 530 000

Amtssprache: Estnisch

Religionen: Protestanten 60%, andere 40%

Staatsform: Republik

Währung: Estnische Krone

Analphabetenrate: 1%

Lebenserwartung: 69 Jahre

Einwohner pro Arzt: 210

LETTLAND

Hauptstadt: Riga

Lage: 21°–28° östl. Länge, 55°–58° nördl. Breite

Fläche: 64 589 km²

Einwohner: 2 600 000

Amtssprache: Lettisch

Religionen: Protestanten 55%, andere 45%

Staatsform: Republik

Währung: Lats

Analphabetenrate: 1%

Lebenserwartung: 69 Jahre

Einwohner pro Arzt: 210

LITAUEN

Hauptstadt: Vilnius

Lage: 21°–27° östl. Länge, 54°–56° nördl. Breite

Fläche: 65 300 km²

Einwohner: 3 700 000

Amtssprache: Litauisch

Religionen: Katholiken 73%, andere 27%

Staatsform: Republik

Währung: Litas

Analphabetenrate: 2%

Lebenserwartung: 71 Jahre

Einwohner pro Arzt: 220

ESTLAND

Estland ist der kleinste der drei baltischen Staaten. Seine Landschaft wird durch Wälder, Hügel und Seen geprägt. Als es noch zur ehemaligen Sowjetunion gehörte, verwandelte es sich von einem Agrar- in ein Industrieland mit einem hohen Anteil an städtischer Bevölkerung. Maschinen- und Schiffbau, Textilherstellung und der Abbau von Ölschiefer bestimmen die Wirtschaft. Nach Erlangung der Unabhängigkeit 1991 kam es zu Spannungen zwischen den Esten und den hier angesiedelten Russen, die ein Drittel der Bevölkerung ausmachen.

TALLINN
Rund ein Drittel der Einwohner Estlands lebt im Großraum der Hauptstadt Tallinn. Touristen interessieren sich vor allem für die mittelalterliche Altstadt mit ihren historischen Gebäuden.

LETTLAND

Seine zentrale Lage zwischen den beiden anderen baltischen Ländern sowie seine drei großen Häfen an der Ostsee förderten Lettlands Aufstieg zu einer bedeutenden Handelsnation. Die Landschaft zeichnet sich durch weite Ebenen mit flachen Hügeln aus, das Klima ist meist kühl und feucht. Große Teile des Landes werden für den Anbau von Kartoffeln, Flachs und Futterpflanzen sowie für Rinder- und Schweinezucht genutzt. Schwerpunkte der Industrie, die in der Sowjetzeit stark gefördert wurde, sind der Eisenbahn- und der Waggonbau, die Unterhaltungselektronik und die Feinmechanik.

RIGA
Die lettische Hauptstadt ist seit dem Mittelalter ein wichtiger Ostseehafen. Sie gilt als lebendigste und kulturell vielfältigste Stadt des Baltikums. Zwischen Lettland und Deutschland bestehen wichtige historische Bindungen. Sie zeigen sich heute noch deutlich im Baustil der Städte.

LITAUEN

Litauen, der größte baltische Staat, unterscheidet sich in mancher Hinsicht von seinen beiden Nachbarn. Zum einen ist der russische Bevölkerungsanteil hier wesentlich niedriger als in Estland und in Lettland. Zum anderen spielt sich das wirtschaftliche Geschehen nicht an der Küste ab, sondern im Landesinnern. Dort ermöglichen fruchtbare Böden eine sehr ertragreiche Landwirtschaft. Selbst die Landeshauptstadt Vilnius liegt nicht an der Küste, sondern weit im Landesinnern.

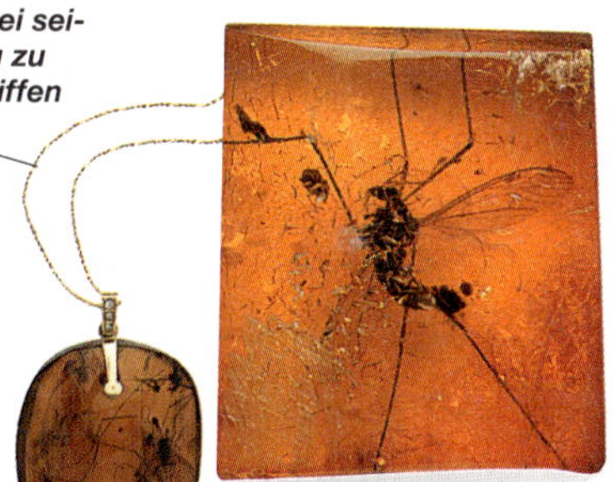

BERNSTEIN
An Litauens Küste lagern rund 90% der weltweiten Bernsteinvorräte. Bernstein ist ein fossiles Harz und ca. 50 Mio. Jahre alt. Man findet es in unterschiedlich großen Klumpen, die undurchsichtig oder klar und dunkelbraun oder gelblich sein können. Der gelbe oder goldene Bernstein ist am gefragtesten.

TRADITIONEN
Überlieferte Lieder und Tänze sowie das alte Kunsthandwerk stehen im Baltikum noch hoch im Kurs. Die Pflege des Brauchtums ermöglichte es den Balten in der Sowjetzeit ihre Eigenständigkeit zu bewahren. Jedes Jahr finden traditionelle Feste statt.

Zum Weiterlesen

EUROPÄISCHE STÄDTE *80*
TRADITIONEN *114,116*
EHEMALIGE UDSSR *134*
SCHIFFBAU *183*

ÖSTLICHES MITTELEUROPA

Das östliche Mitteleuropa umfasst die vier Länder Polen, Tschechische Republik, Slowakei und Ungarn. Sie gehören mit großen Gebietsanteilen zur nordeuropäischen Tiefebene und bestehen überwiegend aus Flachland, das nur im Süden von Mittelgebirgen durchsetzt ist. Im Lauf der Jahrhunderte haben sich die Staatsgrenzen in diesem Teil Europas häufig verändert. Das lag zum einen daran, dass das flache Land keinen Schutz bot und daher leicht zu erobern war. Zum anderen grenzten vier mächtige Großreiche an diese Region: Russland, Österreich-Ungarn, Preußen und das Osmanische Reich. Nach dem Zweiten Weltkrieg gerieten alle diese Länder in den Einfluss der früheren Sowjetunion. Sie konnten sich der Bevormundung durch den »großen Bruder« erst Ende der 80er Jahre entziehen. Damals wurden die kommunistischen Regierungen gestürzt und auch die Sowjetunion brach auseinander.

Jährlich pilgern Tausende zur Schwarzen Madonna nach Tschenstochau (Czestochowa), Polens bekanntem Heiligtum.

KATHOLIZISMUS

Religiöse Feiertage und Prozessionen sind wichtiger Bestandteil des Alltagslebens in diesen stark katholisch geprägten Ländern. Das östliche Mitteleuropa wurde vor ungefähr 1 000 Jahren christianisiert. Oft wurde die Bevölkerung von fremden Herrschern unterdrückt. Als Reaktion entwickelte sie ein starkes Nationalbewusstsein und einen tiefen gemeinsamen Glauben.

Ungarischer Volksmusikant in traditioneller Tracht

VOLKSMUSIK

Bei Hochzeiten und Erntedankfesten, an Weihnachten und Feiertagen aller Art wird gesungen, musiziert und getanzt. Das Brauchtum ist vor allem in ländlichen Gebieten und in abgelegenen Bergdörfern noch stark ausgeprägt. In Polen wird Volksmusik von Freizeitmusikern gespielt. Die slowakische Volksmusiktradition wird vor allem in den Bergdörfern gepflegt, wo die Musiker in bunten Trachten auftreten.

DIE DONAU

Dieser große, wichtige Fluss verbindet die Slowakei und Ungarn im Westen mit Deutschland und dem Rhein, im Südosten mit dem Schwarzen Meer. Früher war die Donau ein bedeutender Handelsweg für die mittel- und osteuropäischen Länder. Nach dem Rückgang des Handels mit den Nachfolgestaaten der ehemaligen UdSSR verringerte sich jedoch auch der Frachtschiffsverkehr. An einigen Stellen hat man die Donau aufgestaut um Strom zu erzeugen. Das umstrittene Wasserkraftwerk von Gabčikowo z. B. deckt 15% der slowakischen Stromversorgung. Solche Eingriffe stören jedoch den natürlichen Lauf der Donau und sind eine Gefahr für die angrenzenden Tier- und Pflanzengemeinschaften.

Die Bildung von Braunkohle

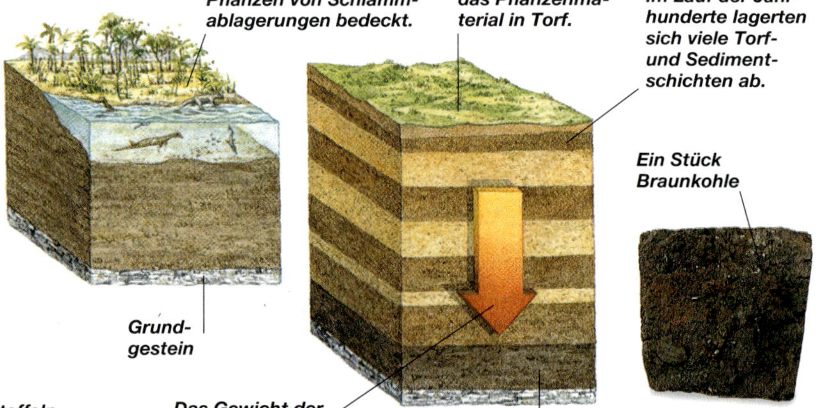

Wurzelgemüse wie Rote Bete wird für dicke Suppen verwendet.

Weißkohl wird fein gehobelt, in Salz eingelegt und als Sauerkraut gegessen.

Kartoffeln gehören zu jeder Hauptmahlzeit.

Fleisch wie dieses Geräucherte darf bei einem guten Essen nicht fehlen.

HERZHAFTE SPEISEN

Im Norden des östlichen Mitteleuropa sind die Sommer warm und die Winter kalt. Bei niedrigen Temperaturen stärkt man sich hier gern mit kräftigen Mahlzeiten. Die Küche kennt deutsche, österreichische und russische Einflüsse; sehr beliebt sind Kartoffel- und Eintopfgerichte sowie Knödel und Suppen. In Ungarn gibt es auch einige schärfer gewürzte Gerichte wie das berühmte Gulasch.

BRAUNKOHLE

In den Ländern des östlichen Mitteleuropa ist Braunkohle der wichtigste Brennstoff. Sie wird hier vor allem zur Stromgewinnung in Kraftwerken verheizt. Braunkohle ist jedoch stark schwefelhaltig. Bei der Verbrennung entsteht Rauch, der sich mit den Wassertröpfchen in der Luft verbindet. Diese Verbindung ist dann schwefelsäurehaltig und führt zum umweltschädlichen »sauren Regen«, der Steinbauten angreifen und pflanzliches Leben vernichten kann. Die Luftverschmutzung wird durch Autoabgase zusätzlich verstärkt. Zwar sind diese Länder noch nicht in so hohem Maße motorisiert wie die Westeuropas, doch bei den Autos handelt es sich oft um alte Fahrzeuge mit ungenügend gefilterten Abgasen.

Warschau, Polen
Jan. –3 °C
Juli 19,5 °C
Jan. 27 mm
Juli 96 mm

0 50 100 150 km

Brünn (Brno), Tschechische Republik
Jan. –2 °C
Juli 19,5 °C
Jan. 30 mm
Juli 81 mm

Debrecen, Ungarn
Jan. –3 °C
Juli 21 °C
Jan. 34 mm
Juli 96 mm

WAS IST WO AUF DER KARTE

Längster Fluss: Weichsel, Polen, 1 091 km *Karte H2*

Höchste Erhebung: Gerlachovka, Slowakei, 2 655 m *Karte I8*

Größter See: Balaton (Plattensee), Ungarn, 598 km² *Karte G11*

WILDTIERE
Der Bialowieza-Nationalpark in Polen ist das größte Waldgebiet in Nordeuropa. Hier leben Elche, Wölfe, Bären, Rotwild und viele andere geschützte Tierarten. Die Nationalparkleitung führt auch Zuchtprogramme durch. So gelang es Wisente wieder einzubürgern – eine Bisonart, die in Europa schon fast als ausgestorben galt.

Eine Wisentkuh mit ihrem Kalb im polnischen Bialowieza-Nationalpark

WALDGEBIETE
Wälder bedecken ein Viertel der Fläche des östlichen Mitteleuropa. In manchen Gebieten stehen noch jahrhundertealte Bäume. Der saure Regen hat jedoch den Wald stark geschädigt, vor allem in Polen. Dort ist die Hälfte des Baumbestands betroffen.

Unberührter Wald im polnischen Bialowieza-Nationalpark

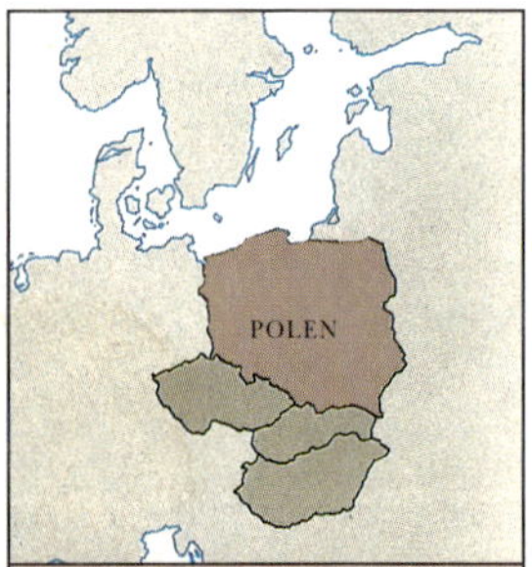

POLEN
Hauptstadt: Warschau
Lage: 14°–24° östl. Länge, 49°–55° nördl. Breite
Fläche: 312 683 km²
Einwohner: 38 400 000
Amtssprache: Polnisch
Religionen: Katholiken 97%, andere 3%
Staatsform: Republik
Währung: Zloty
Analphabetenrate: 1%
Lebenserwartung: 71 Jahre
Einwohner pro Arzt: 490

POLEN

Überall in Polen trifft man auf Bauerndörfer und malerische mittelalterliche Städtchen. Das Land ist überwiegend flach und größer als die Tschechische Republik, die Slowakei und Ungarn zusammen. Der frühere Vielvölkerstaat wurde nach 1945 durch Grenzverschiebungen, Umsiedlung und Vertreibung zu einem Nationalstaat mit weitgehend einheitlicher Bevölkerung. Eine wichtige Rolle im gesellschaftlichen Leben spielt die katholische Kirche, der 97% aller Polen angehören. Bereits Anfang der 80er Jahre entwickelte sich in Polen eine demokratische Bewegung und es regte sich Widerstand gegen den starken Einfluss der damaligen Sowjetunion.

JÜNGSTE GESCHICHTE

Der Arbeiterführer Lech Walesa setzte sich für die Abkehr Polens vom Kommunismus ein und wurde 1990 bei demokratischen Wahlen zum Staatspräsidenten gewählt. Zehn Jahre zuvor, 1980, hatte Walesa in Danzig die Gewerkschaft »Solidarität« gegründet. Sie forderte soziale und politische Reformen sowie eine Verringerung des sowjetischen Einflusses in Polen. Der Übergang zur Demokratie führte jedoch zu politischer Instabilität und Arbeitslosigkeit.

Die Stahlwerke von Kattowitz

SCHWERINDUSTRIE

Unter sowjetischem Einfluss gehörte Polen zu einem großen Planwirtschaftssystem. So lieferte man z. B. Eisen nach Polen und ließ dort Produkte wie Traktoren herstellen. Diese Fertigwaren gingen dann in andere Ostblockstaaten. Seit dem Übergang zur Demokratie bemüht man sich um die Einführung der Marktwirtschaft und die allmähliche Privatisierung großer Staatsbetriebe.

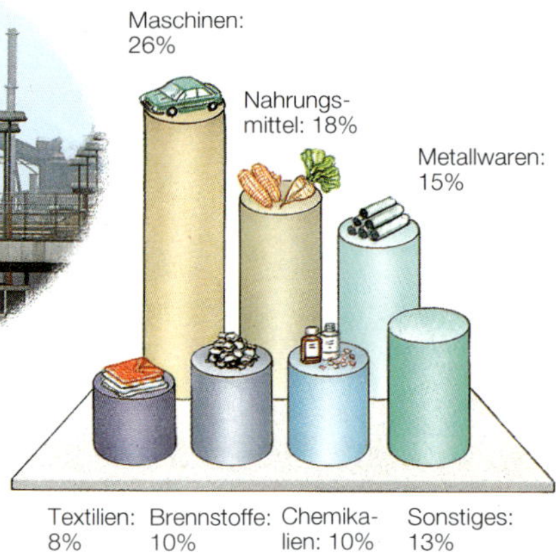

Polnische Exporte (1993)

Exportiert werden vor allem Fahrzeuge, Maschinen und Agrarprodukte wie Kartoffeln und Gemüse. Auch Kohle und Metalle sind von Bedeutung.

An Ostern tauscht man bunt bemalte Eier aus.

Holzkästchen mit traditionellem Muster

TRADITIONELLE LEBENSWEISE

Unter der kommunistischen Regierung konnte sich die Landbevölkerung Polens ihre traditionelle Lebensweise bewahren. Anders als in vielen Ländern des Ostblocks wurden die kleinen Bauernhöfe hier nicht zu großen Staatsbetrieben zusammengefasst. Noch heute setzt man auf dem Land zur Feldarbeit häufig Pferde ein. Auch das alte Kunsthandwerk steht in hoher Blüte. Stickarbeiten oder Holzschnitzereien sind weit verbreitet, Holzmöbel erhalten oft eine bunte Bemalung.

LANDWIRTSCHAFT

Ein Viertel aller Erwerbstätigen Polens arbeitet in der Landwirtschaft. Angebaut werden Kartoffeln, Zuckerrüben und Getreide; auch die Viehzucht spielt eine wichtige Rolle. Die meisten Bauern produzieren aber nur für den Eigenbedarf, da die Anbauflächen sehr klein sind. Viele Höfe werden auch nur noch nebenberuflich oder von älteren Personen bewirtschaftet.

MITTELALTERLICHES KRAKAU

Die Prunkbauten im Zentrum Krakaus erinnern daran, dass Polen im 15. und 16. Jh., bevor es zwischen seinen Nachbarn aufgeteilt wurde, eine Großmacht war. In Polen finden sich neben anderen Baudenkmälern einige der schönsten alten Kirchen und Paläste Europas. Zahlreiche Gebäude wurden während des Zweiten Weltkriegs allerdings zerstört oder stark beschädigt, Krakau jedoch blieb von Zerstörungen weitgehend verschont. Es gehört heute zu den Städten in Europa, die am stärksten von der Luftverschmutzung betroffen sind. Dies wird vor allem von den Stahlwerken im industriell geprägten Stadtteil Nowa Huta verursacht.

Der Marktplatz von Krakau

Zum Weiterlesen

LUFTVERSCHMUTZUNG *112*
POLITISCHE SYSTEME *270–271*
KATHOLIKEN *274*
SOWJETUNION *136*

TSCHECHISCHE REPUBLIK

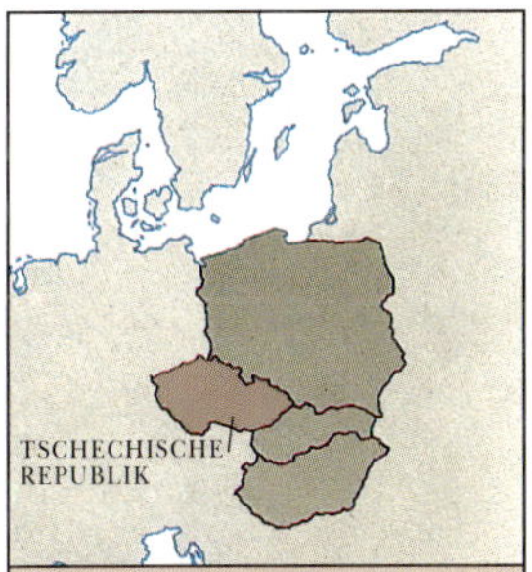

TSCHECHISCHE REPUBLIK

Hauptstadt: Prag

Lage: 12°–19° östl. Länge, 48°–51° nördl. Breite

Fläche: 78 864 km²

Einwohner: 10 300 000

Amtssprache: Tschechisch

Religionen: Katholiken 39%, andere 61%

Staatsform: Republik

Währung: Tschechische Krone

Analphabetenrate: 1%

Lebenserwartung: 71 Jahre

Einwohner pro Arzt: 310

Von allen Ländern des östlichen Mitteleuropa ist Tschechien am stärksten industrialisiert. Es besitzt eine relativ moderne Wirtschaft und der Lebensstandard ist verhältnismäßig hoch. Von 1918 bis 1993 war die Tschechische Republik ein Teil der Tschechoslowakei. Nach dem Zweiten Weltkrieg geriet die Tschechoslowakei unter sowjetischen Einfluss. Nach dem Übergang zur Demokratie teilte sich das Land Anfang 1993 in zwei Länder auf – in die Tschechische und die Slowakische Republik. Die Tschechische Republik, kurz Tschechien genannt, besteht überwiegend aus flachem Hochland, das von Gebirgszügen gesäumt und von mehreren Flüssen durchzogen wird.

Brücken über die Moldau in Prag

PRAG
Als Kaiserstadt zählte Prag im Mittelalter zu den glanzvollsten Metropolen Europas. In jüngster Zeit entstand nicht weit von der Altstadt ein neues Wirtschaftszentrum. Die Stadt zieht einen wachsenden Strom von Touristen und Geschäftsleuten an. Doch wie in anderen Großstädten dieser Region stellt auch hier die Luftverschmutzung ein schwer wiegendes Problem dar. Verantwortlich dafür sind vor allem die Fabriken in den stadtnahen Industriegebieten.

Die wichtigsten Anbauprodukte sind Weizen, Roggen, Gerste, Hopfen und Raps.

LANDWIRTSCHAFT
Anders als in Polen war die Landwirtschaft in der ehemaligen Tschechoslowakei während der kommunistischen Zeit durch große Staatsbetriebe und Kooperativen geprägt. Beim Übergang von der Plan- zur Marktwirtschaft hatten die Bauern mit großen Anpassungsproblemen zu kämpfen. Die tschechischen Landwirtschaftsbetriebe arbeiten sehr produktiv und erwirtschaften die höchsten Getreideerträge der Länder im östlichen Mitteleuropa. Das geerntete Getreide wird zu einem großen Teil an Rinder verfüttert, da man sich hier hauptsächlich auf Fleisch- und Milcherzeugung konzentriert.

Bierherstellung in Böhmen

THEATER
Die Tradition des tschechischen Theaters reicht bis ins 13. Jh. zurück. Zur Zeit des Kommunismus wurde es zum Ausdrucksmittel der Opposition im Volk. Es ist kein Zufall, dass man den Theaterautor Václav Havel zum ersten Präsidenten der Tschechischen Republik wählte.

Die Smetana-Konzerthalle in Prag ist nach dem tschechischen Komponisten benannt.

Reich verzierte kostbare Glaswaren

BÖHMISCHES GLAS
Seit Jahrhunderten nutzt man den feinen Sand Böhmens zur Herstellung von Glas. Die mittelalterlichen Handwerker des Landes waren berühmt für ihre farbigen Glasfenster, die viele Kirchen schmückten. Auch heute noch ist Glas aus Böhmen berühmt.

WIRTSCHAFT
Bier zählt zu den bekanntesten Erzeugnissen der Tschechischen Republik. Nach jahrhundertealten Rezepten werden weltberühmte Biere wie das Pilsener und das Budweiser gebraut. Böhmen und Mähren, die beiden Landesteile Tschechiens, sind traditionelle Industrieregionen. Schon im 13. Jh. wurden hier Mineralien abgebaut. Auch heute spielt der Bergbau, vor allem die Gewinnung von Braun- und Steinkohle, eine wichtige Rolle. Von großer Bedeutung ist ferner die Herstellung von Fahrzeugen, Kunststoffen und Textilien. Die Industrie erwirtschaftet rund 75% des gesamten Volkseinkommens.

Budweiser ist ein weltbekanntes Bier.

Zum Weiterlesen

LUFTVERSCHMUTZUNG *112*
GLASHERSTELLUNG *110*
NEUE STAATEN IN EUROPA *81*
POLITISCHE SYSTEME *270–271*

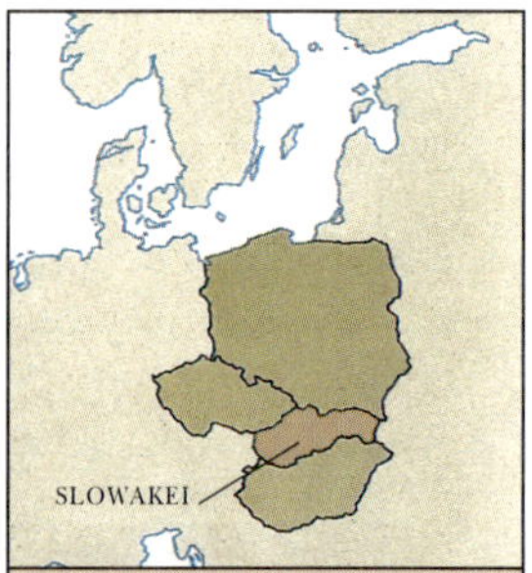

SLOWAKEI

SLOWAKEI
Hauptstadt: Bratislava
Lage: 17°–23° östl. Länge, 48°–49° nördl. Breite
Fläche: 49 036 km²
Einwohner: 5 400 000
Amtssprache: Slowakisch
Religionen: Katholiken 60%, andere 40%
Staatsform: Republik
Währung: Slowakische Krone
Analphabetenrate: 1%
Lebenserwartung: 71 Jahre
Einwohner pro Arzt: 310

Die östliche Teilrepublik der früheren Tschechoslowakei ist wesentlich weniger industrialisiert als ihr westlicher Nachbar, die Tschechische Republik. Nach dem politischen Umschwung in der Tschechoslowakei Anfang der 90er Jahre wuchs bei den Slowaken die Angst vor einer Bevormundung durch die wirtschaftlich stärkeren Tschechen. Sie machten sich daher für eine staatliche Unabhängigkeit stark und erlangten diese schließlich am 1. Januar 1993. Die Teilung des Landes schwächte die slowakische Wirtschaft allerdings, die stark von tschechischem Geld und Rohstoffen abhängig war. 87% der Bevölkerung stellen die Slowaken. Eine starke Minderheit bilden die Ungarn, die mehr Selbstbestimmung fordern. Die slowakische Sprache ist dem Tschechischen sehr ähnlich. In den abgelegenen Landesteilen werden jedoch noch unterschiedliche Dialekte gesprochen.

BRATISLAVA
Bratislava, dessen deutscher Name Pressburg lautet, ist eine der jüngsten Hauptstädte der Welt – es wurde erst 1993 die Hauptstadt eines neu entstandenen Landes. Das Parlament tagt in der früheren erzbischöflichen Residenz (oben). Bratislava liegt im äußersten Süden des Landes und gehörte im Mittelalter zu Ungarn. Bis zum Ende des 19. Jh. war die Mehrheit seiner Einwohner deutsch. Die gute Infrastruktur, die Lage an der Donau und die modernen Industriebetriebe haben das Interesse vieler ausländischer Investoren geweckt. Diese leisten hier einen großen Beitrag zur wirtschaftlichen Entwicklung.

Verteilung der wichtigsten Industrien

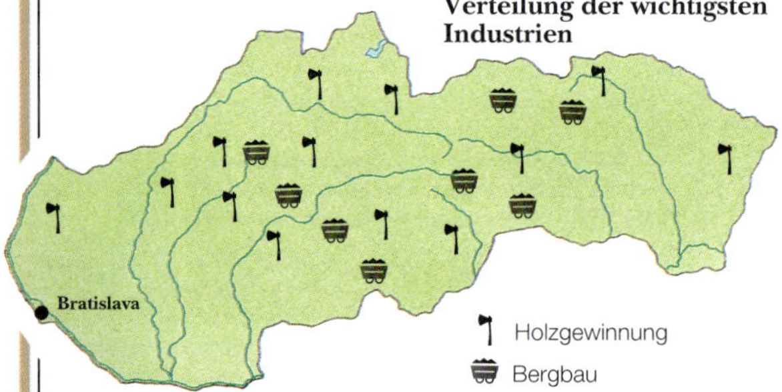

Zwei Frauen in Nationaltracht

ALTES BRAUCHTUM
In der Slowakei werden die alten Volkstänze und Trachten noch sehr gepflegt. Die slowakischen Traditionen sind eng mit den Traditionen Ungarns und Russlands verwandt. Die einstigen kommunistischen Herrscher förderten das Brauchtum, um das Gefühl einer regionalen Zusammengehörigkeit zu stärken.

INDUSTRIE
Heute ist ein Drittel der Erwerbstätigen in der Industrie beschäftigt. Die Slowakei bemüht sich den Wandel von der Plan- zur Marktwirtschaft zu vollziehen, doch die Privatisierung der großen Staatsbetriebe ist schwierig. Früher war die Wirtschaft stark auf die Stahl- und Rüstungsindustrie sowie auf Zulieferungen für tschechische Betriebe ausgerichtet. Ausgedehnte Waldgebiete im Osten ermöglichten auch Holzwirtschaft und Papierherstellung. Seit Jahrhunderten werden Metalle abgebaut.

DÖRFLICHES LEBEN
In der Slowakei gibt es viele Bergdörfer und kleine Städte, große Metropolen hingegen nicht. Bei den landwirtschaftlichen Betrieben handelt es sich entweder um sehr kleine Familienbetriebe oder um riesige staatliche Produktionsgenossenschaften, die so genannten Kooperativen. Wie in der Tschechischen Republik baut man hier vor allem Kartoffeln, Zuckerrüben und Getreide an und hält Rinder. Die Slowakei ist zwar noch agrarisch geprägt, aber nur ein kleiner Teil der Erwerbstätigen arbeitet weiterhin in der Landwirtschaft. In den letzten Jahrzehnten wurde die Industrie stark ausgebaut und viele Menschen ziehen seither von den Dörfern in die Städte.

Traditionelle Holzhäuser in Cicmany, Slowakei

Die Burg Orava sollte in der Vergangenheit die Handelsroute nach Polen schützen.

UNBERÜHRTE LANDSCHAFTEN
Die eindrucksvollen Hochgebirgslandschaften der Slowakei sind weitgehend unberührt. In den Bergen findet man mächtige Burgen, die über Felsvorsprüngen thronen, alte Städte mit Befestigungsmauern und mineralreiche Heilquellen. Es gibt jedoch noch nicht genügend Unterbringungsmöglichkeiten für Touristen.

Zum Weiterlesen
GETREIDE *34, 120, 162*
NEUE EUROPÄISCHE STAATEN *81*
KARTOFFELN *110*
SOWJETUNION *136*

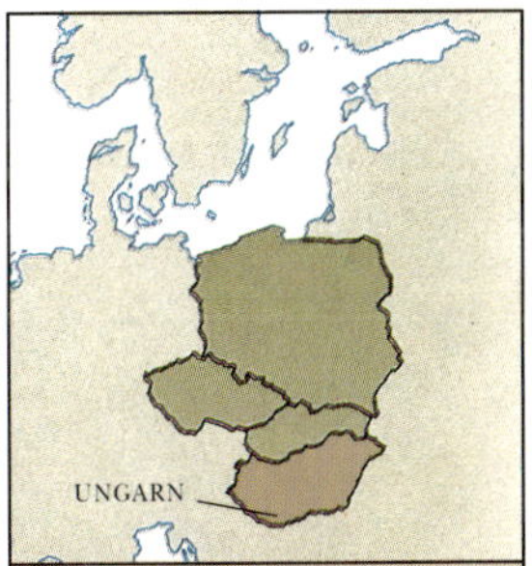

UNGARN
Hauptstadt: Budapest
Lage: 16°–23° östl. Länge, 46°–49° nördl. Breite
Fläche: 93 030 km^2
Einwohner: 10 100 000
Amtssprache: Ungarisch
Religionen: Katholiken 63%, andere 37%
Staatsform: Republik
Währung: Forint
Analphabetenrate: 1%
Lebenserwartung: 69 Jahre
Einwohner pro Arzt: 340

UNGARN

Mehr als die Hälfte des ungarischen Staatsgebiets nimmt die Große Ungarische Tiefebene (Alföld) ein, die im Norden und im Westen von Gebirgsausläufern gesäumt wird. In Ungarn leben viele verschiedene Volksgruppen, insbesondere Sinti und Roma, Deutsche, Slowaken, Kroaten und Rumänen. Sie alle genießen weitgehend kulturelle Freiheit. Die Ungarn selbst stammen von den Magyaren ab, einem nomadischen Reitervolk, das um 1 000 n. Chr. aus Zentralasien in das Gebiet des heutigen Ungarn einfiel. Nach dem Zweiten Weltkrieg wurde Ungarn Teil des Ostblocks. 1990 endete die mehr als 40-jährige kommunistische Herrschaft in Ungarn. Seitdem wird das Land von einer demokratisch gewählten Regierung geführt.

THERMALQUELLEN UND HEILBÄDER
Die vielen Thermalquellen Ungarns werden für Heilbäder genutzt. Allein in Budapest sprudeln 123 Heilquellen aus dem Boden. Schon seit der Römerzeit wird dieses mineralische Wasser verwendet, um bei Krankheiten Linderung zu finden. Das berühmteste Bad Budapests ist die zum Hotel Gellert gehörende Anlage (oben) mit ihrer wunderschönen Jugendstilarchitektur.

In einem großen Gewächshaus werden Nelken geschnitten.

LANDWIRTSCHAFT
In Ungarn sind die Sommer heiß und die Winter mild. Auf den fruchtbaren Böden können daher viele unterschiedliche Ackerfrüchte angebaut werden. Neben Getreide, wie in den anderen Ländern des östlichen Mitteleuropa, pflanzen die ungarischen Bauern Nelken, Obst und Gemüse sowie Oliven und Feigen an. Auch der Weinanbau spielt eine wichtige Rolle.

Paprika

Mit Paprika werden viele Gerichte gewürzt. Ungarn bestreitet 40% der weltweiten Paprikaproduktion.

Gulasch war ursprünglich die Mahlzeit der Rinderhirten.

Eine Soße aus Tomaten, Paprika, Zwiebeln und Sauerrahm wird zu Fisch-, aber auch zu Fleischgerichten wie Gulasch serviert.

DIE UNGARISCHE KÜCHE
Auf dem Speiseplan der ungarischen Küche stehen einige typische Gerichte: Das bekannteste ist Gulasch, eine Mischung aus Rind- oder Schweinefleischstücken und Gemüse. Man isst es als dicke Suppe. Gewürzt wird Gulasch mit dem für Ungarn so typischen Paprika. Traditionelle Gerichte sind außerdem Karpfen in Paprikasoße oder süße Pfannkuchen, die mit Kastanien- oder Nussmus gefüllt sind.

Das Parlamentsgebäude am Ufer der Donau in Budapest

BUDAPEST
Budapest besteht eigentlich aus zwei Städten, die durch die Donau geteilt werden: An deren Westufer liegt Buda, die alte Hauptstadt mit ihren zahlreichen historischen Bauten. Auf der anderen Seite liegt Pest, das heutige Geschäfts- und Regierungszentrum. Erst 1873 wurden die beiden Städte vereint. Die vielen Sehenswürdigkeiten, die alten Bäder und die besondere Atmosphäre der Stadt ziehen jedes Jahr einige Millionen Besucher aus aller Welt an. Budapest ist aber nicht nur für Touristen interessant, sondern auch für ausländische Firmen – insgesamt fließen zwei Drittel aller ausländischen Investitionen in Ungarn nach Budapest.

INDUSTRIE
Die ungarische Industrie produziert Metallwaren, chemische Erzeugnisse und Fahrzeuge sowie Textilien und elektrische Geräte. Seit der Umstellung von der Plan- zur Marktwirtschaft muss sich die Industrie des Landes auf dem Weltmarkt behaupten. Viele Betriebe wurden privatisiert, konnten aber dem ungewohnten Wettbewerb nicht standhalten. In Ungarn gibt es jedoch hoch qualifizierte Arbeitskräfte, vor allem in der Forschung und im technischen Bereich. Das ist auch der Grund, warum sich hier so viele ausländische Firmen niederlassen. Ungarn zieht pro Kopf mehr ausländisches Kapital an als irgendein anderes Land im östlichen Mitteleuropa.

Ausländische Filmgesellschaften drehen wegen des Klimas, der reizvollen Landschaft und der niedrigeren Kosten gern in Ungarn.

Zum Weiterlesen
GETREIDE *34, 120, 162*
EUROPÄISCHE EBENEN *79*
POLITISCHE SYSTEME *270–271*
WEINERZEUGUNG *99*

UKRAINE, MOLDAWIEN UND KAUKASUSREPUBLIKEN

Im Herzen Osteuropas liegen die Ukraine und Moldawien mit ihren ausgedehnten Grasfluren. Weiter östlich, zwischen dem Schwarzen und dem Kaspischen Meer, schließen sich die Kaukasusrepubliken Georgien, Armenien und Aserbaidschan an. Ab dem 17. Jh. befand sich die Region unter russischer Oberhoheit. Im 20. Jh. wurden diese Länder in die ehemalige Sowjetunion eingegliedert und erlangten erst Anfang der 90er Jahre ihre Unabhängigkeit wieder. Aufgrund ihres fruchtbaren Ackerlands und ihrer reichen Bodenschätze entwickelten sie sich zu den wirtschaftlich erfolgreicheren Gebieten innerhalb der früheren UdSSR. Das Gebirge schützt die Kaukasusrepubliken vor dem kalten russischen Winter. Dies kam auch dem Tourismus zugute – insbesondere an der Schwarzmeerküste. Dort sind vor allem auf der ukrainischen Halbinsel Krim und in Georgien viel besuchte Ferienorte entstanden.

Diese Kinder, die an einer aserbaidschanischen Hochzeit teilnehmen, gehören verschiedenen Volksgruppen an.

VOLKSGRUPPEN
Die Einwohner der Ukraine und Moldawiens sind überwiegend slawischer Herkunft. In den Kaukasusrepubliken dagegen leben mehr als 50 verschiedene Nationalitäten. Um die Unterschiede zwischen den Völkern abzubauen, zwang die UdSSR die Bewohner dieser Länder nur noch Russisch zu sprechen. Viele Menschen in dieser Region sind jedoch stolz auf ihre Geschichte und kämpfen um ihre Sprache und Kultur.

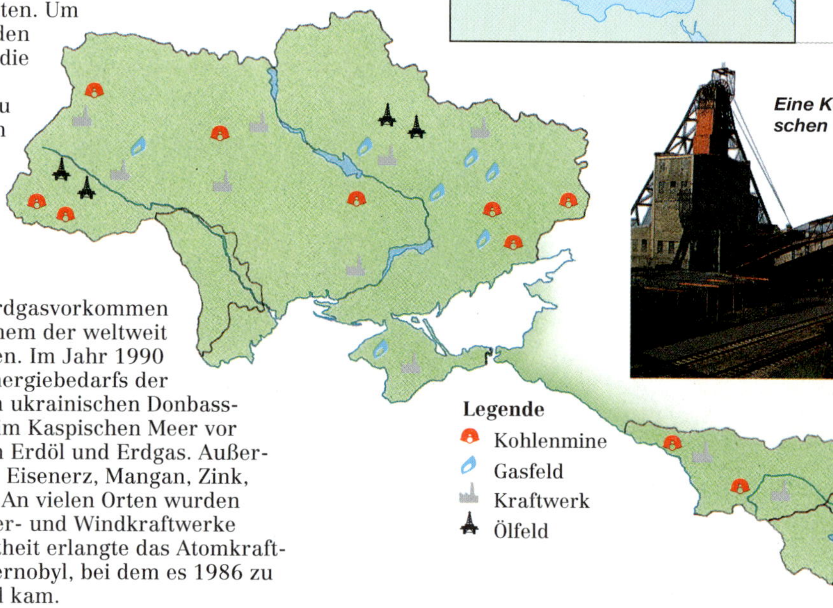

Eine Kohlenmine im ukrainischen Donbass-Becken

BODENSCHÄTZE
Große Kohle-, Erdöl- und Erdgasvorkommen machten diese Region zu einem der weltweit führenden Energielieferanten. Im Jahr 1990 deckte sie ein Viertel des Energiebedarfs der ehemaligen Sowjetunion. Im ukrainischen Donbass-Becken fördert man Kohle, im Kaspischen Meer vor Aserbaidschan gewinnt man Erdöl und Erdgas. Außerdem werden Mineralien wie Eisenerz, Mangan, Zink, Kupfer und Uran abgebaut. An vielen Orten wurden Atomreaktoren sowie Wasser- und Windkraftwerke errichtet. Traurige Berühmtheit erlangte das Atomkraftwerk im ukrainischen Tschernobyl, bei dem es 1986 zu einem katastrophalen Unfall kam.

WAS IST WO AUF DER KARTE

Längster Fluss:
Dnjepr, Russische Föderation/Weißrussland/Ukraine, 2 285 km *Karte G5*

Höchste Erhebung:
Schara, Georgien, 5 203 m *Karte O12*

Größter See: Sewansee, Armenien, 1 414 km² *Karte Q14*

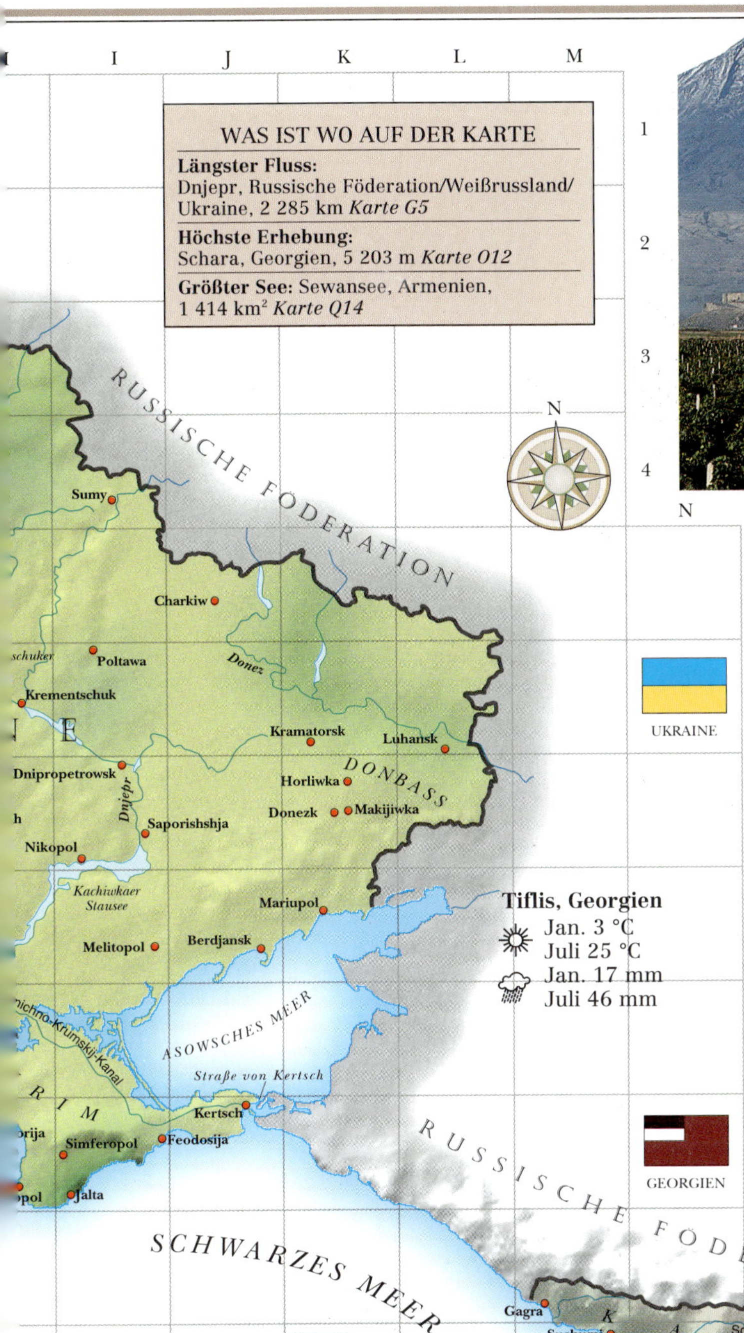

Am Fuße des Ararat in Armenien werden unterschiedlichste Feldfrüchte angebaut.

LANDWIRTSCHAFT

In den drei Kaukasusrepubliken halten die Berge die scharfen Nordwinde ab. Daher können die Bauern hier zahlreiche Pflanzen anbauen, die in anderen Teilen dieses Großraums nicht wachsen. Tee, Wein, Baumwolle und Tabak werden exportiert. Auf den Bergweiden grasen Rinder und Schafe.

Feigen

Tee

Mandeln und Rosinen

Tee, Feigen, Mandeln und Weintrauben wachsen auf den guten Böden und im milden Klima der Region.

UKRAINE

ZÜNDSTOFF

Nachdem die Teilrepubliken der ehemaligen Sowjetunion Anfang der 90er Jahre unabhängig geworden waren, brachen hier viele Nationalitätenkonflikte aus. In den Kaukasusrepubliken streben kleine Volksgruppen nach Unabhängigkeit. In Moldawien und der Ukraine streiten alteingesessene Volksgruppen mit zugewanderten Russen.

Viele Menschen starben im Kampf zwischen Armenien und Aserbaidschan.

Tiflis, Georgien
Jan. 3 °C
Juli 25 °C
Jan. 17 mm
Juli 46 mm

GEORGIEN

ASERBAIDSCHAN

Jerewan, Armenien
Jan. –6 °C
Juli 26 °C
Jan. 23 mm
Juli 15 mm

ARMENIEN

FRUCHTBARE EBENEN

Weizen-, Gerste-, Hafer- und Maisfelder bedecken die Steppen der Ukraine und Moldawiens. Hier fällt weniger Regen als in den Kaukasusrepubliken. Doch breite, langsam fließende Flüsse wie der Dnjepr und der Dnjestr ermöglichen eine künstliche Bewässerung des fruchtbaren Schwarzerdebodens.

UKRAINE	
Hauptstadt:	Kiew
Lage:	22°–40° östl. Länge, 44°–52° nördl. Breite
Fläche:	603 700 km^2
Einwohner:	51 400 000
Amtssprache:	Ukrainisch
Religionen:	Ukrainisch-orthodoxe, griechisch-katholische und russisch-orthodoxe Christen
Staatsform:	Republik
Währung:	Griwna
Analphabetenrate:	2%
Lebenserwartung:	70 Jahre
Einwohner pro Arzt:	230

MOLDAWIEN	
Hauptstadt:	Kischinau
Lage:	27°–30° östl. Länge, 45°–48° nördl. Breite
Fläche:	33 700 km^2
Einwohner:	4 400 000
Amtssprache:	Rumänisch
Religionen:	Orthodoxe Christen, Juden
Staatsform:	Republik
Währung:	Moldau-Leu
Analphabetenrate:	4%
Lebenserwartung:	68 Jahre
Einwohner pro Arzt:	250

UKRAINE

Fruchtbare Böden und riesige Kohlevorkommen machen die Ukraine zu einem der reichsten Nachfolgestaaten der ehemaligen Sowjetunion. Seit Erlangung der Unabhängigkeit im Jahr 1991 streitet sie mit der Russischen Föderation über die Schwarzmeerflotte der früheren UdSSR und über Militärstützpunkte auf der Halbinsel Krim. Auch innerhalb des Landes gibt es Spannungen zwischen den einheimischen Ukrainern und den Russen, die ein Fünftel der Bevölkerung ausmachen. Bei dem Reaktorunfall von Tschernobyl im Jahr 1986 wurden Menschen und Tiere in einem großen Umkreis radioaktiv verstrahlt. Viele Menschen haben schwer wiegende gesundheitliche Schäden davongetragen.

Kiew liegt am Dnjepr, der wichtigsten Wasserstraße der Ukraine.

KIEW
Die Hauptstadt der Ukraine war im 9. Jh. das Zentrum eines von russischen Großfürsten gegründeten Reichs, der »Kiewer Rus«. Es folgte der Anschluss an das mongolische und im 14. Jh. an das polnisch-litauische Reich. Im 17. Jh. fiel Kiew an Russland und gehörte später zur UdSSR. Im Zweiten Weltkrieg wurde es durch Bombenangriffe zerstört, entwickelte sich nach dem Wiederaufbau aber rasch zum Wirtschafts- und Kulturzentrum.

SCHWERINDUSTRIE
Das Donbass-Becken im Osten der Ukraine ist das größte Kohlerevier Europas. Kohle- und Wasserkraftwerke versorgen hier die fünftgrößte Eisen- und Stahlindustrie der Welt. Die Fabriken verarbeiten Metalle zu Maschinen, Schiffen und anderen Fertigwaren. Viele Minen und Fabriken müssen dringend modernisiert werden.

ANBAUPRODUKTE
Auf den fruchtbaren Böden der ausgedehnten Steppen in der Ukraine baut man seit Jahrzehnten vornehmlich Getreide an. Wegen der riesigen Felder mit Weizen, Mais, Gerste, Hafer, Buchweizen und Roggen wurde die Ukraine immer als »Kornkammer der Sowjetunion« bezeichnet. Im Jahr 1990 produzierte die Ukraine rund 20% der landwirtschaftlichen Erzeugnisse der Sowjetunion.

Getreidekörner werden zu Mehl zermahlen, aus dem man Backwaren herstellt.

In der Ukraine isst man zu jeder Mahlzeit Brot. Die Auswahl an Brotsorten ist daher sehr groß.

MOLDAWIEN

Der westliche Teil Moldawiens gehörte früher zu Rumänien, der östliche kam in den Jahren 1806–1812 zu Russland. Nach dem Ende des Zweiten Weltkriegs gingen die rumänischen Gebiete in sowjetischen Besitz über. Seit Erlangung der Unabhängigkeit kam es wiederholt zu Spannungen zwischen den einzelnen Volksgruppen. Die Ukrainer und die Russen in Moldawien streben nach Eigenständigkeit, während sich die moldawischen Nationalisten für eine Vereinigung mit dem Nachbarstaat Rumänien einsetzen.

Viele Bewohner Moldawiens und der Ukraine leben als Kleinbauern auf dem Land.

LANDWIRTSCHAFT
Auf den fruchtbaren Böden und im milden Klima Moldawiens wachsen Mais, Sonnenblumen, Tabak und Weintrauben. Viele landwirtschaftliche Erzeugnisse werden in die Staaten der ehemaligen Sowjetunion exportiert. So beschafft sich das Land die nötigen Devisen für die Einfuhr von Erdöl und anderen wichtigen Rohstoffen.

Zum Weiterlesen

ZERFALL DER UDSSR *136*
GETREIDE *34, 162*
KOHLEBERGBAU *96, 112, 162*
RUMÄNIEN *128*

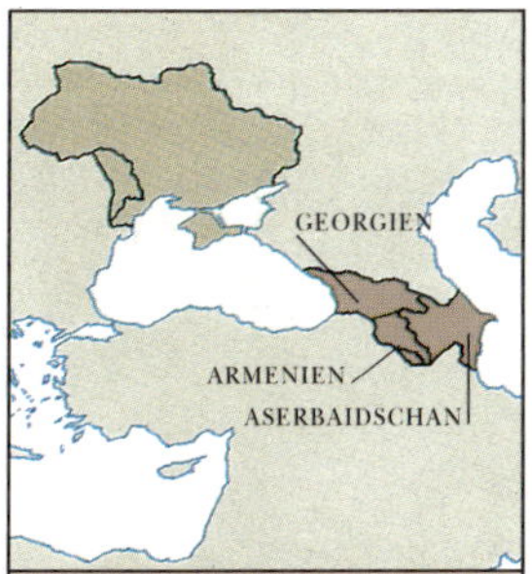

GEORGIEN

Hauptstadt: Tiflis

Lage: 41°–47° östl. Länge, 41°–43° nördl. Breite

Fläche: 69 700 km²

Einwohner: 5 500 000

Amtssprache: Georgisch

Religionen: Orthodoxe Christen 97%, andere 3%

Staatsform: Präsidialrepublik

Währung: Lari

Analphabetenrate: 1%

Lebenserwartung: 73 Jahre

Einwohner pro Arzt: 170

ASERBAIDSCHAN

Hauptstadt: Baku

Lage: 45°–46° östl. Länge, 38°–42° nördl. Breite

Fläche: 86 600 km²

Einwohner: 7 600 000

Amtssprache: Aserbaidschanisch

Religionen: Muslime 90%, andere 10%

Staatsform: Präsidialrepublik

Währung: Aserbaidschan-Manat

Analphabetenrate: 3%

Lebenserwartung: 70 Jahre

Einwohner pro Arzt: 250

ARMENIEN

Hauptstadt: Jerewan

Lage: 43°–46° östl. Länge; 39°–41° nördl. Breite

Fläche: 29 800 km²

Einwohner: 3 600 000

Amtssprache: Armenisch

Religionen: Mehrheitlich Christen

Staatsform: Präsidialrepublik

Währung: Dram

Analphabetenrate: 1%

Lebenserwartung: 72 Jahre

Einwohner pro Arzt: 250

GEORGIEN

Im Norden des gebirgigen Landes bildet der Kaukasus eine natürliche Grenze zur Russischen Föderation, im Westen erheben sich schneebedeckte Gipfel über dem Schwarzen Meer. Auf den vor rauen Winden geschützten fruchtbaren Böden Georgiens wächst ein ausgezeichneter Wein; Georgien wird oft sogar als Geburtsstätte des Weinbaus bezeichnet. Seine Lage zwischen dem Kaspischen und dem Schwarzen Meer ermöglicht dem Land die Kontrolle über den Transport von Erdöl und anderen Gütern zwischen den angrenzenden Staaten.

LANGES LEBEN
Georgien hält einen ganz besonderen Weltrekord: Hier leben mehr Hundertjährige als in jedem anderen Land der Welt. Viele Menschen sind sogar mit 120 Jahren noch recht rüstig. Wissenschaftler vermuten, dass diese lange Lebenszeit an der Verbindung von günstigem Klima, gesunder Ernährung und körperlicher Arbeit im Freien liegt.

TIFLIS
Georgiens Hauptstadt erhebt sich über dem Fluss Kura. Tiflis ist eine Stadt mit vielen Gesichtern: Eine Synagoge und eine Moschee stehen nur wenige Schritte entfernt von der armenischen Kirche und dem Tempel der Anhänger des Zoroastrismus.

ASERBAIDSCHAN

Das heiße, trockene Land liegt an der Küste des Kaspischen Meeres. Im 8. Jh. gaben die Perser diesem Gebiet den Namen Aserbaidschan, was so viel bedeutet wie »Land des Feuers« – sie sahen hier nämlich brennendes Erdgas vom Boden aufsteigen. Während des 11. Jh. brachten die Türken den Islam nach Aserbaidschan. Im Jahr 1922 wurde das Land eine Teilrepublik der ehemaligen Sowjetunion, 1991 erklärte es wie alle anderen früheren Sowjetrepubliken seine Unabhängigkeit.

ÖLFÖRDERUNG
Vor der Entdeckung der Ölvorkommen in den Staaten am Persischen Golf kam fast die Hälfte des weltweit geförderten Erdöls von den Ölfeldern bei Baku. Heute wird mit schwimmenden Plattformen im Kaspischen Meer nach Öl gebohrt. Von den Verkehrswegen und der Stromversorgung, die für die Ölindustrie eingerichtet wurden, haben auch andere Industriezweige profitiert.

ARMENIEN

Armenien ist die kleinste der ehemaligen sowjetischen Teilrepubliken. Es war der erste Staat der Welt, der das Christentum annahm. Heute liegt es inmitten von islamischen Ländern. Armenien ist auf gute Beziehungen zu seinen Nachbarn angewiesen. Nur so kann es Straßen- und Bahnverbindungen zu anderen Staaten aufrechterhalten. Im Jahr 1992 geriet es in einen Konflikt mit Aserbaidschan, da es den Unabhängigkeitskampf des armenischen Gebietes Bergkarabach unterstützte, das in Aserbaidschan liegt.

LANDWIRTSCHAFT
Die Landwirtschaft ist der wichtigste Wirtschaftszweig Armeniens. Angebaut werden Getreide und Obst; Schafe und Rinder liefern Wolle und Fleisch.

Zum Weiterlesen

ZERFALL DER UDSSR *136*
ERDGAS *163, 198, 211*
ERDÖL *135, 152, 281*
RELIGIONEN *274–275*

WESTLICHER BALKAN

Steil abfallende, von tiefen Flusstälern zerfurchte Gebirgszüge mit flachen Gipfeln bestimmen die Landschaft des westlichen Balkan. Die Bezeichnung Balkan bedeutet so viel wie »Gebirge«. Sie geht auf die Türken zurück, die dieses Gebiet über 500 Jahre lang bis zu Beginn unseres Jahrhunderts beherrschten. Von 1918 bis 1991 gehörten alle Balkanländer mit Ausnahme Albaniens zu Jugoslawien, dem »Land der Südslawen«. Der Zerfall Jugoslawiens führte zu den heftigsten Kämpfen in Europa seit dem Ende des Zweiten Weltkriegs. Von diesen Bürgerkriegen waren vor allem Bosnien-Herzegowina und Kroatien betroffen. Inzwischen wurde eine Friedensregelung gefunden, die einen allmählichen Wiederaufbau der zerstörten Länder ermöglicht.

DIE LANDSCHAFT
An den Hängen der Berge wachsen wie hier in Montenegro Laub- und Nadelwälder. In diesem Teil Europas gibt es ausgedehnte Karstgebiete, das sind trockene Kalksteinflächen mit spärlichem Pflanzenwuchs. Unter der Oberfläche des durchlässigen Gesteins liegen mehr als 7 000 Höhlen, tiefe Kluften, weit verzweigte Gänge und unterirdische Wasserläufe. Diese Karsterscheinungen gehen auf das Wirken der Wasserkräfte zurück. In Form von Sickerwasser und Flüssen löste es im Laufe der Zeit den Kalk auf und spülte ihn fort.

Volksgruppen im ehemaligen Jugoslawien (1991)

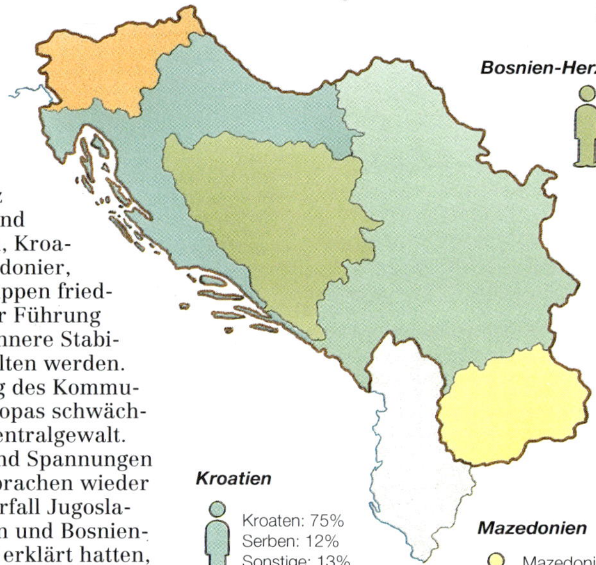

EIN GETEILTES LAND
Das ehemalige Jugoslawien war ein Vielvölkerstaat. Trotz unterschiedlicher Sprachen und Religionen lebten hier Serben, Kroaten, Slowenen, Bosnier, Mazedonier, Albaner und andere Volksgruppen friedlich nebeneinander. Unter der Führung von General Tito konnte die innere Stabilität des Landes aufrechterhalten werden. Titos Tod und der Niedergang des Kommunismus in den Staaten Osteuropas schwächten auch die jugoslawische Zentralgewalt. Jahrhundertealte Konflikte und Spannungen zwischen den Volksgruppen brachen wieder auf und führten 1991 zum Zerfall Jugoslawiens. Nachdem sich Kroatien und Bosnien-Herzegowina für unabhängig erklärt hatten, kam es in diesen Staaten zu erbitterten Bürgerkriegen zwischen Serben und Kroaten, die beide so viel Land wie möglich unter ihre Kontrolle bringen wollten.

GENERAL TITO
Josip Broz, besser bekannt unter dem Namen Tito, war im Zweiten Weltkrieg der Führer der jugoslawischen Partisanen, die gegen die deutsche und die italienische Besatzung kämpften. 1945 wurde er Generalsekretär der Kommunisten und Ministerpräsident Jugoslawiens. Er starb 1980.

BRAUCHTUM
Auf dem westlichen Balkan pflegt man die alten Volkstänze und Volksmusik, wie sie z. B. von dieser Gruppe aus Dubrovnik gespielt wird. Gesellschaftliche Ereignisse wie Hochzeiten oder kirchliche Feiertage werden meist von musikalischen Darbietungen umrahmt. Auf dem Land feiert man Aussaat und Ernte mit gemeinschaftlichen Reigentänzen, die man hier »Kolos« nennt. In kriegerischen Tänzen der Männer werden Schlachten der Vergangenheit nachgestellt, insbesondere die Kämpfe gegen die Türken.

VERKEHR
Das gebirgige Gelände erschwert den Bau von Straßen und Schienenwegen und machte ihn äußerst kostspielig. Erst in den letzten Jahrzehnten entstand ein Verkehrsnetz, das die verschiedenen Teile der Region miteinander verbindet. Aber immer noch können die Straßen bei starkem Schneefall oder durch herabstürzendes Gestein unpassierbar werden.

Sarajevo, Bosnien-Herzegowina
Jan. –1 °C
Juli 20 °C
Jan. 66 mm
Juli 71 mm

Dubrovnik, Kroatien
Jan. 8 °C
Juli 25 °C
Jan. 139 mm
Juli 26 mm

WAS IST WO AUF DER KARTE

Längster Fluss: Save, Slowenien/Kroatien/Bosnien-Herzegowina/Jugoslawien, 938 km *Karte C3*

Höchste Erhebung: Triglav, Slowenien, 2 864 m *Karte A2*

Größter See: Skutarisee, Jugoslawien/Albanien, maximale Größe 531 km² *Karte H10*

LANDWIRTSCHAFT

Einige der fruchtbarsten Gebiete auf dem Balkan liegen im Norden Serbiens. Dort können von der Donau und anderen Flüssen aus die Felder bewässert werden. Man baut vor allem Gemüsesorten wie Kohl, Paprika und Bohnen an; auch die Rinderhaltung spielt eine wichtige Rolle. In den südlicheren Gebieten schaffen die heißen Sommer ideale Bedingungen für den Anbau von Oliven, Feigen, Zitrusfrüchten und Reis. Auch der Wein, den man hier erntet, hat wegen der vielen Sonnenstunden eine hohe Qualität.

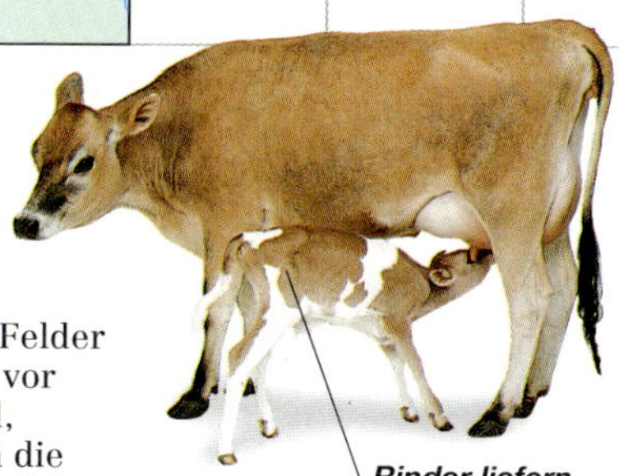

Rinder liefern Milch und Fleisch.

In Kroatien ist Schweinehaltung weit verbreitet.

BUTRINT

Eine der bedeutendsten historischen Stätten Europas liegt in Albanien. Butrint wurde von den Griechen gegründet. Ruinen aus der griechischen Antike prägen noch heute das Gesicht der Stadt.

SLOWENIEN

Hauptstadt: Ljubljana
Lage: 13°–16° östl. Länge, 45°–47° nördl. Breite
Fläche: 20 253 km²
Einwohner: 1 900 000
Amtssprache: Slowenisch
Religionen: Katholiken 71%, andere 29%
Staatsform: Republik
Währung: Tolar
Analphabetenrate: 1%
Lebenserwartung: 73 Jahre
Einwohner pro Arzt: 496

KROATIEN

Hauptstadt: Zagreb
Lage: 13°–19° östl. Länge, 42°–46° nördl. Breite
Fläche: 56 538 km²
Einwohner: 4 500 000
Amtssprache: Kroatisch
Religionen: Katholiken 76%, Orthodoxe 11%, andere 13%
Staatsform: Republik
Währung: Kuna
Analphabetenrate: 3%
Lebenserwartung: 71 Jahre
Einwohner pro Arzt: 356

SLOWENIEN

Bis 1918 gehörte Slowenien zum habsburgischen Kaiserreich, danach ging es im »Königreich der Serben, Kroaten und Slowenen« auf. Nach dem Zweiten Weltkrieg wurde es zu einer jugoslawischen Teilrepublik. 1991 erklärte es sich neben Kroatien für unabhängig. Die Adriaküste und die zahlreichen Kurorte ziehen viele Besucher an. Während des Kriegs in den Nachbarländern ging der Tourismus in Slowenien stark zurück, obwohl das Land selbst nicht in die Kämpfe verwickelt war.

PFERDEZUCHT
1580 wurde im heutigen Slowenien ein Gestüt eingerichtet, das die Spanische Reitschule in Wien versorgen sollte. Hier züchtete man die berühmten weißen Lipizzaner, die heute zu den besten Dressurpferden der Welt zählen.

WIRTSCHAFT
Die ausgedehnten Wälder Sloweniens liefern Nutzholz und Rohstoffe für die einheimische Möbel- und Papierindustrie. Seit einigen Jahren bauen slowenische Firmen auch Autos, Lastwagen, Motorräder und Kühlschränke.

DIE SLOWENEN
Obwohl die Slowenen fast ein Jahrtausend lang von den deutschsprachigen Österreichern regiert wurden, gelang es ihnen ihre slawische Sprache und ihre Traditionen zu bewahren. Dazu gehört das Anfertigen farbenprächtiger Stickereien und kunstvoller Kopfbedeckungen, wie sie diese Frauen bei einer Hochzeitsfeier tragen. Die meisten Bewohner leben in kleinen Städten oder in den weit verstreuten Dörfern des Landes. Die Hauptstadt Ljubljana zählt nur etwas mehr als 320 000 Einwohner und ist damit eine der kleinsten Hauptstädte Europas.

Slowenische Frauen in Trachten bei einer Dorfhochzeit

Die Küstengebiete an der Adria sind beliebte Touristenziele.

KROATIEN

Das fast hufeisenförmige Land gehörte jahrhundertelang zu Ungarn, bevor es 1918 im »Königreich der Serben, Kroaten und Slowenen« aufging, dem Vorläufer Jugoslawiens. Kroatien war neben Slowenien die erste Teilrepublik Jugoslawiens, die sich 1991 für unabhängig erklärte. Unmittelbar nach der Unabhängigkeitserklärung rückten jedoch Truppen der jugoslawischen Zentralregierung ins Land ein. Der aufgestaute Hass zwischen Kroaten und Serben führte schließlich zum Bürgerkrieg. Kroatien hat reiche Vorkommen an Erdöl, Kohle und Bauxit.

TOURISMUS
Die lange Küste mit ihren Sandstränden und kleinen Buchten, die häufig von malerischen Bergen überragt werden, zieht seit Jahrzehnten große Scharen von Touristen ins Land. Allein im Jahr 1990 zählte man noch mehr als 12 Mio. Besucher. Nach dem Ausbruch des Bürgerkriegs, in dem auch weltberühmte Sehenswürdigkeiten wie die Altstadt von Dubrovnik schwer beschädigt wurden, kam der Fremdenverkehr jedoch fast völlig zum Erliegen.

Flachs wird geerntet, wenn die Stielansätze gelb werden.

Leinfasern gewinnt man durch Zermahlen von Flachs.

LANDWIRTSCHAFT
In den milden, fruchtbaren Flusstälern im Norden Kroatiens wachsen Pflaumen, Aprikosen und Weintrauben. Außerdem baut man Flachs an, aus dessen Fasern Leinwand und Kleidungsstoffe hergestellt werden. Aus den Samen gewinnt man Leinöl.

Zum Weiterlesen
ZERFALL JUGOSLAWIENS *81, 122*
ERDÖL UND KOHLE *96, 152, 162*
HOLZWIRTSCHAFT *26*

JUGOSLAWIEN
Hauptstadt: Belgrad
Lage: 18°–23° östl. Länge, 42°–46° nördl. Breite
Fläche: 102 173 km²
Einwohner: 10 800 000
Amtssprache: Serbisch
Religionen: Serbisch-orthodoxe 44%, Katholiken 31%, Muslime 12%, andere 13%
Staatsform: Bundesrepublik
Währung: Jugoslawischer Neuer Dinar
Analphabetenrate: 7%
Lebenserwartung: 73 Jahre
Einwohner pro Arzt: 533

BOSNIEN-HERZEGOWINA
Hauptstadt: Sarajevo
Lage: 16°–19° östl. Länge, 43°–46° nördl. Breite
Fläche: 51 129 km²
Einwohner: 3 500 000
Amtssprache: Serbokroatisch
Religionen: Muslime 44%, Serbisch-orthodoxe 31%, Katholiken 17%, andere 8%
Staatsform: Republik
Währung: Bosnisch-herzegowinischer Dinar
Analphabetenrate: 14%
Lebenserwartung: 72 Jahre
Einwohner pro Arzt: keine Angaben verfügbar

JUGOSLAWIEN

Nach dem Zerfall Jugoslawiens im Jahr 1991 bildeten die beiden Teilrepubliken Serbien und Montenegro die neue Bundesrepublik Jugoslawien. Ihre Hauptstadt Belgrad liegt an der Donau, die sich durch das fruchtbare Ackerland Serbiens schlängelt. Der neue Staat, der sich als Nachfolger des alten Jugoslawien versteht, unterstützte die kroatischen und bosnischen Serben, die für ein Großserbien kämpften. Die UNO verhängte daher Sanktionen gegen Jugoslawien: Alle wirtschaftlichen und sonstigen Beziehungen zu anderen Ländern wurden unterbunden. Erst 1995 hob man diese Sanktionen wieder auf.

BEVÖLKERUNG
Mehr als 60% der Bewohner Jugoslawiens sind Serben. In der Vojvodina im Norden leben viele Ungarn, der Kosovo im Süden ist zu über 90% von Albanern bewohnt. Der Anteil der Montenegriner an der Gesamtbevölkerung beträgt 5,5%. Die meisten Bürger sprechen Serbisch, schreiben aber auf unterschiedliche Weise. Die Serben selbst verwenden wie die Russen die kyrillische Schrift, die Kroaten dagegen die lateinische. Stimmzettel z. B. die hier ausgeteilt werden (oben), sind in beiden Schriften bedruckt.

Jugoslawische Industrie

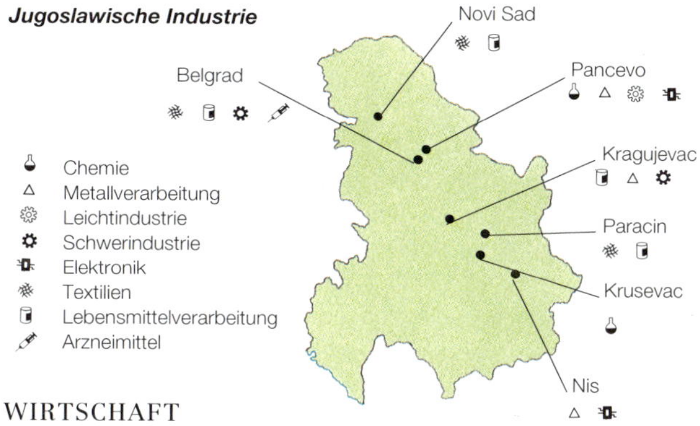

WIRTSCHAFT
Mit seiner Maschinenbau-, Textil- und Nahrungsmittelindustrie war Serbien das industrielle Zentrum des früheren Jugoslawien. Die Kohlevorkommen und die Wasserkraftwerke an der Donau sowie an der Drina lieferten Energie und die Ölfelder im Norden deckten ein Drittel des Ölbedarfs.

Grüne und rote Paprika

»Ražnjići« sind am Spieß gegrillte Lammfleischstückchen.

Spieß

KÜCHE SERBIENS
Serbien besitzt eine vielfältige Küche. »Ražnjići«, gegrilltes Lammfleisch mit Paprika, wird in der Regel mit Jogurt serviert. Beliebt sind auch Fleischbällchen mit Zwiebeln, die man »Cevapcici« nennt, und Gemüsegerichte wie z. B. mit Fleisch, Zwiebeln, Kräutern und Knoblauch gefüllte Krautblätter.

BOSNIEN-HERZEGOWINA

Als letzte jugoslawische Teilrepublik erklärte 1992 Bosnien-Herzegowina seine Unabhängigkeit. Seit Jahrhunderten leben in dieser Region muslimische Bosnier, katholische Kroaten, orthodoxe Serben und Juden nebeneinander. Kurz nach der Loslösung von Jugoslawien brachen blutige Kämpfe zwischen Serben, Muslimen und Kroaten aus, die versuchten ihre Territorien auszudehnen. Mit dem Friedensabkommen von Dayton wurde 1995 eine Kompromissregelung getroffen, der schließlich alle Parteien zustimmten. Der Wiederaufbau des Landes konnte beginnen.

SARAJEVO
Vor dem Krieg war Sarajevo eine moderne, lebendige Stadt. Doch nach Ausbruch der Kämpfe nahmen die Serben sie unter Beschuss. Tausende Einwohner starben. Wer ausharrte, musste unter katastrophalen Bedingungen leben.

ETHNISCHE SÄUBERUNGEN
Die bosnischen Serben wurden durch ihre »ethnischen Säuberungen« berüchtigt; sie vertrieben Muslime und Kroaten aus allen Gebieten mit hohem serbischem Bevölkerungsanteil. Tausende von Bosniern und Kroaten kamen dabei ums Leben, viele wurden in Lagern eingesperrt. Zahlreiche Menschen flohen ins Ausland.

Bosnische Kriegsflüchtlinge in Europa

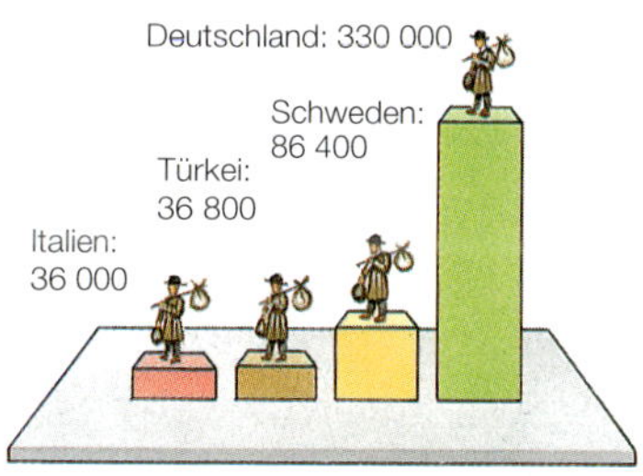

Muslimische Mädchen und Frauen tragen das traditionelle Kopftuch.

Zum Weiterlesen
ZERFALL JUGOSLAWIENS *81, 122*
RELIGIONEN *274–275*
DONAU *79*

MAZEDONIEN

Hauptstadt: Skopje
Lage: 20°–23° östl. Länge, 41°–42° nördl. Breite
Fläche: 25 713 km²
Einwohner: 2 200 000
Amtssprache: Mazedonisch
Religionen: Mazedonisch-orthodoxe 50%, Muslime 14%, andere 36%
Staatsform: Republik
Währung: Denar
Analphabetenrate: 11%
Lebenserwartung: 72 Jahre
Einwohner pro Arzt: 430

ALBANIEN

Hauptstadt: Tirana
Lage: 19°–21° östl. Länge, 40°–43° nördl. Breite
Fläche: 28 748 km²
Einwohner: 3 400 000
Amtssprache: Albanisch
Religionen: Muslime 70%, Orthodoxe 20%, Katholiken 10%
Staatsform: Präsidialrepublik
Währung: Lek
Analphabetenrate: 28%
Lebenserwartung: 72 Jahre
Einwohner pro Arzt: 574

MAZEDONIEN

Seit Erlangung der Unabhängigkeit 1991 sieht sich der junge Staat schwer wiegenden Problemen gegenüber. Griechenland verweigerte lange Zeit die Anerkennung Mazedoniens, denn es befürchtete, dieses Mazedonien könnte Ansprüche auf die griechische Provinz Mazedonien erheben. Aus diesem Grund blockierte Griechenland den Warenverkehr an der Landesgrenze. Die UNO-Sanktionen gegen Jugoslawien verstärkten die wirtschaftlichen Probleme noch zusätzlich. Auf griechischen Druck hin wurde das Land nur unter der vorläufigen Bezeichnung »Ehemalige Jugoslawische Republik Mazedonien« in die UNO aufgenommen. Im Mittelmeerklima Mazedoniens gedeihen Obst, Baumwolle, Tabak und Reis. Mit dem aus Wasserkraftwerken gewonnenen Strom werden die Textil-, Chemie- und Stahlfabriken das Landes versorgt.

Karpfen

SEENGEBIETE
Im Bergland Südmazedoniens liegen zwei der schönsten Seen Europas. Als der Tourismus noch florierte, strömten viele Besucher zum Ohridsee und dem kleineren Prespasee und besuchten die hübschen alten Städtchen an ihren Ufern. Beide Seen sind sehr fischreich. Man fängt hier vor allem Karpfen, Forellen und Aale, die in der einheimischen Küche auf verschiedene Arten zubereitet werden. Vom üppigen Fischangebot des Prespasees ernähren sich auch große Kolonien von Pelikanen und Kormoranen.

ERDBEBEN
Die Hauptstadt Skopje liegt in einem Gebiet, in dem mehrere geologische Verwerfungslinien aufeinander treffen und ist deshalb häufig von Erdbeben bedroht. In seiner Geschichte wurde Skopje schon viermal von heftigen Erdstößen zerstört. Im Jahr 1963 richtete ein Beben der Stärke 6,8 auf der Richterskala schwere Verwüstungen an. Das türkische Stadtviertel, das zum Teil noch aus dem 14. und 15. Jh. stammt, blieb jedoch verschont.

ALBANIEN

Albanien zählt zu den ärmsten Ländern Europas. Es besteht zum größten Teil aus zerklüftetem Bergland, das sich nur zur Schaf- und Ziegenhaltung eignet. Als die Osmanen, die das Land jahrhundertelang beherrscht hatten, im Jahr 1913 abzogen, gab es hier weder ausgebaute Straßen noch Bahnlinien und keine Industrie. Im 20. Jh. stand Albanien zunächst unter der Herrschaft eines Königs, später wurde es von einem kommunistischen Diktator gelenkt. 1991 fanden die ersten freien Wahlen statt. Seither versucht man die Wirtschaft aufzubauen und das ganze Land an westliches Niveau anzugleichen.

Beschäftigung (1994)

Arbeitsplätze sind in Albanien knapp und außerdem schlecht bezahlt. Die Hälfte der Erwerbstätigen arbeitet in der Landwirtschaft. Tausende von Arbeitslosen versuchten in jüngster Zeit in Italien und Griechenland Arbeit zu finden.

FAMILIENLEBEN
Die Familie nimmt in der Gesellschaft einen wichtigen Platz ein. Noch bis vor kurzem ermunterte der Staat die jungen Menschen große Familien zu gründen. Große Bedeutung hat der Begriff des Ehrenworts, »Besa«. Sein Ehrenwort zu brechen heißt seine Ehre verlieren.

KOMMUNISMUS
Von 1944 bis 1985 wurde Albanien von Enver Hodscha beherrscht, dem Führer der kommunistischen Partei. In dieser Zeit kapselte sich das Land völlig ab. Seit 1960 war China der einzige Handelspartner des Landes. Die Kommunisten trieben den Ausbau der Schwerindustrie auf Kosten der Landwirtschaft voran, sodass das Land arm und unterentwickelt blieb. Dieses Bild am Nationalmuseum in Tirana stammt aus der Zeit des Kommunismus.

Zum Weiterlesen
ERDBEBEN *13*
WASSERKRAFTWERKE *108*
MITTELMEERKLIMA *15*
POLITISCHE SYSTEME *270–271*

RUMÄNIEN UND BULGARIEN

Die Grenze zwischen den beiden Staaten bildet bis auf ein kleines Stück die Donau, die hier nach Osten zum Schwarzen Meer fließt. Auch sonst haben Rumänien und Bulgarien einiges gemeinsam. So liegen ihre fruchtbarsten Anbaugebiete im Donautal, an das sich zu beiden Seiten Gebirgszüge anschließen. In Rumänien sind es die Karpaten, in Bulgarien erhebt sich das Balkangebirge. An den Hängen wachsen große Laub- und Nadelwälder. Seit Jahrhunderten spielen die Häfen an der Schwarzmeerküste, vor allem Konstanza und Burgas, eine wichtige Rolle in der Wirtschaft beider Länder, denn über diese Städte haben sie Zugang zu den internationalen Handelsrouten.

TOURISTENATTRAKTIONEN
Die langen Strände am Schwarzen Meer, die Kurorte in den Karpaten sowie das Donaudelta sind die wichtigsten Touristenattraktionen Rumäniens. Auch Transsilvanien (links) zieht viele Besucher an. Hier befindet sich die Burg, die der legendäre Vampir Graf Dracula bewohnt haben soll.

WAS IST WO AUF DER KARTE

Längster Fluss:
Donau, Deutschland/Österreich/Ungarn/Jugoslawien/Rumänien/Bulgarien, 2 850 km *Karte F10*

Höchste Erhebung:
Musala, Bulgarien, 2 925 m *Karte F12*

Größter See:
Razimsee, Rumänien, 390 km² *Karte L8*

RUMÄNIEN

Bukarest, Rumänien
Jan. –3 °C
Juli 23 °C
Jan. 46 mm
Juli 53 mm

Sofia, Bulgarien
Jan. –1 °C
Juli 22 °C
Jan. 36 mm
Juli 68 mm

Tabakblätter für Zigaretten und Pfeifen werden zum Trocknen aufgefädelt.

LANDWIRTSCHAFT
Mehr als die Hälfte der Landesfläche Bulgariens ist Acker- und Weideland. Im Tal der Marica in Südbulgarien pflanzt man Tabak für den Export an. Im Nachbarland Rumänien ist Mais das wichtigste Anbauprodukt. Er wird nicht nur als Nahrungs- und Futtermittel, sondern auch als Brennstoff genutzt. In einigen Gegenden Rumäniens und Bulgariens erlaubt das milde Klima auch Weinanbau.

RUMÄNIEN

RUMÄNIEN

Hauptstadt: Bukarest

Lage: 20°–29° östl. Länge, 43°–48° nördl. Breite

Fläche: 237 500 km²

Einwohner: 22 800 000

Amtssprache: Rumänisch

Religionen: Rumänisch-orthodoxe 87%, andere Christen 11%, andere 2%

Staatsform: Republik

Währung: Leu

Analphabetenrate: 3%

Lebenserwartung: 70 Jahre

Einwohner pro Arzt: 560

Rumänien war einst Teil des Römischen Reichs. Heute gehört es zu den größten Ländern Europas. Die Karpaten ziehen sich bogenförmig durch das Land und umschließen Transsilvanien, das »Land jenseits der Wälder«. Rumänien verfügt über gute, fruchtbare Böden sowie reiche Erdöl- und Erdgasvorkommen. Das Land erlangte 1878 seine Unabhängigkeit vom Osmanischen Reich, doch im Lauf der folgenden Jahrzehnte änderten sich seine Grenzen mehrmals. Ende 1989 wurde der kommunistische Diktator Nicolae Ceauşescu in einer blutigen Revolution gestürzt. Heute besitzen die Rumänen zwar Reise- und Religionsfreiheit, doch die wirtschaftliche Situation des Landes verbessert sich nur langsam. Es herrscht eine hohe Arbeitslosigkeit und das Einkommen liegt sehr niedrig. Gleichzeitig sind Lebensmittel aber außerordentlich teuer.

POLITIK
Der kommunistische Diktator Nicolae Ceauşescu beherrschte Rumänien von 1965 bis zu seinem Sturz 1989. Im gleichen Jahr wurde er hingerichtet. Um das Bevölkerungswachstum zu steigern, forderte er die Frauen auf viele Kinder zu bekommen. Die Armut im Land war jedoch so groß, dass manche Familien ihre Kinder nicht ernähren konnten und in Kinderheime gaben. Einige davon wurden inzwischen adoptiert, für die meisten aber sieht die Zukunft weiterhin düster aus.

AUSLANDSKAPITAL
Um die Wirtschaft anzukurbeln, versucht die Regierung ausländische Firmen ins Land zu holen. Unternehmen aus Frankreich, Italien, Deutschland, den USA und Südkorea haben bereits Niederlassungen in Rumänien.

In den Bergen haben die Häuser steile Dächer; so kann der Schnee gut abgleiten.

Zum Hausbau verwendet man Kiefern-, Fichten- und Buchenholz.

Säulen werden oft kunstvoll von Hand geschnitzt.

Ein Fundament aus Steinen verhindert das Faulen des Holzes.

Die Räume werden mit Holzmöbeln und bunt bemaltem Geschirr ausgestattet.

Bettdecken sind meist mit traditionellen Mustern bestickt.

HOLZHÄUSER
Riesige Wälder liefern den Rumänen ihr Baumaterial. In allen Teilen des Landes findet man Häuser und Kirchen aus Holz. Viele sind von hölzernen Zäunen umgeben und haben kunstvoll geschnitzte Eingänge. Die Wände baut man aus waagerecht aufeinander gelegten Brettern – anders als in den meisten anderen europäischen Ländern, wo man das Holz senkrecht anordnet. Jede Region hat ihren eigenen Baustil. Dieses Haus mit steilem Dach steht in den Karpaten; die Häuser in den Weinanbaugebieten besitzen geräumige Keller, um Wein und Obst aus den Gärten einlagern zu können. Typisch für die meisten traditionellen Häuser ist, dass die Küche nicht im Haus selbst, sondern in einem kleinen Anbau untergebracht ist.

DIE BEVÖLKERUNG RUMÄNIENS
Neben den Rumänen, die 80% der Bevölkerung ausmachen, gibt es eine große ungarische Minderheit im Land. In Siebenbürgen, im Banat und in der Bukowina leben die Nachkommen deutscher Siedler, die im Mittelalter einwanderten. An der Schwarzmeerküste wohnen Türken und Ukrainer. Noch vor wenigen Jahrzehnten lebte der größte Teil der Bewohner auf dem Land, doch heute wohnt mehr als die Hälfte der rumänischen Bevölkerung in der Hauptstadt Bukarest und in anderen Städten.

DIE ROMA
Eine weitere Minderheit sind die etwa 400 000 Roma, die man früher als Zigeuner bezeichnete. Damals zogen sie umher, heute leben sie größtenteils in den Stadtrandgebieten. In ihren Traditionen spielen Musik und Tanz eine wichtige Rolle.

Zum Weiterlesen

STÄDTE *80*
STAATEN OSTEUROPAS *81*
POLITISCHE SYSTEME *270–271*

BULGARIEN
Hauptstadt: Sofia
Lage: 22°–28° östl. Länge, 21–24° nördl. Breite
Fläche: 110 994 km²
Einwohner: 8 800 000
Amtssprache: Bulgarisch
Religionen: Bulgarisch-orthodoxe 86%, Muslime 13%, andere 1%
Staatsform: Republik
Währung: Lew
Analphabetenrate: 4%
Lebenserwartung: 71 Jahre
Einwohner pro Arzt: 320

BULGARIEN

Im Laufe der Geschichte wurde das Gebiet des heutigen Bulgarien von Griechen, Römern und Türken beherrscht; 1944–1989 gehörte es zum Ostblock und stand damit unter sowjetischem Einfluss. Rund 85% seiner Einwohner sind Bulgaren, daneben gibt es Minderheiten von Türken, Mazedoniern und Roma. Nach dem Zusammenbruch des Kommunismus wurden viele staatliche Großbetriebe privatisiert, doch die wirtschaftliche Umgestaltung war mit erheblichen Problemen verbunden. In den letzten Jahren hat sich der Tourismus zu einem bedeutenden Wirtschaftszweig entwickelt. Immer mehr Urlauber besuchen die alten bulgarischen Städte oder die Strände am Schwarzen Meer.

Beim Rosenfest tragen die Frauen ihre alten Trachten.

Damaszener Rose

Die Rosen werden gepflückt, bevor sie der Sonne ausgesetzt sind.

ROSENZUCHT
Am Fuße des Balkangebirges, nahe der Stadt Kazanlak, liegt das Tal der Rosen. Aus der Damaszener Rose, die hier auf weiten Feldern angebaut wird, gewinnt man ein ätherisches Öl, das als Grundstoff für die Parfümherstellung dient. Man pflückt die Blüten im Mai und Juni noch vor Tagesanbruch, denn die Sonne könnte das in den Blütenblättern enthaltene Öl trocknen. Auf Eselskarren werden die Säcke mit den Blütenblättern zu einer Destillerie transportiert, wo man ihnen in einem aufwendigen Verfahren das Öl entzieht. Jedes Jahr im Juni feiert man die Rosenernte mit einem großen Fest.

HAUPTSTADT SOFIA
In Sofia, dem wirtschaftlichen, politischen und kulturellen Zentrum Bulgariens, leben über 1 Mio. Menschen. Die Stadt selbst ist Standort zahlreicher Industriebetriebe, während in ihrem gebirgigen Umland vor allem Milchwirtschaft betrieben wird. Sofia besitzt einige imposante Bauwerke, wie die Alexander-Newski-Kathedrale (oben). Sie wurde Anfang des 20. Jh. als Dank an die Russen für die Befreiung von der türkischen Herrschaft errichtet.

FESTLICHE MASKEN
Zahlreiche Volksfeste und Feierlichkeiten halten die alten bulgarischen Traditionen noch heute lebendig. In vielen Städten veranstaltet man Feste mit Musik und Umzügen. Dabei tragen die Teilnehmer selbst gemachte, bemalte Masken, die sie mit Perlen und Bändern schmücken.

ATOMKRAFT
Bulgarien kann seinen Strombedarf nicht durch Kohle- oder Wasserkraftwerke decken, sondern ist auf die Nutzung der Atomkraft angewiesen. Rund 40% des Stroms liefert das Kernkraftwerk Kozloduny. Da es sich dabei um einen alten Reaktor sowjetischen Typs handelt und das Gebiet erdbebengefährdet ist, bezweifelt man im Ausland die Sicherheit der Anlage.

Wirtschaft in Bulgarien

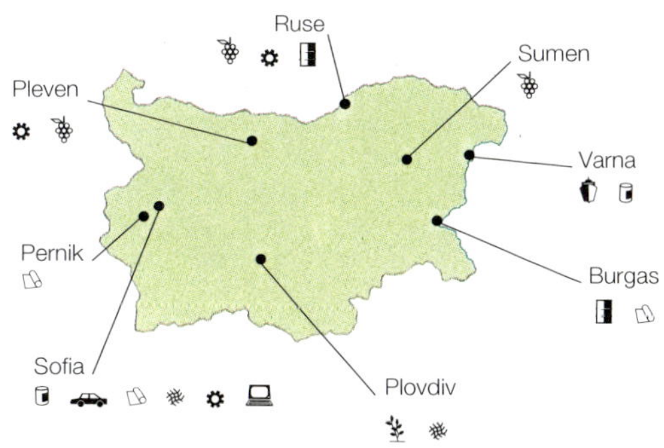

WIRTSCHAFT
Bulgariens Kohle- und Eisenvorkommen reichen für die im Land ansässige Schwerindustrie nicht aus. Früher konnte Bulgarien diese Rohstoffe preisgünstig aus der Sowjetunion beziehen, heute muss es sie teuer auf dem Weltmarkt kaufen. Mit Hilfe westlicher Kredite versucht man neue Industriezweige wie die Computertechnologie aufzubauen. Bedeutend sind auch die Textil- und Nahrungsmittelherstellung.

Zum Weiterlesen

ZERFALL DER UDSSR *136*
STAATEN IN OSTEUROPA *80*
POLITISCHE SYSTEME *270–271*

GRIECHENLAND

GRIECHENLAND
Hauptstadt: Athen
Lage: 20°–28° östl. Länge, 35°–42° nördl. Breite
Fläche: 131 957 km²
Einwohner: 10 400 000
Amtssprache: Griechisch
Religionen: Griechisch-orthodoxe 97%, andere 3%
Staatsform: Parlamentarische Republik
Währung: Drachme
Analphabetenrate: 7%
Lebenserwartung: 78 Jahre
Einwohner pro Arzt: 580

Am Südende der Balkanhalbinsel liegt Griechenland, einer der ältesten Staaten Europas. Hier entwickelten sich die erste Hochkultur des Kontinents und die erste Demokratie der Welt. Griechische Philosophie und Kunst prägten das Abendland. Doch seit dem 4. Jh. v. Chr. wurde das Land überwiegend von fremden Mächten beherrscht. Erst 1832 erlangte es seine Unabhängigkeit vom Osmanischen Reich. Das gebirgige Land, zu dem auch rund 2 000 im Ägäischen Meer verstreute Inseln gehören, besitzt kaum Bodenschätze und zählt zu den ärmsten Mitgliedern der Europäischen Union. Griechenlands Handelsflotte gehört zu den größten der Welt. Sie trägt zusammen mit dem Tourismus entscheidend zur Wirtschaft des Landes bei.

Herkunftsländer der Griechenland-Touristen

Die meisten Besucher Griechenlands kommen aus Europa, viele aber auch aus Nordamerika, Australien oder Japan.

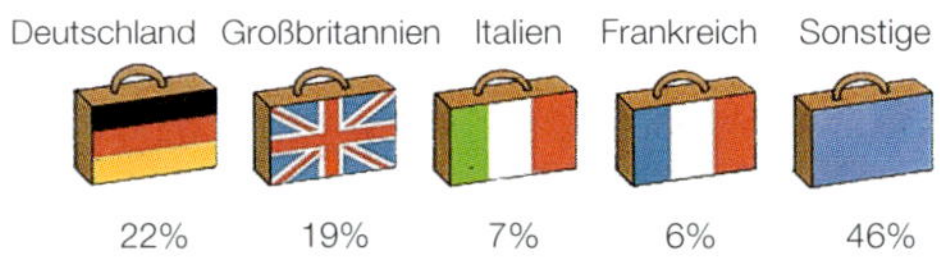

SCHIFFFAHRT

In Griechenland stellt das Schiff noch immer das einfachste und billigste Transportmittel dar. Unzählige Fährschiffe verbinden die kleinen Inseln untereinander und mit dem Festland. Sie befördern Versorgungsgüter, Autos und Personen. Griechische Reeder haben eine große Handelsflotte aufgebaut, die weltweit tätig ist.

Segnung von Ikonen an Ostern

GRIECHISCH-ORTHODOXE KIRCHE

Fast alle Bewohner des Landes gehören der griechisch-orthodoxen Kirche an. Diese ging aus der christlichen Kirche des Byzantinischen Reiches hervor, die sich 1054 von der römisch-katholischen Kirche trennte. Da die griechisch-orthodoxe Kirche keine Skulpturen erlaubt, schmücken ihre Gotteshäusern nur Bilder von Heiligen oder biblischen Szenen.

TOURISMUS

Jährlich besuchen rund 8 Mio. Touristen Griechenland. Besonders beliebt sind die sonnigen ägäischen Inseln mit ihrem angenehmen Klima, aber auch die weltbekannten historischen Stätten locken viele Besucher an. Festland und Inseln sind für den Fremdenverkehr gut erschlossen. In Hotels, Läden und Restaurants finden Tausende von Menschen Arbeit. Die Regierung unterstützt den weiteren Ausbau des Tourismus, indem sie den Bau von Hotels fördert. Auf einigen Inseln nahm die touristische Entwicklung jedoch solche Ausmaße an, dass heute erheblicher Wassermangel besteht oder andere Umweltprobleme auftreten.

Badestrand auf der Insel Samos

Oliven werden gewaschen und in Öl eingelegt.

Oliven können grün oder schwarz gegessen werden, zur Ölgewinnung müssen sie jedoch reif (schwarz) sein.

Für die Herstellung von Olivenöl werden die Früchte zu einem Brei zerstampft und anschließend gepresst.

ATHEN

Über der griechischen Hauptstadt erhebt sich die Akropolis mit den Ruinen des Parthenon-Tempels. Die Wohnviertel der Stadt sind modern. Athen gehört zu den Städten, die am stärksten von Luftverschmutzung betroffen sind. Häufig liegt dichter Smog über der Stadt. Daher werden an bestimmten Wochentagen keine Autos mehr in die Innenstadt gelassen.

Olivenbäume können mehrere hundert Jahre alt werden.

Die Olivenernte findet im Herbst statt. Die Bäume werden geschüttelt, die Früchte fallen in die ausgebreiteten Netze und werden eingesammelt.

LANDWIRTSCHAFT

Nur ein Drittel der Landesfläche eignet sich für den Ackerbau, aber selbst diese Böden sind relativ schlecht. In Griechenland arbeiten noch 22% der Erwerbstätigen in der Landwirtschaft, mehr als in jedem anderen Land der Europäischen Union. Es werden hauptsächlich Oliven angebaut, die vor allem in Hanglagen wachsen. Griechenland ist nach Italien und Spanien der drittgrößte Erzeuger von Olivenöl. Auch Zitrusfrüchte, Feigen, Baumwolle, Tomaten, Tabak und Wein werden in größerem Umfang angebaut. Besonders in den unwegsamen Bergregionen gibt es noch viele Hirten, die mit ihren Schaf- oder Ziegenherden umherziehen.

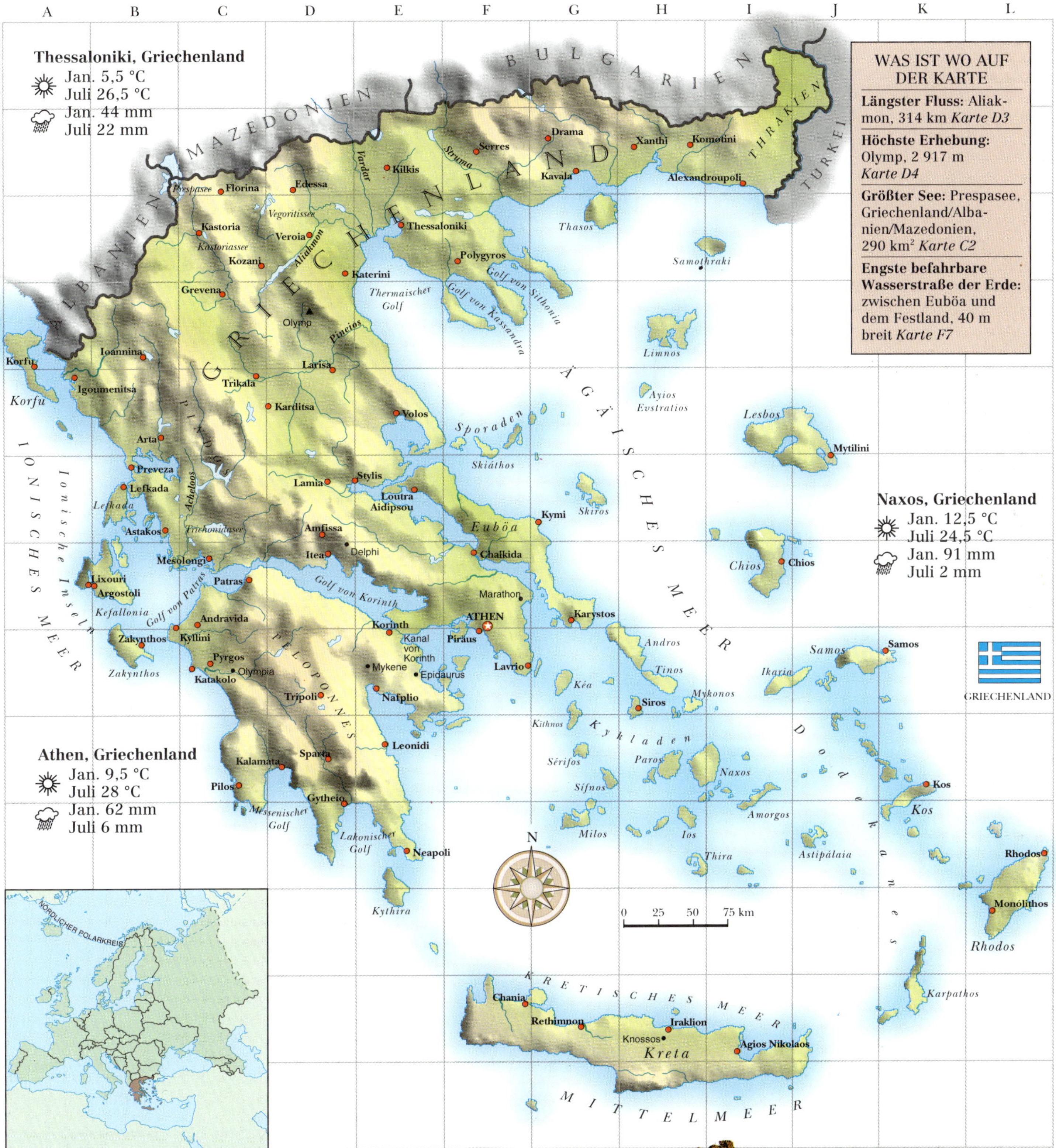

ANTIKES GRIECHENLAND
In Griechenland sind noch viele Tempel und Bauwerke aus der Vergangenheit des Landes zu bewundern. Schon um das Jahr 2 000 v. Chr. existierten auf der Insel Kreta und in Mykene auf dem Festland antike Hochkulturen. Im 5. Jh. v. Chr. entstanden mächtige Stadtstaaten wie Athen und Sparta. Die griechischen Philosophen, Mathematiker, Architekten und Schriftsteller hinterließen Werke von immenser Bedeutung.

Die klassische Vergangenheit Griechenlands ist in Bauwerken wie dem Apollo-Tempel in Delphi lebendig.

Zum Weiterlesen
EUROPÄISCHE UNION *81, 273*
LANDSCHAFTEN AM MITTELMEER *79*
ORTHODOXE KIRCHE *274*
WEINANBAU *99*

ASIEN

Asien erstreckt sich von der eisigen Arktis bis in die heißen Regionen am Äquator und ist damit der größte Kontinent unseres Planeten. In der gewaltigen Gebirgskette des Himalaja ragen die höchsten Berge der Erde auf. Ein großer Teil der Landesfläche, vor allem in Südwest- und Zentralasien, besteht aus eintönigen Wüsten und ausgedehnten Hochebenen wie dem Hochland von Tibet. Asien besitzt aber auch einige der fruchtbarsten Anbaugebiete der Erde. Sie liegen hauptsächlich an den großen Flüssen wie Mekong, Indus und Euphrat. Südostasien ist überwiegend gebirgig. In seinen tropischen Regenwäldern, einem ganz besonderen und empfindlichen Ökosystem, leben zahllose Tier- und Pflanzenarten. Im Bereich des Äquators sind dem Kontinent Tausende Inseln vorgelagert. Die meisten von ihnen entstanden durch vulkanische Aktivitäten.

SIBIRIEN
In Sibirien, dem asiatischen Teil der Russischen Föderation, herrscht im Winter bittere Kälte. Im Norden liegt die Tundra mit ihren Dauerfrostböden, die noch seit der letzten Eiszeit gefroren sind. In der Erde lagern riesige Rohstoffvorkommen, die aber nur schwer abzubauen sind. Im Süden Sibiriens dehnt sich die Taiga aus, die größte Nadelwaldzone der Erde. Sie geht nach Süden in Baum- und schließlich in Grassteppe über. Dieser Steppengürtel ist die wichtigste Landwirtschaftsregion der Russischen Föderation.

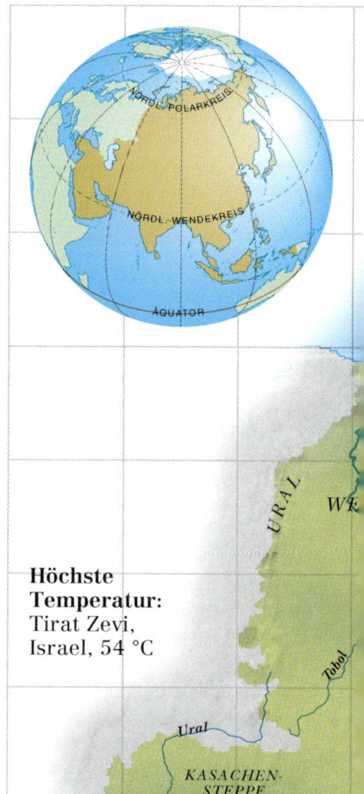

Höchste Temperatur:
Tirat Zevi, Israel, 54 °C

DER JANGTSEKIANG
Der längste Fluss Asiens entspringt im Hochland von Tibet und fließt fast nur durch Bergland. In seinem letzten Abschnitt folgt er dem südlichen Rand der Großen Ebene Chinas, bis er in das Ostchinesische Meer mündet. In flacheren Gebieten nutzt man sein Wasser zur künstlichen Bewässerung. Überflutungen forderten schon Tausende Todesopfer.

WÜSTEN ZENTRALASIENS
Im Unterschied zu vielen anderen Wüsten sind in der Takla Makan und der Wüste Gobi in Zentralasien die Sommer heiß und die Winter extrem kalt. Beide Wüsten bestehen überwiegend aus kahlen Felsen und großen Wanderdünen. Die Vegetation ist spärlich; eine Ausnahme bilden nur Flusstäler wie hier in der Takla Makan.

Zweihöckriges Kamel mit Winterfell

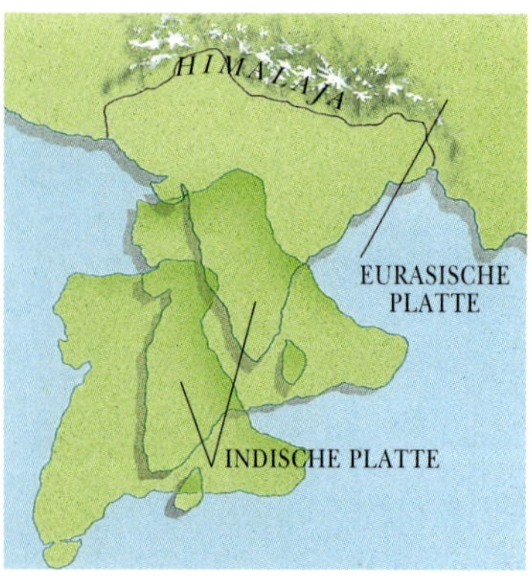

DER HIMALAJA
Wie eine gewaltige Barriere erhebt sich der Himalaja (rechts) zwischen dem indischen Subkontinent und dem Hochland von Tibet. In dieser Gebirgskette, deren Gipfel das ganze Jahr über schneebedeckt sind, ragt auch der Mount Everest auf – der höchste Berg der Erde. Der Himalaja entstand vor etwa 50 Mio. Jahren, als sich die Indische Kontinentalplatte auf die Eurasische Platte zubewegte. Dabei wurden die dicken Sedimentschichten des zwischen diesen Platten liegenden Meeres zusammengedrückt und aufgefaltet. Schließlich schob sich die Indische über die Eurasische Platte, bis die Erdkruste in diesem Bereich doppelt so dick war wie zuvor: Der Himalaja war geboren.

Tiefste Temperatur:
Werchojansk, Russische Föderation, –68 °C

WAS IST WO AUF DER KARTE

Fläche: 44 680 718 km²

Höchste Erhebung: Mt. Everest, China/Nepal, 8 848 m *Karte H11*

Längster Fluss: Jangtsekiang, China, 5 520 km *Karte K10*

Größter See: Kaspisches Meer, Aserbaidschan/Iran/Turkmenistan/Kasachstan/Russische Föderation, 378 400 km² *Karte D8*

Größte Insel: Borneo, 743 250 km *Karte K14*

FEUERGÜRTEL
Da es an den Kontinentalrändern und auf den Inseln rund um den Pazifischen Ozean häufig zu Vulkanausbrüchen kommt, bezeichnet man diese Region als »Feuergürtel«. Der größte Ausbruch ereignete sich im Jahr 1883 auf der Insel Krakatau. Diese Insel, die westlich von Java liegt, wurde damals regelrecht gesprengt und auf ein Drittel ihrer ursprünglichen Größe verkleinert. 1928 regte sich hier ein zweiter Vulkan. Ihn nannte man »Anak Krakatoa« (»Sohn des Krakatau«).

BEVÖLKERUNG ASIENS

Asien ist der bevölkerungsreichste Kontinent der Erde. Menschen verschiedenster Herkunft und Abstammung haben im Lauf der Geschichte zur kulturellen Vielfalt dieses Erdteils beigetragen. Vor Jahrtausenden entstanden hier bereits die ersten Hochkulturen der Menschheit. In Mesopotamien, dem Zweistromland zwischen Euphrat und Tigris, wurden ab 5000 v. Chr. erstmals Städte angelegt und man entwickelte die erste Schrift. Weitere Hochkulturen gab es in Indien im Flusstal des Indus und in China. Heute leben in Asien etwa zwei Drittel der Weltbevölkerung, und zwar überwiegend im Süden und Osten des Kontinents. Die meisten Menschen wohnen und arbeiten auf dem Land, der Anteil der städtischen Bevölkerung nimmt jedoch seit Jahrzehnten in erschreckendem Maße zu.

FRÜHE HOCHKULTUREN
Die ersten Hochkulturen entstanden in Mesopotamien, einer Region, die man heute als »Fruchtbarer Halbmond« bezeichnet. Sie erstreckt sich in einem Bogen vom Persischen Golf bis zum Mittelmeer. Überreste der hoch entwickelten Kultur dieses Gebiets sind z. B. die Steinreliefs in Persepolis, der Hauptstadt des Perserreichs.

Bevölkerung: ungefähr 3,5 Mrd. Menschen (inklusive der gesamten Russischen Föderation)

Anzahl der Staaten: 48

Größtes Land:
Russische Föderation; ihr asiatischer Teil nimmt 13 444 498 km² ein.

Am dünnsten bevölkertes Land: Mongolei, 1 Einwohner pro km²

Am dichtesten bevölkertes Gebiet: Hongkong, 5 798 Einwohner pro km²

Kleinstes Land: Malediven, 298 km²

UNBEWOHNTE EBENEN
Weite Gebiete Asiens sind menschenleer. Mit einer Bevölkerungsdichte von nur 1 Einwohner pro km² ist die Mongolei das am dünnsten besiedelte Land der Welt.

WACHSENDE STÄDTE

Die Einwohnerzahl der asiatischen Städte steigt rasch. In den überquellenden Metropolen leben heute auf engem Raum manchmal mehr als 10 Mio. Menschen. Diese Städte werden künftig noch schneller wachsen, da die Bevölkerung explosionsartig zunimmt. Außerdem wandern ständig Menschen aus den armen ländlichen Gebieten in die städtischen Ballungsräume, um dort Arbeit zu suchen. Die Lebensbedingungen der Menschen verschlechtern sich dadurch zunehmend.

Überfüllte Straße in der indischen Hauptstadt Neu-Delhi. Indien zählt zu den am dichtesten bevölkerten Ländern der Erde.

GRÖSSTE STÄDTE IN ASIEN	
Tokio, Japan	18,1 Mio.
Shanghai, China	13,4 Mio.
Kalkutta, Indien	11,8 Mio.
Bombay, Indien	11,2 Mio.
Seoul, Südkorea	11,0 Mio.

Bevölkerungsdichte

Die Zahlen im Diagramm geben die Einwohnerzahl pro km² an. Zum Vergleich werden auch außerasiatische Länder angeführt.

BEVÖLKERUNGSDICHTE

Weite Gebiete im Nahen Osten und in Zentralasien sind menschenleer, da sie sich wegen ihres ungünstigen Klimas nicht zur Besiedlung eignen. Der größte Teil der Bevölkerung lebt in den fruchtbaren Flusstälern und im Küstentiefland Süd- und Ostasiens. Abgesehen vom kleinen Stadtstaat Singapur ist Bangladesch mit 830 Einwohnern pro km² das am dichtesten besiedelte Land Asiens.

Jordanischer Beduine mit Frau. Muslime können große Familien haben.

In China erhalten Ein-Kind-Familien Wohnungen und viele staatliche Vergünstigungen.

BEVÖLKERUNGSWACHSTUM

Zwei von drei Menschen leben in Asien. Sieben der am dichtesten bevölkerten Länder der Welt liegen auf diesem Kontinent. China und Indien stellen zusammen rund 40% der Weltbevölkerung. In China betrieb man gegen die im Volk tief verwurzelte Tradition der Mehr-Kind-Familie eine strikte Familienpolitik. Jedes Ehepaar sollte nur ein Kind haben. Wer weitere Kinder bekam, musste mit Nachteilen rechnen. So konnte die Zunahme der Bevölkerung verlangsamt werden. Indien dagegen hatte mit seinen Aufklärungsaktionen nur wenig Erfolg. Auch in vielen anderen Ländern ist das Wachstum ungebrochen. Im Jahr 2 000 werden in Indien mehr als 1 Mrd. Menschen leben, in Indonesien über 220 Mio. Menschen.

FLUSSTÄLER

Die ersten Siedlungen entstanden in Flusstälern, wo Feldfrüchte angebaut werden konnten. Über Kanäle leiteten die Bauern das Wasser zu ihren Feldern. Noch heute sind in Süd- und Ostasien die Flüsse von großer Bedeutung. Sie liefern Trinkwasser, werden zur künstlichen Bewässerung und zur Stromerzeugung genutzt. Darüber hinaus spielen sie auch für den Güter- und Personentransport eine wichtige Rolle.

Größte Reisproduzenten der Erde (1991)

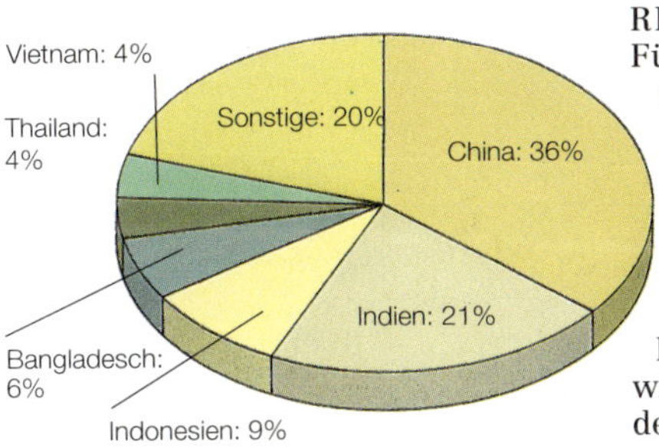

REIS

Für die Hälfte der Weltbevölkerung ist Reis das wichtigste Grundnahrungsmittel. 90% der Ernte werden in Asien erzeugt und dort auch verbraucht. Ein Rückgang der Reisproduktion würde zu Hungerkatastrophen führen. Der Reis gehört zur Familie der Gräser. Seine Körner sitzen in bis zu 50 cm langen Rispen. Er stammt aus Südostasien und wird dort schon seit 7 000 Jahren kultiviert. Um den steigenden Bedarf zu decken, wurden in den letzten Jahrzehnten immer ertragreichere Sorten gezüchtet. Diese entstanden im Rahmen der »Grünen Revolution«, die durch wissenschaftliche Forschung und moderne Technik eine Steigerung der landwirtschaftlichen Produktion anstrebt.

BEVÖLKERUNG ASIENS

Manche Länder Asiens, wie z. B. Japan und China, sind seit langem unabhängig, andere erlangten dagegen erst vor recht kurzer Zeit ihre staatliche Eigenständigkeit. Noch zu Beginn unseres Jahrhunderts wurden der größte Teil des Mittleren Ostens, der gesamte indische Subkontinent und weite Gebiete Ostasiens von europäischen Mächten beherrscht. Doch das Bedürfnis nach Unabhängigkeit wuchs und schließlich gelang es den Bewohnern zahlreicher Länder die Kolonialherrschaft zu beenden. Seitdem kam es in vielen Ländern zu enormem wirtschaftlichem Aufschwung. Dieser hat zusammen mit den starken Einflüssen westlicher Kultur die traditionellen Gesellschaften Asiens tiefgreifend verändert.

UNABHÄNGIGKEIT
In vielen asiatischen Ländern, wie z. B. hier in Pakistan (oben), finden jedes Jahr am Unabhängigkeitstag große Feiern statt. Indien erlangte seine Unabhängigkeit durch gewaltlosen Widerstand. Andere Staaten, unter anderem auch Myanmar, mussten sich die Unabhängigkeit gewaltsam erkämpfen.

Die ehemalige UdSSR
Diese Karte zeigt die frühere Sowjetunion und ihre 15 Teilrepubliken.

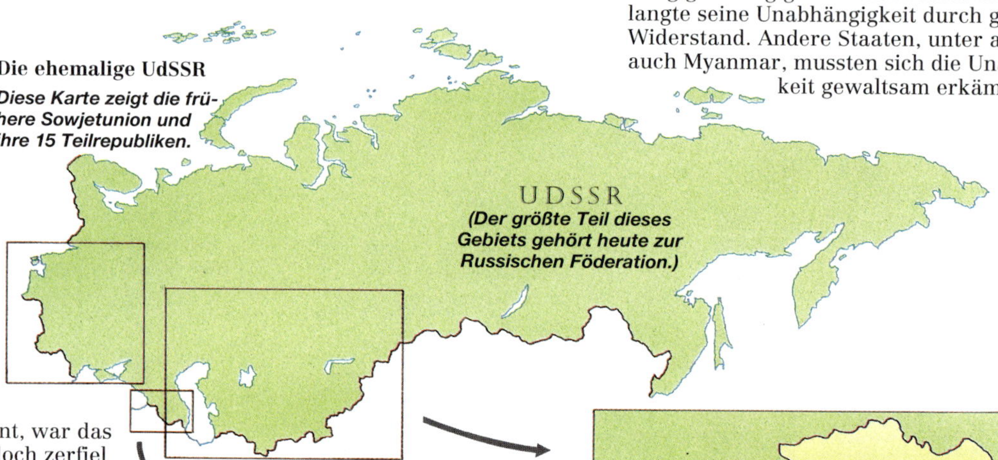

ZERFALL DER UDSSR
Die Sowjetunion, UdSSR genannt, war das größte Land der Welt. 1991 jedoch zerfiel sie und ihre 15 Teilrepubliken erklärten sich zu unabhängigen Staaten. Neun dieser Staaten liegen in Europa, sechs in Asien. Da diese Länder nun nicht mehr in ein großes gemeinsames Wirtschaftssystem eingebunden sind, müssen sie sich auf dem Weltmarkt behaupten. Der Zusammenbruch der UdSSR befreite mehrere Länder in Osteuropa von der sowjetischen Vorherrschaft.

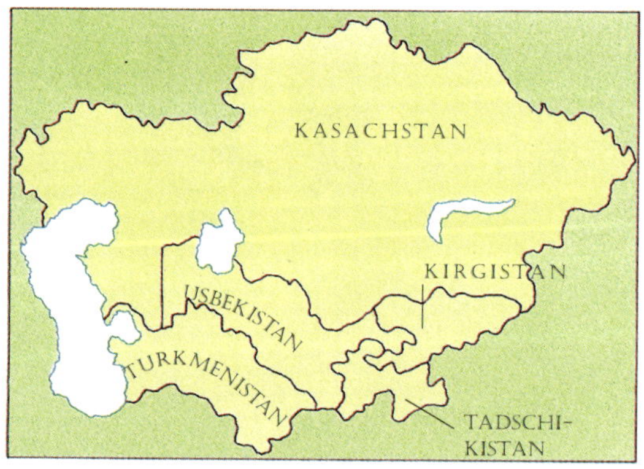

WELTRELIGIONEN
In Asien entstanden alle großen Weltreligionen – der Hinduismus, der Buddhismus, das Christentum und der Islam. Auch heute noch haben diese Religionen für die Völker Asiens eine große Bedeutung. Alle Religionen verlangen von ihren Gläubigen Bescheidenheit und Opferbereitschaft. Diese Eigenschaften sollen die Hinwendung der Menschen zu Gott und ihre Erlösung bewirken. Ihnen wird daher ein hoher Stellenwert zugesprochen.

Tempel in Thailand: Der Buddhismus ist die wichtigste Religion.

In Thailand leben viele junge Männer einige Monate lang im Kloster.

Die tschetschenische Hauptstadt Grosny wurde 1994 von russischen Truppen weitgehend zerstört.

NATIONALE KONFLIKTE
In mehreren Teilen der ehemaligen Sowjetunion brachen nach dem Zerfall des großen Machtblocks lange unterdrückte Spannungen zwischen den unterschiedlichen Volksgruppen auf. In einigen Gebieten der Russischen Föderation bilden die Russen eine Minderheit gegenüber den einheimischen Völkern. Häufiger wurden sie auch eigens dort angesiedelt, um die fremden Völker unter Kontrolle zu halten. Das bekannteste Beispiel ist Tschetschenien, wo nur ein Drittel der Bevölkerung russisch ist. Seit dem Auseinanderbrechen der UdSSR kämpfen die Tschetschenen um ihre Unabhängigkeit von den Russen. Die russische Regierung ist jedoch nicht bereit eine Abspaltung der Tschetschenen oder anderer unzufriedener Völker hinzunehmen, da dies auch zum Auseinanderbrechen des Vielvölkerstaats Russland führen könnte.

WERTEWANDEL
In vielen asiatischen Gesellschaften treffen heute die traditionellen, ländlich und religiös geprägten Vorstellungen auf eine von Geld und Gewinn bestimmte, westlich orientierte Lebensweise. Da sich viele Länder immer stärker europäischen und amerikanischen Einflüssen öffnen, werden die alten Lebensformen zunehmend in Frage gestellt. Die Gesellschaften reagieren darauf ganz unterschiedlich: Im Iran beispielsweise wehrten sich die religiösen Führer gewaltsam gegen die unter dem Schah vorangetriebene Verwestlichung. Dies führte schließlich zur Ausrufung einer Islamischen Republik, an deren Spitze hohe Geistliche stehen. Die Bewegung ging von Ayatollah Khomeini aus, der das Staatsoberhaupt des Iran wurde.

Islamische Fundamentalisten im Iran waren glühende Anhänger der Regierung von Ayatollah Khomeini.

ERDÖL
Bis zur Entdeckung der Erdölvorkommen waren die meisten Länder im Nahen und Mittleren Osten sehr arm. Das Öl veränderte ihre Situation jedoch grundlegend. Über die Hälfte der Ölreserven unserer Erde sowie ein Drittel der Erdgasvorkommen liegen in dieser Region. Der Export von Erdöl und Erdgas brachte den Ländern am Persischen Golf beträchtlichen Wohlstand.

In den Straßen Tokios wird der starke Einfluss des Westens deutlich.

WESTLICHER EINFLUSS
In manchen Ländern vollzieht sich der Wandel in der Gesellschaft langsam und ohne größere Konflikte. Er gilt in Japan als Möglichkeit neue Abhängigkeiten von Europa zu vermeiden. Hier wurde zwar die westliche Marktwirtschaft übernommen, gleichzeitig versuchte man aber auch die alten japanischen Werte zu bewahren. Sogar in China, das sich lange westlichen Einflüssen verschloss, hat der Kapitalismus Einzug gehalten.

Die roten Flächen zeigen die aufstrebenden Industrienationen Südostasiens.

KLEINE TIGER
In den vergangenen 20 Jahren gelang einigen Ländern Südostasiens ein enormer wirtschaftlicher Aufschwung. Aufgrund der schnellen Entwicklung ihrer Wirtschaft bezeichnet man sie auch als »Kleine Tiger«. Billige Arbeitskräfte in großer Zahl und strenge Regierungen, die Sicherheit im Land versprachen, zogen ausländisches Kapital an. Dieses Geld ermöglichte eine rasche Industrialisierung der betreffenden Länder.

Kasachische Nomaden im Norden Chinas vor ihrem Zelt, der »Jurte«

NOMADEN
Der Zusammenbruch der UdSSR führte bei einigen Nomadenstämmen zur Wiederbelebung der traditionellen Lebensweise. Erzeugnisse wie Filz, aus dem die Nomaden ihre runden Zelte (Jurten) bauen, stellt man heute wieder von Hand her, denn sie werden nicht mehr in Fabriken produziert. Auf ihren Wanderungen transportierten die Nomaden in jüngster Vergangenheit ihre Habseligkeiten mit Autos. Seit aber Benzin knapp geworden ist, setzen sie Kamele und Pferde ein.

DIE ROLLE DER FRAU
Das Leben der Frauen dieses Kontinents wird von Kultur, Religion und Politik der einzelnen Länder beeinflusst. In einigen Gebieten, wie z. B. in Indien und in den islamischen Ländern des Nahen und Mittleren Ostens, arbeiten überwiegend die Männer in der Landwirtschaft und in den Fabriken. Die Frauen dagegen kümmern sich um die häuslichen Belange. In südostasiatischen Ländern wie Indonesien tragen viele Frauen zum Lebensunterhalt bei. Das gilt auch für muslimische Frauen, da hier die Gesetze des Islam freier gehandhabt werden. In kommunistischen Staaten wie China und Nordkorea sowie in den früheren Teilrepubliken der UdSSR stellen Frauen einen großen Anteil an der Zahl der Erwerbstätigen.

Erwerbstätige Frauen

Diagramm erwerbstätiger Frauen und Männer in einzelnen Ländern

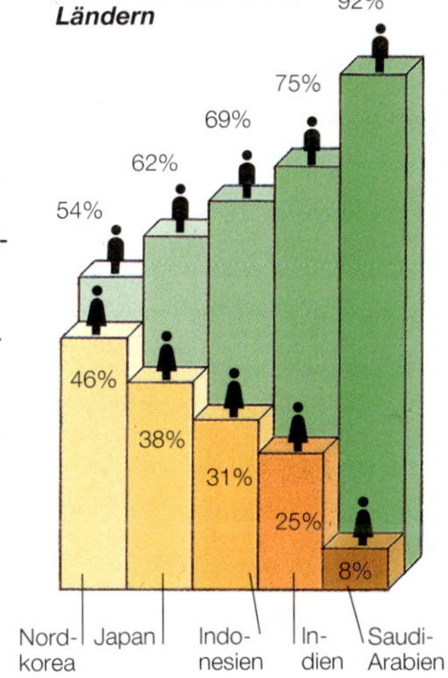

RUSSISCHE FÖDERATION

Über zwei Kontinente – Europa und Asien – erstreckt sich die Russische Föderation. Sie ist mit weitem Abstand das größte Land der Welt. Unwirtliches Klima und schwierige Lebensbedingungen sind die Ursache, dass vor allem der Norden Russlands nur sehr dünn besiedelt ist. Doch es besitzt auch fruchtbares Ackerland und reiche Rohstoffvorkommen. Früher war das Land das Herzstück und das politische Zentrum der Sowjetunion (UdSSR). Nach dem Zusammenbruch des Kommunismus löste sich die UdSSR im Jahr 1991 auf und ihre Teilrepubliken erklärten sich zu unabhängigen Staaten. Die Regierung der danach neu entstandenen Russischen Föderation bemüht sich eine Demokratie nach westlichem Vorbild aufzubauen. Durch den Übergang zur Marktwirtschaft sind jedoch eine ganze Reihe sozialer und wirtschaftlicher Probleme entstanden, die nicht einfach zu lösen sein werden.

RUSSISCHE FÖDERATION

Perm
Jan. –17 °C
Juli 19 °C
Jan. 40 mm
Juli 89 mm

St. Petersburg
Jan. –10 °C
Juli 17 °C
Jan. 35 mm
Juli 72 mm

WAS IST WO AUF DER KARTE
Längster Fluss: Lena, 4 261 km *Karte N6*
Höchste Erhebung: Kljutschewskaja Sopka, 4 750 m *Karte T5*
Größter See: Baikalsee, 31 468 km² *Karte M10*
Längste Meeresstraße der Erde: Tatarensund, 800 km lang *Karte S9*

In dem von hohen Ziegelmauern umgebenen Kreml liegen Kirchen mit vergoldeten Kuppeln sowie der große Zarenpalast.

POLITISCHER WANDEL
Der Moskauer Kreml ist umgeben von einer roten Backsteinmauer und thront auf einem Hügel über dem Fluss Moskwa. Seit Jahrhunderten ist der Kreml Sitz der russischen Regierungen. Früher residierten hier die Zaren, die Russland jahrhundertelang beherrschten, 1917 wurde er das Machtzentrum der kommunistischen Regierung. Dieses Regime schuf die Sowjetunion und baute sie zu einer industriellen und militärischen Großmacht auf. Die Bevölkerung musste große Opfer bringen und nicht selten wurde sie vertrieben, verschleppt und verfolgt. Seit dem Ende des Kommunismus hat der Präsident der Russischen Föderation im Kreml seinen Amtssitz.

DIE WOLGA
Die mächtige Wolga entspringt nordwestlich von Moskau und fließt über 3 530 km nach Süden zum Kaspischen Meer. Sie ist der wichtigste Binnenschifffahrtsweg Russlands. Hunderte von Schiffen transportieren hier täglich Güter zu den großen Industrieanlagen, die an ihren Ufern erbaut wurden. Sechs riesige Dämme bilden eine Kette von Stauseen, die Wasser und Elektrizität liefern.

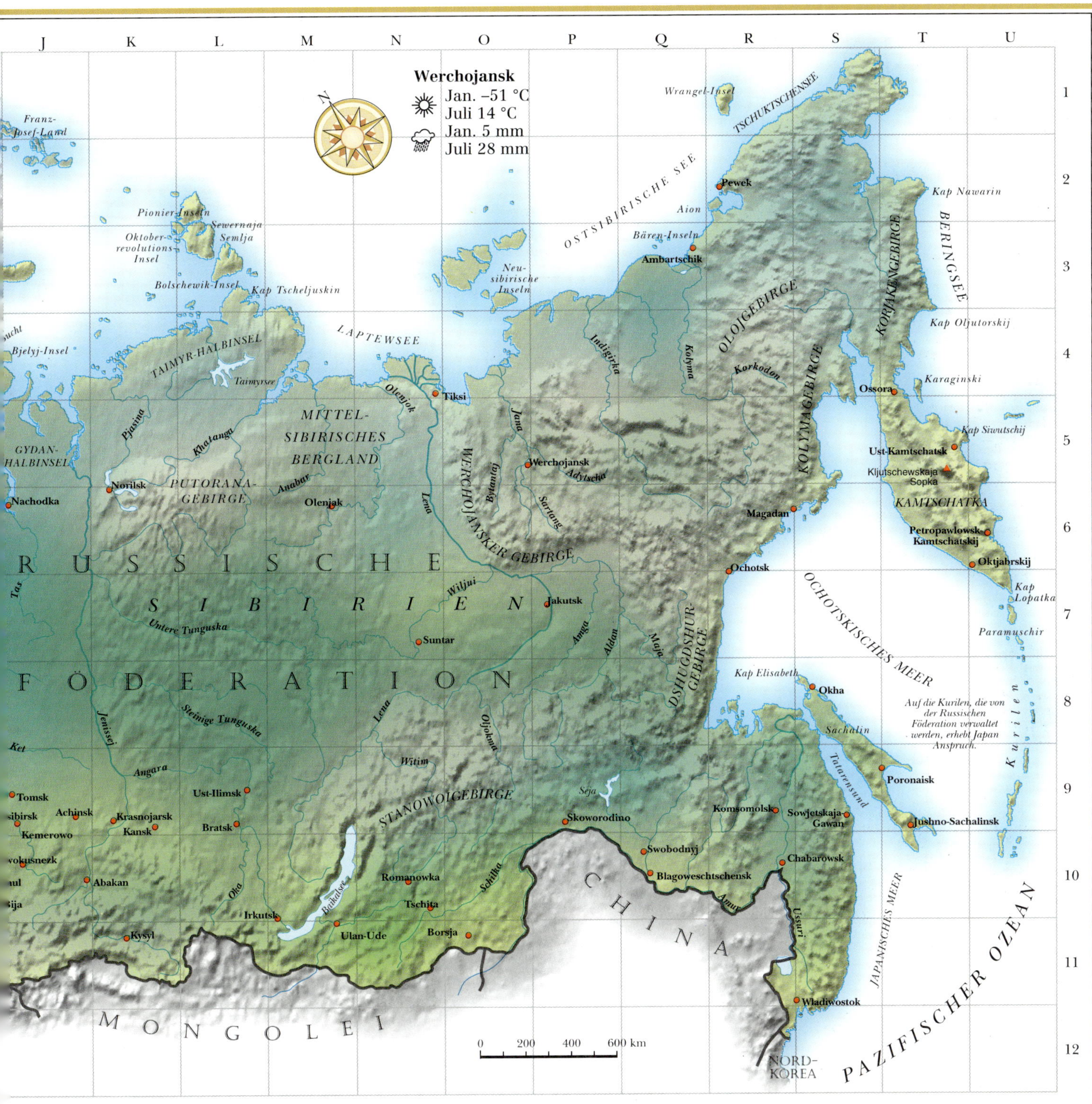

SIBIRIEN

Östlich des Uralgebirges, im asiatischen Teil der Russischen Föderation, liegt Sibirien. Diese unermesslich weite, nur sehr dünn besiedelte Region erstreckt sich bis zum Pazifischen Ozean. Sie ist zum großen Teil mit dichten Nadelwäldern bewachsen. Die Taiga, wie man dieses Gebiet nennt, umfasst ein Viertel des gesamten Holzbestandes der Erde. Nach Norden hin lichtet sich der Wald und das Land geht allmählich in die baumlose Tundra über, in der nur noch Moose und Flechten überleben können. Hier ist der Boden das ganze Jahr über gefroren. Man nennt ihn Dauerfrost- oder Permafrostboden.

SIBIRISCHE TIERWELT

In den sibirischen Wäldern finden viele Tiere, z. B. Rentiere, Bären und Eichhörnchen, Lebensraum und Nahrung. Hier ist auch die größte Tigerart der Erde zu Hause – der Sibirische Tiger, der als Schutz vor der winterlichen Kälte ein dichtes Fell besitzt.

Arktisches Eichhörnchen

RUSSISCHE FÖDERATION

RUSSISCHE FÖDERATION

Hauptstadt: Moskau
Lage: 28° östl. –69° westl. Länge, 41°–82° nördl. Breite
Fläche: 17 075 400 km²
Einwohner: 147 Mio.
Amtssprache: Russisch
Religionen: Russisch-orthodoxe 50%, Juden, Buddhisten, Katholiken
Staatsform: Präsidialrepublik
Währung: Rubel
Analphabetenrate: 2%
Lebenserwartung: 64 Jahre
Einwohner pro Arzt: 210

Über 2 000 km erstreckt sich der Gebirgszug des Ural von Norden nach Süden und trennt den europäischen Teil Russlands im Westen vom asiatischen Teil im Osten. Im europäischen Teil des Staatsgebiets leben mehr als 100 Mio. Menschen, das sind zwei Drittel der gesamten Einwohner Russlands. Die Bevölkerung konzentriert sich in den großen Städten Moskau und St. Petersburg sowie entlang der Wolga. Das Land ist sehr reich an Bodenschätzen. Von diesen lässt sich ein großer Teil aber nur schwer abbauen, da er im ständig gefrorenen Boden lagert. Es wird intensive Landwirtschaft betrieben: Im Norden baut man verschiedene Getreidesorten an, im wärmeren Süden Tabak, Zitrus- und Feldfrüchte.

ST. PETERSBURG
Zar Peter der Große gründete die Stadt als Militärstützpunkt am Fluss Newa. St. Petersburg liegt an der Ostsee und ist Russlands »Tor zum Westen«. Seine vielen Kanäle und Flussarme haben ihm den Namen »Venedig des Nordens« eingebracht. Die glanzvolle Metropole besitzt viele eindrucksvolle Bauten aus der Zeit zwischen 1713 und 1917, als St. Petersburg Hauptstadt Russlands war. In kommunistischer Zeit wurde es zu Ehren des Revolutionsführers Lenin in Leningrad umbenannt. Nach dem Auseinanderbrechen der Sowjetunion erhielt die Stadt 1991 ihren alten Namen zurück.

In Russland werden riesige Mengen Kartoffeln angebaut. Auf den Feldern zieht man Furchen, dann setzt man die Saatkartoffeln mit Maschinen ein.

Die Kartoffeln werden maschinell geerntet.

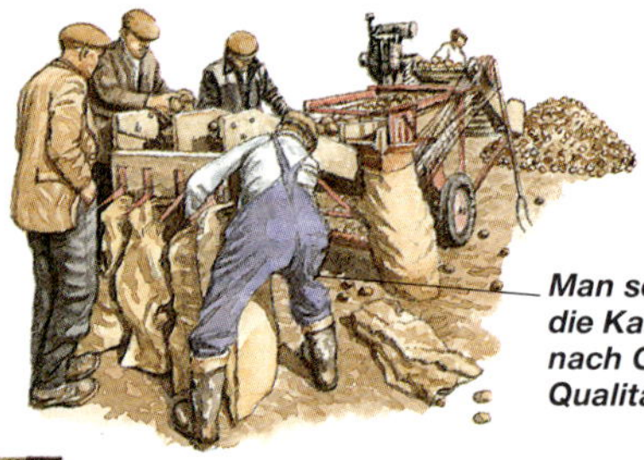

Man sortiert die Kartoffeln nach Größe und Qualität.

LANDWIRTSCHAFT
Wegen der ungünstigen klimatischen Bedingungen können nur 10% der Landfläche Russlands landwirtschaftlich genutzt werden. Das sind vor allem die Gebiete, die man als »Fruchtbares Dreieck« (siehe Karte rechts) bezeichnet. Russland ist der führende Erzeuger von Roggen, Hafer, Gerste und Kartoffeln und der viertgrößte Weizenproduzent der Erde. In den 50er Jahren wurde im südlichen Zentralrussland ein riesiges, bis dahin brachliegendes Gebiet urbar gemacht. Dank dieser neuen Weizenfelder konnte man die besseren Böden der fruchtbaren Regionen im Westen für den Anbau von Futterpflanzen nutzen.

Fruchtbares Dreieck

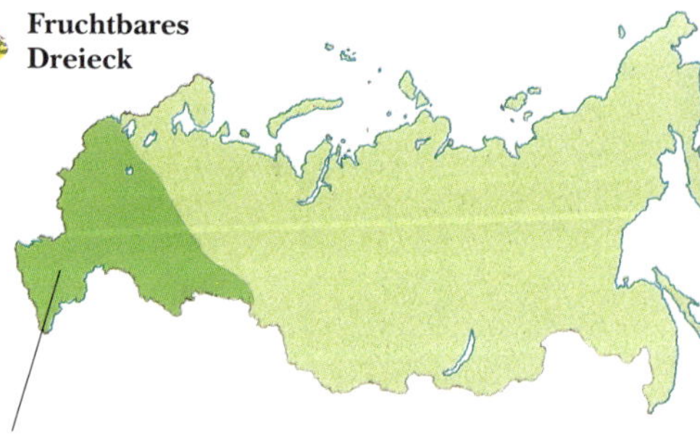

Der Kartoffelanbau konzentriert sich im »Fruchtbaren Dreieck«, das sich von St. Petersburg und der Ukraine im Westen bis nach Südsibirien im Osten erstreckt.

RUSSISCHES BALLETT
Aufgrund enger politischer Beziehungen zwischen Paris und St. Petersburg kamen im 18. Jh. Tänzer und Choreografen aus ganz Europa an den Petersburger Hof. Zu Anfang des 20. Jh. erneuerten die Russen das traditionelle Ballett. Weltweite Berühmtheit erlangten das Bolschoi-Ballett aus Moskau und das Kirow-Ballett aus St. Petersburg.

ERSTARKENDE RELIGION
Im kommunistischen »Paradies« hatte die Religion keinen Platz. Die russisch-orthodoxe Kirche wurde daher während der Sowjetzeit vom Staat in jeder Beziehung unterdrückt. Nach dem Zusammenbruch des Kommunismus konnte sie ihre Position wieder verbessern. Seit einigen Jahren werden überall im Land Kirchen und Klöster neu besetzt und die Menschen strömen wieder zahlreich in die Gottesdienste. In einer Zeit tief greifender gesellschaftlicher Veränderungen bietet die russisch-orthodoxe Kirche mit ihren fest gefügten Traditionen vielen Menschen Halt.

Das geistliche Oberhaupt der russisch-orthodoxen Kirche ist der »Patriarch von Moskau und ganz Russland«.

ESSEN UND TRINKEN

Getreide, Kartoffeln, Öl und Zucker sind die Grundnahrungsmittel in Russland. Frisches Obst, Gemüse und Fleisch gelten dagegen als Luxus. In den vergangenen Jahren hat eine verbesserte Versorgung in den großen Städten zur Ausweitung des Angebots geführt.

Wodka, ein klarer Schnaps aus Kartoffeln, ist das russische Nationalgetränk.

Sauerrahm

»Borschtsch« ist eine Suppe mit Rote Bete.

Schwarzbrot aus Hartweizen

DIE TATAREN

Die alte Stadt Kasan an der Wolga ist die Hauptstadt von Tatarstan, der Heimat von fast 2 Mio. Tataren. Dieses Volk stammt von den Mongolen ab, die um 1240 in Russland einfielen, und es gehört dem sunnitischen Islam an. Während der Sowjetzeit wurden die Tataren unterdrückt und ihre Moscheen geschlossen. Heute streben sie – wie viele andere nicht russische Völkerschaften – nach Selbstverwaltung innerhalb der Russischen Föderation. Damit lebt auch das alte Brauchtum der Tataren wieder auf, z. B. das alte Lederhandwerk, das in ganz Osteuropa und in Sibirien hoch geschätzt war. Zur festlichen Tracht der Tataren gehörten beispielsweise Stiefel, die aus feinstem Leder genäht und mit kunstvollen Mustern verziert waren.

INDUSTRIE

Die Sowjetunion gab sehr viel Geld für die Entwicklung der Industrie aus. Sie errichtete riesige Kombinate im eisenerzreichen Uralgebirge und in den Kohlerevieren des Kusbass in Südsibirien. Kohle- und Eisenerzföderung stiegen stetig; die Schwerindustrie und die chemische Industrie hatten absoluten Vorrang vor der Erzeugung von Konsumgütern für den täglichen Gebrauch. Doch für diese rücksichtslose Durchsetzung der Industrialisierung muss Russland heute einen hohen Preis zahlen. Viele seiner Fabriken können mit der westlichen Technik nicht Schritt halten. Für eine Umrüstung fehlt das Geld und so verschmutzen sie weiter die Umwelt durch gefährliche Abgase.

Russische Exporte

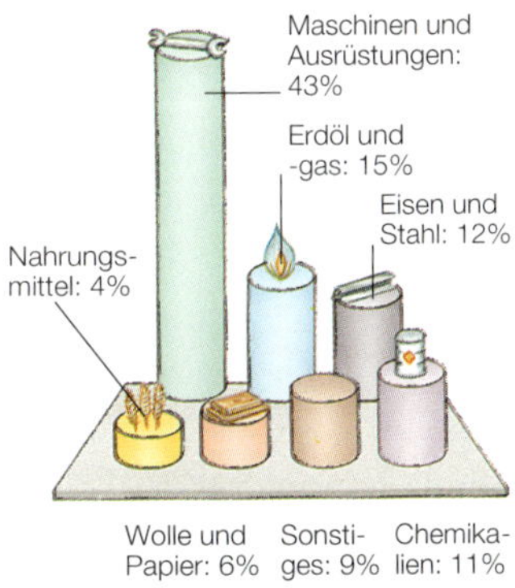

MOSKAUER METRO

In den 30er Jahren wurde unter den Straßen Moskaus ein weit verzweigtes U-Bahn-Netz errichtet. Heute befördert die Moskauer Metro täglich 7 Mio. Fahrgäste. Die Bahnhöfe wurden so tief in die Erde gebaut, dass man sie während des Kriegs auch als Luftschutzbunker nutzen konnte. Viele dieser Bahnhöfe (rechts) sind prunkvoll ausgestattet.

Das Warenangebot in den russischen Städten wächst. Immer mehr neue Läden werden eröffnet.

MARKTWIRTSCHAFT

Die staatlich gelenkte Planwirtschaft brach mit dem Zerfall der UdSSR zusammen. Sie wurde durch eine westlich geprägte, auf Gewinn ausgerichtete Marktwirtschaft ersetzt. Viele Staatsbetriebe werden heute von privaten Unternehmern geführt. Immer mehr ausländische Firmen eröffnen Niederlassungen im neuen Russland.

Diese Arbeiterin hilft in Moskau beim Schneeräumen.

FRAUENARBEIT

Im Zweiten Weltkrieg und in den Arbeitslagern der Stalinzeit starben Millionen russischer Männer. Aus diesem Grund leben heute wesentlich mehr Frauen als Männer in Russland und Frauen stellen die Hälfte der erwerbstätigen Bevölkerung. Kinderbetreuungsstätten und eine gute medizinische Versorgung ermöglichen es Frauen mit Kindern einem Beruf nachzugehen. Viele Frauen arbeiten bei den öffentlichen Verkehrsbetrieben, sie lenken Busse und Trambahnen. In bestimmten Firmen stellen Frauen den Großteil der Belegschaft; auch in akademischen Berufen, z. B. bei Ärzten, Zahnärzten und Lehrern, arbeiten mehrheitlich Frauen.

RUSSISCHE FÖDERATION

Östlich des Uralgebirges liegt Sibirien, der asiatische Teil Russlands. Diese riesige Landmasse ist größer als die USA und Westeuropa zusammen. Die Winter sind hier lang und kalt – in weiten Teilen Sibiriens sinken die Temperaturen tiefer als am Nordpol. Das ganze Gebiet ist mit rund 40 Mio. Menschen nur dünn besiedelt. Im Norden macht der Dauerfrostboden Landwirtschaft unmöglich, im Süden lassen sich einige widerstandsfähige Pflanzen, z. B. Roggen, anbauen. Jahrhundertelang war Sibirien eine unentwickelte Region. Seine Bewohner jagten Tiere für die Versorgung mit Fleisch und Fellen und fingen Fische in den zahlreichen Flüssen. Nur der Pelzhandel mit dem westlichen Russland blühte und einige Salz- und Eisenerzlager wurden ausgebeutet. Erst nach der Entdeckung von Bodenschätzen wie Gold und Diamanten wurde die Region erschlossen.

KAMTSCHATKA
Die Halbinsel Kamtschatka am östlichen Rand Sibiriens gehört zu den abgelegensten Gebieten der Russischen Föderation. Aufgrund ihrer geografischen Nähe zu Japan und den USA wurden hier während der Sowjetzeit viele militärische Einrichtungen aufgebaut. Nach Beendigung des Kalten Kriegs haben die Militärbasen hier jedoch keine so große Bedeutung mehr. Verschiedene Sperrgebiete wurden freigegeben und langsam rückt die traditionelle Lebensweise der Bewohner wieder in den Vordergrund. Die Menschen fischen in den zahlreichen Flüssen, halten Rentiere und jagen Seehunde, Otter oder Bären.

Die wichtigsten Rohstoffvorkommen

ROHSTOFFE
Sibirien ist sehr rohstoffreich; es besitzt große Vorkommen an Erdöl, Erdgas, Kohle, Metallen, Diamanten und Gold. Über die Transsibirische Eisenbahn werden die geförderten Bodenschätze von Sibirien in den europäischen Teil Russlands transportiert. In Westsibirien lagert ein Drittel der weltweiten Erdgasvorräte; außerdem gibt es hier ein riesiges Ölfeld, auf dem täglich 8,4 Mio. Barrel (1 333 Mio. l) Öl gewonnen werden – das sind mehr als zwei Drittel der gesamten russischen Erdölförderung. Die Ausbeutung dieser Bodenschätze wird jedoch durch die klimatischen Bedingungen erschwert. Außerdem ist der Bau von Pipelines über solche weiten Entfernungen ausgesprochen teuer.

Kohle
Gas
Erdöl
Kupfer
Diamanten
Gold
Eisen

Eleganter Speisewagen in der Transsibirischen Eisenbahn

TRANSSIBIRISCHE EISENBAHN
Die Transsibirische Eisenbahn ist die längste durchgehende Schienenstrecke der Welt. Sie beginnt im Moskauer Bahnhof Jaroslawl und verläuft über eine Länge von 9 337 km nach Wladiwostok. Die Züge durchqueren auf ihrer achttägigen Fahrt acht Zeitzonen. Da die 1893–1903 gebaute Strecke in den letzten Jahrzehnten überlastet war, baute man weiter südlich die Baikal-Amur-Magistrale (BAM).

VERBOTENE STÄDTE
In der Sowjetzeit waren mehrere Städte aus Sicherheitsgründen für ausländische Besucher gesperrt. Dazu gehörte Wladiwostok (links), wo wichtige Militär- und Industrieanlagen untergebracht waren. Hier wurden chemische und nukleare Waffen erforscht. Einige dieser Städte waren geheim, d. h., sie erschienen auf keiner Landkarte und wurden vom Militär bewacht. Die meisten gesperrten Städte sind heute zugänglich, die geheimen nicht.

Die lackierten Kästchen werden bunt bemalt.

KUNST UND KULTUR
Das Wiederaufleben nationaler Gefühle führte zu einem verstärkten Interesse am traditionellen Kunsthandwerk. Beliebt sind z. B. Kästchen aus Holz oder Papiermaché, die lackiert und anschließend mit Miniaturen bemalt werden.

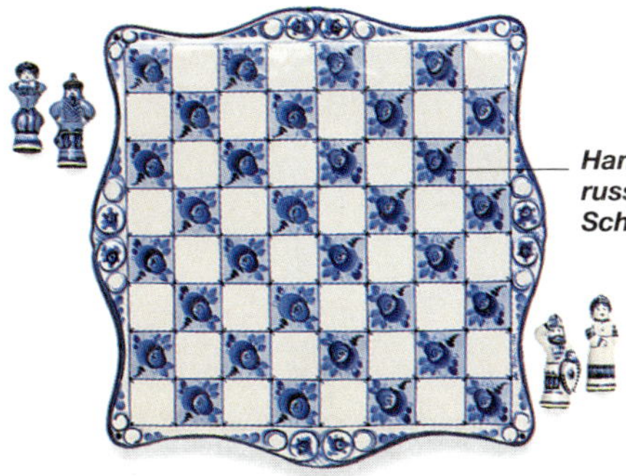

Handbemaltes russisches Schachspiel

SCHACH

Das »Spiel der Könige« war in Russland so beliebt, weil man damit die langen Winterabende verbringen konnte. Auch heute noch ist Schach weit verbreitet. Russische Großmeister wie Karpow oder Spasskij beherrschten die Weltmeisterschaftsturniere. Bei wichtigen Wettkämpfen werden auf den Plätzen großer Städte riesige Schachbretter aufgestellt, damit das Publikum die Züge mitverfolgen kann.

FORSTWIRTSCHAFT

Die Wälder der Taiga liefern den Rohstoff für die Papier- und Möbelindustrie und bieten dadurch vielen Menschen Arbeit. Auch für den Holzeinschlag braucht man eine große Zahl von Arbeitskräften. In der Vergangenheit wurden vor allem die besser zugänglichen, nördlichen Gebiete ausgebeutet. Diese sind inzwischen jedoch größtenteils abgeholzt und Jungbäume brauchen hier 80 Jahre, bis sie zu einer wirtschaftlich interessanten Größe herangewachsen sind. Daher verlagerte sich das Zentrum der Forstwirtschaft in den Süden und den Osten Sibiriens. Der Holzeinschlag konzentriert sich heute auf die Gegend um den Baikalsee und den Amur, kurz vor dessen Mündung in den Pazifischen Ozean.

LEBEN IN DER KÄLTE

Die Jakuten im Osten Sibiriens sind das Leben in der Kälte gewohnt, denn hier fällt das Thermometer im Winter bis auf –43 °C. Motoren lässt man 24 Stunden am Tag laufen, um zu verhindern, dass sie einfrieren. Trinkwasser wird gewonnen, indem man große Eisblöcke aus den Flüssen heraushackt und schmelzen lässt. Auch während des kurzen Sommers bleibt der Boden fast überall gefroren. Die charakteristischen Holzhäuser der sibirischen Region stehen meist auf einem zusätzlichen Unterbau, um eine Beschädigung durch Frost und aufsteigende Feuchtigkeit zu verhindern.

Fensterrahmen sind häufig kunstvoll verziert.

Nahrung wird vor dem Fenster in Beuteln eingefroren und bei Bedarf aufgetaut.

Die Jakuten leben im Norden Sibiriens von der Rentierzucht, im Süden von der Rinderhaltung.

Die Jakuten tragen im Winter mehrere Lagen warmer Fell- und Pelzkleidung. Die Stiefel sind aus Rentierfellen gefertigt.

Milch gibt es in tiefgefrorenen Blöcken zu kaufen. An einem hölzernen Griff kann man sie bequem tragen.

Hunde- oder Rentierschlitten sind die traditionellen Transportmittel der Jakuten.

Fenster sind dreifach verglast, um die Kälte abzuhalten. Die Luft zwischen den drei Glasscheiben wirkt isolierend.

Dicke Pelzmützen schützen auch die Ohren vor der Kälte.

PELZTIERZUCHT

Seit Jahrhunderten fangen Pelztierjäger in den Wäldern Sibiriens Hermeline, Nerze, Zobel, Luchse und Füchse. Um die Bestände zu schützen, richtete die sowjetische Regierung Pelztierfarmen ein, in denen diese Tiere gezüchtet werden. Aus ihren Pelzen näht man Hüte und Mäntel sowie Futter für Stiefel und Handschuhe.

BAIKALSEE

Der Baikalsee, auch das »blaue Auge Sibiriens« genannt, ist 31 468 km² groß, 636 km lang und bis zu 1 920 m tief. Er ist damit der tiefste See der Erde und der größte Süßwasserspeicher, denn er enthält mehr als 20% der weltweiten Süßwasservorräte. Er bietet Lebensraum für über 2 500 Tier- und Pflanzenarten, von denen drei Viertel nur hier vorkommen. Die fortschreitende Abholzung der Wälder in seinem Umland und der Ausstoß der chemischen Industrie haben sein ökologisches Gleichgewicht in den letzten Jahren jedoch stark gefährdet und Umweltschützer auf den Plan gerufen.

Am Baikalsee lebt die einzige Süßwasser-Seehundart der Welt. Im See und in seiner Umgebung ist eine Vielzahl von Tieren und Pflanzen heimisch, die es sonst nirgendwo gibt.

Zum Weiterlesen
ZERFALL DER UDSSR *136*
FORSTWIRTSCHAFT *69, 86, 244*
ORTHODOXE KIRCHE *274*
POLITISCHE SYSTEME *270–271*

TÜRKEI

Hauptstadt: Ankara
Lage: 26°–45° östl. Länge, 36°–42° nördl. Breite
Fläche: 779 452 km²
Einwohner: 58 200 000
Amtssprache: Türkisch
Religionen: Muslime 98%, andere 2%
Staatsform: Parlamentarische Republik
Währung: Türkische Lira
Analphabetenrate: 16,8%
Lebenserwartung: 67 Jahre
Einwohner pro Arzt: 1 260

ZYPERN

Hauptstadt: Nikosia
Fläche: 33°–34° östl. Länge, 34°–36° nördl. Breite
Fläche: 9 251 km²
Einwohner: 726 000
Amtssprachen: Griechisch und Türkisch
Religionen: Christen 80%, Muslime 18%, andere 2%
Staatsform: Präsidialrepublik
Währung: Zypern-Pfund/Türkische Lira
Analphabetenrate: 6%
Lebenserwartung: 77 Jahre
Einwohner pro Arzt: 750

TÜRKEI

Ein kleiner Teil der Türkei liegt in Europa, der größere in Asien. Beide Landesteile werden durch eine schmale Wasserstraße, den Bosporus, getrennt. Mehr als 600 Jahre lang war die Türkei das Kernland des mächtigen Osmanischen Reichs und stand unter der Herrschaft von Sultanen. Heute mischen sich islamische und westliche Einflüsse. Ein Großteil der Bevölkerung bekennt sich zum Islam, doch ist dieser keine Staatsreligion. Wegen ihrer faszinierenden Landschaften, Strände und geschichtsträchtigen Stätten ist die Türkei ein beliebtes Reiseziel.

LANDWIRTSCHAFT

Knapp die Hälfte der Erwerbstätigen arbeitet in der Landwirtschaft. Die Hauptanbauprodukte sind Baumwolle, Tabak, Weizen, Zuckerrüben und Gemüse. In der Schwarzmeerregion wird der im Land beliebte Tee angebaut. Die Feldarbeit wird meist von Frauen erledigt. Wegen der ertragreichen Landwirtschaft kann sich die Türkei selbst versorgen und viele Agrarprodukte ausführen.

KEMAL ATATÜRK

Nach Auflösung des Osmanischen Reichs Anfang des 20. Jh. gründete Mustafa Kemal Atatürk die moderne Türkei und wurde ihr erster Staatspräsident. Seine Reformen führten zur Trennung von Kirche und Staat, zu mehr Rechten für Frauen und zur Öffnung gen Europa.

Dieses Porträt Kemal Atatürks ragt über der Stadt Antalya auf.

Kurdische Kinder in der osttürkischen Stadt Harran

KURDEN

Die Kurden (ca. 26 Mio.), eine der größten Volksgruppen der Welt, haben keinen eigenen Staat. Sie leben in der östlichen Bergregion und den angrenzenden Gebieten der Türkei, des Irans, des Iraks und Syriens. Seit langem kämpfen sie für einen Staat Kurdistan.

EPHESUS

Anziehungspunkt für Millionen von Touristen jährlich sind nicht nur das mediterrane Klima und die schönen Strände, sondern auch die historischen Stätten. Dazu gehört Ephesus mit seinem Amphitheater aus dem 3. Jh. v. Chr. Die Römer erweiterten es im 1. Jh. n. Chr. auf 24 000 bis 30 000 Plätze.

BASARE

Lebhafte Straßenmärkte (Basare), in denen geschäftiges Treiben herrscht, prägen das Bild vieler Städte. Berühmt sind die Arbeiten des Kunsthandwerks, insbesondere Teppiche, Keramik, Kupfer- und Lederwaren. Die Teppiche werden aus Seide, Wolle oder Baumwolle geknüpft. Sie tragen geometrische Formen oder Blumenmuster, die oft auf die Herstellerfamilie oder die Herkunftsregion verweisen.

Teppichhändler im Basar von Kuşadası

STRASSENCAFES

Straßencafés sind beliebte Treffpunkte, vor allem der Männer. Hier trinkt man Tee oder türkischen Kaffee, raucht Pfeife und unterhält sich. Oft wird auch Karten oder Backgammon gespielt.

Über einen langen Schlauch an der Wasserpfeife wird der Rauch zum Mund geführt.

Starker türkischer Tee ist ein beliebtes Getränk.

Männer beim Kartenspiel

Istanbul, Türkei
Jan. 5,5 °C
Juli 23 °C
Jan. 109 mm
Juli 34 mm

Kars, Türkei
Jan. –12 °C
Juli 17 °C
Jan. 28 mm
Juli 50 mm

WAS IST WO AUF DER KARTE

Längster Fluss: Kizil Irmak, 1 151 km
Karte F5

Höchster Berg: Ararat, 5 137 m
Karte K6

Größter See: Vansee 3 763 km²
Karte K6

Einzige Stadt der Welt auf zwei Erdteilen:
Istanbul *Karte C5*

Nikosia, Zypern
Jan. 10 °C
Juli 29 °C
Jan. 76 mm
Juli 1 mm

ISTANBUL
Als einzige Stadt der Welt liegt Istanbul auf zwei Erdteilen. Der Bosporus, eine schmale Meeresstraße, teilt es in einen europäischen und einen asiatischen Teil. Zwei Brücken verbinden die Stadtteile. Istanbul ist geprägt von Gegensätzen: östliche und westliche Kultur, prachtvolle Moscheen und armselige Slums. Es ist die größte Stadt und der wichtigste Hafen der Türkei. 1923 wurde es von Ankara als Hauptstadt abgelöst.

ZYPERN

Zypern ist eine große Insel im östlichen Mittelmeer und ein beliebtes Touristenziel. Es wurde erst von den Türken, dann von den Briten beherrscht, bis es 1960 seine Unabhängigkeit erlangte. Die Bewohner sind mehrheitlich Griechen; es gibt nur 20% Türken. Der Konflikt zwischen den beiden Volksgruppen führte 1974 zur Teilung der Insel in den griechischen Süden und den türkischen Norden.

Dieses Haus steht in der Hermes-Straße in Nikosia. Die Straße markiert die Grenze zwischen dem griechischen Süden und dem türkischen Norden. Der türkische Teil wird nur von der Türkei als Staat anerkannt.

Zum Weiterlesen

TEPPICHKNÜPFEREI *155, 165, 210*
ISLAM *275*
TEE *172, 238*

NAHER OSTEN

Am östlichen Rand des Mittelmeers liegt der Nahe Osten. Diese Region umfasst die Staaten Israel, Libanon, Jordanien und Syrien. Hier entstanden einige der ältesten Hochkulturen der Welt und hier haben auch die drei großen Weltreligionen – das Judentum, das Christentum und der Islam – ihre Wurzeln. Das Land ist überwiegend trocken und unfruchtbar, nur an der Mittelmeerküste herrschen günstigere Bedingungen. Jahrhundertelang standen die Länder des Nahen Ostens unter der Herrschaft fremder Völker und wurden immer wieder zum Schauplatz von Auseinandersetzungen. Araber, christliche Kreuzfahrer und Türken hinterließen hier ihre Spuren. In den letzten 100 Jahren nahmen diese Länder ihre heutige Gestalt an. Seitdem kommt es immer wieder zu Bürgerkriegen und Konflikten zwischen den Anhängern der verschiedenen Religionen.

LAND DER GEGENSÄTZE
Vom Libanon im Norden bis nach Israel im Süden erstreckt sich parallel zur Küste eine bis auf über 3 000 m aufsteigende Gebirgskette. Im Osten dehnt sich Wüste aus. Im Libanon wird auf dem flachen Küstenstreifen und auf den Hängen und Hochebenen des Gebirges Landwirtschaft betrieben. In der Hochgebirgszone gibt es schöne Skigebiete.

Die kleinen Handwerksbetriebe wie die der Schmiede (oben) müssen auf moderne Maschinen verzichten.

EINE STADT IM NAHEN OSTEN
Der Grundriss arabischer Städte folgt meist einem bestimmten Muster. Im Zentrum steht die Hauptmoschee mit der »Medrese«, der Koranschule. Ganz in der Nähe liegt der Basar mit seinen verwinkelten Gassen. Hier herrscht geschäftiges Treiben. Händler und Handwerker bieten in offenen Werkstätten ihre Waren an. Meist gibt es Viertel, die der Produktion und dem Verkauf bestimmter Waren vorbehalten sind. Die Gerber z. B. arbeiten im Gerberviertel, die Schmiede im Schmiedeviertel usw. Enge Straßen schützen die Menschen vor Sonne und Wind.

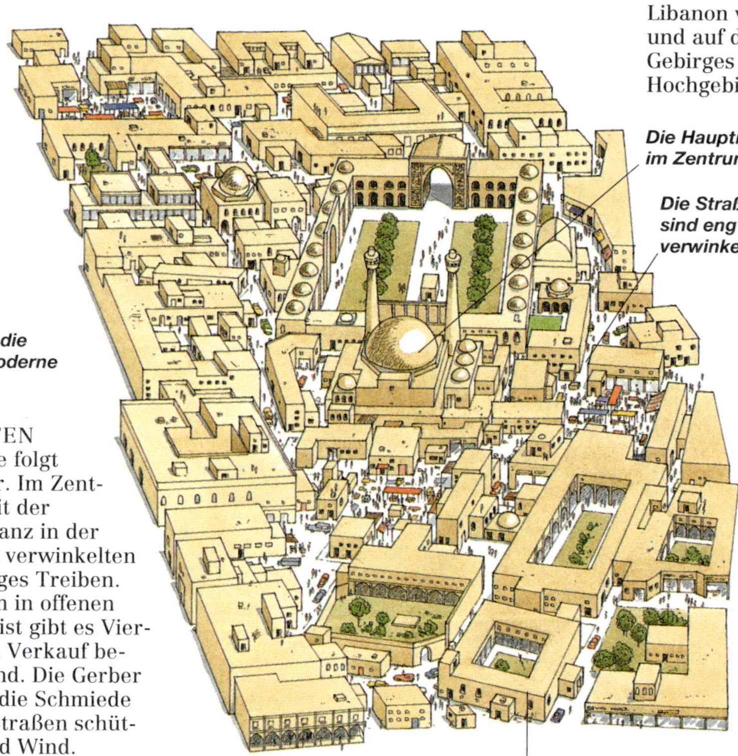

Die Hauptmoschee steht im Zentrum der Stadt.

Die Straßen sind eng und verwinkelt.

Viele Häuser besitzen Innenhöfe.

Kleine Läden, in denen religiöse Gegenstände wie Kerzen, Gebetsketten oder Bücher (oben) verkauft werden, liegen ganz in der Nähe der Hauptmoschee.

Yasir Arafat ist der Führer der Palästinensischen Befreiungsorganisation (PLO), die die Interessen der palästinensischen Araber vertritt.

PALÄSTINA
Die UNO schuf 1948 in Palästina, dem biblischen Land der Juden, den Staat Israel. Auf diese Weise sollten die in alle Welt verstreuten Juden endlich eine Heimat bekommen. Das führte schnell zu Konflikten mit den palästinensischen Arabern, die ebenfalls seit langer Zeit hier lebten. Viele von ihnen flohen in die angrenzenden arabischen Gebiete an das Westufer des Jordans (Westjordanland) und in den Gazastreifen. Im Sechstagekrieg 1967 eroberte Israel diese Gebiete. Mitte der 90er Jahre wurde ein Friedensabkommen geschlossen, das den Palästinensern im Gazastreifen und im Westjordanland um die Stadt Jericho Selbstbestimmung gewährt. Umstritten ist, ob daraus ein eigener Palästinenserstaat entstehen soll.

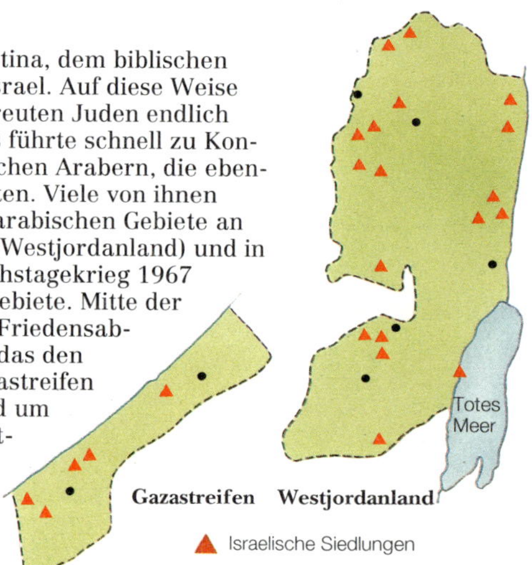

TOTES MEER
Im israelisch-jordanischen Grenzgebiet füllt dieses salzhaltigste Gewässer der Erde einen Teil des Jordangrabens. Das Tote Meer liegt 396 m unter dem Meeresspiegel – hier ist die tiefste Stelle der Erdoberfläche. Bizarre Salzkrusten ragen aus dem See auf, in dem Fische nicht leben können.

Haifa, Israel
Jan. 14 °C
Juli 28 °C
Jan. 175 mm
Juli 0 mm

WAS IST WO AUF DER KARTE

Längster Fluss: Euphrat, Irak/Syrien/Türkei, 2 815 km *Karte K4*

Höchste Erhebung: Qurnat as-Sauda, Libanon, 3 087 m *Karte F5*

Größter See: Totes Meer, Israel/Jordanien/Westjordanland, 1 049 km² *Karte E8*

Älteste befestigte Stadt der Welt: Jericho, Westjordanland *Karte E8*

Dayr az-Zawr, Syrien
Jan. 7 °C
Juli 34 °C
Jan. 41 mm
Juli 0 mm

Elat, Israel
Jan. 16 °C
Juli 33 °C
Jan. 0 mm
Juli 0 mm

HEIMAT FÜR DIE JUDEN
Bis zur Gründung des Staates Israel war das jüdische Volk über die ganze Welt verstreut. Seit Jahrhunderten wurden Juden verfolgt, vertrieben, ausgegrenzt und ermordet. Höhepunkt des so genannten »Antisemitismus« war die Ermordung von 6 Mio. Juden durch die deutschen Nationalsozialisten. Nach dem Zweiten Weltkrieg siedelten Juden aus aller Welt nach Israel um.

DREI WELTRELIGIONEN
Drei große Weltreligionen sind im Nahen Osten verwurzelt. Hier entstanden das Judentum und das Christentum, während der Islam von Saudi-Arabien aus in die Region gelangte. Jerusalem gilt allen drei Religionen als heilige Stadt. Kultstätte des Christentums ist die Grabeskirche; die Klagemauer, der Rest des Tempels des Herodes, gilt den Juden als heilig; an der Stelle der auch »Felsendom« genannten Omar-Moschee soll Mohammed, der Begründer des Islam, in den Himmel geritten sein.

SYRIEN

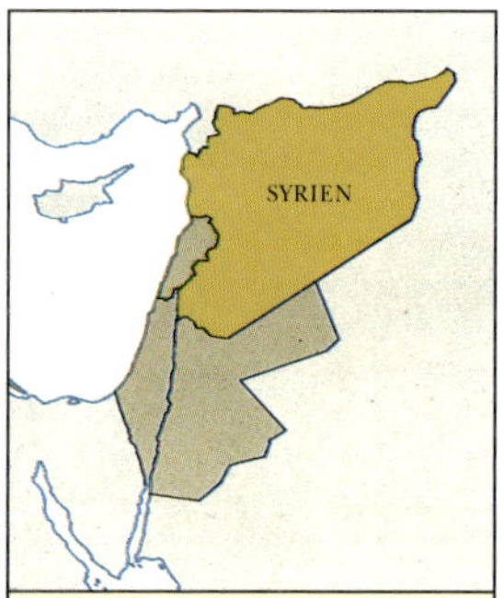

SYRIEN	
Hauptstadt:	Damaskus
Lage:	36°–42° östl. Länge, 32°–37° nördl. Breite
Fläche:	185 180 km²
Einwohner:	13 696 000
Amtssprache:	Arabisch
Religionen:	Muslime 90%, Christen 10%
Staatsform:	Präsidialrepublik
Währung:	Syrisches Pfund
Analphabetenrate:	36%
Lebenserwartung:	68 Jahre
Einwohner pro Arzt:	1 160

Wie alle Staaten des Nahen Ostens war Syrien ein Durchgangsland auf dem Weg von Asien nach Afrika. Es lag an wichtigen Handelswegen und wurde immer wieder von fremden Mächten erobert – zunächst von den Römern, dann von den Arabern, den Griechen und den Türken. Syrien blickt auf eine lange Geschichte zurück. Seine Hauptstadt Damaskus zählt zu den ältesten Städten der Welt. Nach dem Ersten Weltkrieg kam es unter französische Herrschaft und wurde 1946 unabhängig. Danach führte es mehrere Kriege gegen Israel. Mehr als die Hälfte des Landes besteht aus Wüste, in den Flusstälern jedoch liegt fruchtbares Ackerland.

PALMYRA
Die wechselvolle Geschichte Syriens lässt sich an den zahlreichen Ruinen ablesen, auf die man überall im Land stößt. Palmyra war seit dem 1. Jh. n. Chr. eine blühende Handelsstadt und eng mit Rom verbunden. Es entwickelte sich im 3. Jh. n. Chr. zum Zentrum eines großen Reichs, das ganz Kleinasien und Ägypten umfasste, wurde aber schließlich von den Römern zerstört, als es diesen zu mächtig geworden war. Palmyra liegt in einer Oase im Norden der Syrischen Wüste und besitzt viele gut erhaltene antike Bauwerke wie z. B. den Baal-Tempel (oben).

Auf dem Markt kann man den Handwerkern bei der Arbeit zusehen. Sie fertigen Kupfergerät, Holzschnitzereien und Körbe an.

Dicht gedrängt stehen Händler mit frischem Brot, Obst, Gemüse und Haushaltswaren.

MARKTLEBEN
Märkte mit ihrem geschäftigen Treiben gibt es in allen Städten und Dörfern Syriens. An den Marktständen, die meist auf einem größeren Platz aufgebaut sind, werden Waren aller Art feilgeboten: Von Gewürzen und Gemüsen bis zu Teppichen, Schmuck, Körben und Kaffeekannen. Hier treffen sich die Menschen, um zu kaufen und zu verkaufen und natürlich wird kunstgerecht um die Preise gefeilscht. Feilschen gehört in den arabischen Ländern mit zum Geschäft. Die Märkte sind mehr als nur reine Handelsplätze, sie bilden den Mittelpunkt des gesellschaftlichen Lebens in Arabien.

GOLANHÖHEN
Im Sechstagekrieg von 1967 eroberte Israel die Golanhöhen. Dieses Bergland im Südwesten Syriens ist von strategischer Bedeutung, weil man von hier aus das Hula-Tal in Israel überwachen kann. Um die Golanhöhen wird in den Friedensverhandlungen zwischen den beiden Ländern gestritten. Sie sollen entmilitarisiert und an Syrien zurückgegeben werden.

MUSLIMISCHE GRUPPEN
Die meisten Syrer sind Anhänger der sunnitischen Richtung des Islam. Daneben gibt es aber noch weitere muslimische Gruppen in Syrien, insbesondere Schiiten, Ismailiten und Alawiten. Die Alawiten akzeptieren auch bestimmte Elemente des Christentums und feiern z. B. Weihnachten und Ostern. In der Vergangenheit wurden die Alawiten oft verfolgt, heute jedoch sind sie von der Gesellschaft vollständig anerkannt.

Vom Minarett der Moschee aus ruft der »Muezzin«, der Gebetsrufer, die Gläubigen fünfmal täglich zum Gebet.

EUPHRAT-STAUDAMM
Auf seinem Weg von der Türkei in den Irak durchquert der Euphrat den Norden Syriens. Auf syrischem Staatsgebiet wurde über die ganze Breite des Flusses ein gewaltiger Staudamm gebaut. Die aufgestauten Wassermassen werden zur Elektrizitätsgewinnung genutzt. Die Kraftwerke dieses Staudamms decken heute rund drei Viertel des syrischen Strombedarfs. Zusammen mit dem Damm entstand der Assad-Stausee, mit dessen Wasser die Felder der Region bewässert werden.

Zum Weiterlesen

WASSERKRAFTWERKE *108, 262*
ISLAM *275*
ISRAELISCHES STAATSGEBIET *146*
OASEN *213*

LIBANON

LIBANON

- **Hauptstadt:** Beirut
- **Lage:** 35°–37° östl. Länge, 33°–35° nördl. Breite
- **Fläche:** 10 452 km²
- **Einwohner:** 3 930 000
- **Amtssprache:** Arabisch
- **Religionen:** Muslime 60%, Christen 40%
- **Staatsform:** Republik
- **Währung:** Libanesisches Pfund
- **Analphabetenrate:** 20%
- **Lebenserwartung:** 69 Jahre
- **Einwohner pro Arzt:** 670

In dem kleinen Land an der Mittelmeerküste zwischen Syrien und Israel gab es schon im Altertum unabhängige Stadtstaaten, die bis zum Atlantik hin Handel trieben. Menschen aus allen Himmelsrichtungen und mit unterschiedlichen Religionen haben sich hier niedergelassen, es überwiegt jedoch der arabische Menschenschlag. Der Libanon war einst das wirtschaftliche und kulturelle Zentrum des Nahen Ostens. 1975 jedoch entluden sich die Spannungen zwischen Muslimen und Christen in einem erbitterten Bürgerkrieg. Erst 1989 einigten sich die Kriegsparteien auf eine Friedensregelung.

RELIGIÖSE GRUPPEN

Im Libanon werden das Christentum, der Islam und die verschiedensten Strömungen dieser beiden Religionen praktiziert. Die größte christliche Gruppe stellen die Maroniten, die mit der römisch-katholischen Kirche verbunden sind. Daneben gibt es griechisch-orthodoxe und griechisch-katholische Christen und einen geringen Teil von Protestanten und Juden. Bei den Muslimen überwiegen die Schiiten gegenüber den Sunniten.

Obwohl Beirut offiziell nicht mehr in einen muslimischen West- und christlichen Ostteil geteilt ist, leben die religiösen Gruppen noch immer unter sich.

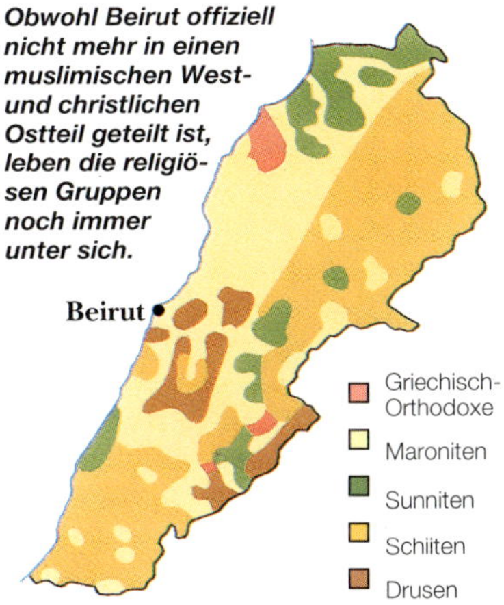

DRUSEN

Die Religion der Drusen hat sich aus dem Islam entwickelt, wird heute aber als eigene Glaubensrichtung angesehen. Im Libanon gibt es ca. 200 000 Drusen. Sie leben überwiegend in den südlichen Bergregionen, abgeschottet von der Außenwelt. Ihre Lehre ist lediglich einem kleinen Kreis von Auserwählten bekannt. Nur durch Geburt kann man Druse werden und ein Austritt aus der Religion ist nicht möglich.

WIEDERAUFBAU BEIRUTS

Bis zu seiner Zerstörung im Verlauf des Bürgerkriegs war Beirut eine blühende Stadt; man nannte es auch das »Paris des Orients«. Beirut gehörte zu den wichtigsten Handels- und Finanzzentren des Nahen Ostens und besaß einen bedeutenden Überseehafen. Noch heute liegen große Teile der Stadt in Trümmern. Mit Hilfe eines ehrgeizigen Wiederaufbauprogramms sollen nun die Infrastruktur erneuert und der Fremdenverkehr wiederbelebt werden.

Bevölkerungsverteilung

84% leben in Städten. 16% leben auf dem Land.

ZEDERN

Zedern sind das Symbol des Libanons und erscheinen auch auf seiner Flagge. In der Antike überzogen ausgedehnte Zedernwälder die Hänge des Libanongebirges. Heute gibt es nur noch kleine Zedernhaine. Sie stehen unter Naturschutz. Einige Zedern sind über 1 500 Jahre alt.

TYRUS UND SIDON

Der Bürgerkrieg brachte den Tourismus völlig zum Erliegen. Dabei ist das Land reich an historischen Stätten. Die Stadtstaaten Tyrus und Sidon z. B. wurden vor 3 000 Jahren von den Phöniziern gegründet und waren in der Römerzeit wegen ihrer Glaswaren und ihres Purpurfarbstoffs berühmt.

LIBANESISCHE KÜCHE

Im Libanon isst man gern Reis, Gemüse, Geflügel und Lammfleisch. Eine der vielen ausgezeichneten Vorspeisen ist »Kibbe«; dafür werden Lammfleisch, »Burghul« (Weizenschrot) und Zwiebeln vermischt, zu Bällchen geformt und dann in Fett gebacken. Sehr beliebt ist auch zuckersüßes Gebäck, das mit Nüssen oder Datteln gefüllt und mit Honig überzogen wird.

Süßes Gebäck

»Kibbe« ist das libanesische Nationalgericht.

Gemüse und scharfe Gewürze gehören zu vielen libanesischen Gerichten.

Kohlrüben

Chilischoten

Zum Weiterlesen
LIBANESISCHE FLAGGE *147*
LIBANESISCHE LANDSCHAFT *146*
RELIGION *274–275*
KRIEGE IN DER REGION *146*

ISRAEL

ISRAEL*
Hauptstadt: Jerusalem
Lage: 34°–36° östl. Länge, 29°–33° nördl. Breite
Fläche: 21 946 km²
Einwohner: 5 600 000
Amtssprachen: Hebräisch und Arabisch
Religionen: Juden 82%, Muslime 14%, Christen 2%, andere 2%
Staatsform: Republik
Währung: Neuer Schekel
Analphabetenrate: 5%
Lebenserwartung: 76 Jahre
Einwohner pro Arzt: 350
* Alle Zahlen einschließlich Westjordanland und Gazastreifen

Fruchtbare Täler, heiße Wüsten, Gebirge, Seen und Flüsse kennzeichnen das lang gezogene Land an der Küste des Mittelmeers. Israel besitzt eine moderne Landwirtschaft und hoch entwickelte Industrien. Der Staat wurde im Jahr 1948 gegründet, um die in alle Welt verstreuten Juden in einem Gebiet zusammenzuführen. Das ausgewählte Staatsgebiet gehört zu der Region, die man früher als Palästina bezeichnete. Ein großer Teil der palästinensischen Araber musste bei der Gründung Israels seine angestammte Heimat verlassen und lebt schon jahrzehntelang in Flüchtlingslagern in Jordanien und im Libanon. Das führte zu anhaltenden Konflikten. Mehrmals kam es mittlerweile zwischen Israel und seinen arabischen Nachbarstaaten zu Kriegen.

JERUSALEM
Jerusalem, die Hauptstadt Israels, wurde 1948 in einen israelischen und einen jordanischen Bereich geteilt. 1967 eroberten israelische Truppen den jordanischen Teil. Die Altstadt, in der sich die heiligen Stätten von Christentum, Judentum und Islam befinden, ist in vier Wohnviertel aufgeteilt. Hier leben Juden, Christen, Armenier und Muslime nach ihrer jeweiligen Religion getrennt. In der Neustadt liegen das Regierungsviertel und die Universität. Jerusalem blickt auf eine lange Geschichte zurück. In ägyptischen Texten wurde es 1850 v. Chr. erstmals genannt.

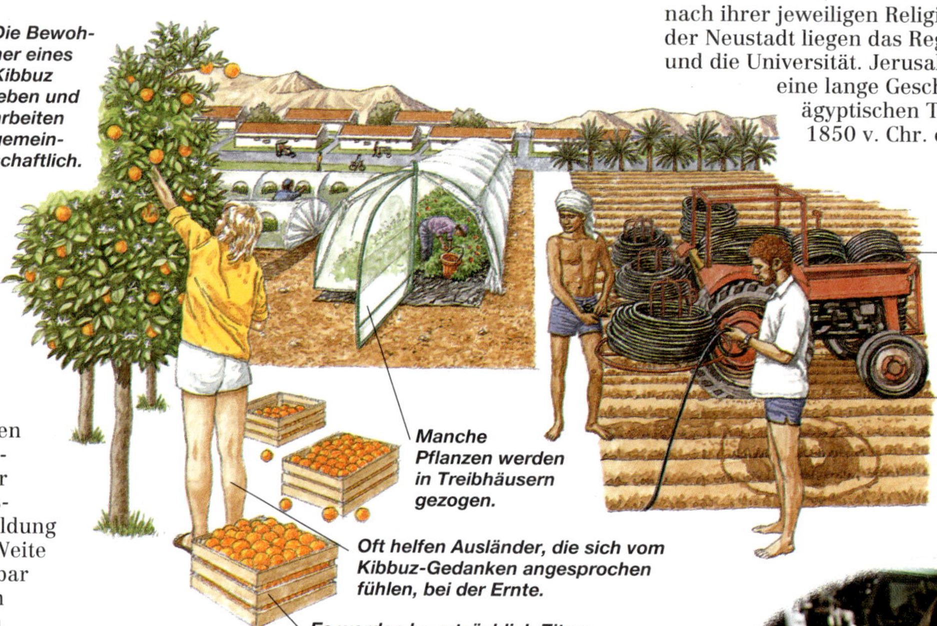

Die Bewohner eines Kibbuz leben und arbeiten gemeinschaftlich.

Manche Pflanzen werden in Treibhäusern gezogen.

Über Schläuche wird Wasser auf die Felder geleitet.

Ein wirksames Bewässerungssystem ist in heißem, trockenem Klima sehr wichtig.

Oft helfen Ausländer, die sich vom Kibbuz-Gedanken angesprochen fühlen, bei der Ernte.

Es werden hauptsächlich Zitrusfrüchte wie Orangen, Zitronen und Grapefruits angebaut.

KIBBUZ
Fast die Hälfte der israelischen Nahrungsmittel stammt aus den Kibbuzim (Plural für »Kibbuz«). In diesen großen landwirtschaftlichen Kollektiven wird zusammen gelebt und gearbeitet. Die Kibbuz-Mitglieder arbeiten unentgeltlich. Lebensunterhalt, Kleidung und Ausbildung werden vom Kibbuz bezahlt. Weite Wüstengebiete wurden fruchtbar gemacht. Die dafür angelegten Bewässerungssysteme werden heute von Computern gesteuert.

ISRAELISCHE SOLDATEN
Wegen des seit Jahrzehnten schwelenden Nahostkonflikts und der Kriege mit den arabischen Nachbarn spielt das Militär in Israel eine wichtige Rolle. Mit 18 Jahren werden Männer und Frauen zur Armee eingezogen, in der sie mehrere Jahre lang Dienst leisten müssen. Frauen erhalten dieselbe Ausbildung wie Männer, werden aber nicht in den Kampf geschickt.

BEIM GEBET
Das Judentum zählt zu den ältesten Religionen der Welt. Die Juden glauben an einen einzigen Gott und folgen den Weisungen der Thora, die die ersten fünf Bücher der Bibel umfasst. Beim Gebet tragen die Männer meist blau geränderte Gebetsschals und kleine Kästchen, die man »Tephillin« nennt und die Abschnitte aus der Thora enthalten. Der Samstag oder Sabbat ist bei den Juden der heilige Tag der Woche.

Tephillin trägt man auf dem Kopf und am linken Arm – nahe am Herzen – um zu zeigen, dass Gott die Gedanken und Gefühle des Gläubigen bestimmt.

Verknotete Quasten erinnern fromme Juden an die Gebote Gottes.

Gebetsschal

DIAMANTENSCHLEIFEREI
Etwa 25% der Exporteinnahmen Israels entfallen auf die Diamantenindustrie. Rohdiamanten werden importiert, geschnitten und kunstvoll geschliffen. Dann verarbeitet man sie zu Schmuck.

Zum Weiterlesen

DIAMANTEN *226, 248*
BEWÄSSERUNG *155, 156, 217*
JUDAISMUS *275*
PALÄSTINA *146*

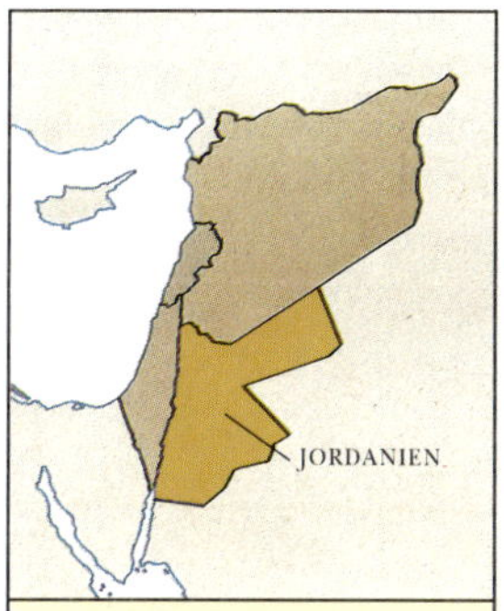

JORDANIEN
- **Hauptstadt:** Amman
- **Lage:** 35°–39° östl. Länge, 29°–33° nördl. Breite
- **Fläche:** 97 740 km²
- **Einwohner:** 5 400 000
- **Amtssprache:** Arabisch
- **Religionen:** Muslime 93%, andere 7%
- **Staatsform:** Parlamentarische Monarchie
- **Währung:** Jordan-Dinar
- **Analphabetenrate:** 13%
- **Lebenserwartung:** 70 Jahre
- **Einwohner pro Arzt:** 770

JORDANIEN

Im Nordwesten der Arabischen Halbinsel liegt Jordanien. Abgesehen von einem kurzen Küstenstreifen am Golf von Akaba ist es völlig von Land umschlossen. Seine Landschaft besteht zum größten Teil aus Wüste oder Steppe. Die Kernregion bildet das jordanische Bergland, das im Westen zum Jordangraben hin abfällt. Die meisten Jordanier sind Muslime und sprechen Arabisch. Jordanien ist ein relativ junges Land, das erst 1946 die Unabhängigkeit erlangte. In seinem Staatsgebiet findet man einige der ältesten historischen Stätten der Welt. Während der letzten Jahre übernahm die jordanische Regierung in den Friedensgesprächen zwischen Israel und den Palästinensern sowie dessen übrigen arabischen Nachbarn eine wichtige Vermittlerrolle.

Das so genannte »Kloster« (Ad Deir) ist das größte Monument in Petra.

PETRA
Im 4. Jh. v. Chr. wurde diese Stadt aus rosafarbenem Sandstein von den Nabatäern aus dem Fels gehauen. Mehr als 800 Monumente sind bis heute erhalten. Sehenswert sind vor allem die Schatzkammer (»El Kazneth«) und die Königsgräber, die man über einen schmalen Weg zu Pferd erreicht.

FLÜCHTLINGSLAGER
Zehntausende von Palästinensern wurden nach der Gründung des Staates Israel im Jahre 1948 gezwungen ihre Heimat zu verlassen. Sie mussten in Jordanien und in anderen arabischen Ländern Zuflucht suchen. Auch heute, nach mehr als 40 Jahren, haben diese Menschen noch keine neue Bleibe gefunden und leben weiterhin unter einfachsten Bedingungen in Flüchtlingslagern. Allein Jordanien beherbergt 1,8 Mio. Palästinenser. Viele sind in Lagern wie diesem in der Nähe von Amman aufgewachsen.

Hausbau in Amman

BEVÖLKERUNGSWACHSTUM
Die Bevölkerung Jordaniens, die etwa je zur Hälfte aus Jordaniern und Palästinensern besteht, wächst sehr schnell. Das liegt zum einen an der hohen Geburtenrate, zum anderen an den vielen Flüchtlingen im Land. Die jordanische Regierung steht daher vor dem großen Problem, für alle diese Menschen Wohnungen, Arbeitsplätze, Schulen und medizinische Versorgung zur Verfügung zu stellen.

Bevölkerungswachstum in Jordanien

GOLF VON AKABA
Mit seinem schmalen nordöstlichen Ausläufer, dem Golf von Akaba, schiebt sich das Rote Meer auf einer Länge von 160 km und mit einer Breite von 27 km zwischen Saudi-Arabien und die Sinaihalbinsel. Am nördlichen Ende des Golfs liegt Akaba, der Seehafen Jordaniens. Dieser Küstenstreifen ist Jordaniens einziger Zugang zum Meer.

DER JORDAN
Wasser ist überall im Nahen Osten ein knappes Gut. Der Jordan, der die Grenze zwischen Israel und Jordanien bildet, hat daher für beide Länder größte Bedeutung. Die Frage, wer dem Fluss wie viel Wasser entnehmen darf, entwickelte sich in den Friedensverhandlungen zwischen den zwei Anrainerstaaten zum heftigen Streitpunkt. Jordanien, ein relativ armes Land, verlangt einen größeren Anteil am Jordanwasser, um seine Felder bewässern und mehr Getreide anbauen zu können.

Zum Weiterlesen
HISTORISCHE STÄTTEN *134*
ISLAM *275*
GESCHICHTE DES NAHEN OSTENS *146–147*

MITTLERER OSTEN

Die Arabische Halbinsel, der Irak und der Iran wurden unter der Bezeichnung Mittlerer Osten zusammengefasst. Dieses große Gebiet ist der Südwesten Asiens. Geologisch gehört die Arabische Halbinsel zwar zu Afrika, doch im Bereich des Roten Meers hat sie sich von diesem Kontinent getrennt. Überall im Mittleren Osten dehnen sich Wüstengebiete aus und hier erhebt sich karges, zerklüftetes Bergland. Doch in günstigerer Lage und an den großen Handelsrouten entstanden hier schon vor Jahrtausenden bedeutende Kulturen. Auch die Wiege des Islam stand im Mittleren Osten – auf der Arabischen Halbinsel. Die meisten Menschen der Region sind Muslime und sprechen Arabisch. Seit im 20. Jh. rund um den Persischen Golf große Ölvorkommen entdeckt wurden, ist Öl hier die Haupteinnahmequelle geworden.

STEINWÜSTE
Im Lauf der Zeit wurde in einem Teil der Region durch das Zusammenspiel von Trockenheit, Wind und Regenfällen der Fels freigelegt.

Dünen sind Ablagerungen von Sand, der durch den Wind verweht wird.

Sandstürme entstehen, wenn heftige Winde Sand und Staub über die Wüste treiben.

Siedlungen entstehen häufig um Oasen herum, dort, wo Wasser durch Felsspalten an die Oberfläche dringt.

Wenn der Wind länger aus einer Richtung weht, erzeugt er im Sand ein Muster.

Einige Pflanzen können hier überleben, weil ihre langen Wurzeln aus einem weiten Umkreis Wasser aufnehmen.

Die Beduinen kämpfen ständig ums Überleben. Mit ihren Tieren ziehen sie auf der Suche nach Wasser umher.

WÜSTE
Im Mittleren Osten gibt es nur einige fruchtbare Gebiete, z. B. an den Ufern von Euphrat und Tigris im Iran sowie an der Küste und in Oasen. Der Großteil der Region ist von heißen, trockenen Wüsten bedeckt. Dazu gehört auch die Rub al-Khali, die Große Arabische Wüste in Saudi-Arabien. Sie ist die größte Sandwüste der Erde und kaum besiedelt. Da hier Öl gefunden wurde, gibt es jedoch eine ganze Zahl von Landeplätzen für Flugzeuge. Nach den seltenen Regenfällen nutzen Beduinen die Weidemöglichkeiten.

ÖLFÖRDERUNG
Mehr als 65% der weltweiten Ölreserven lagern im Mittleren Osten; in dieser Region wird ein Drittel der täglichen Ölmenge gefördert. Die Entdeckung der riesigen Ölvorkommen brachte den Ländern des Mittleren Ostens wachsenden Wohlstand und ermöglichte den raschen wirtschaftlichen und sozialen Wandel einer bis dahin unterentwickelten Region. Dadurch wuchsen auch ihre internationale Bedeutung und ihr Einfluss auf die Weltpolitik.

Ölbohrung

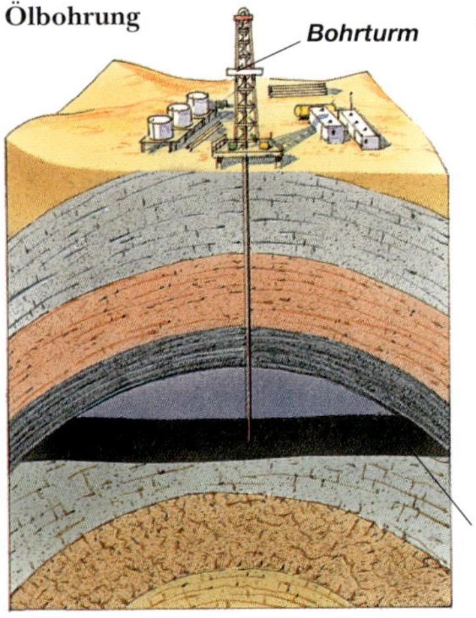

Bei der Ölsuche werden tiefe Bohrlöcher in die Erde getrieben, bis zu den Öllagerstätten zwischen den Gesteinsschichten.

Anteile an der Ölförderung im Mittleren Osten

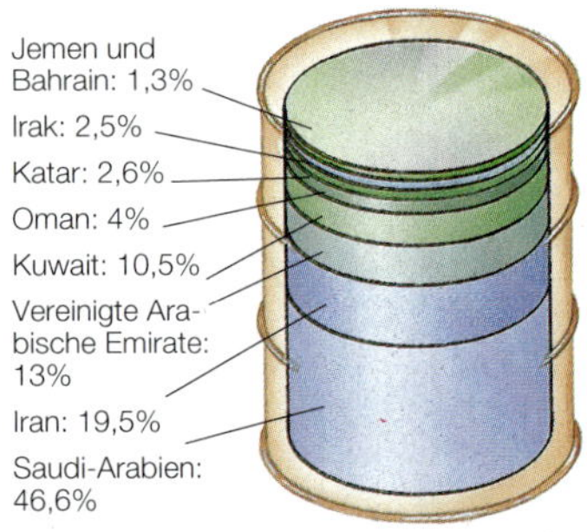

KRIEGE
In den vergangenen Jahrzehnten wurde der Mittlere Osten zum Schauplatz mehrerer Kriege. 1980 führten politische Konflikte zu einem Krieg zwischen dem Iran und dem Irak, der bis 1988 andauerte. 1990 besetzte der Irak Kuwait und löste damit den Golfkrieg aus. Anfang 1991 zwang eine internationale Truppe den Irak zum Abzug. Doch bevor die irakischen Soldaten Kuwait räumten, steckten sie Ölquellen in Brand und verursachten damit eine Umweltkatastrophe.

Rostende irakische Panzer erinnern an den Golfkrieg.

Ein Schild markiert die Grenze zwischen Iran und Irak.

GRENZSTREITIGKEITEN
Viele Staaten des Mittleren Ostens entstanden erst zu Beginn des 20. Jh., als die westlichen Großmächte die Region unter sich aufteilten. Diese künstlich gezogenen Grenzen führten im Lauf der Zeit zu zahlreichen Grenzstreitigkeiten.

WAS IST WO AUF DER KARTE

Längster Fluss: Euphrat, Irak/Syrien, 2 815 km *Karte E3*

Höchste Erhebung: Demawend, Iran, 5 671 m *Karte H4*

Größtes Ölfeld der Erde: Ghawar, Saudi-Arabien, 8 400 km² *Karte F8*

Teheran, Iran
Jan. 2 °C
Juli 30 °C
Jan. 46 mm
Juli 3 mm

Riad, Saudi-Arabien
Jan. 15 °C
Juli 34 °C
Jan. 3 mm
Juli 0 mm

Dubai, Vereinigte Arabische Emirate

ISLAM

Der Islam entstand im 6. Jh. n. Chr. auf der Arabischen Halbinsel. Er ist heute die vorherrschende Religion im Mittleren Osten. Die Muslime, so nennt man die Anhänger dieser Religion, glauben an einen einzigen Gott, Allah, und an Mohammed, seinen Propheten. Mohammed wurde in Mekka im heutigen Saudi-Arabien geboren. Das heilige Buch des Islam ist der Koran. Er enthält sämtliche Offenbarungen, die Mohammed von Allah erhalten haben soll.

Ein frommer Moslem liest im Koran.

STÄDTE

Im Mittleren Osten liegen einige der am schnellsten wachsenden Städte der Welt. Ausgelöst wurde dieses rasche Wachstum durch die Entdeckung des Erdöls. Es brachte Wohlstand und führte zu einer starken Bevölkerungszunahme. Beim Bau dieser Städte orientierte man sich häufig an westlichen Vorbildern.

IRAK	
Hauptstadt: Bagdad	
Lage: 39°–48° östl. Länge, 29°–37° nördl. Breite	
Fläche: 438 317 km²	
Einwohner: 20 400 000	
Amtssprache: Arabisch	
Religionen: Muslime 95%, Christen 5%	
Staatsform: Präsidialrepublik	
Währung: Irak-Dinar	
Analphabetenrate: 42%	
Lebenserwartung: 67 Jahre	
Einwohner pro Arzt: 1 810	

IRAK

Der Irak gehört zu den größten und mächtigsten Ländern des Mittleren Ostens. Die große Mehrheit seiner Bewohner bekennt sich zum Islam und spricht Arabisch. Im Norden des Landes leben rund 4 Mio. Kurden. Abgesehen von den fruchtbaren Ebenen an den Flüssen Euphrat und Tigris besteht das Land aus trockenem, kargem Bergland und Wüsten. Nur ein Sechstel der Landesfläche eignet sich zum Anbau von Nutzpflanzen. Das bedeutet, dass der größte Teil der Nahrungsmittel importiert werden muss. Seit 1958, als das Land zur Republik wurde, erlebte es mehrere politische Krisen. In den 80er Jahren verstrickte sich der Irak in einen verlustreichen Krieg gegen den Iran. Der Einmarsch des Irak in Kuwait führte 1991 zum Golfkrieg und zum Eingreifen einer internationalen Truppe.

Zikkurat in Ur, einer einst blühenden Stadt in Mesopotamien

Der »Fruchtbare Halbmond« erstreckt sich über den Irak, Syrien, den Libanon und Israel bis nach Nordägypten.

MESOPOTAMIEN

Mesopotamien, die fruchtbare Landschaft zwischen den Flüssen Euphrat und Tigris, gehört zum heutigen Irak. Das »Zweistromland«, wie man dieses Gebiet auch nennt, wurde schon sehr früh besiedelt. Hier finden sich noch heute zahlreiche historische Bauwerke wie z. B. die Zikkurate – riesige Stufenbauten mit einem Tempel.

SADDAM HUSSEIN

Seit 1979 wird der Irak von Saddam Hussein regiert. Unter seiner Diktatur hatten vor allem die Kurden zu leiden, die grausam verfolgt wurden. Saddams Regime stützt sich auf das Militär und den Geheimdienst, die jede Opposition im Keim ersticken. Der Einmarsch in Kuwait wurde vom Westen und auch von vielen arabischen Ländern verurteilt und führte den Irak in die außenpolitische Isolation. Trotz seiner Niederlage im Golfkrieg konnte sich Saddam an der Macht halten.

ÖLPIPELINES

Erdöl und Erdgas sind die wichtigsten Rohstoffe des Irak. Die Ölförderung begann 1945 und ist heute die eigentliche Wirtschaftsgrundlage. Da der Irak nur über einen kurzen Küstenstreifen am Persischen Golf Zugang zu den internationalen Wasserstraßen hat, muss er sein Erdöl über Pipelines exportieren. Sie verlaufen durch die Türkei, Syrien und Saudi-Arabien. Der Irak ist daher auf gute nachbarschaftliche Beziehungen angewiesen.

BAGDAD

Bagdad, die Hauptstadt des Irak an den Ufern des Tigris, wurde 763 n. Chr. gegründet. Doch schon seit dem 3. Jt. v. Chr. liegt hier ein wichtiger Handelsplatz. Heute ist Bagdad die größte Stadt des Landes sowie sein kulturelles, wirtschaftliches und politisches Zentrum.

LEBEN IN DEN SÜMPFEN

Seit über 5 000 Jahren leben die Maadan, eine arabische Bevölkerungsgruppe, als Jäger und Fischer in den Sümpfen des Binnendeltas von Tigris, Euphrat und Shatt im Süden des Irak. Ihre traditionelle Lebensweise ist jedoch in Gefahr, nachdem die Regierung beschlossen hat das Wasser zur Bewässerung von Feldern abzuleiten und damit die Sümpfe trockenzulegen. Durch diese Maßnahme ist die einzigartige Tier- und Pflanzenwelt der Sümpfe vom Aussterben bedroht.

Die Hütten sind aus fest zusammengebundenen Schilfrohren gebaut.

Die Maadan befahren mit kleinen Booten aus Holz, den »Maschhufs«, die schilfgesäumten Wasserwege.

Der Weiße Pelikan ist ein Zugvogel, der in diesem Sumpfgebiet überwintert.

Die Schilfhütten stehen auf Plattformen aus Lehm.

Zum Weiterlesen

HISTORISCHE STÄTTEN *134*
DIKTATUR *271*
KURDEN *144*
ERDÖL *137, 152, 281*

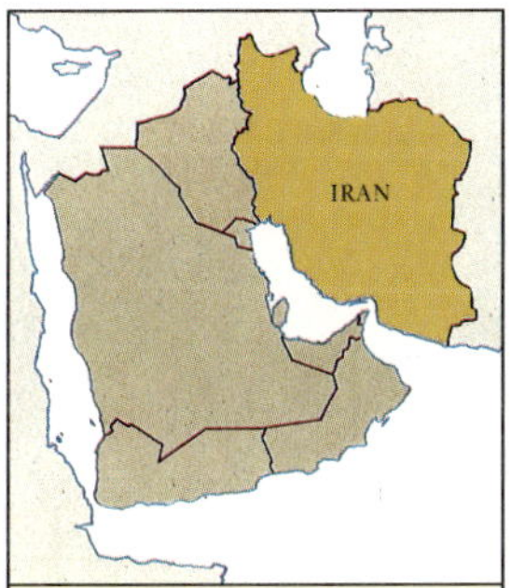

IRAN
Hauptstadt: Teheran
Lage: 44°–64° östl. Länge, 25°–40° nördl. Breite
Fläche: 1 648 000 km²
Einwohner: 67 300 000
Amtssprache: Persisch (Farsi)
Religion: Muslime 99% (davon 90% Schiiten)
Staatsform: Islamische Präsidialrepublik
Währung: Rial
Analphabetenrate: 48%
Lebenserwartung: 67 Jahre
Einwohner pro Arzt: 3 140

IRAN

Hohe, bis zu 5 600 m aufsteigende Randgebirge umschließen ein riesiges wüstenhaftes Hochland. Nur am Kaspischen Meer und am Persischen Golf erstrecken sich schmale Streifen flachen Landes. Der Iran ist der größte nicht arabische Staat im Mittleren Osten. Seine Einwohner sind überwiegend Perser und bis 1935 hieß das Land auch Persien. Ab dem 3. Jt. v. Chr. entstanden hier große Reiche, das antike Perserreich erstreckte sich von der Ägäis bis zum Indus. Aus dieser Zeit stammt das Farsi, die Sprache der Iraner. 1979 wurde der letzte Schah (König) des Iran gestürzt und die Republik ausgerufen. Das wichtigste Exportgut des Iran ist Erdöl.

MOSCHEE

Das islamische Gotteshaus ist die Moschee. Sie besitzt mindestens einen hohen Turm, das sog. Minarett, von dem aus der Muezzin die Gläubigen fünfmal am Tag zum Gebet ruft. Der Gläubige betritt die Moschee nach einer rituellen Waschung und ohne Schuhe. Zum Gebet verneigt er sich in Richtung Mekka. Viele Moscheen sind verziert mit geometrischen Mustern oder Versen aus dem Koran, dem heiligen Buch des Islam. Die Künstler stellen keine Lebewesen dar, da nach islamischer Auffassung nur Allah verehrt werden darf, der der Schöpfer alles Lebendigen ist.

Schäfer führen ihre Herden durch das Elburs-Gebirge.

LANDWIRTSCHAFT

In jüngster Zeit bemüht sich der Iran, die Abhängigkeit von Nahrungsmittelimporten zu verringern. Es werden mehr Feldfrüchte angebaut und die Tee- und Baumwollproduktion wird gesteigert. Die Bauern halten Rinder, Schafe und Ziegen.

BEWÄSSERUNG

Nur etwas mehr als ein Drittel der Landesfläche kann für den Ackerbau genutzt werden – aber auch nur dann, wenn die Felder bewässert werden. Zu den herkömmlichen Methoden gehören die Bewässerung mit Hilfe von Staudämmen, das Bohren von Brunnen und die Förderung von Grundwasser mit Pumpen. Daneben gibt es die so genannten Quanat-Systeme. Ein Quanat ist ein unterirdischer Tunnel, in dem Wasser von einer Quelle zu einem Feld geleitet wird. Manche Quanats sind über 40 km lang.

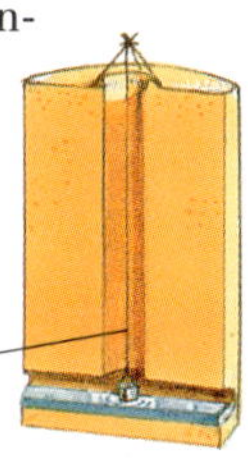

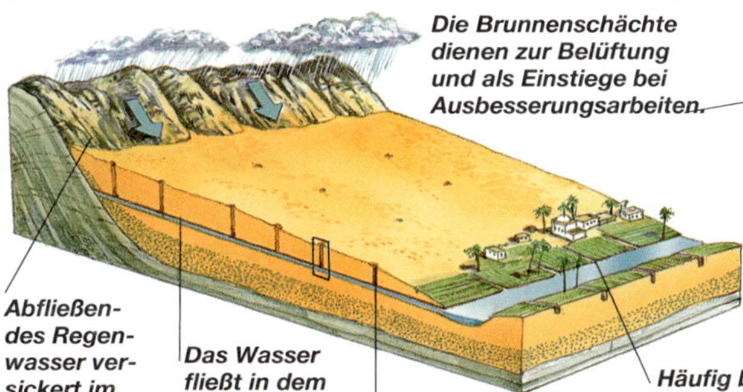

Islamische Fundamentalisten mit Porträts von Ayatollah Khomeini.

DER AYATOLLAH

Ayatollah Khomeini spielte eine zentrale Rolle in der iranischen Revolution und war bis zu seinem Tod im Jahr 1989 der religiöse und politische Führer des Landes. Der Schah hatte den Iran westlichen Einflüssen geöffnet. Khomeini organisierte von seinem Pariser Exil aus den Widerstand gegen den Schah und gegen die Verweltlichung des Landes. Er forderte eine Regierung, die sich streng an den Werten des Islam ausrichtete. Nach dem Sturz des Schahs kehrte Khomeini in den Iran zurück.

Diese Frau knüpft einen Teppich an einem Webstuhl.

PERSERTEPPICHE

Die handgeknüpften Perserteppiche sind weltberühmt. Ein Teppich besteht aus Tausenden von Wollfäden, die zu kunstvollen Mustern verarbeitet werden. Die Knüpfer machen bei ihrer Arbeit stets absichtlich einen Fehler, weil sie als Muslime glauben, dass nur Gott vollkommen ist. Teppiche sind das zweitwichtigste Exportprodukt des Iran.

Blumen- und Blattmuster, verbunden mit geometrischen Formen, sind ein Merkmal der Perserteppiche.

Zum Weiterlesen

TEPPICHKNÜPFEREI *144, 165, 210*
BEWÄSSERUNG *156, 217*
ISLAM *275*

SAUDI-ARABIEN

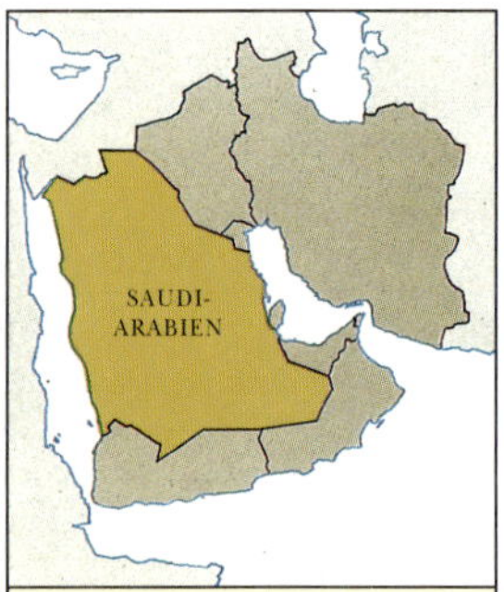

SAUDI-ARABIEN
Hauptstadt: Riad
Lage: 35°–56° östl. Länge, 15°–32° nördl. Breite
Fläche: 2 240 000 km²
Einwohner: 17 900 000
Amtssprache: Arabisch
Religionen: Muslime 98%, andere 2%
Staatsform: Islamische absolute Monarchie
Währung: Saudi-Riyal
Analphabetenrate: 37%
Lebenserwartung: 70 Jahre
Einwohner pro Arzt: 660

Auf der Arabischen Halbinsel ist Saudi-Arabien der bei weitem größte Staat. Die Große Arabische Wüste (Rub al-Khali) im Süden und die Sandwüste Nefud im Norden nehmen zusammen rund 90% der Landesfläche ein. Es gibt keinen Fluss, der ständig Wasser führt, und manchmal regnet es das ganze Jahr lang nicht. Die Entdeckung riesiger Ölvorkommen hat Saudi-Arabien zu einem sehr reichen und mächtigen Land gemacht. Mit den Einnahmen aus dem Ölexport konnte es seine Industrie und die Landwirtschaft entwickeln und den Lebensstandard der Bevölkerung beträchtlich erhöhen.

OPEC

Saudi-Arabien besitzt die weltweit größten Ölreserven. Erdöl erbringt ca. 90% seiner Exporteinnahmen. Saudi-Arabien ist Mitglied der OPEC (Organisation Erdöl-exportierender Staaten). Die OPEC bestimmt Richtlinien für die Förderung von Erdöl und vertritt die Interessen ihrer Mitglieder.

Die Kaaba steht an der Stelle eines alten Heiligtums, das dem Koran zufolge von Abraham errichtet wurde.

MEKKA

Mekka, der Geburtsort des Propheten Mohammed und die heilige Stadt des Islam, liegt im Westen Saudi-Arabiens. Jedes Jahr strömen über 1 Mio. Pilger nach Mekka, um den großen Schrein, die »Kaaba«, siebenmal zu umschreiten und den dort aufbewahrten »Schwarzen Stein« zu berühren. Ein Muslim sollte mindestens einmal im Leben die Pilgerfahrt nach Mekka, die »Haddsch«, unternehmen. Sie ist eine der »Fünf Säulen des Islam«. Dazu gehören weiterhin das Glaubensbekenntnis, das Gebet, das Fasten und die Almosenspende.

Viele muslimische Frauen tragen einen Schleier.

ARABISCHE FRAUEN

Die Frauen in Saudi-Arabien besitzen nach westlichen Maßstäben nur sehr wenige Rechte. Viele tragen die traditionellen langen, meist schwarzen Gewänder und einen Schleier, der den Kopf und das Gesicht verhüllt. In Saudi-Arabien hat zwar jedes Mädchen das Recht auf Schulbildung, aber Frauen dürfen nicht mit Männern zusammen arbeiten und nicht Auto fahren. In der Ehe hat die Frau dem Mann unbedingt zu gehorchen.

Durch rotierende Sprinkleranlagen entstehen kreisförmige Felder.

BEWÄSSERUNG

Der größte Teil der Landesfläche Saudi-Arabiens ist unfruchtbar. Dort, wo Landwirtschaft möglich ist, muss künstlich bewässert werden. Mit Hilfe neuer Bewässerungsprojekte werden heute in der Wüste Obst, Getreide, und Gemüse angebaut.

BEDUINEN

Seit Jahrhunderten ziehen die Beduinen auf der Suche nach Nahrung und Wasser für sich und ihre Tiere durch das Land. Manche halten Kamele, andere Schafe und Ziegen. Die Beduinen leben in Zelten, die nur geringes Gewicht haben und leicht zu transportieren sind. Im Innern wird das Zelt durch einen Vorhang in einen Raum für Männer und Gäste und in einen Raum für die Frauen geteilt. Die ursprüngliche Lebensweise der Beduinen ist heute bedroht, da die Regierung versucht sie in Städten oder Dörfern anzusiedeln.

Kamele sind ideal an das Leben in der Wüste angepasst und wichtige Last- und Reittiere.

Ein Beduinenzelt besteht aus langen Streifen dicht gewebten Ziegen- oder Kamelhaars.

Das Zelt ist in einen Bereich für Männer und in einen für Frauen unterteilt.

Moderne Beduinen benutzen neben Pferden und Kamelen auch Autos.

Beduinenfrauen weben Zelttücher, Kissenbezüge und Satteltaschen für Kamele und Pferde.

Lange, weite Gewänder schützen die Haut vor der Sonne und kühlen den Körper in der Tageshitze.

Zum Weiterlesen

NOMADEN IN DER WÜSTE *181, 209*
WÜSTEN *15, 132, 152*
ISLAM *275*
ERDÖL *137, 152, 281*

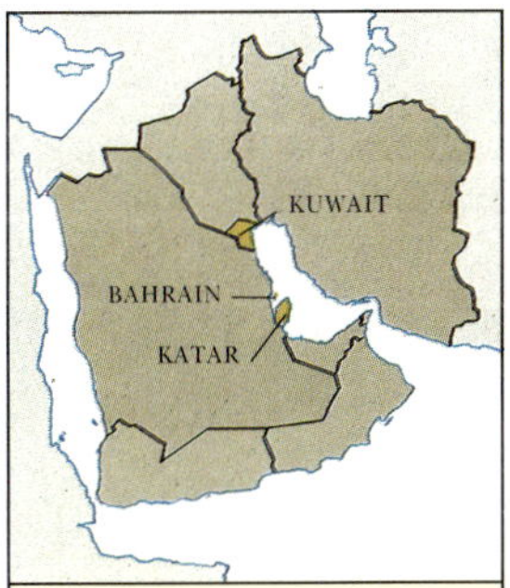

KUWAIT

Hauptstadt: Kuwait
Lage: 46°–48° östl. Länge, 28°–30° nördl. Breite
Fläche: 17 818 km²
Einwohner: 1 500 000
Amtssprache: Arabisch
Religionen: Muslime 95%, andere 5%
Staatsform: Absolute Monarchie (Emirat)
Währung: Kuwait-Dinar
Analphabetenrate: 21%
Lebenserwartung: 75 Jahre
Einwohner pro Arzt: 690

BAHRAIN

Hauptstadt: Manama
Lage: 51° östl. Länge, 26° nördl. Breite
Fläche: 695 km²
Einwohner: 564 000
Amtssprache: Arabisch
Religionen: Muslime 90%, andere 10%
Staatsform: Absolute Monarchie (Emirat)
Währung: Bahrain-Dinar
Analphabetenrate: 15%
Lebenserwartung: 71 Jahre
Einwohner pro Arzt: 930

KATAR

Hauptstadt: Doha
Lage: 51°–52° östl. Länge, 24°–26° nördl. Breite
Fläche: 11 437 km²
Einwohner: 551 000
Amtssprache: Arabisch
Religionen: Muslime 92%, andere 8%
Staatsform: Absolute Monarchie (Emirat)
Währung: Katar-Riyal
Analphabetenrate: 21%
Lebenserwartung: 70 Jahre
Einwohner pro Arzt: 530

KUWAIT

Das kleine Kuwait liegt am nördlichen Ende des Persischen Golfs. Es besteht zum größten Teil aus Sandwüste, verfügt aber über riesige Ölvorkommen. Diese haben das Land zu einer Oase des Wohlstands in der arabischen Welt werden lassen. Kuwaits wichtigster Industriezweig ist heute die Erdölverarbeitung. Das Land wurde 1990 vom Irak besetzt und Anfang 1991 von einer internationalen Eingreiftruppe wieder befreit.

UMWELTSCHÄDEN
Bei ihrem Abzug setzten die Iraker zahlreiche Ölquellen in Brand und fügten damit der Umwelt schweren Schaden zu. Riesige Mengen von Ölschlamm flossen in den Persischen Golf, verunreinigten das Wasser und töteten viele Tiere. Zurückgelassene Munition und nicht explodierte Minen waren über die Wüste verstreut.

KUWAITS REICHTUM
Bis zur Entdeckung der Ölvorkommen in den 40er Jahren war Kuwait ein armes, unterentwickeltes Land. Doch die Einnahmen aus dem Ölverkauf machten es in wenigen Jahrzehnten zu einem der wohlhabendsten Länder der Welt. Die Bevölkerung Kuwaits genießt einen hohen Lebensstandard, erhält freie Schulbildung, freie Gesundheitsversorgung und muss keine Einkommenssteuer zahlen.

Kuwaits Wohlstand spiegelt sich auch in solchen Wassertürmen, die die Hauptstadt überragen.

BAHRAIN

Das Scheichtum im Persischen Golf besteht aus mehr als 30 kleinen Inseln. Wegen der geringen Niederschläge können hier nur künstlich bewässerte Felder bewirtschaftet werden. In Bahrain wurde bereits in den 30er Jahren Erdöl entdeckt und gefördert. Nun gehen die Reserven jedoch allmählich zu Ende.

VERBUNDENE INSELN
Eine Reihe von Dämmen verbinden die Hauptinsel Bahrain mit den Nachbarinseln Al Muharraq und Sitrah sowie mit Saudi-Arabien, zu dem es enge politische und wirtschaftliche Beziehungen unterhält. Die Insel Bahrain ist nur 48 km lang und 15 km breit, die anderen Inseln sind sogar noch kleiner. Schon immer war die Hauptinsel ein bedeutender Handelsplatz und in der nördlichen Hälfte dicht besiedelt.

PERLENFISCHEREI
Traditionelle Wirtschaftszweige wie die Perlenfischerei gewinnen in Bahrain wieder an Bedeutung. Die Perlensaison dauert von Juni bis September. Taucher, die mit Schnorcheln, Messern und einer Tasche ausgerüstet sind, lassen sich an Seilen ins Wasser hinab. Die kostbarsten Perlen sind weiß und haben eine leichte Rosatönung.

Perle in einer Austernschale

KATAR

Zwischen Bahrain und den Vereinigten Arabischen Emiraten ragt die lang gezogene Halbinsel Katar in den Persischen Golf hinein. Das Klima von Katar ist sehr heiß, daher gibt es hier fast nur Wüste. Förderung und Verarbeitung von Erdöl bilden die Grundlage der Wirtschaft. Die Regierung treibt den Ausbau der Fischerei und der Landwirtschaft jedoch voran, um die Abhängigkeit vom Öl zu verringern.

Indischer Bauarbeiter

AUSLÄNDISCHE ARBEITER
In den 40er Jahren holten die kleineren Ölstaaten wie Katar und Kuwait Arbeiter aus anderen Teilen des Mittleren Ostens sowie aus Indien und Pakistan ins Land. Sie selbst besaßen nicht genügend Arbeitskräfte für die rasch wachsende Ölindustrie. In Katar leben inzwischen mehr Ausländer als Einheimische.

Zum Weiterlesen

WÜSTEN *15, 132, 152*
GOLFKRIEG *152, 154*
BEWÄSSERUNG *155, 156, 217*
ERDÖL *137, 152, 281*

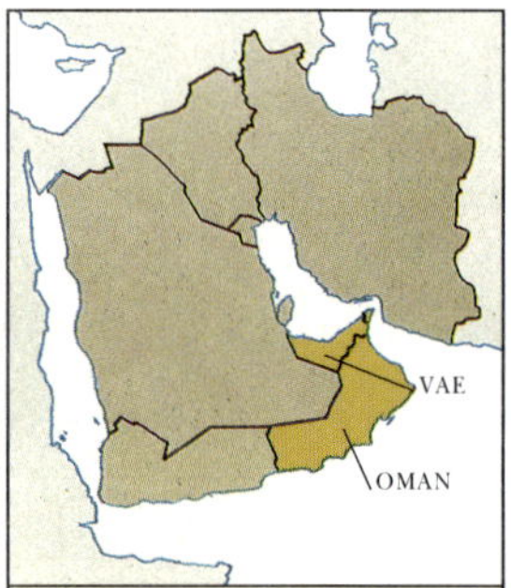

VEREINIGTE ARABISCHE EMIRATE

Hauptstadt: Abu Dhabi

Lage: 51°–57° östl. Länge, 22°–25° nördl. Breite

Fläche: 77 700 km²

Einwohner: 1 900 000

Amtssprache: Arabisch

Religionen: Muslime 96%, andere 4%

Staatsform: Föderation von Emiraten

Währung: Dirham

Analphabetenrate: 21%

Lebenserwartung: 74 Jahre

Einwohner pro Arzt: 1 020

OMAN

Hauptstadt: Maskat

Lage: 53°–60° östl. Länge, 16°–26° nördl. Breite

Fläche: 212 457 km²

Einwohner: 2 200 000

Amtssprache: Arabisch

Religionen: Muslime 85%, Hindus 15%

Staatsform: Absolute Monarchie (Sultanat)

Währung: Rial Omani

Analphabetenrate: 65%

Lebenserwartung: 69 Jahre

Einwohner pro Arzt: 1 078

VEREINIGTE ARABISCHE EMIRATE

Um die Südküste des Persischen Golfs gruppieren sich die Vereinigten Arabischen Emirate (VAE). Drei Viertel der Landesfläche bestehen aus heißen, öden Sandwüsten. Nur ein winziger Teil des Landes eignet sich für den Anbau von Nutzpflanzen. Daher müssen fast alle Nahrungsmittel für die Bevölkerung aus dem Ausland eingeführt werden. 1958 wurde 130 km vor der Küste des Scheichtums Abu Dhabi Erdöl entdeckt. Damit war die Grundlage für den Reichtum und den hohen Lebensstandard geschaffen, den die Emirate heute genießen. Entlang der Küste stehen zahlreiche große Ölraffinerien, die das mittlerweile auch auf dem Festland geförderte Öl verarbeiten.

Abu Dhabi

FREMDENVERKEHR

Jährlich ziehen die Vereinigten Arabischen Emirate mehr als 50 000 Besucher an, vor allem aus Europa und Japan. Die meisten kommen im Winter, dann ist es angenehm warm. Die Besucher erwarten Luxushotels, Meer, Sand und Wüste.

Al Mamza-Strand in Dubai

SIEBEN STAATEN

Die Vereinigten Arabischen Emirate sind ein Zusammenschluss von sieben kleinen Scheichtümern, die jedes von einem Emir (Scheich) regiert werden. Die Emire treffen sich regelmäßig, um über Angelegenheiten der Föderation zu beraten. Es gibt ein gemeinsam gewähltes Staatsoberhaupt und einen Regierungschef. Abu Dhabi ist das größte Emirat, seine Hauptstadt ist auch die Hauptstadt der gesamten Föderation.

ISLAMISCHE FESTE

Die beiden wichtigsten Feste im islamischen Jahr sind »Id al-Fitr« und »Id al-Adha«. »Id al-Fitr« bedeutet wörtlich »Fastenbrechen«. Damit begeht man das Ende des Fastenmonats Ramadan, in dem ein frommer Muslim vom Morgen bis zum Abend weder essen noch trinken darf. Der Ramadan verschiebt sich jährlich um elf Tage und ist daher unabhängig von der Jahreszeit. Id al-Adha ist das Opferfest. Bei dieser Feierlichkeit wird ein Schaf, eine Kuh oder ein Kamel geschlachtet.

Muslime feiern das Id al-Fitr (links). Zu den typischen Gerichten des Mittleren Ostens gehören die Zutaten rechts.

Datteln

Getrocknete Aprikosen

Aprikosen und Datteln regen den Appetit an.

Aus Linsen kocht man Suppen.

Zucchini isst man zu Fleisch.

OMAN

Das Sultanat (Königreich) Oman an der Südostküste der Arabischen Halbinsel besteht zum größten Teil aus Wüste, die nur von einzelnen Oasen durchsetzt ist. An der Küste sind jedoch Landstreifen mit fruchtbaren Böden anzutreffen. Hier baut man Datteln, Granatäpfel, Zitronen, Tabak und Weizen an. Auch Schafe, Ziegen und Rinder werden gehalten. Erdöl ist das wichtigste Exportprodukt des Oman.

Fischer an der Küste von Oman

VERSUNKENE STADT

Einer Sage zufolge liegt eine prachtvolle Stadt mit dem Namen Ubar unter dem Sand im Süden Omans vergraben. Archäologen haben nahe der Grenze zum Jemen die Überreste einer Stadt ausgegraben, die etwa um 3 000 v. Chr. entstanden ist. Nach Ansicht mancher Experten könnte es sich dabei um die sagenumwobene Stadt Ubar handeln.

FISCHEREI

Der Oman hat eine 1 700 km lange Küste. Daher stellt der Fischfang eine wichtige Einkommensquelle des Landes dar. Die omanischen Fischer fangen vor allem Sardinen, Thunfisch, Sardellen, Kabeljau und Tintenfisch. Wie früher fahren sie noch mit den traditionellen Einbäumen aufs Meer hinaus. Die Boote sind jedoch mit Außenbordmotoren ausgestattet, um schneller voranzukommen.

Zum Weiterlesen

WÜSTEN *15, 132, 152*
ISLAM *275*
ERDÖL *137, 152, 281*
ÖLREICHTUM *137, 278*

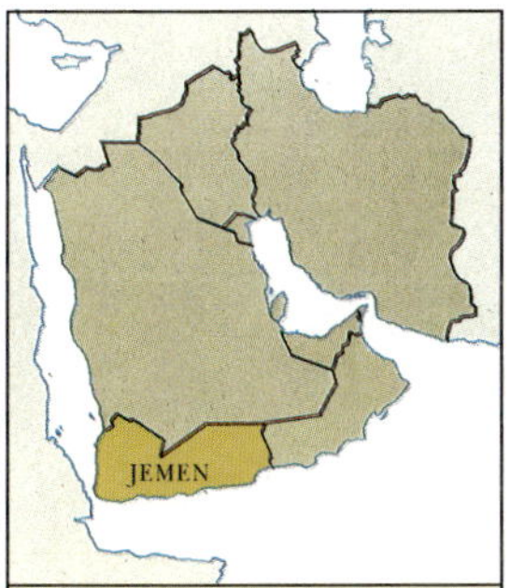

JEMEN
Hauptstadt: Sana
Lage: 43°–53° östl. Länge, 13°–19° nördl. Breite
Fläche: 536 869 km²
Einwohner: 14 500 000
Amtssprache: Arabisch
Religionen: Muslime 99%, andere 1%
Staatsform: Islamische Präsidialrepublik
Währung: Jemen-Rial
Analphabetenrate: 62%
Lebenserwartung: 50 Jahre
Einwohner pro Arzt: 5 531

JEMEN

Der heutige Staat Jemen entstand 1990, als sich Süd- und Nordjemen vereinigten. Der Jemen liegt an der Südspitze der Arabischen Halbinsel. Er besitzt mehr fruchtbares Land als die übrigen Staaten in dieser Region; für den Ackerbau eignet sich besonders das westliche Hochland, das regelmäßig Niederschläge erhält. Am Küstenstreifen und in den Bergen im Osten herrscht heißes, trockenes Klima. Die Wirtschaft des Jemen ist noch nicht sehr entwickelt. In den 80er Jahren wurde jedoch auch hier Erdöl entdeckt, das nun mehr als 90% der Exporte des Landes ausmacht und zur wichtigsten Stütze der Wirtschaft wurde.

HAFENSTADT ADEN
Aden ist eine der größten Städte im Jemen und wichtigster Hafen des Landes. Aufgrund seiner Lage am Golf entwickelte es sich schon vor Jahrhunderten zum Handelszentrum der Region. Heute ist Aden auch ein bedeutender Industriestandort.

Zwischen den terrassierten Feldern erheben sich die typischen jemenitischen Turmhäuser.

In den übrigen Stockwerken liegen die Wohnräume.

Oft wurden ganze Berghänge terrassiert.

Das erste Stockwerk ist häufig nur Lagerraum.

Ziegen- und Schafställe liegen im Erdgeschoss des Hauses.

Auf den Terrassen werden Kaffee, Baumwolle und andere Nutzpflanzen angebaut.

TERRASSENFELDBAU
Überall im Jemen findet man Berghänge, die terrassiert wurden, um mehr Anbaufläche zu gewinnen. Einige dieser Terrassen entstanden schon vor mehr als 1 300 Jahren. Über die Hälfte der Bevölkerung lebt von der Landwirtschaft. Die wichtigsten Anbauprodukte sind Weizen und Sorghum (eine Hirseart) sowie Zitrusfrüchte und Datteln. Auch Schaf-, Ziegen- und Rinderhaltung haben für die Wirtschaft das Landes Bedeutung. Hochwertiger Kaffee und Baumwolle werden exportiert.

Kaffee wird in klassischen Beduinenkannen serviert.

KAFFEE UND WEIHRAUCH
Vermutlich waren es die Jemeniten, die aus Kaffeebohnen erstmals ein belebendes Getränk brauten. Berühmt ist der Jemen neben seiner hervorragenden Kaffeeproduktion auch für den Weihrauchbaum, der im Süden des Landes wächst. Das Land liegt an der Weihrauchstraße, einer einst sehr wichtigen Handelsroute.

Männer tragen häufig den traditionellen Dolch, den »Jambiya«, der vorn im Gürtel steckt.

STAMMESGESELLSCHAFT
Die meisten Jemeniten sind muslimische Araber und gehören unterschiedlichen Stämmen an. Jeder Stamm wählt einen Scheich als Führer und besitzt eigene Bräuche und Trachten. Die Angehörigen eines Stammes leben in Großfamilien zusammen. Mehrere Generationen wohnen unter einem Dach. Die alten Stammestraditionen sind vor allem im Norden des Landes noch stark ausgeprägt.

SANA
Sana, die Hauptstadt des Jemen, ist eine sehr alte Stadt und zeichnet sich durch eine einzigartige Architektur aus. In der Altstadt gibt es noch viele mehrstöckige, bis zu 50 m hohe Wohnhäuser aus Lehm, die bereits über 400 Jahre alt sind. Die Fassaden dieser Gebäude sind mit landestypischen Mustern außerordentlich dekorativ verziert. 1984 wurde die Altstadt von Sana von der UNESCO zum »Kulturerbe der Menschheit« erklärt und unter Denkmalschutz gestellt.

Zum Weiterlesen

HISTORISCHE STÄTTEN *134*
KAFFEE *50, 62, 66*
ERDÖL *137, 152, 281*
TERRASSENFELDBAU *173, 201*

ZENTRALASIEN

Zentralasien ist weit von den großen Weltmeeren entfernt. Hier herrscht niederschlagsarmes Kontinentalklima mit kalten Wintern und heißen Sommern. Die Region ist daher überwiegend trocken und besitzt nur wenige fruchtbare Anbaugebiete. Aber auch diese lassen sich nur unter erschwerten Bedingungen landwirtschaftlich nutzen. Im Norden breiten sich flache, grasbewachsene Steppen aus. In der Mitte Zentralasiens liegen zwei große Wüsten, die Kysylkum (türkisch: »Roter Sand«) und die Karakum (türkisch: »Schwarzer Sand«). Im Süden erstrecken sich lange Gebirgsketten mit schneebedeckten Gipfeln, die in den angrenzenden Himalaja übergehen. Mit Ausnahme von Afghanistan gehörte das gesamte Gebiet früher zur Sowjetunion. Die Industrialisierung und die Kollektivierung der Landwirtschaft, d. h. der Zusammenschluss mehrerer Betriebe, führten zu großen sozialen Veränderungen in dieser ursprünglich von Nomaden bewohnten Region.

Kommunistische Propaganda aus sowjetischer Zeit

UNABHÄNGIGKEIT

Als sich die Sowjetunion 1991 auflöste, wurden auch ihre zentralasiatischen Republiken unabhängig. Während der Sowjetzeit hatte sich in diesen Ländern Russisch zur wichtigsten Sprache entwickelt. Heute pflegen die Völker Zentralasiens verstärkt ihre eigenen Sprachen und Traditionen.

Nomaden in den Bergen von Afghanistan

LEBENSWEISE DER NOMADEN

Noch heute leben viele Bewohner Zentralasiens als Nomaden. Sie ziehen auf der Suche nach neuen Weideplätzen mit ihren Herden über Land. Nomaden wohnen in Zelten und besitzen nur wenige Dinge. Daher können sie leicht von Ort zu Ort wandern. Sie leben von ihren Tieren, hauptsächlich Kamelen, Ziegen und Schafen, die ihnen Milch, Fleisch und Wolle liefern. Manchmal verkaufen sie auch einige Tiere, die meisten aber nutzen sie für sich selbst. Meist ziehen die Nomaden durch offene, unbesiedelte Landschaften. Gelegentlich kommen sie aber auch in die Städte, um dort ihre handwerklichen Erzeugnisse zu verkaufen.

Kinderhaube aus Afghanistan

Mit Goldfäden bestickte Mädchenhaube aus Usbekistan

VÖLKERVIELFALT

In Zentralasien lebt eine Vielzahl von Völkern. Zu den ursprünglichen Einwohnern gehören Kasachen, Turkmenen, Usbeken, Tadschiken und Afghanen. Jede Volksgruppe besitzt eigene, für sie typische Kopfbedeckungen, die häufig aus Seide gewebt und mit geometrischen Mustern kunstvoll verziert sind.

Silberschmuck auf einer turkmenischen Mädchenhaube

BOHREN NACH ÖL

Die Staaten im Norden Zentralasiens verfügen über riesige Erdöl- und Erdgasvorkommen. Kasachstan beutet eines der größten Ölfelder der Welt aus, das unter dem Kaspischen Meer liegt. Turkmenistan hat mit der Erschließung seiner Erdgasvorkommen begonnen. Die Nutzung dieser Bodenschätze wird jedoch durch den Mangel an Geld und ausgebildeten Arbeitskräften erschwert.

Ölförderung auf dem Tengis-Ölfeld in Kasachstan

Der Aralsee 1960

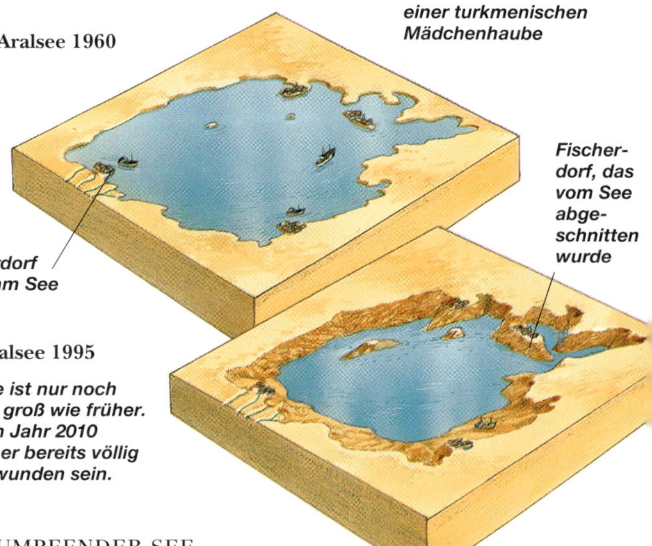

Fischerdorf direkt am See

Fischerdorf, das vom See abgeschnitten wurde

Der Aralsee 1995

Der See ist nur noch halb so groß wie früher. Bis zum Jahr 2010 könnte er bereits völlig verschwunden sein.

SCHRUMPFENDER SEE

Der Aralsee, einst der viertgrößte See der Erde, wird immer kleiner. Fischerdörfer, die früher direkt am Ufer des Sees lagen, sind heute von Land umgeben und weit vom See entfernt. Die Ursache dieser Umweltkatastrophe besteht darin, dass man den Zuflüssen des Aralsees, dem Amudarja und dem Syrdarja, in den vergangenen Jahrzehnten zu viel Wasser für Bewässerungsprojekte entzogen hat. So entstanden weite Flächen unbrauchbaren Landes. Die häufigen Stürme wirbeln Staub, Sand und Salz des ungeschützten Bodens auf und lagern diese in der weiteren Umgebung des Sees wieder ab.

Almaty, Kasachstan
Jan. –9 °C
Juli 22 °C
Jan. 33 mm
Juli 36 mm

Krasnowodsk, Turkmenistan
Jan. 2 °C
Juli 56 °C
Jan. 13 mm
Juli 5 mm

WAS IST WO AUF DER KARTE

Längster Fluss: Amudarja, Afghanistan/Tadschikistan/Turkmenistan/Usbekistan, 1 403 km *Karte F8*

Höchste Erhebung: Pik Kommunismus, Tadschikistan, 7 495 m *Karte H7*

Größter See der Erde: Kaspisches Meer, Russische Föderation/Kasachstan/Turkmenistan/Iran/Aserbaidschan, 378 400 km² *Karte B6*

Längster Bewässerungskanal der Welt: Karakumkanal, Turkmenistan, 1 100 km *Karte E8*

AFGHANISTAN

Kabul, Afghanistan
Jan. –3 °C
Juli 22 °C
Jan. 31 mm
Juli 3 mm

KAVIAR
Das Kaspische Meer, der größte Binnensee der Welt, bedeckt eine Fläche von 378 400 km² und grenzt an fünf Länder. Im See lebt eine Vielzahl von Fischarten, darunter auch der Stör, aus dessen Eiern man Kaviar herstellt. Die Verschmutzung des Wassers durch Industrieabfälle führte jedoch zum Rückgang des Fischbestands.

Kaviar auf Toastbrot

ISLAM
Überall in Zentralasien ist der Islam die vorherrschende Religion. Er gelangte Anfang des 8. Jh. in diesen Teil des Kontinents. Als die Staaten Zentralasiens noch zur Sowjetunion gehörten, wurde der Islam weitgehend unterdrückt. So waren beispielsweise traditionelle muslimische Hochzeiten verboten. Dennoch lebte die Religion bei den Einheimischen fort, auch wenn sie meist nur im Verborgenen praktiziert werden konnte. Seit dem Ende des Kommunismus ist der Islam in all diesen Ländern wieder erstarkt.

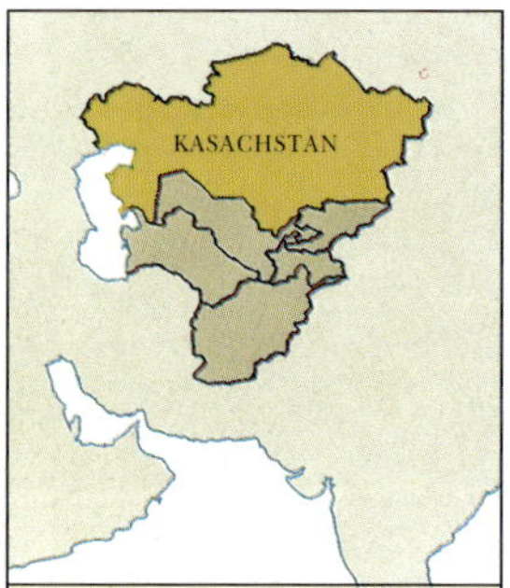

KASACHSTAN
Hauptstadt: Almaty
Lage: 46°–88° östl. Länge, 41°–55° nördl Breite
Fläche: 2 717 300 km²
Einwohner: 17 100 000
Amtssprache: Kasachisch
Religionen: Muslime 50%, Christen 50%
Staatsform: Präsidialrepublik
Währung: Tenge
Analphabetenrate: 3%
Lebenserwartung: 70 Jahre
Einwohner pro Arzt: 250

KASACHSTAN

Das Land erstreckt sich vom Kaspischen Meer im Westen bis zur Grenze Chinas im Osten. Es bedeckt eine Fläche, die fast so groß ist wie ganz Westeuropa. Kasachstan zählt zu den am dünnsten bevölkerten Ländern der Welt. Es verfügt über enorme Rohstoffvorkommen und fruchtbare Böden. Seine politische Lage ist relativ stabil. Daher besitzt es gute Voraussetzungen, um sich zu einem wohlhabenden Land zu entwickeln. Die Umweltverschmutzung durch die Industrie und die großflächig betriebene Landwirtschaft sowie die übermäßige Wasserentnahme aus den Flüssen und Seen haben jedoch zu schweren ökologischen Schäden geführt.

JUNGFRÄULICHES LAND
In den 50er Jahren versuchte die sowjetische Regierung die Getreideproduktion zu steigern. Dafür verwandelte sie große Teile der weiten Steppen Kasachstans in Ackerland. Es wurden riesige Staatsgüter errichtet, um Mais und Weizen anzubauen. Millionen Menschen wurden, zum Teil zwangsweise, in diesen Gebieten angesiedelt, die man als »Jungfräuliches Land« bezeichnete. Dieses groß angelegte Entwicklungsprogramm ermöglichte zwar Kasachstan die Selbstversorgung mit Nahrungsmitteln, zog aber auch Umweltschäden nach sich.

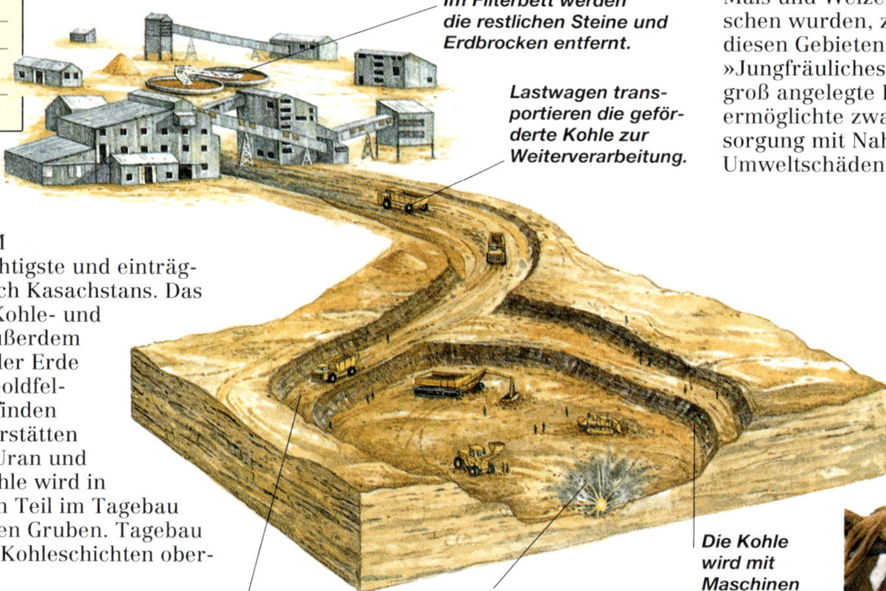

ROHSTOFFREICHTUM
Der Bergbau ist der wichtigste und einträglichste Wirtschaftsbereich Kasachstans. Das Land besitzt gewaltige Kohle- und Eisenerzvorkommen, außerdem die größte Chrommine der Erde und eines der größten Goldfelder. Darüber hinaus befinden sich hier ergiebige Lagerstätten von Kupfer, Zink, Blei, Uran und anderen Mineralien. Kohle wird in Kasachstan zum größten Teil im Tagebau gewonnen, also in offenen Gruben. Tagebau ist dort möglich, wo die Kohleschichten oberflächennah verlaufen.

DIE KASACHEN
Die Kasachen stellen nur rund 40% der Bevölkerung und leben überwiegend im Westen und im Süden des Landes. Ihr Leben ist nicht einfach, besonders in den ehemaligen Steppengebieten, wo Wind die Erde austrocknet und Boden und Saat verweht. In Kasachstan leben außerdem Russen (38%) sowie Ukrainer und auch wenige Deutsche.

Das Regierungsgebäude in Almaty, der Hauptstadt Kasachstans

STADT DER ÄPFEL
»Almaty« bedeutet »Vater der Apfelbäume«, und auch heute noch ist die Hauptstadt Kasachstans berühmt für ihre Obstgärten. Sie liegt an den Ausläufern des Tian-Shan-Gebirges im Süden des Landes. In Almaty gibt es zahlreiche Parks und Brunnen. Schmale Kanäle, die entlang der Straßen verlaufen, sorgen im Sommer für Kühlung.

WETTLAUF IM ALL
Im Jahr 1957 blickte die ganze Welt nach Kasachstan. Dort startete Sputnik I, der erste künstliche Satellit, im Raumfahrtgelände von Baikonur, das im Zentrum des Landes liegt. Auch Juri Gagarin, der erste Mensch im All, wurde 1961 von Baikonur aus in den Weltraum geschossen. Die russische Regierung nutzt diese Anlage in Kasachstan noch heute für ihr Raumfahrtprogramm.

Zum Weiterlesen
GETREIDE *34, 120*
KOHLEBERGBAU *96, 112*
BEVÖLKERUNGSDICHTE *135*
STEPPEN *15*

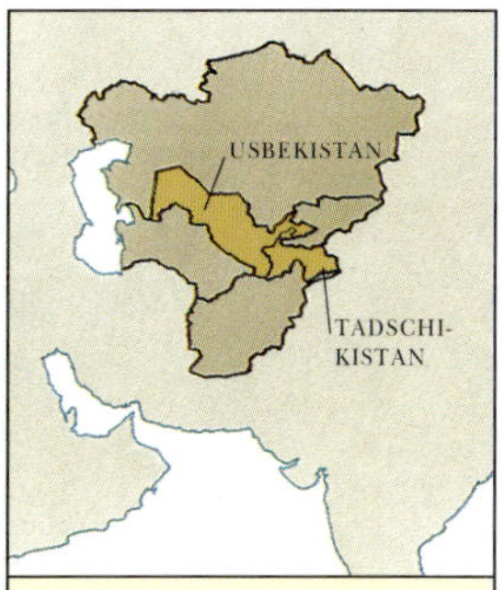

USBEKISTAN

Hauptstadt: Taschkent
Lage: 66°–73° östl. Länge, 38°–45° nördl. Breite
Fläche: 447 400 km²
Einwohner: 22 800 000
Amtssprache: Usbekisch
Religionen: Muslime 78%, andere 22%
Staatsform: Präsidialrepublik
Währung: Usbekistan-Sum
Analphabetenrate: 3%
Lebenserwartung: 69 Jahre
Einwohner pro Arzt: 280

TADSCHIKISTAN

Hauptstadt: Duschanbe
Lage: 66°–75° östl. Länge, 35°–41° nördl. Breite
Fläche: 143 100 km²
Einwohner: 6 100 000
Amtssprache: Tadschikisch
Religionen: Muslime 85%, andere 15%
Staatsform: Präsidialrepublik
Währung: Tadschikistan-Rubel
Analphabetenrate: 2%
Lebenserwartung: 70 Jahre
Einwohner pro Arzt: 350

USBEKISTAN

Usbekistan zählt zu den wohlhabenderen und dichter bevölkerten Staaten Zentralasiens. Es zeichnet sich durch eine abwechslungsreiche Landschaft aus. Zwei Drittel der Landesfläche bestehen aus Wüsten und trockenen Steppen, daneben gibt es aber auch sehr fruchtbare Gebiete. Das Land hat reißende Flüsse und schneebedeckte Berge. Die traditionsreichen Städte an der Seidenstraße ziehen in jüngster Zeit immer mehr Touristen an. Viele ausländische Firmen beteiligen sich an der Erschließung der reichen, Gewinn versprechenden Mineralienvorkommen und Energiequellen. Usbekistan ist der weltweit fünftgrößte Erzeuger von Baumwolle, die man hier auch »weißes Gold« nennt.

ERDGAS
Usbekistan besitzt große Vorkommen an Erdöl, Erdgas, Kohle, Gold und Uran. Das Erdgas wird über eine Pipeline exportiert, die von Buchara zum Uralgebirge in Russland verläuft. Die heimische Maschinen- und Chemieindustrie deckt ihren Energiebedarf zum größten Teil durch Erdgas.

ISLAMISCHE STÄDTE
Die Seidenstraße, eine der wichtigsten Handelsrouten, verband China mit Zentralasien, dem Mittleren und den Nahen Osten sowie Europa. An dieser alten Karawanenstraße liegen zahlreiche Städte, die früher wichtige Handelszentren waren und noch heute große Bedeutung haben. Dazu gehören Samarkand, das sich durch seine eindrucksvolle islamische Architektur auszeichnet, Buchara, ein wichtiger Wallfahrtsort für Muslime, und Taschkent, die Hauptstadt Usbekistans, die man auch als »Stadt der Brunnen« bezeichnet.

Der Registan-Platz in Samarkand entstand im 14. Jh. Er wird von islamischen Bauwerken gerahmt.

TADSCHIKISTAN

Von den Republiken der früheren Sowjetunion war Tadschikistan die ärmste. Es liegt im Südosten Zentralasiens, umfasst den Hochgebirgsknoten des Pamir und grenzt an China. Nur 6% seiner Fläche können für den Anbau von Getreide und anderen Pflanzen genutzt werden. Die Einwohner bauen Obst, Baumwolle und Tabak an und halten Schafe und Rinder. In kleinen Fabriken werden vor allem Textilien, Seidenstoffe und Teppiche hergestellt. Nach Erlangung der Unabhängigkeit im Jahr 1991 kam es zu Kämpfen zwischen der Regierung und muslimischen Rebellen.

FRUCHTBARE FLUSSTÄLER
Im Frühjahr fließt Schmelzwasser aus dem Tian Shan und vom Pamirgebirge in die Fergana und andere Flüsse des Landes. Durch Bewässerungskanäle wird das mit fruchtbarem Schlamm angereicherte Wasser zu den Feldern geleitet. So wird der Anbau vieler Pflanzen ermöglicht (oben).

Im abgelegenen Pamirgebirge lebt in fast jedem Tal eine andere Volksgruppe.

BEWOHNER DES PAMIRTALS
In der Region des Pamirgebirges leben weniger als 100 000 Menschen. Sie bauen in den Tälern Getreide und Obst an. In den Hochebenen überwiegt die Aufzucht von Schafen und Yaks. Der Pamir, der bis zu über 7 000 m aufsteigt, wird auch das »Dach der Welt« genannt. Die Menschen, die in den abgeschiedenen Tälern des Pamir leben, haben kaum Verbindung zueinander. Es gibt daher in dieser Region eine große Vielfalt an Völkern, Sprachen und Dialekten.

Zum Weiterlesen

BAUMWOLLE *36, 215, 216*
ERDGAS *198, 211*
ISLAM *275*
ISLAMISCHE ARCHITEKTUR *155*

TURKMENISTAN

Hauptstadt: Aschchabad

Lage: 52°–67° östl. Länge, 35°–43° nördl. Breite

Fläche: 488 100 km²

Einwohner: 4 100 000

Amtssprache: Turkmenisch

Religionen: Muslime 85%, Christen 10%, andere 5%

Staatsform: Präsidialrepublik

Währung: Manat

Analphabetenrate: 2%

Lebenserwartung: 65 Jahre

Einwohner pro Arzt: 290

KIRGISTAN

Hauptstadt: Bischkek

Lage: 69°–80° östl. Länge, 39°–43° nördl. Breite

Fläche: 198 500 km²

Einwohner: 4 700 000

Amtssprache: Kirgisisch

Religion: mehrheitlich Muslime

Staatsform: Präsidialrepublik

Währung: Kirgistan-Som

Analphabetenrate: 3%

Lebenserwartung: 69 Jahre

Einwohner pro Arzt: 280

TURKMENISTAN

Fast 90% der Landesfläche Turkmenistans werden von der Wüste Karakum eingenommen. In diesem lebensfeindlichen Gebiet steigen die Temperaturen auf über 50 °C. Am Südrand der Wüste erstreckt sich ein Streifen fruchtbaren Ackerlands; hier werden Baumwolle und andere Pflanzen für die Erzeugung von Exportprodukten angebaut. Im Westen grenzt das Land an das Kaspische Meer, im Süden und Osten an den Iran und Afghanistan, im Norden an Usbekistan. Nachdem Turkmenistan 1991 unabhängig geworden war, löste Turkmenisch das Russische als Amtssprache ab und der Islam wurde Staatsreligion. Turkmenistan besitzt reiche Erdgas- und Erdölvorkommen.

ASCHCHABAD
1948 wurde die Handelsstadt Aschchabad durch ein schweres Erdbeben zerstört, danach jedoch wieder aufgebaut. Heute ist die Hauptstadt Turkmenistans ein Zentrum der Nahrungsmittelverarbeitung sowie der Seiden-, Spitzen- und Teppichherstellung.

DIE TURKMENEN
Das Volk der Turkmenen ist über verschiedene Teile Zentralasiens verstreut und lebt teilweise noch nomadisch. Ihre Zelte und Häuser sind im Innern mit kostbaren einheimischen Teppichen reich ausgestattet. In Turkmenistan sind viele Turkmenen als Bauern und Pferdezüchter sesshaft geworden. Auf den Pferdemärkten, die in vielen Dörfern stattfinden, werden Pferde ge- und verkauft, die für den Export in die Nachbarländer bestimmt sind. Berühmt und begehrt sind die turkmenischen Rennpferde, wie z. B. die Rasse Akhal-Teke, die besonders gut an das Leben in der Wüste angepasst ist.

KARAKUMKANAL
Der längste Bewässerungskanal der Welt verläuft über 1 100 km vom Amudarja im Osten nach Aschchabad im Westen. Der Karakumkanal, auch »Fluss des Lebens« genannt, versorgt große Flächen trockenen Landes mit Wasser. So kann dort Baumwolle angebaut werden.

KIRGISTAN

Kirgistan wird wegen seiner gebirgigen Landschaft auch die »Schweiz Zentralasiens« genannt. Mehr als die Hälfte seiner Landesfläche liegt 2 500 m über dem Meeresspiegel. Die schneebedeckten Gipfel des Tian Shan beherrschen die Landschaft. Die meisten Kirgisen leben von der Landwirtschaft. Da es nur wenige Anbauflächen für Getreide und andere Nutzpflanzen gibt, spielen die Tierhaltung und die Tierzucht eine besonders wichtige Rolle.

Die Kirgisen sind Anhänger des Islam. Sie sprechen eine Turksprache und leben mehrheitlich auf dem Land.

DIE KIRGISEN
Mehr als die Hälfte der Bevölkerung sind Kirgisen. Diese Volksgruppe trennte sich im 17. Jh. von den Kasachen. Die Kirgisen leben noch heute teilweise als Nomaden und sind vor allem wegen ihrer Reitkünste berühmt. Die größte Minderheit bilden die Russen, die überwiegend in den Städten leben und bis zur Unabhängigkeit Kirgistans im Jahr 1991 die Wirtschaft beherrschten. Aufgrund des wachsenden kirgisischen Nationalismus haben viele Russen inzwischen das Land verlassen.

REICHTUM DER BERGE
Die Berge Kirgistans sind sehr rohstoffreich. Gold und Quecksilber fördert man für den Export, während Kohle, Erdöl und Erdgas für die heimische Energieversorgung genutzt werden. Die schnell fließenden Flüsse eignen sich ideal zur Stromerzeugung in Wasserkraftwerken.

Zum Weiterlesen

WÜSTEN *15, 132, 152*
ERDGAS *163, 198, 211*
NOMADEN *160*
ZERFALL DER UDSSR *136, 160*

AFGHANISTAN

Afghanistan nimmt eine strategisch wichtige Position zwischen Zentralasien im Norden und dem indischen Subkontinent im Süden ein. Aus diesem Grund war es seit Jahrhunderten hart umkämpft, vor allem zwischen Briten und Russen. Afghanistan ist ein Land der Gegensätze: Grasbewachsene Hochebenen wechseln sich ab mit Steinwüsten und hohen Bergen. In den engen Flusstälern der Gebirge ist nur an vereinzelten Stellen Landwirtschaft möglich. Es gibt nur wenige Straßen und keine Eisenbahn. Fast drei Viertel der Landesfläche sind für jeglichen Verkehr unzugänglich. Fast zwei Jahrzehnte lang litt das Land unter einem Bürgerkrieg, der zu schweren wirtschaftlichen Schäden und zu einem politischen Chaos führte, das bis heute andauert. Afghanistan zählt zu den ärmsten Ländern der Welt.

AFGHANISTAN
Hauptstadt: Kabul
Lage: 61°–73° östl. Länge, 29°–38° nördl. Breite
Fläche: 652 225 km²
Einwohner: 20 100 000
Amtssprachen: Paschtu und Dari
Religionen: Muslime 99%, sonstige 1%
Staatsform: Islamische Republik
Währung: Afghani
Analphabetenrate: 69%
Lebenserwartung: 43 Jahre
Einwohner pro Arzt: 6 430

ISLAMISCHE SCHULEN
Die meisten Afghanen sind Muslime. Kinder werden in Moscheen und in Schulen im Sinne des Islam unterrichtet. Ältere Kinder besuchen oft eine Koranschule, die man »Medrese« nennt. Dort lernen sie Verse aus dem Koran, dem heiligen Buch der Muslime, und werden in islamischem Recht unterwiesen.

Einige Mudschaheddin-Gruppen haben ihre Stützpunkte in den Bergen Afghanistans. Das arabische Wort »Mudschaheddin« bedeutet »Glaubenskrieger«.

DIE MUDSCHAHEDDIN
1979 entsandte die damalige Sowjetunion Truppen nach Afghanistan. Sie wollte die ein Jahr zuvor an die Macht gekommene kommunistische Regierung unterstützen, die von islamischen Rebellen, den Mudschaheddin, bekämpft wurde. Dies führte zu einem erbitterten Krieg. 1989 zogen sich die Sowjets zurück und 1992 übernahmen die Widerstandskämpfer die Macht. Bald jedoch begannen Kämpfe zwischen den rivalisierenden islamischen Gruppen. 1996 gewannen die von Pakistan unterstützten Taliban-Milizen die Oberhand. Sie setzten eine streng islamische Regierung ein.

Die turkmenischen Nomaden im Norden des Landes leben in kuppelförmigen Zelten.

Die paschtunischen Nomaden im Süden wohnen in niedrigen Zelten.

ZELTE
Viele Afghanen leben als Nomaden in Zelten aus Tierfellen. Die verschiedenen Gruppen lassen sich anhand ihrer Zelte unterscheiden. Von Generation zu Generation wurden Zeltformen, Bauweisen und Ausstattungen weitergegeben.

TEPPICHWEBEREI
Die Turkmenen im Norden Afghanistans sind für ihre Webkunst berühmt. Aus der feinen Wolle des Karakul-Schafs stellen sie Teppiche in rötlich braunen Farben und geometrischen Mustern her. Die Teppiche dienen als Satteltücher, als Zeltbehänge und Gebetsmatten.

VIELVÖLKERSTAAT
In Afghanistan leben mehr als 20 verschiedene Volksgruppen. Die Paschtunen im Süden sprechen das der iranischen Sprachgruppe angehörende Paschta und bilden mit 40% die größte Gruppe. In den letzten zwei Jahrhunderten stellten sie auch die Regierung. In den größeren Städten und den ländlichen Gebieten im Nordosten leben die mit den Persern verwandten Tadschiken, die ein Viertel der Bevölkerung stellen. Sie sind meist wohlhabende Kaufleute und Kunsthandwerker. Die von den Mongolen abstammenden Hesoren (oben) leben im Zentrum des Landes und machen 15% der Einwohner Afghanistans aus.

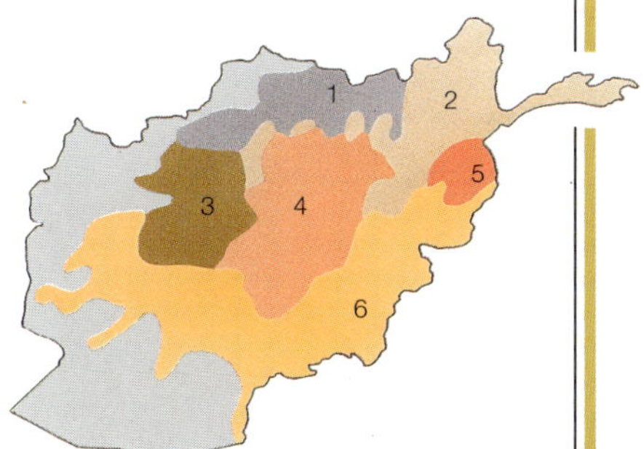

Hauptvölker in Afghanistan

1 Usbeken
2 Tadschiken
3 Aimak
4 Hesoren
5 Nuristani
6 Paschtunen

Zum Weiterlesen
TEPPICHKNÜPFEREI *144, 155, 210*
ISLAM *275*
NOMADEN *160*
ZELTE *156, 181*

INDISCHER SUBKONTINENT

Ein Blick auf die Karte zeigt, warum dieses Gebiet als Subkontinent bezeichnet wird: Die ausgedehnte Halbinsel ist ein vom übrigen Asien fast völlig abgetrennter Großraum. Im Norden reicht sie bis zum gewaltigen Gebirgszug des Himalaja. Im Westen grenzt die große Landmasse an das Arabische Meer, im Osten an den Golf von Bengalen. Beide sind Nebenmeere des Indischen Ozeans. Auf dem indischen Subkontinent lebt fast ein Fünftel der Weltbevölkerung, und zwar in Indien, in Pakistan, Bangladesch, Nepal und im Kleinstaat Bhutan sowie im Inselstaat Sri Lanka. Mehrmals wurde dieser von fremden Mächten erobert. Im 19. und 20. Jh. beherrschte Großbritannien fast das gesamte Gebiet – außer Nepal und Bhutan. Die Landschaftsformen des Subkontinents reichen von schneebedeckten Bergen im Norden über trockene Sandwüsten im Nordwesten bis zum tropischen Regenwald im Süden.

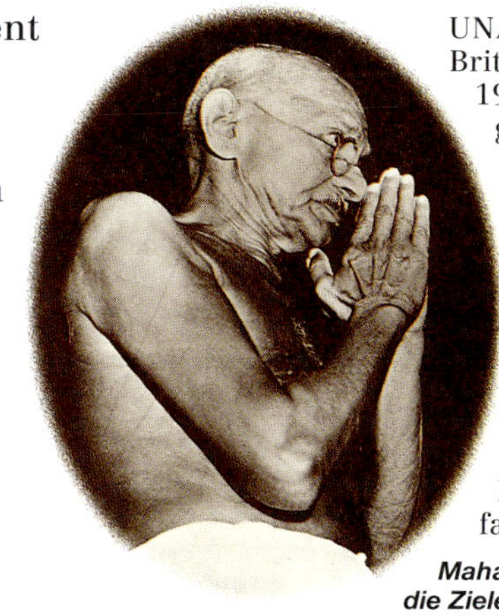

UNABHÄNGIGKEIT
Britisch-Indien erlangte 1947 seine Unabhängigkeit. Zuvor wurde das Gebiet in das hinduistische Indien und das muslimische Pakistan aufgeteilt. Pakistan bestand aus einem West- und einem Ostteil. Ostpakistan wurde 1971 als Bangladesch ebenfalls unabhängig.

Mahatma Gandhi versuchte die Ziele seines Landes auf gewaltfreie Weise durchzusetzen.

Die meisten Dorfbewohner sind Bauern. Daneben gibt es je nach Größe des Dorfes die verschiedensten Handwerker.

In den Dörfern leben die meisten Menschen in kleinen Häusern mit 2–3 Räumen.

Dorfhäuser sind in der Regel um einen Marktplatz herum angeordnet. Hier trifft sich der Dorfrat, der »Panchayat«, zu seinen Beratungen.

Der Brunnen ist oft der Mittelpunkt des dörflichen Lebens. Hier holen die Frauen jeden Tag Wasser und tauschen dabei Neuigkeiten aus.

DORFLEBEN
Der überwiegende Teil der Bevölkerung des indischen Subkontinents lebt in kleinen bis mittelgroßen Dörfern und versorgt sich selbst aus den Erträgen der Landwirtschaft. Allein in Indien gibt es rund 500 000 Dörfer. Hier verbringen etwa 70% der Bevölkerung des Landes schon seit Generationen ihr Leben. Die regellos angelegten Siedlungen können bis zu mehrere Tausend Einwohner haben. Innerhalb dieser Dörfer bilden die einzelnen Kasten eigene Wohnviertel. Es gibt daher eine ausgeprägte Arbeitsteilung und alle Zweige des Handwerks sind vertreten. Das bedeutet, dass die einzelnen Dörfer unabhängige Einheiten darstellen.

Bangladesch wird häufig von Überflutungen heimgesucht.

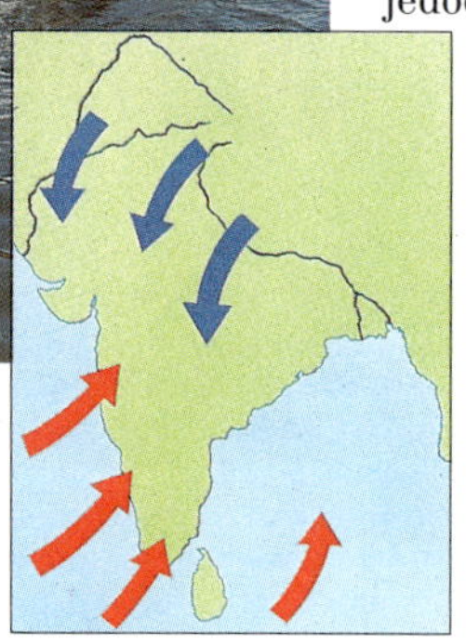

Südwestwinde (Juni bis Oktober)

Nordostwinde (November bis Februar)

MONSUN
Das Klima des Subkontinents wird stark von den Monsunwinden beeinflusst, die jedes Jahr im Sommer Regen bringen. Die Bauern sind auf diese Niederschläge angewiesen. Bleibt der Regen aus, gerät die gesamte Ernte in Gefahr. Manchmal jedoch treten sehr heftige Regenfälle auf, die zu verheerenden Überflutungen führen. Dabei können ganze Dörfer und Felder weggespült werden.

JAHRESZEITLICHE WINDE
Diese Winde wehen im Sommer aus Südwesten und im Winter aus Nordosten. Über dem Indischen Ozean nehmen die Sommerwinde Feuchtigkeit auf, die sich abregnet, wenn die Winde das heiße, trockene Land erreichen.

TREKKING IM HIMALAJA
Jedes Jahr besuchen Tausende Touristen das Himalajagebiet, um in den Hochgebirgstälern Trekking-Touren zu unternehmen. Sie werden von ortskundigen Nepalesen begleitet. Viele Gipfel locken auch die Bergsteiger an. Zwischen Nepal und Tibet liegt der höchste Berg der Erde, der Mount Everest.

Islamabad, Pakistan
Jan. 9 °C
Juli 31 °C
Jan. 64 mm
Juli 233 mm

WAS IST WO AUF DER KARTE

Längster Fluss:
Ganges, Indien, 2 510 km *Karte G5*

Höchste Erhebung:
Mount Everest, China/Nepal, 8 848 m *Karte J5*

Größter See:
Chilkasee, Indien, 910 km² *Karte H8*

Größtes Flussdelta der Erde: Ganges-Delta, Indien/Bangladesch, 75 000 km² *Karte J7*

Hyderabad, Indien
Jan. 23 °C
Juli 27 °C
Jan. 8 mm
Juli 152 mm

Chittagong, Bangladesch
Jan. 20 °C
Juli 28 °C
Jan. 5 mm
Juli 597 mm

HEILIGER FLUSS

Auf dem indischen Subkontinent leben Anhänger von fünf Weltreligionen: Hindus, Muslime, Buddhisten, Sikhs und Christen. Die große Mehrheit bekennt sich zum Hinduismus. Dessen bedeutendster Wallfahrtsort ist Varanasi (Benares) in Nordindien. Die Stadt liegt am Ufer des Ganges, dem heiligen Fluss der Hindus. Jährlich strömen einige Millionen Pilger nach Varanasi, um im Fluss zu baden und ihre Seele zu reinigen. Wer in Varanasi stirbt, wird am Ufer des Ganges verbrannt, seine Asche streut man in den Fluss. Viele Sterbende reisen daher in diese Stadt.

BEDROHTE TIERWELT

Zur Tierwelt des Subkontinents gehören Elefanten, Nashörner, Affen und Mungos. Die Zerstörung ihres Lebensraums und Wilderei gefährden viele Tierarten. Auch die Einrichtung von Schutzgebieten konnte die illegale Jagd nicht verhindern. Heute gibt es weniger als 3 000 wild lebende Tiger.

PAKISTAN

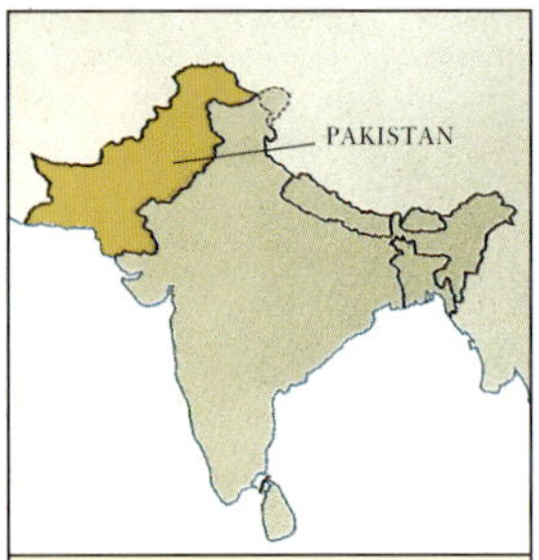

PAKISTAN

Hauptstadt: Islamabad

Lage: 60°–75° östl. Länge, 23°–37° nördl. Breite

Fläche: 796 095 km²

Einwohner: 140 500 000

Amtssprachen: Urdu, Punjabi, Sindhi, Paschtu und andere

Religionen: Muslime 99%, andere 1%

Staatsform: Föderative islamische Republik

Währung: Pakistanische Rupie

Analphabetenrate: 62%

Lebenserwartung: 61 Jahre

Einwohner pro Arzt: 2 940

Der moderne Staat Pakistan wurde 1947 als Heimstaat für die indischen Muslime geschaffen. Ursprünglich bestand er aus einem West- und einem Ostteil, die durch Indien getrennt waren. 1971 spaltete sich der Osten ab und erklärte sich zum unabhängigen Staat Bangladesch. Die meisten Einwohner Pakistans leben heute zwar noch von der Landwirtschaft, aber die Industrie – insbesondere die Baumwoll- und Textilerzeugung – gewinnt immer mehr an Bedeutung. Seit Erlangung der Unabhängigkeit kam es mehrmals zu Konflikten zwischen Pakistan und Indien wegen des überwiegend von Muslimen bewohnten Gebiets Kaschmir. Es gehört zu Indien, wird aber von Pakistan beansprucht.

VÖLKER IN PAKISTAN
In Pakistan trifft man auf viele unterschiedliche Völker mit eigener Sprache und Kultur. Der afghanische Stamm der Paschtunen im Nordwesten ist ein altes, kriegerisches Nomadenvolk und zeichnet sich durch eine enge Familien- und Sippenbindung aus. Die Sindhi (oben) betreiben Landwirtschaft und leben im Südwesten des Landes. Sie verfügen über reiche musikalische und literarische Traditionen. Rund die Hälfte der Bevölkerung des Landes machen die Punjabi aus. Ihre Heimat sind die fruchtbaren Ebenen des Punjab.

BEWÄSSERUNG
Die flachen, fruchtbaren Ebenen des Punjab sind das wichtigste landwirtschaftliche Anbaugebiet Pakistans. Der Punjab wird vom Indus durchzogen, der nicht nur zur Feldbewässerung, sondern auch zur Trinkwasserversorgung und zur Stromerzeugung genutzt wird. Der Indus besitzt fünf Nebenflüsse – Jhelum, Chenab, Ravi, Sutlej und Beas. Sie haben der Region ihren Namen gegeben, denn Punjab bedeutet in der Sprache der Einheimischen »fünf Wasser«. In den übrigen Landesteilen Pakistans wurden mit Hilfe groß angelegter Bewässerungssysteme Halbwüsten in fruchtbares Ackerland verwandelt.

BUNTE BUSSE
Lastwagen und Busse in Pakistan sind traditionell mit außerordentlich farbenprächtigen Blumenmustern oder rein formalem Dekor bemalt. Außerdem werden sie mit Girlanden und Lichtern geschmückt.

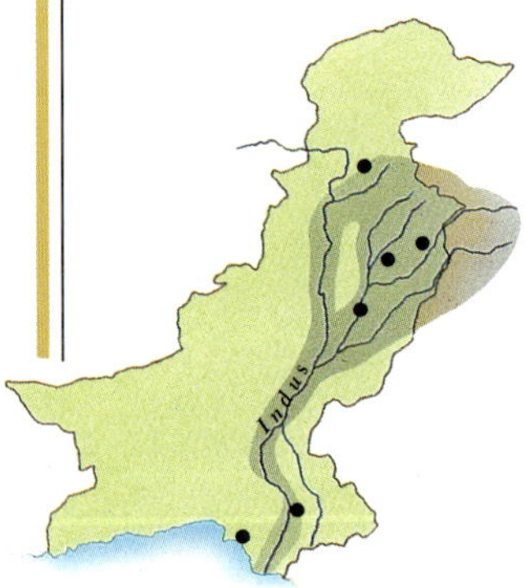

● Wichtigste Städte
▢ Bewässertes Land

BEVÖLKERUNG
Die Bevölkerung Pakistans ist ungleichmäßig verteilt: Mehr als 80% der Einwohner leben in den Provinzen Punjab und Sindh, die über das meiste fruchtbare Land verfügen.

ISLAMABAD
Die Hauptstadt Islamabad (rechts) wurde erst Anfang der 60er Jahre erbaut. Islamabad bedeutet »Platz des Islam«. Die Stadt wurde auf dem Reißbrett entworfen und mit vielen großen Plätzen und breiten, von Bäumen gesäumten Straßen ausgestattet. Die größte Stadt und wichtigster Hafen des Landes ist Karachi.

SITUATION DER FRAUEN
Islamisches Recht prägt das öffentliche Leben in Pakistan. Es verlangt von den Menschen bestimmte Verhaltensweisen und schränkt vor allem das Leben der Frauen ein. Sie müssen z. B. »hinter dem Schleier« leben. Das bedeutet, dass sie in der Öffentlichkeit ein »Kamiz« (Kleid) mit »Burga« (Kopfbedeckung) und den »Tschador« (Schleier) zu tragen haben. Fremde Männer sollen ihr Gesicht nicht sehen können. In traditionellen islamischen Haushalten leben Männer und Frauen in voneinander getrennten Bereichen: Die Männer im vorderen und die Frauen im hinteren Teil des Hauses.

Zum Weiterlesen

BAUMWOLLE *36, 215, 216*
BEWÄSSERUNG *155, 156, 217*
ISLAM *275*
FLUSSTÄLER *135*

BANGLADESCH
Hauptstadt: Dhaka
Lage: 88°–93° östl. Länge, 22°–27° nördl. Breite
Fläche: 147 570 km²
Einwohner: 120 400 000
Amtssprache: Bengali
Religionen: Muslime 87%, Hindus 12%, andere 1%
Staatsform: Republik
Währung: Taka
Analphabetenrate: 62%
Lebenserwartung: 57 Jahre
Einwohner pro Arzt: 6 670

BANGLADESCH

Im Jahr 1971 spaltete sich Ostpakistan vom Westteil des Landes ab und wurde als Bangladesch ein unabhängiger Staat. Ebenso wie in Pakistan wohnen in Bangladesch überwiegend Muslime. Die Amtssprache ist Bengali. Bangladesch gehört zu den ärmsten und am dichtesten bevölkerten Ländern der Welt und ist das größte Deltagebiet der Erde. Es wird häufig von Wirbelstürmen und Überflutungen heimgesucht, die vor allem im küstennahen Bereich schwere Verwüstungen anrichten. Die Regierung bemüht sich die Überschwemmungen unter Kontrolle zu bekommen, das rasante Bevölkerungswachstum einzudämmen und die Wirtschaft anzukurbeln.

JUTEANBAU
Jute ist eine widerstandsfähige Faserpflanze, die für die Bauern in Bangladesch eine wichtige Einkommensquelle darstellt. Aus der Faser werden Säcke, Seile und Wandbespannungen hergestellt. Jute war schon immer das wichtigste Exportprodukt Bangladeschs, muss sich heute jedoch gegen die Konkurrenz der Kunstfasern behaupten. Ein weiteres wichtiges Anbauprodukt ist Reis, der vor allem für die Selbstversorgung angebaut wird. Tee und Zuckerrohr dagegen sind für den Export bestimmt.

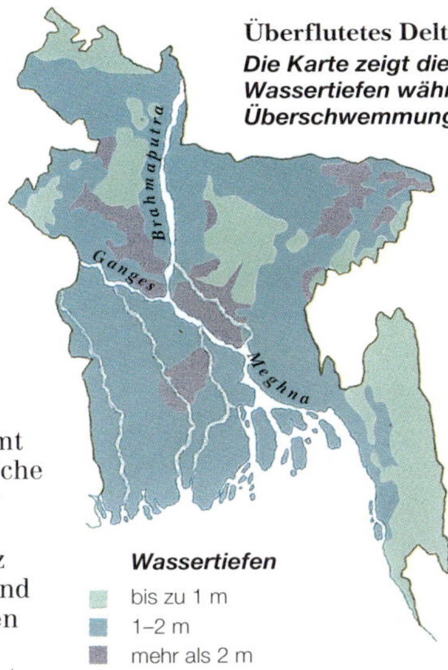

Überflutetes Delta
Die Karte zeigt die unterschiedlichen Wassertiefen während der jährlichen Überschwemmungen.

Die meisten Bangladescher sind Fischer oder Bauern. Die jährlichen Überflutungen sorgen für Fischreichtum und verbessern die Fruchtbarkeit der Böden.

ÜBERFLUTETES LAND
Das Delta der Flüsse Ganges, Brahmaputra und Meghna nimmt einen großen Teil der Landesfläche Bangladeschs ein. Während der Monsunzeit (Juni bis Oktober) treten die Flüsse mit ihrem Netz von Flussarmen über die Ufer und hinterlassen dabei große Mengen von Schlick, der die Böden mit wichtigen Nährstoffen anreichert. Die Überflutungen verursachen oft aber auch schwere Schäden, führen zum Tod von Menschen und Tieren, schwemmen Häuser fort und vernichten die Ernten. Nach der Flut kehren die Menschen jedoch wieder in ihre kleinen Dörfer zurück, bauen ihre Häuser auf und bestellen ihre Felder wieder neu.

Häuser werden oft auf Pfählen gebaut, um sie vor Überflutungen zu schützen.

Boote sind das wichtigste Transportmittel. Häufig fahren sie mit viel zu vielen Menschen an Bord. Auf großen Flößen werden Jute, Bambus und andere Güter befördert.

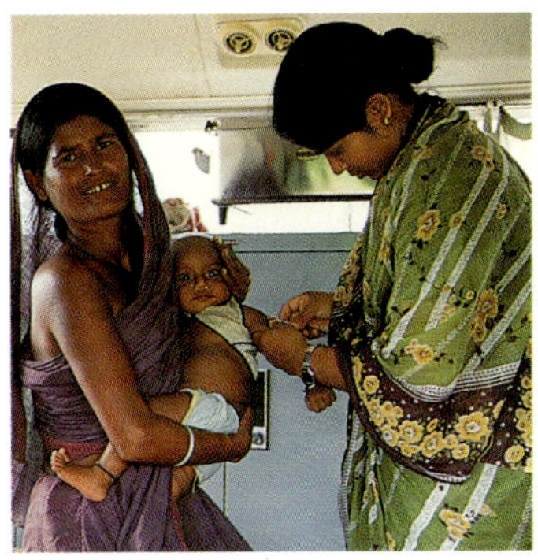

GESUNDHEITSVERSORGUNG
Trotz staatlicher Gesundheitsprogramme ist die Kindersterblichkeitsrate sehr hoch. Ursache dafür sind eine mangelhafte Ernährung und verschmutztes Wasser, das die Ausbreitung von Krankheiten, wie z. B. Cholera, fördert. Die Regierung bemüht sich die Menschen über Hygiene zu informieren und sie gegen gefährliche Krankheiten zu impfen.

Farbenprächtige Rikschas gehören zum Straßenbild Dhakas.

LEBEN IN DER STADT
Nur ein Drittel der Bevölkerung Bangladeschs lebt in Städten, überwiegend in den beiden Hafenstädten Chittagong und Khulna oder in Dhaka, der Hauptstadt des Landes. Die im Mündungsgebiet von Ganges und Brahmaputra gelegene Stadt der 700 Moscheen ist von zahlreichen Kanälen durchzogen. Die Stadtbewohner haben einen höheren Lebensstandard als die Menschen auf dem Land, bewohnen bessere Häuser und verfügen über Wasser- und Stromversorgung. Da die Städte von Arbeit Suchenden aus den ländlichen Regionen überflutet werden, sind viele der Neuankömmlinge gezwungen in Elendsvierteln zu hausen.

Zum Weiterlesen
GESUNDHEIT *276*
ISLAM *275*
MONSUN *166*
FLUSSTÄLER *135*

INDIEN

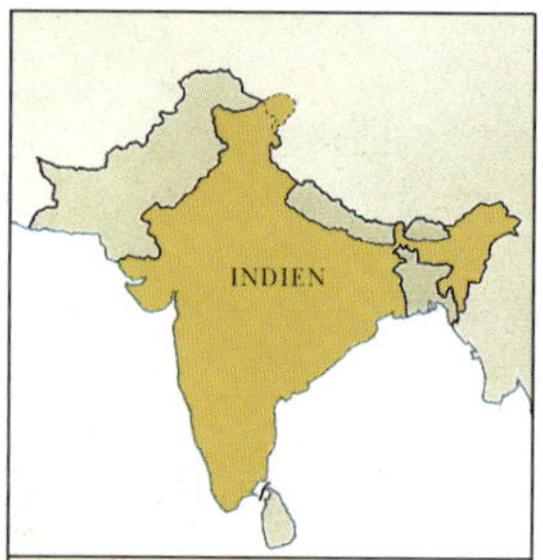

INDIEN

Hauptstadt: Neu-Delhi

Lage: 68°–97° östl. Länge, 8°–37° nördl. Breite

Fläche: 3 287 263 km²

Einwohner: 935 700 000

Amtssprachen: Hindi und Englisch

Religionen: Hindus 80%, Muslime 11%, Christen 2%, Sikhs 1%, andere 6%

Staatsform: Bundesrepublik

Währung: Indische Rupie

Analphabetenrate: 48%

Lebenserwartung: 61 Jahre

Einwohner pro Arzt: 2 440

Indien ist der siebtgrößte und nach China bevölkerungsreichste Staat der Welt. Das Land hat eine große sprachliche, religiöse und kulturelle Vielfalt. Hier entstanden drei große Weltreligionen: der Hinduismus, der Buddhismus und der Sikhismus. In diesem Land werden insgesamt mehr als 200 Sprachen gesprochen; 40% der Einwohner verständigen sich in Hindi, der wichtigsten Sprache des Landes. Englisch ist die zweite Amtssprache und dient als Verkehrssprache zwischen den verschiedenen Völkern. Trotz großer Armut gehört Indien zu den am stärksten industrialisierten Ländern der Dritten Welt. Sowohl die Industrie als auch die Landwirtschaft wurden in den vergangenen 20 Jahren dank der Investitionen ausländischer Unternehmen stark ausgebaut und modernisiert. Indien ist mit rund 450 Mio. Wahlberechtigten die größte Demokratie der Welt.

BOLLYWOOD
In Indien werden mehr Filme gedreht als in jedem anderen Land der Welt. Jährlich entstehen hier rund 800 Kinostreifen, vor allem in Bombay, das man deswegen auch »Bollywood« nennt. Indische Filme handeln von Liebe und Leid und sind durch viele Musik- und Tanzeinlagen geprägt. Kinobesuche sind eine beliebtes Freizeitvergnügen der Inder.

Diese Bauern reinigen geerntetes Getreide, d.h., sie trennen die Körner von der Spreu. Um Missernten überstehen zu können, werden große Getreidevorräte angelegt.

GRÜNE REVOLUTION
Eines der größten Probleme Indiens war früher die Nahrungsmittelknappheit. Heute kann das Land seinen Bedarf aus eigener Kraft decken. Die Produktion von Reis und Weizen ist seit Erlangung der Unabhängigkeit um 200% gestiegen. Dieser Fortschritt wurde durch die so genannte »Grüne Revolution« in den 60er Jahren ermöglicht. Sie führte zu einer Modernisierung der landwirtschaftlichen Arbeitsmethoden und zur Entwicklung ertragreicherer Sorten.

ANBAUPRODUKTE
Indien ist der größte Erzeuger der unten angegebenen Pflanzen. Die Prozentzahl bezeichnet Indiens Anteil an der Weltproduktion.

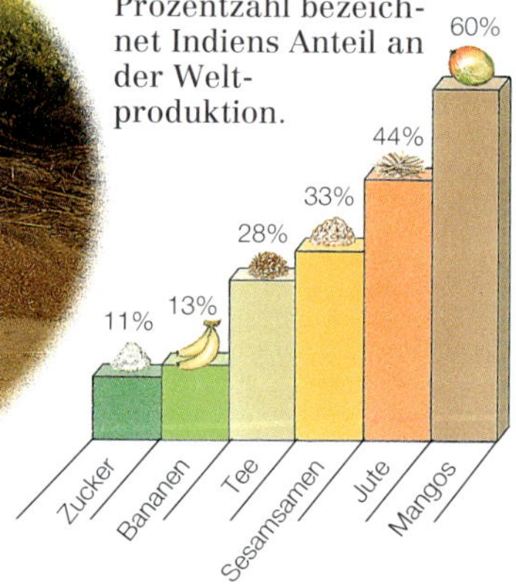

Zimt kommt in süße, aber auch in würzige Speisen.

Knoblauch wird vielen Gewürzmischungen beigegeben.

Koriander gehört in fast jedes indische Gericht.

Gelbwurz ist Gewürz und Färbemittel.

INDISCHE KÜCHE
Viele Inder sind Vegetarier, d. h., sie essen kein Fleisch. Der Grund dafür liegt in ihrer Religion, die das Schlachten bestimmter Tiere verbietet. Die meisten Hindus essen kein Rindfleisch, weil sie Kühe als heilige Tiere ansehen; Muslime nehmen dagegen kein Schweinefleisch zu sich. Die indische Küche ist regional unterschiedlich, doch ein typisches Essen besteht normalerweise aus mehreren Gemüsegerichten, Dhal (Linsen), Dahi (Jogurt), Reis oder Chappatis (Fladenbrot). Die Gerichte sind meist stark gewürzt, z. B. mit Koriander, Gelbwurz, Chili, Kümmel oder Kardamom.

Reis

Gemüse in würziger Soße

INDUSTRIE
Seitdem Indien unabhängig ist, hat die Industrie stark an Bedeutung gewonnen. Indische Fabriken produzieren Autos, Chemikalien, Lebensmittel und Computer. Seit einiger Zeit werden auch Flugzeuge und Raketen hergestellt. Textilien und Lederwaren sind wichtige Exporterzeugnisse. Rund die Hälfte der indischen Güterproduktion stammt aus kleinen Familienbetrieben, die handwerkliche Erzeugnisse wie Messingwaren oder Batikfärbemittel herstellen. Indien verfügt über große Steinkohlevorkommen und nutzt die Wasserkraft seiner Flüsse zur Elektrizitätserzeugung.

LEBHAFTE STÄDTE

In den quirligen, chaotischen Städten Indiens stehen moderne Bürokomplexe aus Stahl und Beton neben alten Tempeln und Moscheen sowie anderen historischen Bauten. Neu-Delhi im Norden ist zwar die Hauptstadt, doch Kalkutta (links) am Rand des Gangesdeltas und Bombay, die bedeutende Hafenstadt an der Westküste, sind die größten Städte des Landes. Beide sind überdies bedeutende Industriestandorte. Die Übervölkerung der Städte stellt ein schwer wiegendes Problem dar, denn der Zuzug von Landbewohnern, die hier Arbeit suchen, ist ungebrochen. Viele Menschen leben in Elendsvierteln am Stadtrand oder ganz einfach auf den Straßen.

MARMORGRAB

Den Tadsch Mahal in Agra ließ Kaiser Schah Jahan errichten, einer der Mogul-Herrscher, die Indien vom 16. bis zum 18. Jh. regierten. Das weiße Marmorgebäude, das als Grabmal für die Lieblingsfrau des Herrschers erbaut wurde, ist ein bedeutendes Beispiel islamischer Architektur und zieht zahlreiche Besucher an.

HINDU-HOCHZEIT

Hindu-Hochzeiten sind aufwendige Feierlichkeiten, die sich über mehrere Tage hinziehen. Im Allgemeinen finden Hochzeiten nur zwischen Mitgliedern derselben Kaste oder sozialen Gruppe statt und werden von den Eltern des Brautpaars oft unter großen finanziellen Opfern ausgerichtet. Nach der Hochzeit lebt die Braut bei der Familie ihres Ehemanns. Das Familienleben spielt für die Hindus eine außerordentlich wichtige Rolle. Häufig leben mehrere Generationen einer Großfamilie unter einem Dach zusammen.

Braut und Bräutigam tragen Girlanden um den Hals.

Nachdem das Tuch entfernt worden ist, macht das Paar sieben Schritte um das heilige Feuer. Jeder Schritt verkörpert einen Aspekt seines künftigen Lebens, z. B. Glück, Kinder und lebenslange Partnerschaft.

Zu Beginn der Hochzeitszeremonie sitzen Braut und Bräutigam einander gegenüber und reichen sich durch ein Seidentuch die Hände.

Die Braut trägt einen roten Seidensari, der mit Goldfäden bestickt ist, dazu einen bestimmten Schmuck und Gesichtsbemalung. Ihre Hände und Füße werden mit Henna eingefärbt.

Das Henna hält wochenlang und bringt den neuen Status als Ehefrau zum Ausdruck.

SARI

Die traditionelle Kleidung indischer Frauen ist der »Sari«, ein bis zu 20 m langer Stoff aus Seide oder Baumwolle, der um den Körper gewickelt wird. Ein Ende des Stoffs lässt man herunterhängen oder nutzt es als Kopfbedeckung. Die traditionelle Männerkleidung ist der »Dhoti«, ein Baumwolltuch, das um die Hüften gewickelt wird.

Sari aus Seide

ANDERE RELIGIONEN

Neben dem Hinduismus gibt es in Indien noch andere Religionen wie den Sikhismus und den Jainismus. Die Sikhs glauben an einen einzigen Gott. Ihr Hauptheiligtum ist der Goldene Tempel in Amritsar. Männliche Sikhs tragen einen Turban (links), das Symbol der Reinheit. Die Jainisten respektieren wie die Hindus alle Lebewesen.

Zum Weiterlesen

DEMOKRATIE *270*
WACHSTUM DER STÄDTE *17, 135*
RELIGION *274–275*
GEWÜRZE *57, 198, 264*

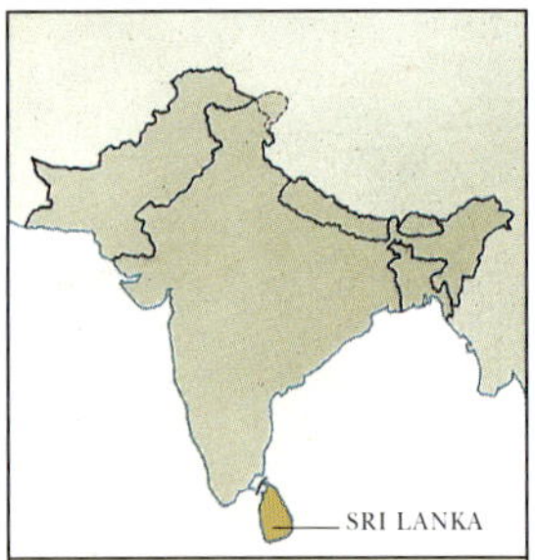

SRI LANKA
Hauptstadt: Colombo
Lage: 80°–82° östl. Länge, 6°–10° nördl. Breite
Fläche: 65 628 km²
Einwohner: 18 400 000
Amtssprachen: Singhalesisch und Tamilisch
Religionen: Buddhisten 69%, Hindus 15%, Muslime 8%, Christen 8%
Staatsform: Präsidialrepublik
Währung: Sri-Lanka-Rupie
Analphabetenrate: 10%
Lebenserwartung: 72 Jahre
Einwohner pro Arzt: 7 140

SRI LANKA

Die Insel Sri Lanka liegt direkt vor der Südostküste Indiens. Bis zu einer Flutwelle im Jahr 1480 war sie über die Adamsbrücke, eine Kette von sieben Inseln und Sandbänken, mit dem Festland verbunden. Ihre palmengesäumten Strände, die zerklüfteten Berge und die artenreiche Tierwelt ziehen viele Urlauber an. In den letzten Jahren ging der Fremdenverkehr jedoch deutlich zurück, da zwischen den Singhalesen und der tamilischen Minderheit, die einen unabhängigen Staat anstrebt, ein erbitterter Bürgerkrieg ausgebrochen ist. Die Landwirtschaft ist der bedeutendste Wirtschaftszweig Sri Lankas. Auf großen Plantagen werden Tee, Baumwolle und Kautschuk angebaut.

DER HEILIGE ZAHN
Wenn im August in Kandy das wichtigste buddhistische Fest Sri Lankas gefeiert wird, ziehen bis zu 100 Elefanten durch die Stadt. Allen voran schreitet ein reich geschmücktes Tier, das eine Nachbildung des Buddha-Zahns trägt. Nach der Legende wurde dieser Zahn bei der Einäscherung Buddhas (543 v. Chr.) vor der Zerstörung bewahrt.

Saphir
Saphirohrring

SAPHIRBLAU
Sri Lanka ist berühmt für seine Edelsteine. Nahe Ratnapura, der »Stadt der Edelsteine«, findet man Saphire, Rubine, Topase, Amethysten und Granaten. Sie werden zu Schmuck verarbeitet oder exportiert.

Viele tamilische Frauen arbeiten als Teepflückerinnen.

DIE TAMILEN
Spannungen zwischen der singhalesischen Regierung und den Tamilen entluden sich 1983 in einem Bürgerkrieg, der bis heute noch nicht beendet werden konnte. Die Tamilen wenden sich vor allem gegen die Bevormundung durch die Singhalesen und verlangen einen eigenen, unabhängigen Staat im Norden der Insel. Die Tamilen, die überwiegend Hindus sind, machen 20% der Landesbevölkerung aus. Die größtenteils buddhistischen Singhalesen stellen mit 75% die Bevölkerungsmehrheit.

MALERISCHE STRÄNDE
Der Fremdenverkehr ist eine der wichtigsten Einnahmequellen Sri Lankas. Allerdings wurde das Geschäft mit dem Tourismus durch den Bürgerkrieg stark in Mitleidenschaft gezogen. Mittlerweile hat sich die Tourismusbranche aber wieder erholt, und die Zahl der Touristen wächst. Sie besuchen Sri Lankas Sandstrände, die buddhistischen Tempel und andere historische Bauten.

Teesamen werden zunächst in ein Beet gesät; später pflanzt man die Setzlinge aufs Feld.

Die Frauen hängen sich den Korb um den Kopf, damit sie beide Hände zum Pflücken frei haben.

Die Teeblätter werden einmal in der Woche geerntet. Gepflückt wird mit der Hand, da Maschinen die zarten Blätter zerstören könnten.

Wenn ein Korb voll ist, wird er gewogen. Die Pflücker werden nach Gewicht bezahlt.

Die Blätter werden schließlich fermentiert und getrocknet.

TEEANBAU
Die großen Teeplantagen liegen vor allem im zentralen Hochland. Dort wächst der Teestrauch langsamer und die Blätter haben mehr Zeit ihr volles Aroma zu entwickeln. Nur die jungen, zarten Blätter werden geerntet und danach rasch in klimatisierten Räumen verarbeitet, damit ihre Inhaltsstoffe erhalten bleiben. Tee erbringt ein Drittel der Exporterlöse der Insel. In jüngster Zeit bekommen die Teepflanzer Sri Lankas Konkurrenz aus anderen Ländern. Dort wird billigerer, aber auch qualitativ nicht so hochwertiger Tee angebaut.

Zum Weiterlesen

BUDDHISMUS *275*
EDELSTEINE *62, 191*
KAUTSCHUK *194, 226*
TEEANBAU *238*

NEPAL

Hauptstadt: Katmandu

Lage: 80°–88° östl. Länge, 26°–30° nördl. Breite

Fläche: 147 181 km²

Einwohner: 21 900 000

Amtssprache: Nepali

Religionen: Hindus 90%, Buddhisten 5%, Muslime 3%, andere 2%

Staatsform: Parlamentarische Monarchie

Währung: Nepalesische Rupie

Analphabetenrate: 73%

Lebenserwartung: 53 Jahre

Einwohner pro Arzt: 16 670

BHUTAN

Hauptstadt: Thimbu

Lage: 88°–92° östl. Länge, 27°–28° nördl. Breite

Fläche: 46 500 km²

Einwohner: 1 600 000

Amtssprache: Dzongha

Religionen: Buddhisten 72%, Hindus 20%, Muslime 8%

Staatsform: Monarchie

Währung: Ngultrum

Analphabetenrate: 58%

Lebenserwartung: 50 Jahre

Einwohner pro Arzt: 13 110

NEPAL

Das kleine, weitgehend isolierte Nepal liegt im Himalaja und hat keinen direkten Zugang zum Meer. Staatsreligion ist der Hinduismus, doch viele Menschen praktizieren eine Mischung aus Hinduismus und Buddhismus. Bis 1991 herrschte der König mit absoluter Macht. In jenem Jahr fanden die ersten demokratischen Wahlen mit mehreren Parteien statt. Heute besitzt Nepal eine vom Volk gewählte Regierung. Touristen strömen in wachsender Zahl nach Nepal und bringen Geld in das arme Land. Besonders beliebt sind Trekking-Touren im Himalaja.

KATMANDU
Katmandu ist die Hauptstadt Nepals. Die Altstadt wird durch schmale Straßen und Plätze geprägt, die von Tempeln und historischen Bauwerken gesäumt sind. In einem dieser Tempel wohnt Kumari Devi, die »lebende Göttin«. Dabei handelt es sich um ein junges Mädchen, das die Hindu-Gottheit Parvati verkörpern soll.

BERGTERRASSEN
Rund 90% der Nepalesen arbeiten in der Landwirtschaft. Reis und andere Pflanzen werden auf Terrassen angebaut, die an den Berghängen angelegt wurden. So können Flächen genutzt werden, die sonst unzugänglich wären. Für eine gute Ernte braucht man auch hier den jährlichen Monsunregen.

Diese Sherpa-Frauen tragen schwere Lasten über die Berge.

VÖLKER NEPALS
Zahlreiche Völker haben Nepal im Laufe seiner Geschichte besiedelt. Im Norden überwiegt der Einfluss der mongoliden, im Süden der der indischen Rasse. Die Sherpa im östlichen Bergland sind als erfahrene Bergsteiger berühmt. Daher werden sie bei größeren Expeditionen häufig als Begleiter eingesetzt. Die Gurkha gelten als mutige und tüchtige Krieger. Die Newar im Hochtal von Katmandu sind berühmt für ihre Holzschnitzereien, mit denen viele nepalesische Tempel und Häuser verziert sind. Mehr als die Hälfte der Landesbewohner sind Nepali, die von Indern abstammen.

BHUTAN

Das kleine Königreich Bhutan liegt zwischen China und Indien. Es ist aufgrund seiner abgeschiedenen Lage im Himalaja und der Beschränkungen, die es dem Tourismus auferlegt, noch ein weitgehend unbekanntes Land. Bhutan besitzt nur wenige Bodenschätze, doch es versucht seine zahlreichen Flüsse zur Erzeugung von Elektrizität zu nutzen. Das buddhistische Land wird von einem absoluten Monarchen mit großer Machtfülle regiert – dem »Drachenkönig«.

Die Bewohner Bhutans essen das Fleisch der Yaks, stellen aus der Milch Butter und Käse her und nutzen den Dung als Brennstoff.

Aus Yakhaar werden Zeltstoff und Textilien hergestellt.

NÜTZLICHE YAKS
Diese robusten Rinder sind in den Bergen Bhutans unentbehrlich. Sie können schwere Lasten tragen und sind unempfindlich gegen Temperaturen unterhalb des Gefrierpunkts.

Die Bothia sprechen Dzongha, die Amtssprache Bhutans. Sie ist eng mit dem Tibetischen verwandt.

BEVÖLKERUNG
Ungefähr 60% der Einwohner Bhutans sind Bothia, deren Vorfahren aus Tibet stammen. Im Land lebt außerdem eine große Zahl tibetischer Flüchtlinge. Die Einwanderung von Nepalesen, die etwa 10% der Bevölkerung ausmachen, ist seit 1959 verboten. Spannungen zwischen den Bothia und den Nepali sprechenden Lhotsampa im Süden führten 1990 zu Demonstrationen gegen die Regierung.

Zum Weiterlesen
HIMALAJA *132, 166*
HINDUISMUS/BUDDHISMUS *275*
TERRASSENFELDBAU *159, 201*

OSTASIEN

Den größten Teil Ostasiens nimmt das riesige, bevölkerungsreiche Land China ein. Zu Ostasien gehören außerdem die sturmgepeitschten Ebenen der Mongolei, Nord- und Südkorea, die fruchtbare Insel Taiwan sowie das portugiesische Überseegebiet Macau. China ist ein Land voller Gegensätze. Im Westen erheben sich hohe Gebirgsketten über Täler und halbtrockene Ebenen. Tibet im Himalaja, ein ehemals unabhängiges Land, das seit 1950 von China besetzt ist, wird wegen seiner Höhenlage auch als »Dach der Welt« bezeichnet. Den Norden Chinas nimmt die raue und menschenleere Wüste Gobi ein. In Ostchina sowie in Nord- und Südkorea wird in Flusstälern und Überschwemmungsgebieten intensive Landwirtschaft betrieben. Aus diesen fruchtbaren Anbaugebieten kommen die Nahrungsmittel für Millionen von Menschen, die in den großen Städten an der Küste oder im Küstenbereich leben.

Urumchi, China
Jan. –17 °C
Juli 21 °C
Jan. 15 mm
Juli 18 mm

DER GELBE FLUSS
Der Gelbe Fluss oder Huang He, wie er auf Chinesisch heißt, nimmt auf seinem Weg durch Zentralchina nach Osten große Mengen Sand und gelben Löss auf. In der Ebene lagert er die Schwemmstoffe ab. Dabei schüttet er mächtige Dämme auf und erhöht auch sein Flussbett. Bei Hochwasser durchbricht er die Dämme und verursacht verheerende Überflutungen.

DIE GROSSE MAUER
Den Norden Chinas durchzieht die Chinesische Mauer. Sie erstreckt sich vom Gelben Meer bis zu den Wüsten Zentralasiens. Mit ihrem Bau wurde schon im 3. Jh. v. Chr. begonnen, in ihrer heutigen Form stammt sie aus dem 15. Jh. Sie sollte die chinesischen Bauern vor Angriffen mongolischer Nomaden schützen. Mit fast 6 400 km ist sie das längste Bauwerk der Erde – und sogar vom Mond aus noch zu erkennen.

AHNENKULT
Zu den wichtigsten Inhalten des Konfuzianismus, der alten Religion Chinas, gehören die Achtung der Familie und die Verehrung der Ahnen. Bei traditionellen Bestattungen in Ostasien soll ein bestimmtes, festgelegtes Ritual sicherstellen, dass der Seele des Verstorbenen die nötige Ehre erwiesen wird. An der Grabstätte legen die Trauernden Opfergaben in Form von verschiedenen Lebensmitteln nieder und verbrennen Papiergeld und Papiermodelle von Autos, Fahrrädern und anderen Dingen, die die Seele in den Himmel geleiten sollen.

WAS IST WO AUF DER KARTE
Längster Fluss: Jangtsekiang, China, 5 520 km *Karte L11*
Höchste Erhebung: Mount Everest, im Grenzgebiet Nepal/China (Tibet), 8 848 m *Karte D12*
Größter See: Qinghai Hu, China, 4 460 km² *Karte H9*
Größter Platz der Welt: Tiananmen (Platz des Himmlischen Friedens), Peking, China, 396 606 m² *Karte M8*
F G H I J K L M N O P Q R
1 2 3 4 5 6 7 8 9 10 11 12 13 14 15 16
0 100 200 300 400 km
N
MONGOLEI
NORDKOREA
SÜDKOREA
TAIWAN
CHINA
RUSSISCHE FÖDERATION
MONGOLEI
INNERE MONGOLEI
NORD-KOREA
SÜD-KOREA
TAIWAN
MACAU (Portugal)
VIETNAM
LAOS
MYANMAR
INDIEN
AUTONOME REGION GUANGXI ZHUANG
WÜSTE GOBI
WÜSTE ORDOS
BAIDAN JARAN SHAMO
CHANGAIGEBIRGE
KLEINER CHINGAN
GROSSER CHINGAN
MANDSCHUREI
QINGHAI
BAYAN HAR SHAN
QIN LING
HALBINSEL SHANDONG
HALBINSEL LEIZHOU
Hainan
JAPANISCHES MEER
GELBES MEER
Bo Hai
Koreabucht
Koreastraße
OSTCHINESISCHES MEER
Taiwanstraße
SÜDCHINESISCHES MEER
Golf von Tonking
Amur
Argun
Uldz
Orhon
Kerulen
Egijn
Gelber Fluss
Jangtsekiang
Großer Kanal
Mekong
Yalong
Dadu He
Saluen
Jinsha
Hongshui He
Yuan
Uvs Nuur
Chövsgöl Nuur
Chjargas Nuur
Char Us Nuur
Hulun Nur
Chankasee
Qinghai Hu
Hongze Hu
Dongting Hu
Poyang Hu
Große Mauer
ULAN BATOR
Ulaangom
Mörön
Sühbaatar
Darhan
Erdenet
Hovd
Uliastay
Tsetserleg
Altay
Arvayheer
Öndörhaan
Choybalsan
Saynshand
Erenhot
Manzhouli
Hailar
Yakeshi
Zalantun
Qiqihar
Bei'an
Yichun
Jiamusi
Harbin
Jixi
Ulanhot
Jilin
Changchun
Tongliao
Liaoyuan
Xilinhot
Shenyang
Fushun
Chifeng
Anshan
Hami
Jining
Hohhot
Baotou
Linhe
PEKING
Datong
Tangshan
Tianjin
Dalian
Yantai
Wuhai
Dongsheng
Yumen
Lenghu
Da Qaidam
Delingha
Golmud
Yinchuan
Wuwei
Xining
Lanzhou
Taiyuan
Shijiazhuang
Handan
Jinan
Zibo
Tai'an
Qingdao
Changzhi
Zaozhuang
Lianyungang
Xuzhou
Zhengzhou
Luoyang
Baoji
Xi'an
Huainan
Nanjing
Hefei
Wuxi
Shanghai
Suzhou
Hangzhou
Ningbo
Shaoxing
Ankang
Xiangfan
Xinyang
Yushu
Mianyang
Chengdu
Qamdo
Wanxian
Yichang
Jingmen
Wuhan
Jingdezhen
Wenzhou
Nyingchi
Litang
Leshan
Zigong
Chongqing
Yueyang
Nanchang
Changsha
Shaoyang
Pingxiang
Nanping
Fuzhou
Xichang
Zunyi
Ganzhou
Xiamen
Panzhihua
Guiyang
Dongchuan
Guilin
Shaoguan
Shantou
Dali
Kunming
Liuzhou
Wuzhou
Canton
Dongguang
Kowloon
Hongkong
Macau
Gejiu
Nanning
Pingxiang
Zhanjiang
Xuwen
Haikou
Sanya
Ch'ŏngjin
Hamhŭng
Wŏnsan
Sinŭiju
PJÖNGJANG
Nampʼo
Kangnŭng
Haeju
SEOUL
Inch'ŏn
Taejŏn
Taegu
Pusan
Kwangju
Cheju
Chi-lung
TAIPEH
Kao-hsiung
Peking, China
Jan. –4 °C
Juli 26 °C
Jan. 4 mm
Juli 243 mm
Lhasa, China
Jan. –1 °C
Juli 16 °C
Jan. 0 mm
Juli 122 mm
Taipeh, Taiwan
Jan. 16 °C
Juli 29 °C
Jan. 86 mm
Juli 231 mm

CHINA	
Hauptstadt:	Peking
Lage:	71°–135° östl. Länge, 18°–53° nördl. Breite
Fläche:	9 571 300 km²
Einwohner:	1 200 000 000
Amtssprache:	Chinesisch
Religionen:	Volksreligionen 20%, Buddhisten 6%, Muslime 2%, andere und Konfessionslose 72%
Staatsform:	Sozialistische Volksrepublik
Währung:	Renminbi Yuan
Analphabetenrate:	19%
Lebenserwartung:	68 Jahre
Einwohner pro Arzt:	730

CHINA

In der Volksrepublik China lebt ein Fünftel der Weltbevölkerung. Nach der Russischen Föderation und Kanada ist China das drittgrößte Land der Welt. Seine Flächenausdehnung entspricht fast der ganz Europas. China kann auf eine über 7 000-jährige Geschichte zurückblicken. Hier hat sich auch eine der großen Hochkulturen der Menschheit entwickelt. Nachdem das Land jahrhundertelang von Kaisern regiert worden war, wurde es im Jahr 1911 zur Republik erklärt. 1949 übernahmen die Kommunisten unter Mao Tse-tung die Macht. Unter der straffen Führung der Kommunistischen Partei entwickelte sich China zu einer industriellen und militärischen Großmacht. Seit einigen Jahren betreibt die Regierung eine marktwirtschaftliche Reformpolitik, um die Wirtschaft zu modernisieren und ausländische Investoren zu gewinnen.

DIE VERBOTENE STADT

Als Kaiser Zhu Di im 15. Jh. die Hauptstadt Peking errichtete, ließ er in ihrem Zentrum den kaiserlichen Palast bauen. Der Palastbezirk wurde bald als »Verbotene Stadt« bezeichnet, weil ihn nur die kaiserliche Familie und die engsten Ratgeber des Herrschers betreten durften. Er umfasst nahezu 1 000 Gebäude, darunter auch Tempel, Stallungen und eine Bibliothek.

Die Handschriftenmalerei (Kalligrafie) genießt in China hohes Ansehen. Es erfordert große Sorgfalt, die Schriftzeichen korrekt zu Papier zu bringen.

CHINESISCHE SCHRIFT

Die chinesische Schrift umfasst mehr als 50 000 Schriftzeichen. Jedes Zeichen drückt ein ganzes Wort oder einen Teil davon aus. Einfache Wörter wie »Himmel« oder »Regen« kommen mit einem Zeichen aus, kompliziertere brauchen mehr – für »Telefon« verwendet man z. B. die Zeichen für »Elektrik« und »sprechen«.

KOMMUNISMUS IN CHINA

Die Kommunistische Partei Chinas kam im Jahr 1949 unter der Führung von Mao Tse-tung an die Regierung. Ziel der Kommunisten war es, eine Gesellschaft zu schaffen, in der alle Menschen gleich sind und das Eigentum dem gesamten Volk gehört. So enteigneten sie die Grundbesitzer und errichteten große Volkskommunen. In den Volkskommunen fasste man etwa 20 000 Menschen zu Einheiten zusammen, die für alle ihre Belange selbst verantwortlich sein sollten. Auch die Industrie wurde verstaatlicht. Diese Politik brachte jedoch viele Nachteile für das Land und dessen Bevölkerung mit sich, weshalb nach Maos Tod 1976 allmählich wieder Privatbesitz zugelassen wurde.

Am Platz des Himmlischen Friedens in Peking hängen noch immer Porträts von Mao Tse-tung.

REISANBAU

Zwei Drittel der Bevölkerung Chinas leben und arbeiten auf dem Land. Die fruchtbarsten Anbaugebiete liegen im Süden. Hier wird hauptsächlich Reis angebaut, außerdem Tee, Baumwolle, Obst und Gemüse. Reis wird auf Feldern angepflanzt, die man unter Wasser gesetzt hat (unten). In guten Jahren können zwei Reisernten sowie je eine Gemüse- und Getreideernte eingebracht werden. Im Norden und Westen Chinas, wo die Landschaft hügeliger und der Boden trockener ist, beschränkt man sich auf den Getreideanbau; hier halten die Bauern auch mehr Rinder und Schafe.

Aussaat

Während die Felder vorbereitet werden, kommen Reissamen in separate Saatbeete.

Nach einem Monat können die Reisschößlinge auf den Reisfeldern gepflanzt werden.

Pflügen

Mit Wasserbüffeln werden die Felder umgepflügt und für den Anbau der Reispflanzen vorbereitet.

Kleine Erdwälle trennen die einzelnen Felder.

Pflanzung

Frauen setzen in mühsamer Handarbeit die Reisschößlinge an.

Meist werden die Reisfelder mit Wasserbüffeln oder Ochsen bestellt.

Das Wasser verhindert das Wachsen von Unkraut.

CHINESISCHE KÜCHE

Die chinesische Küche weist erhebliche regionale Unterschiede auf: Die Provinz Sichuan im Westen ist bekannt für ihre Würzkunst, während die Küche Pekings vor allem durch ihre gebratene Ente berühmt ist. Im südlichen Kanton kommen die unterschiedlichsten Fischgerichte auf den stets reich gedeckten Tisch. Chinesische Gerichte werden gekocht oder im Wok, einer hohen, ausladenden Pfanne, unter ständigem Rühren angebraten. Zu jeder Speise gehören frische, nur kurz erhitzte Gemüse. Im Süden des Landes ist Reis sehr beliebt, im Norden sind dagegen Weizenplätzchen und Nudeln weiter verbreitet. Die Speisen werden in kleinen Schüsseln gereicht, aus denen man mit Stäbchen isst.

Sojasprossen

Grüne Mungobohnen werden als Suppen oder Mus gegessen.

Das Gewürz Sternanis stammt aus China.

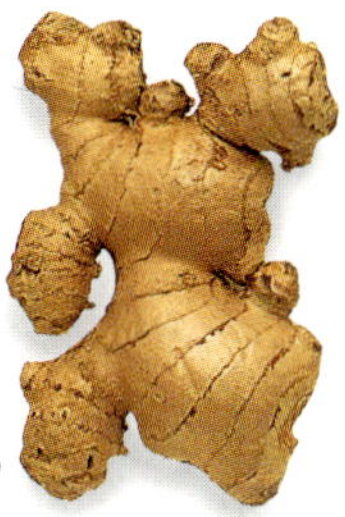

Ingwer gibt vielen westchinesischen Gerichten einen frischen Geschmack.

Viele Gerichte werden mit Chilischoten scharf gewürzt.

Gekochter oder gebratener Reis ist eine beliebte Beilage.

Reisschale

Tee serviert man in henkellosen Tassen.

Tee ohne Milch und Zucker ist das beliebteste Getränk in China.

Der erfrischende Jasmintee wird aus grünen Blättern hergestellt. Auch schwarzen Tee trinkt man gern.

Stäbchen dienen als Besteck.

Messer sind unnötig, da die Zutaten fein geschnitten werden.

STÄDTISCHES LEBEN

Mehr als 250 Mio. Chinesen leben in Städten, von denen viele übervölkert sind. Der Wohnraum ist knapp. Die meisten Familien leben in Ein- bis Zweizimmerwohnungen. Sie mieten sie von dem Unternehmen, bei dem sie arbeiten. Auf den Straßen der Städte drängeln sich die Fahrradfahrer. Busse, die billigsten öffentlichen Verkehrsmittel, sind fast immer überfüllt. Wichtigste Industrie- und Handelsstadt Chinas ist Shanghai, das mit 12 Mio. Einwohnern zu den größten Städten der Erde zählt.

EIN-KIND-FAMILIEN

Die Bevölkerung Chinas wächst jährlich um rund 15 Mio. Das entspricht ungefähr der Gesamtbevölkerung Australiens. Um dieses rasante Bevölkerungswachstum einzudämmen, schreibt die Regierung seit 1979 die Ein-Kind-Familie vor. Diese Einzelkinder nennt man auch »kleine Kaiser«, da sie von ihren Eltern oft übermäßig verwöhnt werden. Die Politik der Ein-Kind-Familie setzte sich hauptsächlich in den Städten durch, nicht aber auf dem Land. Dort werden viele Kinder für die Arbeit auf den Feldern benötigt. Außerdem sind Kinder seit alters her die »Altersversorgung« der Eltern: Je mehr Kinder, desto besser die Versorgung im Alter.

Ernten

Die Bauern schneiden die Halme und bündeln sie.

Die Körner werden von den Halmen gelöst.

Die Reiskörner lässt man in der Sonne trocknen.

Der trockene Reis wird durch Rütteln in großen Sieben von den Spelzen befreit.

NAHRUNGSERZEUGUNG

China versucht möglichst viele seiner Flächen landwirtschaftlich zu nutzen. Oft legt man auf den Feldern auch Mischkulturen an. China ist der weltgrößte Erzeuger der unten aufgeführten Nahrungsmittel; die Prozentzahl bezeichnet den Anteil Chinas an der Weltproduktion.

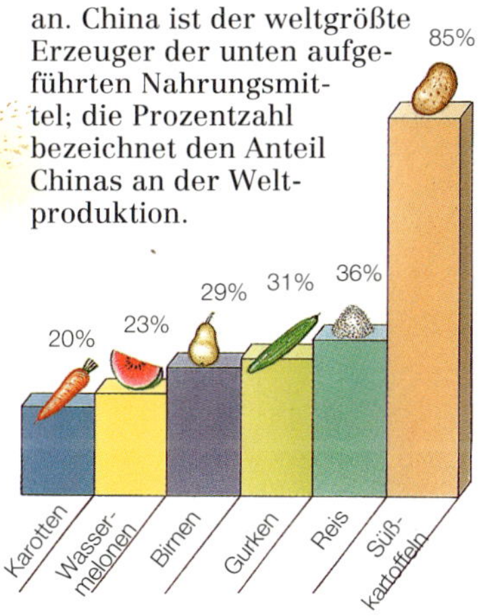

NEUJAHRSFEIER

Ende Januar beginnen die Chinesen mit den Vorbereitungen für das Neujahrsfest. Sie putzen ihre Häuser, schmücken sie mit Dekorationen in Rot, das Glück bringen soll, und schenken ihren Kindern Spielzeug. Die Feierlichkeiten dauern mehrere Tage. Dann sind Geschäfte und Büros geschlossen, die Menschen feiern auf den Straßen und reihen sich in Löwen- und Drachentänze ein.

BUDDHISTEN IN TIBET

Das früher unabhängige Tibet wurde 1950 von China besetzt. Die Tibeter hängen dem Lamaismus an, einer Sonderform des Buddhismus. Ihr Oberhaupt sind der Dalai-Lama und der Pantschen-Lama. Trotz der Unterdrückung durch die kommunistische Regierung, die jegliche Art von Religionsausübung verhindern wollte, konnte der Lamaismus seine vorherrschende Stellung in Tibet behaupten. Für Buddhisten ist das Gebet von höchster Bedeutung. Die Gläubigen hängen Gebetsfähnchen auf, die Glück bringen sollen.

An Häusern und Brücken hängen die tibetischen Buddhisten Gebetsfähnchen auf.

GROSSER KANAL

Der Große Kanal, die längste Wasserstraße der Welt, verläuft über eine Strecke von 1 790 km quer durch den Osten Chinas. Mit seinem Bau begann man im 5. Jh. v. Chr. um die Städte im Norden mit den fruchtbaren Tälern im Süden zu verbinden. Kurz vor seinem südlichen Ende passiert der Kanal die malerische Stadt Suzhou. Man nennt sie das »Venedig des Ostens«, weil sie von zahlreichen Flüssen und Kanälen durchzogen ist.

Tischtennis ist in China sehr beliebt. In öffentlichen Parks sind Pingpong-Tische aufgestellt.

Kinder spielen gern mit bunt bemalten Tierdrachen aus Papier. Dieses wird auf einfache Bambusrahmen geklebt.

Beliebt sind auch Schach und Kartenspiele.

Das Fahrrad ist in China das wichtigste Fortbewegungsmittel.

Tai-Chi ist durch sehr langsame Bewegungen gekennzeichnet.

Chinesische Parks werden gut gepflegt. Es gibt dort Steingärten und Bäume, die im Frühjahr besonders schön blühen.

LEBEN IM PARK

Da viele Stadtbewohner in kleinen Wohnungen ohne Gärten leben, spielen öffentliche Parks für die meisten Menschen in China eine wichtige Rolle. Sport wird in China gefördert und viele Leute gehen regelmäßig in den Park, um sich fit zu halten. Frühaufsteher üben Tai-Chi oder das kraftvollere Kung-Fu. Kinder lassen an windigen Tagen Drachen steigen, Erwachsene spielen Tischtennis, Karten oder Schach oder sitzen bei einem Plausch mit Freunden zusammen.

WIRTSCHAFT

China besitzt große Kohlereserven und unterschiedlichste Mineralienvorkommen. Nach der Machtübernahme der Kommunisten im Jahr 1949 wurde vor allem die Entwicklung der Schwerindustrie vorangetrieben und man errichtete Eisen- und Stahlwerke sowie Chemiefabriken. In jüngster Zeit werden auch die Leicht- und die Konsumgüterindustrie stärker ausgebaut. Heute zählt China zu den führenden Erzeugern von Düngemitteln, Textilien und elektronischen Geräten.

CHINESISCHE MEDIZIN

Nach jahrtausendealter chinesischer Auffassung erkrankt der Mensch dann, wenn sich die beiden gegensätzlichen Kräfte Yin und Yang nicht mehr im Gleichgewicht befinden. Chinesische Ärzte stellen diesen Ausgleich durch Heilkräuter- oder Akupunktur-Behandlungen wieder her. Viele Menschen lassen sich auch von »Barfußärzten« behandeln, die an die alte Volksmedizin anknüpfen.

Mit Butterblumenwurzel (Sheng ma) werden Kopfschmerzen, Erkältungen und Masern behandelt.

Wolfsbeere (Guo qi zi) soll bei Diabetes helfen.

Sennesblätter (Fan xie ye) sollen den Körper entschlacken.

Kettenfarn (Gou ji) wirkt lindernd bei Rückenschmerzen.

Zum Weiterlesen

BUDDHISMUS *275*

BEVÖLKERUNGSWACHSTUM *16–17*

REISANBAU *135, 185, 197*

HONGKONG

Zu Hongkong, das an der Küste Südostchinas liegt, gehören die Hongkong-Insel, die Halbinsel Kowloon und die New Territories. Das Gebiet nimmt nur eine geringe Fläche ein, beherbergt aber fast 6 Mio. Menschen auf seinen felsigen Inseln und dem gebirgigen Festland. Es ist eines der bedeutendsten Finanzzentren der Welt und verfügt über eine blühende Wirtschaft. 1898 verpachtete China die New Territories von Hongkong für 99 Jahre an Großbritannien, das ihm den Status einer Kronkolonie gab. Im Juli 1997 fiel die gesamte Kolonie wieder an China.

HONGKONG*

Hauptstadt: keine

Lage: 114° östl. Länge, 22° nördl. Breite

Fläche: 1 078 km²

Einwohner: 5 674 000

Amtssprachen: Chinesisch und Englisch

Religionen: Buddhisten und Daoisten 74%, Christen 9%, andere 17%

Staatsform: keine

Währung: Renminbi-Yuan

* Die ehemalige britische Kronkolonie fiel im Juli 1997 wieder an China.

HONGKONG-SHANGHAI-BANK
Im Hauptgeschäftsviertel Hongkongs ragt das Gebäude der Hongkong-Shanghai-Bank in den Himmel. Dieses moderne Bauwerk wurde 1985 fertig gestellt. In jeder Phase der Bauarbeiten wurden Experten für Feng shui herangezogen – der alten chinesischen Lehre von der Wirkung der Naturkräfte Wind und Wasser. Sie sollten sicherstellen, dass das Gebäude das Wohlbefinden der dort arbeitenden Menschen fördert.

SCHWIMMENDE WOHNUNGEN
Viele Bewohner Hongkongs leben nicht an Land, sondern auf Booten. Dies ist das Ergebnis der ungeheuren Wohnungsnot in Hongkong. Ganze Familien wohnen auf hölzernen Dschunken (Sampans) und ernähren sich in erster Linie von der Fischerei. Hier gibt es auch schwimmende Schulen, Geschäfte und Restaurants; Ärzte und Friseure machen per Boot die Runde. Noch heute leben viele Tausend Menschen in diesen traditionellen schwimmenden Dörfern. Zunehmend verdrängen heute große Fischtrawler die kleinen Boote und die Fischer sind daher gezwungen sich an Land nach Arbeit umzusehen.

TEXTILIEN
Viele Tausend Einwohner Hongkongs arbeiten in den zahlreichen kleinen Textilbetrieben, in denen Exportartikel hergestellt werden. Die Textilindustrie ist einer der wichtigsten Wirtschaftsbereiche Hongkongs; neuerdings hat aber auch die Elektronikbranche stark an Bedeutung gewonnen.

MACAU

Die portugiesische Überseeprovinz Macau, die stets im Schatten seines reicheren und größeren Nachbarn stand, liegt ganz in der Nähe von Hongkong an der Bucht von Kanton. Sie besteht aus einem Festlandgebiet und zwei Inseln, die durch eine Brücke und einen Damm miteinander verbunden sind. Das im Jahre 1557 gegründete Macau ist die älteste europäische Niederlassung im Fernen Osten. Im Jahr 1999 wird es an China zurückgegeben.

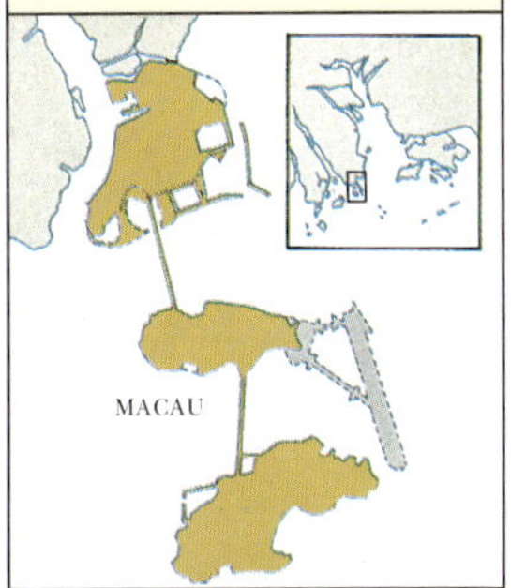

MACAU*

Hauptstadt: Macau

Lage: 113° östl. Länge, 22° nördl. Breite

Fläche: 16 km²

Einwohner: 355 700

Amtssprachen: Chinesisch und Portugiesisch

Religionen: Buddhisten 45%, Christen 16%, andere 39%

Staatsform: Portugiesisches Überseegebiet mit innerer Autonomie

Währung: Pataca

* Macau ist ein Überseegebiet Portugals und soll 1999 an China zurückgegeben werden.

WIRTSCHAFT
Macau produziert eine Vielzahl von Gütern für den Export; die Palette reicht von Textilien und elektronischen Produkten bis zu Feuerwerkskörpern (oben), Spielzeug und Kunstblumen.

TOURISMUS
Spielkasinos und Hotels prägen das Gesicht Macaus. Das Glücksspiel ist in China sehr beliebt. Da es in Hongkong jedoch verboten ist, kommen viele Hongkong-Chinesen in die Kasinos von Macau. Die Spielbetriebe haben sich zum wichtigsten Wirtschaftszweig der Kolonie entwickelt. Sie erbringen etwa ein Drittel der Einnahmen Macaus.

Zum Weiterlesen

KOLONIALHERRSCHAFT IN ASIEN *136*
ABHÄNGIGE GEBIETE *271*
BEVÖLKERUNG *16–17, 135*
KLEINE TIGER *137*

TAIWAN
Hauptstadt: Taipeh
Lage: 119°–124° östl. Länge, 21°–26° nördl. Breite
Fläche: 36 000 km²
Einwohner: 21 100 000
Amtssprache: Chinesisch
Religionen: Buddhisten, Konfuzianer und Taoisten 93%, Christen 5%, andere 2%
Staatsform: Republik
Währung: Neuer Taiwan-Dollar
Analphabetenrate: 6%
Lebenserwartung: 75 Jahre
Einwohner pro Arzt: 802

TAIWAN

Als portugiesische Seefahrer diese Insel 1584 zum ersten Mal erblickten,waren sie beeindruckt von ihrer üppig bewachsenen, von Bergen durchzogenen Landschaft. Sie gaben ihr daher den Namen »Ilha Formosa« (»Schöne Insel«). Taiwan gehörte lange Zeit zu China, löste sich aber 1949 ab, nachdem die nationalchinesische Regierung unter Tschiang Kai-schek vor der Volksbefreiungsarmee Mao Tse-tungs auf die Insel geflohen war. Nationalchinesen wie auch Kommunisten betrachten Taiwan als einen Teil Chinas, streiten jedoch darüber, wer sich als rechtmäßige Regierung Chinas bezeichnen darf. Nur wenige Länder haben Taiwan als eigenständigen Staat anerkannt, doch die Insel besitzt eine blühende Wirtschaft und exportiert ihre Produkte in alle Welt.

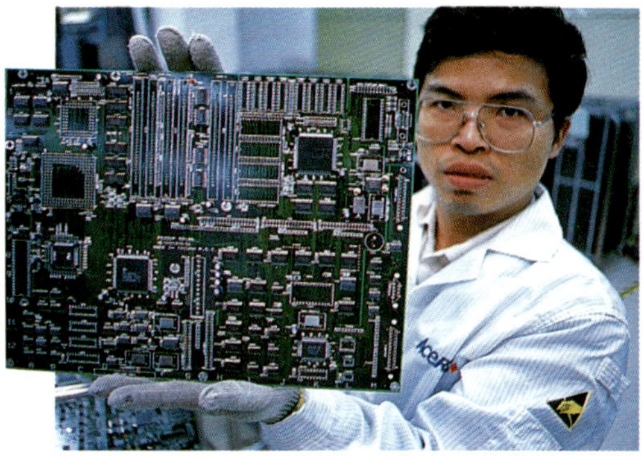

WIRTSCHAFT
Das früher arme Agrarland Taiwan hat sich in den letzten Jahrzehnten zu einem der erfolgreichsten Industrieländer der Welt entwickelt und zählt heute zu den »Kleinen Tigern« Asiens. Es exportiert elektrische und elektronische Geräte, Maschinen, Textilien, Schuhe, Sportgeräte, Fernseher und Uhren. Mit den Exporteinnahmen werden das Erdöl und die übrigen Rohstoffe für die Wirtschaft bezahlt, die das Land einführen muss. Selbst besitzt es kaum Bodenschätze. Beispielhaft war die Anfang der 50er Jahre durchgeführte Bodenreform, bei der die Pächter Besitzer ihres Landes wurden.

TAIPEH
In seiner 120-jährigen Geschichte war Taipeh lange Zeit eine recht unauffällige Stadt. Doch in den letzten zwei Jahrzehnten hat es sich in eine moderne Metropole mit fast 3 Mio. Einwohnern verwandelt. Wolkenkratzer aus Glas und Stahl prägen heute ihr Gesicht. Breite Prachtstraßen und großzügige Gartenanlagen bestimmen das Stadtbild. Inzwischen haben sich jedoch auch das Verkehrschaos und die Umweltverschmutzung zu ernsten Problemen entwickelt. Viele Menschen fahren mit dem Motorrad zur Arbeit und tragen dadurch zum Smog bei, der den größten Teil des Jahres über der Stadt liegt. Taipeh hat eine Universität und zeigt in seinem Nationalmuseum eine der wertvollsten Sammlungen des kaiserlichen China.

OPER
Die Chinesische Oper ist auch auf Taiwan sehr beliebt. Die Handlung ist meist einfach – das Gute kämpft gegen das Böse – und es reichen wenige Requisiten. Größeren Wert legt man auf die Kostüme sowie auf das Make-up der Schauspieler.

Der größte Stamm sind die Ami. Sie leben von der Landwirtschaft und sind gute Töpfer.

STAMMESGRUPPEN
Schon vor der Ankunft der Chinesen war die Insel von verschiedenen Völkern mit eigener Sprache und Kultur besiedelt. Im 17. Jh. übernahmen die Chinesen die Vorherrschaft über die einheimischen Stämme. Heute stellen die Ureinwohner nur noch 2% der Bevölkerung.

Tempel sind Gotteshäuser und zugleich Treffpunkte für die Menschen.

TAOISMUS
Die Hauptreligionen Taiwans sind Buddhismus, Taoismus und Konfuzianismus. Viele Menschen hängen einer »Mischreligion« an, die Elemente aus allen drei Glaubensrichtungen in sich vereint. Der Taoismus, der um 300 v. Chr. in China entstand, lehrt den Menschen das Tao zu erkennen, d. h. den Weg zu einem schlichten Leben, das frei von materiellen Begierden sein soll. Taoisten versuchen im Einklang mit der Natur zu leben und die ruhige, weibliche Seite des Menschen (Yin) mit dem aktiven, männlichen Element (Yang) in ein ausgewogenes Verhältnis zu bringen.

Hauptstämme auf Taiwan

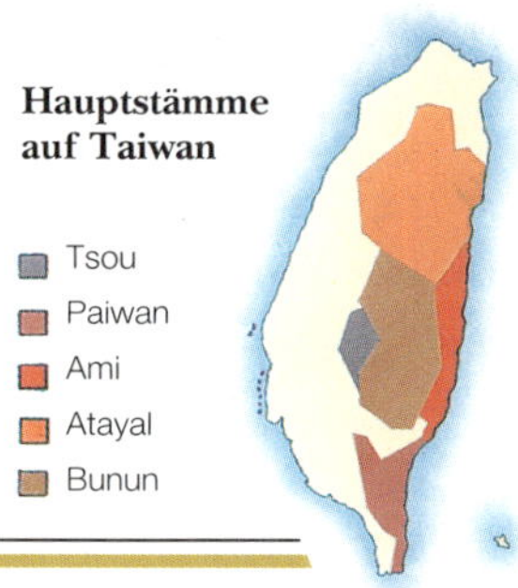

Zum Weiterlesen
WACHSTUM DER STÄDTE *17*
KLEINE TIGER *137*
RELIGION *274–275*
HANDEL *280–281*

MONGOLEI

Hauptstadt: Ulan Bator

Lage: 88°–120° östl. Länge, 42°–52° nördl. Breite

Fläche: 1 565 000 km²

Einwohner: 2 400 000

Amtssprache: Mongolisch

Religionen: Buddhisten 90%, andere 10%

Staatsform: Republik

Währung: Tugrik

Analphabetenrate: 20%

Lebenserwartung: 63 Jahre

Einwohner pro Arzt: 360

MONGOLEI

Die dünn besiedelte Mongolei ist die Heimat nomadischer Steppenvölker, deren Eroberungszüge bis Europa führten. Im 4. Jh. n. Chr. bedrohten z. B. die Hunnen Westrom, im 13. Jh. drang die »Goldene Horde« des Dschingis Khan bis Schlesien und Ungarn vor. Im Osten eroberte in dieser Zeit Kublai Khan China. Die moderne Mongolei war im 20. Jh. ein kommunistischer Staat, bis 1990 demokratische Reformen durchgeführt wurden. Viele Einwohner leben immer noch als Nomaden in den grasbewachsenen Ebenen im Zentrum des Landes und ziehen mit ihren Viehherden umher. Das Klima in der Mongolei ist sehr rau: Auf die kurzen Sommer folgen lange und kalte Winter. Im Norden und Westen ist das Land von Gebirgszügen umrahmt, der Süden grenzt an die Wüste Gobi. Die Mongolei ist sehr rohstoffreich und besitzt große Kohle-, Erdöl- und Erdgasvorkommen, die jedoch zum größten Teil noch unerschlossen sind.

DSCHINGIS KHAN
Im 13. Jh. schuf der Mongolenherrscher Dschingis Khan ein Weltreich, das sich über den größten Teil Zentralasiens und Chinas erstreckte. Der Legende nach brauchte man fast ein ganzes Jahr, um von einem Ende dieses Reichs zum anderen zu reiten. Im 14. Jh. vertrieb die Dynastie der Ming den letzten Mongolenkaiser aus China.

Die Jurte besteht aus einem kreisförmigen Gerüst mit einem Kuppeldach, das von einem Ring zusammengehalten wird. Über das Gerüst legen die Mongolen Filzplanen und befestigen diese mit Stricken.

Der Rauch aus dem Ofen zieht über einen Kamin im Dach der Jurte ab.

Eine Jurte besteht aus bis zu acht Filzschichten, die die Kälte abhalten.

Über die Holz- oder Filztür werden Klappen gezogen.

NOMADENLEBEN
Die mongolischen Nomaden ziehen im Herbst mit ihren Yak-, Schaf-, Ziegen-, Kamel- und Rinderherden von den Sommerweiden in den Bergen hinunter in die Grassteppen, wo sie die Wintermonate verbringen. Yaks sind sehr gut an das raue, unwirtliche Klima der Mongolei angepasst; sie liefern Milch, Fleisch und Wolle. Auf ihren Wanderungen mit den Herden führen die Nomaden stets die für sie typischen kuppelförmigen Jurten (Zelte) mit sich.

REITERVOLK
Viele Mongolen sind geübte Reiter. Schon früh lernen mongolische Kinder den Umgang mit Pferden. Jedes Jahr am 11. Juli stellen sie beim Nadam-Fest ihr Können unter Beweis. Bei diesem landesweiten Fest finden Pferderennen sowie Wettkämpfe im Bogenschießen und im Ringen statt.

ULAN BATOR
Die Hauptstadt der Mongolei ist der wichtigste Straßen- und Eisenbahnknotenpunkt des Landes. Bis zu Beginn unseres Jahrhunderts war Ulan Bator noch eine kleine verschlafene Provinzstadt, doch unter der kommunistischen Regierung entwickelte sie sich während der letzten 50 Jahre zu einer Großstadt mit mehr als 600 000 Einwohnern. Der Einfluss der Sowjetunion ist noch am Baustil der wichtigsten Gebäude der Stadt sichtbar.

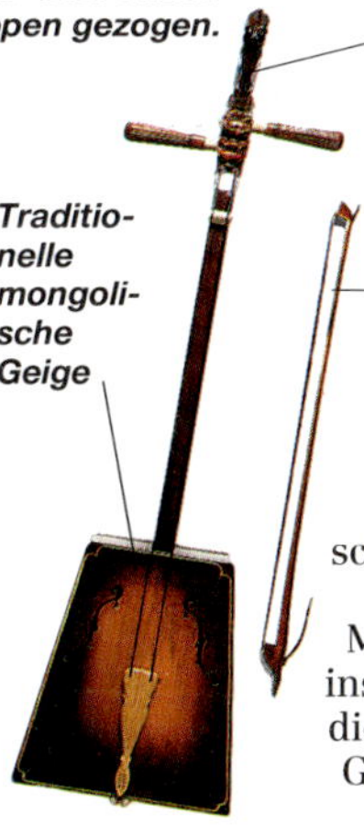

Traditionelle mongolische Geige

Die Schnecke ist in Gestalt eines Pferdekopfs geschnitzt.

Bogen

NOMADENMUSIK
Die mongolischen Nomaden machen gern Musik. Streichinstrumente wie die mongolische Geige sind sehr beliebt.

Zum Weiterlesen

NOMADEN *156, 160, 209*
POLITISCHE SYSTEME *270–271*
STEPPEN *15*
YAKS *173*

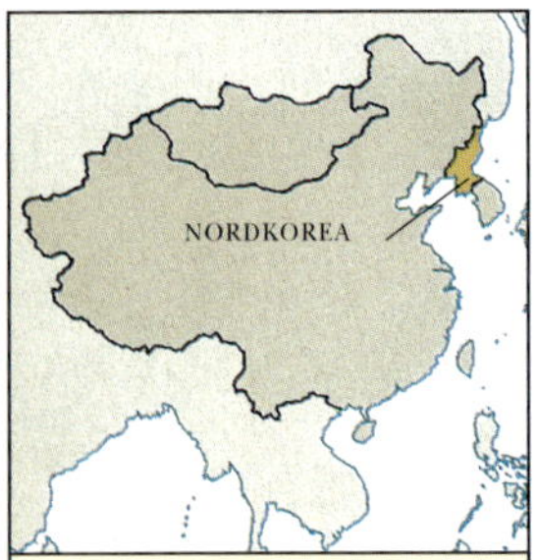

NORDKOREA
Hauptstadt: Pjöngjang
Lage: 124°–131° östl. Länge, 38°–43° nördl. Breite
Fläche: 120 538 km²
Einwohner: 23 900 000
Amtssprache: Koreanisch
Religionen: Volksreligionen 16%, andere 84%
Staatsform: Volksrepublik
Währung: Won
Analphabetenrate: 5%
Lebenserwartung: 71 Jahre
Einwohner pro Arzt: 370

NORDKOREA

Nordkorea ist durch eine bergige und zerklüftete Landschaft geprägt und besitzt nur wenig fruchtbares Ackerland. Eisige Winde aus Zentralasien sorgen für sehr kalte Wintertemperaturen, viele Monate ist das Land schneebedeckt. Auch in politischer Hinsicht ist Nordkorea ein eher raues Land. Die kommunistische Regierung hält die Menschen fest im Griff. Sie pflegt nur wenig Kontakte mit anderen Ländern und hat alle ausländischen Zeitungen verboten. Das Gesundheits- und das Schulwesen sind jedoch hoch entwickelt. Nordkorea verfügt über bedeutende Rohstoffvorkommen, besonders über Kohle und Eisen, und über beträchtliche Mengen an Wasserkraft. Es hat seine Industrie stark ausgebaut und das Militär aufgerüstet, um in jeder Hinsicht seine Unabhängigkeit behaupten zu können.

EIN GETEILTES LAND
Ende des Zweiten Weltkriegs wurde Korea von sowjetischen und amerikanischen Truppen besetzt. Im Jahr 1948 wurde das Land geteilt. Im Norden übernahm ein kommunistisches Regime die Macht, im Süden eine von den USA unterstützte Regierung. Die beiden Staaten sind noch immer verfeindet; bis 1972 bestanden keine Post- und Fernsprechverbindungen oder andere Verkehrsmöglichkeiten. Die Grenze zwischen ihnen zählt zu den am besten gesicherten und bewachten Grenzen der Welt.

Bauernhäuser werden aus Ziegeln gebaut und haben Schieferdächer.

Männer und Frauen arbeiten auf den Feldern. Sie bauen Reis, Gemüse, Getreide und Obst an.

Die Gesundheitsversorgung ist kostenlos. In jedem Staatsbetrieb gibt es Ärzte und Schwestern.

In jedem Staatsgut gibt es eine Kindertagesstätte. Dort werden Babys und Kleinkinder tagsüber versorgt, während ihre Eltern auf den Feldern arbeiten.

KOLLEKTIVIERUNG DER LANDWIRTSCHAFT
Unter der kommunistischen Regierung wurden die unzähligen kleinen, von Familien bewirtschafteten Landwirtschaftsbetriebe zu insgesamt 3 800 großen Staatsgütern zusammengefasst. Diese gemeinschaftlich bewirtschafteten Großbetriebe sollen nach staatlichen Planvorgaben den Nahrungsmittelbedarf des Landes decken. Da Nordkorea sehr gebirgig ist, werden alle für den Pflanzenanbau geeigneten Flächen intensiv genutzt. Durch die Mechanisierung der Landwirtschaft, den starken Einsatz von Düngemitteln und den Ausbau der Bewässerungsanlagen konnte Nordkorea seine Erträge so steigern, dass es von Lebensmitteleinfuhren unabhängig wurde.

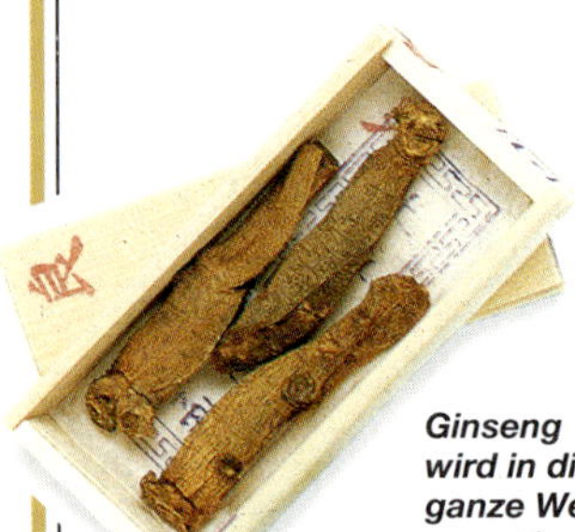

Ginseng wird in die ganze Welt exportiert.

GINSENG
Die Ginsengwurzel wird in ganz Korea angebaut. Sie soll die Gesundheit erhalten und Energie spenden. Nach dem Waschen, Erhitzen und Trocknen kann man sie zu Pillen oder Cremes verarbeiten.

KOREANISCHE KÜCHE
In Nord- und Südkorea serviert man das gesamte Essen auf einmal, nicht in verschiedenen Gängen. Reis kommt stets auf den Tisch. Dazu isst man Gemüse und Fleisch. Die Höflichkeit verlangt es, dass auf Tellern und Platten immer ein kleiner Rest zurückbleibt.

»Kimchi«, eingelegter Kohl und Rettich, wird mit Knoblauch, Salz und Chili scharf gewürzt.

Als Süßigkeit isst man »In jeolme«, eine Art Reiskuchen, der mit Sojamehl bestreut ist.

KIM IL SUNG
Kim Il Sung herrschte von 1948 bis zu seinem Tod 1994 über Nordkorea. Der Diktator ließ sich als »Vater der Werktätigen« feiern. Sein Porträt hing in jedem Büro und seine Statuen waren auf allen großen Plätzen des Landes zu finden. Unter seiner Herrschaft isolierte sich Nordkorea politisch und wirtschaftlich immer stärker. Sein Sohn Kim Jong Il wurde sein Nachfolger.

Zum Weiterlesen
KOLLEKTIVE LANDWIRTSCHAFT *115, 140, 150*
GESUNDHEIT, BILDUNG *276–277*
BEWÄSSERUNG *155, 156, 217*

SÜDKOREA
Hauptstadt: Seoul
Lage: 126°–132° östl. Länge, 33°–38° nördl. Breite
Fläche: 99 314 km²
Einwohner: 45 000 000
Amtssprache: Koreanisch
Religionen: Buddhisten 28%, Christen 25%, andere 47%
Staatsform: Präsidialrepublik
Währung: Won
Analphabetenrate: 3%
Lebenserwartung: 71 Jahre
Einwohner pro Arzt: 950

SÜDKOREA

Weite Teile Südkoreas sind gebirgig und stark bewaldet. Anders als sein nördlicher Nachbar besitzt es jedoch einen blühenden Außenhandel. Zu seinen Wirtschaftspartnern gehören viele Staaten, insbesondere Japan und die USA. Nach Erlangung der Unabhängigkeit 1948 griffen nordkoreanische Truppen den Süden an. Am Ende des Koreakriegs, der von 1950 bis 1953 dauerte, waren viele Städte und Fabriken Südkoreas zum großen Teil zerstört und das Land hatte viele Tausend Flüchtlinge aus dem Norden unterzubringen. Innerhalb von zwei Jahrzehnten kam es in Südkorea zu einem bemerkenswerten wirtschaftlichen Aufschwung. Es entstanden neue Fabriken mit modernster Ausstattung und viele neue Städte. Heute besitzt Südkorea sehr gut ausgebildete Arbeitskräfte und exportiert seine hochmodernen technologischen Erzeugnisse in viele Länder der Welt.

SEOUL
In der südkoreanischen Hauptstadt Seoul leben mehr als 7 Mio. Menschen. Die meisten Gebäude in dieser relativ jungen und sehr modernen Stadt entstanden erst in den vier Jahrzehnten nach dem Ende des Koreakriegs. Aufgrund der Zuwanderung aus ländlichen Gebieten ist Seoul mittlerweile stark gewachsen. Die Stadt besitzt ein gut ausgebautes öffentliches Verkehrssystem mit Bussen, Bahnen und Booten, deren Fahrpläne aufeinander abgestimmt sind.

Koreanische Schamanen sind meist Frauen. Sie heißen Mundang.

Die Menschen bringen der Mundang Geld und Nahrungsmittel als Opfergaben.

Brandopfer sollen die Geister gnädig stimmen.

Eine Schamanin steht in Verbindung mit den Geistern und versucht den Menschen bei Krankheiten und persönlichen Problemen zu helfen.

SCHAMANEN
Vor allem auf dem Land gibt es viele Menschen, die traditionellen Naturreligionen wie dem Schamanismus anhängen. Sie glauben, dass ein unsichtbarer Weltgeist in der sichtbaren Welt lebt. Wenn die Geister in das Leben der Menschen eingreifen, tritt der Schamane (Priester) als Mittler zwischen den Welten auf.

Der Schiffbau hat sich in Südkorea sehr schnell entwickelt. Heute ist das Land der zweitgrößte Schiffbauer der Welt nach Japan.

INDUSTRIE
Nach den Zerstörungen durch den Koreakrieg musste Südkorea seine Industrieanlagen von Grund auf erneuern. Es konzentrierte sich auf die Produktion und den Export von Fertigwaren und schuf große Industriekomplexe, in denen zunächst vor allem Textilien, Schuhe, Autos und Schiffe hergestellt wurden. Später kamen Videorekorder, Computer und andere elektronische Geräte dazu. Große Eisen- und Stahlwerke erzeugen die nötigen Rohstoffe für die Industriebetriebe. Heute zählt Südkorea zu den asiatischen »Kleinen Tigern« und damit zu den wirtschaftlich stärksten Ländern der Region.

Südkoreas Anteil an der Weltproduktion in Prozenten

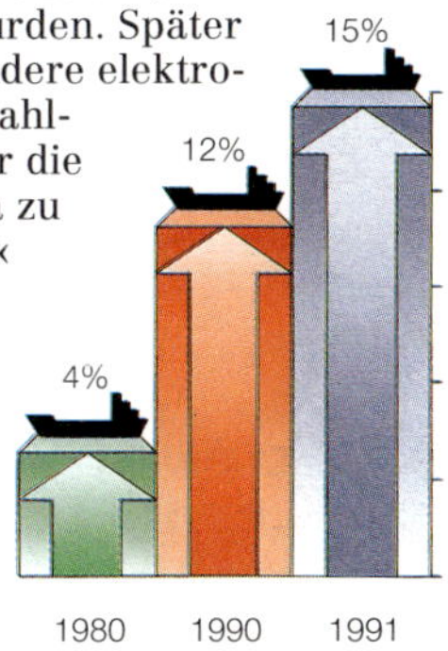

Schiffbau in Südkorea

LANDWIRTSCHAFT
In Südkorea befinden sich die meisten landwirtschaftlichen Betriebe in Privatbesitz und sind relativ klein. Hauptanbauprodukt ist Reis, daneben werden Gerste, Weizen, Obst, Gemüse und Gewürze angepflanzt. Die meisten Felder liegen in den Flusstälern und im Küstentiefland.

Der koreanische Fächertanz wird nur von Frauen vorgeführt. Die Tänzerinnen bewegen sich immer schneller umeinander und führen dabei mit den Fächern genau festgelegte Bewegungen aus.

Die Frauen tragen lange farbenprächtige Gewänder.

TANZ
Seit alters her hat der Tanz in Korea große Bedeutung. Die Tänzer tragen traditionelle Kostüme und zeigen große Würde. Es gibt Kapuzen-, Trommel-, Fächer-, Seidentuch- und Bambusschirmtänze.

Zum Weiterlesen
KLEINE TIGER *137*
POLITISCHE SYSTEME *270–271*
RELIGION *274–275*
HANDEL *280–281*

JAPAN

Japan besteht aus einer Kette von knapp 4 000 Inseln, den Gipfeln eines untermeerischen Gebirgszugs, der sich über eine Länge von mehr als 2 500 km direkt vor der Ostküste des asiatischen Festlands erstreckt. Die meisten Japaner leben auf den vier Hauptinseln Honshu, Hokkaido, Shikoku und Kyushu. Mehr als drei Viertel der Landesfläche sind gebirgig und nur ein Viertel kann besiedelt oder landwirtschaftlich genutzt werden. Um mehr Anbaufläche zu gewinnen, hat man dem Meer Neuland abgerungen. Das Klima ist regional sehr unterschiedlich. Auf den südlichen Inseln ist es das gesamte Jahr über relativ warm, nach Norden hin sinken die Durchschnittstemperaturen ab und im Bergland schneit es im Winter. Da die Inseln auf Bruchlinien der Erdkruste liegen, kommt es häufig zu Erdbeben und Vulkanausbrüchen. Die Japaner nennen ihr Land »Nippon«, »Land der aufgehenden Sonne«, da man hier die Sonne über dem Pazifik aufgehen sieht.

INSELVERBINDUNGEN
Brücken und Tunnels erleichtern den Verkehr zwischen den Inseln. Daneben gibt es zahlreiche Fähren und Tragflügelboote. Die Seto-Ohashi-Brücke (oben) verbindet mehrere der kleineren Inseln. 1998 soll die Akashi-Kaikyo-Brücke eröffnet werden, die Honshu und Shikoku verbindet. Mit einer Länge von 1 990 m wird sie die längste Hängebrücke der Welt sein.

DER KAISER
Die japanische Erbmonarchie entstand bereits im 6. Jh. und ist damit die älteste der Welt. Jahrhundertelang wurden die japanischen Kaiser als gottähnliche Wesen verehrt. Doch nach der Niederlage Japans im Zweiten Weltkrieg änderte sich der Status des Kaisers und seine Befugnisse wurden stark eingeschränkt.

Akihito, der gegenwärtige Kaiser, ist der 125. Kaiser Japans. Er besitzt keine Macht.

Der Fujisan ist ein kegelförmiger Vulkan. Zuletzt brach er 1707 aus.

HEILIGER BERG
Der 3 776 m hohe Fujisan, besser bekannt unter dem Namen Fudschiyama, ist der höchste Berg Japans. Den Anhängern des Shintoismus, der alten japanischen Volksreligion, gilt der am Rande des Ashisees auf Honshu gelegene Fujisan als Sitz der Götter und als heiliger Berg. Jedes Jahr besteigen ihn Tausende von Pilgern, um den Shinto-Tempel auf seinem Gipfel zu besuchen. Seit Jahrhunderten wird der Fujisan in Dichtung und Malerei verherrlicht. Für viele Japaner ist er das Symbol ihres Landes. Zu Hause haben sie deshalb ein Foto oder ein Bild des Bergs.

Bei einem Erdbeben schützen sich Kinder unter den Schulbänken vor herabfallenden Gegenständen.

ERDBEBENGEFAHR
In Japan ereignen sich jährlich Hunderte von Erdbeben. Fast jeden Tag werden leichte Erschütterungen registriert. Zu Erdstößen mit Schäden an Gebäuden kommt es immerhin einige Male im Jahr. Seltener sind zum Glück heftige Erdbeben, die große Zerstörungen verursachen und zahlreiche Todesopfer fordern. Bei schweren Erdbeben stürzen Gebäude und Brücken ein, Bahngleise werden zerstört und verheerende Brände können ausbrechen. Im Januar 1995 erschütterte ein schweres Erdbeben die Stadt Kobe auf der Insel Honshu; dabei kamen mehr als 5 000 Menschen ums Leben. Für den Ernstfall werden in Schulen und Firmen regelmäßig Übungen abgehalten.

Moderner Wolkenkratzer

Pagode

Starke zentrale Stütze

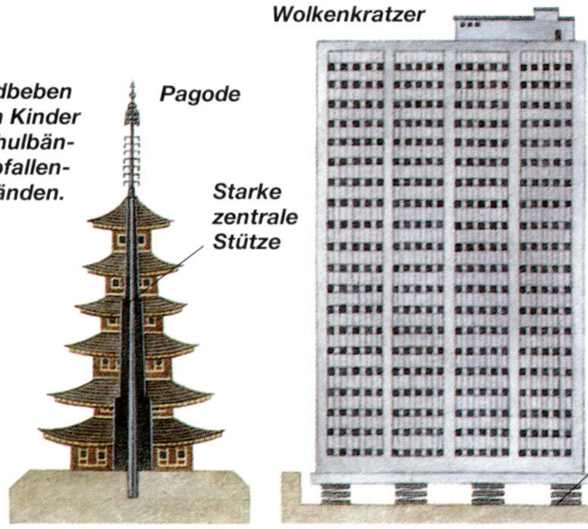

Wolkenkratzer werden oft auf Polstern aus Stahl und Gummi errichtet, die bei Erdbeben die Stöße abfedern.

STABILE BAUWEISE
Japanische Gebäude sind so konstruiert, dass sie auch Erdbeben standhalten können. Pagoden z. B. besitzen einen starken Mittelpfeiler, der als Stütze tief in den Boden eingelassen ist. Moderne Wolkenkratzer haben eine symmetrische Form und dicke, mit Stahlstreben verstärkte Mauern.

ORTE DER RUHE

Einzigartig ist die japanische Gartenkultur. Die Hauptbestandteile des japanischen Gartens sind künstliche Seen, Miniaturberge, Sand, Steine, Felsen und Bäume. Diese werden zu einem harmonischen Ganzen vereint, das vollkommene Ausgeglichenheit, Natürlichkeit und Schlichtheit widerspiegeln soll. Der japanische Garten dient der Erholung und der Meditation. Alle seine Bestandteile sind als Symbole zu verstehen, das Wasser z. B. ist Sinnbild für den Ozean, ein Hügel steht für den heiligen Berg, auf dem den Menschen höchstes Glück zuteil wird. Die Gartenkultur Japans ist stark vom meditativen Zen-Buddhismus geprägt.

Ein japanischer Garten ist eine eigene Miniaturwelt.

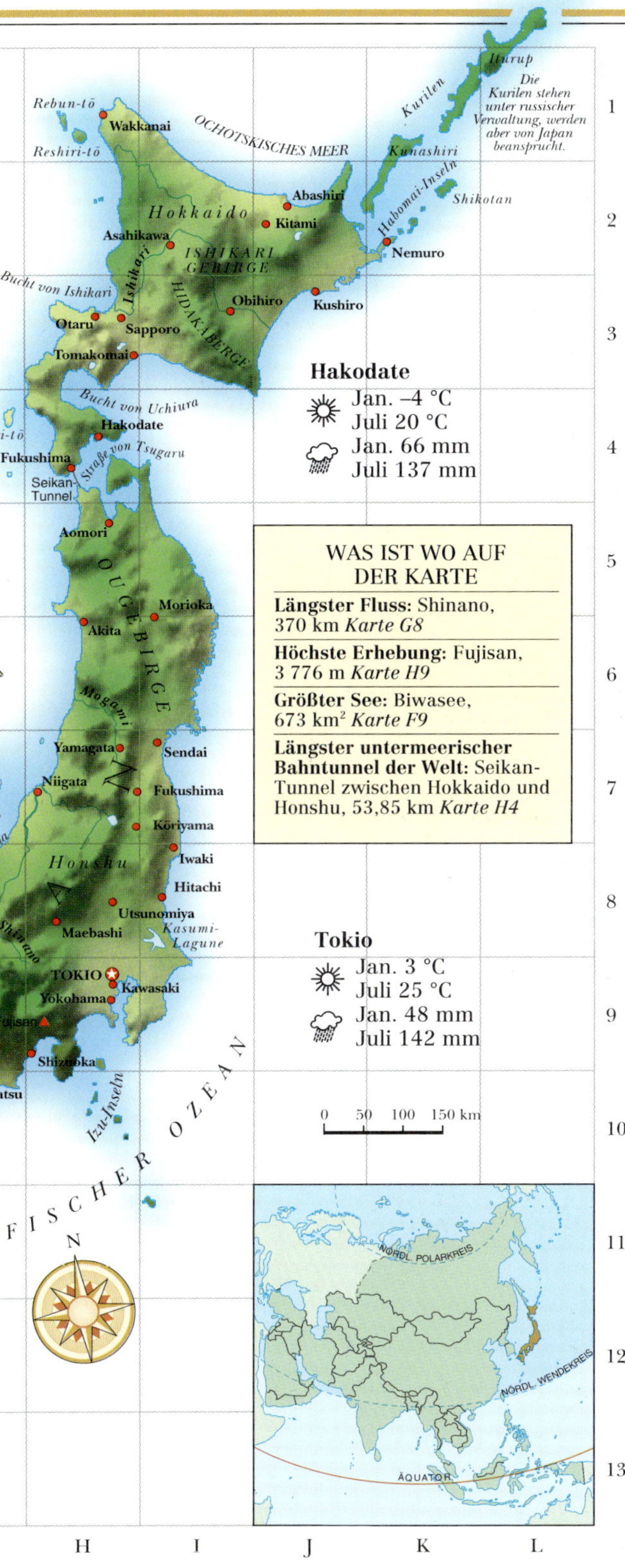
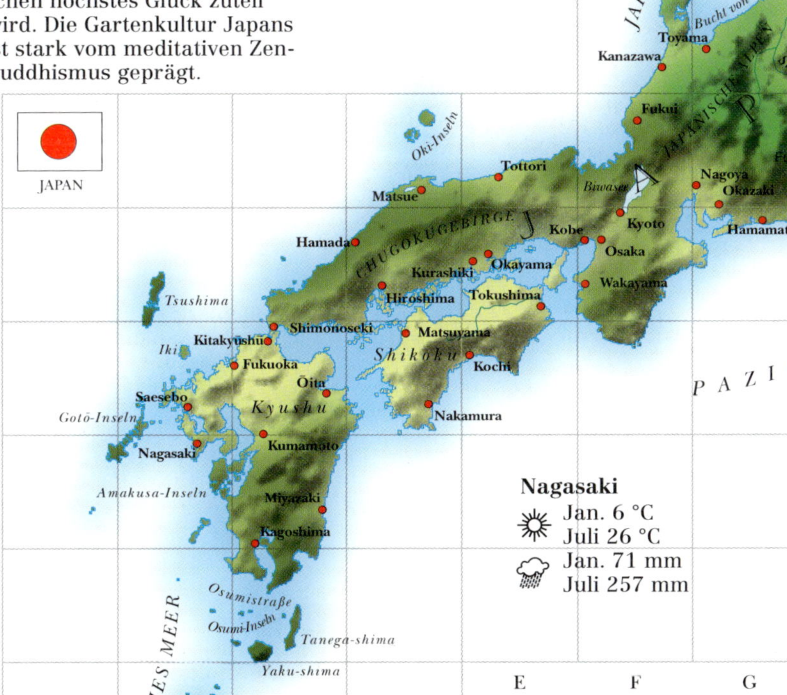
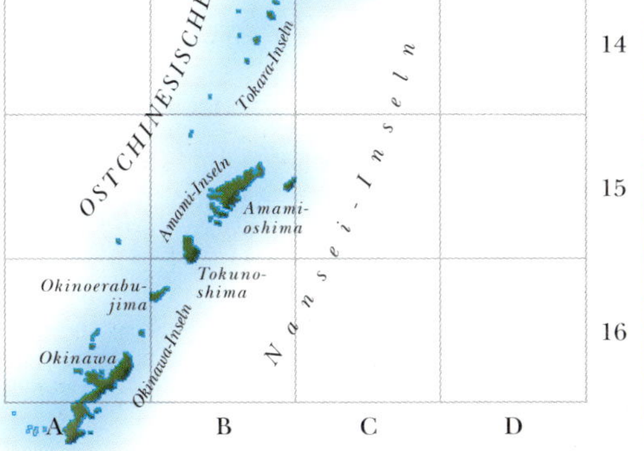

Hakodate
Jan. –4 °C
Juli 20 °C
Jan. 66 mm
Juli 137 mm

Tokio
Jan. 3 °C
Juli 25 °C
Jan. 48 mm
Juli 142 mm

Nagasaki
Jan. 6 °C
Juli 26 °C
Jan. 71 mm
Juli 257 mm

WAS IST WO AUF DER KARTE

Längster Fluss: Shinano, 370 km *Karte G8*

Höchste Erhebung: Fujisan, 3 776 m *Karte H9*

Größter See: Biwasee, 673 km² *Karte F9*

Längster untermeerischer Bahntunnel der Welt: Seikan-Tunnel zwischen Hokkaido und Honshu, 53,85 km *Karte H4*

REISANBAU

Japan deckt seinen Reisbedarf von jeher aus eigener Kraft. Reis ist das wichtigste Grundnahrungsmittel der Bevölkerung und wird täglich gegessen. Die kleinen Landwirtschaftsbetriebe für den Reisanbau sind mit modernsten Saat- und Erntemaschinen ausgerüstet. So können die Felder sehr schnell und mit nur wenigen Arbeitskräften bestellt werden.

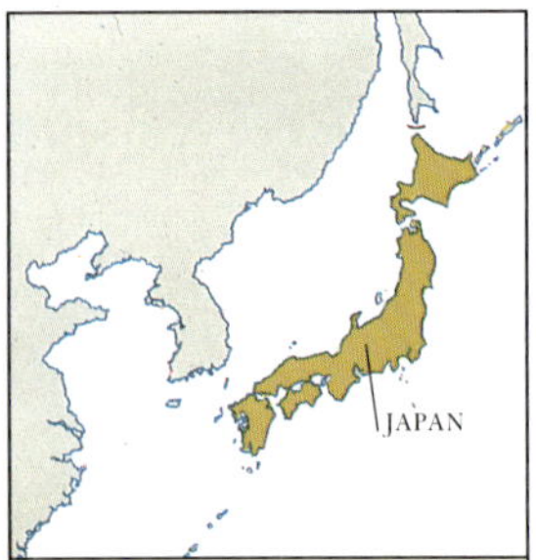

JAPAN	
Hauptstadt: Tokio	
Lage: 122°–146° östl. Länge, 23°–45° nördl. Breite	
Fläche: 377 750 km²	
Einwohner: 125 100 000	
Amtssprache: Japanisch	
Religionen: Schintoisten 40%, Buddhisten 38%, Christen 4%, andere 18%	
Staatsform: Parlamentarische Monarchie	
Währung: Yen	
Analphabetenrate: 1%	
Lebenserwartung: 79 Jahre	
Einwohner pro Arzt: 610	

JAPAN

Jahrhundertelang isolierte sich Japan von der Außenwelt. Heute dagegen nimmt es unter den Industrienationen einen Spitzenplatz ein und zählt zu den reichsten Ländern der Welt. Diese Entwicklung ist erstaunlich, denn Japan besitzt kaum Bodenschätze. Die meisten Rohstoffe müssen eingeführt werden. Doch die Japaner sind sehr arbeitsam und diszipliniert. In Japan herrscht ein hoher Lebensstandard. Die medizinische Versorgung und das Bildungssystem sind hoch entwickelt. Die Japaner haben die höchste durchschnittliche Lebenserwartung aller Länder der Welt. Der Einfluss des Westens ist stark ausgeprägt, doch auch die alte japanische Kultur mit ihren reichen Traditionen wird noch in allen Landesteilen intensiv gepflegt.

WIRTSCHAFTSMACHT

Japan verfügt über eine enorme Wirtschaftsmacht. Seine Firmen investieren in allen Teilen der Erde. Von den zehn größten Geschäftsbanken der Welt stammen sieben aus Japan. Die Hauptstadt Tokio, eine riesige Metropole, ist das wirtschaftliche Herz des Landes. Im Tokioter Geschäftsviertel liegen die größte Börse der Welt sowie die Zentralen vieler Banken und internationaler Konzerne. Im Jahre 1923 wurde fast ganz Tokio durch ein Erdbeben zerstört. Sollte es heute noch einmal zu einer solchen Katastrophe kommen, könnte ein weltweites Wirtschaftschaos die Folge sein.

Der Arbeitstag beginnt oft mit Gymnastik.

Elektronische Produkte aus Japan

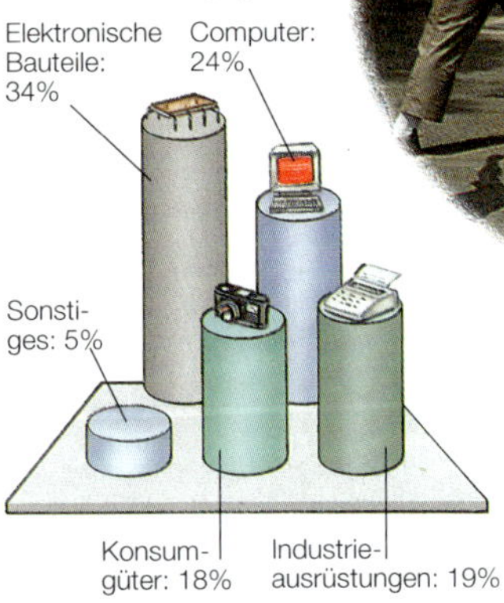

Die Japaner sind in der Herstellung elektronischer Güter wie Fernseher, Kameras und Computer weltweit führend. Viele japanische Firmen geben in der Forschung und der Entwicklung neuer Technologien den Ton an.

DIE ARBEITSWELT

Eine Voraussetzung für den raschen wirtschaftlichen Aufstieg Japans nach dem Zweiten Weltkrieg ist die hohe Arbeitsmoral seiner Bevölkerung. Die Menschen sind stolz auf ihre Arbeit und fühlen sich ihrem Unternehmen sehr verbunden. Viele der großen Firmen haben einen familiären Charakter und stellen ihren Beschäftigten Wohnungen und medizinische Versorgung zur Verfügung. Die japanischen Unternehmen exportieren eine Vielzahl von Gütern. Die höchsten Wachstumsraten zeigte zunächst die elektrotechnische Industrie. Außerdem besitzt Japan die größte Automobilindustrie der Welt.

Bambusfächer, die mit Papier überzogen sind, werden von Frauen und Männern getragen.

TRADITIONELLE KLEIDUNG

Bei besonderen Anlässen tragen die Japaner Kimonos. Ein Kimono ist ein mantelartiges Gewand mit langen Ärmeln, das von einem Gürtel zusammengehalten wird. Er besteht aus Seide, Baumwolle oder Wolle. Viele Seidenkimonos sind bunt gemustert und reich bestickt.

Schwarzer Seidenkimono

Diese Holzschuhe heißen »Geta«

KIRSCHBLÜTE

Die Japaner lieben die Natur. Besonders die Kirschblüte als Beginn des Frühlings wird aufmerksam verfolgt. Die ersten Blüten zeigen sich in Kyushu im Süden; in den Fernsehnachrichten wird auf Karten dargestellt, wie sich die Blüte allmählich nach Norden ausbreitet. Die Kirschblüte dauert nur einige Tage und wird mit Picknicks gefeiert.

ÜBERFÜLLTE STÄDTE

Mit der wachsenden Industrialisierung zogen immer mehr Japaner in die Nähe der Städte, die zu großen Ballungsräumen zusammenwuchsen. Bebaubares Land ist knapp und besonders in den Städten haben Baugrundstücke einen hohen Preis. Die Japaner leben daher in kleinen Wohnungen, vor allem in den Vororten, und legen täglich oft weite Entfernungen zurück, um in ihre Firmen zu kommen. In der Hauptverkehrszeit muss das Aufsichtspersonal die Menschen in die U-Bahnen drücken. Die Verkehrsprobleme und damit die Umweltbelastung ist in den Millionenstädten enorm.

TEEZEREMONIE

In Japan ist die Zubereitung von Tee ein wichtiges Ritual. Die Zeremonie findet in einem ruhigen Raum statt. Der Gastgeber kocht Wasser und bereitet grünen Tee zu. Reihum wird der Tee aus einer Tasse getrunken.

LEBEN DER KINDER

Den Kindern zu Ehren gibt es in Japan einen nationalen Feiertag, den Kindertag. Bei einem anderen Fest, dem »Sieben-fünf-drei-Tag«, kleiden sich die Kinder auf traditionelle Weise und besuchen einen Shinto-Tempel (Shinto-Schrein). In der Schule werden jedoch hohe Anforderungen gestellt. Viele Kinder nehmen am Abend oder am Samstag noch zusätzlichen Unterricht.

Golf ist in Japan sehr beliebt. Oft baut man mehrere Übungsplätze übereinander.

SPORT

Viele Japaner sind aktive Sportler. Beliebtester Mannschaftssport ist Baseball, das aus den USA eingeführt wurde. Eine alte japanische Sportart ist das Sumo-Ringen. Da hier der Erfolg vom Gewicht des Sportlers abhängt, werden die Ringer regelrecht »gemästet«.

FISCHEREI

Da Japan eine Inselnation ist, spielt der Fischfang für die Nahrungsmittelversorgung eine wichtige Rolle. Die Japaner fangen und essen mehr Fisch als die Bewohner jedes anderen Landes und besitzen die größte Fischereiflotte der Welt. An der Küste liegen Hunderte von kleinen Dörfern, von denen aus die Fischer mit ihren Booten auf das Meer hinausfahren. Auf hoher See wird mit großen Trawlern gefischt. An Bord vieler Trawler wird der fangfrische Fisch auch gleich verarbeitet. Auf Fischfarmen werden jährlich Millionen von Jungfischen gezüchtet.

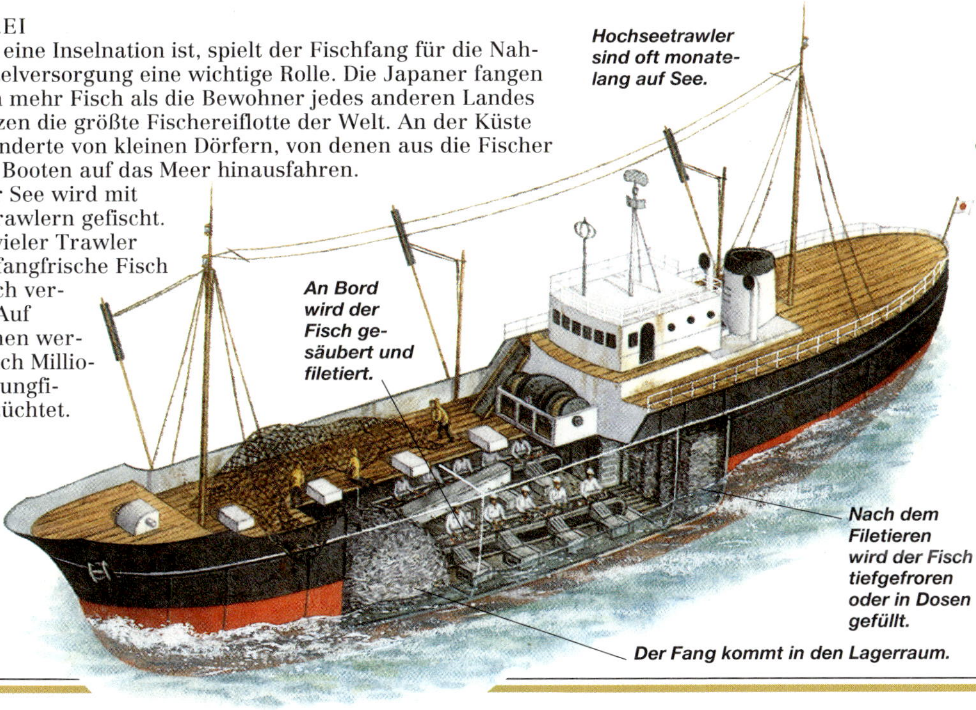

Viele Fischarten und Meeresfrüchte isst man roh. Vor dem Servieren werden sie sorgfältig arrangiert.

Zum Weiterlesen

ERDBEBEN *13*
WACHSTUM DER STÄDTE *17, 136*
LEBENSERWARTUNG *276*
KLEINE TIGER *137*

SÜDOSTASIATISCHES FESTLAND

Zum Festlandteil Südostasiens, der sich vom Himalaja im Norden bis fast zum Äquator im Süden erstreckt, gehören sieben Länder: Myanmar, Thailand, Malaysia, Singapur, Vietnam, Laos und Kambodscha. Etwa die Hälfte der Region ist von dichten Wäldern bewachsen. Die Menschen leben vor allem in den Flusstälern, die das fruchtbare Land durchschneiden. Myanmar, das frühere Burma oder Birma, ist ein isoliertes, armes und unterentwickeltes Land. Thailand, Malaysia und vor allem Singapur sind dagegen aufstrebende, moderne Staaten mit einer leistungsfähigen Wirtschaft. Vietnam, Laos und Kambodscha müssen sich erst von den Folgen schrecklicher Kriege erholen. Klimatisch gehört das gesamte Gebiet zu den vom Monsun beherrschten Subtropen.

BITTE UM REGEN
Zu Beginn der Regenzeit im Mai begeht man im Nordosten Thailands und in Laos das »Bun bang fai«, das Raketenfest. Die Menschen basteln bis zu 4 m lange Raketen aus Stahl- oder Plastikrohren und schießen sie in den Himmel. Damit soll der Regengott Vassakarn gebeten werden den Monsunregen zu schicken.

MEKONG-DELTA
Das Mekong-Delta in Vietnam gehört zu den größten Reisanbaugebieten der Erde. Aufgrund der Überschüsse, die hier erzeugt werden, konnte sich Vietnam zum sechstgrößten Reisexporteur der Welt entwickeln.

FLUSSTÄLER
Schon sehr früh wurden die Täler der großen Flüsse wie des Irawadi, des Mekong und des Saluen besiedelt, weil sich dieses Land sehr gut für den Reisanbau eignet. Alle großen Städte in dieser Region liegen an einem Fluss. In den Tälern nutzen die Bauern jedes kleinste Fleckchen Land. Überall werden auch die Berghänge terrassiert, um Reis- und andere Nutzpflanzen anzubauen. Dabei sind die Bauern auf das Wasser der Flüsse angewiesen, um ihre Felder künstlich zu bewässern.

Die zum Volk der Akha gehörenden Bewohner dieses Dorfes an der Grenze zwischen Thailand und Myanmar betreiben Brandrodungsfeldbau.

DAS HOCHLAND
Im Unterschied zu den dicht bevölkerten Flusstälern sind die höher gelegenen Gebiete nur dünn besiedelt und größtenteils bewaldet. Die Bergbewohner bepflanzen kleine Parzellen und sammeln Früchte und andere Nahrungsmittel in den Wäldern. Diese traditionelle Lebensweise wird jedoch durch die industrielle Abholzung großer Waldgebiete bedroht.

BRANDRODUNGSFELDBAU
In den höher gelegenen Gebieten gibt es viel fruchtbares Land, das jedoch dicht bewaldet ist. Hier verschaffen sich die Bauern das nötige Ackerland durch Brandrodung. Sie brennen ein Stück Wald nieder und bebauen es einige Jahre lang. Wenn dann die Ernteerträge zurückgehen, brennen sie das nächste Waldareal ab. Der Boden des alten Ackerlands wird nicht ausgelaugt, ist bald wieder von Buschwerk und Wald bewachsen und kann sich erholen.

Mandalay, Myanmar
Jan. 20,5 °C
Juli 30 °C
Jan. 3 mm
Juli 69 mm

Hanoi, Vietnam
Jan. 16,5 °C
Juli 29,5 °C
Jan. 18 mm
Juli 323 mm

Bangkok, Thailand
Jan. 26 °C
Juli 28 °C
Jan. 8 mm
Juli 160 mm

Kuala Lumpur, Malaysia
Jan. 27 °C
Juli 27,5 °C
Jan. 158 mm
Juli 99 mm

WAS IST WO AUF DER KARTE

Längster Fluss: Mekong, Thailand/Laos/Kambodscha/Vietnam, 4 184 km *Karte F6, H8*

Höchste Erhebung: Hkakabo Razi, Myanmar, 5 881 m *Karte D1*

Größter See: Tonle Sap, Kambodscha, maximale Größe in der Regenzeit 6 475 km² *Karte G10*

Ha-Long-Bucht: Vietnam, *Karte I5*

HA-LONG-BUCHT
Einer vietnamesischen Sage zufolge soll ein riesiger Drache auf seinem Weg zum Meer die Kalksteinküste des Landes in Tausende von Inseln zerschlagen haben. Ha-Long bedeutet »Wo der Drache zum Meer hinunterstieg«. Diese Bucht gehört zu den eindrucksvollsten Landschaften der gesamten Region.

ANANAS
Thailand ist der führende Ananas-Lieferant der Welt, aber auch in vielen anderen Teilen Südostasiens wird diese Frucht angebaut.

VOGELNESTSUPPE
In ganz Südostasien nisten Mauersegler in Felshöhlen und auf Klippen. Die Einheimischen steigen auf wackeligen Leitern zu den Höhlen und sammeln die Nester ein, die die Hauptzutat für eine Suppe sind. Die Nester bestehen aus dem Speichel der Vögel. Sie werden gekocht und sehen aus wie Nudeln.

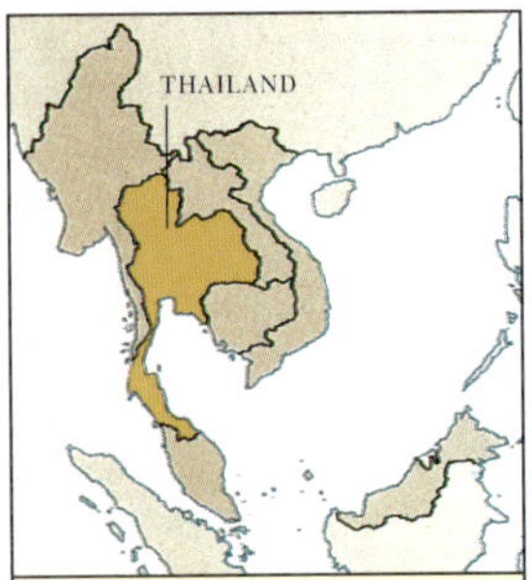

THAILAND
Hauptstadt: Bangkok
Lage: 97°–105° östl. Länge, 5°–21° nördl. Breite
Fläche: 512 115 km²
Einwohner: 58 800 000
Amtssprache: Thai
Religionen: Buddhisten 94%, Muslime 4%, andere 2%
Staatsform: Parlamentarische Monarchie
Währung: Baht
Analphabetenrate: 6%
Lebenserwartung: 69 Jahre
Einwohner pro Arzt: 4 420

THAILAND

Das Königreich Thailand entstand im 13. Jh. und konnte sich seitdem fast ununterbrochen als unabhängiger Staat behaupten. Als einziges Land im Festlandbereich Südostasiens wurde es nicht von europäischen Mächten kolonisiert. Das heutige Thailand ist ein aufstrebendes Industrieland mit großem Wirtschaftswachstum. Auch der Fremdenverkehr gewinnt zunehmend an Bedeutung. Der Norden und der Westen sind gebirgig und nur dünn besiedelt. Etwa ein Drittel der Einwohner lebt im fruchtbaren Tiefland des Menam und im Zentrum des Landes. Der Urwald, der Thailand früher bedeckte, wurde so stark abgeholzt, dass sich die Regierung gezwungen sah den Holzeinschlag zu begrenzen.

BANGKOK

Nach offiziellen Angaben leben 6 Mio. Menschen in Bangkok, wahrscheinlich sind es aber fast 10 Mio. Die Stadt, die ursprünglich auf einem Netz von Kanälen errichtet wurde, besitzt auch heute erst wenige breite Straßen und ein nur schwach entwickeltes öffentliches Transportsystem. Daher ist das Verkehrschaos hier so schlimm wie in kaum einer anderen Stadt der Welt. Manche Pendler haben ihre Autos in fahrbare Büros umgewandelt und mit chemischen Toiletten ausgestattet, um während der Staus arbeiten zu können. In Bangkok konzentriert sich die Wirtschaft des Landes. Die Stadt besitzt daher auch den wichtigsten Handelshafen. Der größte Teil der Ein- und Ausfuhr wird über Bangkok abgewickelt.

DER KÖNIG VON THAILAND

König Bhumibol Adulyadej regiert Thailand seit 1946 und ist damit eines der dienstältesten Staatsoberhäupter der Welt. Der König hat sehr großen Einfluss im Land und in der Vergangenheit schon häufig in die praktische Politik eingegriffen. Er ist Staats- und geistliches Oberhaupt und wird im Volk hoch geachtet. Kritik am Königshaus ist allgemein verpönt.

Viele junge Männer leben einige Zeit lang als Mönche. Sie tragen die typischen orangefarbenen Gewänder und haben einen kahlgeschorenen Kopf.

MODERNE WIRTSCHAFT

Thailand ist das größte Ausfuhrland von Ananas und exportiert darüber hinaus große Mengen an Kautschuk und Reis. In den letzten Jahrzehnten ist die Bedeutung der Landwirtschaft jedoch zurückgegangen. Industrie und Handwerk haben sich zu den wichtigsten Wirtschaftszweigen entwickelt. Der Anstoß kam von ausländischen Investoren. US-amerikanische und japanische Konzerne gründeten eine Reihe von Niederlassungen in Thailand und heute gehört das Königreich zu den führenden Erzeugern von elektronischen Gütern, wie z. B. Computerbauteilen. Viele Arbeiter in diesen Fabriken sind Frauen.

In der Elektronikindustrie werden gern Frauen beschäftigt, weil sie niedrigere Löhne erhalten und geschickter sind als Männer.

BUDDHISMUS

Mönche aus Sri Lanka brachten im 12. Jh. den Theravada-Buddhismus nach Thailand, der heute Staatsreligion ist. Die Schule des Theravada – was so viel wie »Lehre der Alten« bedeutet – fordert von ihren Anhängern entsprechend dem Gesetz des Karmas zu leben und dazu beizutragen das Leiden in der Welt zu verringern. Von jungen Männern erwartet man, dass sie eine bestimmte Zeit im Kloster verbringen, und viele pflegen diesen Brauch noch heute. Religiöse Minderheiten genießen in Thailand völlige Freiheit. Es gibt Muslime, Konfuzianisten und Christen.

Im »Tempel des smaragdenen Buddha« steht Thailands Nationalheiligtum, eine Buddhastatue aus Jade.

TOURISMUS

Thailand ist ein buddhistisches Land. Seine unzähligen prachtvollen Tempel und Klöster sind schon seit langem Anziehungspunkte für Besucher aus aller Welt. Heute jedoch locken vor allem die langen, noch weitgehend natürlichen Sandstrände. Für Naturverbundene gibt es Trekking-Touren in den Bergen im Norden des Landes.

Zum Weiterlesen
BUDDHISMUS *275*
HOLZWIRTSCHAFT *69, 227, 244*
KLEINE TIGER *137*

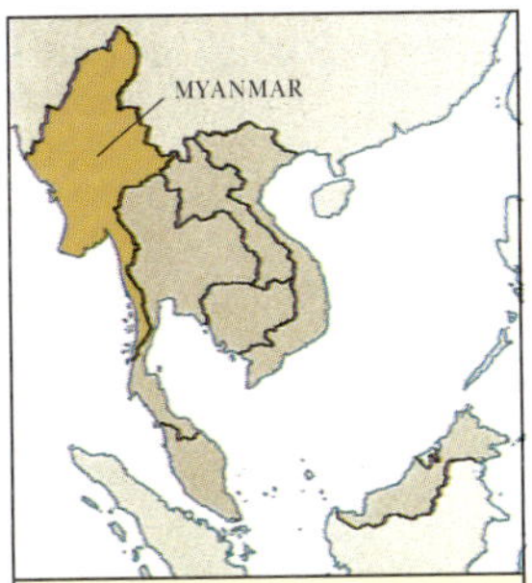

MYANMAR
Hauptstadt: Rangun
Lage: 92°–101° östl. Länge, 10°–28° nördl. Breite
Fläche: 676 552 km²
Einwohner: 46 500 000
Amtssprache: Birmanisch
Religionen: Buddhisten 87%, Christen 5%, Muslime 3%, Naturreligionen 3%, andere 2%
Staatsform: Sozialistische Republik
Währung: Kyat
Analphabetenrate: 17%
Lebenserwartung: 57 Jahre
Einwohner pro Arzt: 12 900

MYANMAR

Das frühere Birma wird auch »Land der Pagoden« genannt. Noch heute kann man die Meisterwerke der Baukunst bewundern, die zwischen dem 11. und dem 13. Jh. errichtet wurden, als hier noch ein blühendes Königreich bestand. Das Land steht heute im Schatten seiner Nachbarn Indien, China und Thailand. Nachdem es 1948 seine Unabhängigkeit erlangt hatte, isolierte es sich politisch und wirtschaftlich zunehmend von der Außenwelt. Unter der Militärregierung, die 1962 die Macht übernahm, wurde das ehemals reiche Birma eines der ärmsten Länder der Welt. Aufstände der Bergvölker und die Verstaatlichung von Betrieben und Handel behinderten seine wirtschaftliche Entwicklung. Myanmar besitzt reiche Bodenschätze und verfügt über genügend Wasser zur Bewässerung seines Ackerlands.

Für die Akha ist Silber von hohem Wert. Die Familie des Stammesfürsten trägt Silberschmuck und zeigt damit ihren Wohlstand.

BERGVÖLKER

Im Osten, Norden und Westen Myanmars leben die Stämme der Shan, der Akha, der Karen und der Kachin. Diese Bergvölker stellen mehr als ein Drittel der Einwohner Myanmars. Sie leben zum größten Teil in kleinen Dörfern, in deren Umgebung sie Brandrodungsfeldbau betreiben. Die Bergstämme sind sehr auf ihre Unabhängigkeit bedacht und widersetzen sich allen Einmischungsversuchen von außen. In Gefechten mit Regierungstruppen verloren mehr als 200 000 Freiheitskämpfer der Karen und anderer Stämme ihr Leben, als sie für ihre Unabhängigkeit von Myanmar kämpften.

TEAKHOLZ

Teakholz ist ein gefragter Rohstoff, denn es enthält ein Wasser abweisendes Öl und eine Säure, die das Rosten von Eisen stoppt. Teakholz eignet sich besonders für die Herstellung von Möbeln und Fußböden sowie für den Schiffs- und Waggonbau. Ungefähr 70% aller Teakbäume der Welt wachsen in Myanmar. Das Land ist der größte Teakholzexporteur der Welt. Aufgrund der intensiven Abholzung dürften die Bestände allerdings bis Ende des Jahrhunderts fast völlig verschwunden sein, falls bis dahin keine Schutzmaßnahmen ergriffen werden.

BODENSCHÄTZE

Im Norden Myanmars gibt es bedeutende Fundstellen von Edel- und Halbedelsteinen. Die Rubine und Saphire Myanmars werden besonders geschätzt. Jadesteine wurden schon vor Jahrhunderten nach China ausgeführt. Außerdem verfügt das Land über größere Silber-, Kupfer-, Blei- und Zink- sowie Öl- und Erdgasvorkommen.

Rubine findet man häufig in Kalkstein.

Rubin aus Myanmar

DAS GOLDENE DREIECK

Das Grenzgebiet von Myanmar, Thailand und Laos bezeichnet man als »Goldenes Dreieck«. Hier bauen die Bergvölker Schlafmohn an, aus dessen Früchten Opium hergestellt wird. Opium ist ein schmerzlinderndes Medikament, kann aber auch zu einer gefährlichen Droge verarbeitet werden. Zwei Drittel des Heroins auf dem Weltmarkt stammen aus dieser Region.

Schlafmohn hat weiße, rote oder violette Blüten und kann bis zu 120 cm hoch werden.

Samenkapsel

Opium ist getrockneter Milchsaft aus der unreifen Schlafmohnfrucht.

RANGUN

Die Hauptstadt des Landes liegt im Delta des Irawadi. Sie wurde 1852 von den Briten gegründet, die ein gitterförmiges Straßennetz anlegten. Rasch entwickelte sich die Stadt zum industriellen Zentrum und zum bedeutendsten Hafen des Landes. Das Stadtbild wird von der Shwe-Dagon-Pagode beherrscht, dem größten buddhistischen Heiligtum Myanmars. Die ganz mit Gold überzogene Pagode liegt auf einem Hügel nördlich des Stadtzentrums. Ihren 99 m hohen Turm sieht man schon von weitem.

Zum Weiterlesen

BUDDHISMUS *275*
DROGENHANDEL *58*
EDELSTEINE *62, 172*
HOLZWIRTSCHAFT *69, 227, 244*

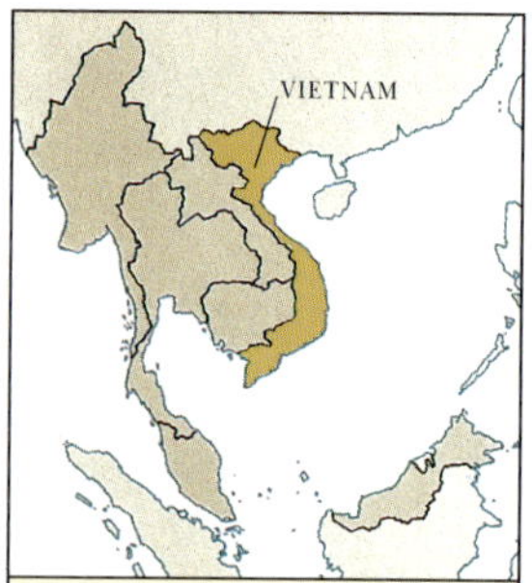

VIETNAM

Hauptstadt: Hanoi

Lage: 103°–109° östl. Länge, 8°–23° nördl. Breite

Fläche: 330 341 km²

Einwohner: 74 500 000

Amtssprache: Vietnamesisch

Religionen: Buddhisten 55%, Christen 7%, andere 38%

Staatsform: Sozialistische Republik

Währung: Dong

Analphabetenrate: 6%

Lebenserwartung: 68 Jahre

Einwohner pro Arzt: 2 860

VIETNAM

Etwa über 1 700 km erstreckt sich das schmale Vietnam entlang der gesamten östlichen Küste Südostasiens. Nach tausendjähriger Herrschaft der Chinesen konnte sich Vietnam im 10. Jh. n. Chr. befreien und ein eigenes Reich gründen, das bis ins 19. Jh. bestand. Danach geriet das Land unter französische Kolonialherrschaft, die nach einem schrecklichen Krieg 1954 zu Ende ging. Nicht lange danach begann der 13 Jahre dauernde Vietnamkrieg zwischen dem kommunistischen Norden und dem von den USA unterstützten Süden. Als der Krieg 1975 schließlich mit dem Sieg Nordvietnams endete, war das Land verwüstet. Heute wächst die Wirtschaft Vietnams sehr schnell, doch viele Menschen sind noch arm. Immer mehr ausländische Unternehmen gründen Niederlassungen in Vietnam. Auch der Tourismus kommt allmählich in Schwung.

RADFAHRER
In den meisten großen Städten der Welt bestimmen Autos das Straßenbild, nicht jedoch in den Städten Vietnams. Hier fahren die Menschen mit dem Rad zur Arbeit oder zum Einkaufen, denn Autos sind für die meisten unerschwinglich. In den Hauptverkehrszeiten am Morgen und am Abend sind die Straßen wie hier in Ho-Chi-Minh-Stadt mit Radfahrern überfüllt, die sich durch Klingeln und Zurufe ihren Weg durch Passanten und andere Radfahrer bahnen.

Viele Boatpeople starben unterwegs an Krankheiten oder ertranken, weil ihre Boote für die lange Reise nicht stabil genug waren.

DIE GEBURT EINES KINDES
In Vietnam war die Kindersterblichkeit früher sehr hoch. Daher feiern die Familien noch heute nicht die Geburt, sondern den ersten Lebensmonat eines Kindes. Wenn das Kind ein Jahr alt ist, findet das »Thoi Noi« statt. An diesem Tag soll das Kind von einem Tablett mit verschiedenen Gegenständen einen ergreifen. Daraus schließt man, welchen Beruf es später ausüben wird.

DIE BOATPEOPLE
Nach dem Krieg versuchten viele Vietnamesen aus Angst vor Verfolgung oder auf der Suche nach Arbeit das Land zu verlassen. Sie fuhren mit Booten aufs Meer hinaus und hofften über Hongkong, Malaysia oder Singapur in den Westen zu gelangen. Bis 1980 verließ etwa eine halbe Million dieser so genannten »Boatpeople« das Land. Der Flüchtlingsstrom versiegte jedoch, als die Nachbarländer begannen sie in ihr Heimatland zurückzuschicken.

Die meisten Dörfer in Vietnam sind an das Stromnetz angeschlossen.

Aus Stein gebautes Haus

Dusche im Freien

Feld zum Anbau von Gemüse und Mais

REISANBAU
Zwei Drittel des Ackerlands stehen in Vietnam lange Zeit des Jahres über unter Wasser. Der Reis, der auf den Feldern angebaut wird, ist die einzige Nutzpflanze, die für ihr Wachstum stehendes Wasser braucht. Andere würden unter solchen Bedingungen verfaulen. Reisfelder sind mit niedrigen Erdwällen eingefasst. Sie stauen das Wasser, das sich in der Regenzeit auf den Feldern sammelt. Die Reispflanzen werden in mühevoller Arbeit mit der Hand gesetzt und sind schon nach zwei bis drei Monaten erntereif.

DÖRFLICHES LEBEN
Vietnam ist ein Land der Dörfer und Bauern. Drei von vier Vietnamesen leben auf dem Land. Die meisten von ihnen bleiben auch dort, denn es gibt kaum Autos und von den im Krieg zerstörten Eisenbahnlinien wurde bisher nur eine wieder in Betrieb genommen. Nur wenige Dorfbewohner kommen jemals in die großen Städte Hanoi und Ho-Chi-Minh-Stadt (früher Saigon). Sie wohnen in einfachen Häusern aus Stein oder aus Holz, Stroh und Palmblättern. Ein typisches Haus hat zwei Räume, die zu ebener Erde liegen – einen zum Essen und Wohnen, den anderen zum Schlafen. Fließendes Wasser gibt es in den Häusern nicht, aber jedes Dorf hat einen Brunnen, aus dem Wasser geholt werden kann.

Die Familien leben von Obst und Gemüse, das sie selbst anbauen. Fleisch essen sie nur zu besonderen Anlässen.

Zum Weiterlesen
RAD FAHREN *92*
KLEINE TIGER *137*
POLITISCHE SYSTEME *270–271*
REISANBAU *135, 176, 197*

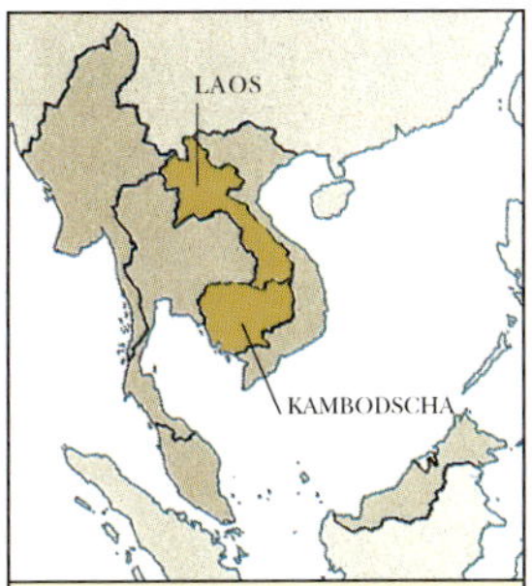

KAMBODSCHA	
Hauptstadt:	Phnom Penh
Lage:	102°–108° östl. Länge, 10°–15° nördl. Breite
Fläche:	181 035 km²
Einwohner:	10 300 000
Amtssprache:	Khmer
Religionen:	Buddhisten 88%, andere 12%
Staatsform:	Parlamentarische Monarchie
Währung:	Riel
Analphabetenrate:	65%
Lebenserwartung:	51 Jahre
Einwohner pro Arzt:	27 000

LAOS	
Hauptstadt:	Vientiane
Lage:	100°–118° östl. Länge, 14°–22° nördl. Breite
Fläche:	236 800 km²
Einwohner:	4 900 000
Amtssprache:	Lao
Religionen:	Buddhisten 58%, andere 42%
Staatsform:	Volksrepublik
Währung:	Kip
Analphabetenrate:	43%
Lebenserwartung:	51 Jahre
Einwohner pro Arzt:	4 350

KAMBODSCHA

Kaum ein anderes Land hatte mehr unter Krieg und Diktatur zu leiden als Kambodscha. 1970 wurde es in den Krieg im benachbarten Vietnam hineingezogen. In den Jahren von 1975 bis 1979 stand es unter der Herrschaft von Pol Pot und den kommunistisch orientierten Roten Khmer, deren Diktatur mehr als 1 Mio. Kambodschaner zum Opfer fielen. 1979 marschierten schließlich die Vietnamesen ein und stürzten Pol Pot. Die Folge war ein Bürgerkrieg, der bis 1991 andauerte. Das Land befindet sich heute in einem schwierigen Wiederaufbauprozess.

Angkor Wat besteht aus einem zentralen Tempelgebäude, das von kleineren Tempeln und Palästen sowie breiten Wassergräben und Stauseen umgeben ist.

ANGKOR WAT

600 Jahre lang, bis ins 20. Jh., lag der gewaltige Tempelkomplex Angkor Wat im dichten Dschungel Nordkambodschas verborgen. Der Khmer-Herrscher Suryavarman II. hatte ihn im 12. Jh. zu Ehren des Hindugottes Vischnu errichten lassen. Damals bestand hier ein großes Reich mit hoch entwickelten Bewässerungssystemen zur Versorgung der Städte und der Reisfelder. Als die Khmer ihre Macht verloren, wurde Angkor Wat verlassen und der Dschungel überwucherte die gesamte Tempelstadt.

KLASSISCHER TANZ

Im Tempel von Angkor Wat führten prächtig gekleidete Tänzerinnen religiöse Tänze auf, die an zwei große indische Epen anknüpften, das Ramajana und das Mahabharata. Dieser klassische Tanz ist hoch stilisiert. Seine graziösen Bewegungen erfordern jahrelange Übung. Die Kostüme müssen eng am Körper anliegen. Man nähte die Tänzerinnen vor der Darbietung daher regelrecht in die Kleider ein.

GRÖSSTES MINENFELD DER WELT

Die langen Kriege haben Kambodschas Infrastruktur fast völlig zerstört. Das Straßen- und Eisenbahnnetz brach zusammen und die wenigen Industriebetriebe stellten ihre Produktion ein. Bis zu 3 Mio. Minen sollen noch im Boden vergraben liegen. Trotz der ständigen Bemühungen von Minensuchern mit Spezialgeräten werden viele der heimtückischen Sprengkörper nicht entdeckt und fordern weiterhin unschuldige Opfer. Mehr als 20 000 Menschen wurden bisher durch Minen verstümmelt.

LAOS

Das gebirgige Laos ist das abgelegenste Land Südostasiens. Es hat eine kommunistische Regierung und gehört zu den ärmsten Ländern der Erde. Drei Viertel seiner Bewohner sind Bauern; viele produzieren gerade genug, um ihre Familien ernähren zu können. Abgesehen vom fruchtbaren Mekongtal ist das Land zerklüftet und zur Bewirtschaftung ungeeignet. Es besitzt jedoch reiche Vorkommen an Gold und anderen Mineralien sowie eine Holzindustrie und es erzeugt Kaffee.

Hmong-Männer haben häufig mehrere Frauen. Jede Frau ist für die Erziehung ihrer Kinder sowie für ihr Geflügel und ihren Gemüsegarten allein verantwortlich.

BERGVÖLKER

Stämme wie die Hmong (links) leben schon seit langer Zeit in den abgelegenen Bergregionen von Laos. Zur Selbstversorgung bauen sie Reis und Mais an, für den Verkauf kultivieren sie trotz offiziellen Verbots Mohn, aus dem das Rauschmittel Opium gewonnen wird. Die Kriege in der Region haben das Leben der Bergvölker stark beeinträchtigt. Viele Hmong sind nach Thailand oder in die USA ausgewandert.

BRÜCKE DER FREUNDSCHAFT

Nahe der Hauptstadt Vientiane überspannt die 1994 eröffnete »Brücke der Freundschaft« den Mekong. Laos ist ein Binnenland und die Brücke stellt die einzige direkte Verbindung zu Thailands Seehäfen her.

Zum Weiterlesen

BERGVÖLKER *188, 191*
HINDUISMUS *275*
OPIUM *191*
POLITISCHE SYSTEME *270–271*

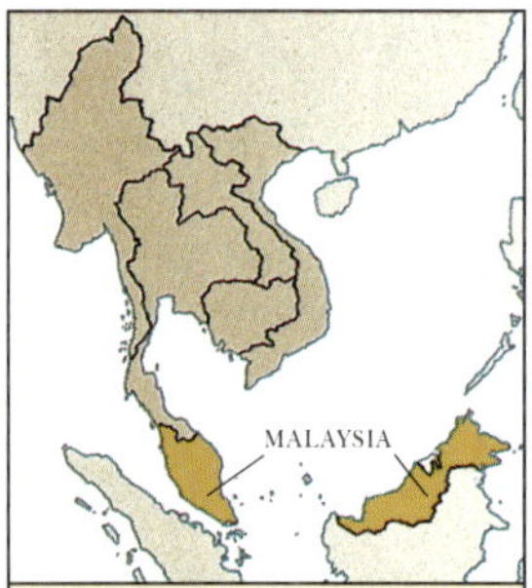

MALAYSIA

Den westlichen und östlichen Landesteil Malaysias trennen an den einander nächstgelegenen Punkten 600 km offene See. Zum Bundesstaat Malaysia gehören die Halbinsel Malakka auf dem südostasiatischen Festland sowie die Bundesstaaten Sarawak und Sabah auf der Insel Borneo. Das Land hat mehr als 17 Mio. Einwohner; die meisten leben in den rasch wachsenden Städten auf dem Festland, wo Zinnbergbau und ausgedehnte Kautschukplantagen Arbeit garantieren. Alle fünf Jahre erhält Malaysia ein neues Staatsoberhaupt: Die neun Sultane, die über die einzelnen Staaten der Föderation herrschen, übernehmen abwechselnd das Amt des Königs.

VÖLKER MALAYSIAS
Fast die Hälfte der Landesbewohner sind Malaien, so wie diese Familie. Etwa ein Drittel stammt von Chinesen ab, der Rest von Einwanderern, die vom indischen Subkontinent herüberkamen (Inder und Pakistani).

MALAYSIA

Hauptstadt: Kuala Lumpur
Lage: 99°–119° östl. Länge, 1°–8° nördl. Breite
Fläche: 329 758 km²
Einwohner: 20 100 000
Amtssprache: Malaiisch
Religionen: Muslime 53%, Buddhisten 17%, chinesische Religionen 12%, Hindus 7%, Christen 7%, andere 4%
Staatsform: Wahlmonarchie
Währung: Ringgit
Analphabetenrate: 17%
Lebenserwartung: 71 Jahre
Einwohner pro Arzt: 2 700

SINGAPUR

Hauptstadt: Singapur
Lage: 103–104° östl. Länge, 1° nördl. Breite
Fläche: 641 km²
Einwohner: 2 800 000
Amtssprachen: Englisch, Malaiisch, Chinesisch und Tamilisch
Religionen: Buddhisten/Daoisten 54%, Muslime 15%, Christen 13%, Hindus 4%, andere 14%
Staatsform: Republik
Währung: Singapur-Dollar
Analphabetenrate: 9%
Lebenserwartung: 75 Jahre
Einwohner pro Arzt: 920

ROHSTOFFE
Malaysia besitzt reiche Bodenschätze. Von besonderer Bedeutung sind heute die großen Erdöl- und Erdgasvorkommen vor der Küste von Sarawak. Außerdem ist das Land der weltgrößte Erzeuger von Palmöl, das zur Herstellung von Margarine, Seife und Kerzen verwendet wird, sowie der zweitgrößte Produzent von Kautschuk. In den Regenwäldern Sarawaks wächst wertvolles Hartholz, das industriell verarbeitet und exportiert wird. Große Waldflächen wurden auch der Einrichtung von Kautschuk- und Ölpalmenplantagen geopfert.

Zwischen den Baumreihen baut man häufig Bohnen, Erbsen und anderes Gemüse an.

Rindenstreifen werden abgeschält, damit der Milchsaft auslaufen kann.

Der Milchsaft wird am frühen Morgen eingesammelt, da er bei den hohen Tagestemperaturen nicht mehr fließt.

GUMMI
Durch Anritzen der Rinde des Kautschukbaums erhält man einen Milchsaft (Latex), aus dem Gummi hergestellt wird. Der Milchsaft wird in Fabriken mit Säure gemischt. Dabei fällt der Kautschuk aus. Man schickt diesen dann durch eine erwärmte Presse und formt ihn zu Folien. Diese Bahnen werden zum Trocknen aufgehängt. Der Kautschukbaum braucht heißes, feuchtes Klima.

Zwei von drei Autos, die in Malaysia verkauft werden, sind Protons.

MODERNE INDUSTRIE
Das erste Auto, das in Malaysia gebaut wurde, war ein Wagen der Marke Proton. Er rollte 1985 in einer Fabrik in der Nähe von Kuala Lumpur vom Band. Heute werden jährlich mehr als 110 000 Fahrzeuge dieser Marke produziert; ein großer Teil davon geht nach Indonesien, Singapur und Großbritannien. Aufgrund des großen Erfolgs startete man ein zweites Autoprojekt. Malaysia ist außerdem ein Zentrum der Elektronikindustrie und darüber hinaus der weltweit größte Hersteller von Computerlaufwerken.

WIRTSCHAFTSBOOM
70er Jahre: 1970 besaß Malaysia erst wenige Industriebetriebe und der Großteil seiner Rohstoffe, vor allem Kautschuk und Zinn, wurde exportiert und im Ausland verarbeitet.

90er Jahre: Heute zählt Malaysias Wirtschaft zu den erfolgreichsten der Welt. Es werden noch immer große Mengen an Rohstoffen erzeugt, doch die verarbeitende Industrie wurde massiv ausgebaut. Zwei Drittel der Exporte sind nun Fertigwaren wie z. B. Autos und Textilien.

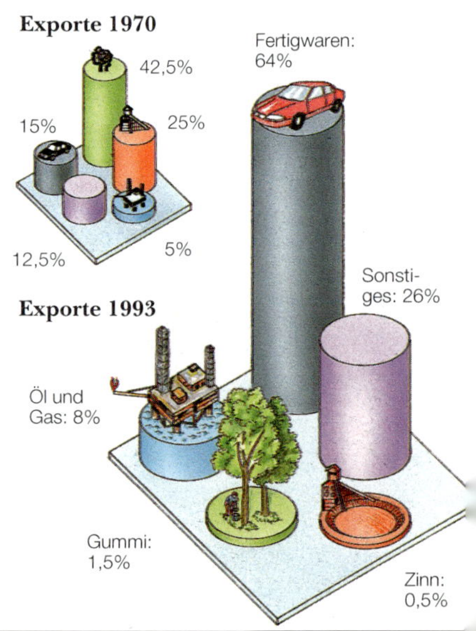

ISLAM

Die Bewohner des heutigen Malakka traten 1414 zum Islam über, nachdem ihr Herrscher eine muslimische Prinzessin aus Sumatra geheiratet hatte. Die neue Religion breitete sich rasch über das ganze Land aus. Heute sind mehr als die Hälfte der Bevölkerung Muslime und der Islam ist Staatsreligion.

In Kuala Lumpur stehen moderne Hochhäuser neben Kolonialbauten.

KUALA LUMPUR

Im Jahr 1857 gründete eine Gruppe chinesischer Zinnminenarbeiter dort eine Siedlung, wo sich die Flüsse Kelang und Gombak vereinigen. Sie nannten diesen Platz »Kuala Lumpur«, »schlammige Flussmündung«. Die Siedlung entwickelte sich bald zu einem Zentrum des Zinnbergbaus und der Gummiherstellung und wurde 1896 Regierungssitz. Am Baustil der Stadt erkennt man die Zusammensetzung ihrer Bevölkerung, die aus Chinesen, Malaien und Indern besteht. Die Hauptstadt Malaysias hat heute mehr als 1,3 Mio. Einwohner.

LEBEN AUF STELZEN

In Malaysia werden viele ländliche Siedlungen an Flussufern oder am Meer errichtet. Die einstöckigen Hütten dieser so genannten »Kampong« stehen auf Pfählen im Wasser oder in Überschwemmungszonen. Die Häuser sind aus Holz und liegen so hoch über dem Wasser, dass sie nicht überflutet werden können. Der erhöhte Fußboden und zahlreiche Fenster sorgen dafür, dass das Haus gut belüftet ist.

SINGAPUR

Vor der Südküste des malaiischen Festlandes liegt der kleine Inselstaat Singapur, eines der am dichtesten bevölkerten Gebiete der Welt. An Singapur führt der gesamte Schiffsverkehr von Europa und Vorderasien zu den Pazifikhäfen vorbei. Die Malakkastraße und die Straße von Singapur gehören zu den am stärksten befahrenen Schifffahrtswegen der Erde. Singapur wurde 1819 von der britischen Ostindiengesellschaft gegründet. Der Stadtstaat ist heute einer der wirtschaftlich besonders erfolgreichen »Kleinen Tiger«.

HAFEN VON SINGAPUR

Alle drei Minuten läuft ein Schiff in den Hafen von Singapur ein oder verlässt ihn. Tanker, die vom Persischen Golf kommen, bringen Rohöl und andere Produkte, die in Singapur umgeschlagen werden. Frachtschiffe, die China oder Japan anlaufen, machen in Singapur Halt, um die Wartungsanlagen des Hafens zu nutzen. Auch Malaysia wickelt den größten Teil seines Exports über den Hafen von Singapur ab.

STAAT UND GESELLSCHAFT

Drei Viertel der Bevölkerung Singapurs sind Chinesen, der Rest setzt sich aus Malaien, Indern, Pakistani und Sri-Lankern zusammen. Die wirtschaftliche Leistungsfähigkeit hat den Bewohnern Singapurs einen hohen Lebensstandard verschafft. Von Seiten der Regierung wird allerdings eine starke Kontrolle über die Gesellschaft ausgeübt. Sie steuert die Presse sowie Fernseh- und Radioprogramme und begrenzt die Zulassung von Autos, um ein Verkehrschaos in dem dicht besiedelten Land zu verhindern. Es ist auch verboten, Abfall auf die Straße zu werfen, in der U-Bahn zu essen oder in der Öffentlichkeit Kaugummi zu kauen.

Die Banken und die Börse Singapurs, die in diesem Viertel liegen, erwirtschaften etwa ein Viertel des Nationaleinkommens.

Singapurs Stadtbild wird von Hochhäusern beherrscht.

Zum Weiterlesen

ISLAM *275*
ERDÖL *137, 152, 281*
KLEINE TIGER *137*
GUMMI *226*

SÜDOSTASIATISCHE INSELWELT

Vor den Küsten des südostasiatischen Festlands liegen Tausende von Inseln im Indischen Ozean, die sich in einem breiten Gürtel bis nach Australien erstrecken. Sie gehören zu dem großen System von Inseln, die sich von Norden nach Süden am gesamten Kontinentalrand Asiens entlangziehen. Die südostasiatische Inselwelt ist vier Staaten zugeordnet: Malaysia, Indonesien, Brunei und den Philippinen. Diese Region ist besonders stark vulkanisch geprägt und das Monsunklima sorgt für ergiebige Niederschläge. Die Tier- und Pflanzenwelt ist äußerst artenreich, denn auf nahezu jeder Insel herrschen andere Umwelt- und Lebensbedingungen. Auch die Bevölkerung ist ethnisch und kulturell sehr unterschiedlich. Allein auf den Inseln Indonesiens werden mehr als 250 Sprachen gesprochen.

WASSERSTRASSEN
In dieser Region sind Schiffe die wichtigsten Transport- und Fortbewegungsmittel. Kleine Auslegerboote (links) eignen sich ideal für den Verkehr zwischen den Inseln.

WIRBELSTÜRME
Jährlich suchen ungefähr 20 tropische Wirbelstürme, so genannte Taifune, die Philippinen heim. Sie rasen mit Geschwindigkeiten von mehr als 100 km/h über die Inseln hinweg und führen zu schweren Überflutungen. Viele Menschen kommen dabei ums Leben und Tausende von Häusern werden zerstört. Besonders gefährdet sind tief liegende Küstengebiete, doch viele Menschen sind gezwungen hier zu leben, weil Bodenknappheit herrscht und in diesen Gegenden das Land besonders preiswert ist.

VULKANE

Vulkanausbrüche und Erdbeben sind in diesem Teil der Erde fast an der Tagesordnung. Sie werden durch Bewegungen großer Teile der Erdkruste, der so genannten Kontinentalplatten, verursacht. Die Inseln Südostasiens liegen zum großen Teil auf einer bogenförmigen Bruchzone zwischen zwei solchen Platten. Obwohl Vulkanausbrüche stets verheerende Zerstörungen mit sich bringen, werden auch die Hänge noch tätiger Vulkane landwirtschaftlich genutzt, denn die Vulkanasche macht den Boden hier besonders fruchtbar.

ser australisch- ifische Komodo- an lebt östlich der lace-Grenze.

ARTENVIELFALT

Mitte des 19. Jh. bereiste der britische Naturforscher Alfred Russel Wallace die südostasiatische Inselwelt. Dabei stellte er fest, dass die meisten Tiere auf Bali aus dem asiatischen Raum stammen, die Tiere auf der Nachbarinsel Lombok jedoch größtenteils australisch-pazifischer Herkunft sind. Die nach ihm benannte »Wallace-Grenze« ist eine theoretische Grenzlinie, die man durch die Inselregion gelegt hat. Sie trennt die Gebiete mit asiatischen von denen mit australisch-pazifischen Tierarten.

Auf den Inseln westlich der Wallace-Grenze leben Tiere, die aus Asien stammen, wie dieser Orang-Utan.

Wissenschaftler haben entdeckt, dass in den Regenwäldern dieser Region ein Sechstel aller Vogelarten der Welt lebt.

TROPISCHER REGENWALD

In den tropischen Regenwäldern mit ihren ungeheuer artenreichen Pflanzenwelt hat sich auch eine sehr artenreiche Tierwelt entwickelt. Als nach dem Abschmelzen der großen eiszeitlichen Eiskappen der Meeresspiegel im südostasiatischen Raum stieg, wurde tief liegendes Land überflutet, höhere Gebiete wurden zu Inseln. In der Abgeschiedenheit dieser Inselwelt überlebten alte Arten ungestört, während neue Arten freie ökologische Nischen eroberten.

RAFFLESIE

Tief im Regenwald wächst die vom Aussterben bedrohte Riesenrafflesie. Ihre Blüte ist mit 90 cm Durchmesser und 11 kg Gewicht die größte der Welt. Von Blütenduft kann allerdings nicht die Rede sein. Sie riecht nach faulendem Fleisch, lockt damit aber Fliegen an, die sie bestäuben.

NUTZUNG DER REISFELDER

Reis ist für die meisten Menschen in dieser Region das Grundnahrungsmittel. Er wächst auf Feldern, die nach und nach 15–30 cm hoch geflutet werden. Auf dem Ackerland neben den Reisfeldern pflanzen die Bauern Gemüse und Obst an. Im Wasser der Reisfelder züchten sie Fische, Krabben und Frösche. Die Tiere ernähren sich von abgelöstem Pflanzenmaterial, Algen und Schwebstoffen im Wasser. Sie vernichten dabei Schädlinge und halten das Wasser sauber. Darüber hinaus sind sie eine wichtige Ergänzung der Nahrungsmittelversorgung der einheimischen Bevölkerung.

Bäume neben den Reisfeldern liefern Obst und Brennholz.

Die Einheimischen fangen die Fische aus den Reisfeldern.

Das Wasser auf den Reisfeldern ist leicht sauer. Dies fördert das Wachstum von Pflanzen und Tieren, die das Wasser mit Nährstoffen anreichern.

Fische und Frösche vertilgen Insekten.

WAS IST WO AUF DER KARTE

Längster Fluss: Kapuas, Indonesien, 1 142 km *Karte G9*	
Höchste Erhebung: Puncak Jaya, Indonesien, 5 030 m *Karte R10*	
Größter Vulkankrater der Erde: Toba, Indonesien, 1 775 m *Karte B8*	
Größte Höhle der Welt: Sarawak-Kammer, Malaysia, 700 m lang *Karte I7*	

Ambon, Molukken
Jan. 27,5 °C
Juli 25 °C
Jan. 127 mm
Juli 602 mm

INDONESIEN
Hauptstadt: Jakarta
Lage: 94°–141° östl. Länge, 6°–11° südl. Breite
Fläche: 1 904 443 km²
Einwohner: 197 600 000
Amtssprache: Bahasa Indonesia
Religionen: Muslime 87%, Christen 10%, andere 3%
Staatsform: Präsidialrepublik
Währung: Rupiah
Analphabetenrate: 16%
Lebenserwartung: 62 Jahre
Einwohner pro Arzt: 7 140

BRUNEI
Hauptstadt: Bandar Seri Begawan
Fläche: 115° östl. Länge, 5° nördl. Breite
Fläche: 5 765 km²
Einwohner: 285 000
Amtssprache: Malaiisch
Religionen: Muslime 67%, Buddhisten 15%, Christen 10%, andere 8%
Staatsform: Islamische Monarchie
Währung: Brunei-Dollar
Analphabetenrate: 12%
Lebenserwartung: 74 Jahre
Einwohner pro Arzt: 1 460

INDONESIEN

Dieser größte Inselstaat der Erde besteht aus insgesamt 13 677 Inseln, von denen aber nur etwa 1 500 bewohnt sind. Indonesien erstreckt sich von Westen nach Osten über eine Länge von 5 100 km, das entspricht der Entfernung Irland–Ural, und umfasst drei Zeitzonen. Die 362 verschiedenen Völkerschaften Indonesiens sprechen mehr als 250 Sprachen und Dialekte. Indonesien stand schon immer im Brennpunkt des kulturellen Austauschs. Mehr als 160 Mio. Indonesier sind Muslime, damit ist Indonesien der größte islamische Staat der Welt. Heute gibt es in Indonesien moderne Städte und eine hoch entwickelte Industrie. Auf abgelegenen Inseln leben andererseits aber auch noch einige Stämme so wie vor vielen Jahrhunderten.

JAKARTA
Mit mehr als 7 Mio. Einwohnern ist Jakarta, die Hauptstadt Indonesiens, die größte Stadt Südostasiens. Ursprünglich war es ein kleiner Handelsposten, von dem aus Gewürze nach Ostasien verschifft wurden. 1618 machten die Holländer die in Batavia umbenannte Stadt zum Mittelpunkt ihres ostindischen Kolonialreichs. Sie legten Kanäle an, um Batavia Amsterdam anzugleichen. Wegen des ungesunden Klimas an der versumpfenden Küste wurde das Handels- und Verwaltungszentrum später landeinwärts verlegt. Heute sind Alt- und Neustadt zusammengewachsen.

GEWÜRZINSELN
Jahrhundertelang waren die Molukken im Osten Indonesiens Europas Hauptlieferanten für Gewürznelken, Zimt, Muskat und andere Gewürze. Solange Indonesien niederländische Kolonie war, beherrschten die Kaufleute der holländischen Ostindiengesellschaft den Gewürzhandel und kamen dadurch zu großem Wohlstand. Indonesien wurde 1949 unabhängig.

Borobudur ist der größte buddhistische Tempel der Welt.

BOROBUDUR
Im Herzen Javas liegt eines der bedeutendsten buddhistischen Heiligtümer. Der buddhistische Tempel von Borobudur – das bedeutet »Kloster auf dem Berg« – wurde 778–856 n. Chr. errichtet. Er besteht aus mehreren Plattformen, die die Stufen der geistigen Reifung Buddhas darstellen sollen – von der Unwissenheit über die Erleuchtung bis zum Nirwana, der völligen Seelenruhe.

ÖL UND GAS
1871 fand auf Sumatra die erste Ölbohrung statt und seitdem beherrscht das Erdöl die Wirtschaft Indonesiens. Anfang der 80er Jahre erbrachten Öl und Gas noch 80% der Exporteinnahmen, doch mittlerweile ist der Anteil des Erdöls gesunken, da die Reserven allmählich zu Ende gehen. Um seine Abhängigkeit vom Öl zu verringern, verstärkte Indonesien die Ausbeutung seiner reichen Erdgasvorkommen. Erdgas wird für den Export verflüssigt, da es so leichter zu transportieren ist.

BALI
Üppige Vegetation überzieht Bali wie ein grüner Teppich und an den Küsten der Insel erstrecken sich lange Sandstrände. Deren Naturschönheiten haben die Insel zu einem beliebten Reiseziel gemacht. Die meisten Balinesen sind Hindus. Traditionelle religiöse Zeremonien bestimmen das Alltagsleben der Menschen. Diese Frauen (oben) bringen Opfergaben zu einem Tempel.

Exporte Indonesiens (1994)

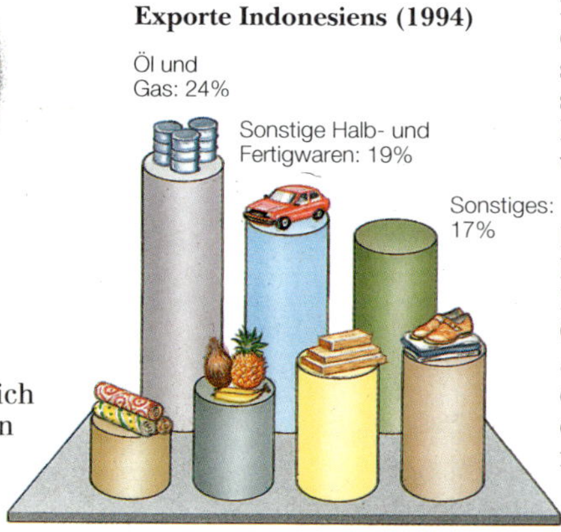

INDONESISCHE WIRTSCHAFT
Die Fabriken produzieren verschiedene Fertigwaren und einfache elektronische Geräte. Doch die Hälfte der Erwerbstätigen arbeitet immer noch in der Landwirtschaft, die genügend Nahrungsmittel erzeugt, um die wachsende Bevölkerung der Städte zu ernähren. Früher war Indonesien der größte Importeur von Reis, aber in den vergangenen zehn Jahren steigerte es die Reiserzeugung und kann heute seinen Bedarf selbst decken.

DIE BEVÖLKERUNG INDONESIENS

Indonesien hat insgesamt mehr als 197 Mio. Einwohner. 60% davon leben auf der Insel Java, die jedoch nur 7% der Landesfläche ausmacht. Viele der anderen Inseln sind nur sehr dünn besiedelt. 1950 begann die Regierung damit Bewohner von Java auf einige der anderen Inseln, z. B. Borneo, umzusiedeln. Auf diese Weise erhielten mehr als 6 Mio. Menschen eine neue Heimat. Seit dem 13. Jh. breitete sich der von arabischen Händlern ins Land gebrachte Islam über die Inseln aus. Heute sind 160 Mio. Indonesier Muslime.

DIE BUGI

Im Süden Sulawesis lebt der Stamm der Bugi. Seine Mitglieder sind als ausgezeichnete Seefahrer bekannt und waren in vergangenen Jahrhunderten wegen ihrer Grausamkeit gefürchtet. Die Bugi bauten elegante, schnelle Holzschiffe, mit denen sie zu Überfällen auf benachbarte Inseln aufbrachen.

Die Bugi statten ihre traditionellen Holzschiffe mit Dieselmotoren aus.

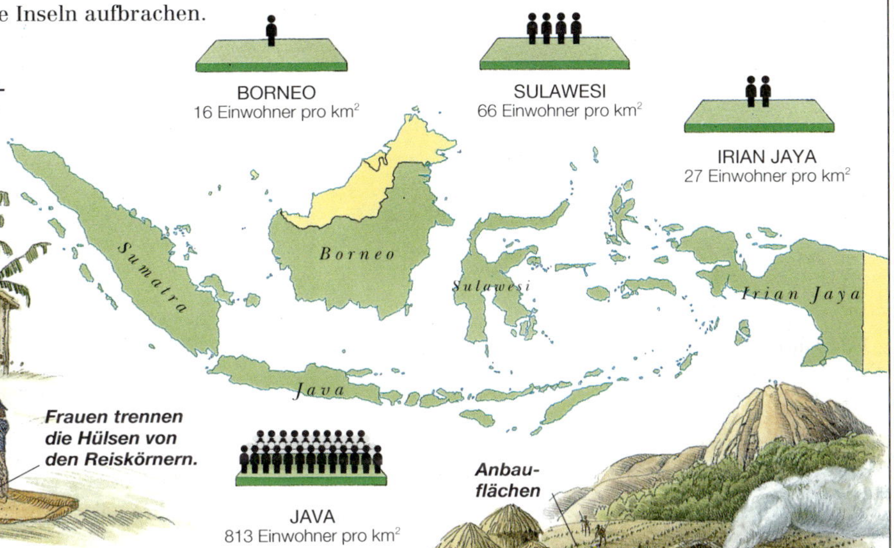

Das Langhaus wird aus Holz und Bambus gebaut.

Überdachte Galerie

Auf dem Dachspeicher lagert Reis in großen Körben.

Frauen trennen die Hülsen von den Reiskörnern.

DIE DAYAK

Die Dayak, die Ureinwohner Borneos, errichten große Langhäuser auf Pfählen. In einem solchen Langhaus leben mehrere Familien zusammen, jede besitzt aber einen eigenen Schlafraum und eine Küche. Man trifft sich auf der überdachten Galerie. Nahrungsmittel werden auf der offenen Veranda getrocknet.

Anbauflächen

Aus Holz und Stroh bauen die Dani ihre Hütten.

Die Dani betreiben Tauschhandel.

Eingang

Feuerstelle

BATIK

Auf Java entstand die Technik des Batikens. Bei diesem Färbeverfahren werden Stoffbereiche, die bei einem Färbegang keine Farbe erhalten sollen, mit flüssigem Wachs abgedeckt. Nach Beendigung aller Färbegänge wird der Stoff getrocknet, das Wachs abgebrochen und der Stoff gebügelt.

Batikdruckblock

Sarong-Stoffe sind häufig gebatikt und kunstvoll gemustert. Den Sarong, ein zum Rock gewickeltes Tuch, tragen Frauen wie Männer.

DIE DANI

Die Bewohner Irian Jayas, der östlichsten Provinz Indonesiens, die auf Neuguinea liegt, sind ein dunkelhäutiges Volk. In nahezu jedem Dorf spricht man einen eigenen Dialekt. Einer der vielen Stämmen dieser Region sind die Dani. Ihre Lebensweise hat sich seit Jahrhunderten nicht verändert.

BRUNEI

Zwischen Sarawak und dem Südchinesischen Meer liegt das Sultanat Brunei. Das kleine Land ist von tropischem Regenwald überzogen und hat eine sumpfige, mit Mangrovenwäldern bewachsene Küstenzone. Nach der Entdeckung von Erdöl im Jahre 1929 kam für Brunei der wirtschaftliche Aufstieg. Heute zählt der Kleinstaat zu den reichsten Ländern der Welt und verfügt noch immer über große Erdöl- und Erdgasvorkommen. Die Landwirtschaft ist von geringer Bedeutung. Auf ihren Feldern pflanzen die Bauern Reis, Maniok, Ananas und Bananen an. Das Land ist so wohlhabend, dass seine Bewohner keine Steuern zahlen müssen und die medizinische Versorgung kostenlos ist.

DER SULTAN VON BRUNEI

Der Herrscher Bruneis ist einer der reichsten Männer der Welt. Dank der Bodenschätze des Landes konnte Sultan Hassan al-Bolkiah ein Vermögen von schätzungsweise 25 Mrd. US-Dollar anhäufen. In den letzten Jahren ließ er für mehr als 450 Mio. Dollar in Bruneis Hauptstadt eine Moschee errichten, die heute zu den größten Moscheen der Welt gehört.

Zum Weiterlesen

ISLAM/BUDDHISMUS *275*
ERDÖL UND ERDGAS *137, 152, 163, 211*
GEWÜRZE *57, 264*

PHILIPPINEN

PHILIPPINEN	
Hauptstadt:	Manila
Lage:	117°–127° östl. Länge, 5°–21° nördl. Breite
Fläche:	300 000 km²
Einwohner:	67 600 000
Amtssprache:	Pilipino
Religionen:	Christen 94%, Muslime 5%, andere 1%
Staatsform:	Präsidialrepublik
Währung:	Philippinischer Peso
Analphabetenrate:	5%
Lebenserwartung:	66 Jahre
Einwohner pro Arzt:	8 330

Da sie auf dem »Feuergürtel« liegen, dem großen Vulkanbogen, der sich durch die südostasiatische Inselwelt zieht, werden die Philippinen immer wieder von Vulkanausbrüchen und Erdbeben heimgesucht. Zeichen für eine Unruhezone der Erdkruste ist ein Tiefseegraben, der am Ostrand der Philippinen bis auf 10 540 m absinkt. Außerdem fegen oft tropische Wirbelstürme über die Inselgruppe hinweg. Das Land besteht aus 7 107 Inseln, von denen aber nur etwa 1 000 bewohnt sind. Der größte Teil der Bevölkerung lebt auf der Insel Luzon, auf der auch die Hauptstadt Manila liegt. Fast vier Jahrhunderte lang standen die Philippinen unter spanischer Herrschaft. Seinen Namen erhielt das Land nach dem spanischen König Philipp II. 1898 fiel es an die USA und wurde 1946 unabhängig. Die meisten Bewohner der Philippinen sind malaischer Herkunft.

MANILA
Ein großer Teil der philippinischen Hauptstadt liegt auf Meeresspiegelhöhe und wird daher in der sommerlichen Regenzeit häufig überflutet. 1571 eroberten die Spanier die Stadt, befestigten sie und machten sie zum Regierungssitz. Jahrhundertelang war Manila ein wichtiger Handelshafen und zog Kaufleute aus Arabien, Indien und Japan an. Heute ist die Hauptstadt der Philippinen eine moderne, geschäftige Stadt mit mehr als 1,7 Mio. Einwohnern und einem vielseitigen kulturellen Angebot. Manila ist ein riesiger Ballungsraum. 1976 wurde das eigentliche Manila sowie mehrere nahe gelegene Städte und Gemeinden zu einer Stadt zusammengefasst.

***2. April 1991:** Das Anwachsen des Lavakegels zeigt, dass der Pinatubo bald ausbricht.*

***14. Juni 1991:** Der Berg spuckt Gas- und Aschewolken aus.*

***15. Juni 1991:** Nach einer heftigen Eruption wälzt sich flüssige Lava die Berghänge hinab.*

PINATUBO
Im Juni 1991 brach der Pinatubo aus, ein Vulkan nördlich von Manila. Zehn Tage lang schleuderte er vulkanische Asche und Gestein aus seinem Krater. In kurzer Zeit war das umliegende Land mit einer bis zu 7 m hohen Geröllschicht bedeckt. Heftige Regenfälle schwemmten Geröll und Schlamm in die Flüsse. Sie wurden aufgestaut und schließlich ergossen sich gewaltige Wassermassen in die Täler. Dabei rissen sie Häuser mit und zerstörten die Felder. Über Nacht verloren die Menschen, die in der Nähe des Vulkans lebten, ihr Hab und Gut.

SCHUTTBERG
Am Stadtrand von Manila erhebt sich ein großer Berg, der jedoch nicht aus Gestein, sondern aus Müll besteht. Jeden Tag kommen Müllfahrzeuge aus Manila hierher und kippen ihre Ladung ab. Viele arme Menschen, darunter auch Kinder, leben mitten im Müll. Regelmäßig durchsuchen sie den Abfall nach Flaschen, Dosen, Plastik und Kartons, die sie wieder verkaufen können.

Philippinische Arbeiter im Ausland (1995)

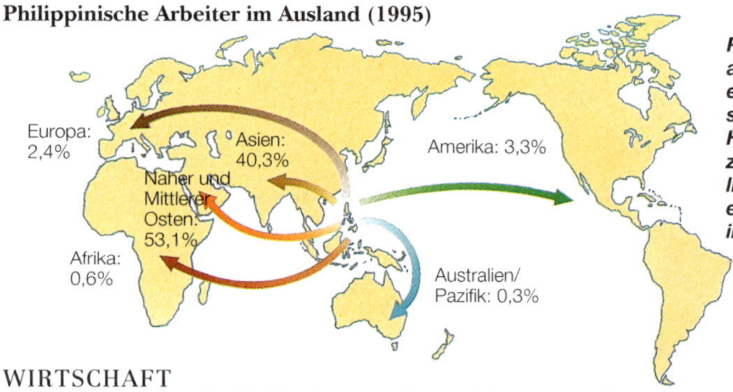

Rund 2% der Filipinos arbeiten irgendwann einmal im Ausland und schicken Geld nach Hause um ihre Familien zu unterstützen. Jährlich fließen dadurch etwa 1 Mrd. US-Dollar ins Land.

WIRTSCHAFT
Früher gehörten die Philippinen zu den reicheren Ländern Asiens, doch in den letzten vier Jahrzehnten sind sie hinter ihre wirtschaftlich erfolgreicheren Nachbarn zurückgefallen. Zu lange haben Korruption und Vetternwirtschaft den Einfluss bestimmter Cliquen gesichert und die Durchführung von Reformen verhindert. Viele Filipinos müssen im Ausland Arbeit suchen um sich und ihre Familien zu ernähren. Dabei besitzt das Land reiche Bodenschätze, vor allem Gold, Kupfer und Chrom. Die wichtigsten Exportprodukte der Philippinen sind Tabak, Zucker und tropische Früchte.

BUNTE JEEPS
Am Ende des Zweiten Weltkriegs ließ die US-Armee Tausende von ausgemusterten Jeeps auf den Philippinen zurück. Die Einheimischen richteten sich diese Fahrzeuge her und verzierten sie mit bunten Mustern. Jeeps sind eins der Hauptverkehrsmittel auf den schlechten Straßen der Philippinen.

POLITIK

Im Jahr 1965 wurde Ferdinand Marcos zum Präsidenten der Philippinen gewählt. Wie seine beiden Vorgänger unternahm er nichts gegen die herrschende Korruption und die Armut der Landbevölkerung. Er regierte diktatorisch, ließ Wahlen fälschen, um sich an der Macht zu halten, und häufte ein riesiges Privatvermögen an. 1983 ermordete Marcos' Geheimdienst seinen Gegenspieler, den Oppositionsführer Benigno Aquino. Daraufhin wuchs der Widerstand gegen Marcos und erreichte 1985 seinen Höhepunkt. Unterstützt von der katholischen Kirche gingen Millionen Menschen auf die Straße und zwangen den Diktator schließlich das Land zu verlassen. Corazón Aquino, Benignos Witwe, wurde zur neuen Präsidentin ernannt und das Land erhielt eine demokratische Regierung.

ALTE TERRASSEN UND MODERNE ANBAUMETHODEN

Das Volk der Ifugao, das seit Jahrtausenden im gebirgigen Norden der Insel Luzon lebt, hat in mühevoller Arbeit die Berghänge terrassiert um Reis anzubauen. Die von den Chinesen übernommene Methode ermöglichte sogar im Gebirge eine hohe Bevölkerungsdichte. Auf den Philippinen befindet sich das Internationale Forschungsinstitut für Reis, in dem Wissenschaftler nach neuen, ertragreicheren Reissorten forschen und neue Pflanz- und Erntemaschinen für den Reisanbau entwickeln.

RELIGION

Das Christentum wurde im 16. Jh. von den spanischen Eroberern auf die Philippinen gebracht. Viele Filipinos traten zum katholischen Glauben über und dieser wurde bald zur wichtigsten Religion des Landes. Auf der Insel Mindanao im Süden dagegen konnte er nicht in gleichem Maße Fuß fassen – hier überwiegen Muslime. Die katholischen Missionare leisteten einen bedeutenden Beitrag zur Erhaltung der vielen Sprachen und Dialekte des Landes. Heute sind die Philippinen das einzige christliche Land in Asien und die katholische Kirche hat nach wie vor großen gesellschaftlichen Einfluss.

An den terrassierten Hängen wird Reis angebaut.

Die Terrassen werden durch Steinmauern gestützt, die von Hand aufgeschichtet wurden.

Die Kokospalme kann eine Höhe von 30 m erreichen. Mit langen Bambusstangen werden die Kokosnüsse vom Baum geschlagen.

KOKOSNÜSSE

Die Kokospalme wächst im feuchtheißen Klima der Philippinen sehr gut und trägt bis zu 70 Jahre lang Früchte. Die großen Nüsse reifen in Büscheln von 15–20 Stück und werden von den Bauern mit langen Bambusstangen von den Bäumen geschlagen. Nach Indonesien sind die Philippinen der bedeutendste Erzeuger von Kopra. So heißt das nährstoffreiche weiße Mark der Kokosnuss, wenn es zerkleinert und getrocknet ist. Aus der Kopra wird dann in einer Ölpresse Fett gewonnen. Nach weiterer Verarbeitung ist es als Speisefett verwendbar. Das Land exportiert aber auch noch viele andere Kokosprodukte in alle Teile der Welt.

Die Kokosnuss enthält eine erfrischende Milch, die während des Reifungsprozesses zu Fruchtfleisch wird.

Kopra

Korb aus Palmblättern

Kopra dient zur Herstellung von Fett, Kosmetika und Waschmitteln.

NUTZUNG DER KOKOSNUSS

Aus den Wurzeln der Kokospalme stellt man Färbemittel und Medikamente her, der Stamm dient als Brennholz, die Blätter nutzt man zur Dachabdeckung oder verarbeitet sie zu Matten. Die Nuss ist ein Nahrungsmittel.

Matte aus den Fasern der Fruchthülle

JÄGER UND SAMMLER

Im Norden und Nordosten der Insel Luzon leben die kleinwüchsigen Aeta. Sie fischen und jagen und sammeln Wurzeln, Pflanzen und Früchte. Die Aeta zählen zu den letzten Naturvölkern der Erde, doch ihre traditionelle Lebensweise ist bedroht, da man begonnen hat die Wälder, in denen sie leben, wirtschaftlich zu nutzen.

Zum Weiterlesen

REISANBAU *135, 176, 197*
RÖMISCH-KATHOLISCH *274*
TERRASSENANBAU *159, 173*
VULKAN *13, 197*

MALEDIVEN

Hauptstadt: Malé
Lage: 73°–74° östl. Länge, 0°–7° nördl. Breite
Fläche: 298 km²
Einwohner: 254 000
Amtssprache: Maledivisch
Religion: Muslime 100%
Staatsform: Präsidialrepublik
Währung: Rufiyaa

KOMOREN

Hauptstadt: Moroni
Lage: 43°–45° östl. Länge, 12°–13° südl. Breite
Fläche: 1 862 km²
Einwohner: 653 000
Amtssprachen: Komorisch und Französisch
Religionen: Muslime 99%, andere 1%
Staatsform: Islamische Bundesrepublik
Währung: Komoren-Franc

MAURITIUS

Hauptstadt: Port Louis
Lage: 56°–63° östl. Länge, 10°–20° südl. Breite
Fläche: 2 040 km²
Einwohner: 1 100 000
Amtssprache: Englisch
Religionen: Hindus 52%, Christen 30%, Muslime 13%, andere 5%
Staatsform: Republik
Währung: Mauritius-Rupie

MADAGASKAR

Hauptstadt: Antananarivo
Lage: 40°–50° östl. Länge, 12°–26° südl. Breite
Fläche: 587 041 km²
Einwohner: 14 800 000
Amtssprachen: Malagasy und Französisch
Religionen: Naturreligionen 50%, andere 50%
Staatsform: Republik
Währung: Madagaskar-Franc

SEYCHELLEN

Hauptstadt: Victoria
Lage: 46°–57° östl. Länge, 4°–11° südl. Breite
Fläche: 454 km²
Einwohner: 73 000
Amtssprache: Kreolisch
Religionen: Christen 98%, andere 2%
Staatsform: Präsidialrepublik
Währung: Seychellen-Rupie

INDISCHER OZEAN

Der drittgrößte Ozean der Erde bedeckt eine Fläche von etwa 74 Mio. km² und umfasst ungefähr 5 000 Inseln, von denen viele von Korallenriffen umgeben sind. Der Indische Ozean unterscheidet sich vom Atlantik und vom Pazifik dadurch, dass er keinen Ausläufer nach Norden besitzt. Zu seinem Bereich gehören das salzigste (Rotes Meer) und das wärmste Meer (Persischer Golf) der Erde. Er ist stark durch Wasserverschmutzung gefährdet, vor allem durch die Öltanker, die aus dem Persischen Golf kommen. Monsunregen und tropische Wirbelstürme können an seinen nördlichen Küsten zu verheerenden Überflutungen führen.

INSELPARADIESE
Zu den Inseln im Indischen Ozean gehören viele Korallenatolle, die jährlich Tausende von Touristen anziehen. Das bringt den dort lebenden Menschen zwar Geld, ihre natürliche Umwelt wird jedoch stark geschädigt. Bei Zerstörung der Korallenriffe durch Umweltgifte und Erosion sind die Atolle dem Meer schutzlos preisgegeben. Diese Maledivneninsel besitzt jedoch einen schützenden Damm.

KORALLENATOLLE
Korallenriffe werden in warmen Gewässern von Blumentieren oder Korallen, aufgebaut, kleinen Polypen, die mit den Seeanemonen verwandt sind. Sie brauchen warmes, klares und gut durchlüftetes Wasser und stützen ihren Körper durch ein Kalkskelett. Korallen wachsen immer nahe an der Wasseroberfläche. Dort, wo in Bruchzonen der Meeresboden absinkt, entstehen um Inseln herum große Riffe. Versinkt schließlich auch die Insel – meist ein untermeerischer Vulkan – unter der Wasseroberfläche, so wächst das Riff weiter und tritt als kreisförmiges Korallenriff hervor. Man nennt es dann Atoll (rechts). Die Wasserfläche, die das Atoll umschließt, bezeichnet man als Lagune.

Korallen leben im flachen Wasser, z. B. um Vulkaninseln.

Ein Korallenriff entsteht, wenn der Meeresboden absinkt.

Ist auch die Insel verschwunden, bleibt ein Korallenatoll.

Im australischen Hafen Fremantle werden Frachtgüter aus aller Welt umgeschlagen.

SCHIFFFAHRTSROUTEN
Täglich passieren auf ihrem Weg in den Indischen Ozean über 200 große Frachter das Kap der Guten Hoffnung an der Südspitze Afrikas. Häufig handelt es sich dabei um Öltanker aus dem Persischen Golf. Die wichtigste Schifffahrtsroute im östlichen Indischen Ozean ist die Straße von Malakka, über die Güter nach Ostasien transportiert werden.

MADAGASKAR
Die Insel Madagaskar vor der Ostküst Afrikas ist die viertgrößte Insel der Erde. Aufgrund ihrer isolierten Lage haben sich hier viele Tiere und Pflanzen entwickelt, die sonst nirgendwo vorkommen. Die meisten Bewohner leben von der Landwirtschaft und roden jedes Jahr ein kleines Stück Wald, um neuen Boden für den Acker bau zu gewinnen. Die wichtigsten Exportprodukte der Insel sind Kaffee, Vanille und Fisch. Auch Gewürznelke kommen aus Madagaskar. Die Insel verfügt zudem über Bodenschätze. Chrom und Graphit werden exportier

Das getrocknete Salz wird in Körbe gefüllt. Später tragen Arbeiter die schweren Körbe zu den Lastwagen, die das Salz abtransportieren.

SALZGEWINNUNG
Das Wasser der Ozeane ist salzhaltig, weil die Flüsse Mineralien ins Meer schwemmen, das sie aus Felsgestein ausgewaschen haben. An den Küsten des Indischen Ozeans (wie hier in Mauritius) gewinnt man Salz aus Meerwasser. Das Wasser wird in Becken geleitet und wenn das Wasser in der Sonne verdampft ist, bleibt festes Salz zurück.

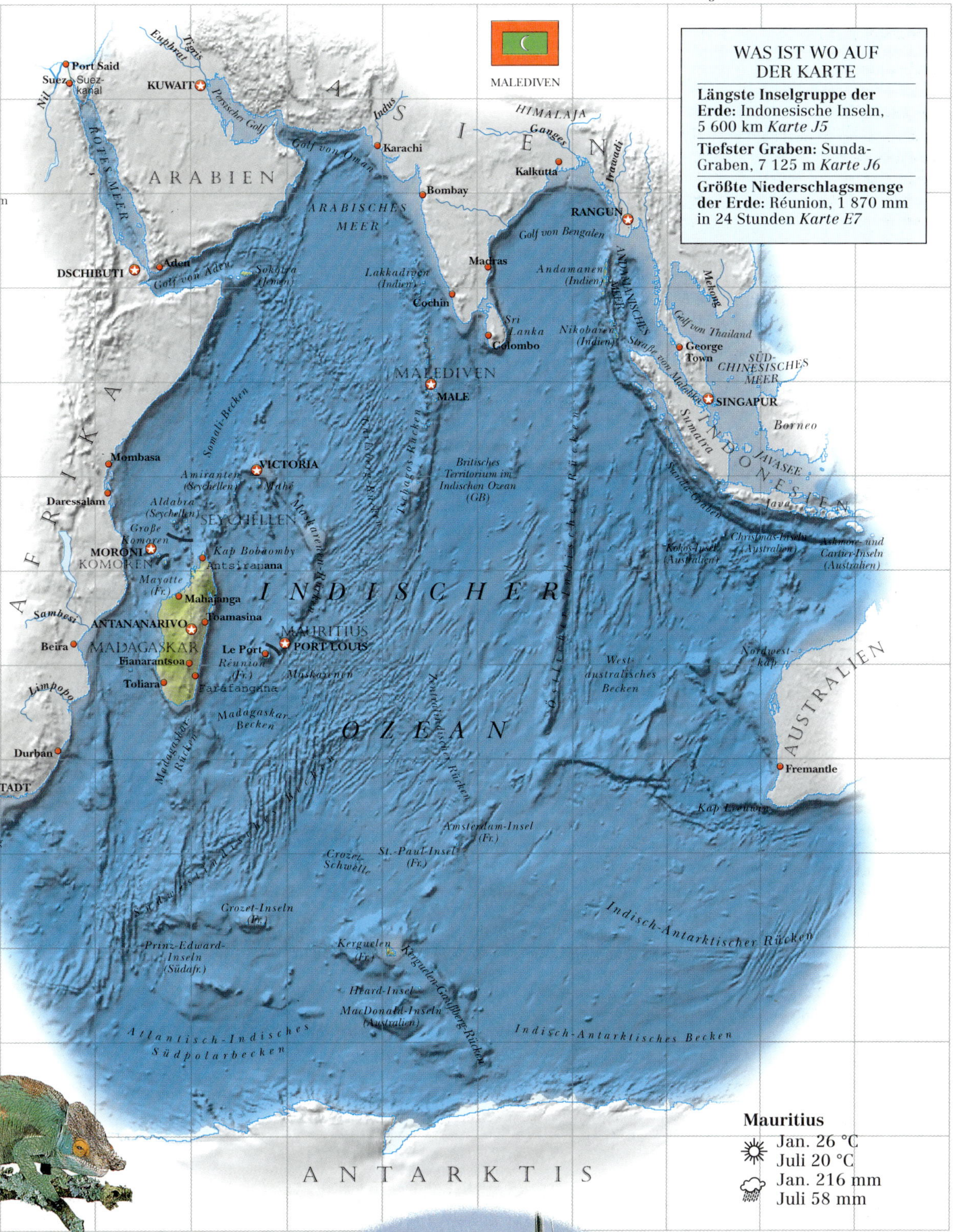

WAS IST WO AUF DER KARTE

Längste Inselgruppe der Erde: Indonesische Inseln, 5 600 km *Karte J5*

Tiefster Graben: Sunda-Graben, 7 125 m *Karte J6*

Größte Niederschlagsmenge der Erde: Réunion, 1 870 mm in 24 Stunden *Karte E7*

Malediven
Jan. 26 °C
Juli 27 °C
Jan. 46 mm
Juli 226 mm

Antananarivo, Madagaskar
Jan. 21 °C
Juli 14 °C
Jan. 300 mm
Juli 9 mm

Mauritius
Jan. 26 °C
Juli 20 °C
Jan. 216 mm
Juli 58 mm

Chamäleon

TIERWELT
Auf Madagaskar leben viele Chamäleons. Die Einheimischen fürchten sie, denn sie verkörpern ihrer Meinung nach menschliche Seelen, die noch keinen Frieden gefunden haben. Das Chamäleon verändert seine Farbe, wenn es Angst hat oder erregt ist.

FISCHEREI
Die Fischerei im großen Stil ist im Indischen Ozean nicht so stark ausgeprägt wie in Atlantik und Pazifik, da es nicht viele seichte Fischgründe gibt. Die Fische dienen zur Selbstversorgung der Fischer.

Diese Männer fischen auf traditionelle Art mit einem rechteckigen Netz, das mit Stangen ins Wasser getaucht wird.

Fischer auf den Malediven

Zum Weiterlesen
KORALLENRIFFE *47, 255, 258*
FISCHEREI *29, 76*
MONSUN *166*
SUEZKANAL *216*

AFRIKA

Afrika, der zweitgrößte Kontinent der Erde, ist ein Kontinent voller Gegensätze. Im Norden liegt die Sahara, die größte Wüste der Welt. Durch den mittleren Bereich Afrikas verläuft der Äquator; hier wird das Land von tropischen Regenwäldern bedeckt. Der Süden ist gekennzeichnet durch grasbewachsene Hochländer, die in schmale Küstenebenen übergehen. Zu den größten Gebirgen zählen das Atlasgebirge im Norden und das Ruwenzorimassiv zwischen Uganda und Zaire. Der höchste Berg Afrikas ist der Kilimandscharo, ein erloschener Vulkan in Tansania. Im Osten erstreckt sich von Nord nach Süd das Ostafrikanische Grabensystem. Das ist eine Bruchzone innerhalb der Erdkruste, deren Verlauf mehrere lang gestreckte Seen markieren. Durch Afrika strömen auch einige der längsten Flüsse der Erde wie der Nil, der Niger, der Kongo und der Sambesi.

WÜSTEN
In Afrika gibt es drei riesige Wüstengebiete. Die Sahara ist die größte Wüste der Welt und dehnt sich über den gesamten Nordteil des Kontinents aus. Vor einigen Jahrtausenden herrschte in der Sahara ein feuchteres Klima und es gab hier Antilopen, Elefanten und Strauße, wie die zahlreichen Felsbilder neusteinzeitlicher Jäger beweisen. Heute werden die feuchten, vom Meer kommenden Luftmassen von Winden abgeblockt, die von der Wüste aus in Richtung Meer wehen. Die Kalahari- und die Namibwüste bedecken weite Teile Südwestafrikas. Obwohl sich die Namib entlang der Küste erstreckt (oben), ist sie sehr karg und trocken.

DAS GROSSE GRABENSYSTEM
Ein eindrucksvolles Beispiel für Dehnungen in der Erdkruste liefert das große Grabensystem in Afrika. Diese Abfolge zahlreicher Grabenbrüche mit ihren tiefen Seen und erhabenen Vulkanen verläuft von Mosambik im Süden durch Ostafrika und das Rote Meer bis nach Syrien im Norden. Die Gräben sind meist 30–100 km breit; die Hänge an ihren Seiten ragen bis zu 2 000 m empor. Die Gräben entstanden einst durch Landabsenkungen zwischen zwei Verwerfungen der Erdkruste. In Ostafrika teilt sich das Grabensystem schließlich in zwei Hauptgräben auf.

Entstehung eines Grabens

Durch Bewegungen tief im Erdinnern kommt es zu Dehnungen im Gestein. Schließlich bricht die Erdoberfläche auf.

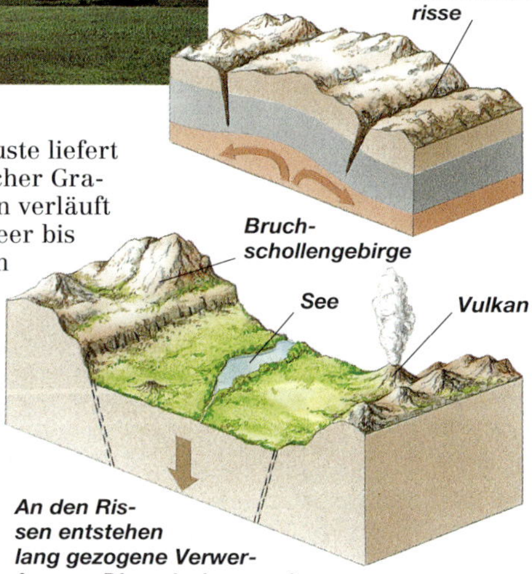

An den Rissen entstehen lang gezogene Verwerfungen. Die zwischen zwei Verwerfungen liegenden Bruchschollen sinken ab und ein Graben entsteht.

REGENWALD
Der zweitgrößte Regenwald der Erde (nach dem Amazonas) befindet sich im Herzen Afrikas. Er beheimatet unzählige Pflanzen- und Tierarten, wie z. B. die seltenen Okapis. Früher gab es hier auch mehrere umherziehende Pygmäenstämme; sie wohnen mittlerweile in festen Siedlungen. Heute leben nur noch die Bambuti im Regenwald Nordost-Zaires.

DER VICTORIASEE
Der größte See Afrikas und zugleich zweitgrößte Süßwassersee der Erde liegt am Äquator zwischen Kenia, Tansania und Uganda in 1 134 m Höhe. Er bedeckt eine Fläche von 69 484 km² und ist bis zu 82 m tief. Sein Abfluss ist der Victoria-Nil, der am nördlichen Ende des Sees entspringt. Im Westen erreicht ihn sein wichtigster Zufluss, der Kagera. Im Victoriasee liegen zahlreiche Inseln, die zusammen die beachtliche Fläche von rund 6 000 km² einnehmen. Der See ist sehr reich an Fischen. Sie stellen für die Bewohner des überwiegend dicht besiedelten Ufers eine wichtige Nahrungs- und Einnahmequelle dar.

Millionen von Flamingos nisten am Turkanasee und an anderen Seen im Ostafrikanischen Graben.

DIE DRAKENSBERGE
Der höchste Gebirgszug Südafrikas ist Teil des südafrikanischen Binnenhochlands. In der Sprache der Zulus heißt dieses Gebirge »Quathlamba«, was so viel bedeutet wie »Schutzwall aus spitzen Speeren«. Höchster Gipfel ist der Thabana Ntlenyana, der sich 3 482 m über den Meeresspiegel erhebt. Im Winter ist dieser Gipfel sogar von Schnee bedeckt.

Tiefste Temperatur:
Ilfrane, Marokko,
–24 °C

Höchste Temperatur:
Al'Aziziyah, Libyen,
58 °C

AFRIKA IN KÜRZE

Fläche: 30 131 536 km²

Höchste Erhebung: Kilimandscharo, Tansania, 5 895 m *Karte I9*

Längster Fluss: Nil, Ägypten/Sudan/Uganda, 6 738 km *Karte H3*

Größter See: Victoriasee, Tansania/Uganda/Kenia, 69 484 km² *Karte I8*

Größte Insel: Madagaskar, 587 040 km² *Karte K11*

DER NIGER
Der Niger ist der drittlängste Fluss Afrikas. Er entspringt in Guinea und strömt dann rund 4 180 km durch Westafrika, bis er in Nigeria das Meer erreicht. Das Wasser des Niger wird zur Bewässerung sowie zur Stromerzeugung genutzt. Als Transportweg ist der Niger wegen seiner vielen Stromschnellen und Wasserfälle nur streckenweise geeignet.

Löwen durchstreifen das afrikanische Grasland, das man als Savanne bezeichnet.

DIE TIERWELT
In Afrika gibt es viele Tierarten. Riesige Gnu- und Zebraherden durchstreifen die Savannen, gejagt von Löwen und Geparden. Hier leben auch Elefanten, Strauße und Giraffen. In Flüssen und Sümpfen suhlen sich Nilpferde. Schimpansen und Gorillas sind in den Regenwäldern beheimatet.

BEVÖLKERUNG AFRIKAS

Einwohner: rund 690 000 000

Anzahl der Länder: 53

In Afrika leben etwa 690 Mio. Menschen – das entspricht einem Achtel der Weltbevölkerung. Am dichtesten besiedelt sind die Nord- und Westküste und hier vor allem die fruchtbaren Täler der großen Flüsse Nil, Niger, Kongo und Senegal. Die Bevölkerung Afrikas wächst enorm schnell, in vielen Ländern sind die Geburtenraten extrem hoch und die Familien sehr groß. Fast die Hälfte der Bevölkerung ist jünger als 15 Jahre. Damit hat Afrika weltweit den höchsten Anteil junger Menschen an der Gesamtbevölkerung. Allerdings werden statistisch gesehen nur drei von 100 älter als 65 Jahre. Die meisten Afrikaner leben noch in Dörfern. Es zieht jedoch immer mehr Menschen in die städtischen Siedlungen, da es in den ländlichen Gebieten immer weniger Arbeit gibt. Viele Menschen fliehen auch vor Bürgerkriegen, Dürreperioden und Hungersnöten.

Richard Leakey entdeckte im Ostafrikanischen Graben einige der ältesten Schädelreste von Hominiden.

DIE ERSTEN MENSCHEN

Die Menschheitsgeschichte scheint in Afrika begonnen zu haben. Im Ostafrikanischen Graben zwischen Tansania und Äthiopien fand man etwa 2 Mio. Jahre alte Skelette von Menschen, die bereits aufrecht gehen konnten. Daher betrachten Archäologen heute dieses Gebiet als Wiege der Menschheit. Von hier aus zogen die ersten Hominiden (Menschenartigen) der Gattung Homo erectus in die übrigen Teile des Kontinents und immer rascher auch in weiter entfernte Gebiete.

Anteil der Bevölkerung unter 15 Jahren

JUNGE BEVÖLKERUNG

Das Bevölkerungswachstum in Afrika schreitet immer rascher voran. Infolge der verbesserten medizinischen Versorgung sinkt die Sterblichkeitsrate, die Geburtenrate bleibt jedoch sehr hoch. In Burundi und Kenia bringen die Frauen im Durchschnitt mehr als sechs Kinder zur Welt. Kinder müssen hier oft mit für die Familie sorgen, v. a. in ländlichen Regionen. Dort verrichten sie harte Feldarbeit.

STÄDTE UND DÖRFER

Die meisten Afrikaner leben noch als Bauern oder Hirten auf dem Land. Allerdings nimmt die Bevölkerung der Städte ständig zu: Heute wohnt bereits jeder fünfte Afrikaner in einer Stadt. Die meisten Städte gibt es in Nordafrika; Kairo, die Hauptstadt Ägyptens, ist mit fast 7 Mio. Einwohnern gleichzeitig die größte Stadt des Kontinents. Auch Addis Abeba in Äthiopien, Kinshasa in Zaire sowie Johannesburg und Kapstadt in Südafrika sind Millionenstädte und platzen aus allen Nähten. In den Elendsvierteln, die an den Stadträndern entstehen, hausen die Ärmsten der Armen.

Höchste Stadtbevölkerung	
Libyen	86%
Dschibuti	83%
Tunesien	57%
Algerien	56%
Südafrika	51%

Niedrigste Stadtbevölkerung	
Burkina Faso	27%
Lesotho	22%
Guinea-Bissau	22%
Niger	17%
Äthiopien	13%

In Johannesburg (oben) hoffen Wanderarbeiter auf Beschäftigung in den Gold- und Diamantminen.

DIE MENSCHEN

Die riesige Sahara trennt die europiden Völker Nordafrikas – vorwiegend Berber und Araber wie diese beiden Tunesier (rechts) – von den zentral- und südafrikanischen Volksgruppen, die größtenteils zu den negriden Völkern gehören. Nordafrika ist vorherrschend islamisch, im zentralen und südlichen Teil Afrikas sind dagegen Stammes- und Naturreligionen sowie auch das Christentum verbreitet. In Südafrika leben viele der etwa 5 Mio. Menschen europäischer Abstammung. Dort und an der Ostküste wohnen außerdem viele Inder.

Feierlichkeiten zum 25. Jahrestag der Unabhängigkeit in Nairobi, Kenia

UNABHÄNGIGKEIT

Noch Anfang des 20. Jh. wurden die meisten afrikanischen Länder von europäischen Mächten wie Großbritannien, Frankreich, Deutschland und Belgien beherrscht. Seit den 60er Jahren sind zwar fast alle Länder unabhängig, doch sind die Beziehungen zu den früheren Kolonialherren oft noch sehr eng.

Erdnüsse gehören zu den wichtigsten Ausfuhrgütern Afrikas.

WIRTSCHAFTLICHE PROBLEME

Die Wirtschaft der meisten afrikanischen Länder ist auf den Export von Rohstoffen angewiesen. Dazu gehören vor allem Kaffee, Kakao und Erdöl. In den letzten Jahren sind auf dem Weltmarkt die Preise für diese Produkte gefallen – demgegenüber haben sich die Kosten für die Einfuhr von Maschinen und anderen Industriegütern stark erhöht. Das bedeutet, dass die afrikanischen Staaten durch den Verkauf ihrer Exportprodukte oft weniger einnehmen, als sie für Importgüter ausgeben müssen. Sie nehmen Kredite auf und verschulden sich. Diese Tatsache, dazu das hohe Bevölkerungswachstum und die Auswirkungen von Kriegen und Dürreperioden, macht vielen Ländern Afrikas wirtschaftlich schwer zu schaffen.

VÖLKER UND LÄNDER AFRIKAS

In den 53 Staaten Afrikas leben über 600 Volksgruppen. Viele der heutigen Landesgrenzen wurden Ende des 19. Jh. von den damaligen Kolonialmächten festgelegt. Manche Grenzen verlaufen entlang von Flüssen und Gebirgen, andere wurden willkürlich über die Landkarte gezogen. So kommt es, dass heute einige afrikanische Volksstämme auf zwei Staaten verteilt sind. Das Volk der Ewe z. B. lebt heute sowohl auf dem Staatsgebiet von Ghana als auch in Togo. Nachdem die afrikanischen Staaten ihre Unabhängigkeit erlangt hatten, brachen viele alte Stammesfehden wieder auf. Die unterschiedlichen Volksgruppen innerhalb eines Landes zu einigen erwies sich als schwierig und behinderte die Entwicklung der Staaten.

Das braun markierte Gebiet auf dieser Karte ist die Heimat des Nomadenstammes der Fulani. Das Gebiet verteilt sich auf viele Staaten.

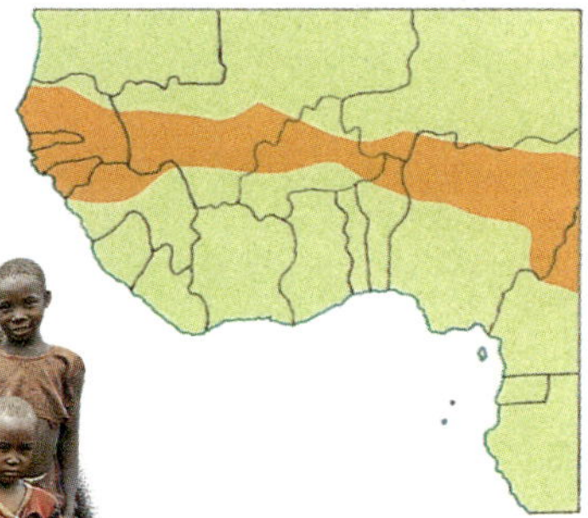

Diese Flüchtlinge in einem Camp in Ruanda gehören zum Stamm der Hutu aus dem Nachbarland Burundi. Der Krieg zwischen den verfeindeten Tutsi und Hutu hat bereits Tausende von Menschen gezwungen, Hab und Gut aufzugeben.

Anteile der Kontinente an den weltweiten Flüchtlingsbewegungen 1995

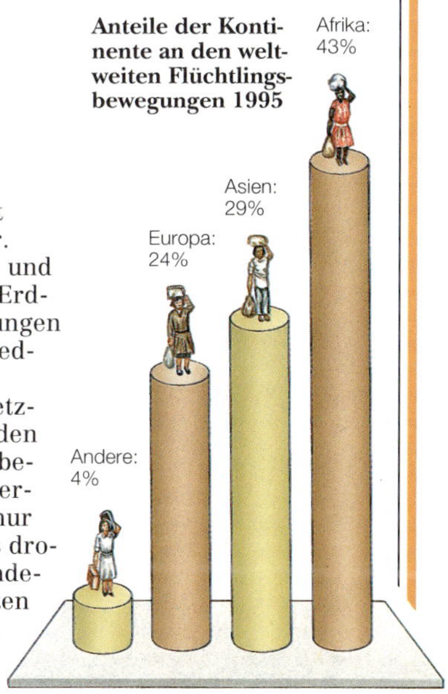

FLÜCHTLINGSELEND

Von allen Menschen, die ihre Heimat verlassen haben, sind 40% Afrikaner. Kriege, Dürreperioden, Hungersnöte und Armut zwingen auf dem Schwarzen Erdteil Millionen zur Flucht. Die Schätzungen der Flüchtlingszahlen sind unterschiedlich, doch geht man heute von etwa 7 Mio. aus. Betroffen waren in den letzten Jahren vor allem Menschen aus den Bürgerkriegsregionen in Burundi, Liberia, Ruanda und Somalia. Für die überwiegende Mehrheit zieht die Flucht nur weiteres Elend nach sich. Unterwegs drohen Hunger und Krankheit und in anderen Ländern sind die Flüchtlinge selten willkommen. Zusammengepfercht in großen Camps überleben sie oft nur mit ausländischer Hilfe.

NORDWESTAFRIKA

Die vier geschichtsträchtigen Länder Marokko, Algerien, Tunesien und Libyen liegen im nordwestlichen Teil Afrikas. Diese Region heißt auf Arabisch »Maghreb« und bildet den äußersten Westen der islamischen Welt. Die meisten Einwohner sind arabischsprachige Muslime, deren Vorfahren ab dem 7. Jh. aus dem Nahen Osten nach Nordafrika eingewandert waren. Zwischen 1530 und 1830 gehörten diese Gebiete – bis auf Marokko – zum Osmanischen Reich. Anschließend standen sie unter der Kolonialherrschaft Frankreichs, Italiens oder Spaniens, bis sie Mitte des 20. Jh. in die Unabhängigkeit entlassen wurden. Wirtschaftlich gesehen gilt Libyen dank seiner reichen Erdöl- und Erdgasvorkommen als reichstes dieser Entwicklungsländer.

ENTLANG DER KÜSTE
Die große Mehrheit der 114 Mio. Nordwestafrikaner besiedelt die schmale Küstenebene zwischen dem Mittelmeer und dem Atlantischen Ozean. Wegen der milden, regnerischen Winter und der trockenheißen Sommer ist die Küste für die Landwirtschaft weit besser geeignet als das trockene Landesinnere. Angebaut werden Zitrusfrüchte, Datteln, Oliven, Tomaten und Blumen.

BEVÖLKERUNGSWACHSTUM
Das größte Problem Nordwestafrikas ist sein rapides Bevölkerungswachstum. Allein in Algerien und Marokko stieg die Zahl der Bewohner zwischen 1966 und 1990 von je 12 Mio. auf 25 Mio. an. Auf der Suche nach Arbeit wandern Scharen von Menschen vom Land in die Städte ab. Dies führt zu einer akuten Wohnungsnot in den Stadtzentren, verbunden mit unzureichender Wasserversorgung, schlechten hygienischen Verhältnissen und zunehmender Arbeitslosigkeit. Die Zahl der Elendsviertel, die sich vor allem an den Stadträndern entwickeln, steigt zusehends.

Diese Moschee mit ihren hohen Minaretten zeigt den arabischen Einfluss auf Religion und Architektur Nordwestafrikas.

ARABISCHE EINFLÜSSE
Die Araber, die zwischen dem 7. und 11. Jh. eindrangen, haben Kunst und Kultur Nordwestafrikas nachhaltig beeinflusst. Sie waren den einheimischen Berbern zahlenmäßig schon bald überlegen und brachten eine neue Religion, den Islam, und eine neue Sprache, das Arabische, mit. Trotz europäischer Kolonialherren sind die nordwestafrikanischen Länder bis heute stark von der arabischen Sprache, Religion und Bauweise geprägt.

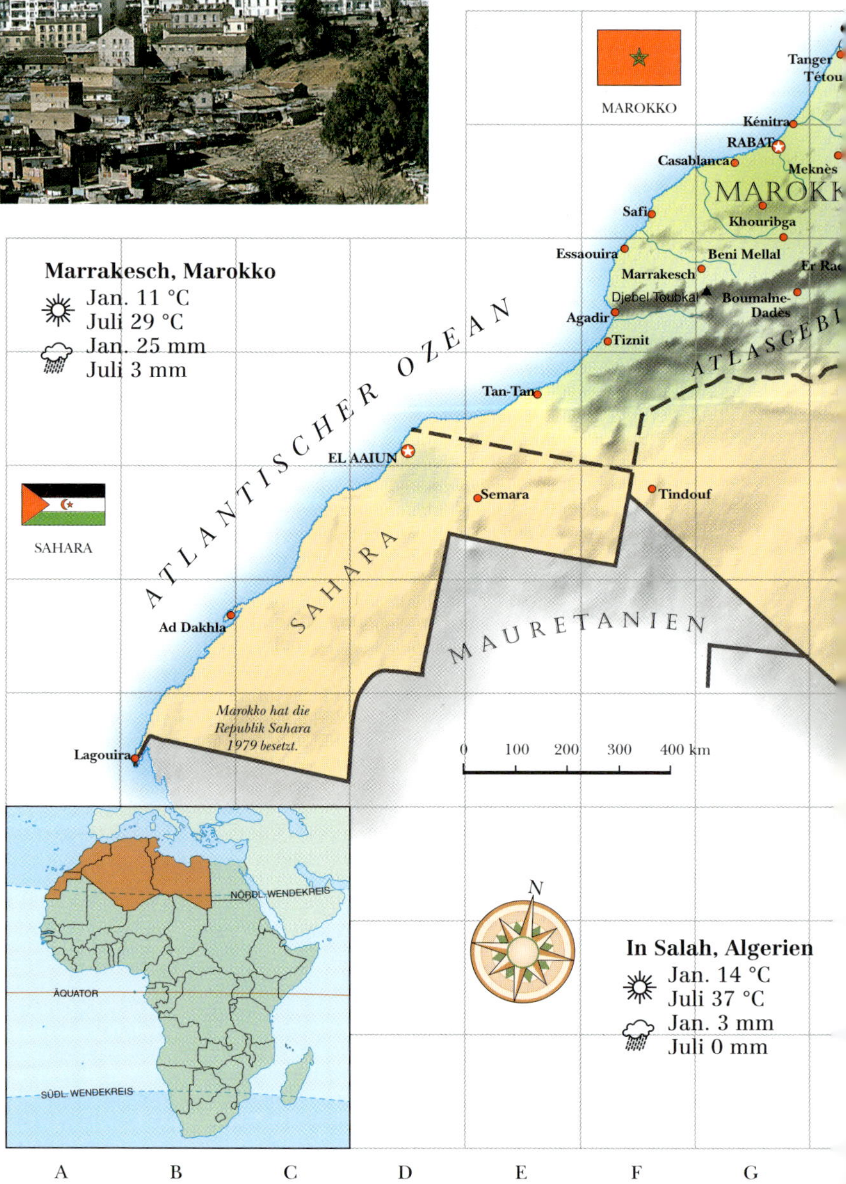

Das einhöckrige Dromedar ist das traditionelle Fortbewegungsmittel der Tuareg. Mittlerweile aber trifft man immer häufiger auf Motorräder und Autos mit Vierradantrieb.

DIE SAHARA

Der größte Teil Nordwestafrikas ist von glühend heißem Sand und Steinen bedeckt. Hier liegt die Sahara, die größte Wüste der Erde. Durch Überweidung und ungeeigneten Anbau verwandeln sich ihre Randzonen allmählich ebenfalls in vegetationsarme Wüste. Tagsüber können in der Sahara Temperaturen von bis zu 50 °C herrschen, die Nächte sind sehr kalt und oft fällt jahrelang kein Regentropfen. Dennoch sind hier einige besonders gut an Klima und Umgebung angepasste Tier- und Pflanzenarten heimisch.

Mit seinen großen Segelohren hört der Wüstenfuchs, Fennek, frühzeitig noch weit entfernte Beutetiere.

WÜSTENVÖLKER

Nur wenige Völker haben gelernt in der lebensfeindlichen Sahara zu überleben. Die Tuareg sind Kamelnomaden, die am Tag bis zu 50 km zurücklegen, um Salz aus der Wüste auf Märkten südlich der Sahara zu verkaufen. Ihr traditionelles »Transportmittel« ist das Kamel, das ihnen außerdem Milch, Fleisch, Felle und Leder liefert. Viele Tuareg sind sesshaft geworden.

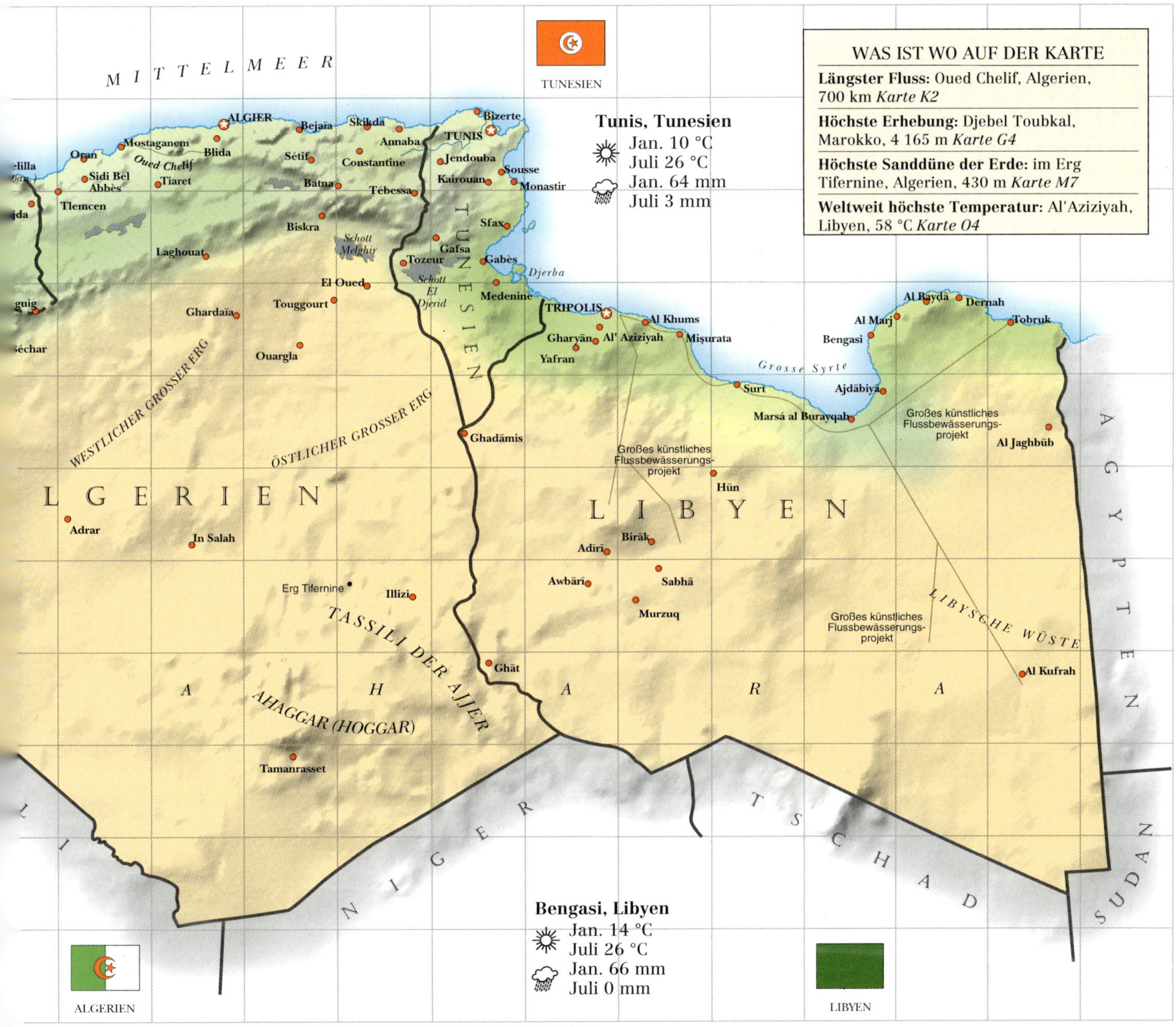

Tunis, Tunesien
Jan. 10 °C
Juli 26 °C
Jan. 64 mm
Juli 3 mm

WAS IST WO AUF DER KARTE

Längster Fluss: Oued Chelif, Algerien, 700 km *Karte K2*

Höchste Erhebung: Djebel Toubkal, Marokko, 4 165 m *Karte G4*

Höchste Sanddüne der Erde: im Erg Tifernine, Algerien, 430 m *Karte M7*

Weltweit höchste Temperatur: Al'Aziziyah, Libyen, 58 °C *Karte O4*

Bengasi, Libyen
Jan. 14 °C
Juli 26 °C
Jan. 66 mm
Juli 0 mm

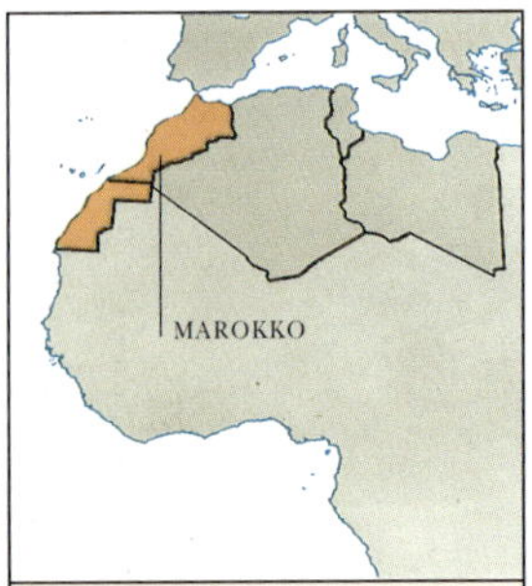

MAROKKO	
Hauptstadt: Rabat	
Lage: 1°–6° westl. Länge, 23°–36° nördl. Breite	
Fläche: 698 670 km²*	
Einwohner: 27 000 000	
Amtssprache: Arabisch	
Religionen: Muslime 99%, andere 1%	
Staatsform: Konstitutionelle Monarchie	
Währung: Marokkanischer Dirham	
Analphabetenrate/ Erwachsene: 48%	
Lebenserwartung: 63 Jahre	
Einwohner pro Arzt: 4 415	

* inkl. Westsahara

MAROKKO

Das angenehme Klima, die feinen Sandstrände und die atemberaubenden Gebirgszüge Marokkos machen dieses Land zu einem beliebten Reiseziel auch im Herbst und Winter. Für die Wirtschaft Marokkos ist daher neben Phosphatabbau und Landwirtschaft der Tourismus von großer Bedeutung. 44 Jahre lang stand das Land unter französischem Protektorat. Seit der Unabhängigkeit 1956 gehört es zu den wenigen afrikanischen Ländern, die von einem König regiert werden. König Hassan II., der seit 1961 regiert, erwies sich als starkes und diplomatisches Staatsoberhaupt. Seine Hauptprobleme heute sind der teure, seit 1976 dauernde Kampf um die annektierte Westsahara, die hohe Jugendarbeitslosigkeit und der ständig stärker werdende Einfluss islamischer Fundamentalisten.

Eine Berberhochzeit

DIE BERBER

Als ab dem 8. Jh. die Araber in Marokko einfielen, zogen sich die hier ansässigen Berber in Dörfer hoch oben im Atlasgebirge zurück. Nahezu alle Berberstämme traten zum Islam über, blieben aber ihrer eigenen Kultur und Lebensweise weiterhin treu. Sie nennen sich selbst Imaziren, »freie, edle Männer«. Etwa ein Drittel der Marokkaner spricht einen der 150 Berberdialekte; die meisten können sich aber auch auf Arabisch und Französisch verständigen.

Teppiche und Schmiedearbeiten werden von den Einheimischen gefertigt.

EINE ISLAMISCHE STADT

Fes, im Jahr 808 gegründet, ist ein gutes Beispiel für eine traditionelle, vom Islam geprägte Stadt in Marokko. In jedem Stadtteil gibt es mindestens eine Moschee, eine Koranschule und einen öffentlichen Brunnen. Die Straßen der Altstadt sind eng und schattig, aber breit genug, um von zwei voll bepackten Eseln passiert werden zu können. Zum Schutz der Privatsphäre haben die Häuser zur Straße hin nur kleine, hoch gelegene Fenster. Mitten im Stadtzentrum befindet sich die bedeutendste Moschee; sie ist umgeben von Suks.

Aus der Ferne wirken die verwinkelten Straßen der Altstadt von Fes verwirrend und unübersichtlich.

KUNST UND HANDWERK

Jährlich zieht es rund 3 Mio. Touristen nach Marokko, die sich in Agadir entspannen oder historische Städte wie Fes und Marrakesch durchstreifen. Die Märkte (Suks) sind Fundgruben für traditionelle Handarbeiten und Kunsthandwerk wie marokkanische Lederwaren, Silberschmuck und Teppiche.

Anhänger der Polisario in der Westsahara

WESTSAHARA

In dieser Wüstenregion südlich von Marokko leben etwa 200 000 Menschen. Marokko hält die ehemalige spanische Kolonie seit 1975 gewaltsam mit Truppen des Militärs besetzt. Das Gebiet ist für Marokko deshalb so interessant, weil es hier riesige Phosphatvorkommen gibt. Ihre Erschließung bringt dem Land wichtige Devisen. Gegen die Kontrolle der Westsahara durch die Marokkaner und für die Unabhängigkeit der Region kämpft seit der Besetzung die Polisario, eine Volksfront aus Wüstenstämmen.

Phosphatwerk in Südmarokko. Aus Phosphaten werden Chemieprodukte und Düngemittel hergestellt.

WIRTSCHAFT

Die Haupterwerbszweige der marokkanischen Wirtschaft sind der Tourismus, der Phosphatabbau und die Landwirtschaft. Agrargüter wie Getreide, Gemüse und Datteln stellen etwa ein Drittel des Gesamtexports. Bewässerungssysteme versorgen Trockengebiete über Rohrnetze mit Wasser und ermöglichen so landwirtschaftliche Nutzung. Marokko ist der weltweit drittgrößte Phosphaterzeuger.

Zum Weiterlesen

TEPPICHKNÜPFEN *144, 155, 165*
BEWÄSSERUNG *155, 156, 217*
ISLAM *275*
MONARCHIE *270–271*

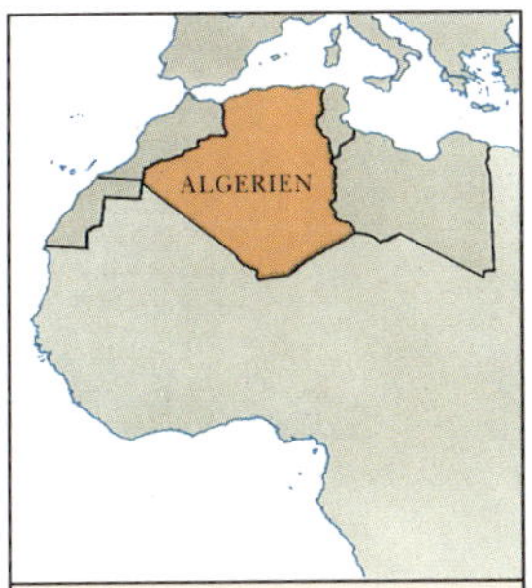

ALGERIEN
Hauptstadt: Algier
Lage: 9° westl.–12° östl. Länge, 19°–37° nördl. Breite
Fläche: 2 381 741 km²
Einwohner: 27 325 000
Amtssprache: Arabisch
Religionen: Muslime 99,5%, andere 0,5%
Staatsform: Republik, seit 1992 de facto Militärregierung
Währung: Algerischer Dinar
Analphabetenrate/ Erwachsene: 38%
Lebenserwartung: 67 Jahre
Einwohner pro Arzt: 1 062

ALGERIEN

Der zweitgrößte Staat Afrikas erstreckt sich von der Mittelmeerküste südwärts in die Wüste Sahara hinein. Acht Jahre lang führte das Land einen erbitterten Kampf gegen Frankreich, der die beiden Seiten zusammen 1 Mio. Menschenleben kostete. 1962 musste Frankreich Algerien schließlich die volle Unabhängigkeit gewähren. Während der mehr als 140 Jahre andauernden Kolonialherrschaft siedelten sich Zehntausende von Europäern, vor allem Franzosen, in Algerien an. Nach der Unabhängigkeit verließen die meisten das Land. Als Mitglied der Vereinten Nationen und der Arabischen Liga spielt Algerien in der Weltpolitik eine wichtige Rolle. Die Militärregierung, die seit 1992 das Land vertritt, sieht sich heute einer rasch wachsenden Zahl islamischer Fundamentalisten gegenüber, die gewaltsam einen islamischen Staat schaffen wollen.

ALGIER
Die Hauptstadt Algeriens ist größte Stadt, Kultur- und Wirtschaftszentrum sowie wichtigster Hafen des Landes. Algier wurde im 10. Jh. von Arabern gegründet, 1518 von den Türken erobert und 1830 von Frankreich besetzt. Die Architektur im modernen Teil der Stadt ist von französischem Einfluss geprägt. Die Altstadt mit ihren engen Gassen liegt an den Hängen des Atlas.

Mit Palmenblättern werden Häuser gedeckt.

Auf diesem Markt in Ghardaia werden einheimische Feldfrüchte angeboten.

Datteln sind vielseitig verwendbar.

Der Stamm dient als Bauholz.

Dattelpalmen werden in grundwasserreichen Oasen angebaut.

VÖLKERGEMISCH
In Algerien leben etwa 27 Mio. Menschen. Die Mehrheit der Bevölkerung ist arabischen Ursprungs, knapp ein Drittel stammt von den Berbern ab. Von etwa 1 Mio. Europäer, die sich während der Kolonialzeit in Algerien angesiedelt hatten, leben nur noch rund 50 000 hier, vor allem Franzosen, Spanier und Italiener.

Algerische Exporte 1991

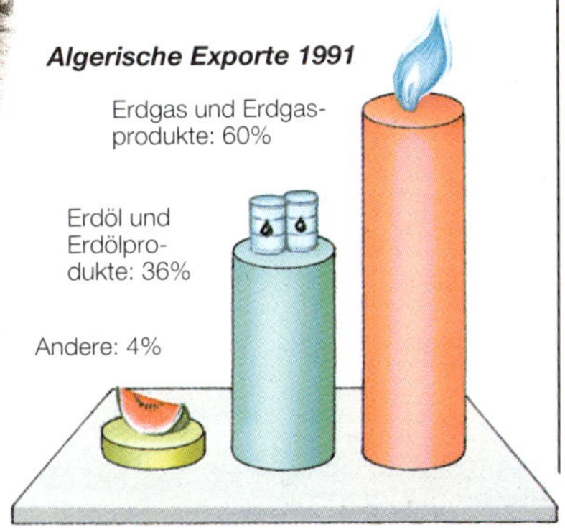

WIRTSCHAFT
Die Wirtschaft Algeriens hängt in hohem Maße von den Erdöl- und Erdgasvorkommen ab. In der Sahara liegen ausgedehnte Lagerstätten. Die Erdölerzeugung wurde 1958 begonnen und hatte 1979 bereits einen Umfang von 1,2 Mio. Barrel pro Tag erreicht. Trotz der sinkenden Ölpreise auf dem Weltmarkt in den 80er und 90er Jahren und dem Rückgang der Erdölerzeugung hat sich der Erdgasabbau seitdem verstärkt. Algerien versorgt vor allem Spanien und Frankreich mit Gas.

LANDWIRTSCHAFT
Da Algerien zu 90% aus Wüste besteht und daher nicht genug Agrarprodukte anbauen kann, muss das Land etwa drei Viertel seines Nahrungsmittelbedarfs importieren. Andererseits lebt etwa die Hälfte der Einwohner vom Feldbau. Die wichtigsten Anbauprodukte sind Getreide, Zitrusfrüchte, Trauben, Oliven, Tabak, Feigen und Datteln. Algerien gilt als einer der weltweit führenden Erzeuger von Datteln und Kork, der aus der Rinde von Korkeichen gewonnen wird. Datteln kann man frisch oder getrocknet essen oder zu Mehl verarbeiten. Aus gerösteten und anschließend gemahlenen Dattelkernen wird Dattelkaffee hergestellt.

TERRORISTENANSCHLÄGE
Die islamischen Fundamentalisten – hier Anhänger der Islamischen Heilsfront (FIS) – kämpfen seit 1992 gegen die algerische Militärregierung. In den letzten Jahren haben die Gewaltakte der Terroristen allein in Algerien mehr als 50 000 Menschen das Leben gekostet.

Zum Weiterlesen
KOLONIALZEIT *207*
ISLAM *275*
ERDÖL UND ERDGAS *137, 152, 163, 211*
SAHARA *204, 209*

TUNESIEN

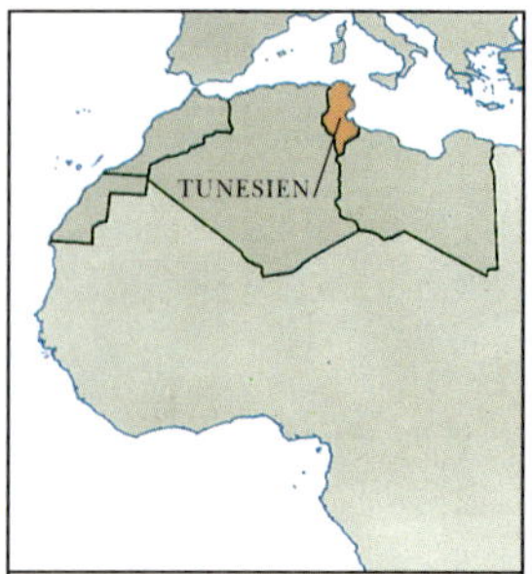

TUNESIEN
Hauptstadt: Tunis
Lage: 8°–12° östl. Länge, 30°–37° nördl. Breite
Fläche: 163 610 km²
Einwohner: 8 600 000
Amtssprache: Arabisch
Religionen: Muslime 99%, Christen 0,5%, andere 0,5%
Staatsform: Präsidialrepublik
Währung: Tunesischer Dinar
Analphabetenrate/ Erwachsene: 32%
Lebenserwartung: 67 Jahre
Einwohner pro Arzt: 1 870

Das kleine Land in Nordwestafrika grenzt im Süden an Libyen und im Westen an Algerien. Im Lauf seiner Geschichte war Tunesien immer eng mit Europa verbunden. Im 4. Jh. v. Chr. saß hier die See- und Handelsmacht Karthago, etwa 300 Jahre später wurde das Gebiet Teil des mächtigen Römischen Reichs. Im 7. Jh. n. Chr. begannen muslimische Araber das Land zu erobern. Anfang 1880 schließlich geriet Tunesien unter französische Kolonialherrschaft. 1965 erlangte das Land seine Unabhängigkeit.

Aus kräftig eingefärbter Wolle werden Teppiche geknüpft.

TUNESISCHE KÜCHE

Arabische, türkische und französische Speisen beeinflussten die tunesische Küche. Das Nationalgericht Kuskus besteht aus Hartweizengrieß, Fleisch und Gemüse. Ebenfalls sehr beliebt sind Tajines – scharf gewürzte Eintopfgerichte, die in Lehmtöpfen zubereitet werden. Zum Nachtisch werden gern Früchte, mit Mandelpaste gefüllte Datteln oder Baklava, ein süßes Nuss-Honig-Gebäck, serviert. Als landestypische Getränke gelten starker schwarzer Kaffee und Pfefferminztee. Abends treffen sich die tunesischen Männer oft zum Plaudern oder Kartenspielen mit Freunden im Kaffeehaus.

Gedämpfter Kuskus mit Huhn und Würstchen

Pfefferminztee wird stark und zuckersüß zubereitet.

INDUSTRIE

Bis zum Zusammenbruch der Ölpreise in den 80er Jahren waren Erdöl und Erdgas Tunesiens bedeutendste Einnahmequellen. Heute sind Industrieprodukte, Textilien und Agrarerzeugnisse die wichtigsten Exportartikel. Aufgrund der nachlassenden Phosphatqualität und abnehmender Erdölreserven stagniert der Bergbau. Die meisten Industriebetriebe des Landes sind in der Hauptstadt Tunis und in deren Randgebieten angesiedelt.

Billigflüge und die Sehnsucht nach Sonne und Exotik machen Tunesien zu einem beliebten Reiseziel für Europäer.

TOURISMUS

Die heißen Temperaturen im Frühjahr und Sommer sowie die vielen historischen Stätten locken jedes Jahr fast 4 Mio. Urlauber nach Tunesien. In den 80er Jahren überholte der Fremdenverkehr als größter Devisenbringer sogar das Erdöl. Allerdings müssen viele Hotels, vor allem am Meer, im Winter schließen. Daher versucht der Staat, Expeditionen in die Wüste durch den Bau neuer Hotels und die Erschließung von weiteren Ferienorten zu fördern. Etwa 240 000 Tunesier leben vom Tourismus. Ein Einbruch in der Tourismusbranche hätte katastrophale Folgen für das Land und seine Bevölkerung.

KUNST UND HANDWERK

Das pulsierendste Leben in einer tunesischen Stadt findet in den Suks, den Märkten, statt. Ein Suk besteht aus einem verwinkelten Netz von Straßen, in denen die Händler dicht an dicht ihre Waren feilbieten. Hier findet man Haushaltsgegenstände, Teppiche, Lederwaren, Schmuck und vieles mehr. An anderen Ständen werden Fleisch, Früchte und Gemüse verkauft.

Weintrauben werden auf dem lockeren Boden und unter der heißen Sonne Tunesiens besonders schmackhaft.

Orangen und Limonen wachsen an der Küste.

Datteln erntet man ab Oktober in den Wüstenoasen im Süden.

LANDWIRTSCHAFT

Nur etwa die Hälfte der Landesfläche ist landwirtschaftlich nutzbar. Viele Regionen leiden unter Regenmangel und müssen künstlich bewässert werden. In Tunesien werden Getreide, Zitrusfrüchte, Trauben, Feigen, Datteln und Oliven angebaut. Das Land ist weltweit der viertgrößte Erzeuger von Olivenöl. Seit 1987 sind 15 große Bewässerungsprojekte geplant bzw. schon im Bau.

Zum Weiterlesen
ERDÖL UND ERDGAS *137, 152, 163, 211*
OLIVEN *130*
POLITISCHE SYSTEME *270–271*

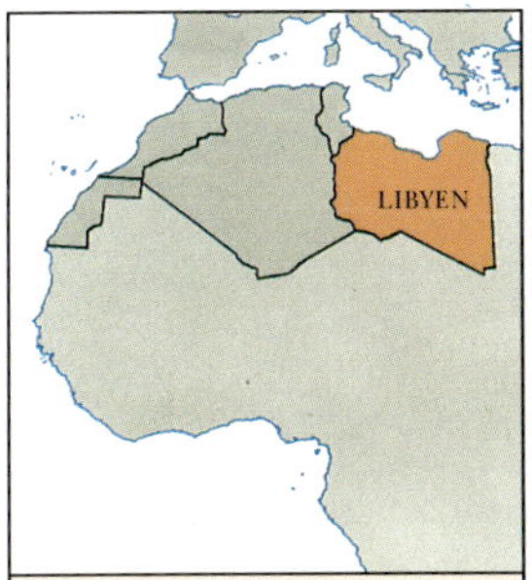

LIBYEN

- **Hauptstadt:** Tripolis
- **Lage:** 10°–25° östl. Länge, 20°–33° nördl. Breite
- **Fläche:** 1 759 540 km²
- **Einwohner:** 5 500 000
- **Amtssprache:** Arabisch
- **Religionen:** Muslime 97%, andere 3%
- **Staatsform:** Volksrepublik auf islamischer Grundlage
- **Währung:** Libyscher Dinar
- **Analphabetenrate/ Erwachsene:** 34%
- **Lebenserwartung:** 62 Jahre
- **Einwohner pro Arzt:** 690

LIBYEN

Zwischen Ägypten und Algerien liegt an der Mittelmeerküste Libyen, das viertgrößte Land Afrikas. Libyen gehörte früher einmal zum Römischen, Byzantinischen, arabischen und Osmanischen Reich. Von 1911 bis 1943 war es eine italienische Kolonie. Etwa 90% der Landesfläche sind von der Wüste Sahara bedeckt, sodass nur der Küstenstreifen landwirtschaftlich nutzbar ist. Hier leben viele Menschen als Schaf- und Ziegenhirten. Als man 1959 Ölvorkommen entdeckte und diese erschloss, wurde Libyen innerhalb weniger Jahre zu einem reichen Land. Seither zogen viele Arbeit suchende Menschen aus den ländlichen Regionen in die Städte und zu den Standorten der Erdölindustrie.

FAMILIENGRUPPEN
Die meisten Libyer sind Araber, nur im Süden leben vereinzelt Berber und Tuareg. Fast alle Libyer sind Muslime und bilden Sippen oder Familienclans. Clans pflegen Verbindungen untereinander und verfügen über großen politischen Einfluss. Viele Minister in der Regierung des Staatschefs Gaddafi sind Mitglieder seines Clans.

ERDÖL UND ERDGAS
Die Öl- und Gasförderung ist die Hauptstütze der libyschen Wirtschaft – fast 100% des Exports stellt das Erdöl. Vor Entdeckung der Erdölquellen waren die Hauptausfuhrgüter des Landes Binsenwaren und Schrott von Wracks, die aus der Zeit des Weltkriegs stammten. Die reichsten Ölvorkommen befinden sich in Westlibyen; auf insgesamt über 40 Erdölfeldern wird das schwarze Gold gefördert. Mit der Ölindustrie wuchsen auch die Städte, die nun mehr Wohnungen, Arbeitsplätze und einen besseren hygienischen Standard bieten als je zuvor. Früher lebten die meisten Einwohner Libyens als Bauern oder Nomaden auf dem Land, heute sind 86% in den Städten ansässig.

OBERST GADDAFI
Seit 1969 wird Libyen vom »Revolutionsführer« Muammar al-Gaddafi regiert. Er stürzte den König, setzte sich als Regierungschef und Staatsoberhaupt ein und regiert seither mit Hilfe des Militärs. Da seit 1952 alle politischen Parteien verboten sind, gibt es im Land keinen offiziellen Widerstand gegen Gaddafis Regime. Die Tatsache, dass Oberst Gaddafi terroristische Organisationen unterstützte, führte zu Konflikten mit westlichen Regierungen.

OASENSTADT
In der weiten, ausgedörrten Wüste sind rings um die wenigen Oasen herum Dörfer und kleine Städte entstanden. In einer Oase gelangt Grundwasser in die oberen Bodenschichten. Künstliche Bewässerung von Wasserstellen aus ermöglicht den Anbau von Feldfrüchten. Vom Ackerbau allein können die Menschen hier jedoch nicht leben. Viele halten daher auch Ziegen und manchmal schickt ein Verwandter aus der Stadt etwas Geld. Früher waren Oasen wichtige Rastplätze für Kamelkarawanen, die Waren quer durch die Wüste transportierten. Heute werden diese Fahrten meist mit Lastwagen durchgeführt.

RÖMISCHE RUINEN
In Libyen finden sich einige der besterhaltenen römischen Ruinen Nordafrikas. So etwa bei Leptis Magna, wo man ein Forum, einen Aquädukt und ein Amphitheater bewundern kann (links). Die Hafenstadt wurde um 800 v. Chr. von den Phöniziern gegründet und entwickelte sich zu einem bedeutenden Handelszentrum Afrikas. Danach gehörte sie zum Römischen Reich, bis sie von den Arabern im 7. Jh. v. Chr. zerstört wurde.

Zum Weiterlesen
ISLAM *275*
ERDÖL *137, 152, 281*
ÖLREICHTUM *137, 278*
SAHARA *204, 209*

NORDOSTAFRIKA

Zu Nordostafrika gehören die Staaten Ägypten und Sudan – zwei Wüstenländer, die vom Nil bewässert werden – sowie das so genannte Horn von Afrika. Dieses mit seiner Ostspitze weit in den Indischen Ozean hineingreifende Gebiet umfasst Somalia, Dschibuti, Äthiopien und Eritrea, vier der ärmsten Länder der Welt. Die Staatsgrenzen wurden in unserem Jahrhundert festgelegt und folgen den Grenzen der ehemaligen Kolonialgebiete. In den trockenen Regionen leben noch heute viele Nomadenhirten. Auf der Suche nach Weideflächen unternehmen sie mit ihren Herden ausgedehnte Wanderungen. Um die offiziellen Grenzen zwischen den einzelnen Ländern kümmern sie sich dabei nicht.

LANDWIRTSCHAFT
Die Felder dieser Region werden mit einfachsten Geräten wie Handhacken, Grabstöcken und Sicheln bewirtschaftet. Ein Ochsenpflug (oben) ist leicht und kann zu den Feldern getragen werden. Allerdings pflügt er nur die oberste Erdschicht um, sodass Nährstoffe nicht in die Tiefe dringen können. Daher ist der Boden schon nach wenigen Jahren unfruchtbar.

HUNGER UND ARMUT
In den letzten Jahrzehnten wurden Somalia, der Sudan, Äthiopien und Eritrea von mehreren Kriegen heimgesucht. 1993 errang Eritrea nach einem schier endlosen, 29-jährigen Bürgerkrieg gegen Äthiopien seine Unabhängigkeit. Somalia steht nach den jahrelang andauernden Kämpfen zwischen seinen rivalisierenden Stämmen bzw. Clans vor dem wirtschaftlichen Zusammenbruch. Und auch im Sudan herrscht ein blutiger Bürgerkrieg. Hier bekämpfen sich die arabischen Muslime des Nordens und die afrikanischen, nichtmuslimischen Bewohner des südlichen Landesteils.

Im Krieg gegen Äthiopien kämpften zahlreiche eritreische Frauen Seite an Seite mit den Männern; viele hatten sogar Befehlsgewalt.

HUNGERHILFE
Weite Teile Nordostafrikas werden von Hungersnöten erschüttert. 1984/85 wurde Äthiopien von einer schweren Hungersnot heimgesucht, die durch Dürreperioden, Bürgerkrieg und die Bevölkerungszunahme verursacht wurde. Diese Katastrophe rüttelte die Weltöffentlichkeit auf, die mit Spenden die Not zu lindern suchte.

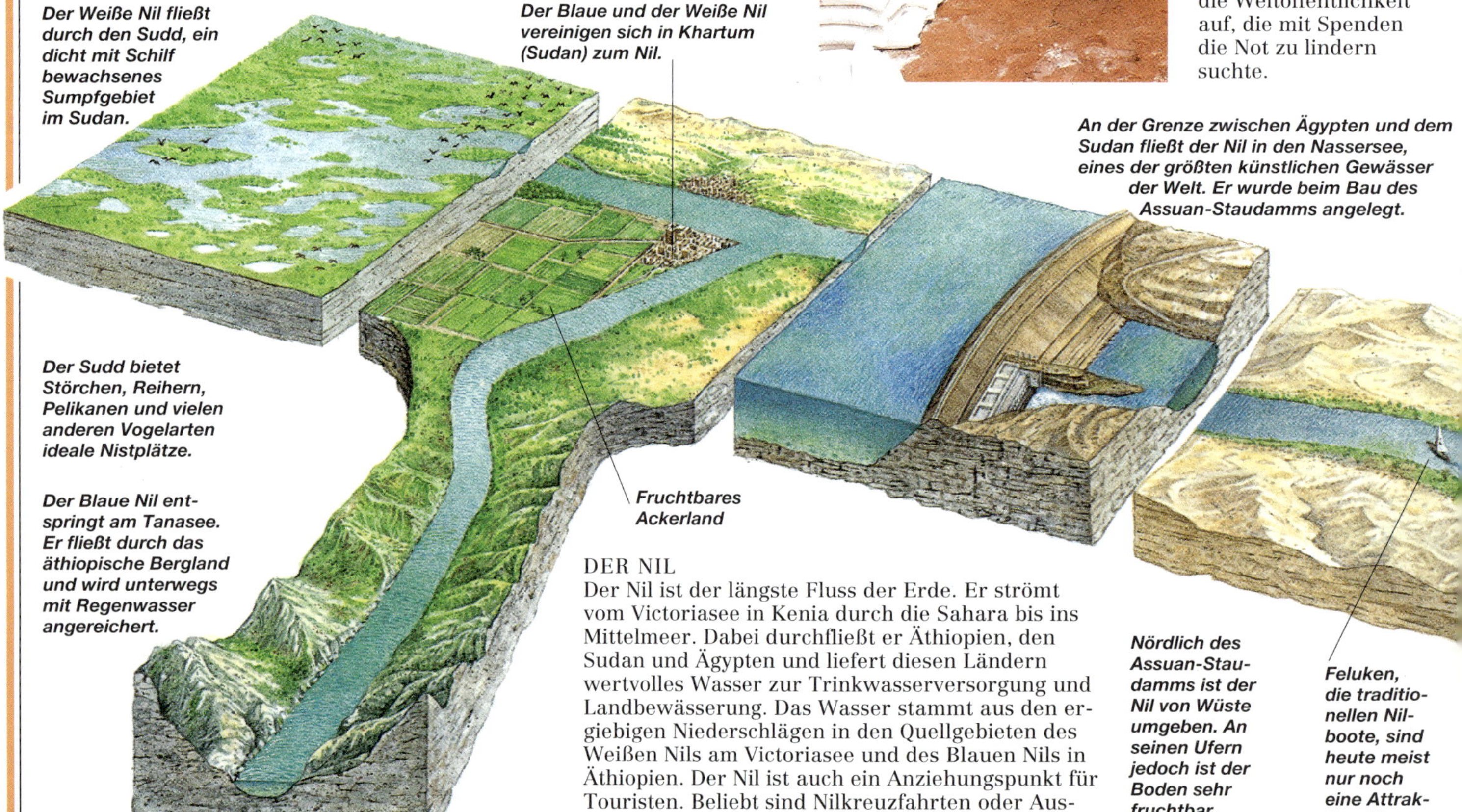

Der Weiße Nil fließt durch den Sudd, ein dicht mit Schilf bewachsenes Sumpfgebiet im Sudan.

Der Blaue und der Weiße Nil vereinigen sich in Khartum (Sudan) zum Nil.

An der Grenze zwischen Ägypten und dem Sudan fließt der Nil in den Nassersee, eines der größten künstlichen Gewässer der Welt. Er wurde beim Bau des Assuan-Staudamms angelegt.

Der Sudd bietet Störchen, Reihern, Pelikanen und vielen anderen Vogelarten ideale Nistplätze.

Der Blaue Nil entspringt am Tanasee. Er fließt durch das äthiopische Bergland und wird unterwegs mit Regenwasser angereichert.

Fruchtbares Ackerland

Nördlich des Assuan-Staudamms ist der Nil von Wüste umgeben. An seinen Ufern jedoch ist der Boden sehr fruchtbar.

Feluken, die traditionellen Nilboote, sind heute meist nur noch eine Attraktion für Touristen.

DER NIL
Der Nil ist der längste Fluss der Erde. Er strömt vom Victoriasee in Kenia durch die Sahara bis ins Mittelmeer. Dabei durchfließt er Äthiopien, den Sudan und Ägypten und liefert diesen Ländern wertvolles Wasser zur Trinkwasserversorgung und Landbewässerung. Das Wasser stammt aus den ergiebigen Niederschlägen in den Quellgebieten des Weißen Nils am Victoriasee und des Blauen Nils in Äthiopien. Der Nil ist auch ein Anziehungspunkt für Touristen. Beliebt sind Nilkreuzfahrten oder Ausflüge in »Feluken«, traditionellen Booten, bei denen altägyptische Sehenswürdigkeiten besucht werden.

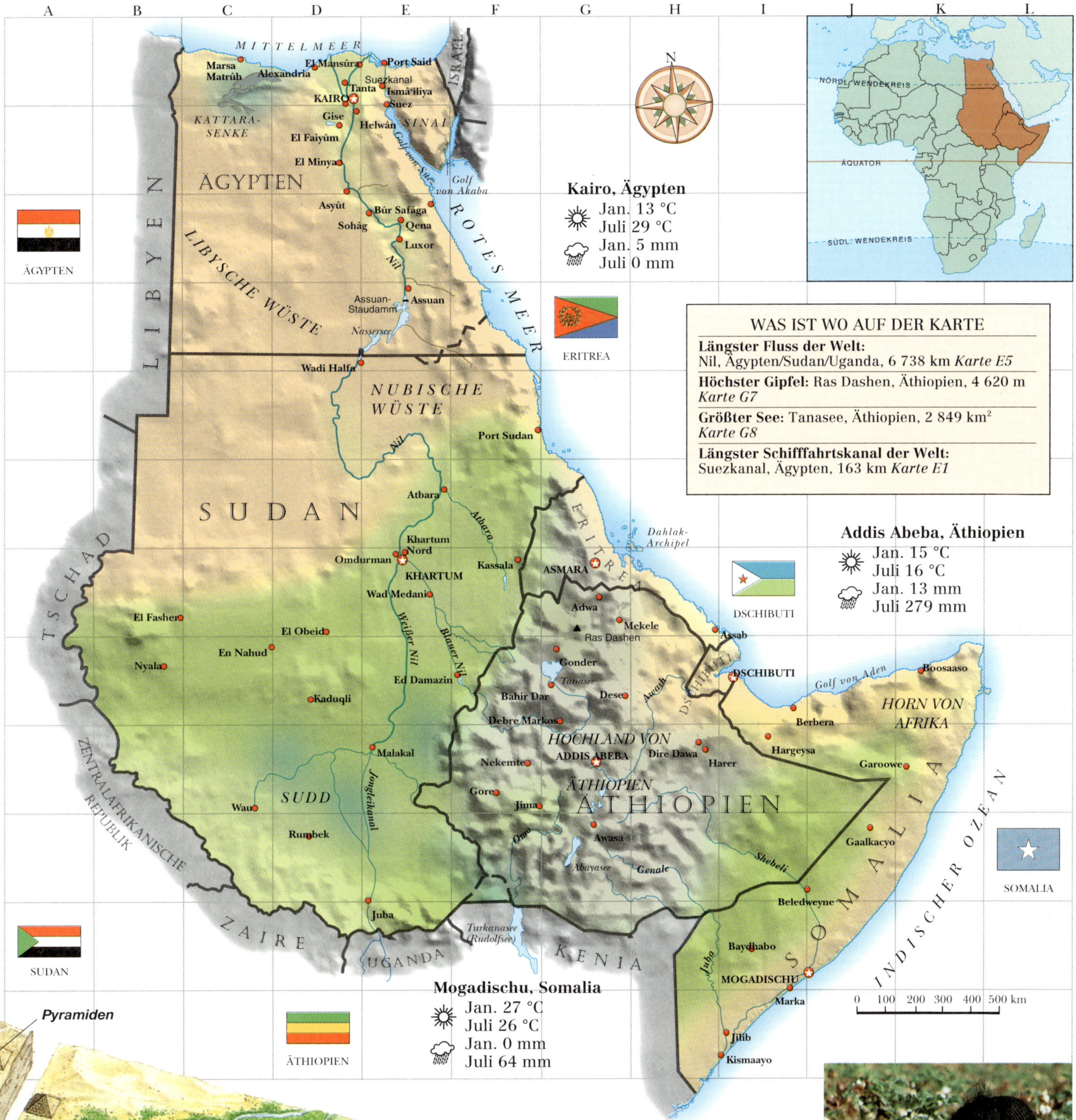

Kairo, Ägypten
Jan. 13 °C
Juli 29 °C
Jan. 5 mm
Juli 0 mm

Addis Abeba, Äthiopien
Jan. 15 °C
Juli 16 °C
Jan. 13 mm
Juli 279 mm

Mogadischu, Somalia
Jan. 27 °C
Juli 26 °C
Jan. 0 mm
Juli 64 mm

WAS IST WO AUF DER KARTE

Längster Fluss der Welt: Nil, Ägypten/Sudan/Uganda, 6 738 km *Karte E5*

Höchster Gipfel: Ras Dashen, Äthiopien, 4 620 m *Karte G7*

Größter See: Tanasee, Äthiopien, 2 849 km² *Karte G8*

Längster Schifffahrtskanal der Welt: Suezkanal, Ägypten, 163 km *Karte E1*

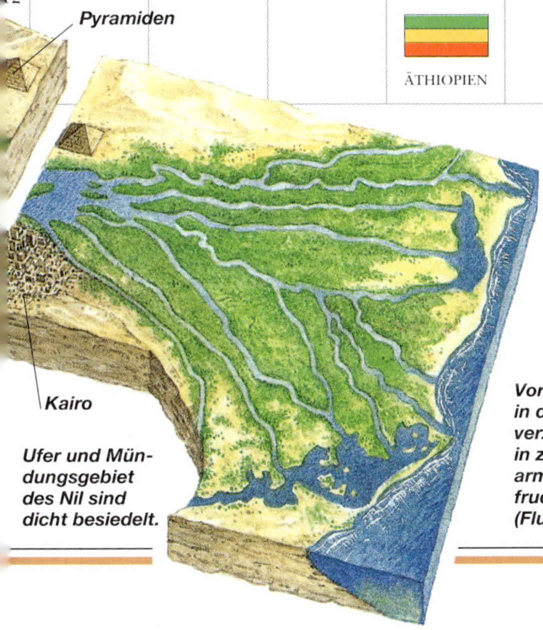

Ufer und Mündungsgebiet des Nil sind dicht besiedelt.

Vom Fluss abgelagerte Steine und Schlamm schaffen im Nildelta neues Land.

Vor seiner Mündung in das Mittelmeer verzweigt sich der Nil in zahlreiche Flussarme und bildet ein fruchtbares Dreieck (Flussdelta).

BAUMWOLLFELDER

Der intensive Baumwollanbau ist das Erbe der europäischen Kolonialzeit des vergangenen Jahrhunderts. Bis heute spielt er in Ägypten und im Sudan eine große Rolle. Die Baumwollproduktion wurde von den Briten eingeführt, die diesen Rohstoff für ihre Textilfabrikation benötigten. Baumwolle wird auf großen, hoch technisierten Farmen an den fruchtbaren Ufern des Nil angebaut.

ÄGYPTEN

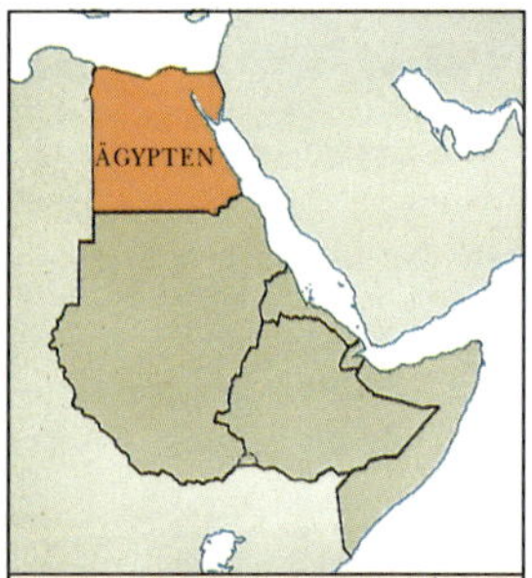

ÄGYPTEN
Hauptstadt: Kairo
Lage: 25°–36° östl. Länge, 22°–32° nördl. Breite
Fläche: 1 001 450 km²
Einwohner: 62 900 000
Amtssprache: Arabisch
Religionen: Muslime 90%, andere 10%
Staatsform: Präsidialrepublik
Währung: Ägyptisches Pfund
Analphabetenrate: 50%
Lebenserwartung: 63 Jahre
Einwohner pro Arzt: 1 320

Der griechische Geschichtsschreiber Herodot nannte Ägypten ein »Geschenk des Nils«. In dieser riesigen Flussoase, bewässert von den jährlichen Hochfluten des großen Stroms, entwickelte sich vor etwa 5 000 Jahren unter den Pharaonen eine der ersten Hochkulturen der Menschheit. Der größte Teil des Landes besteht aus trockenem, sandigem Wüstengebiet. Nur entlang den Ufern des Nils zieht sich ein schmaler, fruchtbarer Streifen, der sich im Mündungsgebiet des Flusses erweitert. In diesem breiten Delta lebt der größte Teil der ägyptischen Bevölkerung. Die meisten sind Araber muslimischen Glaubens. Die wichtigsten Säulen der ägyptischen Wirtschaft sind neben Landwirtschaft und Erdöl vor allem Einnahmen aus dem Suezkanal, aus dem Tourismus und der im Ausland tätigen Ägypter.

KAIRO
Die Hauptstadt des Landes liegt verkehrsgünstig zwischen Südeuropa, dem Orient und den afrikanischen Nachbarstaaten und hat sich zum Schwerpunkt der ägyptischen Wirtschaft entwickelt. Sie ist Regierungs- und Verwaltungssitz und verfügt über zahlreiche Bildungseinrichtungen. Die islamische Al-Azhar-Universität z. B. besteht seit dem Jahr 988. Bedeutende Museen zeugen von der Geschichte des Landes. In der mit 7 Mio. Einwohnern größten Stadt Afrikas herrscht katastrophale Wohnungsnot.

Den Suezkanal durchfahren jährlich über 20 000 Schiffe.

SUEZKANAL
Der Suezkanal verbindet das Rote Meer mit dem Mittelmeer und ist damit eine der wichtigsten Durchgangsstraßen des Weltverkehrs. Der schleusenlose Kanal ermöglicht eine erhebliche Verkürzung des Seewegs von Europa nach Indien und Ostasien. Mit britischer und französischer Unterstützung wurde er 1869 nach 10-jähriger Bauzeit fertig gestellt. Später verbreiterte und vertiefte man ihn, damit auch die zunehmend größeren Schiffe und Tanker passieren konnten. 1956 kam der Kanal unter ägyptische Kontrolle. Heute sind die Gebühren für die Nutzung des Suezkanals eine bedeutende Einnahmequelle der ägyptischen Regierung.

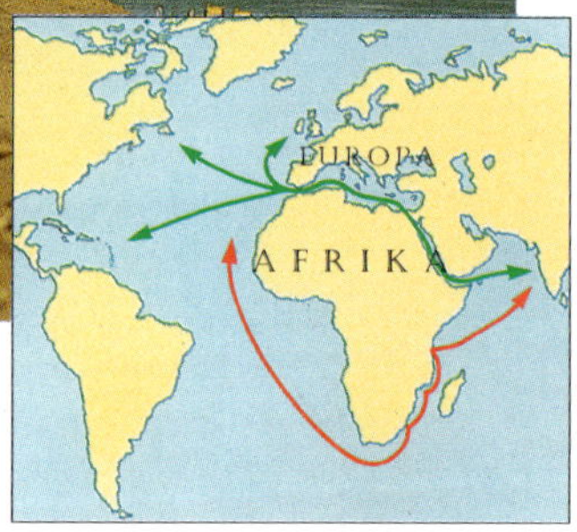

Der Suezkanal ist eine bedeutende Abkürzung von Europa nach Indien und Ostasien. Früher mussten die Schiffe erst ganz Afrika umsegeln.

FUL MEDAMES
Dieses ägyptische Gericht wird aus braunen Bohnen, Zwiebeln, Gemüse und Gewürzen zubereitet. Zusammen mit einem Ei ist es ein nahrhaftes Frühstück. Mit einer ähnlichen Mischung wird »Aysh« (Fladenbrot) gefüllt.

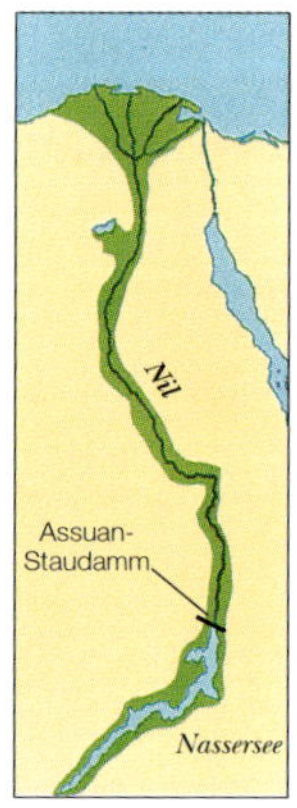

DER NIL
Fast 99% der Ägypter leben an den Ufern dieses mächtigen Stroms. Der Nil ist die Lebensader Ägyptens und versorgt das Land nicht nur mit Trinkwasser, sondern auch mit Brauchwasser für Industrie und Landwirtschaft. Mit dem Bau des Assuan-Staudamms entstand das größte künstliche Wasserreservoir der Welt, der Nasserstausee.

Der Sphinx in Gise, eine Gestalt mit dem Körper eines Löwen und Kopf eines Menschen, wurde aus Sandstein gehauen.

ALTE KULTSTÄTTEN
Die altägyptischen Pyramiden und Tempelanlagen sind bei Touristen ebenso beliebt wie eine Kreuzfahrt auf dem Nil. Die als Pharaonengräber errichteten Pyramiden sind über 4 000 Jahre alt. Sie gehören zu den Sieben Weltwundern des Altertums, von denen sie als einziges noch bestehen.

LANDWIRTSCHAFT
Viele ägyptische Bauern – man nennt sie hier Fellachen – arbeiten beim Anbau von Baumwolle, Weizen, Reis, Zuckerrohr, Obst und Gemüse noch mit traditionellen Methoden. Ägypten ist der größte Dattelerzeuger der Welt. Ein weiteres wichtiges Anbauprodukt ist Berseem, eine Art Klee, der als Viehfutter verwendet wird. Ein Drittel der Weltproduktion an Baumwolle stammt aus Ägypten; sie ist somit ein bedeutendes Ausfuhrgut des Landes. Viele Menschen sind in der Textilindustrie tätig. Hier wird die hochwertige ägyptische Baumwolle in Spinnereien, Färbereien und Webereien zu Bekleidung und anderen Artikeln verarbeitet.

Die »Djellabas« – luftige, bequeme Baumwollgewänder – werden von ägyptischen Männern gern getragen.

Zum Weiterlesen

STÄDTE *17, 206*
BAUMWOLLE *36, 215*
ISLAM *275*
NIL *214*

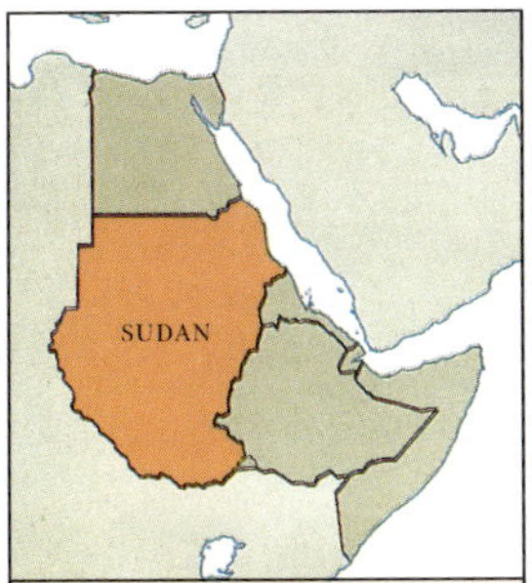

SUDAN
Hauptstadt: Khartum
Lage: 22°–38° östl. Länge, 3°–23° nördl. Breite
Fläche: 2 505 581 km²
Einwohner: 28 100 000
Amtssprache: Arabisch
Religionen: Muslime 70%, traditionelle Religionen 20%, Christen 10%
Staatsform: Republik
Währung: Sudanesischer Dinar
Analphabetenrate: 54%
Lebenserwartung: 53 Jahre
Einwohner pro Arzt: 11 110

SUDAN

Sudan, der größte Staat Afrikas, ist gleichzeitig auch eines der am wenigsten entwickelten Länder der Welt. Die meisten Einwohner leben an den fruchtbaren Ufern des Nil, der den Sudan von Nord nach Süd durchfließt. Über 2 000 km erstreckt sich das Land in Nord-Süd-Richtung und berührt dabei gegensätzliche Klimazonen. Tropisches Feuchtklima mit bis zu acht Monaten Regenzeit im Süden geht nach Norden in trockenes Wüstenklima über. Die Völker im Norden des Landes sind arabische Muslime, während die im Süden lebenden afrikanischen Volksstämme Naturreligionen oder dem Christentum angehören. Beide Gruppen liefern sich seit Jahrzehnten heftige Kämpfe.

LANDBEWÄSSERUNG

Weite Gebiete des Sudan sind sehr trocken und viele Landstriche sind infolge des Bürgerkriegs verwüstet. Die meisten Sudanesen leben am Nil, mit dessen Wasser sie ihre Felder bewässern. Zwei Drittel bestreiten ihren Lebensunterhalt durch den Anbau von Baumwolle, Erdnüssen, Gummiarabikum, Hirse und Datteln. Ein umfangreiches Bewässerungsprojekt hat es den Bauern ermöglicht mehr für den Export zu produzieren.

NOMADENLEBEN

Viele sudanesische Volksgruppen leben von der Viehzucht und sind ständig unterwegs auf der Suche nach Weideplätzen. Je mehr Tiere ein Nomade besitzt, desto größer ist sein Ansehen. Durch den Bürgerkrieg wurden die Weideplätze vieler Nomadenhirten verwüstet.

Die Dinka sind Nomaden. Dieser Volksstamm lebt in den Ebenen östlich des Nils.

VOLKSSTÄMME

Die Bevölkerung des Sudan setzt sich aus über 500 verschiedenen Stämmen und Volksgruppen zusammen, die mehr als 100 Sprachen und Dialekte sprechen. Die jahrhundertelang geführten Raubzüge und der Sklavenhandel der Araber haben zu einer starken räumlichen Zersplitterung der Stämme geführt. Viele Volksgruppen, z. B. die Dinka und die Juhaynah, sind Nomadenhirten. Andere haben sich in fest umgrenzten Gebieten niedergelassen, wie die Shilluk, die am Westufer des Nil Ackerbau betreiben. Diese Frau und ihre Kinder (links) gehören zum muslimischen Stamm der Beni Amer.

KHARTUM

Nachdem der Sudan 1956 seine Unabhängigkeit erlangt hatte, wollte die islamische Regierung in der Hauptstadt Khartum der gesamten Bevölkerung des Landes die Religion des Islam aufzwingen. Dieses Vorhaben führte zu einem blutigen Bürgerkrieg und schließlich zu einer schrecklichen Hungersnot. Aus Süd und West strömten Millionen von Flüchtlingen nach Khartum in der Hoffnung auf Brot und Arbeit. Viele von ihnen hausen heute in Elendsvierteln am Stadtrand.

Im Nordsudan werden die Häuser aus Lehmziegeln gebaut.

Hütten mit kegelförmigen Dächern in mittleren und südlichen Regionen des Sudan

Der kleine Eingang hält das Innere der Hütte warm.

Ringen ist bei den Nuba ein beliebter Sport.

WOHNVERHÄLTNISSE

Das Leben im arabischen Nordsudan unterscheidet sich in Bezug auf Sprache, Religion und Brauchtum stark von dem im afrikanisch geprägten Südsudan. So bauen die Menschen in beiden Teilen des Landes auch ihre Häuser auf andere Weise. Die Nubier im Norden (ein afrikanischer Stamm, der den Islam zur Stammesreligion gemacht hat) leben in rechteckigen, flachen Hütten aus sonnengetrockneten Lehmziegeln. Die Nuba, ein Bergbauernstamm im Südsudan, dagegen bauen runde Hütten mit spitz zulaufenden Dächern aus einem Holzgerüst, das mit Gras und Hirsestengeln gedeckt wird.

Zum Weiterlesen

BEWÄSSERUNG *155, 156*
AFRIKANISCHE VÖLKER *206–207*
FLÜCHTLINGE *207*
RELIGION *274–275*

ÄTHIOPIEN

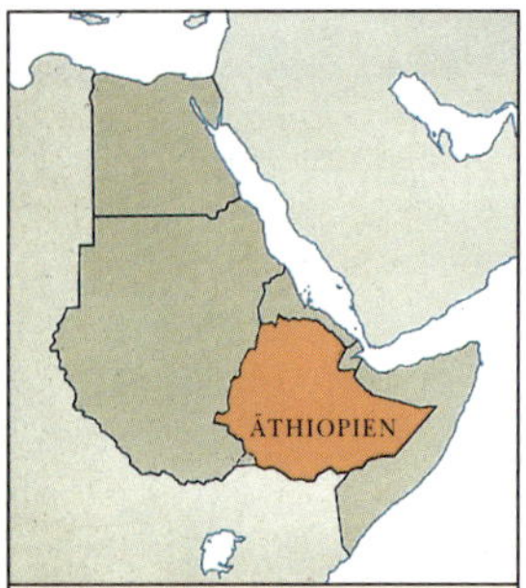

ÄTHIOPIEN

Hauptstadt: Addis Abeba

Lage: 32°–49° östl. Länge, 4°–18° nördl. Breite

Fläche: 1 221 900 km²

Einwohner: 55 000 000

Amtssprache: Amharisch

Religionen: Muslime 45%, Christen 42%, traditionelle Religionen 10%, andere 3%

Staatsform: Bundesrepublik

Währung: Äthiopischer Birr

Analphabetenrate: 65%

Lebenserwartung: 47 Jahre

Einwohner pro Arzt: 33 330

Kerngebiet Äthiopiens ist ein bis auf über 4 000 m aufsteigendes Hochland, das zu den Seiten hin relativ steil abfällt. Hier leben hell- bis dunkelhäutige Menschen, deren Vorfahren aus Vorderasien und dem südarabischen Raum einwanderten. In den vergangenen Jahrzehnten litt Äthiopien unter langen Dürreperioden und Bürgerkrieg. Die Hungersnot von 1984/85 ging auf Ernteausfälle, Überbevölkerung und Überweidung zurück. In dieser Zeit befand sich Äthiopien außerdem im Krieg mit den Eritreern. Vier von fünf Äthiopiern leben von der Landwirtschaft. Sie bauen Nutzpflanzen an oder betreiben Viehzucht. Kaffee ist das wichtigste Exportprodukt Äthiopiens. Er wächst im Bergland der Provinz Kaffa – der Heimat des Kaffeebaums.

ADDIS ABEBA
Im südlichen Hochland von Äthiopien liegt rund 2 500 m über dem Meeresspiegel die Hauptstadt des Landes. Sie wurde 1889 von Kaiser Menelik II. gegründet. 1916 folgte ihm Kaiser Haile Selassie I. auf den Thron. 1974 endete mit seiner Absetzung durch die Militärs die älteste, über 2000-jährige Monarchie der Welt. Addis Abeba ist heute mit 2 Mio. Einwohnern die größte Stadt Äthiopiens. Eine Eisenbahn verbindet sie mit Dschibuti am Golf von Aden.

Die leierartige »Kra« ist ein traditionelles Instrument.

Beim äthiopischen Tanz schütteln die Tänzer ihre Schultern.

Das Kaffeekochen wird ritualisiert: Man brüht ihn mit Gewürzen auf, dann wird Weihrauch verbrannt und Gras auf den Boden gestreut.

Die äthiopischen Frauen tragen bestickte weiße Kleider und Umschlagtücher, die Männer lange weiße Hosen und Hemden.

TANZ UND MUSIK
Von den vielen Volksgruppen Äthiopiens pflegt jede ihre eigene Sprache, Dichtung, Musik und Tanzform. Vertreten ist die Musik der Araber und Sudanneger genauso wie die des äthiopischen Hochlands, die in direkter Verbindung zu den Hochkulturen des alten Orients steht. In Musik und Tanz werden einheimische Traditionen und Gebräuche weitergegeben.

BRENNHOLZ
Aufgabe der äthiopischen Frauen ist das Sammeln von Brennholz für den Eigenbedarf und zum Verkauf. Heute sind viele Waldgebiete Äthiopiens abgeholzt. Dadurch erodierte der Boden und wertvolles Ackerland ging für immer verloren.

Äthiopisch-orthodoxe Priester bei einem religiösen Fest in Addis Abeba

ÄTHIOPISCHE KIRCHE
Im 4. Jh. n. Chr. erlebte das Reich Aksum in Äthiopien seine Blütezeit. König Ezana, der in Briefkontakt mit dem römischen Kaiser Konstantin stand, übernahm zu dieser Zeit bereits für sein Land das Christentum. Bis ins 20. Jh. bestand eine enge Verbindung zu den koptischen Christen Ägyptens. Das geistliche Oberhaupt der äthiopischen Kirche war stets ein Kopte. Für das Volk hat vor allem die Marien- und Heiligenverehrung Bedeutung. Die Kirchen sind meist Rundkirchen und enthalten reichen Bilderschmuck.

»Wot«, eine scharfe Chilisoße, wird zu Fleisch- und Gemüsegerichten gereicht.

Ein typisches Gemüsegericht aus Kohl, Karotten und roten Linsen

Äthiopisches Gericht aus Hühnerfleisch, Eiern und rotem Paprika

Fladenbrot

Mischgericht aus Rindfleisch, Zimt, Paprika, Chilis und Tomaten

Gern werden hart gekochte Eier gegessen.

LANDESKÜCHE
Das Nationalgericht Äthiopiens ist »Enjera«, eine Art weiches Fladenbrot aus Hirsemehl, das zusammen mit einer Fleisch-Gemüse-Mischung gegessen wird. An Festtagen essen die Äthiopier rohes Rindfleisch mit scharfen Gewürzen und geschmolzener Butter.

Zum Weiterlesen

CHRISTENTUM *274*
STÄDTE *17, 206*
KAFFEE *50, 62, 66*
BODENEROSION *55, 244*

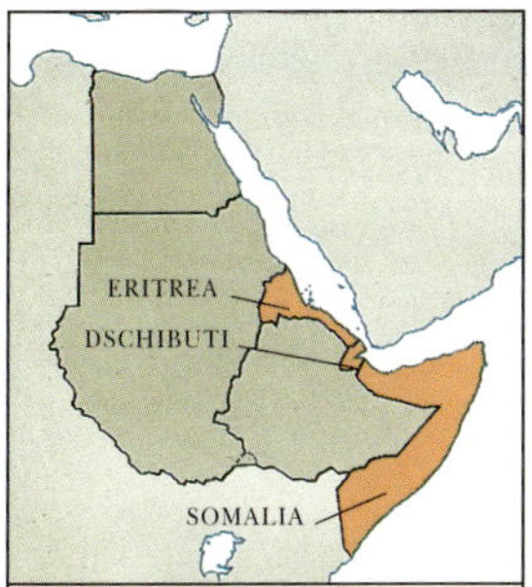

SOMALIA

Hauptstadt: Mogadischu

Lage: 41°–52° östl. Länge, 2°–12° nördl. Breite

Fläche: 637 660 km²

Einwohner: 9 300 000

Amtssprachen: Somali und Arabisch

Religion: Muslime 100%

Staatsform: Republik

Währung: Somalia-Schilling

Analphabetenrate: 76%

Lebenserwartung: 47 Jahre

Einwohner pro Arzt: 14 290

DSCHIBUTI

Hauptstadt: Dschibuti

Lage: 42°–43° östl. Länge, 11°–12° nördl. Breite

Fläche: 23 200 km²

Einwohner: 577 000

Amtssprachen: Arabisch und Französisch

Religionen: Muslime 96%, andere 4%

Staatsform: Präsidialrepublik

Währung: Dschibuti-Franc

Analphabetenrate: 54%

Lebenserwartung: 48 Jahre

Einwohner pro Arzt: 4 180

ERITREA

Hauptstadt: Asmara

Lage: 37°–43°östl. Länge, 11°–17° nördl. Breite

Fläche: 93 680 km²

Einwohner: 3 530 000

Amtssprachen: Tigrinya und Arabisch

Religionen: Christen 45%, Muslime 45%, andere 10%

Staatsform: Republik

Währung: Birr

Analphabetenrate: 80%

Lebenserwartung: 50 Jahre

Einwohner pro Arzt: 28 000

SOMALIA

Somalia errang 1960 die Unabhängigkeit von Italien. Dennoch hat dieses Land, das auf eine wechselvolle Vergangenheit zurückblicken kann, noch keinen Frieden gefunden. Seit 1991 liefern sich rivalisierende Clans erbitterte Gefechte, die in weiten Teilen des Landes zu Not und Hunger führen. Viele Somalier sind Nomadenhirten. Sie durchstreifen mit ihren Kamelen, Schafen und Ziegen auf der Suche nach Wasser und Nahrung das trockene Land, das sich kaum zum Ackerbau eignet.

MOGADISCHU
Die Hauptstadt Somalias ist der bedeutendste Hafen und das wirtschaftliche Zentrum des Landes. Im 9. Jh. wurde Mogadischu von den Arabern besetzt, und im 19. und 20. Jh. war es britische bzw. italienische Kolonie.

FLÜCHTLINGSCAMPS
Seit Ausbruch des Bürgerkriegs haben Tausende von Somaliern in Flüchtlingscamps Zuflucht gefunden, die ihnen eine notdürftige Unterkunft, Nahrung und Wasser bieten. Ohne den Einsatz internationaler Hilfsorganisationen wäre die Lage der Menschen hier katastrophal. Doch die Konflikte im Land erschweren die Arbeit der Helfer sehr. Etwa 1 Mio. Somalier sind in Nachbarländer geflohen. Hier warten sie darauf, dass in ihrem eigenen Land wieder Frieden einkehrt.

FRAUENKLEIDUNG
In Somalia tragen viele Frauen ein »Guntimo«, eine Art Baumwollsari, dazu ein Umschlagtuch, den »Garbasaar«. Obwohl sie Muslima sind, tragen sie keinen Gesichtsschleier.

DSCHIBUTI

Das kleine Land am Roten Meer besteht fast nur aus Wüste und erlangte erst 1977 seine Unabhängigkeit. Viele seiner Bewohner sind Nomaden. Dschibuti spielt in Nordostafrika aufgrund seiner gleichnamigen Haupt- und Hafenstadt eine strategisch wichtige Rolle. Das Land lebt fast ausschließlich von den Gebühren, die die Nutzung seines wichtigsten Transithafens einbringt.

Die Fischerei ist ein wachsender Wirtschaftszweig in Dschibuti. Die Fischgründe befinden sich im Golf von Aden.

ERITREA

Nach einem 29 Jahre währenden Bürgerkrieg erklärte das gebirgige Eritrea im Norden des Landes 1991 seine Unabhängigkeit von Äthiopien. Die Eritreische Volksbefreiungsfront (EPLF) vertrieb die letzten äthiopischen Truppen aus dem Land und setzte eine eigene Regierung ein. Äthiopien erkannte 1993 Eritrea als selbstständigen Staat an. Die Eritreer bemühen sich nun ihre zerrüttete Wirtschaft wieder aufzubauen.

Dieses Theater in Asmara ist ein Beispiel für die italienische Baukunst, die überall in der Stadt anzutreffen ist. Eritrea war früher eine italienische Kolonie.

Zum Weiterlesen

KOLONIALZEIT *207*
WÜSTEN *15, 204, 209*
ISLAM *275*
FLÜCHTLINGE *207*

WESTAFRIKA

Vor vielen Jahrhunderten war die Region, die heute als Westafrika bezeichnet wird, von blühenden Reichen, wie dem der Ashanti, und von Mali beherrscht. Als bekannt wurde, dass es hier reiche Goldvorkommen gab, drängten die Europäer in Scharen in diese Länder. Um 1880 hatten sie nahezu das gesamte Gebiet kolonialisiert und der Handel mit Gold und Sklaven blühte. Erst um 1960 erlangten die Staaten Westafrikas ihre Unabhängigkeit zurück, als Erster 1957 Ghana, die ehemalige britische Goldküste. Trotz Erdöl, Gold, Holz und anderer Naturschätze sind die meisten der 15 westafrikanischen Staaten bitterarm. Die Bevölkerung ist außerordentlich vielgestaltig – allein in Nigeria leben über 200 verschiedene Volksstämme. Armut und Spannungen zwischen einzelnen Volksgruppen sorgen jedoch ständig für politische Unruhen.

RELIGIONEN
Landschaftlich und klimatisch lässt sich Westafrika grob in einen südlichen und einen nördlichen Teil gliedern. Diese Unterteilung gilt auch für die Religionen: Der Norden wird vom Islam beherrscht, im Süden überwiegen die Christen. Im Westen hängen viele Menschen den alten Naturreligionen an, wie dem Voodoo – einem magischen Kult, der besonders in Benin weit verbreitet ist.

***Wüste:** Die Sahara schließt Westafrika nach Norden hin ab. Die Grenze der Wüste verschiebt sich ständig, je nachdem, wie trocken es in den benachbarten Gebieten ist.*

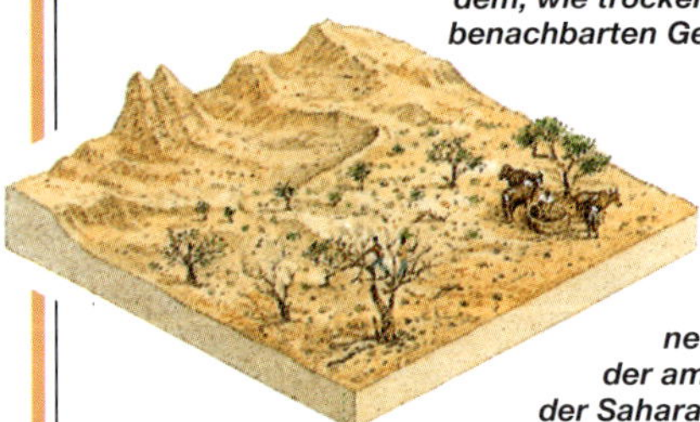

***Sahel:** Die trockenen Grasländer am Südsaum der Sahara bilden die Sahelzone – das Übergangsgebiet zwischen Wüste und Dornstrauchsavanne. Hier wachsen nur sehr wenige Bäume.*

***Savanne:** Weiter südwärts fällt etwas mehr Regen. Hier breiten sich die Savannen aus – weite Grasländer mit vereinzelten Akazien, Affenbrotbäumen (Baobabs) und Sträuchern.*

***Tropische Wälder:** Aufgrund der heftigen Regenfälle wachsen im Süden Westafrikas üppige Wälder. Hier sind zahlreiche Tier- und Pflanzenarten heimisch.*

Klimazonen in Westafrika

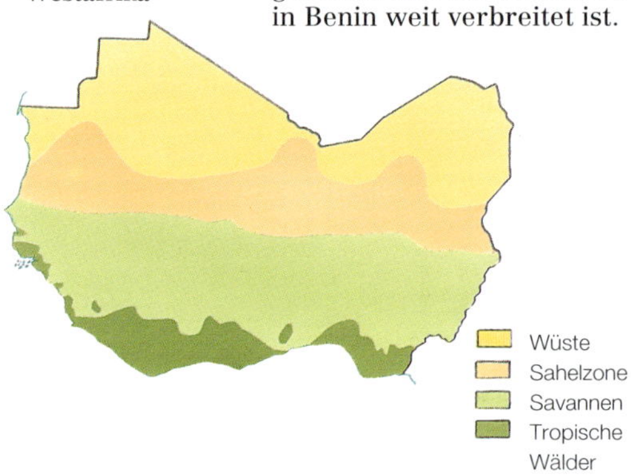

DAS KLIMA
Wenn man Westafrika von Nord nach Süd durchquert, trifft man unter der heißen tropischen Sonne auf beeindruckende Landschaften. Die niederschlagsarmen, wüstenartigen Regionen, in denen es kaum Pflanzenwuchs gibt, laden jedoch nicht zu einem längeren Aufenthalt ein. Im äußersten Süden fällt reichlich Regen, während in den trockenen Zonen des Nordens oft lange Dürreperioden herrschen. In manchen Gebieten gibt es eine Regenzeit von vier bis sechs Monaten, während in der restlichen Zeit des Jahres kaum oder überhaupt kein Niederschlag fällt.

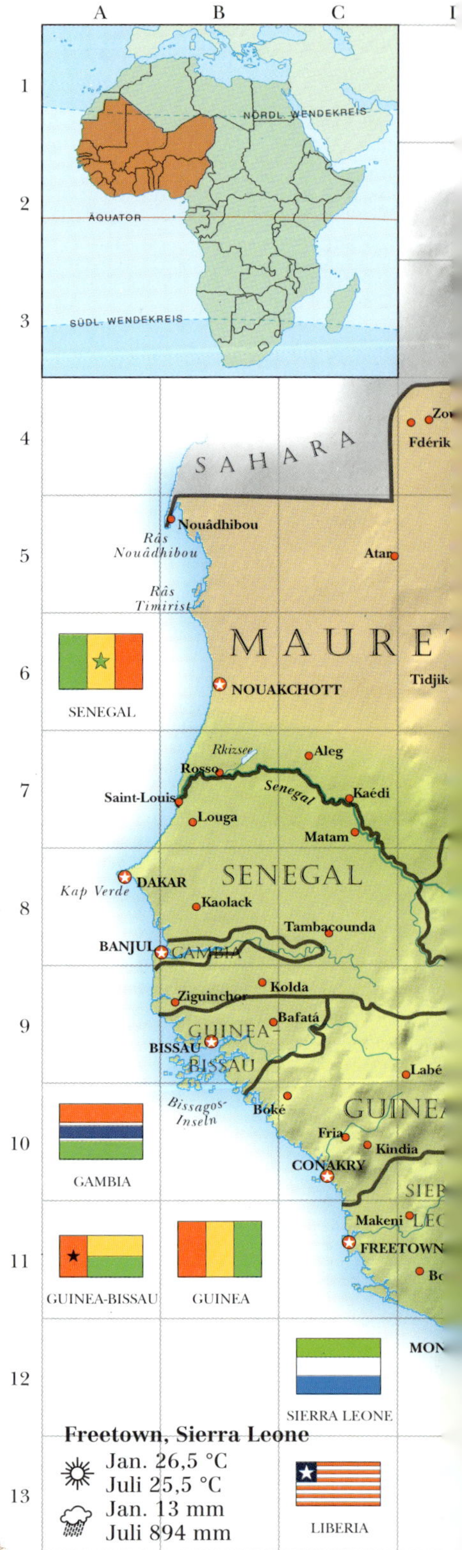

Burkina Faso liegt in der Sahelzone – hier leben viele nomadisierende Viehhirten.

LANDWIRTSCHAFT
In Westafrika gibt es sesshafte Bauern und nomadisierende Viehhirten. Die einen leben auf einem kleinen Stück Land und bauen gerade genug an, um ihre Familien zu ernähren. Die Nomaden dagegen, wie etwa die Fulani, ziehen auf der Suche nach Weideplätzen mit ihren Viehherden umher. Sie leben hauptsächlich im trockeneren Norden Westafrikas, wo das Land für den Anbau von Kulturpflanzen ungeeignet ist.

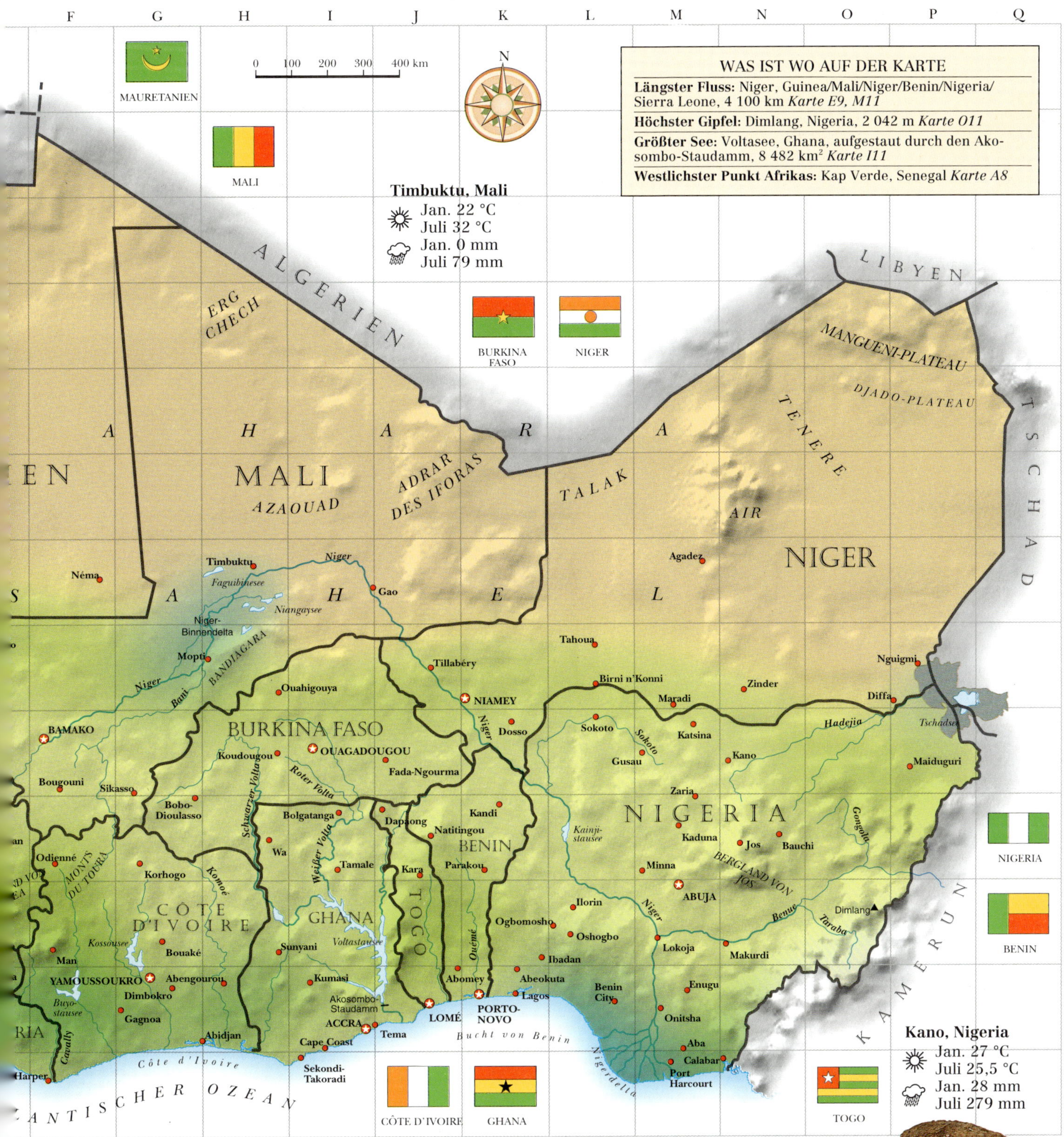

WAS IST WO AUF DER KARTE

Längster Fluss: Niger, Guinea/Mali/Niger/Benin/Nigeria/ Sierra Leone, 4 100 km *Karte E9, M11*

Höchster Gipfel: Dimlang, Nigeria, 2 042 m *Karte O11*

Größter See: Voltasee, Ghana, aufgestaut durch den Akosombo-Staudamm, 8 482 km² *Karte I11*

Westlichster Punkt Afrikas: Kap Verde, Senegal *Karte A8*

Timbuktu, Mali
Jan. 22 °C
Juli 32 °C
Jan. 0 mm
Juli 79 mm

Kano, Nigeria
Jan. 27 °C
Juli 25,5 °C
Jan. 28 mm
Juli 279 mm

KULTURPFLANZEN

Reis und Hirse sind in Westafrika weit verbreitete Nahrungsmittel. Hirse wird besonders im trockenen Norden angebaut. In den feuchteren Zonen wachsen Reis und außerdem Wurzelgemüse wie Yams und Maniok. Zu den beliebtesten Speisen dieser Region gehören Erdnussgerichte. Daneben kocht man gerne Jollof-Reis – ein senegalesisches Rezept, bei dem Reis mit Tomaten, Zwiebeln und Gewürzen vermischt und mit gebratenem Fleisch serviert wird. Beliebt sind auch Maniok und die kartoffelähnlichen Yamswurzeln. Beide werden gekocht und als Beilage zu Ziegen- und Hühnerfleisch gereicht oder zu Fisch gegessen.

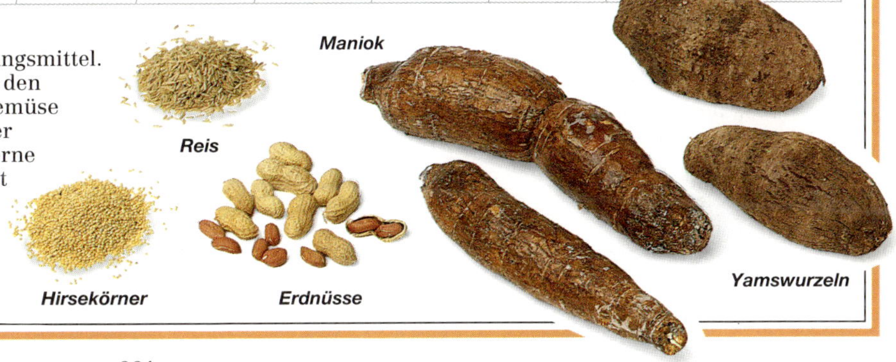

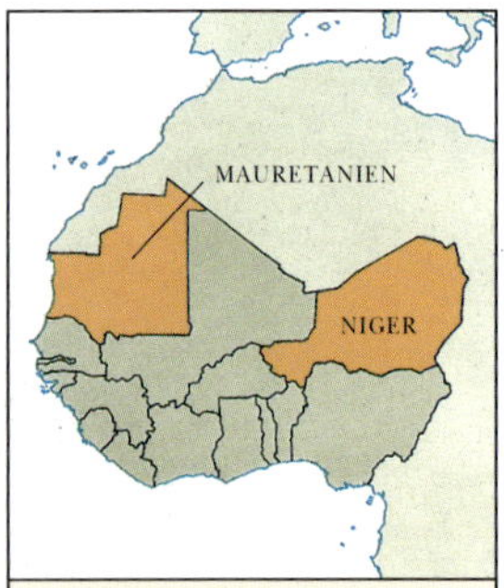

MAURETANIEN	
Hauptstadt:	Nouakchott
Lage:	5°–18° westl. Länge, 15°–28° nördl. Breite
Fläche:	1 025 520 km²
Einwohner:	2 300 000
Amtssprachen:	Arabisch und Französisch
Religion:	Muslime 100%
Staatsform:	Präsidialrepublik
Währung:	Ouguiya
Analphabetenrate:	62%
Lebenserwartung:	51 Jahre
Einwohner pro Arzt:	11 900

NIGER	
Hauptstadt:	Niamey
Lage:	0°–16° östl. Länge, 12°–23° nördl. Breite
Fläche:	1 267 000 km²
Einwohner:	9 200 000
Amtssprache:	Französisch
Religionen:	Muslime 85%, traditionelle Religionen 14%, andere 1%
Staatsform:	Präsidialrepublik
Währung:	CFA-Franc
Analphabetenrate:	86%
Lebenserwartung:	46 Jahre
Einwohner pro Arzt:	33 330

MAURETANIEN

Mauretanien, ein Land der Wüste und Halbwüste – des Sahels –, ist doppelt so groß wie Spanien, hat aber weniger Einwohner als Madrid. Es zählt zu den am dünnsten bevölkerten Ländern der Erde. In den letzten Jahren sind viele Menschen in die Hauptstadt oder die Städte des Südens gezogen, um dort Arbeit zu suchen. Die Einwohnerzahl der Hauptstadt Nouakchott ist seit 1960 von 20 000 auf über 500 000 angewachsen. Die politische Macht liegt bei den arabischen Mauren aus dem Norden, doch seit 1989 lehnt sich die schwarzafrikanische Minderheit aus dem Süden gegen sie auf. Ein wichtiger Industriezweig ist der Bergbau – Mauretanien ist reich an Phosphaten, Kupfer, Gold und anderen Mineralien. Zu den Hauptproblemen des Landes gehören die oft lange anhaltenden Dürren.

FISCHEREI
Fischereiflotten aus aller Welt laufen die Küste von Mauretanien an, die einige der reichsten Fischgründe Westafrikas besitzt. Alle hier gefangenen Fische müssen in Mauretanien verarbeitet werden, bevor sie ins Ausland exportiert werden dürfen. Aufgrund der Überfischung der Gewässer ist die Zukunft dieses Erwerbszweigs fraglich.

Im Rahmen mehrerer Projekte werden Gras und Bäume angepflanzt, die weitere Bodenerosion verhindern sollen.

SAHELZONE
Zwei Drittel des mauretanischen Staatsgebiets liegen in der Sahara und nur der Uferbereich entlang des Senegal-Flusses ist ackerbaulich nutzbar. Die Halbwüste zwischen der Sahara und diesem Landstrich wird als Sahelzone bezeichnet. Hier finden nomadisierende Hirten karges Weideland. Dieses Gebiet ist extrem niederschlagsarm und leidet unter starker Bodenerosion. Überweidung und die Abholzung der wenigen Bäume zur Gewinnung von Brennholz setzen noch weitere Gebiete der Bodenerosion aus. So führen natürliche Ursachen und menschliches Verschulden dazu, dass sich die Sahelzone allmählich in eine Vollwüste verwandelt.

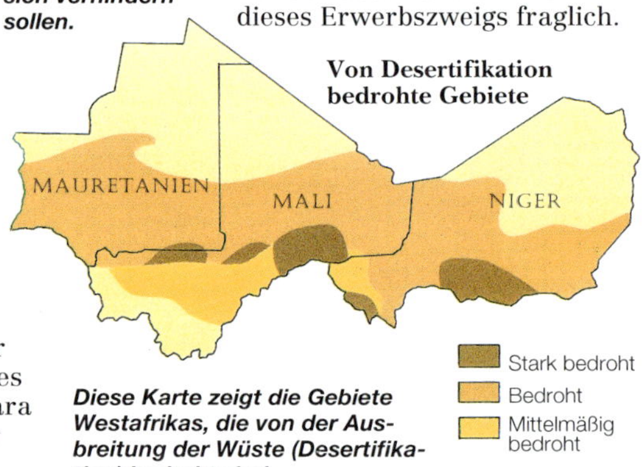

Diese Karte zeigt die Gebiete Westafrikas, die von der Ausbreitung der Wüste (Desertifikation) bedroht sind.

NIGER

Dieses riesige afrikanische Land ist ein Binnenstaat. Die einzige Verbindung, die Niger zum Meer hat, wird durch den gleichnamigen großen Fluss hergestellt. Die meisten der über 9 Mio. Einwohner leben im fruchtbaren Nigertal, wo sich auch die Hauptstadt Niamey befindet, und in der Sahelzone, die sich wie ein schmales Band quer durch den Süden des Landes zieht. Nördlich davon erstreckt sich in unermesslicher Weite die Wüste Sahara, die Heimat des Nomadenvolks der Tuareg. Die Republik Niger besitzt nur wenige Bodenschätze, abgesehen von Uran, das in den 80er Jahren beträchtlichen Reichtum brachte. Die meisten Bewohner des Landes blieben jedoch arm. Sie bestreiten in den wenigen einigermaßen fruchtbaren Regionen ihren Lebensunterhalt mit Viehzucht oder dem Anbau von Feldfrüchten.

TUAREG UND HAUSSA
Viele Tuareg haben durch die häufigen Dürrezeiten im Norden des Niger ihr Vieh verloren und mussten ihre nomadische Lebensweise aufgeben. Der Volksstamm der Haussa, der seine Geschichte bis ins 10./11. Jh. zurückführen kann, stellt 53,6% der Bevölkerung.

ACKERBAU
Jedes Jahr tritt der Niger über die Ufer. Sobald die Wassermassen wieder zurückgehen, pflanzen die Bauern auf dem nun mit Mineralien angereicherten, fruchtbaren Boden Getreide, Gemüse, Erdnüsse und Baumwolle an. Im Nigertal gibt es auch Viehweiden.

Zum Weiterlesen

NIGER (FLUSS) *205*
SAHELZONE *220*
BODENEROSION *55, 244*
TUAREG *209*

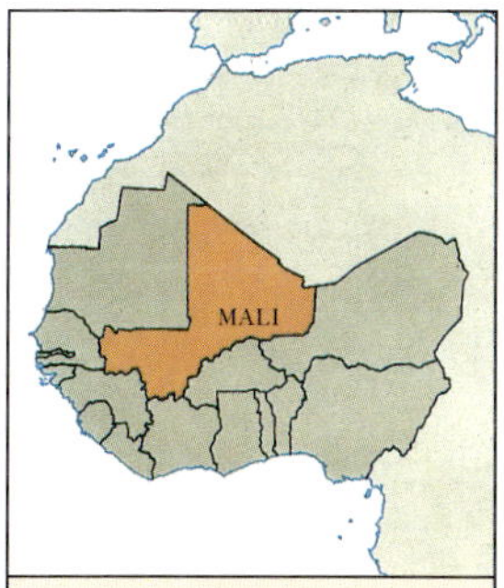

MALI

Hauptstadt: Bamako

Lage: 4° östl. Länge–12° westl. Länge, 10°–25° nördl. Breite

Fläche: 1 240 190 km²

Einwohner: 10 800 000

Amtssprache: Französisch

Religionen: Muslime 80%, Animisten 18%, Christen 2%

Staatsform: Präsidialrepublik

Währung: CFA-Franc

Analphabetenrate: 69%

Lebenserwartung: 46 Jahre

Einwohner pro Arzt: 20 000

MALI

Zur Republik Mali gehören im Norden die ausgedehnten Wüstenebenen der Sahara, in der Mitte die Sahelzone und im Süden die etwas feuchteren Savannen. An den Ufern der Flüsse Niger und Senegal verlaufen schmale Streifen fruchtbaren Landes, in denen Ackerbau und Viehzucht betrieben wird. Der Landesname Mali geht auf die muslimischen Malinke zurück. Sie hatten im 13. und 14. Jh. ein mächtiges Reich errichtet, das weite Teile Westafrikas umfasste. Heute zählt das Land zu den ärmsten Staaten der Welt. Die meisten Menschen leben von der Landwirtschaft. Die Industrie ist nur wenig entwickelt. Hauptausfuhrgut ist Baumwolle.

MOSCHEEN
Kaufleute, die aus dem arabischen Norden Afrikas durch die Sahara bis nach Mali zogen, brachten den Islam ins Land. Bereits im 13. Jh. war das ganze Land islamisiert und in allen großen Städten wurden Moscheen errichtet. Moscheen wie diese in der Stadt Mopti (oben) sind aus Lehm um ein Gerüst aus Holzstangen erbaut. Die Stützpflöcke ragen an den Seiten aus den Minaretts heraus und ermöglichen den Handwerkern der Stadt auf dem Gebäude herumzuklettern und die jährlichen Reparaturen auszuführen.

TIMBUKTU
Timbuktu wurde um 1100 von Tuareg-Nomaden gegründet und entwickelte sich zu einer der berühmtesten Städte Afrikas. Aufgrund seiner günstigen Lage an einer quer durch die Sahara führenden Handelsroute wuchs Timbuktu schon bald zu einer Großstadt heran. Arabische Kaufleute brachten Salz, Kleidung und Pferde im Austausch gegen Gold und Sklaven. Um 1400 war Timbuktu ein Zentrum islamischer Gelehrsamkeit.

Der Niger bei Bamako im Süden von Mali

DER NIGER
Der Niger, die Lebensader Malis, durchfließt das Land von Westen nach Osten, bevor er nach Süden abbiegt, die Länder Niger und Nigeria durchquert und schließlich in den Atlantischen Ozean mündet. Die meisten Malier leben am Ufer des Niger. Der Fluss ist ihr Wasserlieferant und der wichtigste Transportweg des Landes. Die Hauptstadt von Mali, Bamako, liegt am oberen Flussabschnitt und hat sich zu einem bedeutenden Hafen entwickelt. Von hier aus werden Zement und Erdöl flussabwärts verschifft. Auf ihrem Rückweg laden die Boote Nahrungsmittel wie Reis und Erdnüsse.

Die dicken Lehmwände der Getreidespeicher halten das Getreide kühl und schützen es vor Ratten.

Dogon-Häuser sind aus Lehm errichtet und haben über dem Wohnbereich oft noch eine Terrasse.

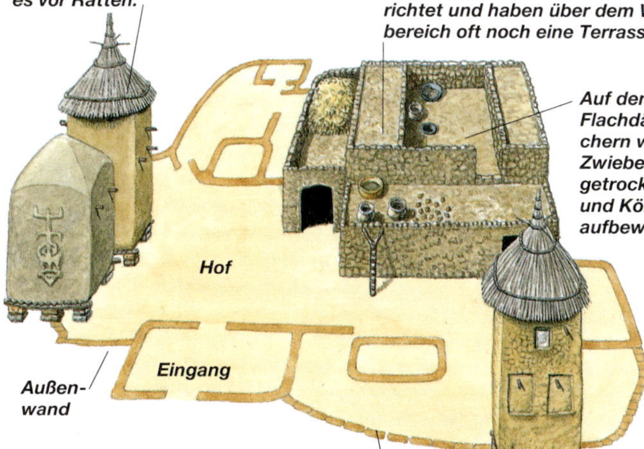

Auf den Flachdächern werden Zwiebeln getrocknet und Körbe aufbewahrt.

Die Dogon leben in ummauerten Siedlungen. Zum Schutz vor Feinden haben sie sie an Steilhängen erbaut.

REISANBAU
Im Zentrum des Landes teilt sich der Niger in mehrere Flussarme auf. Dieses Binnendelta ist das fruchtbarste Gebiet Malis. Sobald der Fluss über die Ufer tritt, pflanzen die Bauern eine »schwimmende« Reissorte an. Ihre Halme wachsen pro Tag bis zu 30 cm hoch und können deshalb nicht im Wasser versinken. Der Reis wird von Booten aus geerntet.

DOGON
Südlich von Timbuktu stößt die flache Flussebene auf die jäh abfallenden Sandsteinhänge des Bandiagara-Plateaus. An den Steilhängen leben seit dem 16. Jh. die Dogon. Sie verehren ihre eigenen Götter und kennen viele Legenden über die Erschaffung der Welt. Die Bauern haben gelernt selbst auf den kargen Böden dieser Region noch Feldfrüchte wie Reis, Hirse und Mais anzubauen.

Zum Weiterlesen

ISLAM *275*
MALINKE *225*
REISANBAU *135, 176, 197*
NIGER (FLUSS) *205*

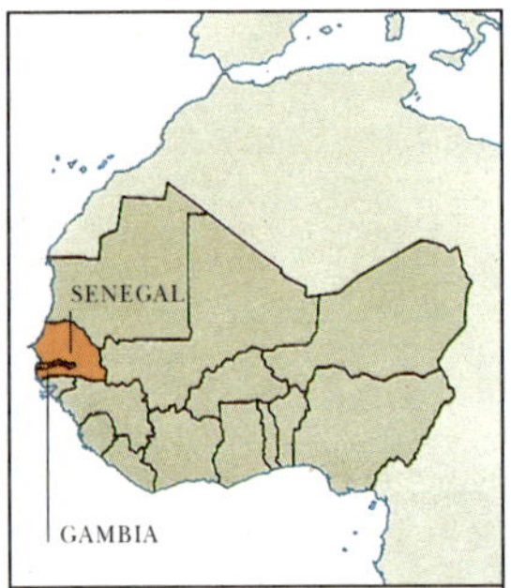

SENEGAL

Hauptstadt:	Dakar
Lage:	12°–18° westl. Länge, 12°–17° nördl. Breite
Fläche:	196 720 km²
Einwohner:	8 300 000
Amtssprache:	Französisch
Religionen:	Muslime 92%, traditionelle Religionen 6%, Christen 2%
Staatsform:	Präsidialrepublik
Währung:	CFA-Franc
Analphabetenrate:	67%
Lebenserwartung:	50 Jahre
Einwohner pro Arzt:	20 000

GAMBIA

Hauptstadt:	Banjul
Lage:	14°–17° westl. Länge, 13° nördl. Breite
Fläche:	11 300 km²
Einwohner:	1 120 000
Amtssprache:	Englisch
Religionen:	Muslime 95%, Christen 4%, traditionelle Religionen 1%
Staatsform:	Präsidialrepublik
Währung:	Dalasi
Analphabetenrate:	61%
Lebenserwartung:	45 Jahre
Einwohner pro Arzt:	11 690

SENEGAL

Entlang der Nordgrenze des Landes strömt der Fluss Senegal, der jedes Jahr über seine Ufer tritt und den Boden mit frischen Nährstoffen versorgt. Im Vergleich zu den anderen Ländern Westafrikas ist Senegal relativ wohlhabend. Während der Kolonialzeit war es das Kernland von Französisch-Westafrika. Noch heute bestehen enge Beziehungen zwischen Senegal und Frankreich. Unter den vielen im Land vertretenen ethnischen Gruppen – etwa den Wolof und den Malinke – leben auch viele Franzosen. In Senegal gibt es neben der Überzahl von Muslimen einige Christen und Anhänger traditioneller Religionen. Die schöne, palmengesäumte Meeresküste Senegals lockt heute viele Touristen an. Mittlerweile spielt auch der Fremdenverkehr für die Wirtschaft Senegals eine immer bedeutendere Rolle.

DAKAR
Die lebhafte Hauptstadt Senegals liegt auf einer felsigen Halbinsel am westlichsten Punkt Afrikas. Als bedeutende Hafenstadt war sie früher auch Hauptstadt von Französisch-Westafrika. Viele imposante Kolonialbauten erinnern noch an diese Zeit. Heute findet man in Dakar neben teuren Restaurants und Luxushotels bitterste Armut.

MUSIKALISCHE GESCHICHTENERZÄHLER
In Westafrika wird die Geschichte immer lebendig erhalten. Seit Jahrhunderten überliefern die Menschen Informationen aller Art mündlich von einer Generation an die nächste – in Form von Erzählungen, Liedern oder Gedichten. Die Sänger, die von Dorf zu Dorf ziehen und die Nachrichten überbringen, werden »Griots« genannt. Sie spielen auf traditionellen Instrumenten wie z. B. der »Kora«.

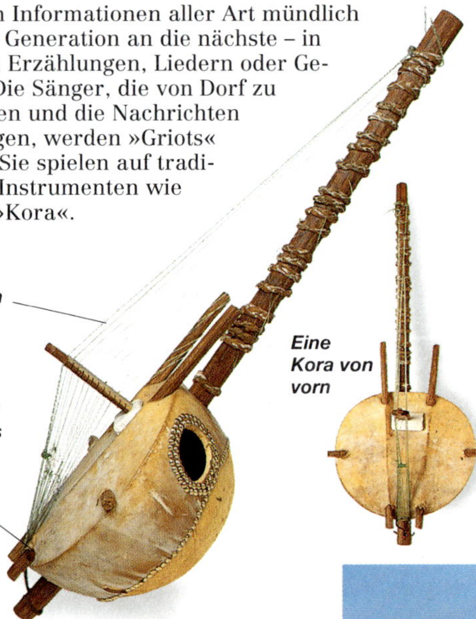

LANDWIRTSCHAFT UND FISCHEREI
Nahezu drei Viertel der Senegalesen sind in der Landwirtschaft tätig. Im Norden werden hauptsächlich Hirse und Sorghum für den Eigenverbrauch sowie Erdnüsse für den Verkauf angebaut. Im feuchteren Süden Senegals haben die Bauern Reisfelder angelegt. Früher wuchsen auf fast der Hälfte der landwirtschaftlichen Nutzfläche Erdnusspflanzen. Aus den Früchten, die unter der Erde wachsen, gewinnt man Speiseöl. Mittlerweile hat sich jedoch Seefisch zum wichtigsten Exportartikel entwickelt. Die Pirogen – Fischerboote aus ausgehöhlten Baumstämmen – sind an der Küste Senegals ein vertrauter Anblick.

GAMBIA

Der winzige Küstenstaat Gambia wird an drei Seiten von Senegal umschlossen. An seiner breitesten Stelle misst das Land von Nord nach Süd nicht mehr als 80 km. Wie im Nachbarland Senegal leben auch in Gambia viele verschiedene Volksgruppen und wie dort ist auch hier der Islam die vorherrschende Religion. Die meisten Gambier arbeiten in kleinbäuerlichen Betrieben, die hauptsächlich Erdnüsse anbauen. Frauen spielen in der Landwirtschaft eine wichtige Rolle. Sie sind vor allem im Reisanbau beschäftigt. Doch nachdem die Bodenversalzung in den sumpfigen Anbaugebieten entlang der Küste weite Flächen unbrauchbar gemacht hat, sind viele Frauen zum Gemüseanbau übergegangen und verkaufen ihre Produkte auf den einheimischen Märkten.

Viele Badetouristen unternehmen Ausflüge ins Landesinnere, um Krokodile, Affen und Vögel am Gambia-Fluss zu beobachten.

TOURISMUS
Der Wirtschaftszweig mit der größten Wachstumsrate in Gambia ist der Fremdenverkehr. Immer mehr Europäer erholen sich an den sonnigen Stränden von Gambia. Besonders Engländer kommen gern hierher, da in dieser ehemaligen britischen Kolonie noch weithin Englisch gesprochen wird. Doch der Tourismus gefährdet die ungezwungene Lebensweise der Einheimischen.

Zum Weiterlesen

AFRIKANISCHE STÄDTE *206*
KOLONIALZEIT *207*
RELIGIONEN *274–275*
REISANBAU *135, 176, 197*

GUINEA

Hauptstadt: Conakry
Lage: 8°–15° westl. Länge, 8°–12° nördl. Breite
Fläche: 245 860 km²
Einwohner: 6 700 000
Amtssprache: Französisch
Religionen: Muslime 95%, traditionelle Religionen 4%, Christen 1%
Staatsform: Präsidialrepublik
Währung: Guinea-Franc
Analphabetenrate: 64%
Lebenserwartung: 44 Jahre
Einwohner pro Arzt: 50 000

GUINEA-BISSAU

Hauptstadt: Bissau
Lage: 13°–17° westl. Länge, 11°–12° nördl. Breite
Fläche: 36 120 km²
Einwohner: 1 070 000
Amtssprache: Portugiesisch
Religionen: Traditionelle Religionen 54%, Muslime 38%, Christen 8%
Staatsform: Präsidialrepublik
Währung: Guinea-Peso
Analphabetenrate: 45%
Lebenserwartung: 43 Jahre
Einwohner pro Arzt: 7 260

GUINEA

Die ehemalige französische Kolonie ist fruchtbar, sehr hügelig und reich an Bodenschätzen. Hier herrschen ideale Witterungsbedingungen für den Anbau von Bananen, Zitrusfrüchten und Reis. Trotz dieser günstigen Voraussetzungen gehört Guinea jedoch zu den ärmsten Ländern der Welt. Die Lebenserwartung seiner Bewohner beträgt nur 44 Jahre und die medizinische Versorgung sowie die Bildungseinrichtungen sind auf niedrigstem Stand. Dies ist hauptsächlich darauf zurückzuführen, dass Frankreich seine Kolonie 1958 ohne jegliche finanzielle Unterstützung in die Unabhängigkeit entließ. Es liegt aber auch an der Misswirtschaft und der strengen Politik unter Sékou Touré, der von 1958–84 Ministerpräsident des Landes war.

Etwa drei Viertel der Bevölkerung Guineas leben in kleinen Dörfern.

DIE VÖLKER GUINEAS
In Guinea lebt ein Völkergemisch aus Malinke, Fulbe, Sussu und anderen Stämmen. Von den Malinke und Fulbe wurde der Islam an die anderen Stämme weitergegeben – Guinea ist daher heute überwiegend muslimisch. Etwa ein Drittel der Landesbewohner gehört zur Gruppe der Malinke; dieser Name geht auf ein Hügelland an der Grenze zu Mali zurück. Es gehörte einst zum mächtigen Reich Mali, das zur Zeit des europäischen Mittelalters ganz Westafrika beherrschte. Die Malinke sind berühmt für ihre jahrhundertealte Tradition des Geschichtenerzählens und für ihre Musik.

DAS HOCHLAND VON GUINEA
Das bergige Hochland von Guinea ist von dichten Wäldern bedeckt, die den Menschen Bauholz liefern. Diese fruchtbare Region ist sehr niederschlagsreich und eignet sich zum Anbau von Agrarprodukten, u. a. Kaffee. Im Fouta Djalon im Westen der Hochebene entspringen drei große Flüsse Westafrikas (Niger, Gambia und Senegal). Außerdem gibt es hier reiche Eisenvorkommen.

BERGBAU
Die Bergregionen Guineas sind reich an Bauxit, einem Mineralerz. Bauxit ist der Ausgangsrohstoff für Aluminium. Nach Australien ist Guinea der zweitgrößte Bauxit-Produzent der Welt; der Anteil dieses Minerals an den gesamten Ausfuhrerlösen des Landes beträgt mehr als 80%. In den Bergregionen Guineas werden auch noch andere wertvolle Bodenschätze gewonnen, wie Eisen, Gold und Diamanten.

GUINEA-BISSAU

Eingekeilt zwischen Senegal und Guinea hat sich dieses flache, sumpfige Land bis heute recht unberührt erhalten. Guinea-Bissau stand früher unter portugiesischer Kolonialherrschaft und erlangte als erste Kolonie der Portugiesen 1974 seine Unabhängigkeit. Heute ist es ein sehr armes Land, das auf finanzielle Hilfe anderer Länder angewiesen ist. Seine Bevölkerung setzt sich aus verschiedenen Völkern zusammen, den größten Anteil stellen die Balante aus dem Süden des Landes. Die meisten Einwohner leben vom Anbau von Kokosnüssen, Baumwolle, Erd- und Cashewnüssen. Auch Holzwirtschaft und Fischerei spielen eine wichtige Rolle.

AN DER KÜSTE
Der Küstenstreifen Guinea-Bissaus ist gesäumt von Mangrovensümpfen, seichten Sand- und Schlickgebieten sowie Mündungen von Flüssen, die aus einem weitläufigen Gewässernetz im Inland kommen. Viele Bewohner der Küste leben von der Fischerei.

Erdnüsse

Cashewnüsse

ERDNÜSSE
Wie der Name schon sagt, wachsen Erdnüsse unter der Erde. Die reifen Nüsse werden aus dem Boden gezogen und vor dem Öffnen zum Trocknen ausgelegt. Der größte Teil der Ernte wird zu Erdnussöl verarbeitet und in der Lebensmittelproduktion eingesetzt. Ein weiteres Erzeugnis ist Erdnussbutter.

Zum Weiterlesen
KOLONIALZEIT *207*
ISLAM *275*
LEBENSERWARTUNG *276*
ENTWICKLUNGSLÄNDER *298–299*

SIERRA LEONE
Hauptstadt: Freetown
Lage: 10°–13° westl. Länge, 7°–10° nördl. Breite
Fläche: 71 740 km²
Einwohner: 4 500 000
Amtssprache: Englisch
Religionen: Traditionelle Religionen 53%, Muslime 39%, Christen 8%
Staatsform: Präsidialrepublik
Währung: Leone
Analphabetenrate: 69%
Lebenserwartung: 40 Jahre
Einwohner pro Arzt: 14 290

LIBERIA
Hauptstadt: Monrovia
Lage: 7°–11° westl. Länge, 4°–8° nördl. Breite
Fläche: 111 370 km²
Einwohner: 3 000 000
Amtssprache: Englisch
Religionen: Christen 68%, traditionelle Religionen 18%, Muslime 14%
Staatsform: Präsidialrepublik
Währung: Liberianischer Dollar
Analphabetenrate: 61%
Lebenserwartung: 53 Jahre
Einwohner pro Arzt: 9 340

SIERRA LEONE

Im Jahr 1787 gründeten die Briten auf dem Gebiet des heutigen Sierra Leone eine Siedlung für befreite Sklaven – so kam auch die Hauptstadt Freetown, »Stadt der Befreiung«, zu ihrem Namen. Noch heute leben einige Nachfahren dieser befreiten Sklaven, so genannte Kreolen, im Land. Die größten einheimischen Volksstämme sind die Mende im Süden und die Temne im Norden Sierra Leones. Seit einigen Jahren tobt zwischen Rebellen und der Militärjunta ein blutiger Machtkampf, dem Spannungen zwischen verschiedenen Volksgruppen zugrunde liegen. Sierra Leone gehört zu den ärmsten Ländern der Welt. Drei Viertel seiner Einwohner bestreiten ihren Lebensunterhalt aus Arbeit in der Landwirtschaft.

LANDWIRTSCHAFT
Die wichtigsten Agrarerzeugnisse für den Export sind Kakao, Kaffee, Nüsse und Palmkerne (Samen, aus denen Öl gepresst wird). Mit der Verlagerung des Reisanbaus an die Unterläufe der Flüsse und an die Küste wurde Reis zum Grundnahrungsmittel der Bevölkerung. Der früher hauptsächlich angebaute »trockene« Reis wächst an den Flusstalrändern, der »schwimmende« Reis in den überfluteten Flussniederungen des Talbodens. Die Erträge des schwimmenden Reises sind doppelt so hoch wie die des trockenen. Durch Rodung der Mangrovensümpfe versucht man zusätzliche Reisanbauflächen zu schaffen.

Zwischen Flusskieseln gefundene Diamanten nennt man alluviale Diamanten.

BERGBAU
Sierra Leone verfügt über reiche Bodenschätze. Die Grundlage der Wirtschaft bildet daher der Bergbau Sierra Leones. Zu den Hauptausfuhrgütern zählen Diamanten. Sie werden aus Gesteinsschichten ausgelöst oder aus abgelagertem Flusskies (Edelsteinseifen) herausgewaschen. Weitere Mineralien für den Export sind Gold, Eisenerz, Bauxit und Rutil (Titanerzeugung).

LIBERIA

Liberia, das niemals unter Kolonialherrschaft stand, ist seit 1847 ein selbstständiger Staat – und damit die älteste unabhängige Republik in Afrika. Im 19. Jh. half die American Colonization Society (der Amerikanische Kolonialisationsverein) Tausenden von freigelassenen afrikanischen Sklaven aus den USA, in Liberia eine neue Heimat zu finden. Dieser Tatsache verdankt der Staat seinen Namen – »Liberia« bedeutet so viel wie »befreites Land«. Bis heute bestehen zwischen den USA und Liberia enge Beziehungen. Seit 1990 herrscht in Liberia Bürgerkrieg, unter dem die Wirtschaft des Landes stark leidet.

Bürgerkriegsflüchtlinge in einem Lager in Pern

BÜRGERKRIEG
Seit Jahren brechen zwischen den Volksgruppen in Liberia, zu denen Stämme wie die Kpelle, die Bassa und die Kru gehören, immer wieder blutige Konflikte aus. In den 90er Jahren entluden sich diese Spannungen in einem Bürgerkrieg, der die ohnehin schon geschwächte Wirtschaft noch weiter beeinträchtigte. Rund die Hälfte der Einwohner musste deshalb in die Nachbarländer fliehen.

KAUTSCHUK-HANDEL
Für die liberianische Wirtschaft sind die Kautschuk-Plantagen, die sich in amerikanischem Besitz befinden, von großer Bedeutung. Tausende von Liberianern haben hier Arbeit gefunden. Die Kautschuk-Produktion trägt wesentlich zum Exporteinkommen des Landes bei. Bereits von Anfang an war die American Firestone Company, der weltberühmte Gummireifen-Hersteller, hier vertreten. Man gewinnt Gummi aus der Milch (Latex) des Kautschukbaums.

Zum Weiterlesen

DIAMANTEN *150, 248*
FLÜCHTLINGE *207*
REISANBAU *135, 176, 197*
KAUTSCHUK *194*

CÔTE D'IVOIRE

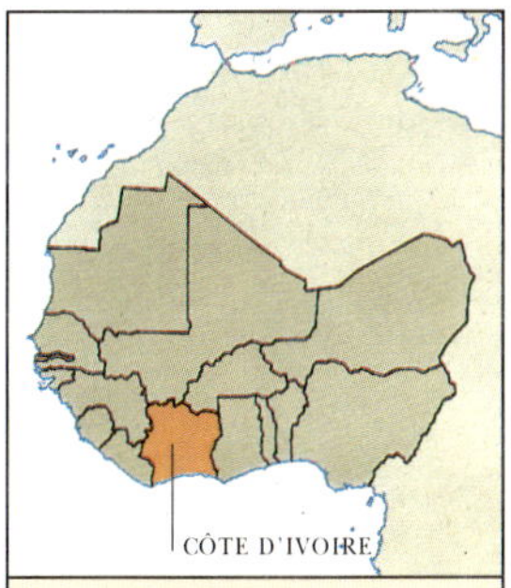

CÔTE D'IVOIRE

Hauptstadt: Yamoussoukro

Lage: 3°–8° westl. Länge, 5°–11° nördl. Breite

Fläche: 322 463 km²

Einwohner: 14 300 000

Amtssprache: Französisch

Religionen: Traditionelle Religionen 60%, Muslime 20%, Christen 20%

Staatsform: Präsidialrepublik

Währung: CFA-Franc

Analphabetenrate: 60%

Lebenserwartung: 51 Jahre

Einwohner pro Arzt: 16 670

Die Elfenbeinküste, wie die deutsche Bezeichnung für den amtlichen französischen Staatsnamen lautet, ist politisch und wirtschaftlich eines der stabilsten Länder Afrikas. Dies liegt sicherlich auch an der langen Regierungszeit des Staatspräsidenten Félix Houphouët-Boigny, der von 1960 bis zu seinem Tod 1993 das Land regierte. Er förderte den Export einer großen Bandbreite von Produkten. Die wichtigsten Ausfuhrgüter sind Kaffee und Kakao; darüber hinaus spielen auch Baumwolle, Obst, Tabak und Holz eine Rolle. Die Côte d'Ivoire war früher eine französische Kolonie und wurde erst 1960 in die Unabhängigkeit entlassen. Die engen Beziehungen zu Frankreich blieben jedoch bis heute erhalten.

ETHNISCHE VIELFALT

Die Bevölkerung setzt sich aus etwa 60 unterschiedlichen Volksgruppen zusammen. Bis auf gelegentlich aufflammende Zwistigkeiten leben diese alle relativ friedlich nebeneinander. Bekannt für seine Schnitzkunst ist das Volk der Dan, das die Wälder im Westen des Landes bewohnt. Die von den Dan hergestellten Holzmasken werden von Mitgliedern besonderer Geheimbünde getragen, die dahinter ihre Identität verbergen. Sie nehmen als Einzige an den Stelzentänzen der Dan teil.

Diese Harthölzer stammen alle von der Elfenbeinküste.

Mahagoni

Iroko

Idigbo

HOLZWIRTSCHAFT

Die Elfenbeinküste besaß früher riesige Wälder, in denen Ebenholz-, Mahagoni- und andere Hartholzbäume wuchsen. Jahrelang hing die Wirtschaft vom Export dieser Edelhölzer ab. Heute sind diese Wälder fast ganz verschwunden. Weite Gebiete wurden auch abgeholzt, um Anbauflächen für Kaffee und Kakao zu gewinnen. Inzwischen wurde jedoch ein Programm zur Erhaltung und Wiederaufforstung der Waldbestände gestartet.

YAMOUSSOUKRO

Über den Dächern der Stadt erhebt sich die Kuppel der größten christlichen Kirche der Welt. Sie lehnt sich architektonisch an den Petersdom in Rom an. Yamoussoukro liegt im Zentrum des Staates Elfenbeinküste und ist erst seit 1983 Hauptstadt. Unter der persönlichen Aufsicht von Staatspräsident Boigny wurde die gewaltige Kathedrale 1989 mit ungeheurem Kostenaufwand fertiggestellt. Der Innenraum bietet Platz für 7 000 Besucher, im Außenbereich kann sie sogar 350 000 Menschen aufnehmen – das entspricht der dreifachen Einwohnerzahl der Stadt. Dieser unverhältnismäßig große und teure Bau war international stark umstritten, da Armut im Land noch weit verbreitet ist.

Ananas

Bananen

Kaffeebohnen

WIRTSCHAFT

Im Vergleich zu den meisten Staaten Westafrikas ist die Elfenbeinküste relativ wohlhabend. Das liegt u. a. an der vernünftigen Wirtschaftspolitik, die sich nicht nur auf ein Produkt beschränkt. Das Land ist der weltweit größte Produzent von Kakaobohnen – in manchen Jahren hat das Land etwa ein Drittel des gesamten Weltexports dieses Produkts bestritten. Die wachsende Konkurrenz aus Südostasien kann das aber bald ändern. Darüber hinaus ist die Elfenbeinküste der drittgrößte Kaffeeproduzent Afrikas. Weitere bedeutende Agrarprodukte sind Ananas und Bananen.

Die fünf größten Kakaoerzeuger der Welt (1992/93)

Die Zahlen geben den Anteil an der Weltproduktion an.

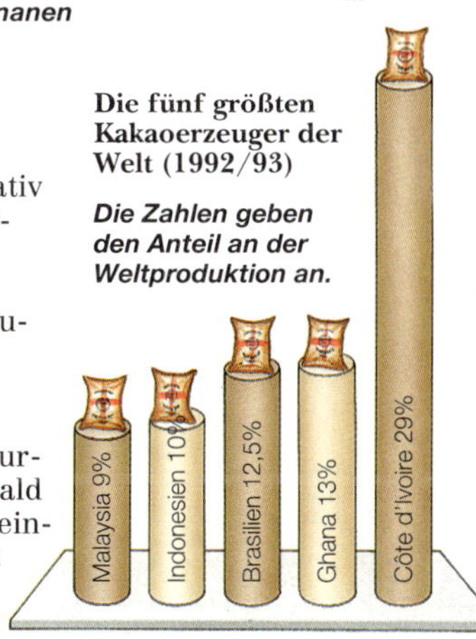

Viele Banken und Geschäftshäuser von Abidjan haben ihren Hauptsitz in einem der Wolkenkratzer im modernen Zentrum der Stadt.

ABIDJAN

Die moderne Hafenstadt Abidjan ist die größte Stadt der Elfenbeinküste. Bis 1983 war sie auch die Hauptstadt des Landes. Hier findet man Luxusgeschäfte und teure Restaurants mit unverkennbar französischem Einfluss. Sie erinnern an die Vergangenheit des Landes als französische Kolonie.

Zum Weiterlesen

CHRISTENTUM *274*
KAKAO *228, 234*
KAFFEE *50, 62, 66*
WALDRODUNG *69, 244*

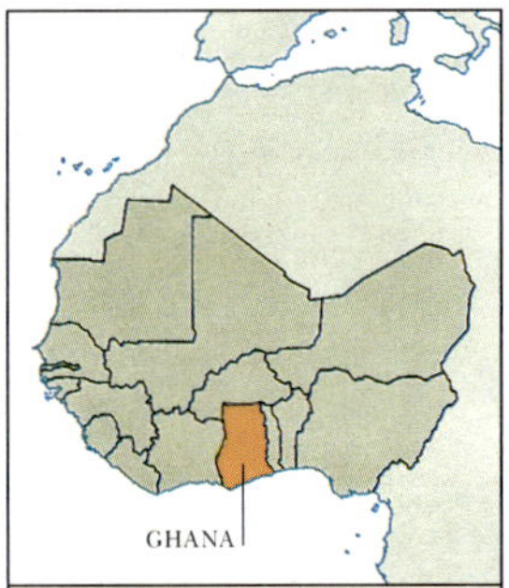

GHANA

Hauptstadt: Accra

Lage: 1° östl.–3° westl. Länge, 5°–11° nördl. Breite

Fläche: 238 540 km²

Einwohner: 17 500 000

Amtssprache: Englisch

Religionen: Christen 60%, traditionelle Religionen 24%, Muslime 16%

Staatsform: Präsidialrepublik

Währung: Cedi

Analphabetenrate: 36%

Lebenserwartung: 56 Jahre

Einwohner pro Arzt: 25 000

GHANA

Ghana hat beste Voraussetzungen, um ein wohlhabendes Land zu sein: Es besitzt fruchtbares Ackerland, Gold-, Bauxit- und Erdölvorkommen und ist das am besten erschlossene Land Westafrikas. Jahrelange politische Instabilität, niedriges Exporteinkommen und Misswirtschaft haben der Entwicklung Ghanas jedoch immer wieder schwere Rückschläge versetzt. Sehr ungünstig wirkte sich z. B. die starke Abhängigkeit von einem einzigen Produkt – dem Kakao – aus. Sein Preisrückgang auf dem Weltmarkt sowie schwankende Ernteerträge brachten große Verluste. Jede der über 50 Volksgruppen Ghanas hat ihre eigene Sprache und Kultur. Die größte Gruppe sind die Akan; zu ihnen gehören die Ashanti im Süden, die Dagomba im Norden und die Ewe im Südosten Ghanas.

UNABHÄNGIGKEIT
Ghana erlangte 1957 als erste Kolonie in Schwarzafrika die Unabhängigkeit. Kwame Nkrumah, der die Widerstandsbewegung gegen die Kolonialmacht England angeführt hatte, wurde der erste Staatspräsident Ghanas. Als es zu einer Wirtschaftskrise kam, sank sein Ansehen. 1966 wurde er gestürzt.

AKOSOMBO-STAUDAMM
Der Voltasee wurde durch den zwischen 1960 und 1966 errichteten Akosombo-Damm am Unterlauf des Volta aufgestaut. Rund 85 000 Menschen wurden umgesiedelt. Das Wasserkraftwerk sichert die Stromversorgung des Aluminiumschmelzwerks und der Haushalte der Stadt Tema. Ein Teil der Elektrizität wird nach Togo und Benin geliefert.

Aus Gold gefertigte Ashanti-Kopfmaske

Marktfrauen in Accra

MÄRKTE
In jeder ghanaischen Stadt gibt es einen bunten, quirligen Markt, der auch die Bewohner aus den benachbarten Dörfern anzieht. Hier werden alle erdenklichen Produkte gekauft und verkauft – von Nahrungsmitteln über Haushaltsgeräte bis zu Tieren. Zum Handeln und Kaufen treffen sich hier hauptsächlich die Frauen.

DIE ASHANTI
Als die Europäer im 15. Jh. Ghana auf dem Seeweg erreichten, gaben sie dem Land den Namen »Goldküste«, weil ihnen die Einheimischen im Tauschhandel Gold anboten. Die Ashanti sind seit alters her bekannt für ihre hoch stehende Golschmiedekunst. Ihre Könige und Priester trugen prachtvollen Goldschmuck. Bis heute verehren die Ashanti den einst vom Himmel gesandten »Goldenen Thron« als Symbol für die Seele und die Einheit ihres Volkes. Das Gold aus den Ashanti-Minen ist bis heute ein wichtiges Ausfuhrgut des Landes.

Ein ausgereifter Kakaobaum produziert pro Jahr 20 bis 30 Früchte.

Die Kakaofrüchte wachsen direkt am Baumstamm. Sobald sie sich gelb färben, sind sie erntereif.

Die Kakaobohnen werden getrocknet, geröstet und zerrieben. Dabei entsteht eine ölige Masse. Diese kann erneut erhitzt und in Schokoladenformen gegossen werden.

KAKAO
Kakaobäume benötigen viel Schatten, wenn sie jung sind, und viel Wasser, wenn sie älter werden. Vor allem im südwestlichen Ghana mit seinen reichlichen Niederschlägen und dem tiefen, lehmigen Boden finden die Kakaobäume ausgezeichnete Wachstumsbedingungen. Sie werden im Waldland auf Lichtungen zwischen Bananen und anderen Kulturpflanzen gesetzt, die den notwendigen Schatten spenden. Erst nach sieben Jahren beginnen die Bäume die wertvollen Früchte zu tragen. Mit dem Kakaoanbau erzielt Ghana fast 30% seiner Exporterlöse. Die Elfenbeinküste und Südostasien sind allerdings wachsende Konkurrenten.

Kakaofrucht

Kakaofrüchte enthalten bis zu 40 hellrosa Bohnen.

Geröstete Bohnen

Zum Weiterlesen

KAKAO *227, 234*
KOLONIALZEIT *207*
GOLDBERGBAU *253*
HANDELSABHÄNGIGKEIT *281*

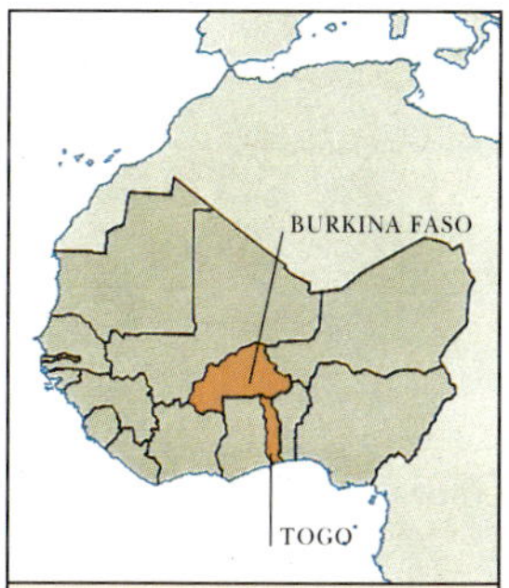

BURKINA FASO	
Hauptstadt:	Ougadadougou
Lage:	5° westl.–2° östl. Länge, 9°–15° nördl. Breite
Fläche:	274 200 km²
Einwohner:	10 300 000
Amtssprache:	Französisch
Religionen:	Traditionelle Religionen 55%, Muslime 35%, Christen 10%
Staatsform:	Präsidialrepublik
Währung:	CFA-Franc
Analphabetenrate:	81%
Lebenserwartung:	47 Jahre
Einwohner pro Arzt:	33 330

TOGO	
Hauptstadt:	Lomé
Lage:	0°–2° östl. Länge, 6°–11° nördl. Breite
Fläche:	56 790 km²
Einwohner:	4 100 000
Amtssprachen:	Französisch, Kabyè und Ewe
Religionen:	Traditionelle Religionen 50%, Christen 35%, Muslime 15%
Staatsform:	Präsidialrepublik
Währung:	CFA-Franc
Analphabetenrate:	48%
Lebenserwartung:	55 Jahre
Einwohner pro Arzt:	12 500

BURKINA FASO

Der Binnenstaat Burkina Faso (bis 1984 hieß das Land Obervolta) zählt zu den am geringsten entwickelten Staaten der Erde. Wie die anderen Länder der Sahelzone wird auch Burkina Faso ständig von Dürren bedroht. In jüngster Zeit ist die Sahara bedenklich weit nach Süden vorgedrungen und hat viele Weideflächen des Landes in Wüste verwandelt. In Burkina Faso gibt es nur wenige Städte; die meisten Menschen hier leben in Dörfern als Ackerbauern und Viehhirten. Politische Unruhen haben dem Land enorm geschadet und seine Wirtschaft beinahe zum Erliegen gebracht. Die Armut ist jetzt so groß, dass fast ein Drittel der Einwohner seine Heimat verlassen musste, um anderswo nach Arbeit zu suchen.

ENTWICKLUNGSHILFE

Burkina Faso ist stark von ausländischer Finanzhilfe abhängig. Jährlich fließen über 600 Mio. Mark an Entwicklungshilfe ins Land. Das meiste davon stammt aus Frankreich, dem früheren Kolonialherrn, aber auch die Europäische Union stellt beträchtliche Mittel zur Verfügung. Das Geld wird für verschiedene Projekte eingesetzt, etwa für die Errichtung von Staudämmen und Wasserkraftwerken zur Stromerzeugung oder auch für den Bau von Brunnen zur Trinkwasserversorgung der Dörfer (oben).

Für den Eigenbedarf legen viele Bauern einen Gemüsegarten an.

LANDWIRTSCHAFT

Wassermangel und unfruchtbare Böden bereiten den Bauern in Burkina Faso größte Probleme. Bevor sie irgendetwas anpflanzen können, müssen sie das Land roden, die Sträucher abbrennen und die Asche als Dünger in die Erde einpflügen. Ein solches Feld bringt nur vier bis fünf Jahre lang Erträge.

Die Fulani tragen viele ihrer Habseligkeiten in bauchigen Gefäßen mit sich, die man »Kalebassen« nennt. Sie bestehen aus ausgehöhlten, getrockneten Kürbissen.

Die Kalebasse liegt auf einem Ring aus fest zusammengerolltem Stoff.

Die Fulani züchten Rinder (hier sind es Zebus), aber auch Schafe und Ziegen. Im Norden des Landes werden Kamele gehalten.

DIE FULANI

Die Fulani oder Fulbe sind Nomaden und leben von der Viehzucht. Sie ziehen durchs Land auf ständiger Suche nach neuen Weideplätzen für ihre Herden. Wenn sie sich irgendwo niederlassen, schlagen sie ihre Zelte auf oder errichten ganz einfache Hütten. Sie leben hauptsächlich von dem, was ihre Tiere liefern – Milch, Butter, Käse und wenig Fleisch. Viele Fulani haben das Nomadentum inzwischen aufgegeben und sind sesshaft geworden.

TOGO

Die ehemals französische Kolonie Togo hat im Jahr 1960 ihre Unabhängigkeit erlangt. Die Bevölkerung des kleinen Landes zwischen Ghana und Benin ist ein buntes Gemisch aus etwa 30 verschiedenen Volksgruppen. Die beiden größten sind die Ewe im Süden und die Dagomba im Norden. Die Hälfte seines Exports bestreitet Togo mit Phosphaten, aus denen Düngemittel hergestellt werden. Allerdings haben die ständigen Schwankungen der Phosphatpreise auf dem Weltmarkt die Wirtschaft in eine tiefe Krise getrieben. Lomé, die Hauptstadt Togos, ist einer der wichtigsten Häfen Westafrikas.

LANDWIRTSCHAFT UND FISCHEREI

Togo kann seine Bevölkerung weitgehend selbst mit Nahrung versorgen. Mais, Yamswurzeln, Reis und Maniok werden für den Eigenbedarf angebaut, Kakao, Kaffee und Baumwolle zum Verkauf und für den Export. An der Küste leben viele Menschen vom Fischfang.

Zum Weiterlesen

FULANI *207*
PHOSPHATE *210*
REICH UND ARM *278–279*
SAHELZONE *220, 222*

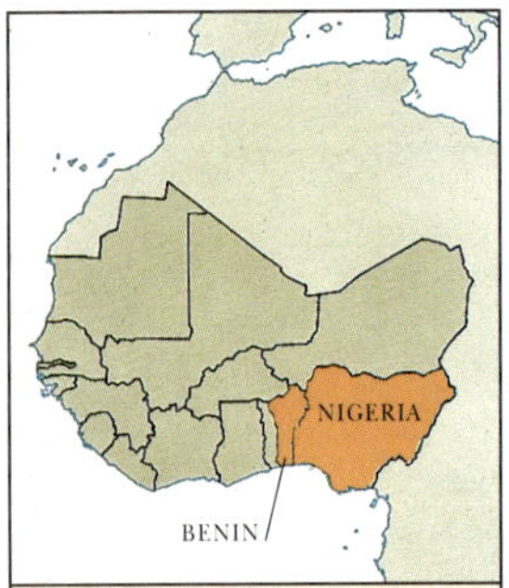

NIGERIA

Hauptstadt: Abuja

Lage: 3°–15° östl. Länge, 4°–14° nördl. Breite

Fläche: 923 770 km²

Einwohner: 90 Mio.

Amtssprache: Englisch

Religionen: Muslime 50%, Christen 40%, traditionelle Religionen 10%

Staatsform: Präsidiale Bundesrepublik

Währung: Naira

Analphabetenrate: 43%

Lebenserwartung: 50 Jahre

Einwohner pro Arzt: 66 670

BENIN

Hauptstadt: Porto Novo

Lage: 1°–4° östl. Länge, 7°–12 nördl. Breite

Fläche: 112 620 km²

Einwohner: 5 400 000

Amtssprache: Französisch

Religionen: Traditionelle Religionen 70%, Christen 15%, Muslime 15%

Staatsform: Mehrparteiendemokratie

Währung: CFA-Franc

Analphabetenrate: 63%

Lebenserwartung: 47 Jahre

Einwohner pro Arzt: 14 290

NIGERIA

In Nigeria, dem bevölkerungsreichsten Staat Afrikas, leben 90 Mio. Menschen, die sich auf über 250 verschiedene Volksstämme verteilen. Die zahlenmäßig größten Gruppen sind die Haussa-Fulani im Norden, die Yoruba im Westen und die Ibo im Osten des Landes. In der Vergangenheit hatten die Haussa und die Yoruba große Reiche. Umfangreiche Erdöl-, Erdgas- und Mineralvorkommen sowie fruchtbare Ackerflächen bieten Nigeria beste Voraussetzungen für eine blühende Wirtschaft. Seine Bevölkerung besitzt einen sehr hohen Bildungsstand. Eine Reihe von Militärputschen und blutige Konflikte zwischen einzelnen Volksgruppen haben das Land geschwächt. Heute steht Nigeria vor einem gewaltigen Schuldenberg und bemüht sich um die Modernisierung von Industrie und Landwirtschaft.

LAGOS
Die Stadt Lagos erstreckt sich über einige Inseln im Südwesten Nigerias. Diese wurden im 15. Jh. von Yoruba besiedelt. Später liefen europäische Schiffe den Hafen an und die Stadt erlebte einen raschen Aufschwung. Als Nigeria 1960 die Unabhängigkeit erlangte, war Lagos die Hauptstadt. Erst 1992 wurde Abuja zur neuen Hauptstadt erhoben.

ERDÖL
Im Jahr 1956 wurde in Nigeria erstmals Erdöl gefördert, doch schon nach 20 Jahren beherrschte dieser neue Industriezweig die gesamte Wirtschaft. Heute trägt das Erdöl zu über 98% der Exporterlöse des Landes bei. Nigerianisches Öl ist von hoher Qualität; es hat einen geringen Schwefelgehalt und eignet sich daher besonders als Flugzeugtreibstoff. Es ist jedoch immer sehr riskant, wenn ein Land einseitig ausgerichtet ist: Als in den 80er Jahren die Weltmarktpreise für Erdöl fielen, gingen die Einnahmen aus dem Export drastisch zurück und Nigeria verarmte zusehends. Heute fördert man andere Wirtschaftssektoren, um vom Erdöl unabhängig zu sein.

Im Nigerdelta im Süden Nigerias gibt es große Erdöllager, die noch für mindestens 25 Jahre ausreichen. In vier riesigen Ölraffinerien wird das Rohöl für den Export aufbereitet.

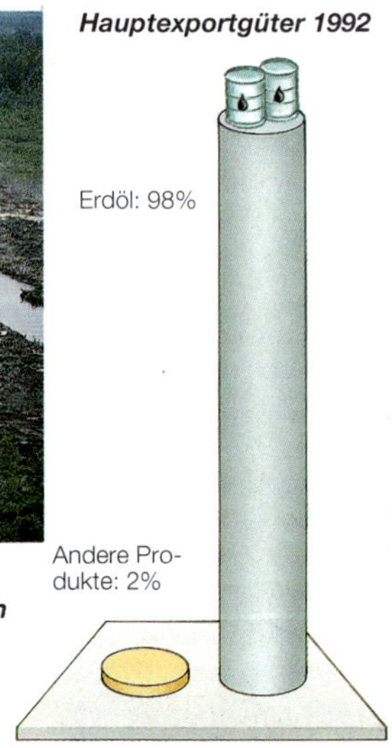

PLANTAGEN
In den letzten Jahrzehnten wurden überall in Nigeria ausgedehnte Plantagen angelegt, um Feldfrüchte in großen Mengen zu erzeugen und auf dem Weltmarkt zu verkaufen. Zum Säen, Pflegen und Verarbeiten der Pflanzen, wie Baumwolle, Kaffee, Zuckerrohr, Kakao und Ölpalmen, werden moderne Maschinen eingesetzt. Heute gehört Nigeria zu den größten Palmölproduzenten der Welt. Das aus dem Fruchtfleisch und den Kernen der Palmfrucht gewonnene Öl wird zur Herstellung von Speiseöl, Margarine, Seife, Kerzen und Farben verwendet. Die Pressrückstände sind ein nahrhaftes Viehfutter.

Bauern bereiten die Felder durch Rodung und Pflügen für den Anbau vor.

Ölpalme

Die Fruchtstände der reifen Palmfrüchte werden abgeschnitten. In Fabriken presst man das Öl aus der Frucht.

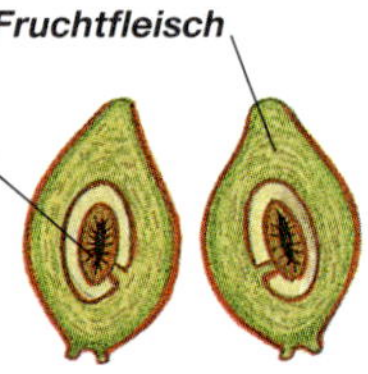

Querschnitt durch eine Palmfrucht

KLEINE ACKERBAUBETRIEBE
Die meisten nigerianischen Bauern bewirtschaften ihre eigenen kleinen Höfe. Mit Hacken, Pflügen und anderen einfachen Geräten bauen sie zur Eigenversorgung Maniok, Reis, Yamswurzeln und Mais an. Zum Verkauf bestimmt sind dagegen Kakao, Palmöl, Kautschuk und Erdnüsse. Nach wie vor erzeugen solche kleinen Farmbetriebe den größten Teil der Exportprodukte.

DORFLEBEN

Die meisten Nigerianer sterben in dem Dorf, in dem sie auch geboren wurden. Sie bleiben ihrem Dorf stets heimatlich verbunden, auch wenn sie vorübergehend in einer großen Stadt leben. Die Mehrzahl der Dorfbewohner sind Bauern. In fast jedem Dorf gibt es auch einen Medizinmann, einen Schmied und einen Zimmermann. Die Dorfgemeinschaften versorgen sich größtenteils selbst – sie bauen ihre eigenen Nahrungsmittel an, errichten Häuser, weben Stoffe für Kleidung und fertigen ihre eigenen Kochtöpfe. Was sie nicht selbst herstellen können, beschaffen sie mit dem Geld, das sie durch den Verkauf ihrer Waren auf den einheimischen Märkten verdienen.

In vielen Dörfern hat Wellblech die herkömmlichen Baumaterialien verdrängt.

Brennholz zum Kochen

Hirse ist ein Grundnahrungsmittel. Die Körner werden zu Mehl zerstoßen.

Dorfbewohner kehren mit Hühnern, Kleidung und anderen Waren vom Markt in der nächsten Stadt zurück.

Im Süden Nigerias gehören zu einer Mahlzeit meist auch Yamswurzeln. Diese werden vor dem Verzehr geschält, gekocht und zerstampft.

Frauen tragen ihre Babys in Schlingtüchern.

Neue Siedler tragen zur Übervölkerung nigerianischer Städte bei. Diesen Menschen bleiben oft nur die Elendsviertel an den Stadträndern.

LANDFLUCHT

Viele junge Nigerianer verlassen ihre Dörfer für einige Jahre und lassen sich in einem größeren Ort nieder. Sie gehen in die Stadt, um zu studieren oder zu arbeiten. Ihren Familien schicken sie Geld, wenn die Einnahmen im landwirtschaftlichen Betrieb der Eltern zu gering sind. Irgendwann kehrt jedoch fast jeder in sein Heimatdorf zurück.

Indigo ist ein weit verbreiteter Farbstoff. Die blaue Farbe wird aus den Blättern des Indigostrauchs gewonnen.

FARBEN

Die Yoruba im Südwesten Nigerias zaubern mit Naturfarben komplizierteste Muster. Der Stoff wird meist in Tontöpfen eingefärbt. Die Haussa in Kano, einer Stadt im Norden Nigerias, verwenden dafür Erdlöcher, die sie mit Mörtel auskleiden.

RELIGION

In Nigeria gibt es Anhänger unterschiedlicher Glaubensrichtungen. Der größte Teil der Bewohner im Norden bekennt sich zum Islam, der im 11. Jh. von arabischen Kaufleuten ins Land gebracht wurde. Religiöse Feste sind bedeutende Ereignisse für die Bewohner eines jeden Ortes. Diese Sallah-Prozession z. B. kündigt das Ende des mohammedanischen Fastenmonats (Ramadan) an. 500 Jahre nach den Arabern kam mit den europäischen Händlern das Christentum in den Süden Nigerias. Es gibt jedoch auch noch viele Nigerianer, die nach wie vor ihren eigenen traditionellen Naturreligionen anhängen.

BENIN

Benin ragt als schmaler Landstrich an der Westgrenze Nigerias von der Atlantikküste bis zum Niger. Vom 17. bis 19. Jh. bestand hier ein mächtiges Königreich mit hoch stehender Kunst und Kultur. Von 1899 bis 1960 war das Land französische Kolonie, bis 1975 hieß es Dahomey. Wirtschaftliche Schwierigkeiten und unterschiedliche Stammesinteressen verhinderten, dass Benin nach Erlangung der Unbhängigkeit zur Ruhe kam. Im Laufe der Jahre gab es mehrere Staatsstreiche, die das Militär an die Macht brachten. 1991 wurde Benin als erstes afrikanisches Land von einer sozialistischen Einparteiendiktatur in eine Mehrparteiendemokratie umgewandelt. In Benin herrscht zwar noch viel Armut, aber Exportprodukte wie Baumwolle, Kakao und Kaffee lassen die Wirtschaft allmählich gesunden.

KÜSTENGEBIETE

Jahrhundertelang haben die Bewohner dieser Pfahlbauten an den Ufern des Ganviesees vom Fischen gelebt. Inzwischen sind jedoch große Teile des Sees verschlammt, sodass die Menschen gezwungen wurden auf Meeresfischerei auszuweichen oder in die Städte umzusiedeln.

Zum Weiterlesen

AFRIKANISCHE STÄDTE *206*
KAKAO *227, 228, 234*
ERDÖL *137, 152, 281*
RELIGION *274–275*

ZENTRALES AFRIKA

Im fruchtbaren mittleren Teil Afrikas im Bereich des Äquators wachsen üppige Regenwälder. Hier bahnt sich auch der mächtige Kongo seinen Weg durch die Staaten Kongo und Zaire. Im 16. Jh. betrieben die Europäer in diesem Gebiet groß angelegten Sklavenhandel. Bis Mitte des 20. Jh. standen die Länder im zentralen Afrika unter Kolonialherrschaft. In den 1960er Jahren wurden sie schließlich in die Unabhängigkeit entlassen, doch die Demokratie hielt nur langsam Einzug. Die Staaten in diesem Teil Afrikas haben einen recht unterschiedlichen Entwicklungsstand. Kamerun z. B. ist wohlhabend, in der Zentralafrikanischen Republik hingegen leiden die Menschen unter Diktatoren und schlimmster Armut.

Faya, Tschad
Jan. 21 °C
Juli 34 °C
Jan. 0 mm
Juli 0 mm

TSCHAD

WAS IST WO AUF DER KARTE

Längster Fluss: Kongo (Zaire), Zaire/Kongo, 4 666 km *Karte G10*

Höchste Erhebung: Margherita, Zaire, 5 109 m *Karte K11*

Größter See: Tanganyikasee, Zaire, 32 893 km² *Karte K12*

KAMERUN

ÄQUATORIAL-GUINEA

SÃO TOMÉ U. PRÍNCIPE

GABUN

KONGO

ZENTRAL-AFRIKANISCHE REPUBLIK

REGENWALD
In Äquatornähe regnet es das ganze Jahr über – in diesem Klima gedeihen üppige Regenwälder. Große Waldgebiete wurden allerdings schon zerstört, um Holz zu gewinnen. Etwas weiter nördlich und südlich des Äquators fällt nur zu bestimmten Zeiten des Jahres Niederschlag. In diesem wechselfeuchten Klima trifft man auf Gras- und Strauchsavannen. Im äußersten Norden, im Tschad, herrscht trockene, sengende Hitze: Hier gibt es nur noch Wüstenlandschaft.

Lubumbashi, Zaire
Jan. 22 °C
Juli 16 °C
Jan. 267 mm
Juli 0 mm

ZAIRE

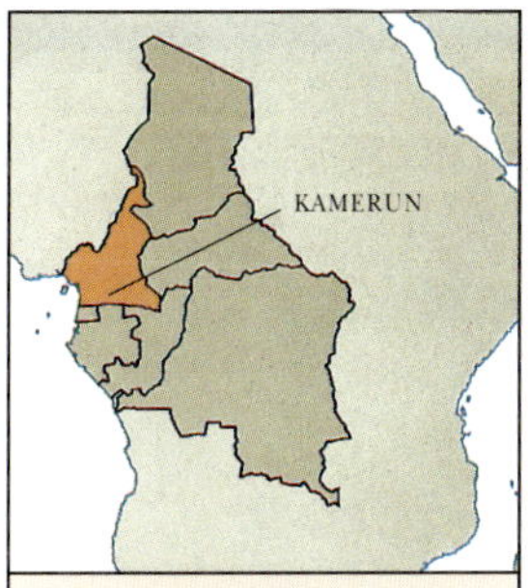

KAMERUN

- **Hauptstadt:** Jaunde
- **Lage:** 8°–16° östl. Länge, 2°–13° nördl. Breite
- **Fläche:** 475 440 km²
- **Einwohner:** 13 200 000
- **Amtssprachen:** Französisch und Englisch
- **Religionen:** Traditionelle Religionen 51%, Christen 33%, Muslime 16%
- **Staatsform:** Präsidialrepublik
- **Währung:** CFA-Franc
- **Analphabetenrate:** 37%
- **Lebenserwartung:** 56 Jahre
- **Einwohner pro Arzt:** 12 500

KAMERUN

Am Golf von Guinea, dort, wo der afrikanische Kontinent einen auffälligen Knick nach Süden beschreibt, liegt Kamerun. An seine feuchte Küstenebene schließt sich das große, trockene Hochland mit dem Kamerungebirge an. Im Norden reicht ein schmaler Landstreifen bis zum Sumpfgebiet am Tschadsee. In Kamerun leben über 130 größere Stämme, darunter die Bantu und die Sudanneger sowie die Pygmäen. Dieses kleinwüchsige Volk von Jägern und Sammlern lebt im Regenwald und ist durch Brandrodungen in seiner Existenz bedroht. Kamerun hat eine stabile Wirtschaft und ist ein recht wohlhabendes Land. Reiche Erdölvorräte tragen wesentlich zur guten Wirtschaftslage bei.

BEVÖLKERUNG
Mit seinen mehr als 130 Stämmen beherbergt Kamerun eines der buntesten Völkergemische auf dem afrikanischen Kontinent. Im Süden mit seinen Waldgebieten leben vor allem Bantu und Pygmäen, in den Savannen des mittleren und nördlichen Kamerun Sudanneger und Fulani (Fulbe), im äußersten Norden auch Araber. Der Norden ist islamisch geprägt, im Süden werden Naturreligionen und das Christentum praktiziert. Die meisten Kameruner sind sesshafte Bauern, die ihre Familien selbst versorgen. Im Bild oben ein Haussa mit seiner Herde.

Die Perlhirse wird zwischen 1,50 m und 3 m hoch.

Frauen zerstoßen die Hirsekörner zu grobkörnigem Mehl.

Aus Hirse lässt sich auch Bier brauen. Hierzu wird sie erst getrocknet, dann zerstoßen und anschließend in großen Töpfen zur Gärung gebracht.

HIRSEANBAU
Die meisten Bauern in Kamerun können sich durch den Anbau von Feldfrüchten, beispielsweise Hirse, selbst versorgen (Subsistenzwirtschaft); darüber hinaus erzeugen sie auch Nahrungsmittel für den Verkauf. Hirse wächst am besten auf magerem, eher trockenem Boden und wird daher vor allem im niederschlagsarmen Nordkamerun angebaut. Inzwischen wurde mit viel Geld auch die Erzeugung von Kakao, Kaffee, Palmöl und Bananen gefördert. Diese Produkte gehen in den Export und bringen wichtige Devisen.

Der zähe, weißliche Hirsebrei wird gern zum Frühstück gegessen.

Die Kürbisse vibrieren, sobald eine Saite angezupft oder ein Stück Holz über die Bespannung gezogen wird.

Die Bogenharfe hat vier bis sechs Saiten und bis zu fünf Kürbiskalebassen als Resonanzkörper.

DIE MUSIK
Überall in Kamerun erklingt traditionelle Musik. Verbreitet sind u. a. Flöten aus Tierhörnern, Lehm oder Pflanzenmaterial, Trommeln, Klangstäbe und Saiteninstrumente, wie auch die Bogenharfe. Zum rhythmischen Makossa, einer Mischung aus schwarzafrikanischen Klängen und Soulmusik, wird getanzt.

INDUSTRIE
Kamerun verfügt über eine bedeutende Holzindustrie. Die üppigen Regenwälder liefern Edelhölzer wie Mahagoni, Ebenholz und Teak, die alle ins Ausland exportiert werden. Behindert wird die Holzwirtschaft allerdings durch die Regenzeit, in der die Straßen völlig unpassierbar sind. Der Wohlstand des Landes gründet sich vor allem auf die Erdölvorkommen, aber auch andere Bodenschätze wie Bauxit, Eisen und Gold bringen Geld ins Land. Ausgeführt werden außerdem bereits aufbereitete landwirtschaftliche Erzeugnisse.

FUSSBALL
Nach einigen herausragenden Leistungen bei Länderspielen und bei der Weltmeisterschaft haben sich die Kameruner als ausgezeichnete Fußballspieler einen Namen gemacht. Den begeisterten Fans des »runden Leders« genügt zur Mittagspause oder abends oft schon irgendein freier Platz, um sich ein kurzes Spiel zu liefern.

Zum Weiterlesen

KAKAO *227, 228, 234*
RODUNG *69, 227, 244*
ERDÖL *152, 230, 281*
ÖLPALMEN *230*

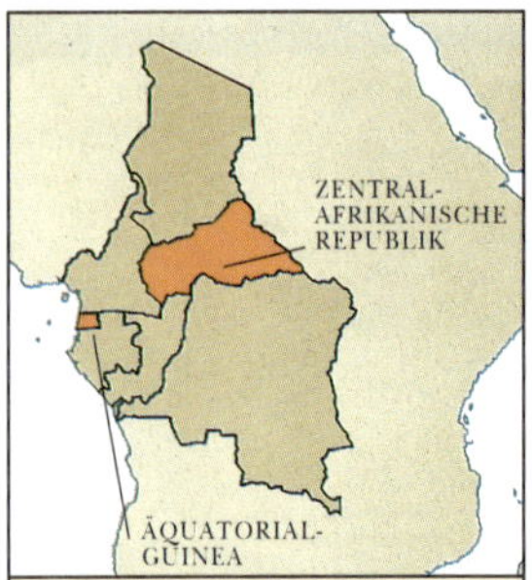

ZENTRALAFRIKANISCHE REPUBLIK

Hauptstadt: Bangui

Lage: 15°–27° östl. Länge, 2°–12° nördl. Breite

Fläche: 622 980 km²

Einwohner: 3 200 000

Amtssprachen: Französisch und Sangho

Religionen: Traditionelle Religionen 57%, Christen 35%, Muslime 8%

Staatsform: Präsidialrepublik

Währung: CFA-Franc

Analphabetenrate: 40%

Lebenserwartung: 49 Jahre

Einwohner pro Arzt: 25 000

ÄQUATORIALGUINEA

Hauptstadt: Malabo

Lage: 16°–12° östl. Länge, 1°–4° nördl. Breite

Fläche: 28 050 km²

Einwohner: 400 000

Amtssprache: Spanisch

Religionen: Christen 90%, andere 10%

Staatsform: Präsidialrepublik

Währung: CFA-Franc

Analphabetenrate: 50%

Lebenserwartung: 48 Jahre

Einwohner pro Arzt: 3 622

ZENTRALAFRIKANISCHE REPUBLIK

Der Staat östlich von Kamerun und im Herzen Afrikas ist im Norden trocken und wüstenartig, während der Süden von immergrünen, tropischen Regenwäldern bedeckt wird. Dürren und politische Unruhen bereiten der Zentralafrikanischen Republik große Probleme. 1965 begann die 14-jährige Schreckensherrschaft des selbst ernannten Kaisers Bokassa, auf die eine Militärdiktatur folgte. Erst 1993 wurden die ersten Mehrparteienwahlen abgehalten. Die Wirtschaft ist nach wie vor unstabil und das Land gehört zu den ärmsten der Welt.

FLUSSWEGE
Flüsse sind die wichtigsten Verkehrs- und Transportwege der Zentralafrikanischen Republik, da das Land keine Küsten hat, über kein Eisenbahnnetz verfügt und auch nur wenige gut befahrbare Straßen vorhanden sind. Fast drei Viertel aller Handelsgüter werden auf den Flüssen transportiert.

PYGMÄEN
Wie in Kamerun trifft man auch in der Zentralafrikanischen Republik Pygmäen, eine kleinwüchsige Menschengruppe, deren Körpergröße selten 1,50 m überschreitet. Sie leben tief in den Regenwäldern in kleinen, kuppelförmigen Hütten, die sie aus Bananenwedeln errichten. Die Sammler und Jäger erlegen ihre Beute mit Pfeil und Bogen und ernähren sich von dem, was ihnen der Regenwald bietet. Die Pygmäen sind ein hervorragendes Beispiel für ein Volk, das ganz im Einklang mit der Natur lebt und nichts unternimmt, was seine Umwelt und seine Existenz zerstören könnte.

Eine Frau sucht im Flusskies nach Diamanten.

INDUSTRIE
Der Diamantenexport liefert einen wichtigen Beitrag zum Einkommen des Landes. Auch Gold, Eisenerz, Kupfer und Uran sind gute Grundlagen für eine positive Wirtschaftsentwicklung. Allerdings ist der Bergbau durch die Regenzeiten ständig gefährdet.

ÄQUATORIALGUINEA

Durch die Schreckensherrschaft unter Diktator Macias Nguema in den 70er Jahren wurden Wirtschaft und Bevölkerung Äquatorialguineas lange Zeit stark in Mitleidenschaft gezogen. In den 90er Jahren kam schließlich eine gemäßigtere Regierung an die Macht. Das kleine, landschaftlich reizvolle Land mit seinen fünf vorgelagerten Inseln bemüht sich seit Jahren um den Wiederaufbau seiner ruinierten Wirtschaft.

LANDWIRTSCHAFT
Das warme Klima und die fruchtbaren Vulkanböden auf der größten Insel, Bioko, bieten eigentlich ideale Bedingungen für den Ackerbau; nur wenige Straßen sind jedoch gut befahrbar und die meisten Arbeiter ungelernt. Durch den verstärkten Anbau von Kakao für den Export ist nur wenig Land übrig geblieben, auf dem die Menschen ihre Eigenversorgung sichern können.

MEDIZINMÄNNER
Bei der Behandlung von Kranken sind in Afrika Mittel aus der Natur und magische Rituale noch weit verbreitet. Heilung sollen z. B. Tierknochen, Muscheln und Wurzeln bringen. Der Medizinmann tanzt um den Kranken und bittet die Geister um Hilfe.

Zum Weiterlesen
KAKAO *227, 228*
DIAMANTEN *150, 226, 248*
SAMMLER UND JÄGER *201*
POLITISCHE SYSTEME *270–271*

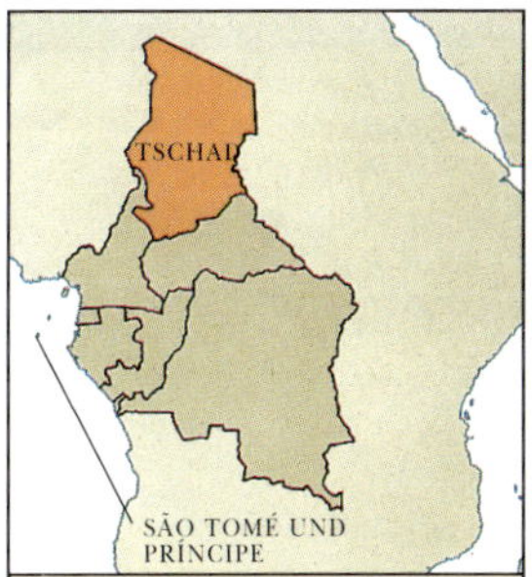

TSCHAD
Hauptstadt: N'Djamena
Lage: 14°–23° östl. Länge, 8°–23° nördl. Breite
Fläche: 1 284 000 km²
Einwohner: 6 400 000
Amtssprachen: Französisch und Arabisch
Religionen: Muslime 50%, traditionelle Religionen 43%, Christen 7%
Staatsform: Präsidialrepublik
Währung: CFA-Franc
Analphabetenrate: 52%
Lebenserwartung: 48 Jahre
Einwohner pro Arzt: 33 330

SÃO TOMÉ UND PRÍNCIPE
Hauptstadt: São Tomé
Lage: 6°–7° östl. Länge, 2° nördl. Breite
Fläche: 964 km²
Einwohner: 130 000
Amtssprache: Portugiesisch
Religionen: Christen 96%, andere 4%
Staatsform: Präsidialrepublik
Währung: Dobra
Analphabetenrate: 40%
Lebenserwartung: 68 Jahre
Einwohner pro Arzt: 1 940

TSCHAD

Weite Teile dieses Binnenlands werden von Wüste und den trockenheißen Dornbuschsavannen der Sahelzone beherrscht, die sich quer über den afrikanischen Kontinent erstreckt. Häufige Dürren haben für die landwirtschaftlich ausgerichtete Wirtschaft immer wieder verheerende Folgen. Angebaut werden Erdnüsse und Baumwolle, die den überwiegenden Teil des Exportaufkommens stellt. Zahlreiche Militärputsche und Unruhen unter der Bevölkerung machten in den letzten Jahren aus dem Tschad eines der instabilsten Länder Afrikas.

DIE KANEMBO
In den Wüstengebieten im Norden des Tschad gibt es in der Bevölkerung arabische und schwarzafrikanische Einflüsse. Hier werden über 100 Sprachen gesprochen. Eine der vielen Volksgruppen sind die Kanembo (oben), ein arabisch-muslimischer Nomadenstamm.

Kamele werden zum Tränken an den Tschadsee geführt.

VERSIEGTES WASSER
Dort, wo der Tschad, Kamerun, Niger und Nigeria aufeinander treffen, erstreckte sich früher der von mehreren Flüssen gespeiste riesige Tschadsee. Als im Verlauf der letzten 10 000 Jahre die Niederschläge immer mehr zurückgingen, begann der See zu versumpfen. In den fruchtbaren Uferzonen wachsen Weizen, Mais und Gemüse, der Fischreichtum des Sees liefert wichtiges Eiweiß. Der Tschadsee hat zwar einen geringen Salzgehalt, die Salzausfällungen sind jedoch so groß, dass mit dem wertvollen Gut reger Handel betrieben wird.

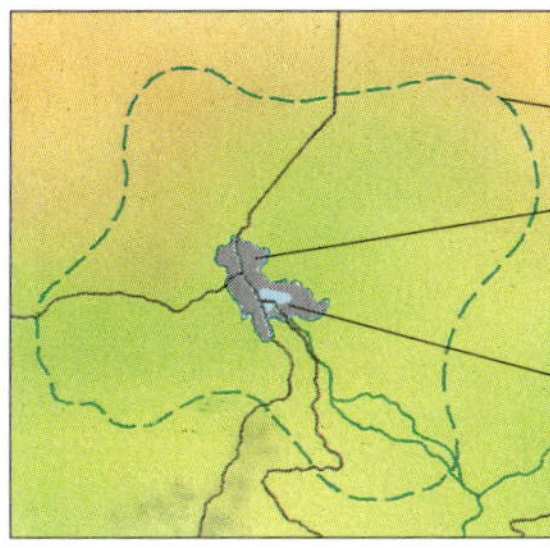

Ursprüngliche Größe des Sees vor ca. 1 Mio. Jahren

Wo sich das Wasser zurückzieht, bleibt fruchtbarer Boden zurück.

Der Tschadsee heute

Zu den Feldfrüchten, die rings um den Tschadsee angebaut werden, gehört auch der Kürbis. In getrocknete Kürbishälften schnitzen die Einheimischen schöne Muster.

SÃO TOMÉ UND PRÍNCIPE

Die Vulkaninseln São Tomé und Príncipe liegen vor den Küsten von Äquatorialguinea und Gabun. Die oberen Hanglagen sind von dichten tropischen Wäldern bedeckt, in den tiefer liegenden Gebieten herrschen ausgedehnte Kakao- und Zuckerrohrplantagen vor. Bis 1975 stand der Inselstaat unter portugiesischer Herrschaft. Die Bewohner leben von der Fischerei und der Landwirtschaft. Das wichtigste Exportprodukt ist Kakao.

VULKANLANDSCHAFT
Die beiden Inseln liegen auf einer Verwerfungslinie, einem Riss in der Erdkruste. Hier dringt geschmolzenes Gestein aus dem Erdinnern empor und erstarrt beim Abkühlen zu Vulkanbergen. São Tomé und Príncipe sind die Spitzen solcher untermeerischen Vulkane.

Die Kreolen von São Tomé und Príncipe nennen sich »filhos de terra«, was so viel heißt wie »Söhne der Erde«.

KREOLISCHE KULTUR
Als die seefahrenden Portugiesen die Inseln im 15. Jh. erstmals ansteuerten, waren diese noch völlig unbewohnt. Die Protugiesen legten Plantagen an und schon bald lebten auf den Inseln zahlreiche Sklaven, die vom Festland herübergebracht worden waren. Die Kreolen, noch heute eine der größten Volksgruppen dieser Inseln, sind sowohl afrikanischer als auch portugiesischer Abstammung. Sie haben eine eigene Sprache und Bauweise entwickelt.

Zum Weiterlesen
KAKAO *227, 228, 234*
AFRIKANISCHE VÖLKER *206–207*
SAHELZONE *220, 222*
VULKANE *13*

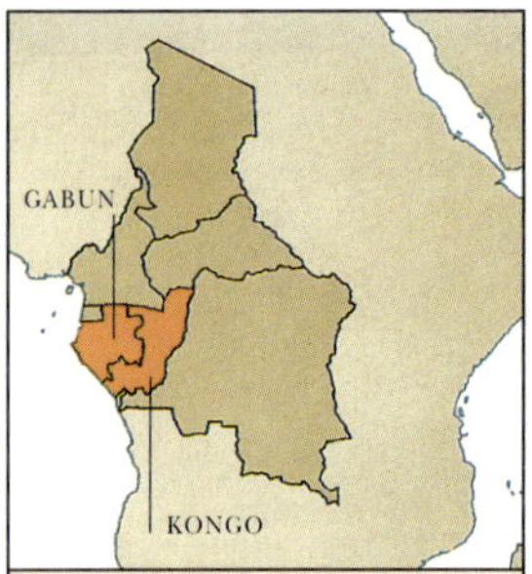

GABUN

Hauptstadt: Libreville

Lage: 9°–14° östl. Länge, 3° nördl.–4° südl. Breite

Fläche: 267 670 km²

Einwohner: 1 300 000

Amtssprache: Französisch

Religionen: Christen 60%, traditionelle Religionen 40%

Staatsform: Präsidialrepublik

Währung: CFA-Franc

Analphabetenrate: 37%

Lebenserwartung: 53 Jahre

Einwohner pro Arzt: 2 790

KONGO

Hauptstadt: Brazzaville

Lage: 11°–18° östl. Länge, 4° nördl.–5° südl. Breite

Fläche: 342 000 km²

Einwohner: 2 600 000

Amtssprache: Französisch

Religionen: Traditionelle Religionen 50%, Christen 48%, Muslime 2%

Staatsform: Republik

Währung: CFA-Franc

Analphabetenrate: 25%

Lebenserwartung: 51 Jahre

Einwohner pro Arzt: 8 320

GABUN

In Gabun, das sich zu beiden Seiten des Äquators erstreckt, fällt das ganze Jahr reichlich Regen – drei Viertel des Landes sind daher mit dichtem Regenwald bedeckt. Tropenhölzer spielen in der Wirtschaft Gabuns eine wichtige Rolle, an erster Stelle als Exportartikel steht jedoch Erdöl. Trotz dieser wertvollen Devisenbringer ist Gabun kein reiches Land; vielmehr leiden seine Bewohner unter bitterer Armut. Dies ist zum Teil auf die Einparteienregierung zurückzuführen, die nach Erlangung der Unabhängigkeit 1960 einen Großteil der öffentlichen Gelder verschwendete. Im Jahr 1990 wurde Gabun schließlich in eine Mehrparteiendemokratie umgewandelt.

LIBREVILLE
Der französische Name der Hauptstadt Gabuns bedeutet »freie Stadt«, denn in Libreville siedelten sich ab 1849 befreite Sklaven an. Das Stadtbild lässt noch immer den französischen Einfluss erkennen – Gabun war im 19. Jh. eine Kolonie Frankreichs. Heute ist Libreville eine pulsierende, moderne Großstadt.

DIE BEVÖLKERUNG
In Gabun mit seinen nur 1,3 Mio. Menschen gibt es rund 40 verschiedene Volksgruppen. Jede davon spricht einen eigenen Dialekt. Die größte Gruppe bilden die Fang, ehemals berühmte Krieger und Holzschnitzer. Viele Menschen aus den Nachbarländern sind als Gastarbeiter nach Gabun eingewandert.

REICHE BODENSCHÄTZE
Lange Zeit war Holz das einzige Exportgut Gabuns – schon im ausgehenden 16. Jh. wurde hier Sandelholz gewonnen. Heute gehören auch Erdöl und Mangan zu den wichtigen Ausfuhrgütern. Diese Manganmine (unten) liegt im Südwesten des Landes. Gabun ist weltweit einer der größten Produzenten dieses Minerals, das in der Farben- und Stahlindustrie eingesetzt wird. Das Land besitzt außerdem wenig erschlossene Uran- und Goldvorkommen.

KONGO

Das am Äquator gelegene Land wird im Osten auf ganzer Länge vom mächtigen Kongo und vom Ubangi, seinem größten Nebenfluß, begrenzt. Es ist etwa zur Hälfte von tropischem Regenwald bedeckt und nur dünn besiedelt. Der größte Teil der Bevölkerung drängt sich in den Städten. Bedeutende Erdölvorkommen haben den Kongo zu einem der wohlhabendsten Staaten Afrikas gemacht. Die Landwirtschaft ist jedoch kaum entwickelt. Selbst angebaute Maniokwurzeln sind das Hauptnahrungsmittel der Bauern.

Über den Klangkörper wird eine Tierhaut gespannt und mit Holzstiften befestigt.

TROMMELKLÄNGE
Die Musik ist aus dem afrikanischen Alltag nicht wegzudenken. Vor allem auf den Trommeln entfaltet sich das ganze rhythmische Können der Afrikaner. Viele Trommeln bestehen aus Holz. Eine beliebte Musikrichtung ist der African Jazz mit Gesang und Begleitung.

Mit 80% der Exporterlöse ist Erdöl die wichtigste Einkommensquelle des Landes.

ÖLREICHTUM
Die Regierung hat viel von dem Geld, das durch den Ölexport ins Land geflossen ist, für die Entwicklung des Landes verwendet – etwa für Staudammprojekte, Papiermühlen, Transportsysteme und für die Waldaufforstung. Die Zahl der Industriebetriebe ist zwar niedrig, doch die Arbeiter sind gut ausgebildet. Die Industrie hat sich hauptsächlich im Umland der Städte angesiedelt, besonders bei Brazzaville, der Hauptstadt des Kongos.

Zum Weiterlesen
MANIOK *221, 240*
ERDÖL *152, 230, 281*
POLITISCHE SYSTEME *270–271*
REGENWÄLDER *15, 69, 204*

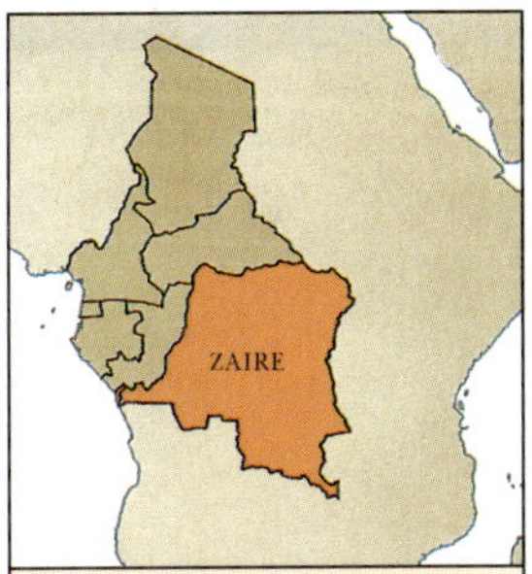

ZAIRE
Hauptstadt: Kinshasa
Lage: 12°–31° östl. Länge, 6° nördl.–14° südl. Breite
Fläche: 2 345 410 km²
Einwohner: 43 900 000
Amtssprache: Französisch
Religionen: Christen 70%, Muslime 10%, traditionelle Religionen 10%, andere 10%
Staatsform: Präsidialrepublik
Währung: Neuer Zaire
Analphabetenrate: 33%
Lebenserwartung: 52 Jahre
Einwohner pro Arzt: 23 193

ZAIRE

Das riesige Zaire hat nur im Bereich der Kongomündung Zugang zum Atlantischen Ozean – sonst wäre es ein reiner Binnenstaat. Seine Lebensader ist der Kongo (hier Zaire genannt) mit über 12 000 km befahrbarer Strecke. Das feuchtwarme Klima begünstigt den Ackerbau, von dem die meisten Menschen hier leben. Seit dem Abzug der belgischen Kolonialmacht im Jahre 1960 kam es in Zaire immer wieder zu Bürgerkriegen und Diktaturen. Die innenpolitischen Wirren und auch der Preisverfall seiner Exportprodukte auf dem Weltmarkt haben dem Land großen Schaden zugefügt. Heute ist Zaire eines der ärmsten Länder der Welt.

Die Muschelschalen wurden auf ein Gewebe aus Pflanzenfasern genäht.

AFRIKANISCHE KUNST
Zaire ist berühmt für die hoch stehende Handwerkskunst seiner Volksgruppen und Stämme. Das Volk der Kuba in Mittelzaire verziert Masken mit Mustern aus Muscheln und Perlen sowie mit Raphia (Palmfasern). Solche Masken machten die Ordnungshüter bei den Kuba zu mächtigen Geisterwesen.

Bei Inga wird der Kongo durch einen Damm aufgestaut. Ein Kraftwerk nutzt die Wassermassen, um Elektrizität zu erzeugen.

Zum Auftanken der Boote werden die Uferhäfen angelaufen.

Schlepperboote schieben Holzstämme vor sich her.

Händler bringen ihre Produkte zum Markt am Fluss.

Einheimische befahren den Fluss in Kanus oder in Passagierbooten mit Außenbordmotor.

Flusslauf des Kongo

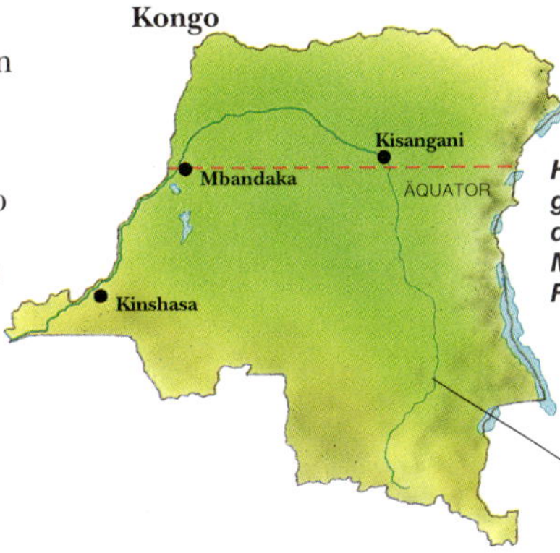

Der windungsreiche Kongo überquert den Äquator zweimal.

KONGO – GROSSER FLUSS
Die Einheimischen nennen den wasserreichsten Fluss Afrikas nicht Kongo, sondern Zaire. Er gehört zu den längsten Flüssen der Erde und wälzt sich wie ein riesiges umgekehrtes »U« durch den unwegsamen Regenwald. Der Kongo ist der wichtigste Verkehrsweg in Zaire. Die Einheimischen befahren ihn in selbst gebauten Kanus oder Motorbooten. Manche der größeren Passagierboote sind als schwimmende Krankenhäuser eingerichtet oder werden als Restaurants bewirtschaftet. Fisch ist ein wichtiges Grundnahrungsmittel der Bevölkerung. An den fruchtbaren Flussufern wird auch Landwirtschaft betrieben.

MÄRKTE
Die farbenprächtigen, quirligen Flusshäfen sind Treffpunkte für Händler und Reisende, die den Kongo befahren. Auf den Marktplätzen bieten die Einheimischen aus den umliegenden Dörfern ihre Waren feil. Handel getrieben wird aber nicht nur an Land – oft werden Fische und Feldfrüchte auch direkt von Kanu zu Kanu verkauft.

WERTVOLLE ROHSTOFFE
Der Bergbau verspricht ein zukunftsträchtiger Wirtschaftsbereich zu werden. Zaire besitzt umfangreiche Kupfer-, Kobalt-, Gold-, Uran- und Silbervorkommen, außerdem Diamantenfelder sowie reiche Erdöllagerstätten direkt vor der Küste. Der Kupferbergbau (unten) spielt eine bedeutende Rolle – doch als der Kupferpreis in den 70er Jahren weltweit plötzlich zurückging, brach die Wirtschaft des Landes fast zusammen.

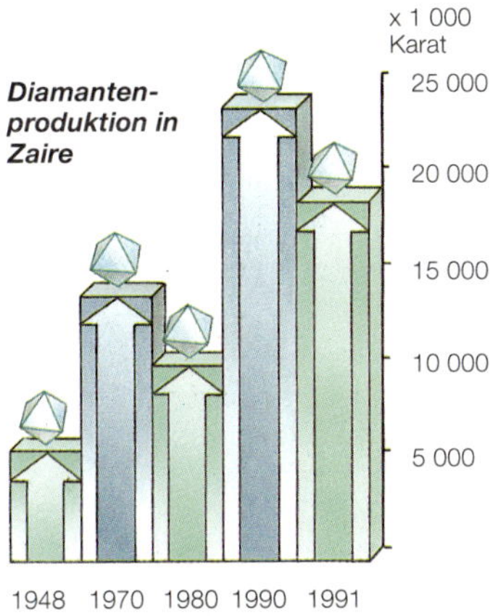

Zaire gehört zu den führenden Diamantenproduzenten der Welt. Diamanten, Kupfer und Kobalt machen die Hälfte der Exporterlöse aus.

Zum Weiterlesen

KUPFERBERGBAU *73, 245*
DIAMANTEN *150, 226, 248*
WASSERKRAFTWERKE *108, 262*

OSTAFRIKA

Eindrucksvolle Hochländer, steile Vulkankrater, Schluchten und riesige Seen kennzeichnen die ostafrikanische Landschaft von Uganda im Norden bis Malawi im Süden. Hier sind in der Erdkruste gewaltige Risse aufgebrochen, die zum Ostafrikanischen Grabensystem gehören. Diese Verwerfungen setzen sich im Großen Grabensystem über Nordafrika bis hinauf nach Syrien fort. Weite Teile Ostafrikas werden von Savannen bedeckt. Diese sind der Lebensraum vieler wilder Tierarten, die jährlich Tausende von Touristen nach Kenia und Tansania locken. Wirtschaftlich stützen sich fast alle sieben Länder dieser Region auf den Kaffee- und den Teeanbau. Schon immer spielten auch der Bergbau und die Kleinbauern eine große Rolle. Im Bereich der Industrie kommen laufend neue Erwerbszweige hinzu.

SAVANNENLANDSCHAFT
Die goldgelben Gräser der Savannengebiete wachsen bis zu 4 m hoch. Da es nur einmal im Jahr regnet, müssen die Pflanzen die verfügbare Feuchtigkeit so gut wie möglich ausnutzen. Dazu treiben sie ihr Wurzelwerk tief in den Boden. Mit ihren kleinen, dornartigen Blättern verringert die Schirmakazie (oben) ihre Verdunstungsfläche beträchtlich. Bei den mächtigen Affenbrotbäumen (Baobab) sorgt die Natur auf andere Weise für das Überleben im trockenen Lebensraum: Ihre dicken, säulenförmigen Stämme speichern das Wasser. Zum Schutz der Landschaft und ihrer Tier- und Pflanzenwelt wurden weite Gebiete zu Naturreservaten erklärt, z. B. die Serengeti in Tansania und die Massai Mara in Kenia.

TIERE DER SAVANNE
Giraffen, Elefanten, Antilopen und Zebras durchstreifen auf der Suche nach Nahrung und Wasser unablässig die offene Savanne. Ihre natürlichen Feinde sind Löwen, Geparden und Leoparden, die junge oder geschwächte Tiere erbeuten.

LANDWIRTSCHAFT IM HOCHLAND
Die meisten Bauern in Ostafrika produzieren gerade so viele Nahrungsmittel, dass sie ihre eigenen Familien versorgen können. Sie betreiben Ackerbau und Viehzucht. In den Hochländern herrscht ein feuchtkühles Klima und der vulkanische Boden ist sehr fruchtbar. Manche Firmen besitzen hier große Ländereien, auf denen Tee und Kaffee für den Export angebaut werden. Bei den Bauern hat die Bevölkerungszunahme dazu geführt, dass das Land in immer kleinere Parzellen aufgeteilt wurde. Selbst die steilsten Hänge müssen heute landwirtschaftlich genutzt werden, um alle Menschen zu ernähren. Die Bodenerosion nimmt daher stark zu.

Tee entsteht aus den Blättern des Teestrauchs. Die Teepflücker müssen tief in die Sträucher hineingreifen, um an die jungen Triebe zu gelangen.

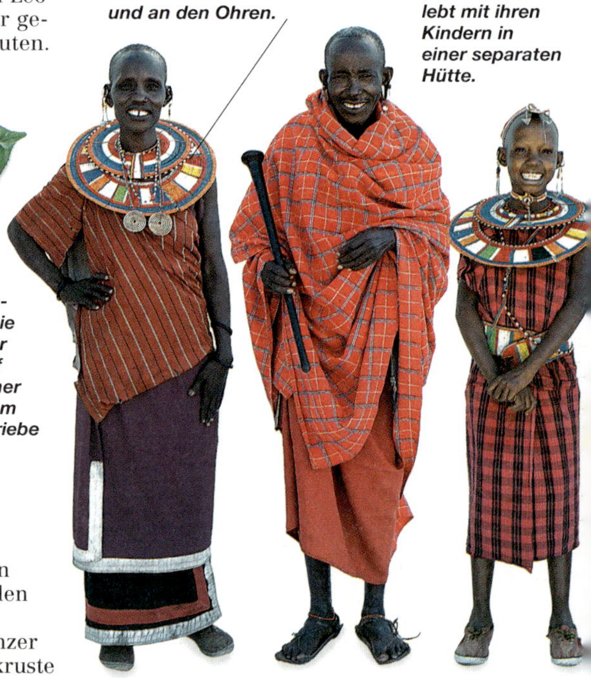

Die Massai tragen selbst gefertigten Schmuck aus bunten Perlen um den Hals und an den Ohren.

Die meisten Massai-Männer haben mehrere Frauen. Jede lebt mit ihren Kindern in einer separaten Hütte.

NOMADENHIRTEN
In den tiefer gelegenen Landstrichen Ostafrikas wandern Nomadenstämme mit ihren Rinder-, Schaf- und Ziegenherden von Ort zu Ort, um Wasser und Weidegründe zu finden. Das Kriegs- und Hirtenvolk der Massai in Kenia hütet seine Zeburinder im Gebiet südlich von Nairobi. Sie halten diese Rinder wegen ihrer Milch, trinken aber manchmal auch das Rinderblut. Dazu stechen sie dünne Schilfrohre in die Adern der Tiere.

Der höchste Berg Afrikas ist der Kilimandscharo, ein ruhender Vulkan am Ostafrikanischen Graben.

OSTAFRIKANISCHER GRABEN
Das große Graben- oder Riffsystem erstreckt sich vom Jordangraben in Syrien über das Rote Meer und den zweigeteilten Ostafrikanischen Graben bis Mosambik. Auf ganzer Länge dehnt sich hier die Erdkruste und lässt den afrikanischen Kontinent auseinanderbrechen. Am Roten Meer haben sich die beiden Bruchschollen schon relativ weit voneinander entfernt, in Ostafrika ist erst ein schmaler Graben eingesunken. Dabei entstanden steilwandige Schluchten wie der Mau-Steilhang in Kenia. An einigen Stellen durchbrach glutflüssiges Magma die ausgedünnte Kruste und bildete Vulkane oder ergoss sich weit über das Land und hinterließ Lavahochebenen wie das Athi-Plateau in Kenia.

OSTAFRIKANISCHES SEENHOCHLAND

In diesem Teil des Ostafrikanischen Grabensystems reihen sich große Binnenseen aneinander. Viele davon sind so fischreich, dass die Menschen an den weiten Ufern des Albertsees (Mobuto-Sese-Seko-See), des Malawisees (Njassasee) und des Tanganyikasees hauptsächlich von der Fischerei leben. Sie sind geschickte Fischer und fangen die Fische mit Netzen oder Speeren.

RUANDA

BURUNDI

0 100 200 300 400 km

Kampala, Uganda
Jan. 23 °C
Juli 21 °C
Jan. 46 mm
Juli 46 mm

UGANDA

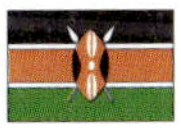
KENIA

Nairobi, Kenia
Jan. 19 °C
Juli 16 °C
Jan. 38 mm
Juli 15 mm

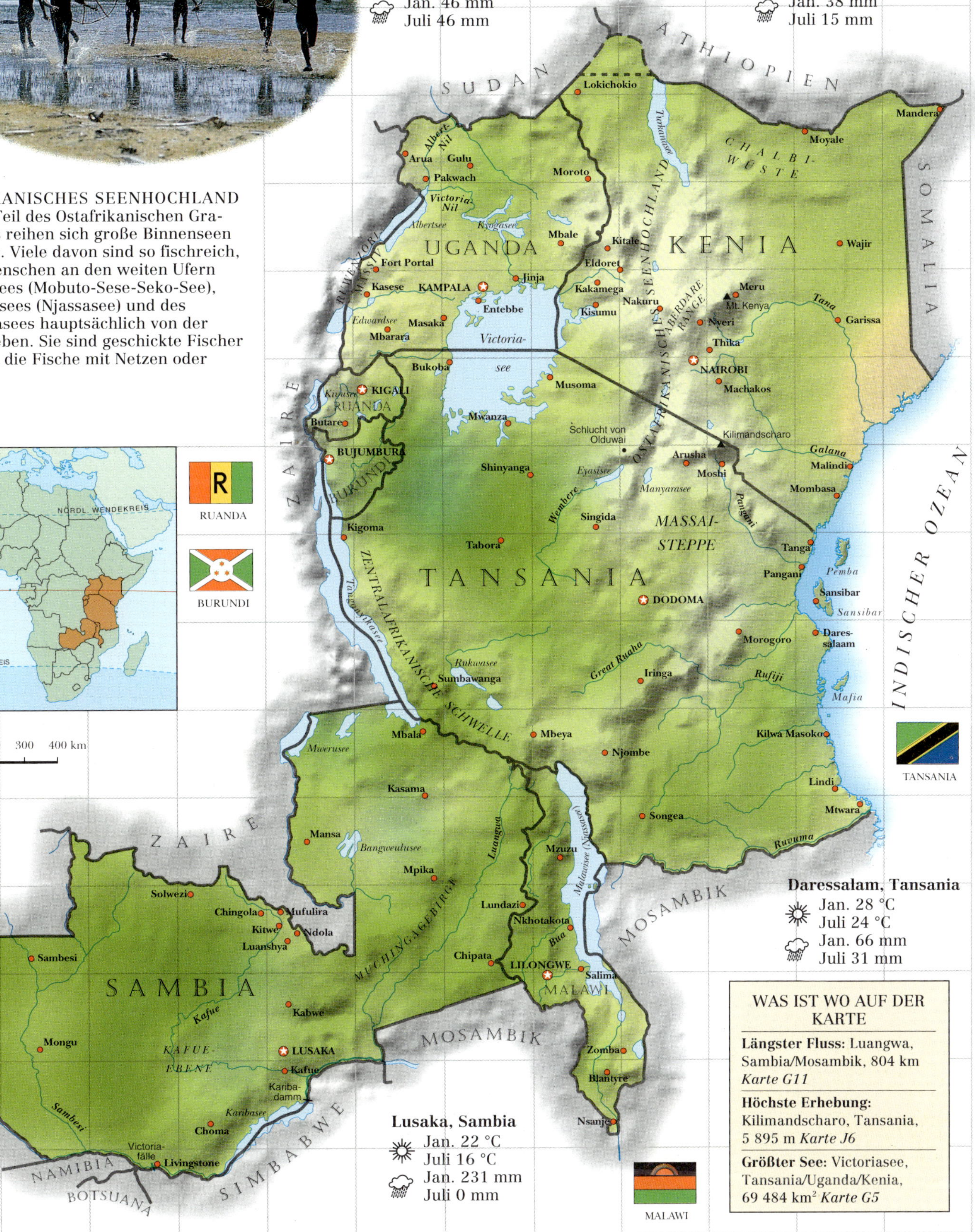

Daressalam, Tansania
Jan. 28 °C
Juli 24 °C
Jan. 66 mm
Juli 31 mm

Lusaka, Sambia
Jan. 22 °C
Juli 16 °C
Jan. 231 mm
Juli 0 mm

WAS IST WO AUF DER KARTE

Längster Fluss: Luangwa, Sambia/Mosambik, 804 km *Karte G11*

Höchste Erhebung: Kilimandscharo, Tansania, 5 895 m *Karte J6*

Größter See: Victoriasee, Tansania/Uganda/Kenia, 69 484 km² *Karte G5*

TANSANIA

SAMBIA

MALAWI

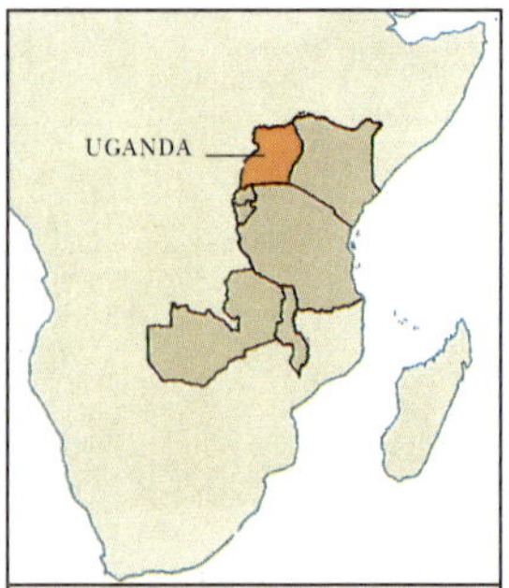

UGANDA

Hauptstadt: Kampala

Lage: 29°–35° östl. Länge, 1°–4° nördl. Breite

Fläche: 235 880 km²

Einwohner: 18 600 000

Amtssprachen: Englisch und Kisuaheli

Religionen: Christen 66%, traditionelle Religionen 18%, Muslime 16%

Staatsform: Präsidialrepublik

Währung: Uganda-Schilling

Analphabetenrate: 38%

Lebenserwartung: 45 Jahre

Einwohner pro Arzt: 25 000

UGANDA

Vor seiner Unabhängigkeit war Uganda ein blühendes Land, die »Perle Afrikas«, wie Winston Churchill es einmal nannte. Im Jahr 1986 jedoch lag Uganda am Boden. Das Staatsgefüge war zerrüttet und die Wirtschaft bankrott. Während der Schreckensherrschaft des Diktators Idi Amin (1971–1979) wurden Zehntausende von Menschen verfolgt und getötet, Europäer und Asiaten des Landes verwiesen und ihre Besitztümer beschlagnahmt. Als sich international herumsprach, wie die ugandische Regierung mit Menschen umging, stellten die wirtschaftlich starken Länder ihre Entwicklungshilfe für Uganda ein. 1979 gelang es schließlich, Amin zu entmachten, doch das Land blieb zerrissen, bis 1989 Staatspräsident Yoweri Museveni an die Macht kam. Unter seiner gemäßigten Regierung kehrte wieder Frieden ein und der Wirtschaft gelang es, sich allmählich zu erholen.

FISCHEREI AM VICTORIASEE
Der Victoriasee bedeckt eine riesige Fläche und gehört anteilig zu Uganda, Tansania und Kenia. Vor über 30 Jahren wurden hier Nilbarsche ausgesetzt. Dadurch konnte die Fischproduktion gesteigert werden. Inzwischen haben sich die Barsche jedoch über den ganzen See ausgebreitet und die ursprünglichen Fischarten nahezu ausgerottet.

Die Maniokpflanze wächst bis zu 90 cm hoch. Sie wird wegen ihrer Wurzelknollen angebaut, die man zu Mehl zerstoßen oder als Gemüse essen kann.

Kampala wurde auf sieben Hügeln erbaut. Auf einem davon – dem Nakasero Hill – liegt das Stadtzentrum.

LANDWIRTSCHAFT

Fruchtbare Vulkanerde und hohe Niederschläge machen über vier Fünftel der Fläche Ugandas landwirtschaftlich nutzbar. Auf weitläufigen Plantagen werden Produkte wie Kaffee, Kakao, Baumwolle und Tee angebaut, mit denen Uganda etwa 90% seiner Exporterlöse erzielt. Rund 80% der Bevölkerung sind in der Landwirtschaft beschäftigt. Die meisten arbeiten auf kleinen Feldern, wo sie Mais, Hirse, Maniok und Süßkartoffeln anbauen, für die Eigenversorgung oder für den Verkauf auf einheimischen Märkten.

Süßkartoffeln (links) und Maniok (rechts) sind die Gemüsearten, die in diesem Teil Afrikas am weitesten verbreitet sind.

KAMPALA

In Kampala, der Hauptstadt Ugandas, geht an durchschnittlich 242 Tagen des Jahrs ein Gewitter nieder! Gegen Abend lässt der Regen dann allmählich nach und die Luft wird klar und kühl. Während und unmittelbar nach der Schreckensherrschaft von Idi Amin kam es in Kampala zu schweren Zerstörungen. Heute werden viele Gebäude wieder restauriert.

KAMPF GEGEN AIDS

Nirgendwo anders auf der Welt ist die Zahl der Aidskranken im Vergleich zur Bevölkerungszahl so groß wie in Uganda. In einigen Landesteilen sind fast 20% der Einwohner infiziert. Aids ist eine Immunschwächekrankheit, die u. a. beim Geschlechtsverkehr übertragen wird. Sie kann bis heute nicht geheilt werden, sodass den Ärzten nichts bleibt als die Menschen darüber zu informieren, wie sich eine Ansteckung vermeiden lässt. Mit speziellen Kampagnen wie diesem Plakat (links) will die UNICEF vor allem Kinder und Jugendliche über die Gefahren von Aids aufklären.

TIER- UND PFLANZENWELT

Die Besucher des Ruwenzori-Nationalparks können bei einem Bootsausflug auf dem Kazinga-Kanal Flusspferde und Pelikane beobachten. In den Jahren politischer Unruhe wurde der Natur großer Schaden zugefügt. Dennoch gibt es heute keinen anderen Ort in Afrika, an dem so viele Flusspferde leben.

Zum Weiterlesen
KAFFEE *50, 62, 66*
VICTORIASEE *204*
POLITISCHE SYSTEME *270–271*
TEE *172, 238*

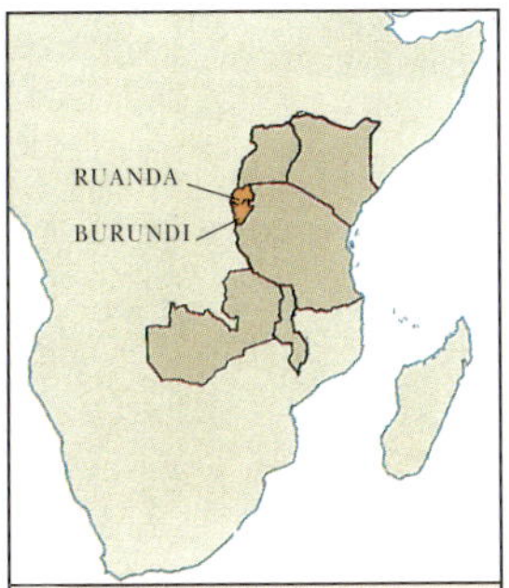

RUANDA

Hauptstadt: Kigali

Lage: 29°–31° östl. Länge, 1°–3° südl. Breite

Fläche: 26 340 km²

Einwohner: 8 000 000

Amtssprachen: Französisch und Kinyarwanda

Religionen: Traditionelle Religionen 50%, Christen 45%, andere 5%

Staatsform: Präsidialrepublik

Währung: Ruanda-Franc

Analphabetenrate: 40%

Lebenserwartung: 47 Jahre

Einwohner pro Arzt: 50 000

BURUNDI

Hauptstadt: Bujumbura

Lage: 30° östl. Länge, 3°–4° südl. Breite

Fläche: 27 830 km²

Einwohner: 6 400 000

Amtssprachen: Französisch und Kirundi

Religionen: Christen 60%, traditionelle Religionen 39%, Muslime 1%

Staatsform: Präsidialrepublik

Währung: Burundi-Franc

Analphabetenrate: 65%

Lebenserwartung: 50 Jahre

Einwohner pro Arzt: 16 670

RUANDA

Das kleine Ruanda, das 400 Jahre trotz Kolonialverwaltung ein eigenständiges Königreich blieb, liegt zwischen Uganda, Tansania, Burundi und Zaire. Begünstigt durch seine Höhenlage und zwei Regenzeiten, die zwei Ernten ermöglichen, könnte es ein wohlhabendes Land sein. Doch der Krieg zwischen seinen beiden größten Volksgruppen – den Tutsi und den Hutu – hat das Land zerrissen und seine Wirtschaft ruiniert. Früher war Kaffee das wichtigste Exportprodukt, heute wird kaum noch etwas für den Export angebaut. Die instabile Lage verhindert auch den Ausbau von Handwerk und Bergbau.

KRIEG ZWISCHEN VÖLKERN
Seit 1993 herrscht in den Nachbarstaaten Ruanda und Burundi der blutigste Konflikt zwischen zwei Volksgruppen, der je auf afrikanischem Boden ausbrach. Dieser erbarmungslose Bürgerkrieg hat bereits über 1 Mio. Menschen das Leben gekostet. Schon seit Jahrhunderten kämpfen die Tutsi, ein Volk von Rinderhirten, um die Aufrechterhaltung ihrer Vorherrschaft, die sie im 15. Jh. über die Bauernbevölkerung der Hutu errungen hatten. Infolge der jüngsten blutigen Auseinandersetzungen wurden die günstigen wirtschaftlichen Grundlagen Ruandas fast völlig zerstört und 1,5 Mio. Menschen aus ihrer Heimat vertrieben.

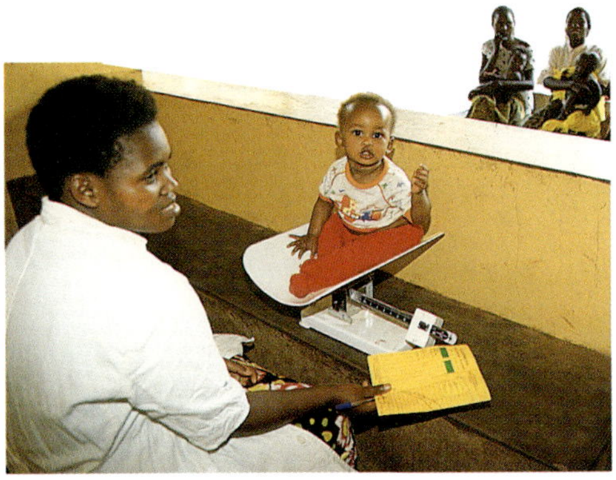

GESUNDHEITSWESEN
Ruanda ist einer der am dichtesten bevölkerten Staaten Afrikas – und die Zahl seiner Einwohner wächst ständig weiter. Ruanderinnen bringen im Laufe ihres Lebens oft sechs oder mehr Kinder zur Welt. Allerdings werden nur wenige Menschen in diesem Land älter als 50 Jahre. Krankheiten wie Malaria und Aids sind weit verbreitet. Die medizinische Versorgung ist sehr schlecht.

Auf der ganzen Welt gibt es nur noch etwa 650 Gorillas. Der Berggorilla lebt ausschließlich in diesem Teil Afrikas.

BERGGORILLAS
Der Volcanoes National Park in Ruanda ist einer der letzten Zufluchtsorte des Berggorillas. Dennoch bleibt er wegen Wilderei vom Aussterben bedroht und sein Lebensraum ist durch Abholzung gefährdet.

BURUNDI

Wie Ruanda war Burundi schon im 15./16. Jh. ein Königreich und blieb es bis 1966. Die im 19. Jh. zu Ruanda gebildete Grenze wurde bei der Unabhängigkeitserklärung 1962 Staatsgrenze. Auch in Burundi liefert sich die unterdrückte Hutu-Mehrheit mit der regierenden Tutsi-Minderheit einen grausamen Stammeskrieg. 1972 haben die Tutsi etwa 10 000 Hutu getötet. Burundi ist ähnlich dicht bevölkert wie Ruanda und leidet ebenfalls unter drückender Armut. Zusätzlich muss Burundi mit gewaltigen Flüchtlingsströmen aus dem kriegsgeschüttelten Ruanda fertig werden.

LANDMANGEL
Die Lebensgrundlage der meisten Burundier ist der Feldbau. Ein kleines Stück Boden reicht meistens gerade aus, um eine Familie zu ernähren. Bei schlechter Witterung oder Krankheit droht sofort eine Hungersnot. Mancherorts ist der Boden so ausgelaugt, dass er von Wind und Wasser abgetragen wird.

MUSIK UND LITERATUR
Burundi ist eines der wenigen Länder Afrikas mit einer einheitlichen Sprache. Volkstümliche Erzählungen und traditionelle Musik überlebten die Jahrhunderte, gerieten aber nach Abschaffung des Königtums allmählich in Vergessenheit.

Zum Weiterlesen

GESUNDHEIT *276*
BEVÖLKERUNG *16–17, 206*
FLÜCHTLINGE *207*
BODENEROSION *55, 244*

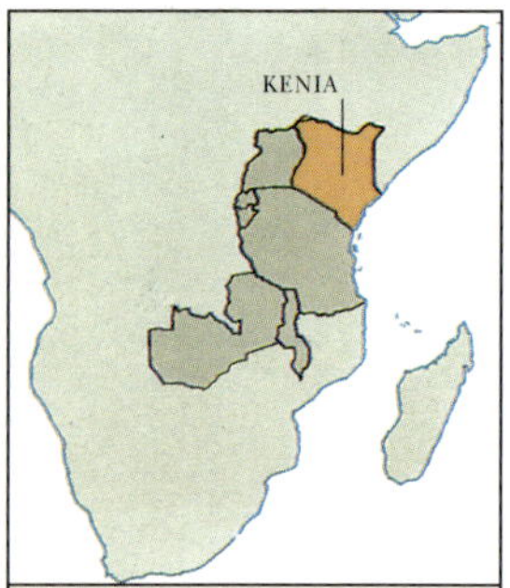

KENIA

Im Gegensatz zu vielen anderen afrikanischen Staaten ist Kenia seit der Erlangung seiner Unabhängigkeit von Großbritannien (1963) politisch stabil und relativ demokratisch. Unter der britischen Kolonialherrschaft entstanden in vielen Gebieten des Landes große Plantagen, deren Hauptprodukte, Kaffee und Tee, neben dem Tourismus bis heute wichtige Devisenbringer sind. Häfen und Städte verbindet ein gut ausgebautes Straßen- und Eisenbahnnetz. Kenia gehört heute zu den wohlhabendsten Ländern Afrikas. Viele Einheimische leben aber noch wie früher in kleinbäuerlichen Betrieben von Ackerbau und Viehzucht. Die Bevölkerung Kenias wächst außerordentlich schnell. Die Folgen sind zunehmende Armut, erbitterter Kampf um Ackerland und vereinzelte Stammeskonflikte.

KENIA

Hauptstadt: Nairobi

Lage: 34°–42° östl. Länge, 5° nördl.–5° südl. Breite

Fläche: 580 376 km²

Einwohner: 28 300 000

Amtssprache: Suaheli

Religionen: Christen 73%, traditionelle Religionen 19%, Muslime 6%, andere 2%

Staatsform: Präsidialrepublik

Währung: Kenya-Shilling

Analphabetenrate/ Erwachsene: 29%

Lebenserwartung: 59 Jahre

Einwohner pro Arzt: 71 430

NAIROBI
Nairobi, die Hauptstadt Kenias, grenzt direkt an den Nairobi-Nationalpark. 1899 erhielt der unbedeutende Ort Nairobi einen Eisenbahnanschluss an die Bahnlinie von Uganda nach Mombasa, Kenias größtem Hafen, und wurde Sitz der britischen Kolonialverwaltung. Heute ist Nairobi mit 1,5 Mio. Einwohnern als die größte Stadt Ostafrikas.

In Wildtierreservaten wie dem Masai-Mara- und dem Amboseli-Nationalpark können die Touristen Tiere in freier Wildbahn aus nächster Nähe fotografieren.

Kenias Hauptanbauprodukte

Die wichtigsten Feldanbaugebiete (siehe vergrößerter Kartenausschnitt unten) liegen im Südwesten des Landes.

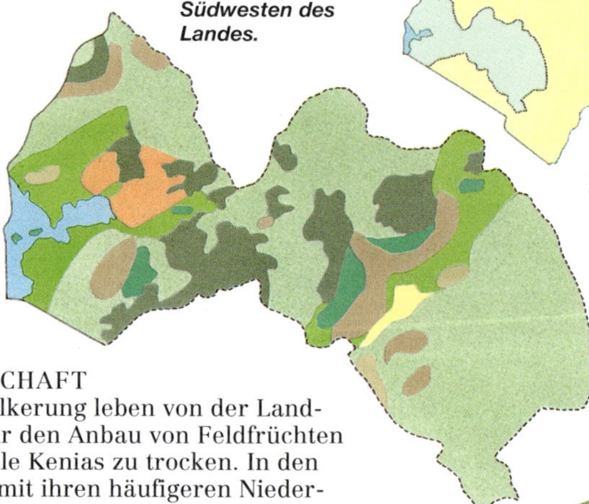

Tee

Kaffeebohnen

Grüne Bohnen

TOURISMUS
Traumhafte Strände und einige der schönsten Tierreservate ganz Afrikas ziehen jährlich Tausende von Touristen nach Kenia. Der Fremdenverkehr ist heute mit der wichtigste Devisenbringer. Daher investierte die Regierung viel Geld in die Erschließung von Verkehrswegen, in Flugplätze und in bequeme Hotels. Dem Fremden bietet sich ein Afrika wie aus dem Bilderbuch dar. Da die meisten Touristen kommen, um hier auf Safari zu gehen und die afrikanische Tierwelt aus nächster Nähe zu beobachten, legt die Regierung großen Wert darauf, die Natur zu erhalten, und versucht mit allen Mitteln, den Wilderern das Handwerk zu legen.

LANDWIRTSCHAFT
80% der Bevölkerung leben von der Landwirtschaft. Für den Anbau von Feldfrüchten sind weite Teile Kenias zu trocken. In den Hochländern mit ihren häufigeren Niederschlägen werden jedoch Tee, Kaffee, Weizen, Mais, Sisalagaven und Zuckerrohr angebaut. In Gebieten mit weniger Wasser hält man auf Großfarmen Milchvieh und Mastrinder. Seen und Stauseen liefern das Wasser für den Gemüseanbau. In großen Mengen werden z. B. grüne Bohnen gezogen. Per Flugzeug gelangen sie ins Ausland und landen schließlich auch bei uns in den Auslagen der Supermärkte.

KENIANISCHE ATHLETEN
Die kenianischen Sportler sind hervorragende Langläufer. In den letzten sieben Olympiaden gewannen sie fünfmal den 3 000-m-Hürdenlauf. Der Kenianer Moses Kiptanui (links) stellte mehrmals Weltrekorde über 3 000-m-Langstreckenlauf und 3 000-m-Hürdenlauf auf. Das Können und die Ausdauer dieser Läufer sind sicherlich mit auf die Höhenlage zurückzuführen, in der die meisten von ihnen leben und trainieren.

KENIANISCHE VÖLKER
Diese Dorfbewohner (links) gehören zur größten Volksgruppe Kenias, den Kikuyu. Sie leben am Fuß des Mount Kenya. Weil ihr Gott Ngaioben auf diesem Berg wohnen soll, bauen die Kikuyu ihre Behausungen mit dem Eingang in Richtung zum Berg. Die Kikuyu sprechen die Bantusprache, wie rund zwei Drittel der etwa 70 negriden Volksstämme Kenias.

Zum Weiterlesen
AFRIKANISCHE STÄDTE *206*
HOCHLANDANBAU *238*
BEVÖLKERUNG *16–17, 206*
OSTAFRIKANISCHER GRABEN *238*

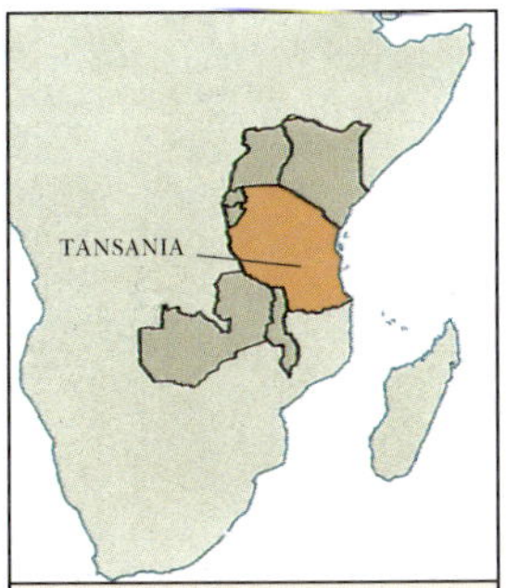

TANSANIA

Hauptstadt: Dodoma

Lage: 29°–40° östl. Länge, 1°–12° südl. Breite

Fläche: 945 090 km^2

Einwohner: 29 700 000

Amtssprachen: Englisch und Suaheli

Religionen: Traditionelle Religionen 32%, Muslime 32%, Christen 33%, andere 1%

Staatsform: Föderative Präsidialrepublik

Währung: Tanzania-Shilling

Analphabetenrate/ Erwachsene: 45%

Lebenserwartung: 51 Jahre

Einwohner pro Arzt: 25 000

TANSANIA

Tansania entstand im Jahre 1964 durch den Zusammenschluss von Tanganyika und der Insel Sansibar. Rund zwei Jahrzehnte lang verfolgte Tansania eine eigenständige Politik des Ujamaa-Sozialismus, die sich bemühte, die arbeitende Bevölkerung in ein staatlich gelenktes Entwicklungsprogramm einzubinden. Obwohl einige der staatseigenen Plantagen Gewinne abwarfen, blieb Tansania bis heute weitaus ärmer als das benachbarte Kenia. Von den rund 130 verschiedenen Volksstämmen lebt nur ein Viertel in den Städten. Die meisten sprechen Suaheli – eine Bantusprache, die in ganz Ostafrika als Handels- und Amtssprache bei Afrikanern und ausländischen Händlern weit verbreitet ist.

OLDUWAI-SCHLUCHT
Wasser aus der flachen Serengeti-Ebene schuf im Lauf von Jahrmillionen die Steilhänge der Olduwai-Schlucht im Norden Tansanias. Hier haben Archäologen zahlreiche Fossilien und Überreste von Frühmenschen ausgegraben, die etwa 1,8 Mio. Jahre alt sind. Zusätzlich lassen Fußspuren vermuten, dass vor rund 3,5 Mio. Jahren hier aufrecht gehende Hominiden lebten.

Sisalherstellung

Die äußeren Blätter werden vom Stamm abgeschnitten.

Sisalfasern gewinnt man, indem man die Agavenblätter zwischen zwei Walzen zerquetscht. Nach Entfernung des Marks bleiben etwa 1,3 m lange, weiße Faserstränge übrig.

Die Fasern werden gewaschen und getrocknet.

Daressalam ist die größte Stadt und der wichtigste Hafen Tansanias. Der arabische Name »Daressalam« bedeutet »Haus des Friedens«.

DARESSALAM
Die Stadt Daressalam wurde 1973 als Hauptstadt von der eigens zu diesem Zweck errichteten Stadt Dodoma abgelöst. In der Küstenstadt Daressalam endet die TanZam-Eisenbahnlinie, die Güter von Sambia an den Ozean befördert.

SISAL
Die Sisalagave gilt als eine der wichtigsten Anbaupflanzen Tansanias. Aus den Blättern dieser Kakteenart lassen sich Seile und Garne herstellen, aus denen Matten, Bürsten, Hüte und Körbe angefertigt werden. Sisaltaue finden besonders in der Schifffahrt Verwendung, da sie im Meerwasser nicht verrotten. Heute scheint der Sisalhandel in Tansania jedoch keine Zukunft mehr zu haben, da dieses Naturmaterial zunehmend durch Kunstfasern ersetzt wird.

Aus Sisal gedrehtes Seil

TANSANISCHE DÖRFER
Die Bevölkerung Tansanias verteilte sich früher auf zahlreiche kleinere Dorfgemeinschaften. Im 1970 von der Regierung gestarteten Ujamaa-Programm wurden viele Einwohner in größere Dörfer mit etwa 250 Haushalten zwangsumgesiedelt. Schulen, Bewässerungsanlagen und die Verteilung von Düngemitteln und Saatgut sollten das Leben der neu geschaffenen Produktionsgemeinschaften einfacher und auch wirtschaftlich rentabler gestalten. Bereits 16 Jahre später, im Jahr 1986, erklärte man das Ujamaa-Programm als gescheitert. Heute bewirtschaften die Bauern wieder ihre eigenen Felder. 75% der Tansanier leben auf dem Land.

Arabische Einflüsse spiegeln sich in Gebäuden und Kleidungsstil wider.

SANSIBAR
Vor der Küste von Tansania liegt die Insel Sansibar. Im 18. und 19. Jh. diente der Hafen von Sansibar den Arabern als Handelsstützpunkt. Von hier aus ließen sie afrikanische Sklaven und Handelsgüter, u. a. Gewürznelken, verschiffen. Den Gewürznelkenbaum führte man 1818 auf der Insel ein. Heute ist Sansibar der weltweit größte Hersteller dieses Produkts.

Zum Weiterlesen
HOMINIDEN *206*
BEVÖLKERUNGSVERTEILUNG *206*
TANZAM EISENBAHN *245*

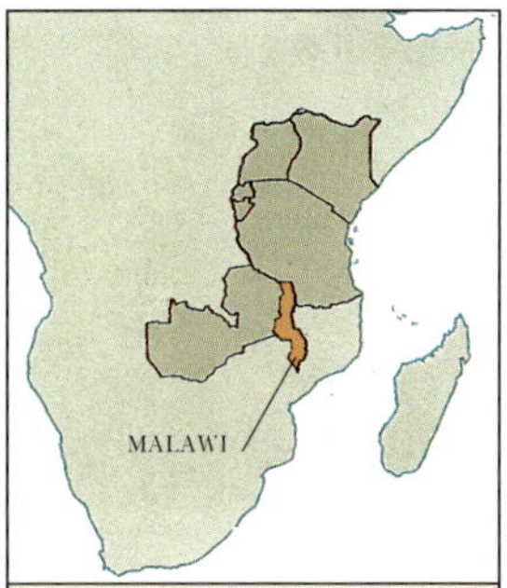

MALAWI	
Hauptstadt: Lilongwe	
Lage: 33°–37° östl. Länge, 9°–17° südl. Breite	
Fläche: 118 480 km²	
Einwohner: 11 100 000	
Amtssprachen: Chichewa und Englisch	
Religionen: Christen 75%, Muslime 20%, traditionelle Religionen 5%	
Staatsform: Präsidialrepublik	
Währung: Malawi-Kwacha	
Analphabetenrate: 44%	
Lebenserwartung: 46 Jahre	
Einwohner pro Arzt: 50 000	

MALAWI

Malawi liegt auf einem Hochland am südlichen Ende des Ostafrikanischen Grabensystems und gehört politisch zu den stabilsten Staaten im Osten des Kontinents. Seine sechs größten Volksgruppen leben friedlich zusammen. Die Wirtschaft des Landes beruht auf Ackerbau und Viehzucht. Für die Zukunft plant die Regierung allerdings die Errichtung großer landwirtschaftlicher Verarbeitungsbetriebe wie etwa Dosen- oder Speiseölfabriken. Darüber hinaus sollen Bergbau und andere Bereiche der Schwerindustrie ausgebaut werden. Obwohl die Beziehungen zu seinen Nachbarstaaten recht angespannt waren, nahm Malawi während des jüngsten Bürgerkriegs in Mosambik über 1 Mio. Flüchtlinge auf.

Solche Buntbarsche werden als Aquarienfische vom Malawisee in alle Welt verschickt.

MALAWISEE

Über ein Fünftel der Landesfläche Malawis liegt unter Wasser! Der Malawisee (Njassasee) in der Grabenabsenkung gehört zu den größten und tiefsten Seen der Erde. Bei 785 m Wassertiefe reicht er mehr als 300 m unter die Meersoberfläche. Im See leben über 500 verschiedene Fischarten. Zu den am häufigsten gefangenen Fischen gehören die sardinenähnlichen Usipa. Sie werden noch am See getrocknet und dann in Malawi verkauft. Der Malawisee erschien bereits im 16. Jh. auf Landkarten. Das Wissen um ihn ging jedoch verloren, bis ihn der Forschungsreisende David Livingstone 1859 wieder entdeckte.

Viele Malawier bauen gerade so viel an, um sich und ihre Familien ernähren zu können. Was übrig bleibt, verkaufen sie auf einheimischen Märkten.

LANDWIRTSCHAFT

Die Landwirtschaft ist der wichtigste Erwerbszweig Malawis und bildet die Lebensgrundlage von über 80% der Bevölkerung. Mais, Hirse, Hülsenfrüchte, Maniok und Kartoffeln werden von Kleinbauern auf traditionelle Weise angebaut. Häufig ist eine Doppelnutzung des Ackers mit zwei Feldfrüchten gleichzeitig. Tabak, Tee und Zucker machen fast 85% der Exportprodukte aus. Zur Neugewinnung landwirtschaftlicher Nutzflächen hat man Sümpfe trockengelegt und Waldland gerodet. Um trockenes Grasland zu bewässern, wurden Flüsse aufgestaut und Brunnen gegraben.

MALAWISCHE VOLKSSTÄMME

Malawi ist wenig verstädtert: Rund 86% seiner Einwohner leben in ländlichen Gebieten, zumeist in Nähe der sommerfeuchten Senken. Die Dörfer sind in der Regel klein und die Bewohner gehören oft alle zur gleichen Sippe. Zwischen den größten Volksgruppen, den Chewa, Nyanja, Tumbuka, Tonga, Ngoni und Ya, herrscht ein friedliches Nebeneinander.

Bodenerosion

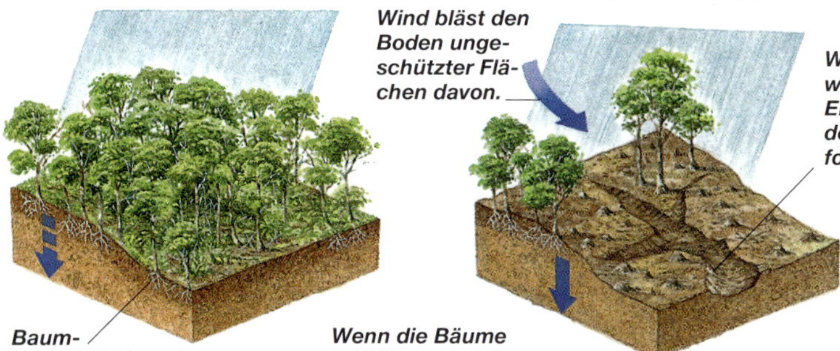

WÄLDER

Fast die Hälfte des Landes ist von Wäldern bedeckt, aber weite Teile davon sind bereits abgeholzt worden, um neues Ackerland zu schaffen. Da es in Malawi kein Erdöl und nur wenig Kohle gibt, ist Holzkohle der am häufigsten verwendete Brennstoff. Sie entsteht durch Verkohlen von Holz, das dann später rauchlos und langsam verbrannt werden kann. Um neue Flächen für die Landwirtschaft zu gewinnen, werden Bäume gefällt und abgebrannt. Die Asche macht den Boden zunächst für den Anbau von Nutzpflanzen sehr fruchtbar, doch die Fruchtbarkeit nimmt rasch ab, da der ungeschützte Boden schnell abgetragen wird.

HASTINGS BANDA

Nach der Erlangung der Unabhängigkeit regierte Dr. Hastings Banda 30 Jahre lang als Alleinherrscher in Malawi. Er machte aus dem ehemals britischen Kolonialbesitz ein starkes Land. Abweichende politische Meinungen wurden jedoch streng unterdrückt. 1993 führten die Rufe nach mehr Demokratie zum Sturz des Diktators.

Zum Weiterlesen

RODUNG *69, 227, 233*
AFRIKANISCHE VÖLKER *206–207*
FLÜCHTLINGE *207*

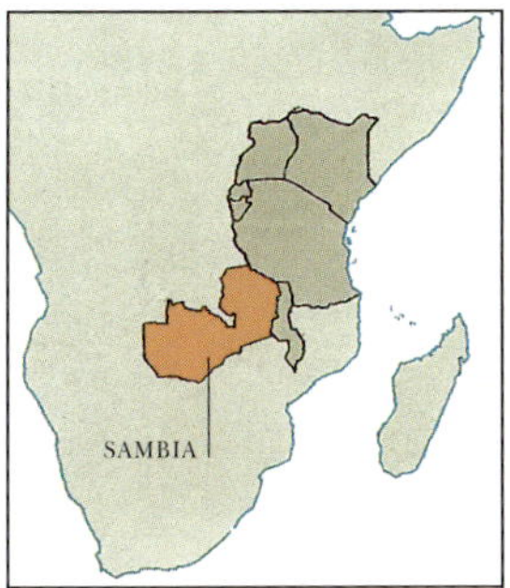

SAMBIA

Hauptstadt: Lusaka

Lage: 22°–33° östl. Länge, 8°–18° südl. Breite

Fläche: 752 610 km²

Einwohner: 13 000 000

Amtssprache: Englisch

Religionen: Christen 72%, traditionelle Religionen 27%, andere 1%

Staatsform: Präsidialrepublik

Währung: Kwacha

Analphabetenrate: 22%

Lebenserwartung: 47 Jahre

Einwohner pro Arzt: 11 110

SAMBIA

Sambia liegt auf einer weiten Hochebene, die von Bergen und tiefen Tälern durchzogen ist. Hauptvegetationsform ist die Savanne, eine mit Bäumen durchsetzte Hochgraslandschaft. Sambia hat eine reiche Tierwelt und mehrere Nationalparks. Nachdem das Land 1964 seine Unabhängigkeit vom britischen Kolonialreich erlangt hatte, wurde es von Stammesfehden erschüttert, bis Präsident Kenneth Kaunda 1972 einen Einparteienstaat ausrief. Bei den ersten freien Wahlen nach 19 Jahren wurde er abgewählt. Obwohl in Sambia über 14 Volksgruppen leben, gibt es hier weniger Stammeskonflikte als in vielen anderen afrikanischen Staaten. Sambia ist der weltweit fünftgrößte Produzent von Kupfer – die Wirtschaft des Landes steht und fällt mit den Exporterlösen aus diesem Rohstoff.

STÄDTE
Die Eisenbahnlinie zwischen Sambias Kupfergürtel und der Hauptstadt Lusaka ist von zahlreichen Elendsvierteln gesäumt. In diesen Behausungen gibt es weder fließendes Wasser noch Strom oder Abflüsse. Krankheiten sind weit verbreitet. Die meisten Einwohner verdienen ihren Lebensunterhalt in der Kupferindustrie. 42% der sambischen Bevölkerung leben in Städten; damit gehört das Land zu den afrikanischen Staaten mit der höchsten Verstädterung. Viele sambische Familien sind bereits seit drei oder vier Generationen in einer Stadt. Das ist für afrikanische Verhältnisse ungewöhnlich.

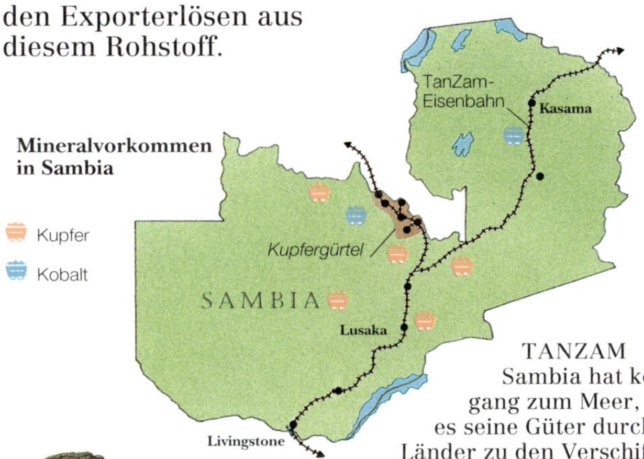

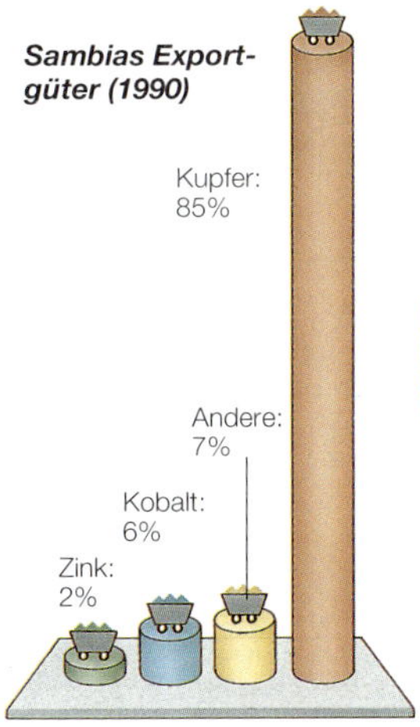

Kupfererz

TANZAM
Sambia hat keinen Zugang zum Meer, also muss es seine Güter durch andere Länder zu den Verschiffungshäfen transportieren. Bis in die 60er Jahre wurden die meisten Güter durch Rhodesien (Simbabwe) transportiert – dann überwarfen sich die beiden Länder. Heute ist die TanZam-Eisenbahn durch Tansania das Hauptbeförderungsmittel.

Die TanZam-Eisenbahn verbindet Sambia mit der Hafenstadt Daressalam in Tansania.

FISCHADLER
Der Fischadler ist das Nationalsymbol Sambias; er erscheint auch auf der Landesflagge. Dieser majestätische Vogel ist häufig über den großen Seen zu beobachten. Unvermittelt stößt er herab und greift sich einen Fisch, den er dann in seinen Klauen durch die Lüfte davonträgt.

KUPFERBERGBAU
Der so genannte Kupfergürtel, ein über 320 km langer und 50 km breiter Streifen in Zentralsambia, ist von Kupfererzadern durchzogen. In dieser Region Afrikas befindet sich das größte Kupfererzgebiet der Erde. Mit dem Abbau wurde in den 30er Jahren begonnen. Da in Sambia das Kupfer tief im Boden liegt, ist der Abbau aufwendig. Sambia verdankt seine wirtschaftliche Entwicklung weitgehend dem Kupfer, mit dem es 65% seines Exports bestreitet. Sollten die Weltpreise für Kupfer einmal fallen, wäre die Wirtschaft des Landes ruiniert. Zu diesem Risiko kommt noch hinzu, dass die Kupfervorkommen allmählich erschöpft sind.

DER SAMBESI
Dieser Fluss bildet die Südgrenze Sambias. Er ist die Hauptentwässerungsader Sambias und gehört zu den Touristenattraktionen des Landes. Hier kann man im Schlauchboot Wildwasserfahrten unternehmen, in einem der Wildreservate auf Großwildsafari gehen oder auch die atemberaubenden Victoriafälle besuchen. Dort stürzen die Wassermassen des Sambesi 119 m tief in eine Schlucht. 1855 wurden die Victoriafälle von David Livingstone entdeckt. Durch einen riesigen Damm bei Kariba wird die Wasserkraft zur Erzeugung von Strom genutzt, mit dem die Bergwerke im Kupfergürtel und das benachbarte Simbabwe versorgt werden.

Zum Weiterlesen

EXPORTABHÄNGIGKEIT *281*
WASSERKRAFT *108, 262*
POLITISCHE SYSTEME *270–271*
VICTORIAFÄLLE *250*

SÜDLICHES AFRIKA

Die acht Länder, die im südlichen Teil Afrikas liegen, haben vieles gemeinsam: Sie alle wurden früher von europäischen Siedlern regiert und mussten sich ihre Unabhängigkeit erst hart erkämpfen. Viele dieser Völker litten jahrelang unter blutigen Kriegen. Heute sind sie alle unabhängige, demokratische Vielvölkerstaaten. Das Klima ist im Süden warm und mild, im Norden eher tropisch. Auch die Landschaft ist sehr abwechslungsreich und reicht von Wüsten über Regenwälder sowie endlos erscheinenden Ebenen bis hin zu hoch aufragenden Gebirgsketten. Voller Kontraste ist auch die Bevölkerung: Sie umfasst enorm wohlhabende Fabrik- und Landbesitzer in Südafrika ebenso wie die Buschmänner in der Kalahariwüste, die heute noch wie zu Urzeiten vom Jagen und Sammeln leben.

Vor 1994 fanden überall in Südafrika Demonstrationen gegen die Apartheid (Rassentrennung) statt.

POLITIK
Das südliche Afrika war lange Zeit von den politischen Vorstellungen der Republik Südafrika geprägt. Nach 1948 verfolgte dieser Staat eine Politik der strikten Rassentrennung zwischen der schwarzen und der weißen Bevölkerung (Apartheid). Hinzu kam, dass Südafrika versuchte, alle seine Nachbarländer, die sich diesem System entgegenstellten, zu unterdrücken. Es stand hinter den Rebellen, die die Regierungen von Angola und Mosambik bekämpften, und half all denen, die sich den schwarzen Regierungen in Simbabwe und Namibia widersetzten. Seit dem Ende der weißen Regierung 1994 haben sich die Beziehungen zwischen Südafrika und seinen Nachbarländern entspannt.

Der majestätische Tafelberg auf der Kaphalbinsel in der Republik Südafrika erhebt sich westlich von Kapstadt. Am Kap gibt es viele seltene Tier- und Pflanzenarten.

LAND DER GEGENSÄTZE
Die Landschaftsformen im südlichen Afrika sind sehr abwechslungsreich. Die Namibwüste an der Westküste und die Kalahariwüste im Zentrum gehen nach Norden zu allmählich in üppige Vegetation und Tropenwälder über. Die Grassavannen und Wälder im Herzen dieser Region sind die Heimat vieler Tiere, vom winzigen Dikdik, der kleinsten Antilope der Welt, bis zum mächtigen Elefanten. Um bedrohte Arten vor dem Aussterben zu schützen, wurden überall Wildtierreservate und Nationalparks eingerichtet. Aus aller Welt kommen Touristen, um die Reservate zu besuchen und die beeindruckende Landschaft zu erleben.

OKAVANGO-DELTA
Der Okavango entspringt in Angola, durchquert in südöstlicher Richtung Namibia und endet in einem Delta in der Kalahariwüste in Botsuana. Die ausgedehnten Sumpfgebiete und Wasserwege des Flusses sowie seines Mündungsgebiets erstrecken sich über eine Fläche von über 22 000 km². In ausgehöhlten Baumstammkanus, den »Mokoros«, kann man in den Sümpfen auf Entdeckungsreise gehen.

KALAHARI-BUSCHMÄNNER
Die Buschmänner der Kalahari, auch San genannt, gehören zu den wenigen Wildbeuterstämmen die es heute noch in Afrika gibt. Sie leben in kleinen Gruppen. Früher streiften sie ständig umher auf der Suche nach Insekten und Pflanzen oder um mit Giftpfeilen zu jagen. Heute haben sich jedoch viele Buschmänner in festen Siedlungen niedergelassen.

BODENSCHÄTZE
Das südliche Afrika besitzt umfangreiche Vorkommen an Mineralien. Die Gold-, Diamant-, Uran- und Kupferminen haben das Wirtschaftsleben der Länder in diesem Teil Afrikas stark verändert. Der Name der südafrikanischen Währung Rand ist eine Abkürzung des Gebiets Whitwatersrand, wo große Goldvorkommen entdeckt wurden. Am stärksten ist Botsuana von der Ausfuhr seiner Bodenschätze abhängig – nahezu 80% der Exporteinkommen stammen aus dem Abbau von Diamanten. Südafrika ist der größte Goldlieferant der Welt und in Namibia befindet sich die größte Uranmine der Erde. Wichtigster Energielieferant im südlichen Afrika ist die Kohle. Die Staaten Südafrika, Simbabwe, Botsuana und Mosambik haben bedeutende Kohlelagerstätten.

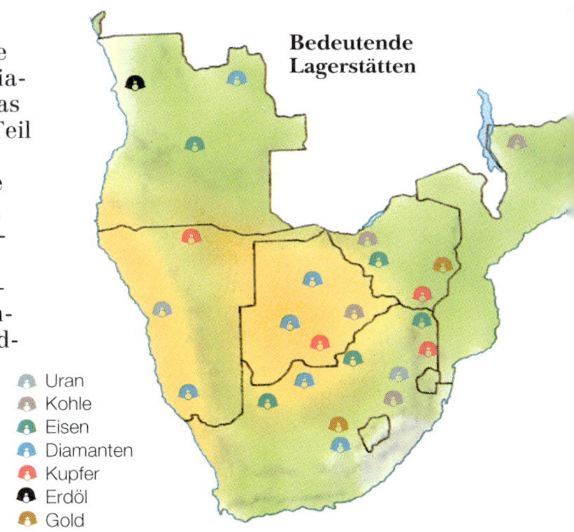

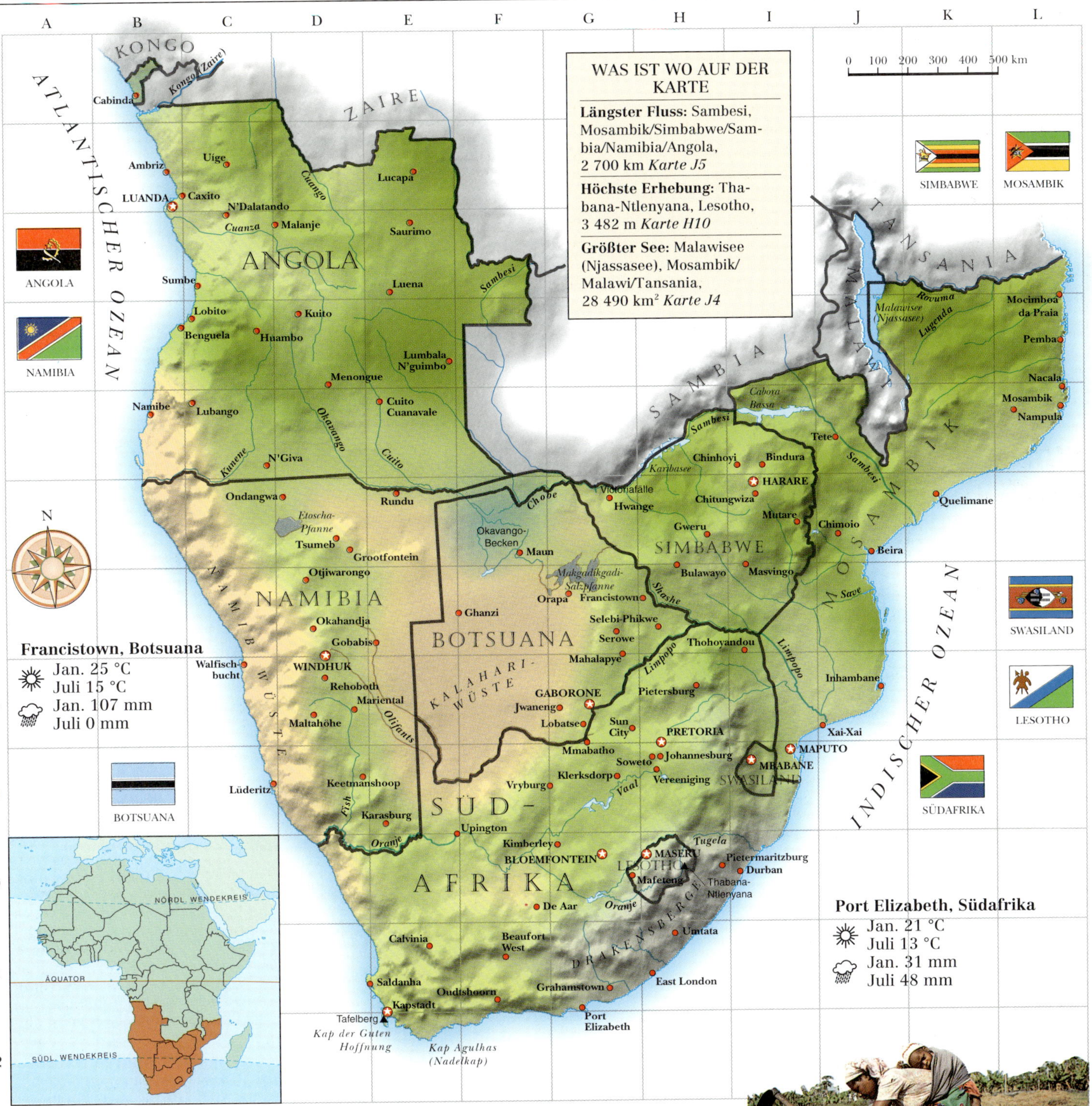

WAS IST WO AUF DER KARTE

Längster Fluss: Sambesi, Mosambik/Simbabwe/Sambia/Namibia/Angola, 2 700 km *Karte J5*

Höchste Erhebung: Thabana-Ntlenyana, Lesotho, 3 482 m *Karte H10*

Größter See: Malawisee (Njassasee), Mosambik/Malawi/Tansania, 28 490 km² *Karte J4*

Francistown, Botsuana
Jan. 25 °C
Juli 15 °C
Jan. 107 mm
Juli 0 mm

Port Elizabeth, Südafrika
Jan. 21 °C
Juli 13 °C
Jan. 31 mm
Juli 48 mm

WACHSENDE STÄDTE

Fast überall im südlichen Afrika ist eine Landflucht zu beobachten – immer mehr Menschen verlassen die ländlichen Regionen mit ihrem niedrigen Lebensstandard, um in den Städten nach Arbeit zu suchen. In Johannesburg (Südafrika) z. B. leben heute bereits über 2 Mio. Menschen. Damit gehört es zu den größten Städten Afrikas. Maputo (rechts), die Hauptstadt von Mosambik, hat ihre Fläche zwischen 1975 und 1983 verdoppelt. In der Stadt und ihren Außenbezirken leben heute über 1,3 Mio. Menschen, allerdings nicht immer unter den Bedingungen, die sie sich vorgestellt und erhofft haben.

DIE ROLLE DER FRAU

In afrikanischen Kulturen kümmern sich die Frauen traditionell um Familie und Felder; sie erledigen die Hausarbeiten und bauen Feldfrüchte an. Heutzutage verlassen viele Männer für ein oder zwei Jahre ihr Zuhause, um in Bergwerken oder in der Stadt zu arbeiten. In den Dörfern leben daher fast nur noch Frauen und Kinder.

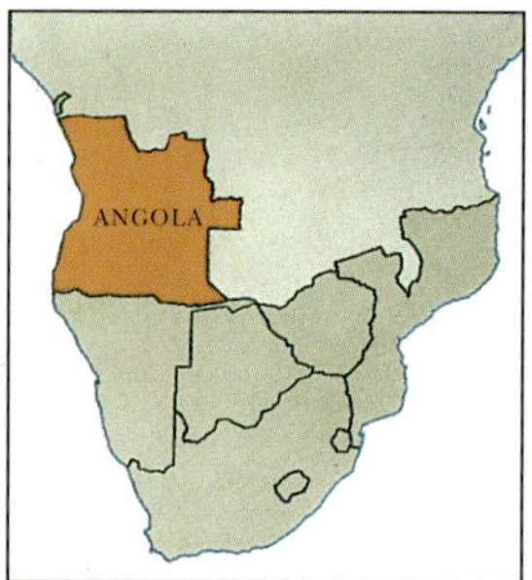

ANGOLA

Hauptstadt: Luanda

Lage: 11°–23° östl. Länge, 5°–18° südl. Breite

Fläche: 1 246 700 km²

Einwohner: 11 100 000

Amtssprache: Portugiesisch

Religionen: Christen 90%, traditionelle Religionen 10%

Staatsform: Republik

Währung: Kwanza Reajustado

Analphabetenrate: 58%

Lebenserwartung: 46 Jahre

Einwohner pro Arzt: 14 290

ANGOLA

Angola war schon im 15. Jh. Stützpunkt portugiesischer Seefahrer. Die älteste Kolonie südlich des Äquators wurde ausgebeutet und von hier holten die Portugiesen ihre Sklaven für Brasilien. Das Land hat beste Voraussetzungen, um zu den wohlhabenderen Ländern Afrikas zu gehören. Mit seinen dichten Regenwäldern im Norden und den trockeneren Grasländern im Süden ist es ausgesprochen fruchtbar. Die Bauern erzeugen ausreichend Nahrungsmittel für die gesamte Bevölkerung, zudem sind reichlich Bodenschätze vorhanden. Seit 1975 wurde Angola jedoch immer wieder von Bürgerkriegen heimgesucht, die kaum einen Landstrich verschont haben. Daher herrscht hier statt Wohlstand und Reichtum drückende Armut.

BÜRGERKRIEG
1975 endete die Kolonialherrschaft der Portugiesen und es brach ein blutiger Bürgerkrieg aus – ein Konflikt zwischen der MPLA (Volksbefreiungsbewegung Angolas), die von der ehemaligen UdSSR und Kuba unterstützt wurde, und der UNITA (Nationale Union für die Totale Unabhängigkeit Angolas), die Unterstützung von Südafrika und den USA erfuhr. Nach einem Waffenstillstand 1991 wurde die MPLA an die Macht gewählt, aber die Kämpfe flammten erneut auf. 1994/95 wurde schließlich ein weiterer Waffenstillstand vereinbart, der jedoch immer wieder gebrochen wird.

• Wichtige Städte
•••••• Benguelabahn

Die Benguelabahn führt von Benguela und Lobito in Angola ostwärts quer durchs Land bis nach Zaire.

BENGUELABAHN
Die Benguela-Eisenbahnlinie wurde 1931 eröffnet, um Kupfer und andere Bodenschätze von den Minen der Binnenstaaten Sambia und Zaire zu den Küstenhäfen Lobito und Benguela zu transportieren. Von hier aus konnten diese Produkte in alle Welt verschifft werden. Eisenbahn und Hafenanlagen boten vielen Angolanern Arbeit – bis die Eisenbahnlinie durch den Bürgerkrieg zerstört wurde. Damit brach ein Verkehrsnetz von 3 110 km Länge zusammen, das in Angola auch 1 Mio. Personen befördert hatte. Nach dem Waffenstillstand von 1991 wurde mit dem Wiederaufbau einzelner Bahnabschnitte begonnen. Die baldige Inbetriebnahme der Bahn ist geplant.

LUANDA
Die Hafenstadt Luanda ist Hauptstadt und zugleich größte Stadt Angolas. Sie wurde 1576 von den portugiesischen Kolonialherren gegründet. Von hier aus verschifften die Portugiesen Sklaven nach Brasilien. Sie errichteten hier auch eine Festung und zahlreiche Wohngebäude, die heute neben modernen Hochhäusern stehen.

INDUSTRIE
Cabinda im Norden von Angola ist eine der erdölreichsten Regionen des gesamten afrikanischen Kontinents. Vor der Küste lagern 1 500 Mio. Barrel Erdöl und riesige Mengen Erdgas. Im Nordosten Angolas befinden sich einige der reichhaltigsten Diamantminen der Welt. Mit Eisen- und Kupfererz, Phosphaten und Goldvorkommen im Süden des Landes verfügt Angola über weitere wichtige auf dem Weltmarkt gefragte Bodenschätze. Viele Bergwerke und Fabriken wurden jedoch im Laufe der lang anhaltenden Kämpfe zerstört. Erst ein beständiger Friede im Land wird wieder wirtschaftlichen Aufschwung bringen.

Eine Strebe teilt die Bogensehne in zwei unterschiedlich lange Abschnitte.

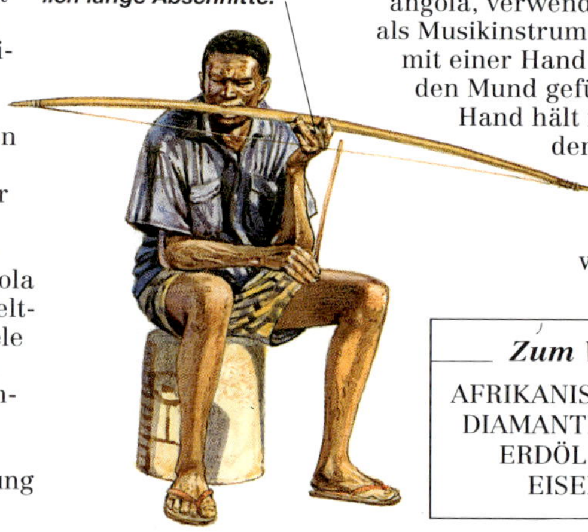

KLINGENDER BOGEN
Die Humbi, ein Stamm in Südwestangola, verwenden ihren Jagdbogen als Musikinstrument. Der Bogen wird mit einer Hand gehalten und durch den Mund geführt. In der anderen Hand hält man einen Stab, mit dem auf den Bogen geschlagen wird. Durch Veränderung der Lippen werden unterschiedliche Töne erzeugt.

Zum Weiterlesen

AFRIKANISCHE STÄDTE *206*
DIAMANTEN *150, 226, 248*
ERDÖL *152, 230, 281*
EISENBAHN *245*

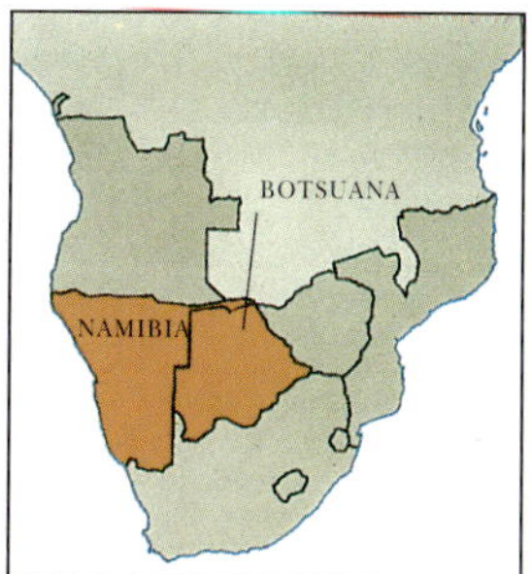

BOTSUANA
Hauptstadt: Gaborone
Lage: 20°–29° östl. Länge, 18°–27° südl. Breite
Fläche: 581 730 km²
Einwohner: 1 500 000
Amtssprachen: Englisch und Setswana
Religionen: Traditionelle Religionen 50%, Christen 30%, andere 20%
Staatsform: Präsidialrepublik
Währung: Pula
Analphabetenrate: 30%
Lebenserwartung: 65 Jahre
Einwohner pro Arzt: 5 150

NAMIBIA
Hauptstadt: Windhuk
Lage: 12°–25° östl. Länge, 17°–29° südl. Breite
Fläche: 824 290 km²
Einwohner: 1 500 000
Amtssprache: Englisch
Religionen: Christen 90%, traditionelle Religionen 10%
Staatsform: Republik
Währung: Namibia-Dollar
Analphabetenrate: 60%
Lebenserwartung: 59 Jahre
Einwohner pro Arzt: 4 620

BOTSUANA

Botsuana liegt im südafrikanischen Hochland und umfasst hier das gesamte überwiegend trockene Kalaharibecken. Das dünn bevölkerte Land ist eines der wenigen in Afrika, das eine erfolgreiche Entwicklung vorzuweisen hat. Nach seiner Unabhängigkeit 1966 war das Land zunächst auf die Produkte seiner kleinen Landwirtschaftsbetriebe angewiesen. Die 1967 entdeckten Diamantvorkommen und die Einrichtung riesiger Rinderfarmen führten zu einem raschen Wirtschaftsaufschwung. Botsuana ist heute ein stabiles, demokratisch regiertes Land.

GABORONE
Als Botsuana die Unabhängigkeit erlangte, besaß es noch keine Hauptstadt, da es vorher von der südafrikanischen Stadt Mafikeng aus regiert worden war. Die junge Republik gründete daher eine neue Hauptstadt: Gaborone. Heute hat diese über 130 000 Einwohner und ist das Industriezentrum des Landes.

TSWANA-HÜTTEN
Der Volksstamm der Tswana, zu dem der größte Teil der Bevölkerung Botsuanas gehört, lebt traditionellerweise in kleinen Stammesgruppen mit einem Häuptling. Jede Gruppe hat einen Hauptort, um den herum verstreut die dazu gehörenden Dörfer liegen. Die Familien leben in einem umfriedeten Wohnbezirk mit drei bis vier Hütten, die sich um eine Art Innenhof, die Lolwapa, gruppieren. Jede Hütte dient einem bestimmten Zweck.

NAMIBIA

Die frühere deutsche Kolonie Namibia wurde von 1915 bis zur Erlangung ihrer Unabhängigkeit im Jahre 1990 vom benachbarten Südafrika aus regiert. Namibia ist reich an Mineralien und anderen Naturschätzen. Das Land besteht zum größten Teil aus einem Hochplateau, das sich im Osten allmählich zum Kalaharibecken absenkt und im Westen zur Namibwüste abbricht, die als dünner Streifen entlang der Atlantikküste verläuft. Die Bevölkerung Namibias setzt sich aus vielen unterschiedlichen Volksgruppen zusammen. Das Land ist jedoch nur dünn besiedelt.

Um zu zeigen, dass sie verheiratet ist, verlängert eine Himba-Frau ihren Schopf mit Haaren ihres Bruders.

LANDLEBEN
Die meisten Namibier leben auf den Hochebenen im Norden des Landes. Hier errichten die Ovambo abgeschlossene Siedlungen, die man als Kraal bezeichnet. In den unwirtlichen Gebieten weiter im Westen, an der Grenze zu Angola, stößt man auf die Himba. Sie sind Halbnomaden und leben von der Viehzucht. Die Rinder liefern ihnen Milch, Fleisch und Kleidung. Je mehr Tiere ein Stammesmitglied besitzt, desto höher ist sein Ansehen innerhalb des Stammes.

BERGBAU
Mit seinen großen Kupfer-, Diamant-, Blei-, Zink- und Zinnlagerstätten gehört Namibia zu den vier bedeutendsten Bergbauländern in Afrika. Die größte Uranmine der Welt befindet sich bei Rössing inmitten der Namibwüste. Außerdem ist Namibia der siebtgrößte Diamantenproduzent der Welt.

Zum Weiterlesen
KUPFERBERGBAU *73, 237, 245*
DEMOKRATIE *270*
WÜSTEN *15, 204*
DIAMANTEN *150, 226, 248*

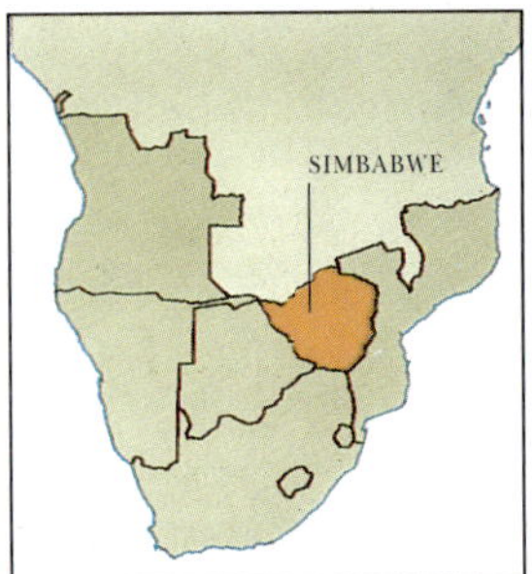

SIMBABWE
Hauptstadt: Harare
Lage: 25°–33° östl. Länge, 15°–22° südl. Breite
Fläche: 390 580 km²
Einwohner: 11 300 000
Amtssprache: Englisch
Religionen: Christen 75%, traditionelle Religionen 24%, andere 1%
Staatsform: Präsidialrepublik
Währung: Simbabwe-Dollar
Analphabetenrate: 15%
Lebenserwartung: 58 Jahre
Einwohner pro Arzt: 62 500

SIMBABWE

Zwischen dem 10. und dem 15. Jh. gehörte das Gebiet des heutigen Simbabwe zu einem mächtigen Reich, das seinen Aufstieg dem Gold- und Elfenbeinhandel verdankte. Zentrum der hoch stehenden Kultur war das »Große Simbabwe« (»Steinhaus«), die gewaltige Steinfestung eines Priesterkönigs. Die gut erhaltene Anlage gibt noch viele Rätsel auf. Eine erstaunliche Leistung sind die ohne Mörtel zusammengefügten Außenmauern, die an der Basis 4–5 m dick und bis zu 12 m hoch sind. Heute gehört Simbabwe, das 1980 die Unabhängigkeit erlangte, zu den wirtschaftlich stärksten Ländern Afrikas. Ungünstig wirken sich allerdings die Spannungen zwischen der Shona-Mehrheit und der Ndebele-Minderheit aus.

HARARE
Die Hauptstadt von Simbabwe wird wegen ihrer zahllosen Ziersträucher und Bäume auch »Stadt der blühenden Bäume« genannt. Früher hieß sie Salisbury. Nach Erlangung der Unabhängigkeit wurde sie zu Ehren von Neharare umbenannt, einem einheimischen Stammesführer, der vor Ankunft der Briten dieses Gebiet regiert hatte. Heute ist Harare das Herz des Landes.

VICTORIAFÄLLE
An der Grenze zwischen Sambia und Simbabwe stürzt das Wasser des Sambesi in eine 119 m tiefe Schlucht. Der dichte Gischtnebel und das donnernde Getöse der herabstürzenden Wassermassen kann noch bis zu 40 km weit gesehen bzw. gehört werden. Die Einheimischen nennen diese Wasserfälle »Mosi-oa-tunya«, »Donnernder Rauch«.

INDUSTRIEGÜTER
Simbabwe ist nach Südafrika das afrikanische Land mit der größten Palette unterschiedlicher Industriebetriebe. Das schachbrettartig gebaute Bulawayo bildet den Knotenpunkt des nationalen Straßen- und Eisenbahnnetzes im Süden des Landes. Es hat sich zu Simbabwes wichtigster Industriestadt entwickelt. Hier werden Stahl und Zement sowie eine große Zahl von Fertigwaren hergestellt, darunter Fahrzeuge, Leichtmaschinen, Textilien und Schuhe. Die Stadt ist außerdem das Zentrum der Lebensmittel- sowie der Tabakindustrie des Landes.

DAS VOLK DER SHONA
Die Shona (oder Mashona) leben im Zentrum und im Osten Simbabwes. Sie sind die größte Volksgruppe des Landes. Zahlreiche Shona bekennen sich gleichzeitig zum christlichen Glauben und zum Animismus, demzufolge alle Naturerscheinungen, z. B. Seen und Bäume, eine Seele haben. Die Shona sind bekannt für ihre Töpferwaren.

ACKERBAU
Das Zentrum Simbabwes ist reich an fruchtbarem Ackerland, auf dem Tabak und andere Nutzpflanzen für den Export angebaut werden. 1992 wurde eine Landreform eingeleitet, um den Boden gerechter zu verteilen. Die besten Landstriche befinden sich jedoch nach wie vor in der Hand von einigen wenigen, zumeist weißen Großgrundbesitzern. Die weniger fruchtbaren Bereiche hat man den etwa 5 Mio. Schwarzen überlassen. Sie können darauf gerade so viel anbauen, wie sie zum Lebensunterhalt für ihre Familien brauchen (Subsistenzwirtschaft).

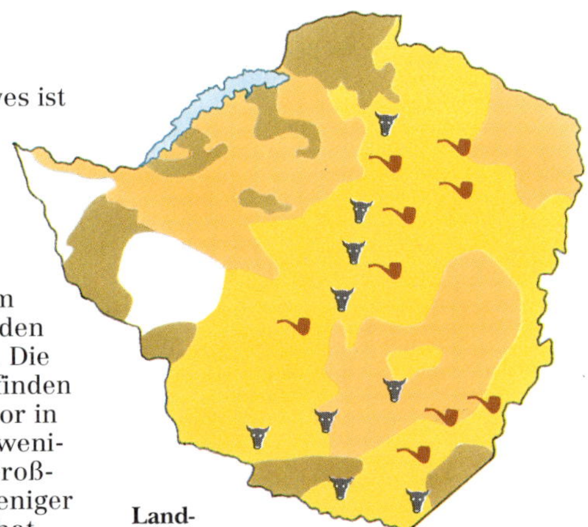

Tabakpflanze

Zum Weiterlesen
AFRIKANISCHE STÄDTE *206*
AFRIKANISCHE VÖLKER *206–207*
RELIGION *274–275*
TABAK *52*

MOSAMBIK

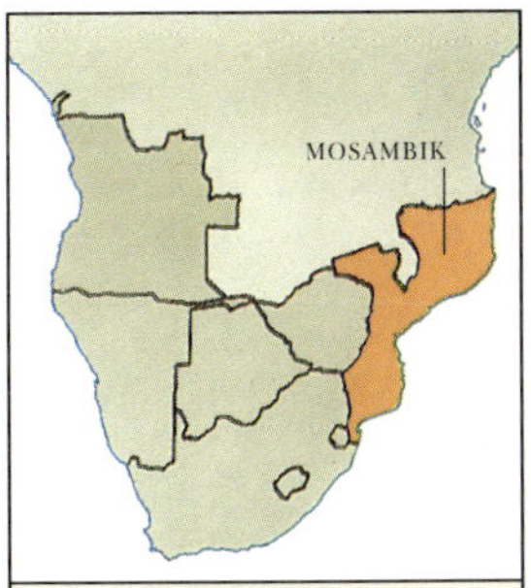

MOSAMBIK
Hauptstadt: Maputo
Lage: 31°–41° östl. Länge, 11°–27° südl. Breite
Fläche: 801 590 km²
Einwohner: 16 000 000
Amtssprache: Portugiesisch
Religionen: Traditionelle Religionen 60%, Christen 30%, Muslime 10%
Staatsform: Republik
Währung: Metical
Analphabetenrate: 60%
Lebenserwartung: 46 Jahre
Einwohner pro Arzt: 50 000

Nach Erlangung seiner Unabhängigkeit im Jahre 1975 verließen die portugiesischen Kolonialherren zwar das Land, aber nicht ohne vorher noch Transportwege und Maschinenanlagen zu zerstören. Ein jahrelang wütender Bürgerkrieg sowie verheerende Dürreperioden und Überschwemmungen haben das Land wirtschaftlich ruiniert – es gehört heute zu den ärmsten der Welt. Immer noch findet man hier Sprengkörper aus dem Krieg und nur wenige Brücken sind noch intakt. Aber Mosambik hat gute Voraussetzungen, um die Probleme aus der Vergangenheit zu überwinden: Der Boden ist fruchtbar und die Mineralvorkommen sind noch kaum erschlossen.

BEIRA
Beira ist die zweitgrößte Stadt Mosambiks und sein wichtigster Hafen. Hier werden die meisten der Import- und Exportgüter des benachbarten Simbabwe nach ihrer Anlieferung per Lastwagen, Eisenbahn oder Pipeline verschifft. Die Erdölpipeline verläuft zwischen Beira und Harare. Im Bürgerkrieg wurde sie von über 10 000 simbabwischen Soldaten bewacht.

Arbeiter beim Gesundheitsunterricht in Mosambik

GESUNDHEITSWESEN
Nachdem Mosambik die Unabhängigkeit erlangt hatte, verstaatlichte die Regierung sämtliche Gesundheitsdienste. Auf diese Weise kamen alle Bewohner des Landes in den Genuss einer kostenlosen medizinischen Versorgung. Durch den langjährigen Bürgerkrieg wurden jedoch die meisten Krankenhäuser und Kliniken zerstört. Bis heute sterben zahllose Menschen an Tuberkulose, Malaria und Lungenentzündung. Fast die gesamte Bevölkerung lebt in erdrückender Armut und über die Hälfte der Menschen ist von Lebensmittellieferungen aus dem Ausland abhängig. Mosambik erhält jedes Jahr Entwicklungshilfegelder in Millionenhöhe, die vor allem von Europa und den USA zur Verfügung gestellt werden.

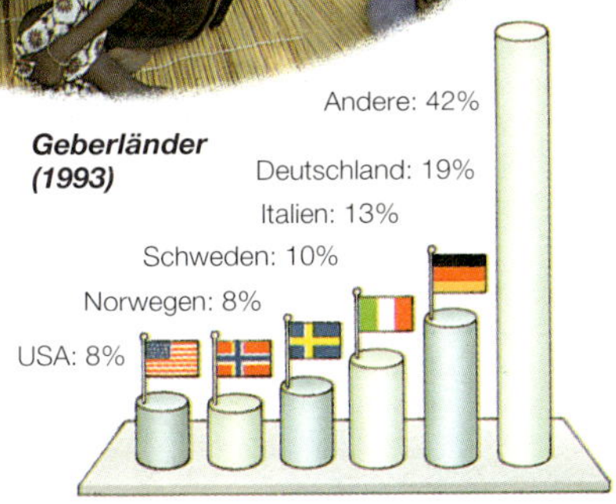

Während des Bürgerkriegs flohen Millionen von Menschen aus ihren Heimatdörfern.

BÜRGERKRIEG
Nach Erklärung der Unabhängigkeit (1975) kam es zum offenen Kampf zwischen der kommunistischen FRELIMO-Regierung und der mosambikanischen Befreiungsfront RENAMO. Diese Rebellengruppe wurde von Südafrika aus laufend unterstützt und so konnte sich der Krieg 17 Jahre lang hinziehen. Er forderte in dieser Zeit fast 1 Mio. Todesopfer und führte überall im Land zu Hungersnöten. Schließlich entzog man der RENAMO die Unterstützung. Als sich dann auch die FRELIMO bereit erklärt hatte freien Wahlen zuzustimmen, wurde 1992 ein Waffenstillstandsabkommen unterzeichnet.

ACKERBAU
Für mehr als 80% der Einwohner Mosambiks ist die Landwirtschaft ihre Lebensgrundlage. An den fruchtbaren Küstenstrichen gedeihen Zuckerrohr, Tee, Baumwolle, Cashewnüsse und Zitrusfrüchte, im Landesinnern wird Tabak angebaut und Viehzucht betrieben. Die Küste ist sehr fischreich. Meerestiere sind wichtige Exportgüter.

Arbeiter schleppen frisch geerntete Zuckerrohrbündel nach Hause.

MUSIKTRADITION
Das Küstenvolk der Chopi musiziert auf der Timbila, einer Art Xylophon. Timbila-Gruppen spielen die Begleitmusik zu poetischen Liedern und zu Migodo-Tänzen, die Ereignisse aus dem Dorfleben beschreiben.

Zum Weiterlesen
GESUNDHEITSWESEN *276*
FLÜCHTLINGE *207*
ARM UND REICH *278–279*
ZUCKERROHR *52*

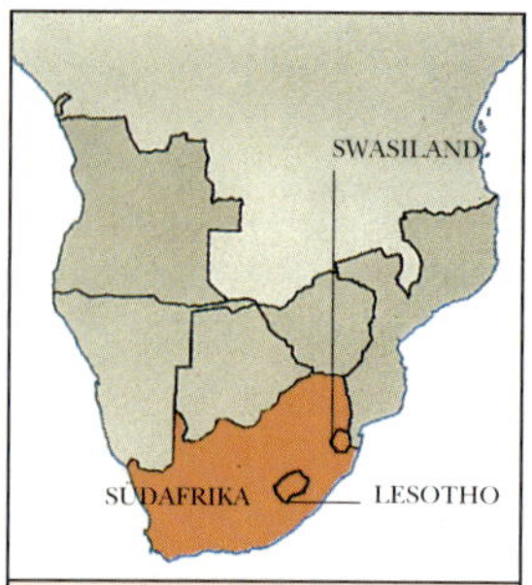

SÜDAFRIKA

Hauptstädte: Pretoria, Kapstadt, Bloemfontein

Lage: 17°–33° östl. Länge, 22°–34° südl. Breite

Fläche: 11 270 00 km^2

Einwohner: 31 400 000

Amtssprachen: Englisch, Afrikaans und neun afrikanische Sprachen

Religionen: Christen 80%, andere 20%

Staatsform: Präsidialrepublik

Währung: Rand

Analphabetenrate: 40%

Lebenserwartung: 62 Jahre

Einwohner pro Arzt: 1 640

SWASILAND

Hauptstadt: Mbabane

Lage: 30°–32° östl. Länge, 25°–27° südl. Breite

Fläche: 17 364 km^2

Einwohner: 847 000

Amtssprachen: Swasi und Englisch

Religionen: Christen 60%, andere 40%

Staatsform: Monarchie

Währung: Lilangeni

Analphabetenrate: 32%

Lebenserwartung: 57 Jahre

Einwohner pro Arzt: 18 820

LESOTHO

Hauptstadt: Maseru

Lage: 27°–29° östl. Länge, 28°–31° südl. Breite

Fläche: 30 335 km^2

Einwohner: 1 700 000

Amtssprachen: Englisch und Sotho

Religionen: Christen 90%, andere 10%

Staatsform: Parlamentarische Monarchie

Währung: Loti

Analphabetenrate: 24,4%

Lebenserwartung: 60 Jahre

Einwohner pro Arzt: 18 610

SÜDAFRIKA

Südafrika wechselte 1994 von einer weißen Minderheitsregierung zu einer gemischtrassigen Mehrheitsregierung unter der Aufsicht des Afrikanischen Nationalkongresses (ANC). Von 1948 bis 1994 hatte das Gesetz der Apartheid geherrscht, das Rassentrennung vorsah und die Rechte der farbigen Bevölkerung beschnitt. Südafrika manövrierte sich damit ins politische Abseits und die Spannungen zwischen den Rassen und Stämmen nahmen zu. Mit der Wahl des ANC-Führers Nelson Mandela zum Präsidenten wurde das Apartheidsystem abgeschafft. Heute ist Südafrika wieder international anerkannt.

NELSON MANDELA
Nelson Mandela (hier mit F. W. de Klerk) wurde 1964 als eines der Führungsmitglieder des ANC zu lebenslänglicher Haft verurteilt. Nach 26 Jahren Gefängnis kam er 1990 im Zuge der von Präsident de Klerk eingeleiteten Legalisierung der schwarzen Freiheitsbewegungen frei. Unter Mandelas Führung gewann der ANC 1994 die Wahlen, er selbst wurde der erste schwarze Staatspräsident Südafrikas.

TOWNSHIPS
Als Folge der Apartheidpolitik wurden die schwarzen Arbeiter und ihre Familien aus den Städten vertrieben und gezwungen, sich in eigens angelegten Siedlungen niederzulassen, die meist weit von ihrem Arbeitsplatz entfernt waren. Die größte dieser »Townships« ist Soweto, in der ca. 2 Mio. Menschen wohnen. Von dort pendeln die Arbeiter jeden Tag oft mehrere Stunden lang in überfüllten Bussen und Zügen zu den Gruben und Fabriken nach Johannesburg.

NDEBELE
In Südafrika leben Menschen verschiedener Rassen und Kulturen. Es gibt allein elf Amtssprachen. Eine Volksgruppe, die Ndebele, sind vor allem für ihre mit bunten geometrischen Formen verzierten Häuser bekannt. Die Frauen der Ndebele sorgen für die Instandhaltung der Hütten und streichen deren Außenwände jedes Frühjahr.

OBSTANBAU
Das warme, trockene Klima und der fruchtbare Boden lassen ertragreiche Landwirtschaft zu. Südafrikas Zitrusfrüchte, Äpfel und Trauben sowie seine Weine werden in die ganze Welt verkauft.

GOLDENE STADT
Südafrika hat im Grunde drei Hauptstädte: Pretoria als Regierungssitz, Bloemfontein mit dem Obersten Gerichtshof und Kapstadt als Sitz des Parlaments. Finanz- und Industriezentrum ist jedoch Johannesburg (rechts), die »Goldene Stadt«. Sie gelangte dank der tief unter der Erde gelegenen riesigen Goldminen im Laufe der Zeit zu einem enormen Wohlstand und entwickelte sich zu einem blühenden Wirtschaftszentrum mit Auto-, Textil-, Hightech- und Schwerindustrie.

GOLDMINEN

Fast ein Jahrhundert lang lieferte die Goldmine in Witwatersrand nahe Johannesburg etwa die Hälfte der weltweit produzierten Goldmenge. Selbst heute noch erbringt sie über 30% der Goldproduktion der Erde. Diamanten und andere Bodenschätze werden ebenfalls in großen Mengen abgebaut. Dies führte zusammen mit der verarbeitenden Industrie und dem Finanzgewerbe dazu, dass Südafrika das blühendste Wirtschaftsland des Kontinents wurde. Jedoch belasten Bevölkerungswachstum und Arbeitslosigkeit die Wirtschaft.

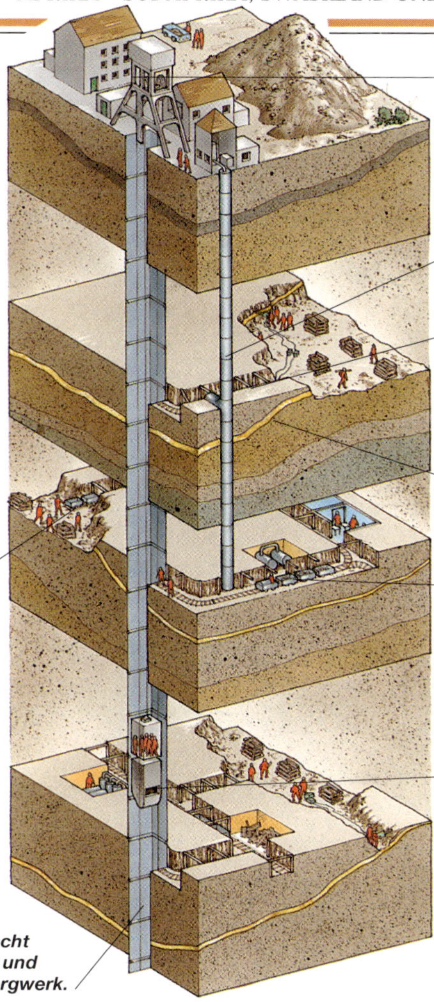

Wofür Gold verwendet wird

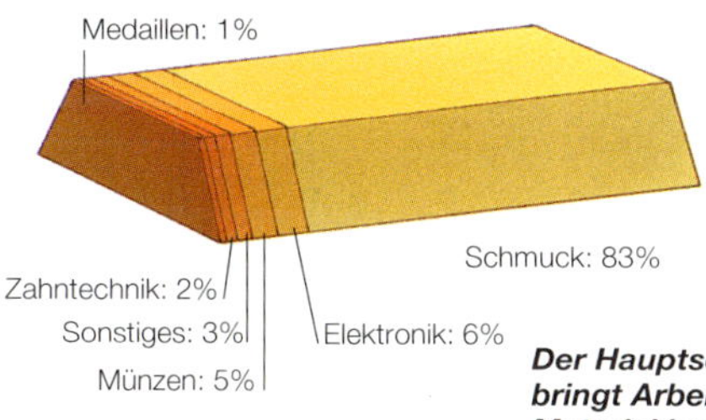

SPORT

Unter dem Apartheidregime waren die Sportanlagen getrennt. Schwarze und weiße Spieler durften nicht im selben Team spielen. Daher wurde Südafrika von internationalen Wettkämpfen ausgeschlossen. Nach Beendigung der Apartheid fanden gemischte Spiele statt und südafrikanische Mannschaften durften wieder an internationalen Sportveranstaltungen teilnehmen. 1995 gewannen die Springboks (oben), die südafrikanische Rugbymannschaft, den Weltcup.

SWASILAND

Das Königreich Swasiland ist von seinem mächtigen Nachbarn Südafrika und von dessen wirtschaftlicher Entwicklung und Energieversorgung abhängig. Sein bedeutendster Ausfuhrartikel ist Zuckerrohr. Daneben exportiert es Holzschliff, Kohle und Asbest. Als Regierungschef, der die Mitglieder des Parlaments ernennt, hat der König große Macht. Dies drückt sich auch in seinem Titel Ngwenyama, »Löwe«, aus.

König Mswati III. bei seiner Krönung 1986

LESOTHO

Das mitten in Südafrika gelegene bergige Königreich Lesotho ist der einzige Staat in Südafrika, der über 1 000 m hoch liegt. Seine wichtigste Rohstoffquelle ist Wasser: Derzeit wird eine riesige Wasserkraftanlage gebaut, die den gesamten Energiebedarf Lesothos deckt und zusätzlich Wasser für Südafrika liefern soll. Bis dahin ist Lesotho jedoch wirtschaftlich von seinem Nachbarn abhängig.

MOHAIRWOLLE

Das Bergland Lesothos eignet sich hervorragend zur Zucht von Angoraziegen, deren Mohairwolle weltweit sehr geschätzt wird. An pedalgetriebenen Spinnrädern spinnen die Frauen die Wolle zu feinem Garn, aus dem edle Wollstoffe entstehen.

Zum Weiterlesen

AFRIKANISCHE STÄDTE *206*
WASSERKRAFT *108, 262*
POLITISCHE SYSTEME *270–271*
ZUCKERROHR *52*

AUSTRALASIEN UND OZEANIEN

Diese ausgedehnte Inselregion liegt im Pazifischen Ozean und erstreckt sich über ein riesiges Gebiet südlich von Südostasien. Australasien umfasst Australien, Neuseeland, Papua-Neuguinea sowie zahllose pazifische Inselgruppen. Australien ist ein Land, zugleich aber auch ein Erdteil – der kleinste von sechs. Die drei pazifischen Inselgruppen Melanesien, Mikronesien und Polynesien gehören zu Ozeanien, einer immens großen Region im südwestlichen Pazifik. Klima und Geografie von Australasien und Ozeanien sind ebenso vielgestaltig wie die Inselwelt selbst – da gibt es Regenwälder in Nordaustralien, Gletscherlandschaften im Süden Neuseelands und zahlreiche Korallen- und Vulkaninseln, die sich über die endlose Weite des Pazifiks verteilen.

PAPUA-NEUGUINEA
Papua-Neuguinea bildet den östlichen Teil der Insel Neuguinea. Die westliche Hälfte, Irian Jaya, gehört zu Indonesien. Hohe Berge und dichte Regenwälder prägen die Landschaft Papuas. Höchster Berg ist mit 4 508 m der Mt. Wilhelm. Obwohl er so nahe am Äquator liegt, ist sein Gipfel häufig von Schnee bedeckt. In den niedrigeren Regionen mit ihrem feuchtheißen Klima wachsen üppige, immergrüne Regenwälder. Sie bedecken zwei Drittel der Insel.

Die Kragenechse lebt in den Wüstengebieten.

DAS AUSTRALISCHE HINTERLAND
In Australien gibt es vier riesige Wüsten – die Simpsonwüste, die Gibsonwüste, die Große Sandwüste und die Große Victoriawüste. Sie bedecken weite Teile Westaustraliens und bilden das trockene und karge Hinterland. Hier leben nur wenige Menschen. Das trockene Klima eignet sich lediglich für Schaf- und Rinderzucht.

Höchste Temperatur:
Bourke, Australien
53 °C

AUSTRALASIEN UND OZEANIEN IN KÜRZE
Fläche: 8 508 238 km²
Höchste Erhebung: Mt. Wilhelm, Papua-Neuguinea, 4 508 m *Karte F7*
Längster Fluss: Murray-Darling, Australien, 3 370 km *Karte F12*
Größter See: Eyresee, max. Fläche 9 690 km² *Karte E11*
Zweitgrößte Insel: Neuguinea, 787 878 km² *Karte E7*

Niedrigste Temperatur:
Canberra, Australien
–22 °C

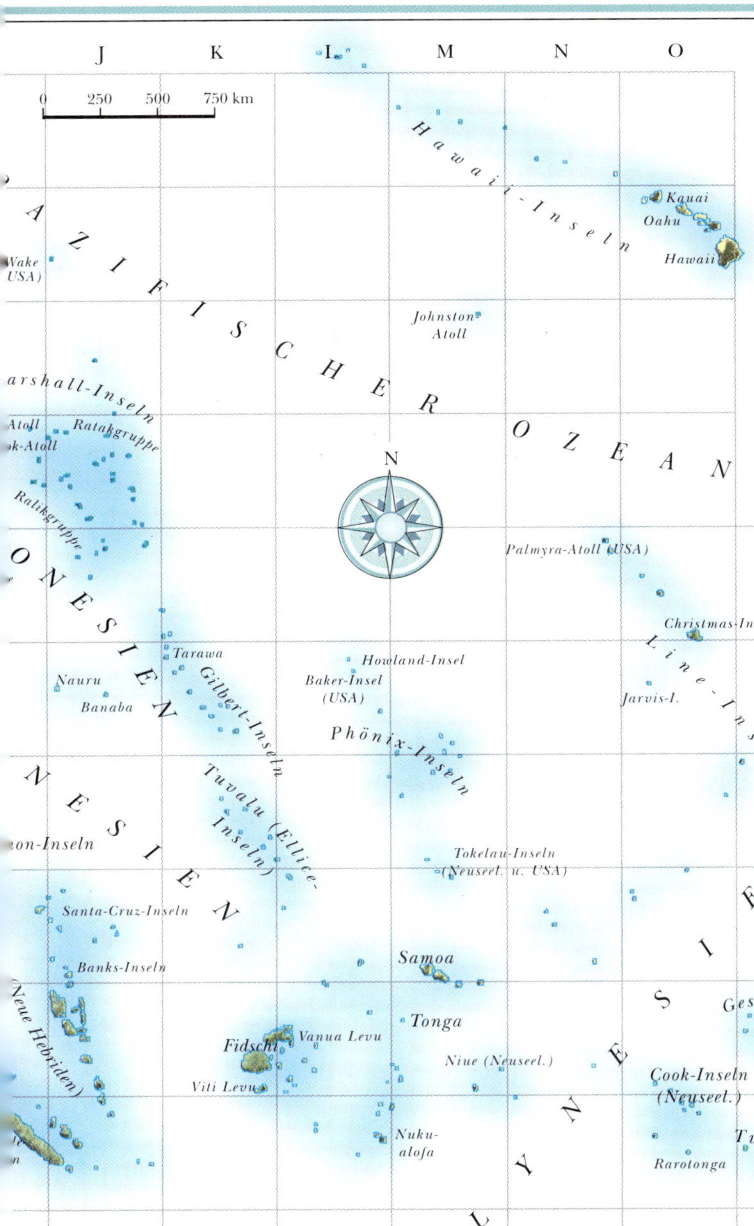

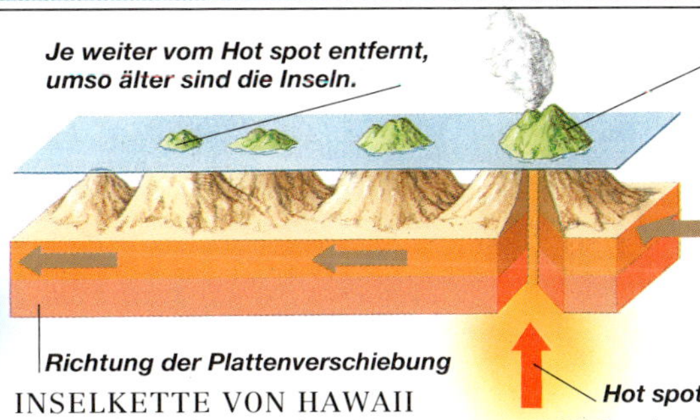

INSELKETTE VON HAWAII

Hawaii besteht aus einer Kette von ca. 132 Inseln vulkanischen Ursprungs. Hawaii-Vulkane liegen über vereinzelten »Hot spots«. Das sind heiße, hochaktive Bereiche im Erdinnern, aus denen rot glühende Gesteinsschmelzen (Magma) durch den Ozeanboden nach oben dringen. Wenn sich die Platten über einem Hot spot gegeneinander verschieben, entstehen neue Vulkane. Im Moment befindet sich der Hot spot unter der Insel Hawaii selbst.

Auf Hawaii gibt es zwei riesige Vulkane: Mauna Kea und Mauna Loa (rechts), den größten noch tätigen Vulkan der Welt.

Das Große Barriereriff ist das längste lebende Korallenriff der Welt.

DAS GROSSE BARRIERERIFF

Das größte Korallenriff der Welt liegt vor der Nordostküste Australiens. Es besteht aus einer Kette von ca. 2 500 kleineren Riffen. Die meisten entstanden in den letzten 2 Mio. Jahren, einige sind bereits 25 Mio. Jahre alt. Ihre Baumeister sind die nur wenige Millimeter großen Steinkorallen. Tourismus und Bergbau stören zunehmend das empfindliche Ökosystem der Riffe und gefährden damit ihre gesamte Tier- und Pflanzenwelt. Der Schutz dieses Lebensraums ist daher dringend notwendig.

Der Pohutu-Geysir auf Rotorua schleudert bis zu 30 m hohe Wasserfontänen empor.

GEYSIRE

Die Nordinsel von Neuseeland umfasst mehrere tätige Vulkane, von denen der Ruapehu zuletzt 1996 ausbrach. Die heißen Vulkangesteine erwärmen das Grundwasser im Erdinnern, sodass es durch Gesteinsspalten nach oben brodelt. Von einem Geysir spricht man, wenn Hitze und Druck so groß sind, dass das darüber liegende Wasser als mächtige Säule in die Luft geschleudert wird.

BEVÖLKERUNG AUSTRALASIENS UND OZEANIENS

Die ersten Bewohner der Pazifikregion kamen aus Asien; zu ihnen gehören die australischen Aborigines, die Maori aus Neuseeland und die Völker der pazifischen Inseln. Einige dieser Inseln liegen so weit vom Rest der Welt entfernt, dass sie erst sehr spät besiedelt wurden. Im 18. Jh. begannen Europäer sich im pazifischen Raum niederzulassen. Neuseeland und Australien kamen unter britische Kolonialherrschaft, und auch viele der kleineren Pazifikinseln wurden von Europäern kolonialisiert. Die Beziehungen zu den einstigen Kolonialherren sind jedoch heute nicht mehr sonderlich eng. Im Laufe der letzten Jahrzehnte wanderte eine große Zahl von Menschen aus Asien und dem Nahen und Mittleren Osten nach Australien und Neuseeland aus. Beide Länder verstehen sich als multikulturelle Gesellschaften und zeichnen sich durch ein modernes, erfolgreiches Wirtschaftsleben aus.

Fast 70% der Australier leben in oder in der Nähe einer der sechs größten Städte des Landes – Sydney (oben), Melbourne, Brisbane, Adelaide, Perth und Canberra.

Bevölkerungsdichte

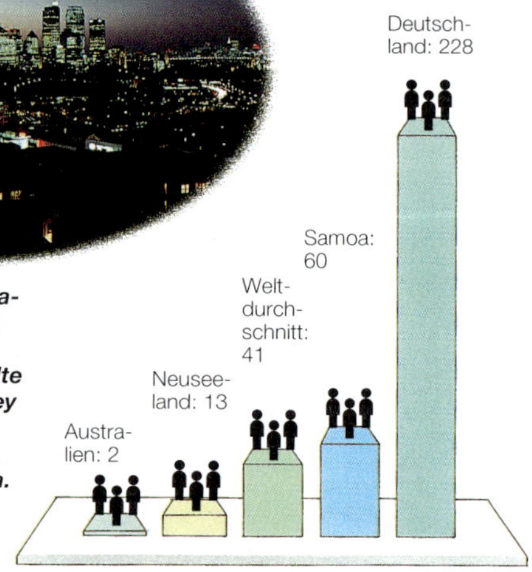

Die Zahlen geben die Anzahl der Einwohner pro km² an.

BEVÖLKERUNGSDICHTE

Mit nur zwei Einwohnern pro km² ist Australien der am dünnsten besiedelte Kontinent der Erde. Die meisten Australier leben in den großen Städten entlang der Küste. Das trockene Landesinnere mit seinen unwirtlichen Wüstenregionen bietet sich nur für Schaf- und Viehzucht an und ist sehr dünn besiedelt. Auf vielen der lieblichen pazifischen Inseln ist die Bevölkerungsdichte relativ hoch; hier drängt sich eine große Zahl von Menschen auf kleinen Landflächen.

Einwohner:	ca. 27 700 000
Anzahl der Länder:	14

Kleinstes Land: Nauru, 21 km²

Am dichtesten besiedeltes Land: Nauru, 524 Einwohner pro km²

Größtes Land: Australien, 7 682 300 km²

Am dünnsten besiedeltes Land: Australien, 2 Einwohner pro km²

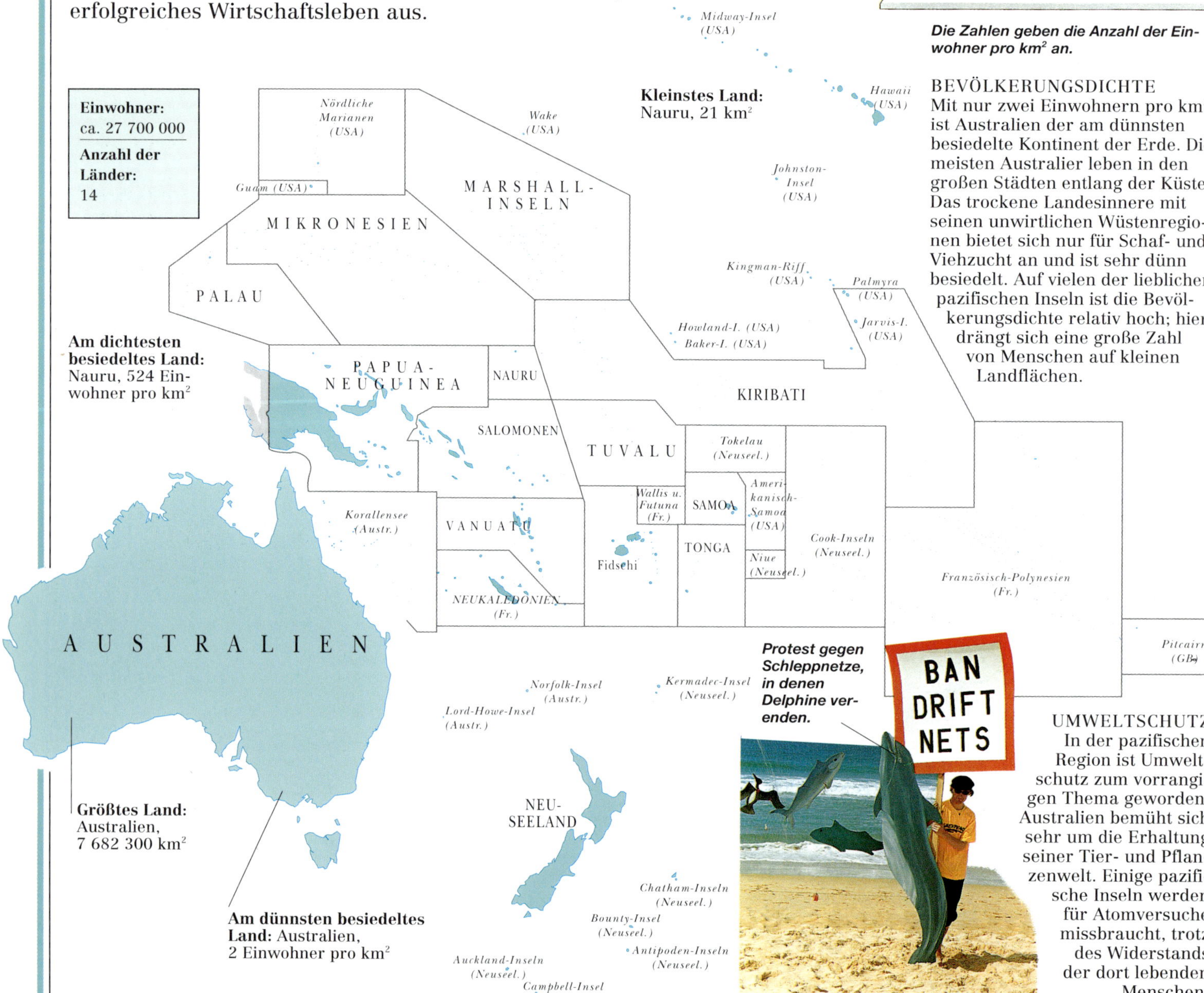

Protest gegen Schleppnetze, in denen Delphine verenden.

UMWELTSCHUTZ

In der pazifischen Region ist Umweltschutz zum vorrangigen Thema geworden. Australien bemüht sich sehr um die Erhaltung seiner Tier- und Pflanzenwelt. Einige pazifische Inseln werden für Atomversuche missbraucht, trotz des Widerstands der dort lebenden Menschen.

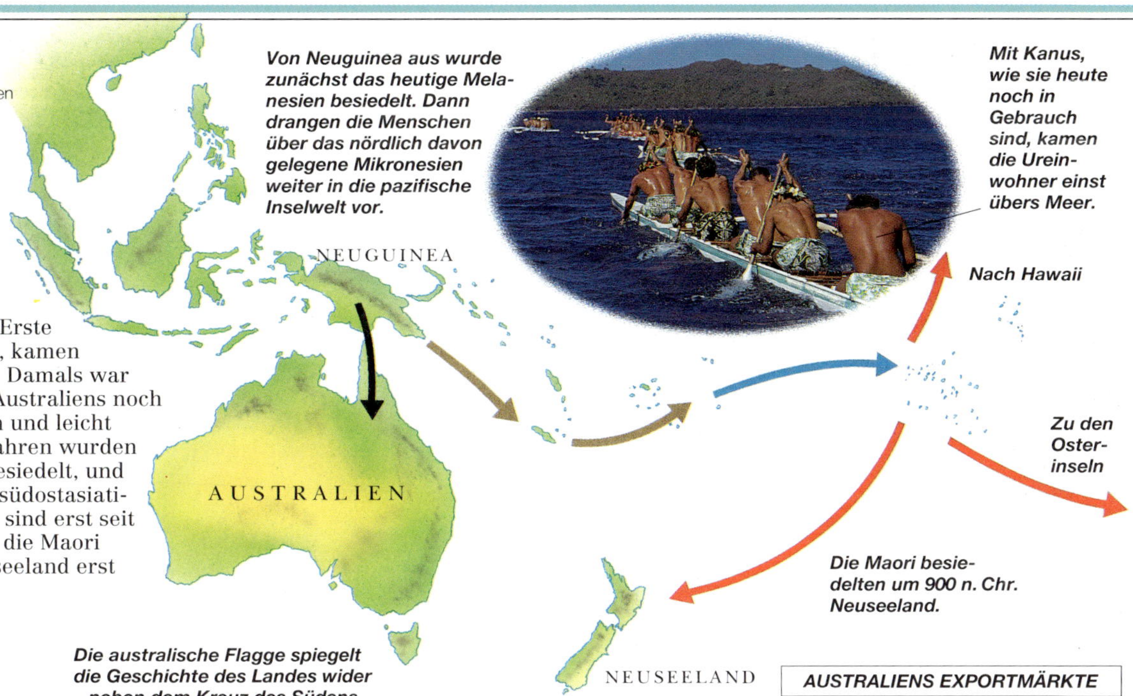

Von Neuguinea aus wurde zunächst das heutige Melanesien besiedelt. Dann drangen die Menschen über das nördlich davon gelegene Mikronesien weiter in die pazifische Inselwelt vor.

Mit Kanus, wie sie heute noch in Gebrauch sind, kamen die Ureinwohner einst übers Meer.

Die Maori besiedelten um 900 n. Chr. Neuseeland.

UREINWOHNER

Die Aborigines, die vor etwa 50 000 bis 70 000 Jahren als Erste australischen Boden betraten, kamen aus dem heutigen Neuguinea. Damals war diese große Insel im Norden Australiens noch mit dem Kontinent verbunden und leicht erreichbar. Vor etwa 7 000 Jahren wurden dann die pazifischen Inseln besiedelt, und zwar von Menschen aus dem südostasiatischen Raum. Manche Gebiete sind erst seit rund 1 000 Jahren bewohnt – die Maori z. B. erreichten die Insel Neuseeland erst um 900 n. Chr.

Die australische Flagge spiegelt die Geschichte des Landes wider – neben dem Kreuz des Südens zeigt sie die britische Flagge (Union Jack) und den Stern (Bundesstaat) des Commonwealth.

BEVÖLKERUNG

Die meisten Einwohner Australiens und Neuseelands stammen von britischen Einwanderern ab. In den letzten Jahren sind aber auch immer mehr Menschen aus anderen Erdteilen zugezogen. Für mehr als 2 Mio. Australier ist Englisch nicht die Muttersprache. Da die Einwanderer eigene Bräuche und Traditionen mitgebracht haben, entstanden in Australien und Neuseeland multikulturelle Gesellschaften.

AUSTRALIENS EXPORTMÄRKTE	
1. Japan	24,3% der Exporte
2. Südkorea	7,1% der Exporte
3. Neuseeland	6,9% der Exporte
4. USA	5,4% der Exporte
5. Singapur	4,6% der Exporte

HANDELSPARTNER

Lange Zeit war Großbritannien der wichtigste Handelspartner von Australien und Neuseeland. Als Großbritannien 1973 der Europäischen Union beitrat, mussten sich die beiden Länder nach neuen Partnern umsehen. Heute konzentrieren sie sich in erster Linie auf Asien. 1960 exportierte Australien nur 25% seiner Güter nach Asien, heute sind es 60%. Japan ist zum wichtigsten Handelspartner geworden.

Die Aborigines haben heute an der australischen Bevölkerung einen Anteil zwischen 1 und 2%.

SPORT

In Australien wie auch in Neuseeland hat der Sport bei der Entstehung des Nationalgefühls eine wichtige Rolle gespielt. Rugby ist der Nationalsport Neuseelands, während man in Australien lieber Fußball (Soccer) und Kricket spielt. Erfolge in diesen Sportarten lassen bei den Bewohnern ein Gefühl von Zusammengehörigkeit und Stolz auf ihr Land entstehen.

RECHTE DER UREINWOHNER

Jahrelang wurden die Kinder der Aborigines in Australien und die der Maori in Neuseeland ausschließlich in Englisch unterrichtet. Ihre eigenen Sprachen standen nicht auf dem Stundenplan der Schulen. Das hat sich heute geändert. Die Maori-Sprache ist nun in Neuseeland offiziell anerkannt, und hier wie in Australien erfahren die Schulkinder alles, was man über Kultur und Brauchtum der Ureinwohner weiß. Viele Australier vertreten die Ansicht, man müsse den Aborigines ihre angestammten Gebiete wieder zurückgeben. Die europäischen Siedler hatten sie seinerzeit, u. a. auch wegen der Bodenschätze, von ihrem Land verjagt.

AUSTRALIEN UND PAPUA-NEUGUINEA

Indischer und Pazifischer Ozean umspülen die Küsten Australiens. Dieser kleinste der sechs Kontinente entspricht in seiner Flächenausdehnung den USA und besitzt ein ausgesprochen trockenes Klima. Wegen des Niederschlagsmangels besteht er zu zwei Dritteln aus Wüste und Steppe. Die meisten Australier leben in den großen Küstenstädten. Im Norden des Kontinents liegt Papua-Neuguinea, nur durch die 153 km breite Torresstraße von Australien getrennt. Der heutige Inselstaat war bis 1975 eine australische Kolonie. Zu ihm gehörten die östliche Hälfte der Insel Neuguinea sowie mehr als 600 weitere Inseln im Umkreis.

Die meisten der 40 Paradiesvogelarten – wie hier der Raggis Großer Paradiesvogel – leben in Neuguinea.

INSEL DER BERGE UND WÄLDER

Papua-Neuguinea liegt in den Tropen und hat daher stets ein feuchtheißes Klima. Von West nach Ost verläuft eine unwegsame Bergkette, die dicht mit Regenwäldern bewachsen ist. In diesen unzugänglichen Regionen leben viele Tier- und Pflanzenarten, die es sonst nirgendwo auf der Welt gibt. Viele Küstenstriche sind von Mangrovensümpfen gesäumt.

DAS HINTERLAND

Der größte Teil Australiens besteht aus flachen, unwirtlichen Ebenen mit vereinzelten Inselbergen, ohne Wälder oder Flüsse. Die ausgedehnte Zentralregion gehört zu den heißesten und trockensten Gebieten der Welt. Hier befinden sich nur noch Sand- und Steinwüsten, in denen es tagsüber sengend heiß und nachts extrem kalt wird. Dort, wo das Klima milder ist und das Land bewässert werden kann, haben sich Schaf- und Rinderzüchter niedergelassen.

Die Ruhmesblume (Clianthus) ist eine Wüstenpflanze. Nur wenn es heftig geregnet hat, erblüht sie zu voller Pracht.

ULURU (AYERS ROCK)

Dieser massive Sandsteinmonolith befindet sich fast im Zentrum Australiens. Er hat einen Umfang von 9,4 km, ragt 348 m hoch aus der Ebene und ist 34 km lang. Für die Aborigines ist der Uluru eine heilige Kultstätte. Der Fels wurde zu Ehren eines Premierministers in Ayers Rock umbenannt. 1985 erhielt er seinen Namen zurück und wurde mit dem Nationalpark den Aborigines zurückgegeben.

GROSSES BARRIERERIFF

Das größte lebende Korallenriff der Welt erstreckt sich über eine Länge von 2 000 km entlang der Nordostküste Australiens. Hier tummeln sich ca. 1 500 verschiedene Fischarten. Das Riff besteht aus Kalkablagerungen, vorwiegend Kalkskeletten, zwischen denen sich versteinerte Reste anderer Tiere (Muscheln, Krebse) finden. Das Große Barriereriff ist eine der wichtigsten Touristenattraktionen des Landes. Damit die vielen Besucher das empfindliche biologische Gleichgewicht nicht zerstören, wurde das Riff von der UNESCO zum Weltkulturerbe erklärt und geschützt.

Perth, Australien

Jan. 23 °C
Juli 13 °C
Jan. 8 mm
Juli 170 mm

WAS IST WO AUF DER KARTE

Längster Fluss: Murray-Darling, Australien, 3 370 km *Karte I10, K9*

Höchste Erhebung: Mt. Wilhelm, Papua-Neuguinea, 4 508 km *Karte K11*

Größter See: Eyresee, Australien, maximale Fläche 9 690 km² *Karte I9*

PAPUA-NEUGUINEA

Dieser Inselstaat hat nur 4 Mio. Einwohner, von denen die meisten in kleinen, abgeschiedenen Dörfern wohnen. Nach westlichen Maßstäben leben die Menschen dort in armen Verhältnissen. Reich ist Papua nur an Bodenschätzen, besonders an Mineralien wie Kupfer und Gold. Die Kupfermine bei Panguna auf der Insel Bougainville gehört zu den größten Kupfervorkommen der Welt. Weitere wichtige Exportprodukte sind Kaffee, Kakao und Tropenhölzer. Wenn alle diese Naturschätze wirtschaftlich genutzt würden ohne dabei die Umwelt zu zerstören, wäre viel gewonnen.

RIESENFALTER
Mit einer Flügelspannweite bis zu 28 cm ist der Königin-Alexandra-Falter der größte Tagfalter der Erde.

PAPUA-NEUGUINEA
Hauptstadt: Port Moresby
Lage: 141°–163° östl. Länge, 0°–12° südl. Breite
Fläche: 462 840 km²
Einwohner: 4,3 Mio.
Amtssprache: Englisch
Religionen: Christen 91%, Naturreligionen 9%
Staatsform: Parlament. Monarchie im Commonwealth
Währung: Kina
Analphabetenrate: 28%
Lebenserwartung: 55 Jahre
Einwohner pro Arzt: 12 750

Angehörige des Menid-Stammes mit rotem Kopfschmuck aus Paradiesvogelfedern

VOLKSSTÄMME
Unwegsame Berglandschaften und dichte Regenwälder erschweren eine Verbindung der verschiedenen Bevölkerungsgruppen Papua-Neuguineas untereinander. Daher gibt es heute auf Papua-Neuguinea etwa 1 000 verschiedene Volksstämme, mehr als 700 Sprachen und zahllose Stammesrituale und -bräuche.

PORT MORESBY
Die Hauptstadt Papua-Neuguineas liegt an einem natürlichen Hafen an der regenarmen Südküste der Insel. Da in den letzten Jahren immer mehr Arbeit Suchende nach Port Moresby kommen, hat sich die Stadt inzwischen ziemlich ausgedehnt.

Zum Weiterlesen

AUSTRALIENS HINTERLAND *254*
KUPFERBERGBAU *73, 237, 245*
GROSSES BARRIERERIFF *255*
INSELBESIEDLUNG *257*

AUSTRALIEN

Hauptstadt: Canberra

Lage: 118°–153° östl. Länge, 10°–39° südl. Breite

Fläche: 7 682 300 km²

Einwohner: 18,1 Mio.

Amtssprache: Englisch

Religionen: Christen 71%, andere 29%

Staatsform: Parlamentarische Monarchie

Währung: Australischer Dollar

Analphabetenrate: unter 5%

Lebenserwartung: 77 Jahre

Einwohner pro Arzt: 438

AUSTRALIEN

Bis vor etwa 200 Jahren war das heutige Australien ausschließlich von den Aborigines bewohnt. Als der britische Weltumsegler James Cook 1770 an der Botany-Bucht vor Anker ging, nahm er den Inselkontinent für Großbritannien in Besitz. 1901 wurde Australien ein unabhängiger Bundesstaat im Commonwealth. Die seit 1788 eingewanderten Siedler aus Übersee – zunächst vor allem aus Großbritannien und dem übrigen Europa, seit einiger Zeit aber auch vermehrt aus Asien – haben die Kultur dieses riesigen Landes geprägt. Wolle und Weizen sowie mineralische Rohstoffe wie Bauxit, Eisenerz, Gold, Kupfer und Kohle haben Australien zu Wohlstand verholfen.

SIEDLER
Da im 18. Jh. die britischen Gefängnisse überfüllt waren, wurden 1788 erstmals Gefangene nach Australien geschickt. Dort, wo heute Sydney liegt, gründete man eine Sträflingskolonie. Bis 1868 kamen ca. 161 000 Verbrecher nach Australien.

KÜSTENSTÄDTE
Rund 85% der Australier leben in oder in der Nähe der großen Städte entlang der Küsten. In diesen Gebieten hat sich die Industrie mit ihren Fabriken und Büros angesiedelt. Handel und Gewerbe sowie die Verwaltung stellen zusätzliche Arbeitsplätze. Überall gibt es Schulen und Krankenhäuser. Das Leben in den abgelegenen Siedlungen des Landesinnern bietet dagegen kaum Erleichterungen. Die Ziegel- oder Holzhäuser der Australier haben oft eine Veranda oder einen Hof. Hier wird gern ein geselliges Barbecue abgehalten. 60% der Bevölkerung verteilen sich auf die fünf größten Städte. Eine davon ist Sydney, dessen Opernhaus (links) direkt am Hafen liegt.

DIE GRÖSSTEN STÄDTE

Sydney	3 699 800 Einwohner
Melbourne	3 153 500 Einwohner
Brisbane	1 385 000 Einwohner
Perth	1 193 100 Einwohner
Adelaide	1 065 300 Einwohner

Lieder, Rituale und Kunstwerke der Aborigines spiegeln ihre Mythenwelt wider.

DAS LEBEN DER ABORIGINES
Das Wort Aborigines bedeutet so viel wie »von Anfang an«, denn die Ureinwohner Australiens glauben, dass sie hier seit Anbeginn der Zeit gewohnt haben. Die Sammler und Jäger kannten jeden Winkel ihres Landes: Frauen sammelten Nüsse, Früchte, Wurzeln und Insekten, und Männer jagten mit Speeren und Bumerangs Kängurus, Emus und Fische. Die Regeln des sozialen Lebens führen sie auf ein höheres Wesen zurück, einen Weltschöpfer oder Stammvater.

In Sydney wird für die Landrechte der Aborigines demonstriert. Auf ihrer Flagge symbolisiert Schwarz die Menschen, Gelb die Sonne und Rot das Land.

LANDRECHTE
Nach ihrer Ankunft haben die Briten die Aborigines aus den fruchtbaren Gebieten vertrieben und viele ihrer Kultstätten zerstört. Erst 1967 wurden die Aborigines zu vollwertigen Bürgern erklärt. Laut einem Gerichtsurteil von 1992 können sie rückwirkend bis 1788 auf enteignetes Land Anspruch erheben; einige hatten damit bereits Erfolg.

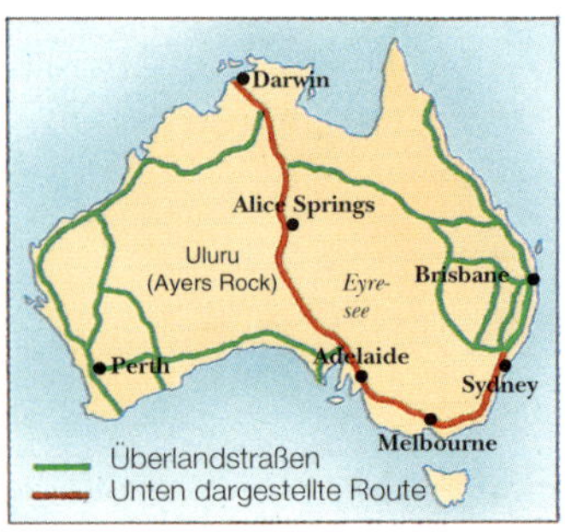

RIESIGE ENTFERNUNGEN
Australien besitzt zwar ein Eisenbahnnetz, bedeutender aber ist in dem weiträumigen Land der Straßenverkehr. Ein großer Teil der Straßen im Landesinnern wurde für den Viehtransport gebaut und führt zu den riesigen Rinderfarmen z. B. in Queensland. Das unwirtliche Zentrum ist kaum erschlossen.

Die Strecke von Darwin über Adelaide nach Sydney ist 4 822 km lang. Mit dem Auto bräuchte man dafür 2,5 Tage – ohne Stopp.

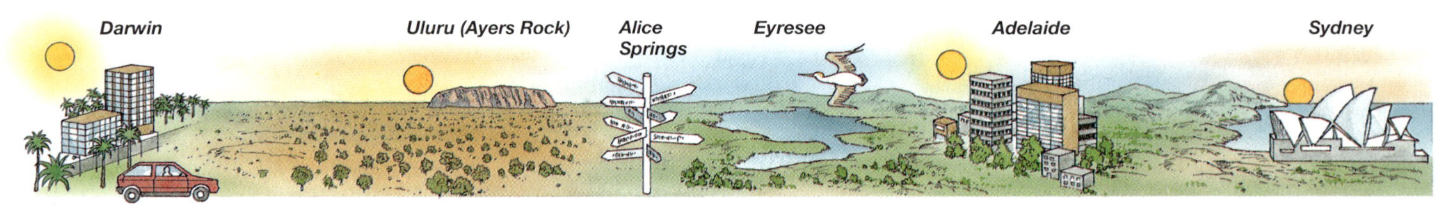

Entfernung zwischen Darwin und Alice Springs: 1 508 km

Entfernung zwischen Alice Springs und Adelaide: 1 529 km

Entfernung zwischen Adelaide und Sydney: 1 785 km

SCHAFZUCHT

Australien ist der größte Wollerzeuger der Welt, ein Großteil der Wolle wird im Gebiet von Neusüdwales im Südosten des Landes produziert. Die meisten Schafe sind Merinos, die um 1790 aus Südafrika und England nach Australien eingeführt wurden. Heute gibt es etwa 133 Mio. Schafe in Australien. Sie werden überwiegend auf großen Zuchtfarmen gehalten. Darunter gibt es Betriebe mit der so unvorstellbar riesigen Fläche von 15 000 km², das entspricht der halben Fläche Belgiens! Auf solch ausgedehnten Weidegebieten kann man die Herden nur noch per Motorrad oder Geländewagen kontrollieren und zusammenhalten. Ein ebenfalls aufwendiges Unterfangen ist die Schafschur.

BODENSCHÄTZE

Als man in den 50er Jahren des 19. Jh. in den Bundesstaaten Victoria und Neusüdwales auf Gold stieß, kamen viele Einwanderer. Heute hat auch der Abbau von Bauxit, Kohle, Kupfer und Eisenerz erhebliche Bedeutung. In der Kohleförderung (oben) ist Australien weltweit führend, und das ergiebigste Diamantvorkommen der Welt befindet sich ebenfalls in Australien (nahe des Argylesees).

BLICK NACH OSTEN

Lange Zeit gingen Australiens Exporte fast nur nach Großbritannien. Seit dem Beitritt Großbritanniens zur Europäischen Union (1973) baute Australien seine Handelsbeziehungen zu den USA und Japan stärker aus. Inzwischen haben viele ausländische Unternehmen wie Autohersteller oder Computerfirmen in Australien ihre Niederlassungen.

NEUE BEVÖLKERUNGSVIELFALT

Jahrelang durften sich in Australien nur »Weiße« ansiedeln. Die neuen Siedler stammten hauptsächlich aus Großbritannien, Irland, Italien und Griechenland. 1972 wurde diese Einwanderungspolitik abgeschafft; seitdem kommen Menschen aus aller Welt, um in Australien ein neues Leben zu beginnen. Zu den Neuankömmlingen zählen Vietnamesen, Japaner und Chinesen. Sie alle bringen ihre landestypische Küche, Sprache und Kultur mit.

Nach den australischen Footballregeln dürfen die Spieler den Ball nicht werfen.

SPORTARTEN

Die Australier sind eine sportbegeisterte Nation. Beliebte Freizeitaktivitäten sind Schwimmen, Segeln, Wasserski und Surfen – kein Wunder bei den optimalen Bedingungen, die die australische Küste bietet. Bei internationalen Sportereignissen schneiden Australier gut ab, v. a. bei Kricket, Tennis, Athletik und Rugby.

Zum Weiterlesen
DIAMANTEN *150, 226, 248*
BEVÖLKERUNGSDICHTE *256*
BESIEDLUNG VON AUSTRALIEN *256–257*

NEUSEELAND
Hauptstadt: Wellington
Lage: 166°–179° östl. Länge, 34°–48° südl. Breite
Fläche: 270 534 km²
Einwohner: 3,6 Mio.
Amtssprachen: Englisch und Maori
Religionen: Christen 62%, andere Religionen 22%, Konfessionslose 16%
Staatsform: Parlamentarische Monarchie im Commonwealth
Währung: Neuseeland-Dollar
Analphabetenrate: unter 5%
Lebenserwartung: 75 Jahre
Einwohner pro Arzt: 359

NEUSEELAND

Rund 1 600 km südöstlich von Australien liegt Neuseeland, das aus zwei großen und mehreren kleinen Inseln besteht. Die Nordinsel zeichnet sich durch warmes, mildes Klima aus und ist vulkanisch aktiv. Heiße Dämpfe, Gase und Thermalquellen steigen aus Erdspalten auf und sind die Attraktion des Tongariro-Nationalparks. Ganz anders die kühlere Südinsel – hier gibt es Gletscher, hohe Gebirge und dichte Wälder. Neuseeland war zwischen 1840 und 1907 britische Kolonie. Erst 1931 erlangte es seine volle Souveränität. Die Ureinwohner, Maori, machen noch 9,6% der Bevölkerung aus. Neuseeland ist ein wohlhabendes und fortschrittliches Land. 1893 erhielten die neuseeländischen Frauen weltweit als Erste das passive Wahlrecht.

MENSCHEN UND STÄDTE
In Neuseeland leben nur etwa 3,6 Mio. Menschen – das entspricht ungefähr der halben Einwohnerzahl von London. Nahezu drei Viertel der Neuseeländer wohnen auf der Nordinsel, die meisten davon in den großen Städte. Wellington (oben) ist die Hauptstadt Neuseelands.

LANDWIRTSCHAFT
Weite Grasflächen und das feuchtwarme Klima bieten beste Voraussetzungen für eine ertragreiche Landwirtschaft und Viehzucht. Auf Neuseeland gibt es rund 50 Mio. Schafe (das sind ca. 13 Schafe pro Einwohner!) und ca. 8 Mio. Rinder. Nahrungsmittel und Wolle machen fast drei Viertel der neuseeländischen Exporte aus. Das Land gehört nach Australien zu den weltweit größten Produzenten von Wolle. Weitere wichtige Exportgüter sind Molkereiprodukte, Fleisch, Obst und Gemüse.

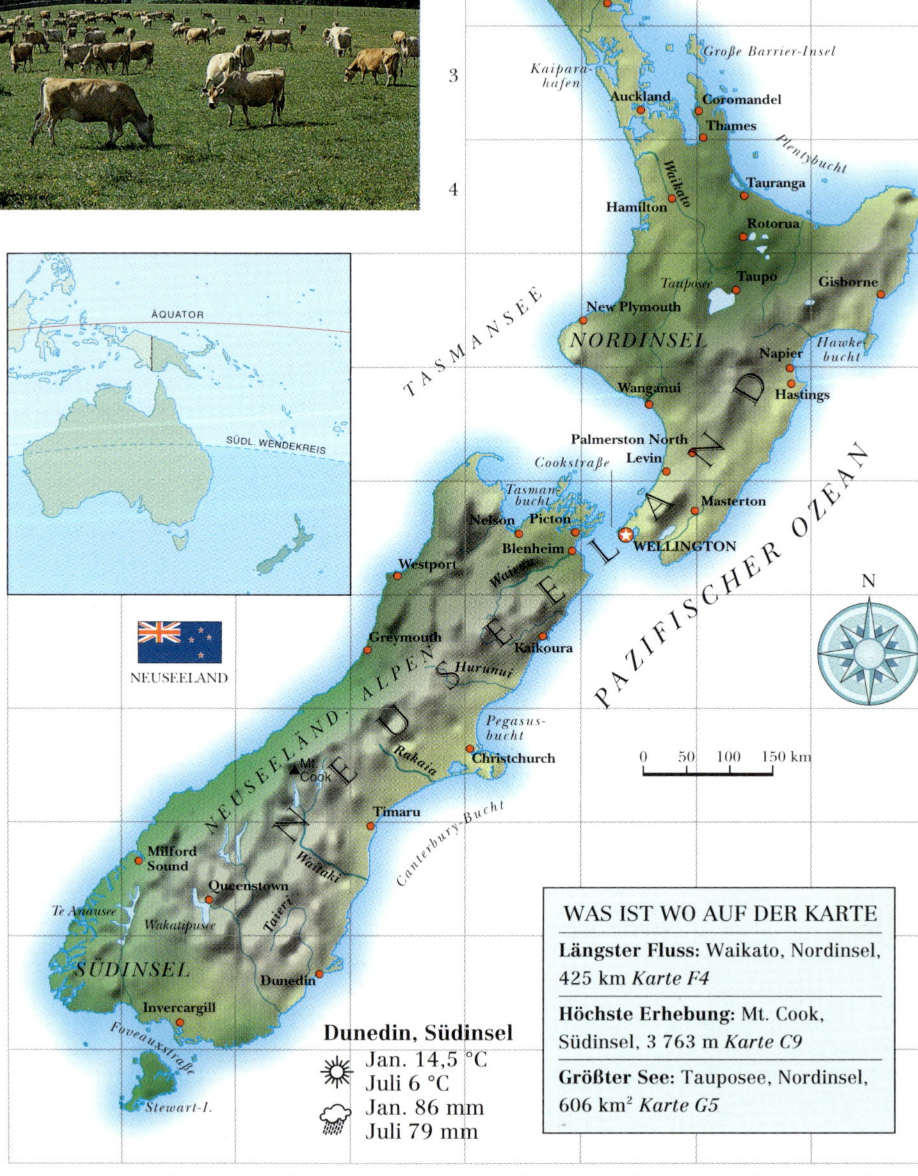

WAS IST WO AUF DER KARTE
Längster Fluss: Waikato, Nordinsel, 425 km *Karte F4*
Höchste Erhebung: Mt. Cook, Südinsel, 3 763 m *Karte C9*
Größter See: Tauposee, Nordinsel, 606 km² *Karte G5*

ENERGIE
Knapp 75% der in Neuseeland erzeugten Elektrizität stammt aus Wasserkraftwerken. Dort wird, wie beim Clyde-Staudamm auf der Südinsel (oben), die Kraft der Gebirgsflüsse genutzt. In Neuseeland gibt es weder Atomkraftwerke noch Schwerindustrie. Und so kann die Insel stolz sein auf die geringe Umweltverschmutzung und ein »grünes« Image.

URBEVÖLKERUNG
Neuseeland wurde relativ spät besiedelt. Die aus Polynesien stammenden Maori wanderten erst um ca. 900 n. Chr ein. Jetzt wohnen die meisten der etwa 300 000 Maori in den Gettos der Großstädte. Ihre Kultur lebt in ihrer Sprache, ihrer Kunst und im Erhalt ihrer großen Familiensippen fort. Die Maori sind in der Regierung vertreten. Dennoch müssen sie sich immer noch für eine Gleichstellung im Gesundheits- und Bildungswesen sowie auf dem Arbeitsmarkt einsetzen. 1995 erhielten sie ein Viertel des ihnen im 19. Jh. weggenommenen Landes zurück sowie eine Entschädigung von umgerechnet 160 Mio. Mark.

KUNST DER MAORI
Dieses Amulett, das als Glücksbringer getragen wird, stellt Tiki, einen der Maori-Götter, dar. Es wurde aus grünem Nephrit gefertigt, einer Art Jadestein aus dem Süden Neuseelands.

UNTER FREIEM HIMMEL
Das angenehme Klima und die wunderschöne Landschaft Neuseelands bieten beste Voraussetzungen für vielfältige Freizeitunternehmungen. Bevorzugte Sportarten sind Wandern, Bergsteigen, Kanufahren, Segeln und Rugby. Oben sieht man die Nationalmannschaft »All Blacks« in voller Aktion.

KIWI-FRÜCHTE
Die Chinesische Stachelbeere wurde kurz nach der Jahrhundertwende in Neuseeland eingeführt und in den 50er Jahren nach dem bekannten neuseeländischen Vogel Kiwi genannt. Heute exportiert Neuseeland diese Frucht als weltweit größter Produzent in viele Länder der Erde. Die subtropische Kiwi gedeiht nur in mildem, sonnigem Klima. Die Klettersträucher werden in Plantagen angebaut, die durch Zäune oder Hecken unterteilt sind.

PLANTAGENOBST
Neuseeland liegt auf der südlichen Welthalbkugel. Wenn auf der Nordhalbkugel bitterkalter Winter herrscht, ist hier Sommer. Dann wachsen auf Neuseeland die verschiedensten Früchte und können in den Norden exportiert werden. Unten ist von jeder Obstart ein Vertreter gezeigt: Kernobst (Apfel), Beerenobst (Erdbeere), Steinobst (Pfirsich), Zitrusfrüchte (Orange) und subtropische Früchte (Tamarillo).

FLUGUNFÄHIGE VÖGEL
Aufgrund der abgeschiedenen Lage Neuseelands konnte sich hier eine einzigartige Tier- und Pflanzenwelt entwickeln. Wie der Kiwi ist auch der Kakapo flugunfähig. Beide verloren ihre Flugfähigkeit, weil sie keine natürlichen Bodenfeinde hatten.

Der Kiwi ist das Wappentier Neuseelands.

Der vom Aussterben bedrohte Kakapo oder Eulenpapagei nistet unter großen Baumwurzeln.

Zum Weiterlesen
WASSERKRAFT *108*
BESIEDLUNG DER PAZIFISCHEN INSELN *257*
SCHAFZUCHT *261*
VULKANE *13, 255*

MIKRONESIEN	
Hauptstadt:	Kolonia
Fläche:	700 km²
Einwohner:	121 000
NAURU	
Hauptstadt:	Yaren
Fläche:	21,3 km²
Einwohner:	11 000
PALAU	
Hauptstadt:	Koror
Fläche:	508 km²
Einwohner:	16 952
SALOMONEN	
Hauptstadt:	Honiara
Fläche:	27 556 km²
Einwohner:	378 000
VANUATU	
Hauptstadt:	Port Vila
Fläche:	12 190 km²
Einwohner:	169 000
FIDSCHI	
Hauptstadt:	Suva
Fläche:	18 376 km²
Einwohner:	784 000
TUVALU	
Hauptstadt:	Vaiaku
Fläche:	26 km²
Einwohner:	9 000
TONGA	
Hauptstadt:	Nuku'alofa
Fläche:	748 km²
Einwohner:	98 000
SAMOA	
Hauptstadt:	Apia
Fläche:	2 831 km²
Einwohner:	171 000
KIRIBATI	
Hauptstadt:	Bairiki
Fläche:	810,5 km²
Einwohner:	77 000
MARSHALL-INSELN	
Hauptstadt:	Rita
Fläche:	181,3 km²
Einwohner:	52 000

PAZIFISCHER OZEAN

Der Pazifik ist der größte und tiefste Ozean der Welt; er bedeckt ein Drittel der gesamten Erdoberfläche und erstreckt sich von den Küsten Asiens und Australiens bis nach Amerika und zur Antarktis. In dieser riesigen Wasserfläche liegen etwa 20 000 Vulkan- und Koralleninseln, von denen viele eine üppige Vegetation haben. In weiten Teilen des Pazifiks herrscht feuchtheißes Klima. Die Inselbewohner stammen ursprünglich aus Südostasien und lassen sich in drei Hauptgruppen unterteilen – Polynesier, Mikronesier und Melanesier. Im 16. Jh. kamen die ersten Europäer in dieses Gebiet; viele pazifische Inseln blieben bis weit ins 19. Jh. hinein europäische Kolonien. Einige erlangten die Unabhängigkeit, andere stehen noch heute unter Fremdherrschaft.

Kokospalmen liefern den Insulanern Nahrung, Milch und Fasern zum Seilflechten.

Große Familien mit mehr als zehn Mitgliedern leben gemeinsam unter einem Dach.

Die Insulaner halten Hühner und Schweine.

Die Männer tragen einen Wickelrock, den »Sulu«.

Festmahlzeit: Fisch, Hühnchen, Yams, Gemüse, Kokosnuss und Bananen

Schon die Kinder flechten grüne Palmenblätter.

Dieser Bereich des Hauses ist für Gäste.

INSELBEWOHNER

Manche Inselbewohner leben in Städten, die meisten führen jedoch ihre traditionelle Lebensweise fort. Als Selbstversorger bauen sie Feldfrüchte wie Yamswurzeln und Süßkartoffeln an oder ernähren sich von Fischen. Die Bauweise ihrer Häuser ist von Insel zu Insel verschieden, allerdings handelt es sich bei den meisten – wie bei dieser »bure« auf Fidschi (rechts) – um einfache Holzkonstruktionen mit einem Dach aus Palmenblättern. Heutzutage wird als Dachdeckmaterial manchmal auch Wellblech verwendet, weil es haltbarer ist als Palmenwedel. Das soziale Leben spielt auf den Inseln eine große Rolle. Den Familienclans stehen Stammeshäuptlinge vor; persönliche Gegenstände gehören der Gemeinschaft.

Die Früchte des schwarzen Pfefferstrauchs werden getrocknet und als Gewürz verkauft.

Gemahlener Pfeffer

EXPORTE

Fruchtbarer Vulkanboden und regelmäßige Niederschläge schaffen auf den sonnenverwöhnten Inseln ideale Anbaubedingungen. Die Hauptausfuhrprodukte sind Zuckerrohr, Ingwer, schwarzer Pfeffer und Kopra (getrocknetes Kokosmark). Auch Fische, Tropenhölzer, Vieh und Mineralien werden ausgeführt.

FOLGEN DES FREMDENVERKEHRS

Die »Inselparadiese« entwickeln sich immer mehr zu wahren Touristenmagneten. Der Fremdenverkehr bringt zwar wichtige Devisen, gefährdet jedoch die Umwelt und beeinträchtigt das Leben der Einheimischen – etwa wenn die ohnehin knappen Wasservorräte für Pools und Duschen der Hotels verwendet werden.

PROTESTE AUS DEM PAZIFIK

Seit mehr als 50 Jahren wird der Pazifik von Großbritannien, Frankreich und den USA für Atomtests missbraucht. Solche Versuche, die katastrophale Folgen für den gesamten Lebensraum haben können, finden trotz heftiger Proteste von Umweltschutzgruppen wie Greenpeace bis heute statt. Auch die Einheimischen wehren sich gegen Atomtests in ihrer Region (rechts). Da dieses Gebiet jedoch nur von relativ wenigen Menschen bewohnt ist, wird ihren Protesten kaum Gehör geschenkt.

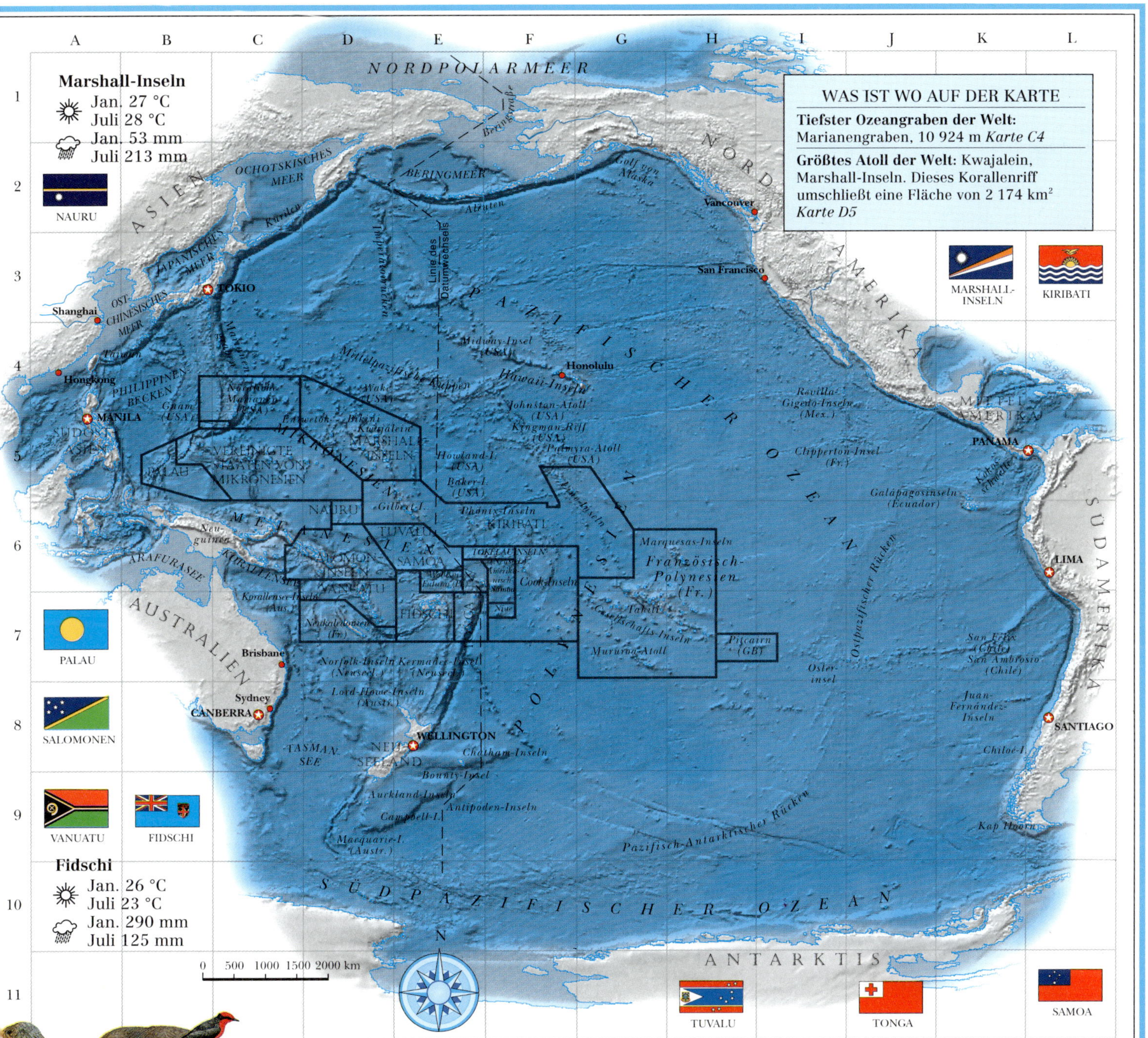

Riesenschildkröten leben auf Galápagos.

GALAPAGOSINSELN

Als der Naturforscher Charles Darwin (1809–1882) die Galápagosinseln vor der Westküste Südamerikas bereiste, fiel ihm auf, dass Tiere derselben Art, die aber auf verschiedenen Inseln lebten, unterschiedliche Merkmale hatten. Er folgerte daraus, dass sich Lebewesen über Generationen hinweg an ihren Lebensraum anpassen. Man nennt dies Evolution.

Wer immer weiter in westliche Richtung reist, durchquert mehrere Zeitzonen und verliert pro 15° Erdkrümmung eine Stunde Zeit.

An der internationalen Datumslinie ändert sich der Kalendertag, d. h., beim Überschreiten gewinnt oder verliert man einen Tag – je nachdem, in welche Richtung man reist.

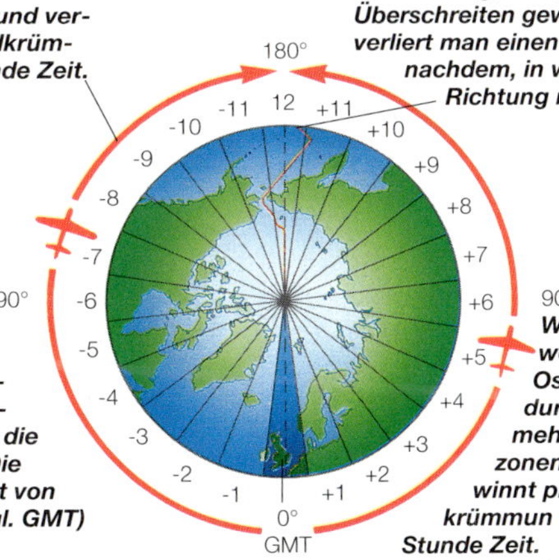

Seit 1884 gilt der Ort Greenwich in Großbritannien als Ausgangspunkt für die Zeitmessung. Die mittlere Ortszeit von Greenwich (engl. GMT) heißt Weltzeit.

Wer immer weiter nach Osten reist, durchquert mehrere Zeitzonen und gewinnt pro 15° Erdkrümmun g eine Stunde Zeit.

DATUMSGRENZE

Die Welt ist in 24 imaginäre Zeitzonen unterteilt (links), die sich um eine Stunde voneinander unterscheiden. Am 180. Längengrad liegt die internationale Datumsgrenze: Hier gewinnt oder verliert man einen ganzen Kalendertag. Diese Grenzlinie verläuft längs durch den Pazifik; ihr unregelmäßiger Verlauf schließt aus, dass auf ein und derselben Insel zwei Kalendertage gelten.

Zum Weiterlesen

GREENPEACE *273*
BESIEDLUNG DER PAZIFISCHEN INSELN *257*
VULKANE *13*

ARKTIS

Das nördlichste Sternbild am Himmel – »árktos« bzw. der »Große Bär« – hat der vereisten Region rund um den Nordpol ihren Namen gegeben. Sie gehört zu den kältesten Gebieten der Erde. Das Nordpolarmeer liegt zwischen den nördlichsten Regionen Europas, Asiens, Kanadas, Amerikas und Grönlands, der größten Insel der Welt. Der größte Teil des Nordpolarmeers ist ständig von Eis bedeckt. Nur wenn im Sommer manchmal wärmere Ströme aus dem Atlantik und dem Pazifik einfließen, schmilzt das Eis an den Küsten. In der Arktis gibt es eine reiche Tierwelt und viele Bodenschätze. Sie abzubauen ist jedoch schwierig. In diesem unwirtlichen Gebiet leben nur wenige Menschen.

KLIMA
Am Nordpol geht die Sonne am 21. März auf und am 23. September unter. Das Jahr wird somit in einen Nordpolartag und eine Polarnacht geteilt. In den sonnenlosen Wintermonaten sinken die Temperaturen auf –40°. Im Sommer dagegen steigen sie bis 10 °C an. Das liegt daran, dass die Rotationsachse der Erde nicht senkrecht zur Erdbahnebene steht. Die Erde umkreist also die Sonne in einer Schräglage. Daher ist der Nordpol zeitweilig ganz von der Sonne abgewandt und ihr dann wieder voll zugewandt. Der dunkle Polarhimmel wird vom rotgrünen Nordlicht erhellt.

Die Küstenseeschwalben brüten in der Arktis und überwintern auf der anderen Erdhälfte in der Antarktis. So erleben sie für mindestens acht Monate nur Tageslicht.

Eisbären leben auf den arktischen Inseln. Ihre Lieblingsbeute sind Jungrobben, die sie mit einem einzigen Prankenhieb töten. Eisbären sind sehr gute Schwimmer, jagen aber nicht im Wasser. Ihr Wasser abweisendes Fell tarnt sie gut. Eisbären können bis zu 2,50 m groß und bis zu 410 kg schwer werden.

BODENSCHÄTZE
Die Landflächen rings um das Nordpolarmeer bergen unermessliche Bodenschätze. Unter Alaska gibt es reiche Erdöl- und Erdgasvorkommen. Auf der Insel Spitzbergen bauen norwegische und russische Unternehmen Kohle ab (oben). Der Abbau ist sehr kostspielig, da aber die übrigen Rohstoffvorkommen auf der Erde allmählich knapp werden, greifen die Ölunternehmen und die Montanindustrie mehr und mehr auf die Bodenschätze der Arktis zurück.

TIERE DER ARKTIS
In den eisigen Gewässern der Arktis tummeln sich Robben, Seehunde, Walrosse und Wale sowie Lachse und Heringe. Auf dem Festland streifen Rentiere, Moschusochsen, Schneehasen, Polarfüchse und Wölfe umher, immer auf der Suche nach Futter. Im Winter ziehen sie nach Süden, um der klirrenden Kälte zu entgehen. In den kurzen Sommermonaten wächst in der Tundra ein dichter Teppich aus Flechten und Blumen, die Millionen von Insekten als Nahrungsquelle dienen. Diese wiederum sind Beute vieler Vogelarten, die im Frühjahr eintreffen und wie die Schneegänse ihre Jungen dort aufziehen.

MENSCHEN IN DER ARKTIS
In den kalten, unwirtlichen Regionen der Arktis wohnen nur wenige Menschen. Die Samen (Lappen) aus Nordskandinavien, die Jakuten aus Sibirien und die Inuit (Eskimos) aus der Polarregion lebten ursprünglich von Jagd, Fischfang und Rentierzucht. Große Rentierherden lieferten alles, was sie zum Leben brauchten: Nahrung, Kleidung, Zeltmaterial, Werkzeuge und Handelsobjekte. Heute ziehen nur noch wenige Stämme als Nomaden umher, denn die Zerstörung traditioneller Lebensgrundlagen und die Lohnarbeit zwingen sie, in Siedlungen wie z. B. in Iqaluit in Kanada sesshaft zu werden.

Die traditionelle Bekleidung der Inuit ist mit Pelz gefüttert.

REISEN IN DER ARKTIS
Für eine Reise über das arktische Festland ist gute Ausrüstung notwendig. Schneeschuhe und Skier verhindern, dass man im Schnee versinkt. Auf eisigem Untergrund bieten Stiefel mit aufgerauten oder mit Spikes versehenen Sohlen einigermaßen Halt. Früher war man mit Hundeschlitten unterwegs; in den letzten 20 Jahren wurden sie aber zunehmend durch Schneemobile ersetzt. Diese motorisierten Kettenfahrzeuge sind leicht zu lenken und können schwerste Lasten transportieren.

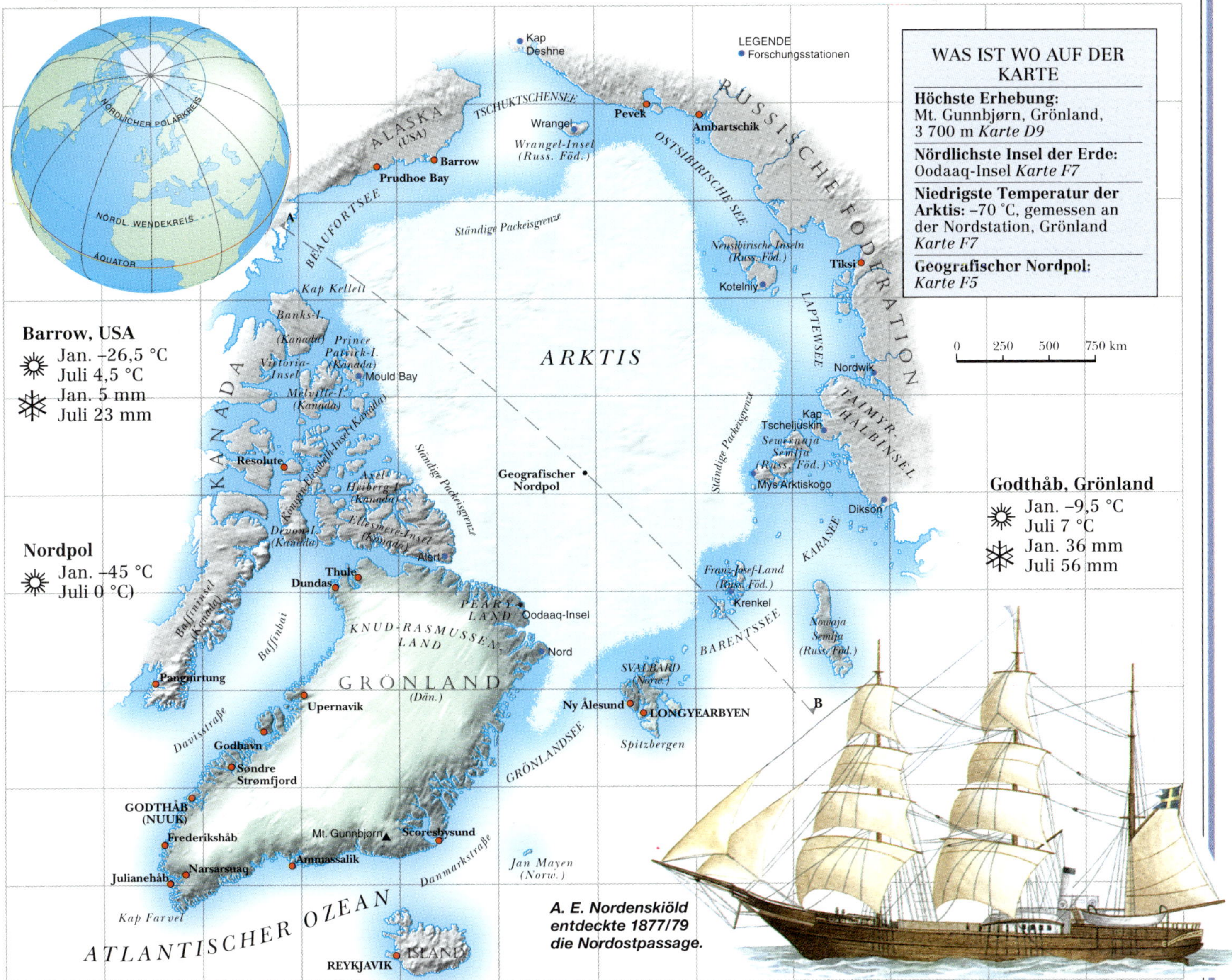

A. E. Nordenskiöld entdeckte 1877/79 die Nordostpassage.

EISBRECHER

In die nur etwa 2 m dicke Eisschicht auf dem Nordpolarmeer können Eisbrecher Fahrrinnen pflügen. Diese Spezialschiffe brechen mit ihrem verstärkten Bug das Eis auf. Starke Antriebsmotoren schieben den Bug auf die Eisfläche, bis diese unter dem Gewicht des Schiffs einbricht.

ERFORSCHUNG DER ARKTIS

Seit dem 16. Jh. erforschten Europäer die Arktis auf der Suche nach einer neuen Handelsroute in Richtung Asien. Während die Briten von der Nordwestpassage um die nordkanadische Küste Karten erstellten, stießen skandinavische Seefahrer über die Nordostpassage um Sibirien vor. Der Amerikaner J. Cook behauptete, am 21. April 1908 den Nordpol erreicht zu haben. Sein Landsmann Robert Peary verbuchte am 6. April 1909 diesen Erfolg für sich.

Roald Amundsen durchsegelte 1906 die Nordwestpassage.

QUERSCHNITT DURCH DEN NORDPOL

Jahrhundertelang wurde vermutet, dass das Polareis einen riesigen Kontinent bedeckt. Erst als 1958 das amerikanische Atom-U-Boot »USS Nautilus« die ganze Strecke von Alaska nach Svalbard (Spitzbergen) unter Wasser zurücklegte, wurde klar, dass die Arktis ein von Land umgebenes Meeresgebiet ist. Bei späteren Forschungen wurden auf dem Ozeanboden Schwellen, Gräben und Becken entdeckt.

Dieser Querschnitt entspricht der Strecke entlang der gestrichelten Linie von A nach B auf der Karte oben.

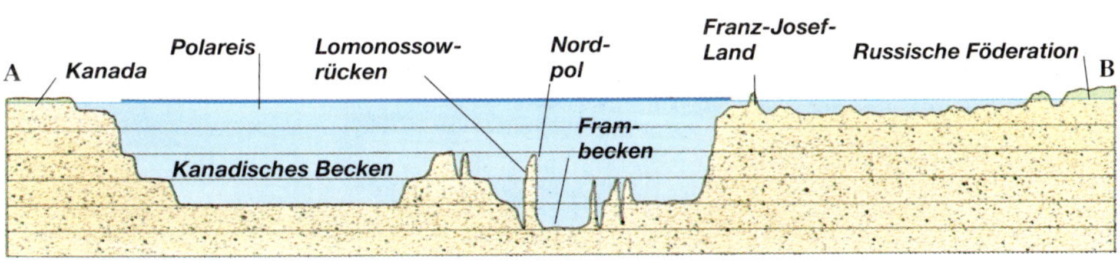

ANTARKTIS

Die Antarktis ist ein von Ozeanen umringter Kontinent am Südpol. Diese abgelegene, lebensfeindliche Region umfasst eine große Landmasse und zahllose küstennahe Inseln. Ein großer Teil des Festlands ist von einer 2 000–4 500 m starken Eisschicht bedeckt. Wenn das Eis an den Küsten abbricht, entstehen riesige, bis zu 200 m lange Eisberge. Die Antarktis ist der einzige Kontinent, der nicht ständig von Menschen bewohnt wird. Nur Wissenschaftler, die die natürlichen Gegebenheiten dieses Gebiets erforschen, leben in der kalten Einöde. Die ganze Region unterliegt einem Vertrag, in dem sich 40 Länder verpflichtet haben, weder Bodenschätze abzubauen, noch Gebietsansprüche zu erheben.

KLIMA

Das Klima der Antarktis ist das kälteste der Erde. Im Winter 1983 sank die Temperatur an der russischen Forschungsstation Wostok bis –91,5 °C, das ist die niedrigste Temperatur, die jemals auf der Welt gemessen wurde. Selbst im Hochsommer steigen die Temperaturen nur selten über den Gefrierpunkt. Von der Zentralebene her wehen kalte Böen mit einer Geschwindigkeit von 150–200 km/h zur Küste.

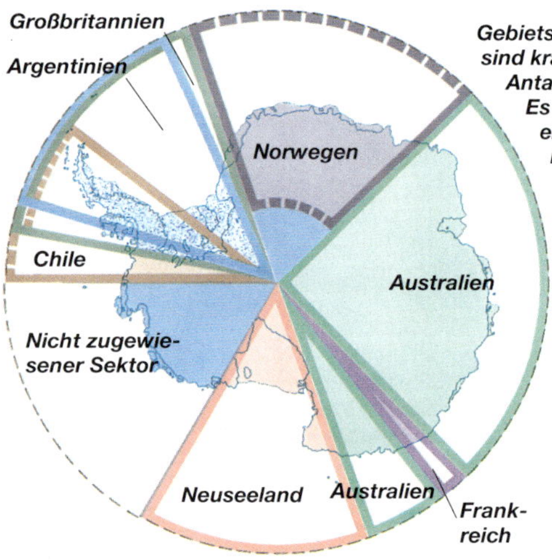

Gebietsansprüche in der Antarktis sind kraft des 1959 unterzeichneten Antarktisvertrags ausgeschlossen. Es dürfen Forschungsstationen eingerichtet werden, aber militärische Aktivitäten sind untersagt.

Die amerikanische Amundsen-Scott-Station liegt am Südpol.

Anhand von Eisproben, die tief aus der Eiskappe entnommen werden, erkennen Wissenschaftler Klimaveränderungen.

DER ANTARKTISVERTRAG

Anfang des 20. Jh. erhoben viele Länder Gebietsansprüche in der Antarktis. Um Konflikte zu vermeiden, unterzeichneten 1959 zwölf Länder den Antarktisvertrag, der eine Aufteilung dieser Region verhindert. Die Antarktis wird darin als »Forschungskontinent« bezeichnet, der ausschließlich für friedliche Zwecke genutzt werden darf. Das 1991 von 40 Staaten unterzeichnete Zusatzabkommen untersagt für 50 Jahre den Abbau von Bodenschätzen. Der Antarktisvertrag ist ein Beispiel erfolgreicher internationaler Zusammenarbeit.

ERFORSCHUNG DER ANTARKTIS

Wissenschaftler aus aller Welt untersuchen die Klimaverhältnisse, die Flora und Fauna sowie die Geologie dieser Region. Uraltes Gestein lässt Rückschlüsse auf die Erdentwicklung zu. Meteoriten, die auf das Eis niedergegangen sind, liefern wertvolle Informationen über den Aufbau des Universums.

FORSCHUNGSSTATIONEN

Im Winter halten sich ca. 1 200 Menschen in der Antarktis auf, in den Sommermonaten kommen noch etwa 2 500 weitere hinzu. Es sind ausnahmslos Wissenschaftler, die in den über den ganzen Kontinent verstreuten Forschungsstationen leben. Jede dieser ca. 46 Stationen ist mit einer speziellen Kälteisolierung versehen, manche liegen sogar unterirdisch, um die Wärme besser zu speichern. Heizung und Elektrizität werden mit Generatoren erzeugt. Jede Station lagert einen zusätzlichen Jahresvorrat an Brennstoff, Nahrungsmitteln und anderen Versorgungsgütern, falls das schlechte Wetter keine Verkehrsverbindung mehr nach draußen zulässt.

Kapitän Roald Amundsen 1911 beim Fotografieren am Südpol

ENTDECKUNG

Die antarktischen Küsten wurden 1820 zum ersten Mal gesichtet. Zwei Expeditionen machten sich 1911/12 auf die Suche nach dem Südpol. Roald Amundsen leitete eine Expedition von Norwegen aus, Robert F. Scott und sein Team brachen von Großbritannien aus auf. Am 14. Dezember 1911 erreichte Amundsen als Erster den Südpol, Scott kam einen Monat später.

FREMDENVERKEHR

Die Zahl der Antarktisbesucher steigt. Ausflugsschiffe fahren die atemberaubend schöne Küste entlang, und Flugzeug landen am Südpol. Da sich hier Schadstoffe wegen der extrem niedrigen Temperaturen langsamer abbauen als in anderen Regionen, verursachen der zunehmende Verkehr und die Abfallberge große Probleme.

Seit den 50er Jahren bringen Kreuzschiffe Touristen in die Antarktis. Heutzutage sind es rund 5 000–6 000 pro Jahr.

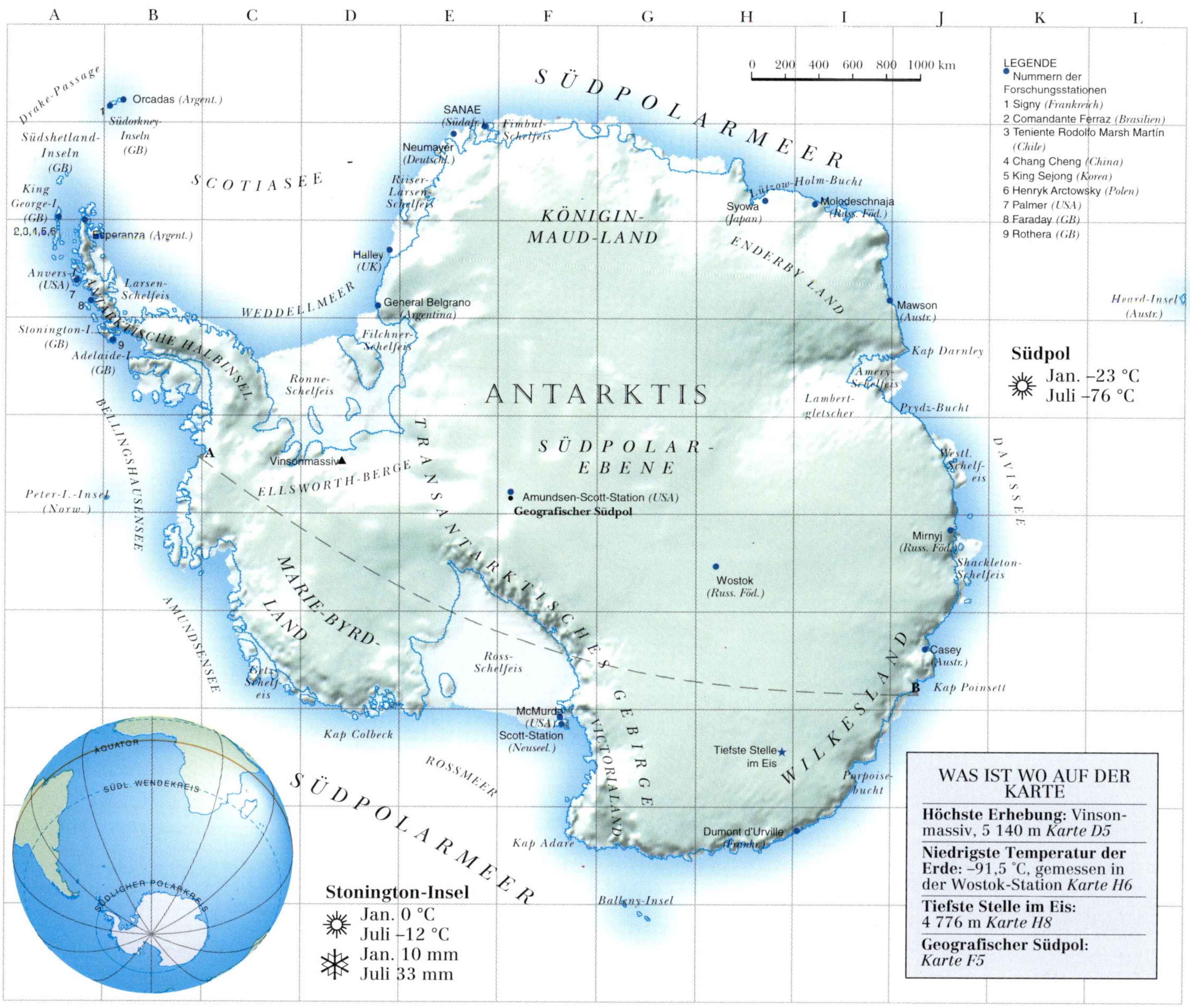

WAS IST WO AUF DER KARTE

Höchste Erhebung: Vinsonmassiv, 5 140 m *Karte D5*

Niedrigste Temperatur der Erde: –91,5 °C, gemessen in der Wostok-Station *Karte H6*

Tiefste Stelle im Eis: 4 776 m *Karte H8*

Geografischer Südpol: *Karte F5*

QUERSCHNITT DURCH DIE ANTARKTIS

Die Antarktis liegt unter einer enorm dicken Eiskappe, die 99,6% der Landfläche bedeckt. Die Eisdecke entstand aus Schnee, der sich im Laufe von mehr als 100 000 Jahren angesammelt und verfestigt hat. Das Volumen dieser Eiskappe umfaßt 80% der gesamten Süßwasservorräte der Erde und stellt 90% der zusammenhängenden Eismasse der Welt.

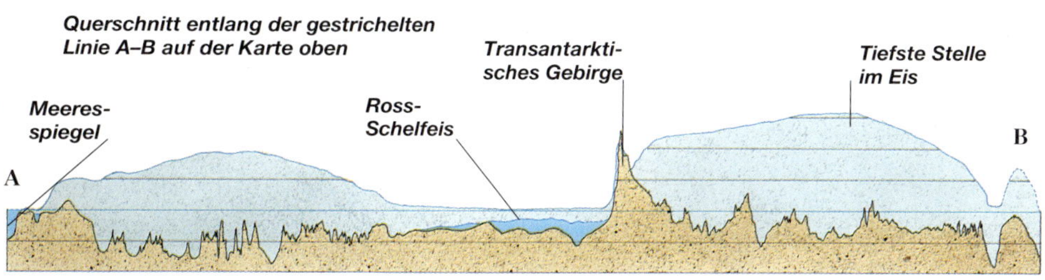

TIERE DER ANTARKTIS

Wegen des lebensfeindlichen Klimas und der isolierten Lage gibt es in der Antarktis nur wenige Tierarten. Die einzigen Tiere, die ihr ganzes Leben auf dem vereisten Festland verbringen, sind winzige Insekten wie die Zuckmücke oder die Springschwänze. In den kurzen Sommermonaten finden Robben, Pinguine und Seevögel an Land geschützte Nistplätze. Im nahrungsreichen Südpolarmeer tummeln sich etwa ein Dutzend verschiedene Arten von Walen, die sich hauptsächlich von Plankton und Krillkrebsen ernähren.

KRILL

Die bis zu 6 cm langen Krillkrebse treten oft in solchen Scharen auf, dass das Südpolarmeer rötlich schimmert. Die orangerote Farbe des Krills wird von Karotineinlagerungen verursacht.

KAISERPINGUINE

Der Kaiserpinguin wird bis zu 1,15 m groß und wiegt fast 30 kg. Nur im April kommen die Tiere zum Paaren an Land. Nachdem die Weibchen ein einziges Ei gelegt haben, wandern sie zurück ins Meer und überlassen das Ausbrüten den Männchen. Im Juli kehren die Weibchen schließlich zurück, um die Küken zu füttern.

POLITISCHE SYSTEME

Jedes Land besitzt eine Regierung, die sich um die Belange der Politik kümmert. Die Regierung besteht meistens aus einer Gruppe von Politikern, manchmal aber auch nur aus einer einzelnen Person. In jedem Land hat sich ein eigenes politisches System entwickelt. Man kann die politischen Systeme der Welt in fünf Hauptgruppen einteilen: Mehrparteiendemokratie, Einparteiensystem, Militärregime, Diktatur sowie absolute Monarchie. Neben dem Regierungssystem lassen sich die Länder nach ihrer offiziellen Staatsform unterscheiden: Deutschland ist z. B. eine Bundesrepublik.

Beispiele für Präsidialrepubliken:
USA, Russland, Frankreich, Israel, Irland, Südafrika

US-Präsident Bill Clinton (rechts) mit den früheren Präsidenten George Bush und Gerald Ford (Mitte)

PRÄSIDIALREPUBLIK

In einer Präsidialrepublik wählen die Staatsbürger das Staatsoberhaupt – den Präsidenten – und die Volksvertretung. In Ländern wie den USA vereint der Präsident in seiner Person Staatsoberhaupt und Regierungschef. In Frankreich und Russland bestimmt der Präsident den Regierungschef, behält aber auch selbst noch großen Einfluss auf die Politik der Regierung. In vielen anderen Ländern besitzt der Präsident keine wirklichen Machtbefugnisse, sondern nimmt hauptsächlich repräsentative Aufgaben wahr.

MEHRPARTEIENDEMOKRATIE

In einer Mehrparteiendemokratie kann das Volk zwischen mehreren Parteien wählen und auf diese Weise seine Regierung selbst bestimmen. Zu einem solchen Regierungssystem gehören auch Meinungsvielfalt bei freier Presse und eine Opposition, die kritisch prüft, was die Regierung tut. Manchen Ländern fällt es schwer so viel Freiheit zuzulassen und sich zu einer echten Mehrparteiendemokratie zu entwickeln. So bezeichnen sich die nach dem Auseinanderbrechen der Sowjetunion entstandenen zentralasiatischen Republiken als Mehrparteiendemokratien, in Wirklichkeit hat jedoch wie in einer Präsidialrepublik der Staatspräsident das Sagen.

In einer demokratischen Wahl entscheiden sich die Wähler zwischen mehreren Kandidaten.

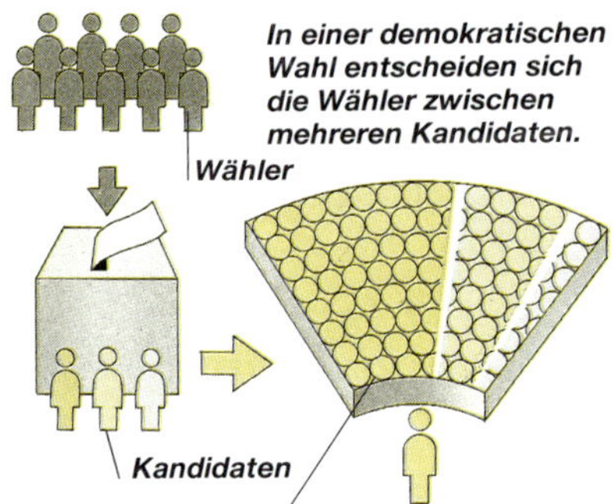

Kandidaten aus mehreren Parteien werden in das Parlament gewählt.

KONSTITUTIONELLE MONARCHIE

Das Oberhaupt der Königsfamilie ist auch Staatsoberhaupt und gibt sein Amt an einen seiner Nachkommen weiter. Japan z. B. ist eine konstitutionelle Monarchie mit einem Kaiser als Staatsoberhaupt. Der Monarch verfügt über keine politische Macht. Diese liegt bei der demokratisch gewählten Regierung. Sie wird von einem Ministerpräsidenten geführt, der sich auf die Mehrheit im Parlament stützt. Im Lauf der Zeit haben sich viele absolute Monarchien zu konstitutionellen gewandelt.

Königin Elisabeth II., Staatsoberhaupt Großbritanniens

Beispiele für konstitutionelle Monarchien:
Großbritannien, Schweden, Spanien, Niederlande, Thailand, Japan

BUNDESREPUBLIK

Deutschland und einige andere Staaten haben ein föderatives System. Sie bauen auf Bundesländern mit eigener Regierung und einem Parlament (Landtag) auf. Die deutschen Bundesländer entsenden Vertreter in den Bundesrat, der dem Bundestag (Parlament) in der Gesetzgebung zur Seite steht. Der Bundestag wählt den Bundeskanzler, die Bundesversammlung (Bundestag und Abgesandte der Landtage) den Bundespräsidenten, der das Land offiziell vertritt.

Beispiele für Bundesrepubliken:
Deutschland, Österreich

EINPARTEIENSYSTEM

In diesem politischen System ist nur eine einzige Partei – die Einheitspartei – zugelassen. Weitere politische Gruppierungen sind verboten. Die Einheitspartei übt alle Macht im Staat aus. Die ehemaligen kommunistischen Länder Osteuropas und viele afrikanische Staaten haben in den letzten Jahren begonnen sich von Einparteiensystemen zu Mehrparteiendemokratien zu wandeln.

Die Einheitspartei stellt den Wählern ihre Kandidaten vor, die diese dann nur noch bestätigen können.

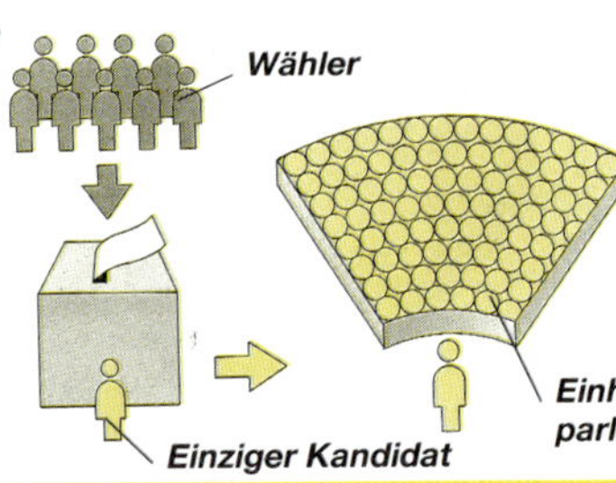

Beispiele für Einparteiensysteme:
China, Vietnam, Nordkorea, Guinea-Bissau

Iranischer Geistlicher

THEOKRATIE

In einer Theokratie herrschen religiöse Führer, die ihre Politik an den Schriften ihrer Religion ausrichten. Im Iran sind die Ayatollahs – hohe islamische Geistliche – die eigentlichen Träger der Macht; die Regierung besteht aber nicht aus Geistlichen. Der Vatikanstadt stellt eine Mischung aus Theokratie und absoluter Monarchie dar. Sein Oberhaupt ist der Papst.

Beispiele für Theokratien:
Iran, Vatikanstadt

VERSTECKTES EINPARTEIENSYSTEM

Manche Länder, z. B. Ägypten, besitzen formell ein Mehrparteiensystem, werden praktisch aber von einer einzigen Partei regiert, die sich, wie in Syrien, oft auf das Militär stützt.

Beispiele für Staaten, die von einer Partei dominiert werden:
Ägypten, Tunesien, Syrien, Zaire

MILITÄRREGIME

Militärregime kommen an die Macht, wenn die Armee eine schwache oder unpopuläre Regierung gestürzt hat. Die Ministerämter bekleiden meist ranghohe Offiziere, die sich in der Politik oft nicht besonders gut auskennen. Das Parlament wird aufgelöst, es finden keine demokratischen Wahlen mehr statt und die Parteien werden verboten. Militärregime waren in den 70er und 80er Jahren in Süd- und Mittelamerika sowie in Afrika und Asien weit verbreitet.

General Ahmed al-Bashir, Chef des Militärregimes im Sudan

Beispiele für Militärregime:
Myanmar, Sudan

DIKTATUR

In einer Reihe von Ländern regiert nur ein einzelner Mann (Diktator), der unumschränkte Macht besitzt und nicht abgewählt werden kann. Diktatoren kommen meist durch einen Militärputsch (Umsturz durch das Militär) an die Macht oder sie verdrängen einen anderen Alleinherrscher, wie z. B. Saddam Hussein im Irak. Diktatoren gehen in der Regel skrupellos gegen jede Form von Opposition vor. Ihre politischen und privaten Gegner lassen sie oft ermorden.

Saddam Hussein herrscht seit 1979 diktatorisch im Irak.

Beispiel für eine Diktatur:
Irak

ABSOLUTE MONARCHIE

In einer absoluten Monarchie übt ein König oder Kaiser die politische Macht aus. Er führt die Regierungsgeschäfte und trifft die Entscheidungen. Der absolute Monarch vererbt sein Amt an einen Sohn oder eine Tochter. Früher regierten absolute Monarchen allein, heute halten sie sich meist einen kleinen Beraterstab oder ein Kabinett.

König Hussein von Jordanien

Beispiele für absolute Monarchien:
Saudi-Arabien, Brunei, Bahrain, Katar, Oman

MONARCHIE MIT DEMOKRATISCHEN ELEMENTEN

In manchen Ländern übt der Monarch eine starke Kontrolle über die Regierung aus, akzeptiert aber auch ein gewisses Maß an Demokratie. In Jordanien z. B. erlaubte König Hussein Direktwahlen zur Abgeordnetenkammer, hat sich jedoch die Ernennung der Mitglieder des 30-köpfigen Senats, des Oberhauses, weiter selbst vorbehalten.

Beispiele für Monarchien mit demokratischen Elementen:
Jordanien, Marokko, Tonga

POLITISCHE FACHBEGRIFFE

Allianz Übereinkommen zwischen Staaten auf wirtschaftlichem, politischem oder militärischem Gebiet

Apartheid Politik der Rassentrennung

Demokratie System, in dem das Volk die Regierung wählt

Freie Wahlen Wahlen, in denen mehrere Parteien antreten

Gewerkschaften Zusammenschlüsse von Arbeitnehmern, die sich für deren Rechte und Interessen einsetzen

Kapitalismus Marktwirtschaftliches System, das auf dem Privatbesitz von Produktionsmitteln sowie von Grund und Boden beruht

Kommunismus Gesellschaft, die auf Gemeineigentum beruht und in der alle Klassenunterschiede aufgehoben sind

Nationalisierung Überführung von Wirtschaftszweigen in Staatseigentum

Privatisierung Überführung von Staatsbetrieben in Privatbesitz

Republik Staat ohne einen Monarchen als Staatsoberhaupt

Sozialismus Gesellschaft, in der die Wirtschaft vom Staat organisiert wird (in der Theorie als Vorstufe zum Kommunismus gedacht)

Westen, der Länder in Europa und Nordamerika mit kapitalistischer Wirtschaftsordnung und Demokratie, die ähnlichen Werten verpflichtet sind

Wirtschaft Organisation der verschiedenen Produktionsbereiche, des Geldwesens, der Importe und Exporte eines Landes

KOLONIEN UND ABHÄNGIGE GEBIETE

Nicht jedes Land hat eine eigene Regierung. Rund 10 Mio. Menschen leben weltweit in Gebieten, die von Großbritannien, Norwegen, Dänemark, Frankreich, Portugal, den USA, Neuseeland oder Australien abhängig sind. Bei den meisten dieser Territorien handelt es sich um Überbleibsel aus der Kolonialzeit. Sie sind noch mit ihren ehemaligen Kolonialmächten verbunden. In jüngster Zeit haben einige Gebiete ihren Status verändert. Hongkong z. B. fiel 1997 von Großbritannien wieder an China zurück. Andere sind Kolonien geblieben, weil sie eine besondere militärstrategische oder wirtschaftliche Bedeutung hatten. Andere waren zu klein, zu abgelegen oder zu schwach, um allein bestehen zu können. Der Hafen Gibraltar direkt am Eingang vom Atlantik zum Mittelmeer ist ein Beispiel für eine militärstrategisch wichtige Kolonie.

Beispiele für abhängige Gebiete

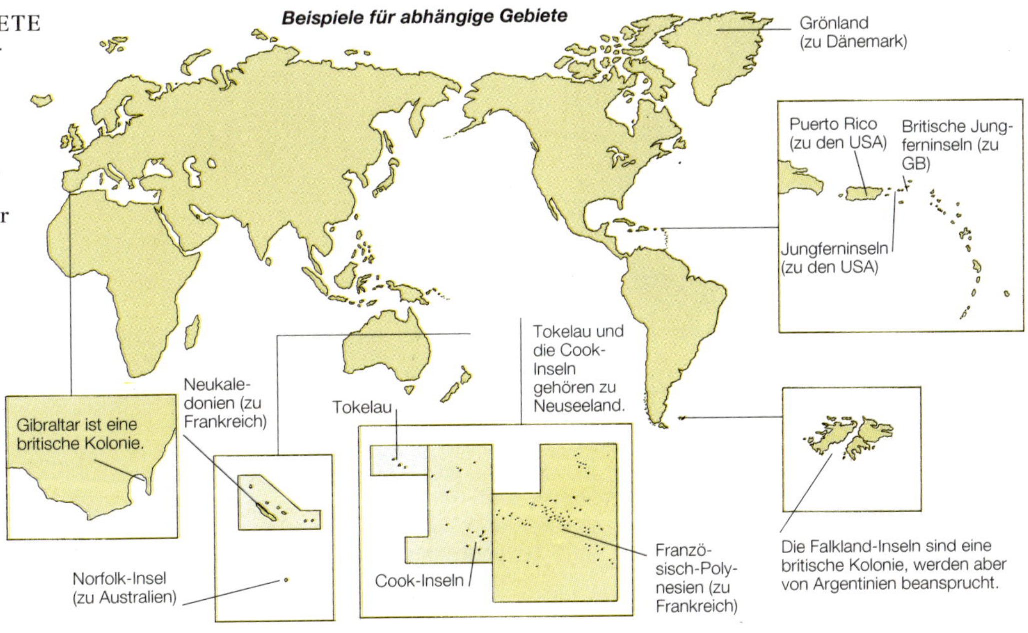

INTERNATIONALE ORGANISATIONEN

In den zwei Jahrzehnten nach dem Ende des Zweiten Weltkriegs wurden die meisten Kolonien unabhängig. Um das Zusammenleben dieser neuen und der bereits bestehenden Staaten zu regeln, rief man verschiedene Organisationen ins Leben. Einige davon, wie die Vereinten Nationen (UNO), sind weltweit tätig und bemühen sich um die Förderung der internationalen Zusammenarbeit, andere beschränken sich auf bestimmte Regionen. Manche Organisationen stellen lockere Vereinigungen mit gemeinsamen Zielen dar wie die Organisation für Afrikanische Einheit (OAU). Andere, wie die Europäische Union (EU), sind straffer strukturiert und verpflichten ihre Mitgliedsstaaten zu einer gemeinsamen Politik.

Eine Hilfsaktion des UN-Flüchtlingshilfswerks in einem tansanischen Lager für Flüchtlinge aus Ruanda

WIRTSCHAFTS- UND SOZIALRAT

Der Wirtschafts- und Sozialrat (ECOSOC) ist das zentrale UN-Organ für wirtschaftliche, soziale, kulturelle, erzieherische und gesundheitliche Belange. Er hat 54 Mitglieder, die mit einer Zweidrittelmehrheit von der Generalversammlung, dem Hauptorgan der UNO, gewählt werden. Zahlreiche Sonderorganisationen (siehe unten) arbeiten dem Wirtschafts- und Sozialrat zu oder werden von ihm koordiniert.

SONDERORGANISATIONEN DES ECOSOC	
FAO Ernährungs- und Landwirtschaftsorganisation	**IMO** Internationale Seeschifffahrtsorganisation
IBRD Internationale Bank für Wiederaufbau und Entwicklung (Weltbank)	**ITU** Internationale Fernmeldeunion
ICAO Internationale Zivilluftfahrtorganisation	**UNESCO** Organisation der Vereinten Nationen für Erziehung, Wissenschaft und Kultur
ILO Internationale Arbeitsorganisation	**UPU** Weltpostverein
IMF Internationaler Währungsfond	**WHO** Weltgesundheitsorganisation
	WMO Weltorganisation für Meteorologie

VEREINTE NATIONEN

Die Organisation der Vereinten Nationen (UNO) wurde 1945 nach dem Ende des Zweiten Weltkriegs gegründet. Sie verfolgt zwei Hauptziele: die Entwicklung freundschaftlicher Beziehungen zwischen den Staaten und die Förderung der Zusammenarbeit bei der Lösung internationaler Probleme. Ihre Mitgliedsstaaten haben sich verpflichtet Konflikte mit friedlichen Mitteln beizulegen und keine Gewalt gegen andere Staaten anzuwenden, außer zur Selbstverteidigung. Heute sind nahezu alle Länder der Erde Mitglieder der UNO. Der Hauptsitz der Vereinten Nationen befindet sich in New York; in Genf und Wien gibt es wichtige Büros.

UN-Soldaten schützen Flüchtlinge aus Kambodscha.

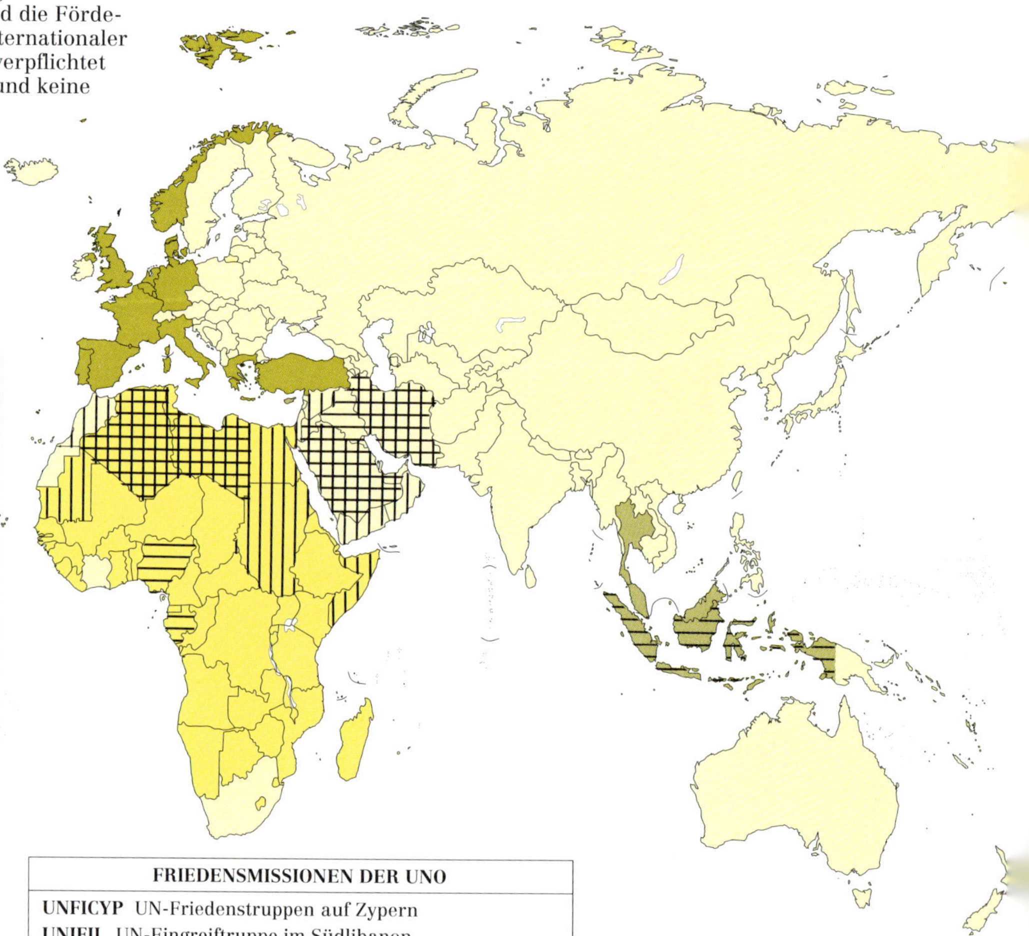

SICHERHEITSRAT

Der Sicherheitsrat ist das wichtigste Organ der UNO und befugt für alle UN-Mitglieder verbindliche Beschlüsse zu fassen. Er kann Friedenstruppen, die so genannten »Blauhelme«, in Krisengebiete entsenden. Diese Truppen setzen sich aus Soldaten der Mitgliedsstaaten zusammen und stehen im Dienst der UNO. Der Sicherheitsrat hat fünf ständige Mitglieder: die USA, Russland, Großbritannien, Frankreich und China.

FRIEDENSMISSIONEN DER UNO
UNFICYP UN-Friedenstruppen auf Zypern
UNIFIL UN-Eingreiftruppe im Südlibanon
UNOMIG UN-Beobachtermission in Georgien
UNOMIL UN-Beobachtermission in Liberia
UNOMOZ UN-Operation in Mosambik
UNOMUR UN-Beobachtermission in Uganda und Ruanda

EUROPÄISCHE UNION

Die Europäische Union (EU) entstand nach dem Zweiten Weltkrieg aus dem Wunsch vieler europäischer Länder Kriege in Europa künftig zu verhindern. Unter dem Namen Europäische Wirtschaftsgemeinschaft (EWG) schuf sie zunächst einen gemeinsamen Markt, in dem der freie Verkehr von Waren, Personen, Dienstleistungen und Kapital gewährleistet ist (»vier Freiheiten«). Heute bemüht sich die EU um die Vollendung der Wirtschaftsunion bis 1999, in der auch eine gemeinsame Währung (»Euro«) gelten soll. Auf längere Sicht strebt man eine politische Union an, die schließlich zur Bildung eines Bundesstaats Europa führen soll.

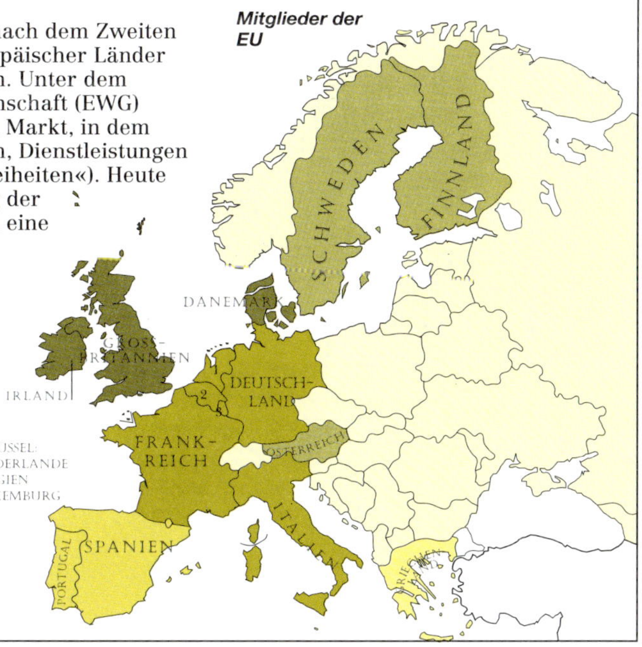

Greenpeace versucht durch Protestaktionen auf Umweltgefährdungen aufmerksam zu machen.

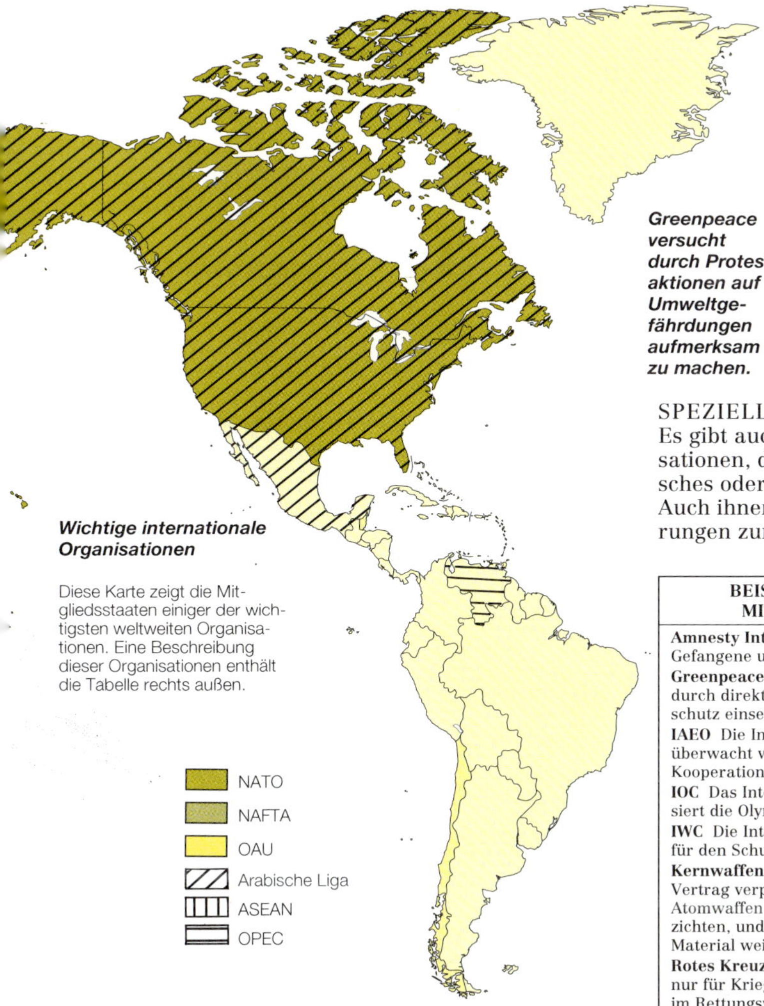

Wichtige internationale Organisationen

Diese Karte zeigt die Mitgliedsstaaten einiger der wichtigsten weltweiten Organisationen. Eine Beschreibung dieser Organisationen enthält die Tabelle rechts außen.

SPEZIELLE ZIELSETZUNG

Es gibt auch viele internationale Organisationen, die sich um ein spezielles politisches oder soziales Anliegen kümmern. Auch ihnen gelingt es manchmal Regierungen zum Handeln zu bewegen.

BEISPIELE FÜR ORGANISATIONEN MIT SPEZIELLER ZIELSETZUNG

Amnesty International Gruppe, die sich für politische Gefangene und Menschenrechte einsetzt

Greenpeace Internationale Organisation, die sich durch direkte, gewaltfreie Aktionen für den Umweltschutz einsetzt

IAEO Die Internationale Atomenergie-Organisation überwacht weltweit Nuklearanlagen und fördert die Kooperation in der Kernforschung.

IOC Das Internationale Olympische Komitee organisiert die Olympischen Spiele.

IWC Die Internationale Walfangkommission setzt sich für den Schutz der Wale ein.

Kernwaffensperrvertrag Der 1970 in Kraft getretene Vertrag verpflichtet die Unterzeichner, die keine Atomwaffen besitzen, dauerhaft auf diese zu verzichten, und die Kernwaffenstaaten, kein nukleares Material weiterzugeben.

Rotes Kreuz Hilfsorganisation, die sich ursprünglich nur für Kriegsopfer einsetzte, inzwischen aber auch im Rettungswesen, im Katastrophenschutz und im Blutspendedienst tätig ist. Im islamischen Raum heißt die Organisation »Roter Halbmond«.

WEITERE INTERNATIONALE ORGANISATIONEN

APEC Die Asiatisch-Pazifische Wirtschaftskooperation fördert die Zusammenarbeit zwischen 18 Pazifik-Anrainerstaaten.

Arabische Liga Forum von 21 arabischen Ländern zur Diskussion sozialer, politischer und militärischer Fragen

ASEAN Die Vereinigung Südostasiatischer Staaten fördert die wirtschaftliche Zusammenarbeit zwischen sieben Staaten in dieser Region.

Commonwealth of Nations Gemeinschaft von 53 unabhängigen Staaten, die früher dem britischen Weltreich angehörten; zahlreiche Mitgliedsstaaten erkennen die britische Königin als ihr Staatsoberhaupt an.

Europarat Von der EU unabhängige europäische Institution, die sich für den Schutz der Menschenrechte und der Grundfreiheiten einsetzt

GKR Sechs ölreiche Staaten am Persischen Golf gründeten den Golf-Kooperationsrat, um ihre Wirtschafts- und Verteidigungspolitik miteinander abzustimmen.

G7-Staaten Gruppe der sieben wichtigsten Industrieländer: Deutschland, Frankreich, Großbritanien, Italien, Japan, Kanada und die USA. Ihre Staats- und Regierungschefs treffen sich regelmäßig zu Beratungen.

GUS Die Gemeinschaft Unabhängiger Staaten entstand 1991 aus der früheren Sowjetunion. Sie fördert die wirtschaftliche und politische Zusammenarbeit zwischen Russland und elf ehemaligen Sowjetrepubliken.

NAFTA Die Nordamerikanische Freihandelszone beseitigte die Zollschranken zwischen den USA, Kanada und Mexiko.

NATO Der Nordatlantikpakt ist ein politisch-militärisches Bündnis von 14 europäischen Staaten, den USA und Kanada.

OAU Die Organisation für Afrikanische Einheit fördert die politische und wirtschaftliche Zusammenarbeit zwischen ihren 53 afrikanischen Mitgliedsstaaten.

OPEC Die Organisation Erdöl exportierender Staaten kümmert sich um die Interessen ihrer zwölf Mitgliedsländer, insbesondere um die Stabilisierung der Weltmarktpreise und die Regulierung der Fördermengen.

Ostseerat Der Ostseerat entstand 1992 mit dem Ziel die wirtschaftliche Kooperation zwischen den zehn Anrainerstaaten der Ostsee zu fördern.

RELIGIONEN DER WELT

Seit Urzeiten fragen die Menschen nach der Bedeutung von Leben und Tod und suchen Antworten auf diese Fragen in der Religion. Einige Religionen, wie das Christentum, haben sich über die gesamte Welt ausgebreitet, andere, wie z. B. die afrikanischen Naturreligionen, blieben auf einen bestimmten Raum begrenzt. Die Weltreligionen lassen sich in zwei Gruppen gliedern, nach westlicher und östlicher Tradition. Die westliche Tradition entstand im Nahen und Mittleren Osten und umfasst das Judentum, das Christentum und den Islam. Die östliche Tradition nahm in Indien ihren Anfang. Zu ihr gehören u. a. der Hinduismus und der Buddhismus. In den meisten Ländern sind Religion und Staat getrennt. Manchmal jedoch unterdrückt ein Staat die Religion. Daneben gibt es aber Länder, in denen Geistliche auch das weltliche Leben bestimmen.

ANHÄNGERSCHAFT
Diese Grafik zeigt die prozentualen Anteile der großen Weltreligionen. Mit mehr als 1,8 Mrd. Menschen bilden die Christen die größte Glaubensgemeinschaft der Welt. Die am schnellsten wachsende Religion ist der Islam. Die Angabe zu »Andere« umfasst auch die Konfessionslosen: Menschen, die keiner Religion angehören.

DIE RELIGIÖSE WELT
Die am weitesten verbreitete Religion ist das Christentum, das von europäischen Siedlern, Kaufleuten und Missionaren in alle Erdteile getragen wurde. Auch der Hinduismus und der Islam breiteten sich über ihre Kernländer hinaus aus.

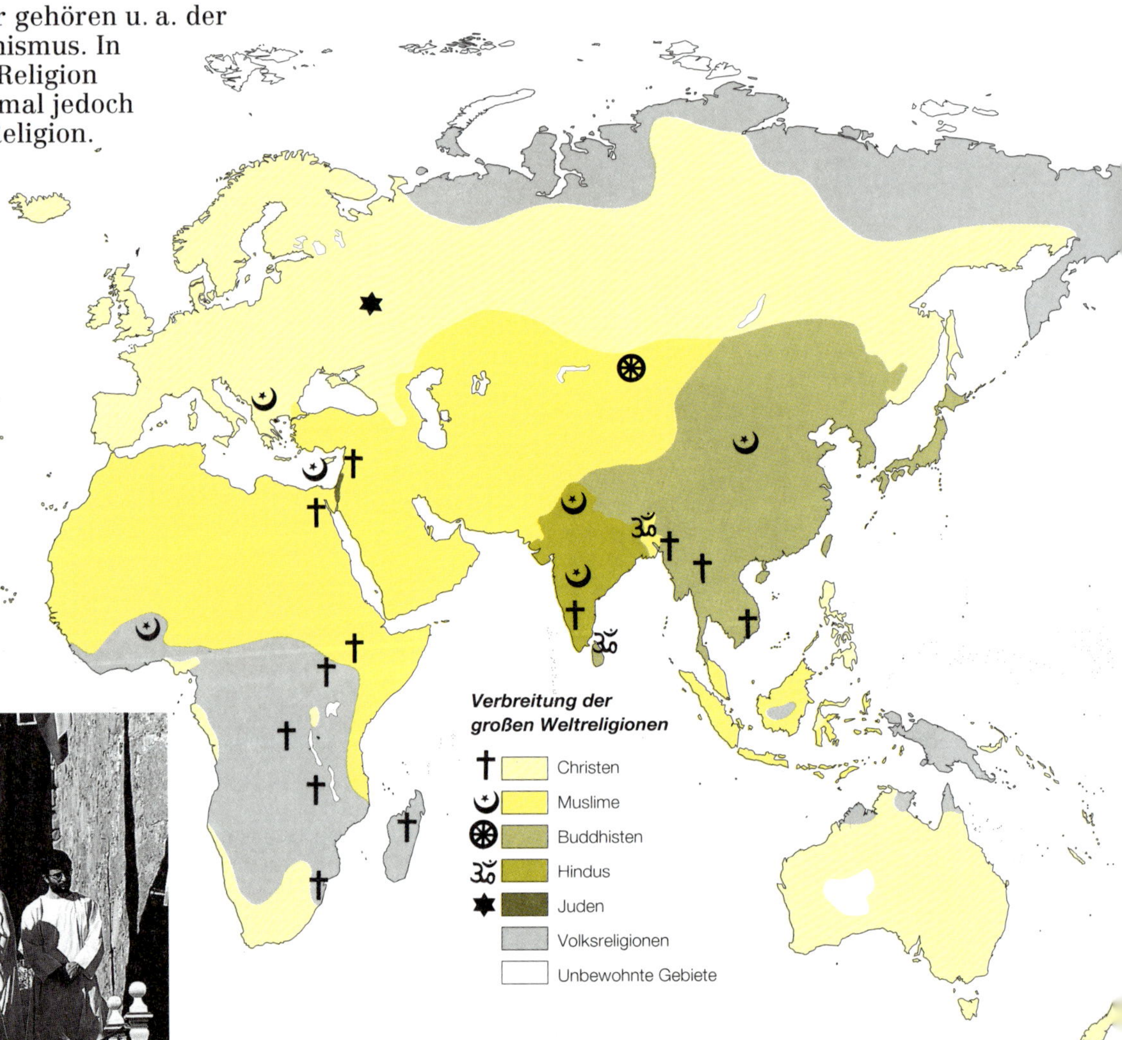

Die Farben auf der Karte rechts zeigen die Hauptreligion in den verschiedenen Regionen der Erde. Die Symbole zeigen an, dass es starke Minderheiten anderer Glaubensrichtungen gibt.

Ein katholischer Bischof in Spanien bei der Predigt. Mehr als die Hälfte der Christen sind Katholiken.

CHRISTENTUM
Vor fast 2 000 Jahren begründete Jesus Christus aus Bethlehem in Israel das Christentum. Jesus wurde im jüdischen Glauben erzogen, verkündete aber bald das Nahen des Gottesreichs. Nach Jesu Tod wurden seine Lehren niedergeschrieben und zum Neuen Testament der Bibel zusammengefasst. Die Christen glauben an einen einzigen Gott, man nennt dies Monotheismus. Ihrer Auffassung nach ist Jesus der Sohn Gottes. Zum Symbol des Christentums wurde das Kreuz.

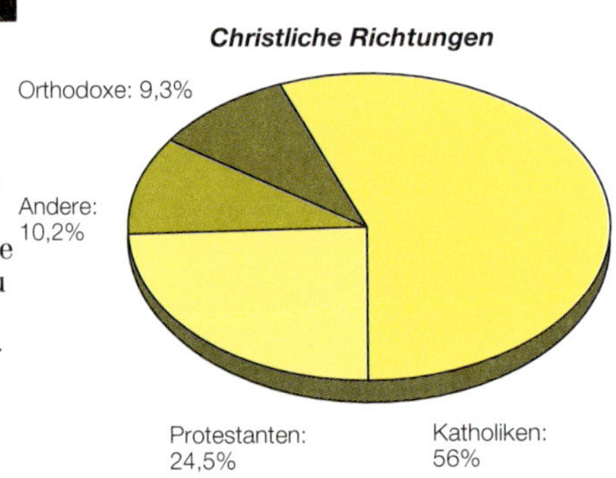

SPALTUNG DER CHRISTENHEIT
Mehr als die Hälfte der Christen sind Katholiken und sie betrachten den Papst als ihr Oberhaupt. Stark vertreten sind die Katholiken in Südeuropa, Mittel- und Südamerika sowie auf den Philippinen. Ein Viertel der Christen gehört der protestantischen Kirche an, die sich vor fast 500 Jahren von der katholischen Kirche trennte. Die Hauptgebiete der Protestanten sind Nordeuropa und Nordamerika. Rund 10% der Christen gehören einer der orthodoxen Kirchen Osteuropas an, von denen jede ein eigenes Oberhaupt, einen Patriarchen oder Metropoliten, besitzt.

WEITERE RELIGIONEN

SIKHISMUS Dieser Glaube wurde im 15. Jh. im indischen Punjab vom Guru (Lehrer) Nanak begründet. Das heilige Buch der Sikhs ist das Guru Granth Sahib. Die Religion ist monotheistisch und vertritt den Gedanken der Wiedergeburt. Die Sikhs glauben, dass Gott in allen Dingen lebt und dass alle Menschen vor den Augen Gottes gleich sind. Der Sikhismus hat vor allem in Indien viele Anhänger.

KONFUZIANISMUS Der Konfuzianismus, mehr eine Philosophie als eine Religion, wurde um 550 v. Chr. von Kongfuzi (Konfuzius) begründet. Im Zentrum dieser Philosophie steht nicht die Anbetung eines Gottes, sondern die Befolgung strenger sittlicher Regeln. Er ist vor allem in China, aber auch in anderen Teilen Ostasiens vertreten.

TAOISMUS Dieser Glaube entstand um 300 v. Chr. in China und wird dem Philosophen Laotse zugeschrieben. Die Taoisten streben danach, im Einklang mit der Natur zu leben. Ihr Symbol, das Yin-Yang-Zeichen, steht für Erde und Himmel. Der Taoismus hat in China und anderen Teilen Ostasiens viele Anhänger.

SCHINTOISMUS Die alte japanische Volksreligion beruht auf der Anbetung von Naturgottheiten und der Ahnenverehrung. Schinto-Schreine (Tempel) befinden sich meist in Parks oder auf Bergen.

JAINISMUS Im Zentrum dieser indischen Religion stehen die Gewaltlosigkeit gegenüber allen Lebewesen und der Glaube an die Wiedergeburt.

ZEN-BUDDHISMUS Diese buddhistische Strömung ist heute in Japan besonders stark vertreten. Sie betont die Bedeutung der Meditation.

VOLKSRELIGIONEN In allen Teilen der Welt gibt es alte Volksreligionen, die durch mündliche Überlieferung weitergegeben werden. Gemeinsam ist ihnen die Überzeugung, dass die Welt – Himmel, Bäume, Flüsse, Berge – beseelt ist. Solche Naturreligionen finden sich heute vor allem noch in Afrika. In Teilen Asiens ist der Schamanismus noch verbreitet. Er kreist um den Schamanen, der sich durch Musik oder Atemtechnik in eine andere Bewusstseinslage (Trance) versetzen kann. Er tritt dann mit den Geistern in Verbindung oder wirkt als Heiler.

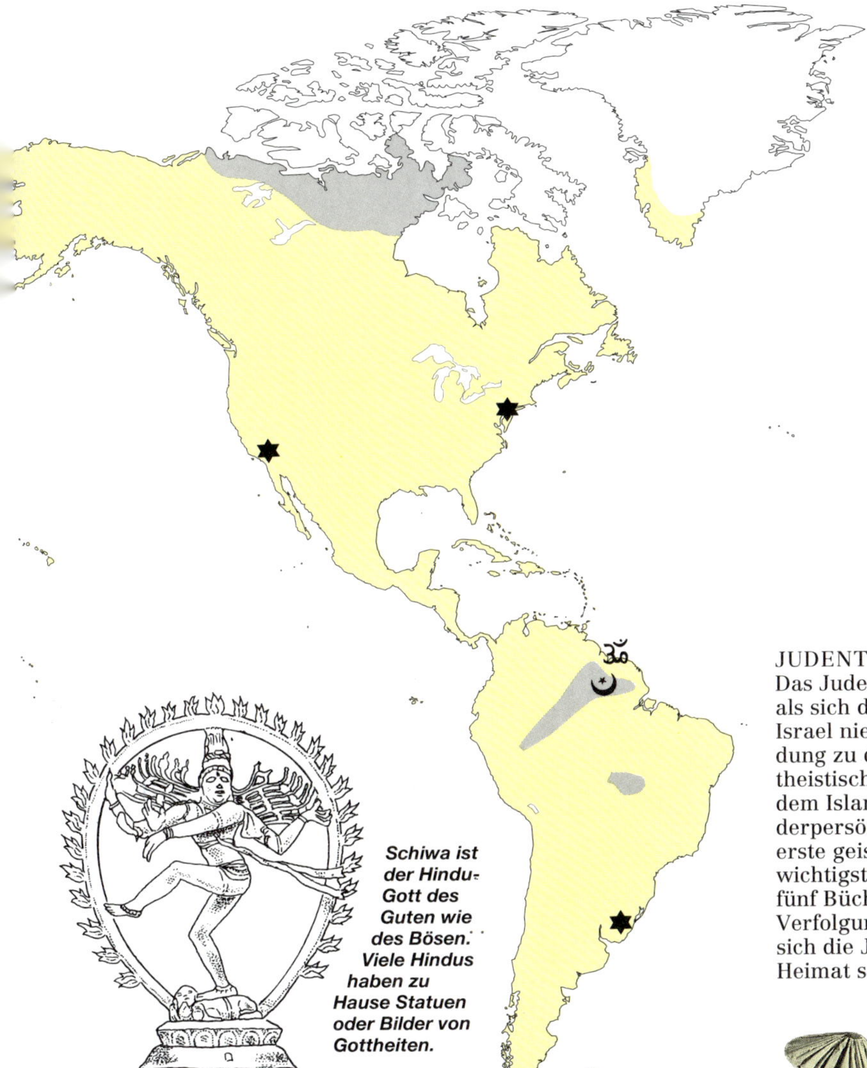

Beim Gebet verneigen sich die Muslime gegen Mekka.

ISLAM

Die Muslime glauben an einen einzigen Gott, Allah, und sie erkennen Abraham und Jesus als Propheten an. Ihrer Auffassung nach war Mohammed, der um 570 n. Chr. in Mekka geboren wurde, der letzte Prophet. Die Offenbarungen Mohammeds wurden im Koran niedergeschrieben. Nach Mohammeds Tod spaltete sich der Islam in die Sunniten, die Mohammeds offiziellen Nachfolgern (den Kalifen) anhängen, und in die Schiiten, die Mohammeds Schwiegersohn Ali als rechtmäßigen Nachfolger betrachten. Die Schiiten bilden die Mehrheit im Iran und im Irak, überall sonst dominieren die Sunniten.

JUDENTUM

Das Judentum entstand im 2. Jt. v. Chr., als sich das Volk der Hebräer im heutigen Israel niederließ. Es steht in enger Verbindung zu den beiden anderen großen monotheistischen Religionen, dem Christentum und dem Islam. Das Judentum kennt keine Gründerpersönlichkeit, doch Abraham war der erste geistige Führer dieser Religion. Als wichtigste Schrift gilt die Thora, die ersten fünf Bücher Mose. Nach Jahrhunderten der Verfolgung und Staatenlosigkeit konnten sich die Juden 1948 in Israel wieder eine Heimat schaffen.

Die jüdische Menorah (siebenarmiger Kerzenleuchter)

Schiwa ist der Hindu-Gott des Guten wie des Bösen. Viele Hindus haben zu Hause Statuen oder Bilder von Gottheiten.

HINDUISMUS

Der Hinduismus entstand um 1750 v. Chr. in Indien. Der Hindu-Glaube hat keinen Gründer und keine heilige Schrift. Erste Darstellungen dieser Lehre finden sich in den Weden, einer Sammlung von Liedern. Die Hindus glauben, dass es mehrere Gottheiten, aber nur eine ewige Wahrheit (Brahman) gibt. Sie sind davon überzeugt, dass die Seele eines Verstorbenen in einem anderen Körper wieder geboren wird. Menschen, die ein gutes Leben geführt haben, werden auf einer höheren Stufe wieder geboren, wer Böses getan hat, auf einer niedrigeren. Hindus streben danach, sich aus dem Kreislauf der Wiedergeburten zu befreien und mit Brahman eins zu werden.

Buddhistischer Mönch aus Tibet mit einer Gebetsmühle

BUDDHISMUS

Der Buddhismus stützt sich auf die Lehren Buddhas, des »Erleuchteten«. Buddha war ein Fürstensohn, der um 560 v. Chr. in Indien geboren wurde. Nach Buddhas Lehre wird das Leiden in der Welt durch die Gier verursacht. Die Befreiung von der Gier führt zur Aufhebung des Leidens und bildet die Voraussetzung dafür, schließlich das Nirwana, einen Zustand der völligen Glückseligkeit, zu erlangen.

GESUNDHEIT

In den vergangenen 100 Jahren ist sehr viel für die Gesundheit der Menschen getan worden. Fortschritte der Medizin, eine verbesserte Ernährung, ein höherer Lebensstandard und eine bessere Gesundheitserziehung haben dazu geführt, dass eine ganze Reihe von Krankheiten besiegt werden konnte oder unter Kontrolle zu halten ist. Die Menschen leben heute deutlich länger als noch ihre Urgroßeltern. Doch vor allem in den armen Ländern Asiens und Afrikas südlich der Sahara gibt es noch viele ungelöste Probleme. Trotz zahlreicher groß angelegter Impfprogramme sind hier einige Krankheiten noch sehr weit verbreitet, vor allem Tuberkulose und Malaria. Viele Kinder sterben an den Folgen mangelhafter Ernährung. In den reichen Teilen der Erde – in Europa, Nordamerika und Australien – stellen dagegen Herz-Kreislauf-Erkrankungen und Krebs die größten Bedrohungen der Gesundheit dar. Neue, unheilbare Krankheiten wie Aids wiederum sind eine Gefahr für alle Menschen.

HÖCHSTE LEBENSERWARTUNG	
Japan	79
Island	78
Schweden	78
Schweiz	78

NIEDRIGSTE LEBENSERWARTUNG	
Sierra Leone	40
Afghanistan	43
Guinea-Bissau	43
Guinea	44
Gambia	45
Uganda	45

LEBENSERWARTUNG

Die Lebenserwartung gibt an, mit welchem Lebensalter ein Mensch im statistischen Durchschnitt rechnen kann. In den 50er Jahren betrug sie erst 40 Jahre. Wegen der besseren Gesundheitsversorgung und der gesünderen Ernährung stieg sie bis heute auf 63 Jahre. Diese Zahl verbirgt jedoch die enormen Unterschiede, die zwischen reichen und armen Ländern bestehen. In wohlhabenden Ländern sind die Menschen im Allgemeinen gesünder als in den armen.

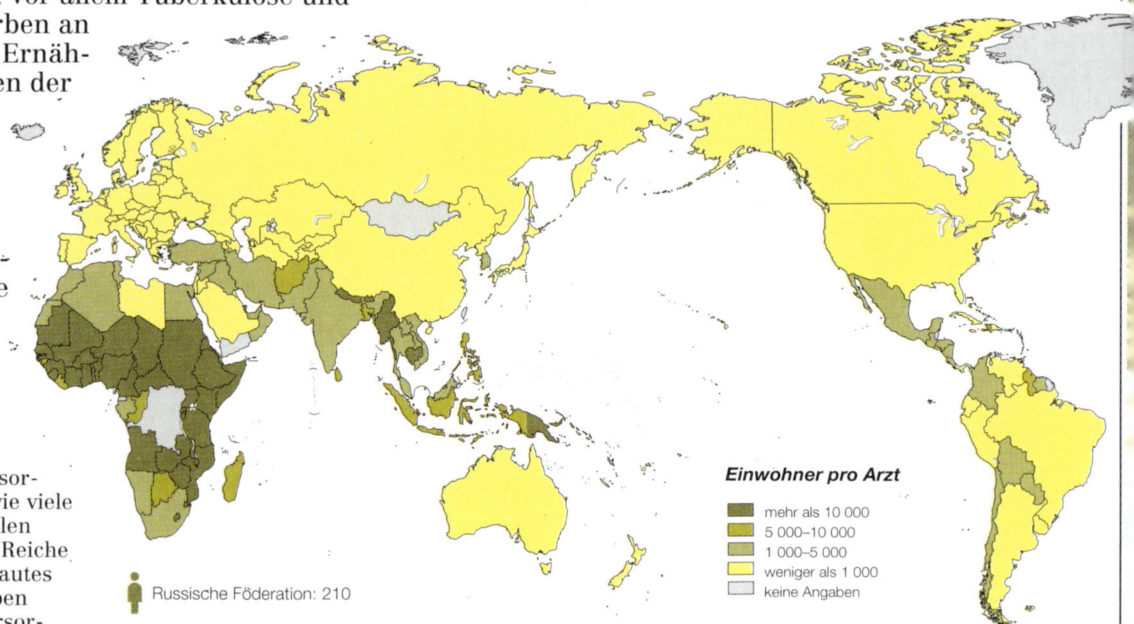

EINWOHNER PRO ARZT

Die Qualität der Gesundheitsversorgung lässt sich daran messen, wie viele Einwohner auf einen Arzt entfallen (siehe Karte und Grafik rechts). Reiche Länder, die über ein gut ausgebautes Wohlfahrtssystem verfügen, haben auch eine gute medizinische Versorgung; hier hat ein Arzt im Durchschnitt nur 390 Menschen zu versorgen. In den ärmsten afrikanischen Ländern dagegen entfallen 50 000 Einwohner auf einen Arzt. Mehr als die Hälfte der Bevölkerung lebt dort außerdem mehr als 10 km vom nächsten Arzt oder Krankenhaus entfernt.

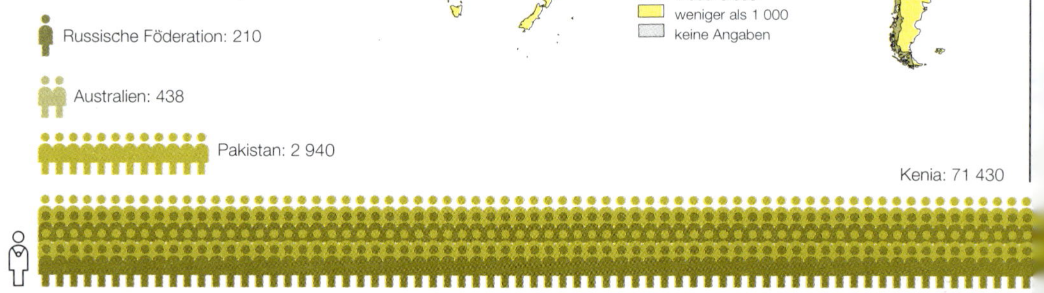

HÖCHSTE KINDERSTERBLICHKEIT	
Land	*pro 1 000 Geburten*
Sierra Leone	284
Mosambik	277
Afghanistan	257
Guinea-Bissau	231
Malawi	221
Gambia	213

KINDERSTERBLICHKEIT

Die Kindersterblichkeitsrate gibt an, wie viele von 1 000 Kindern bis zum Alter von fünf Jahren sterben. In einigen Gebieten, wie z. B. in Afghanistan oder in Teilen Afrikas, führen schlechte medizinische Versorgung und Mangelernährung zu einer hohen Sterblichkeitsrate. In Europa und Nordamerika liegt die Rate unter zehn.

VORBEUGUNG

Schutz vor Krankheiten ist durch verschiedene Mittel der Vorbeugung möglich. Impfungen verhindern Infektionen mit Masern oder Tetanus. In reichen Ländern werden die meisten Kinder geimpft, in einigen Entwicklungsländern nur jedes dritte. Überall auf der Welt warnt man vor dem Missbrauch von Drogen. Die Qualität des Wassers, die Nahrungsmittelhygiene und die sanitären Verhältnisse spielen eine wichtige Rolle bei der Vorbeugung. Aufklärungskampagnen sollen die Menschen darauf aufmerksam machen.

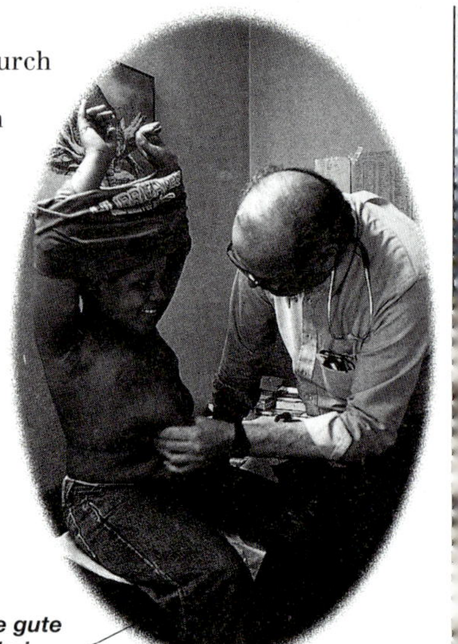

Dieser Junge wird gewogen. Eine gute Ernährung trägt zur Gesundheit bei.

BILDUNG

Eine gute Bildung erleichtert es den Menschen ihre Lebensumstände selbst zu verändern. Die meisten Kinder gehen bis zum Alter von elf Jahren in eine Grundschule, in der sie Lesen, Schreiben und Rechnen lernen. Für rund die Hälfte aller Kinder auf der Welt schließt sich daran eine weiterführende Schule an (bis zum Alter von 16 oder 19 Jahren), einige studieren anschließend an einer Universität oder einer Fachhochschule. Doch das Schulwesen ist international sehr unterschiedlich. Kinder in reichen Ländern erhalten im Allgemeinen eine bessere Schulbildung als Kinder in armen Staaten. Da es in armen Ländern wesentlich weniger gut ausgebildete Menschen gibt, fällt es ihnen auch schwerer die Herausforderungen der modernen Welt zu bewältigen.

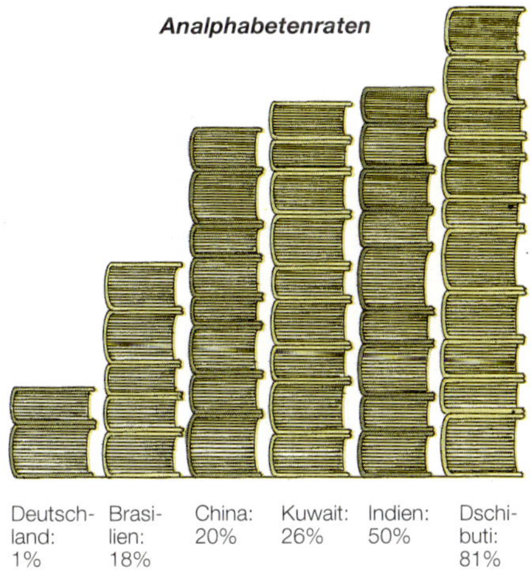

ANALPHABETENRATE

Die Analphabetenrate eines Landes gibt an, wie viele seiner Bewohner über 15 Jahren nicht lesen und schreiben können. Festgestellt wird dies, indem man sie bittet, einen einfachen Satz über ihr tägliches Leben niederzuschreiben und ihn vorzulesen. In Deutschland liegt die Analphabetenrate bei 1%, d. h. dass nur einer von 100 Erwachsenen Analphabet ist.

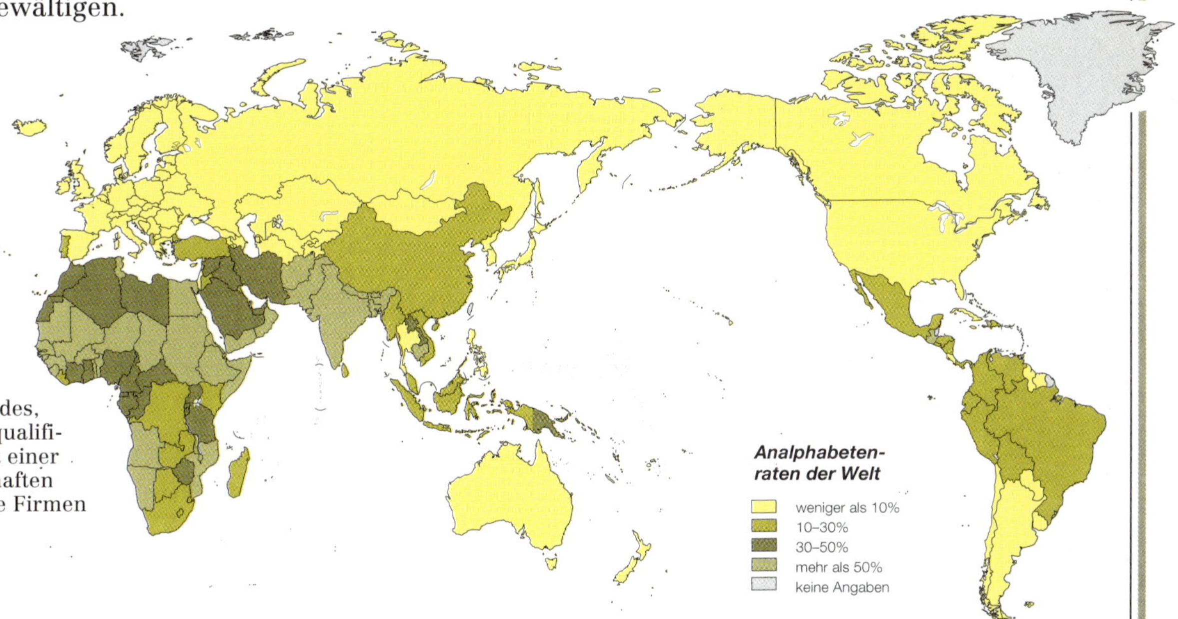

BILDUNGSNIVEAUS

Diese Karte zeigt die Analphabetenraten der Welt. Das Bildungsniveau eines Landes hängt sehr mit seinem Wohlstand zusammen, denn reiche Länder können mehr Geld für Schulen und Lehrer ausgeben. Andererseits fördert Bildung auch den Wohlstand eines Landes, denn die Wirtschaft kann auf qualifizierte Arbeitskräfte bauen. Mit einer besseren Ausbildung erwirtschaften Bauern höhere Erträge und die Firmen bekommen bessere Manager.

Japanische Kinder bereiten sich intensiv – manchmal mit Zusatzunterricht – auf ihre Prüfungen vor.

WIRKUNGSVOLLE BILDUNG

Japan besitzt eines der besten Bildungssysteme der Welt. Fast alle Kinder besuchen einen Kindergarten; ein Drittel der Kinder absolviert nach der Grundschule eine weiterführende Schule. Japanische Kinder sind besonders gut in Naturwissenschaften und Mathematik – Fächern, die Kennt-nisse vermitteln, die in der Industrie sehr gefragt sind. Südkorea und Taiwan haben ähnliche Bildungssysteme.

MÄNNER UND FRAUEN

Mädchen erhalten in vielen Ländern eine schlechtere Ausbildung als Jungen. Dabei hätten nicht nur die Frauen selbst Vorteile von einer guten Bildung. Allgemein würden sich auch die hygienischen Verhältnisse und die Gesundheitsvorsorge verbessern.

Unterschiede in der Alphabetisierung

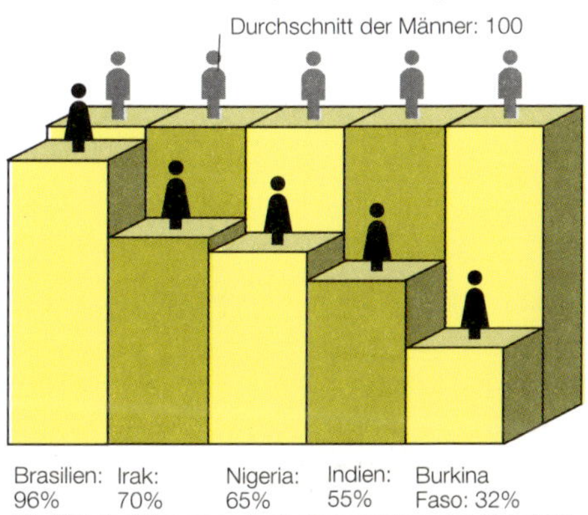

Die Alphabetisierungsrate der Frauen ist zu der Alphabetisierungsrate der Männer in Bezug gesetzt. Diese wurde bei 100 festgelegt. Je näher der Prozentsatz bei 100 liegt, desto mehr Frauen können wie die Männer lesen und schreiben.

Unterricht in einer Landschule in Bangladesch

LÄNDLICHE UND STÄDTISCHE SCHULEN

In den ärmeren Ländern Afrikas und Asiens erhalten Kinder, die in der Stadt leben, meist eine bessere Schulbildung als die auf dem Land. Viele Kinder von Bauern müssen zu Hause bleiben und der Familie bei der Arbeit auf den Feldern helfen. Doch auch die Ausbildung der Kinder auf dem Land würde Vorteile bringen, denn sie kann dazu beitragen die Leistungsfähigkeit der Landwirtschaft und der kleinen Handwerksbetriebe zu erhöhen.

ARM UND REICH

Das Wohlstandsgefälle zwischen den verschiedenen Ländern der Welt ist enorm. In Mosambik z. B. beträgt der Durchschnittsverdienst nur ein Sechshundertstel des Durchschnittseinkommens in der Schweiz. Der Wohlstand eines Landes hängt von seinen Bodenschätzen, der Wirtschaftskraft, der Bevölkerungsgröße und der politischen Stabilität ab. So ist Libyen wesentlich reicher als der Tschad, sein südlicher Nachbar. Beides sind Wüstenländer mit geringer Bevölkerung, doch während Libyen Erdöl besitzt, hat der Tschad keine Bodenschätze. Viele arme Länder verdienen mit der Ausfuhr ihrer Rohstoffe und Nahrungsmittel nur wenig Geld, könnten aber mit Fertigprodukten mehr verdienen. Deshalb leihen sie sich Geld von den reichen Ländern, um damit den Aufbau ihrer eigenen Industrie zu finanzieren. Die Schuldentilgung zehrt oft fast alle Einnahmen auf, sodass sie weiter arm bleiben.

REICHSTE LÄNDER (1994) (BEZOGEN AUF DAS BSP PRO KOPF)	
Land	*US-$*
Luxemburg	39 850
Schweiz	37 180
Japan	34 630
Dänemark	28 110
Norwegen	26 480

ÄRMSTE LÄNDER (1994) (BEZOGEN AUF DAS BSP PRO KOPF)	
Land	*US-$*
Mosambik	80
Tansania	90
Äthiopien	130
Malawi	140
Sierra Leone	150

NATIONALER WOHLSTAND
Der Wohlstand eines Landes lässt sich auf zweierlei Arten messen. Das Bruttoinlandsprodukt (BIP) gibt den Geldwert aller Güter und Dienstleistungen an, die im Land produziert wurden. Das Bruttosozialprodukt (BSP) ist das BIP ergänzt um alle Einnahmen, die aus dem Ausland zufließen. Beide Messgrößen werden häufig in US-$ angegeben. Teilt man sie durch die Bevölkerungszahl, erhält man einen Anhaltspunkt, wie reich oder arm das Land ist. Die Aufstellung links zeigt, dass die fünf reichsten Länder Industriestaaten des Nordens sind.

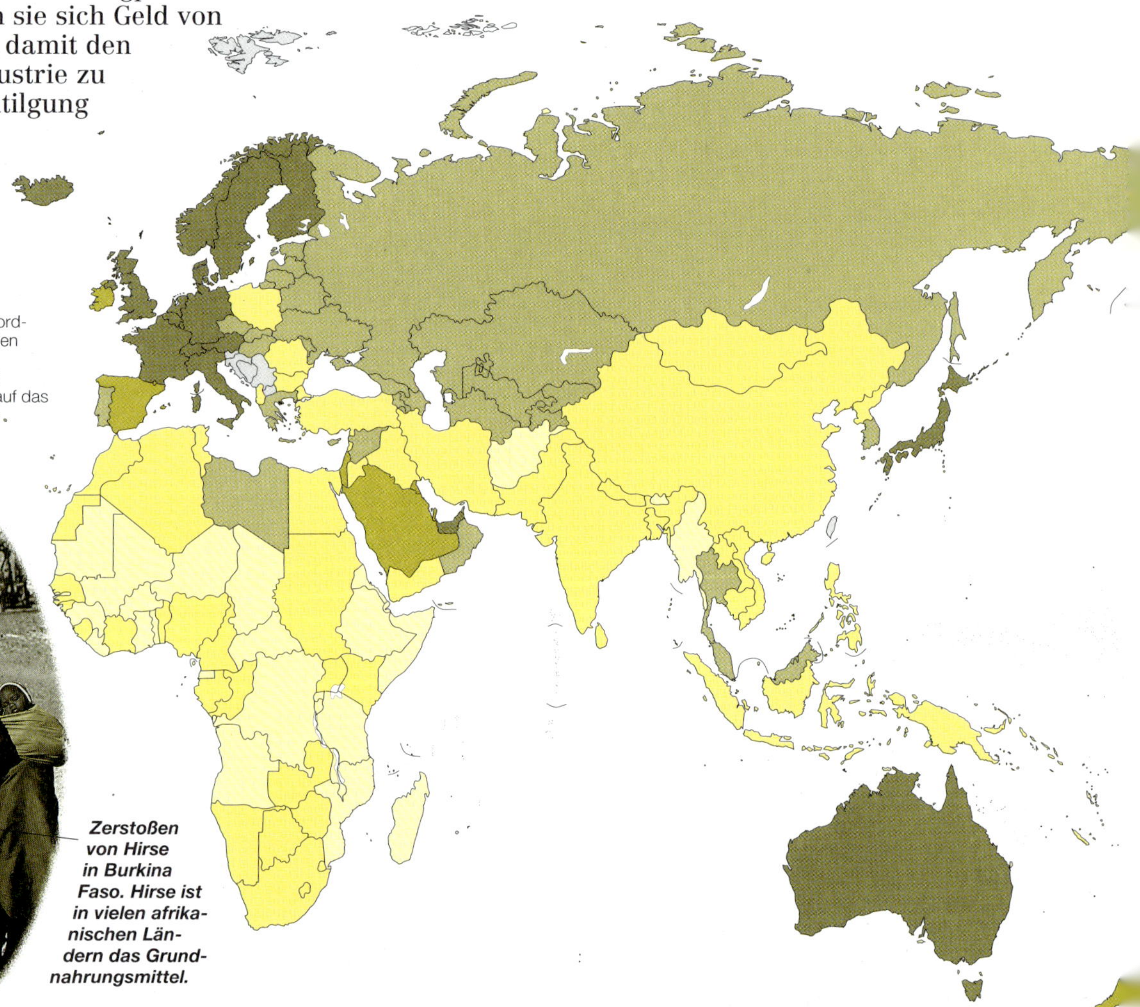

Wohlstandsverteilung

Die reichsten Regionen der Erde sind Nordamerika, Japan, Australien, die Vereinigten Arabischen Emirate und Teile Europas. Die ärmsten Gebiete liegen in Afrika und Südostasien. Die Zahlen beziehen sich auf das Bruttoinlandsprodukt (BIP) pro Kopf.

Zerstoßen von Hirse in Burkina Faso. Hirse ist in vielen afrikanischen Ländern das Grundnahrungsmittel.

ABSOLUTE UND RELATIVE ARMUT
Rund ein Viertel der Weltbevölkerung lebt in »absoluter Armut«. Dies bedeutet, dass die Grundbedürfnisse der Betroffenen nicht befriedigt werden: Sie haben nur wenig zu essen, häufig kein Dach über dem Kopf und nur schlechte Kleidung. Wesentlich mehr Menschen leben in »relativer Armut«. Darunter versteht man, dass sie deutlich ärmer sind als die Mehrheit der Bevölkerung des Landes, in dem sie wohnen.

NEUREICHE
Geschichtlich betrachtet liegen die reichen Länder der Erde in Europa und Nordamerika. Doch nach der Entdeckung der großen Ölvorkommen im Nahen und Mittleren Osten vor 60 Jahren stiegen die Länder der Arabischen Halbinsel zu den reichsten Staaten der Erde auf. Auch südostasiatische Länder wie Südkorea, Taiwan und Singapur können sich aufgrund ihres rasanten Wirtschaftswachstums bald zu den reichsten Ländern der Welt zählen.

In Saudi-Arabien wurden viele Menschen durch das Erdöl reich.

SOZIALE ARMUT

In den meisten Ländern gibt es soziale Gruppen, die ärmer sind als andere. Frauen sind in der Regel ärmer als Männer – sie werden oft schlechter bezahlt (siehe Grafik rechts) oder sind als Hausfrauen ohne Einkommen. Frauen verfügen häufig nicht über die berufliche Ausbildung, die für besser bezahlte Arbeit erforderlich ist. Allein erziehenden Müttern und allein stehenden älteren Frauen droht Armut. Auch alte Menschen mit geringer Rente und Kranke sind ärmer als der Durchschnitt. In São Paulo (links) müssen viele Kinder auf der Straße leben. Um sich über Wasser zu halten, betteln sie oder begehen Straftaten.

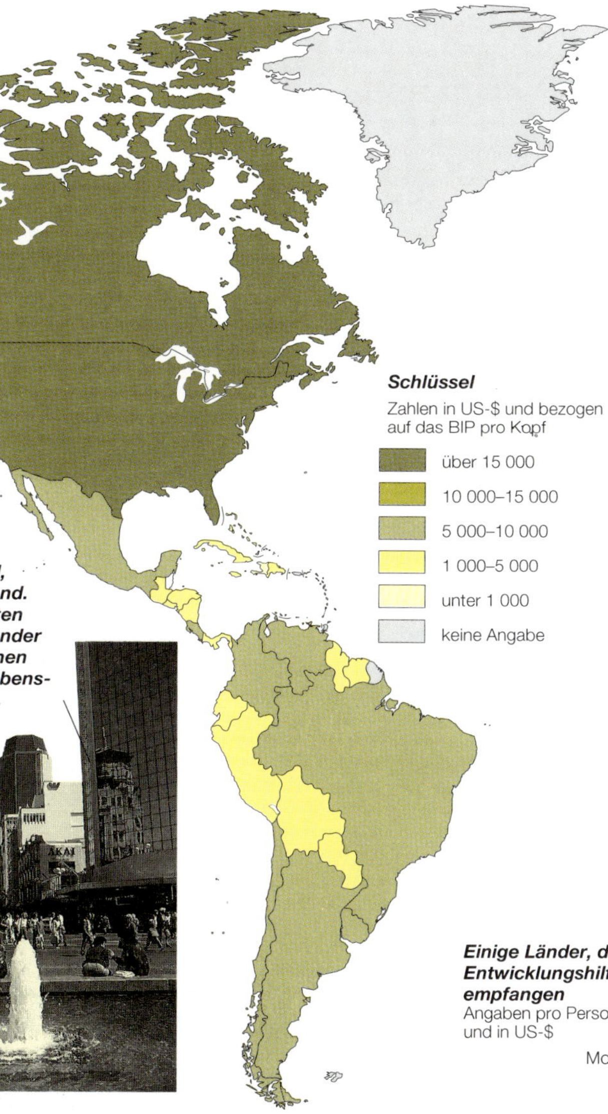

Wohlhabende Bürger und ein Bettler in San Francisco

WOHLSTANDSGEFÄLLE

Innerhalb der einzelnen Länder bestehen zwischen den Armen und den Reichen oft große Einkommensunterschiede. Im reichen Europa oder in Nordamerika leben viele Menschen als Obdachlose auf der Straße. In armen Ländern, wie z. B. in Indien, gibt es auch viele Reiche. In Brasilien entfallen auf die ärmsten 20% der Bevölkerung nur 2,1% des Volkseinkommens, auf die reichsten 20% dagegen 67,5%. In Ungarn verdienen die ärmsten 20% der Gesellschaft 10,9% des Volkseinkommens, die reichsten 20% nur 34,3%.

Auckland, Neuseeland. Die meisten Neuseeländer haben einen hohen Lebensstandard.

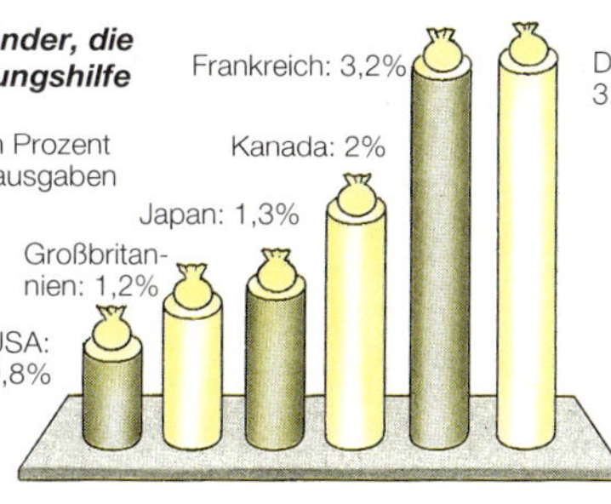

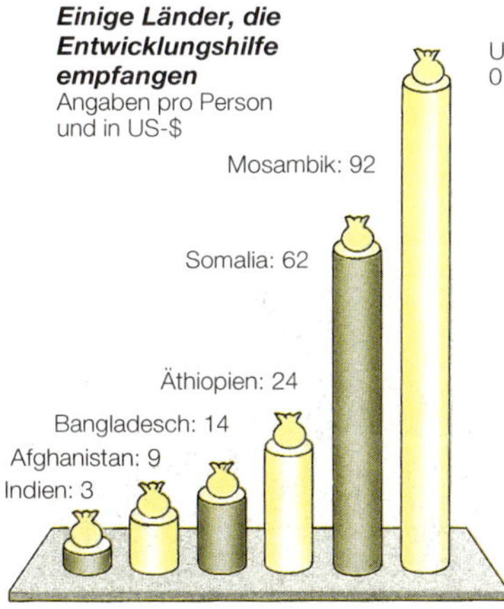

GERECHTE REICHTUMSVERTEILUNG

In manchen Ländern strebt man eine gerechtere Verteilung des Wohlstands an, um allzu große soziale Gegensätze zu verhindern. Einige Regierungen investieren viel Geld in das Schulwesen, die Gesundheitsversorgung, das Wohlfahrtssystem und die Schaffung von neuen Arbeitsplätzen. Neuseeland führte als erstes Land der Welt eine Sozialversicherung ein, während sich Schweden um Vollbeschäftigung bemühte. Heute sind diese Gesellschaften für soziale Gerechtigkeit bekannt.

HILFE

Um den armen Ländern zu helfen, gewähren ihnen die reichen Staaten Kredite, fördern technische Projekte und schicken Zelte, Nahrung und Kleidung, wenn Naturkatastrophen auftreten. Einige sehr arme Länder in Afrika sind auf ausländische Hilfe angewiesen. Wichtigstes Geberland sind die USA, die jährlich 11 Mrd. Dollar (0,8% ihrer Staatsausgaben) für Entwicklungshilfe aufwenden.

WELTHANDEL

Der internationale Handel ermöglicht es den einzelnen Ländern sich auf bestimmte Güter zu spezialisieren und sie auf dem Weltmarkt anzubieten. Ein Land verkauft seine Produkte ins Ausland und kann mit dem erlösten Geld Waren für seinen Bedarf einkaufen, die anderswo billiger hergestellt werden als im eigenen Land. Der Handel schafft auf diese Weise Arbeitsplätze und Wohlstand. Doch der Welthandel kommt nicht allen Ländern gleichermaßen zugute. Einige sind in der Lage eine Vielzahl von Gütern billiger als andere herzustellen und profitieren daher am meisten vom Handel. Heute wird der Welthandel größtenteils von multinationalen Wirtschaftskonzernen kontrolliert, die mit ihren Fabriken und Verkaufsniederlassungen in allen Teilen der Welt präsent sind.

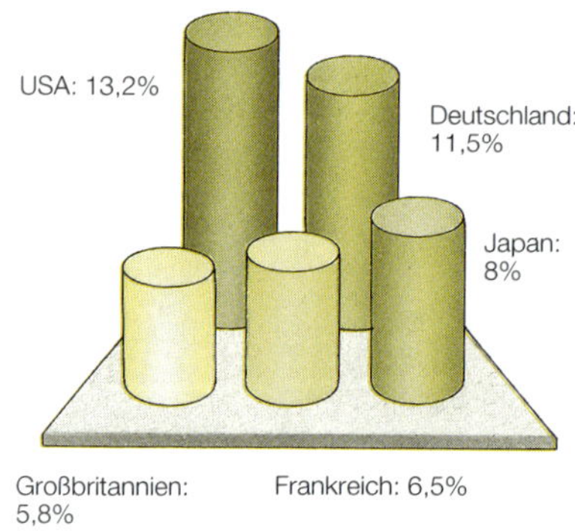

DIE GROSSEN FÜNF
Fünf große Länder kontrollieren zusammen fast die Hälfte des Welthandels. Die USA sind die größte Handelsnation mit einem Anteil von 13,2%, gefolgt von Deutschland mit 11,5%. Danach kommen Japan, Frankreich und Großbritannien. Die übrigen Staaten teilen sich die restlichen 55% des Welthandels.

ANTEILE AM HANDEL
Die 23 reichsten Länder der Erde wickeln 74% des Welthandels ab. Die 40 ärmsten Länder, zu denen z. B. Äthiopien und Laos gehören, sind nur mit 5% beteiligt. Auf die restlichen Länder, wie etwa die Staaten Osteuropas oder Südamerikas, entfallen 21%.

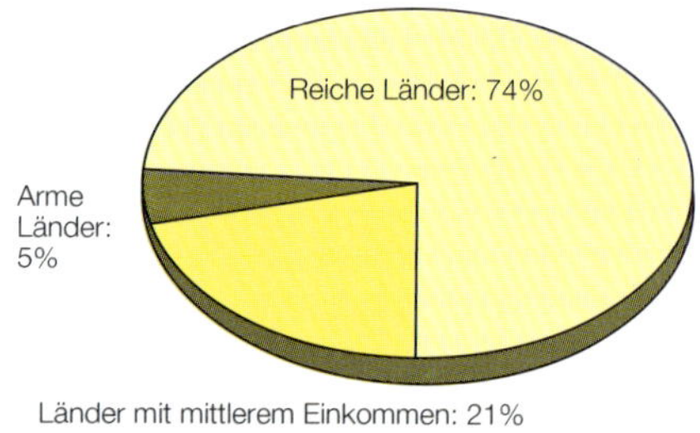

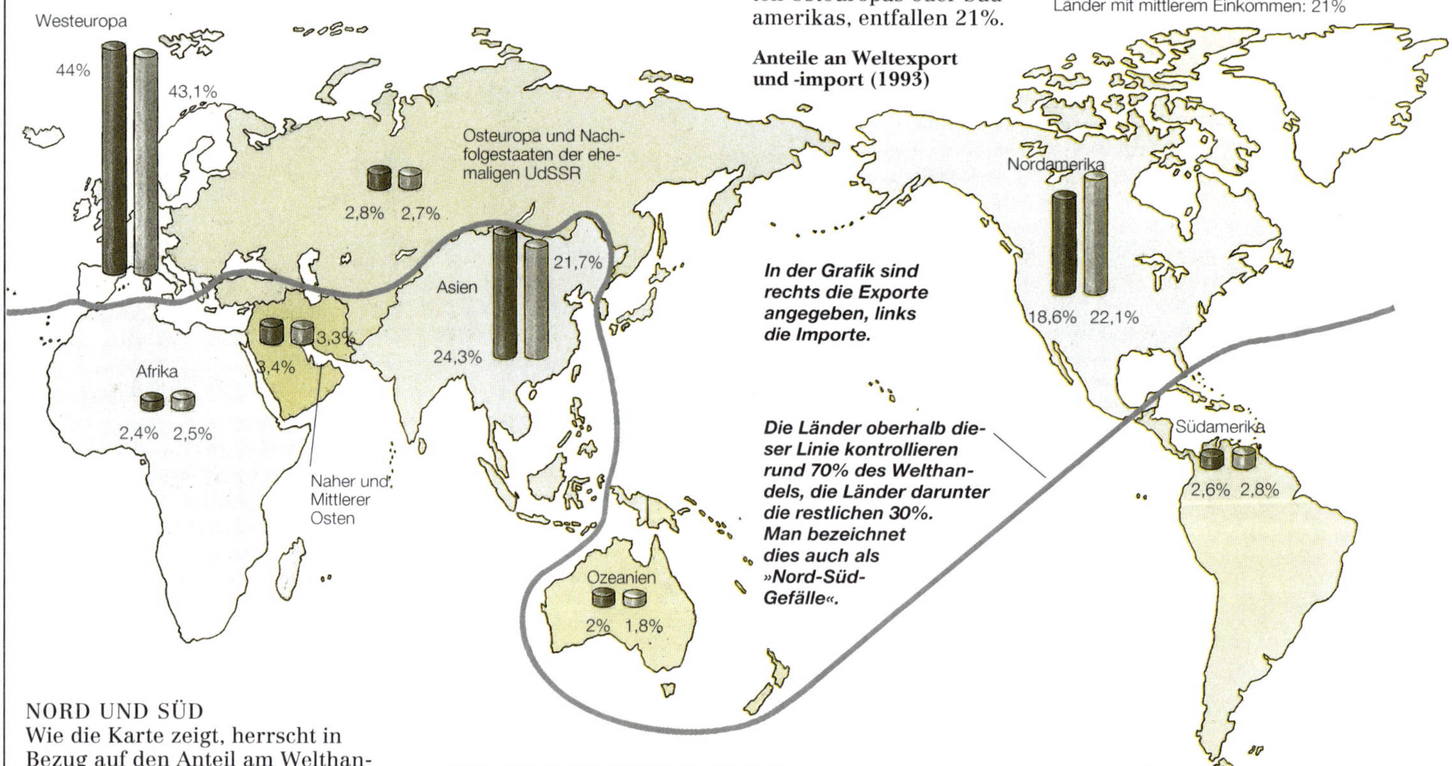

Anteile an Weltexport und -import (1993)

NORD UND SÜD
Wie die Karte zeigt, herrscht in Bezug auf den Anteil am Welthandel ein deutlicher Unterschied zwischen den reichen Ländern des »Nordens« und den armen Staaten des »Südens«. Um seine Wirtschaft in Gang zu bringen, braucht ein Land eine positive Handelsbilanz, d. h., es muss durch seine Ausfuhren (Exporte) mehr einnehmen, als es für die Einfuhren (Importe) ausgibt. Viele Länder haben jedoch eine negative Handelsbilanz – sie importieren mehr, als sie exportieren. Um ihre Handelsbilanz zu verbessern, haben viele Staaten in Gemeinschaft mit anderen Ländern regionale Freihandelszonen gebildet. Auch die Europäische Union (EU) geht auf einen wirtschaftlichen Zusammenschluss zurück, die Europäische Wirtschaftsgemeinschaft (EWG).

KLEINE TIGER
Das Zentrum des Welthandels verlagert sich von den USA und Europa immer mehr in den asiatisch-pazifischen Raum. Dort liegen heute die Länder, deren Wirtschaft am schnellsten wächst. Dies gilt vor allem für Südkorea, Thailand, Taiwan, Singapur (links) und die ehemalige britische Kolonie Hongkong, die man als »Kleine Tiger« bezeichnet. Diese Länder haben eine leistungsfähige Industrie aufgebaut und exportieren ihre Erzeugnisse, wie z. B. Elektronik oder Autos, zu günstigen Preisen in alle Teile der Welt.

Kleine Tiger
Angegeben sind die durchschnittlichen jährlichen Wachstumsraten pro Kopf (1980–1993). Zum Vergleich sind die USA aufgeführt.

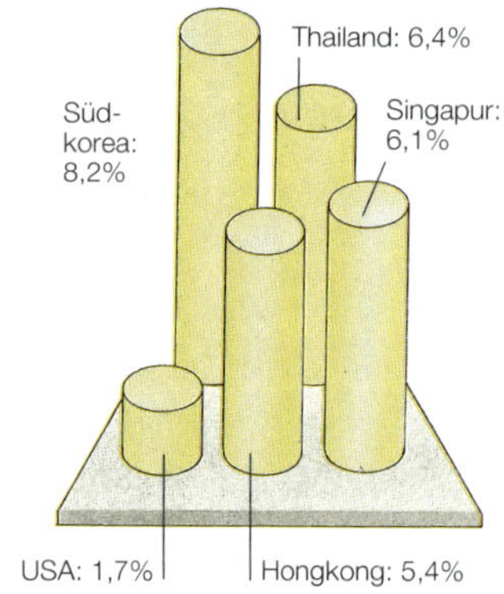

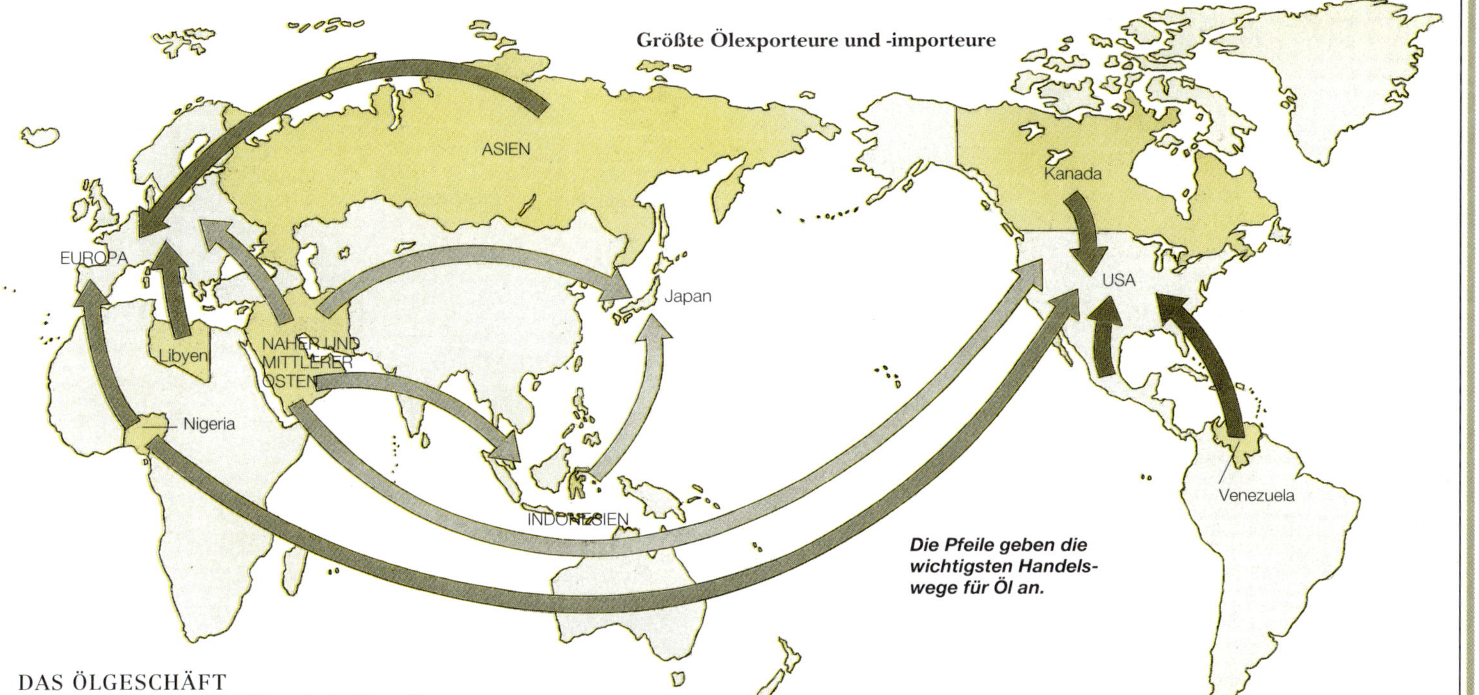

Die Pfeile geben die wichtigsten Handelswege für Öl an.

DAS ÖLGESCHÄFT
Ohne Erdöl käme die Wirtschaft überall auf der Welt zum Stillstand. Die Industrie und das Verkehrswesen würden zusammenbrechen und in vielen Häusern könnte man nicht mehr heizen. Öl bildet daher das wichtigste Produkt im modernen Welthandel. Erdöl wird in einigen Ländern des Nahen und Mittleren Ostens, Nord- und Westafrikas sowie Mittel- und Südamerikas gefördert. Von dort aus gelangt es über Pipelines oder per Tanker zu den weiterverarbeitenden Raffinerien und den Abnehmerländern. Die wichtigsten Ölimporteure sind Ostasien (einschließlich Japan), die USA und Westeuropa. Zwei westeuropäische Staaten verfügen über genug eigenes Öl, das sie aus der Nordsee fördern: Großbritannien und Norwegen.

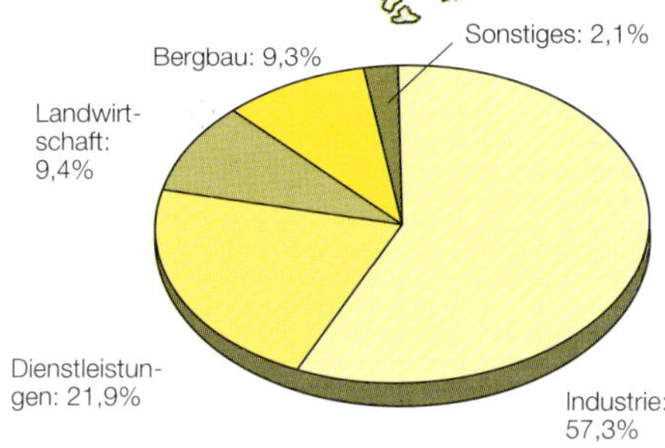

HANDELSGÜTER
Auf den Weltmärkten werden neben Rohstoffen und Nahrungsmitteln vor allem Fertigwaren wie z. B. Maschinen, Autos oder Computer gehandelt. Diese Güter kommen größtenteils aus den reichen Industrieländern. Die armen Länder dagegen erzeugen überwiegend Nahrungsmittel und liefern die Rohstoffe. Mit dem Export von Fertigwaren ist allerdings mehr zu verdienen als mit Rohstoffen. Daher werden die reichen Länder durch den Welthandel noch wohlhabender, die armen Länder hingegen nur noch ärmer.

Bananen sind das Hauptexportprodukt der Insel St. Lucia.

DIENSTLEISTUNGEN
In den letzten drei Jahrzehnten war der Dienstleistungssektor weltweit der am stärksten wachsende Wirtschaftsbereich. Dazu gehören Banken und Versicherungen, der Tourismus und alle anderen Wirtschaftszweige, in denen keine Güter produziert werden. Das Geld, das in diesem Bereich verdient wird, bezeichnet man auch als »unsichtbares Einkommen«.

HANDELSABHÄNGIGKEIT
Die Wirtschaft mancher Länder stützt sich fast vollständig auf den Verkauf eines Erzeugnisses. Viele karibische Inseln, wie z. B. St. Lucia, sind auf den Export von Bananen angewiesen, der den größten Teil der Deviseneinnahmen erbringt. Diese Abhängigkeit von einem bestimmten Produkt macht das betreffende Land verwundbar. Steigt der Preis auf dem Weltmarkt für dieses Erzeugnis, profitiert es davon. Fällt er aber oder werden die Ernten durch Naturkatastrophen wie Überschwemmungen oder Wirbelstürme vernichtet, kann das Land in ernste wirtschaftliche Schwierigkeiten geraten.

Länder, die von einem einzigen Erzeugnis abhängig sind: ***Angegeben ist der prozentuale Anteil an den Exporteinnahmen.***

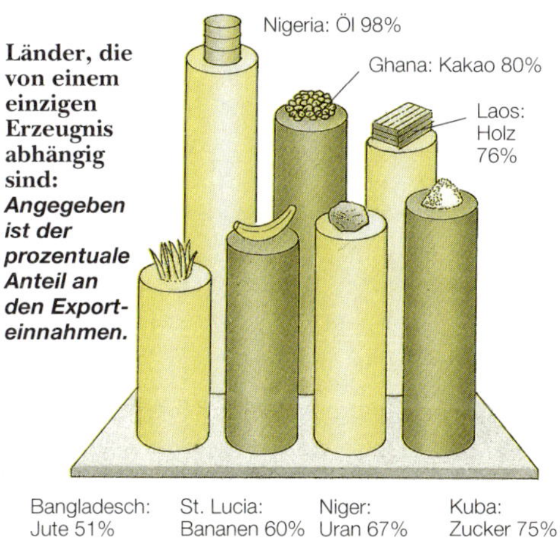

WORTERKLÄRUNGEN

Abholzung: Großflächiges Fällen wertvoller Bäume zur Gewinnung von Bauholz oder zur Schaffung von Acker- und Weideflächen

Aborigines: Ureinwohner Australiens

Analphabetenrate: Prozentualer Anteil der Personen über 15 Jahren, die weder schreiben noch lesen können

Apartheid: Politik der Rassentrennung, wie sie jahrzehntelang in Südafrika praktiziert wurde

Archipel: Größere Inselgruppe

arid: trocken, niederschlagsarm

Bauxit: Mineralerz, aus dem Aluminium gewonnen wird

Bevölkerungsdichte: Anzahl der Menschen, die in einem bestimmten Gebiet leben

Binnenland: Land ohne Zugang zum Meer

Bodenerosion: Abtragung der Bodenschicht durch Wind oder Regen

Bodenschätze: Rohstoffe, die in der Erde lagern, wie z. B. Kohle, Öl oder Gas

Börse: Handelsplatz für Aktien (Anteilscheine an Unternehmen)

Brandrodung: Methode zur Rodung von Waldgebieten. Dabei werden die Bäume gefällt und dann Stümpfe, Wurzeln und Unterholz verbrannt

Bürgerkrieg: Krieg zwischen verfeindeten Gruppen innerhalb eines Landes

Delta: Breit gefächertes Mündungsgebiet eines Flusses, der viel Material angeschwemmt hat und dadurch gezwungen wird sein Bett mehrfach zu verlagern

Dritte Welt: Die ärmeren, unterentwickelten Teile der Erde, insbesondere Asien, Afrika und Lateinamerika

Emigrant: Jemand, der aus seinem Heimatland auswandert, um sich anderswo niederzulassen

Erz: Mineral, aus dem sich wertvolle Metalle wie Eisen, Kupfer oder Gold gewinnen lassen

Ethnische Gruppe: Gruppe von Menschen mit gleicher Herkunft, Sprache, Religion und Kultur

Export: Verkauf von Gütern und Dienstleistungen in andere Länder

Exporteinnahmen: Geld, das ein Land durch die Ausfuhr seiner Produkte und Dienstleistungen verdient

Favela: Bezeichnung für Elendsviertel in Brasilien

Fertigwaren: Produkte, die durch Einsatz von Maschinen oder in Handarbeit aus Rohstoffen hergestellt werden

Fruchtbarkeitsrate: Die durchschnittliche Zahl von Kindern, die von Frauen im gebärfähigen Alter geboren werden

Fundamentalismus: Richtung einer Religion oder einer bestimmten Politik, die auf strenger Einhaltung der Vorschriften besteht

Genossenschaft: Landwirtschaftlicher Betrieb, der den Beschäftigten gehört und gemeinschaftlich bewirtschaftet wird

Golf: Größeres Meeresgebiet, das teilweise von Land umschlossen ist, wie z. B. Persischer Golf oder Golf von Mexiko

Großfamilie: Eine Familie, in der auch die Großeltern und andere Verwandte sowie deren Kinder leben

Guerilla: Kleine, bewaffnete Gruppe, die gegen die Regierung eines Landes kämpft, häufig mit Hilfe von Überraschungsangriffen

Halbinsel: Ins Meer hinausragender Landstreifen, der an drei Seiten von Wasser umgeben ist

Hartholz: Holz von Laubbäumen wie Buchen und Eichen

Immigrant: Einwanderer

Import: Einfuhr von Gütern und Dienstleistungen aus anderen Ländern

Industrie: Wirtschaftszweig, der aus Rohstoffen Fertigwaren herstellt

Investitionen: Bereitstellung von Geldmitteln für geschäftliche Unternehmungen mit der Absicht, damit später Gewinn zu erzielen

Jäger und Sammler: Menschen, die sich durch die Jagd auf wilde Tiere und das Sammeln von Pflanzen, Wurzeln und Früchten ernähren

Kapitalismus: Wirtschaftsordnung, in der private Unternehmer die Produktionsmittel besitzen; zwischen den Unternehmern findet ein freier Wettbewerb statt

Kolonialreich: Gebiete auf anderen Kontinenten, die von europäischen Mächten in Besitz genommen und beherrscht wurden

Kommerzielle Landwirtschaft: Ackerbau oder Viehzucht nur zum Handel

Kommunismus: Politische Lehre, die u. a. fordert, dass der Besitz an Produktionsmitteln (Rohstoffe und Maschinen) und Produktionsstätten sowie an den Produkten auf das Volk übergeht

Konsumgüter: Produkte wie Fernsehgeräte, Autos oder Computer, die für den persönlichen Gebrauch gekauft werden

Kooperative: siehe Genossenschaft

Kultur: Gesamtheit aller geistigen und künstlerischen Werte von Menschen einer Region oder eines Landes

Künstliche Bewässerung: Bewässerung trockenen Landes durch ein System von Kanälen, Pumpen oder Brunnen

Lateinamerika: Die Teile des amerikanischen Kontinents, in denen Spanisch oder Portugiesisch die Amtssprache ist; zusammenfassende Bezeichnung für Mexiko, Mittel- und Südamerika

Lebenserwartung: Das durchschnittliche Alter, das ein Mensch erreichen kann

Lebensstandard: Die Art, wie eine Gruppe von Menschen oder ein Volk die äußerlichen Lebensbedürfnisse befriedigt; man misst den Lebensstandard u. a. an der Höhe des Einkommens, an der Gesundheitsversorgung und am Bildungswesen

Mestizen: Menschen mit einem europäischen und einem indianischen Elternteil

Metropole: Weltstadt

Mineralien: Grundbausteine aller Gesteinsarten; die wirtschaftlich wichtigen Erzminerale enthalten hohe Erzanteile, die abgebaut werden können

Missionar: In Glaubensfragen speziell ausgebildeter Christ, der das Christentum in anderen Ländern verbreitet

Monsun: Wind, der mit dem Wechsel der Jahreszeiten seine Richtung ändert; er bringt in Südostasien von April bis Oktober Regen

multikulturell: Gruppe von Menschen oder eine Gesellschaft, die sich aus vielen verschiedenen ethnischen Gruppen zusammensetzt

Nebenprodukt: Stoff, der bei der Herstellung eines anderen Produkts anfällt

Nomaden: Menschen, die mit ihren Tieren auf der Suche nach Wasser und neuen Weideplätzen umherziehen

Nördliche Hemisphäre: Nördlich des Äquators liegende Hälfte der Erdkugel

Oase: Fruchtbarer Ort in der Wüste mit Quell- oder Grundwasser, das nahe der Erdoberfläche liegt

Ödland: Land ohne Vegetation, ungeeignet für den Ackerbau

Petrochemie: Zweig der chemischen Industrie, der Erdöl und Erdgas zu den verschiedensten Produkten verarbeitet

Phosphat: Chemischer Stoff, Bestandteil von Dünge- und Waschmitteln

Pilger: Wallfahrer, der eine heilige Stätte besucht

Plantage: Großer landwirtschaftlicher Betrieb, auf dem meist nur eine Pflanze, z. B. Kaffee, Zuckerrohr oder Baumwolle, großflächig angebaut wird

Plateau: Hoch gelegenes, ebenes Land

Raffination von Erdöl: Aufarbeitung von Erdöl zu Kraft- und Treibstoffen, Heizöl und Bitumen für den Straßenbau

Rassismus: Die Vorstellung, die eigene Rasse sei allen anderen Rassen überlegen

Regime: Regierung

Revolution: Umsturz; gesellschaftliche Umwälzung

Rohöl: Erdöl in seiner unbearbeiteten Form

Rohstoffe: Grundstoffe, aus denen Produkte hergestellt werden

Rohstoffreserven: Rohstoffe, die noch abgebaut werden können

Rohstoffvorkommen: Einlagerung von Mineralien, Öl oder Kohle in der Erde

Sahel: Zone südlich der Sahara, die aus Halbwüste und trockenem Grasland besteht

Sanktionen: Strafmaßnahmen, meist wirtschaftlicher Art, die über ein Land verhängt werden, um es zu bestimmten Handlungen zu zwingen

Savanne: Offenes Grasland mit einzelnen Bäumen in den Tropen oder den Subtropen

Sediment: Ergebnis der Abtragung und Ablagerung älterer Gesteine; kann fein- bis grobkörnig sein

Slums: Elendsquartiere an den Rändern von Großstädten in der Dritten Welt

Sozialismus: Gesellschaft, in der die Wirtschaft vom Staat gelenkt wird

Steppe: Überwiegend baumloses Grasland in den kontinentalen Zonen der gemäßigten Breiten

Subsistenzwirtschaft: Pflanzenanbau oder Viehhaltung nur zur Selbstversorgung

Südliche Hemisphäre: Südlich des Äquators liegende Hälfte der Erdkugel

Technologie: Entwicklung von Methoden, Material und Werkzeugen, die zur Verrichtung von Arbeit eingesetzt werden

Terrorist: Person, die Anschläge verübt, um gegenüber einer Regierung bestimmte Forderungen durchzusetzen

Überweidung: Erschöpfung des Bodens durch zu lange oder zu intensive Beweidung mit Nutztieren

Ureinwohner: Ursprüngliche Bewohner eines Gebiets oder Landes

Vegetation: Pflanzenwelt einer Region

Vielvölkerstaat: Mischung zahlreicher ethnischer Gruppen in einem Land

Wasserkraftwerk: Kraftwerke, die durch Nutzung der Wasserkraft Strom erzeugen

Weichholz: Holz von Nadelbäumen wie Tannen, Fichten und Kiefern

Wirtschaft: System, mit dem eine Gesellschaft für die Verwertung der Rohstoffe eines Landes und die Produktion aller benötigten Güter und Dienstleistungen sorgt

Wohlfahrtssystem: Die verschiedenen Unterstützungsmaßnahmen einer Gesellschaft für Arbeitslose, Kranke und alte Menschen

REGISTER

Das Register umfasst die wichtigsten Namen der Karten: Staaten, Städte und Regionen, Gebirge und Flüsse. Wer z. B. die Stadt Paris auf einer Karte sucht, schlägt unter »**Paris**« nach. Beim Stichwort findet man:

Paris, Stadt, Frankreich 97 F3

Aus diesen Angaben lässt sich ablesen: **Paris** ist eine Stadt in Frankreich.

Die erste Zahl gibt die Seite des Buches an, auf der die Karte mit Paris erscheint. Die Kombination Buchstabe/Ziffer »F3« benennt das Planquadrat, in dem die Stadt zu finden ist. Man folgt der am oberen Rand der Karte mit dem Buchstaben »F« bezeichneten Spalte nach unten und der Spalte mit der Ziffer »3« am linken Rand des Rasters nach rechts. Dort, wo sich die Spalten überlagern, findet man den gesuchten Ort.

A

B

C

D

E

F

G

H

I

J

K

L

M

N

Q

R

S

T

U

V

W

X

Y

Z

STICHWORTVERZEICHNIS

A

B

C

D

ABBILDUNGSNACHWEIS UND DANKSAGUNGEN

ABBILDUNGSNACHWEIS

Abkürzungen:
o = oben, u = unten, M = Mitte, l = links, r = rechts

Allsport: Shaun Botterill 253 or, 257 uM, Clive Brunskill 96 or, 242 uM, Adrian Murrell 56 or, Pascal Rondeao 28 or.

Ancient Art & Architecture collection: 181 or.

Andes Press Agency: Carlos Reynes Manzo 66 Mr.

Art Directors: 71 Ml.

Asia Images: John Molloy 188 oM.

Bridgeman Art Library: Mit freundlicher Genehmigung der V&A 155 ur.

British Antarctic Survey: R. Mulvaney 268 M.

Camera Press: 64 ur, 154 Ml, 146 or, 168 Mr, Steve Benbow 199 uM, Thierry Charlier 184 M, David Rubinger 156 or.

J. Allan Cash: 20 ul, 75 or, 81 or, 96Mlo, 105 ur, 108 Mlu, 108 Mr, 112 Mo, 124 or, 124 Mr, 144 ul, 153 ur, 162 ul, 195 ol, 205 Mlu, 219 ur, 220 oM, 229 uM, 230 Mr, 230 ur, 231M.

Lester Cheeseman: 171 ul, 172 Ml.

Churches Ministry Among the Jews: 150 Mu.

Stephanie Colasanti: 103 ur, 104 Mro.

Bruce Coleman: 53 or, 184 Mr, 239 ol, 268 ur, Thomas Buchholz 81 uM, 83 Mlu, R. Campbell 206 Ml, Rob P. Carr 20 uM, Brian J. Coates 197 ol, 254 Ml, Alain Compost 133 ur, Raimund Cramm 21 ur, Gerald Cubitt 248 Mr, 250 or, Peter Davey 243 or, Keith Gunnor 63 ul, Udo Hirsch 64 Mr, Harold Lange 24 ur, 94 Mr, Luiz Claudio Marigo 40 ul, 69 ur, John Murray 204 Mlu, Dr. Norman Myers 46 ul, 228 M, Carl Roessler 258 ul, Jan Taylor 258 Mlo.

Collections: Liba Taylor 88 or.

Colorific: Linda Bartlett 36 Ml, 122 or, M. Clark 90 or, Matrix/Robert Caputo 237 Mu/Sarah Leen 19 ol, Claus Meyer 68 Mlu, Kay Muldoon 219 or, Francois Perri 234 or, Black Star: Peter Turnley 121 or, 121 ur.

Comstock: John Bulmer 61 or, Georg Gerster 2 ol, 223 or.

Michael Copsey: 36 or, 37 uM.

Corbis-Bettmann/Reuter: 271 or /**UPI**: 228 or.

James Davis Travel Photography: 50 or, 57 Mr, 81 ol, 100 Mu, 101 or, 101 Mru, 105 or, 124 Mru, 132 Ml, 132 ur, 140 or, 158 ul, 260 M, 262 or; **Ecoscene**: Joel Creed 71 Mlo.

Empics: Stellan Danielsson 48 ur.

Environmental Picture Library: Bob Edwards 141 Mlo.

European Space Agency: 61 ul.

Mary Evans Picture Library: 50 Mr, 65 or, 260 Ml.

Eye Ubiquitous: David Cummings 101 Mlu, 112 Ml, 138 Mu, 140 ur, Patrick Field 186 Ml, Steve Lindridge 91 ul, Steve Miller 70 or, Kevin Wilton 89 Ml.

Ffotograff: Charles Aithie 152 or, Patricia Aithie 159 or.

Martyn Foote: 256 or, 258 Mo, 258 M, 260cl

Frederick Foster: 26 Mu.

Sir Norman Foster and Partners: Ian Lambot 179 or.

The Gambia Experience: 224 uM.

Greenpeace: Green 256 ur, Morgan 264 ur.

Sonia Halliday Photography: T.C. Rising 134 or, 144 or.

Robert Harding Picture Library: 22 oM, 23 Mlo, 26 Mr, 28 Mr, 33 Ml, 42 Mu, 49 ul, 57 ol, 60 Mr, 74 ul, 81 Mru, 85 ul, 89 Mu, 92 M, 98 Ml, 99 Mu, 102 ul, 104 Mru, 110 Mru, 123 ur, 128 or, 129 or, 132 Mu, 142 Mr, 144 Mr, 147 uM, 154 or, 155 ol, 155 ul, 163 ul, 165 Mu, 170 or, 172 Mr, 174 Ml, 179 ur, 183 uM, 185 uM, 190 or, 190 M, 195 Mu, 198 or, 198 Ml, 198 ul, 203 uM, 207 Mlu, 208 Mo, 209 or, 220 uM, 222 or, 223 Mro, 225 M, 227 Mlu, 230 or, 242 or, 245 or, 248 ul, 249 or, 253 uM, 267 Mu, 275 uM, 279 ul, 280 uM, Felix A. 219 Mr, J.R. Ashford 63 or, C. Bowman 73 Ml, Jeremy Bright 105 Mo, G. Corrigan 177 ur, Rob Cousins 23 oM, Mula Eshet 276 ul, Alain Evrard 191 Mu, 201 Ml, 201 Mru, Robert Francis 151 Mlu, Odyssey, Chicago / Robert Frerck 23 or, Robert Frerck 38 or, K. Gillingham 51 Ml, Gavin Hellier 117 Mr, Wally Herbert 86 or, Paulo Koch 149 ul, 176 Mr, David Lomax 22 ur, 275 Mro, C. Martin 95 ur, Duncan Maxwell 171 ol, Robert McLeod 194 or, H. P. Merten 95 ul, Louise Murray 129 Mru, Gary Norman 61 Mo, Roy Rainford 93 or, Geoff Renner 204 or, 246 Mu, Christopher Rennie 141 Mr, Riffet 233 Mu, John G. Ross 70 ur, Sassoon 121 Mo, E. Simanor 148 ul, James Strachan 47 M, Luca Invernizzi Tettoni 189 ur, 190 ur, 198 Mr, Adam Woolfitt 31 Mu, 62 ur, 76 ul, 79 or, 79 ur, 127 ul, 129 Ml, 216 or, Earl Young 47 Mr, 114 Mru.

Holt Studios International: 214 or, Mary Cherry 229 Ml, Inga Spence 32 uM, 51 ur.

Jeremy Horner: 62 Mr, 62 ul.

Hulton / Getty: /Reuter 252 or, 268 ul.

Hutchison Library: 17 ur, 29 Mlu, 52 Mlo, 58 ol, 68 uM, 157 Mr, 162 Mr, 164 Ml, 164 ul, 165 or, 172 or, 210 ul, 214 Ml, 214 Mr, 217 Mo, 217 Ml, 226 Mru, 226 ul, 228 Mlu, 234 Mlo, 236 Mr, 247 ur, 249 ul, Robert Aberman 144 Ml, 250 Mr, Christina Dodwell 142 oM, John G. Egan 138 Mlu, Sarah Errington 17 ol, 55 or, 235 or, 237 ul, Andrew Evans 130 ul, Robert Francis 73 ur, Norman Froggatt 113 ul, Réne-Nicolas Guidicelli 179 Mo, Maurice Harvey 227 Mr, 245 Mr, John Hatt 148 or, Jeremy Horner 62 ol, Chris Johnson 229 or, R. Ian Lloyd 188 ul, 191 or, M. Macintyre 201 Mr, Brian Moser 65 ur, 193 ul, B. Régent 227 or, P.W. Rippon 155 Ml, Trevor Page 219 Mlo, Christine Pemberton 178 ol, Stephen Pern 43 Mr, 70 ul, 156 Ml, 240 or, Bernard Régent 202 uM, 236 Mlo, Kerstin Rodgers 65 ul, T. Souter 150 ur, Liba Taylor 116 M, Isabella Tree 259 Mr, Anna Tully 48 or, 230 Mlu, Philip Wolmuth 54 ul, 55 ul.

ICCE: Robert Carlson 50 ul, Glyn Davies 197or.

The Image Bank: 93 ur, 111 or, 180 ul, 194 ul, Luis Casteneda 72 ul, 274 ul, Michael Coyne 259 ur, L.D. Gordon 39 Mu, Burton Mc Neely 32 or, Morrin E. Newman 36 Mr, Terje Rakke 83 or, J. Schmitt 38 Mr.

Images Colour Library: 98 ur, 106 ul /**AGE Fotostock**: 101 Mr, 108 or.

Impact: Christophe Bluntzer 164 or, Mark Cator 114 or, Piers Cavendish 49 Mr, 76 Mr, 146 ul /Clic Clap 45 oM, Anthony Coleman 116 ul, 120 Mu, Sergio Doranles 39 ul, Alain Evrard 136 ul, Pilar Fernandez 37 Mru, Alain Le Garsmeur 49 M, 49 or, 53 Ml, 114 M, Robert Gibbs 42 Mlu, Philip Gordon 182 or, 277 ul, Mark Henley Rückseite Mu, 2 Mu, 107 ur, 137 Ml, 192 ur, 195 Ml, Erol Houssein 126 ul, VISA / H. Hughes 74 or, Javed A. Jafferji 136 or, Colin Jones 21 ul, 51 Mu, 204 Mr, Alan Keohane 14 uM, Geraint Lewis 112 or, M. Milivojevic 117 Mlo, Guy Moberly 279 ol, Moradabadi 137 oM, 155 Mr, Vitaly Orlot 161 ur, Gary Parker 243 ul, Caroline Penn 158 or, 213 or, 240 Mr, Christopher Pillitz 70 Mr, David Reed 225 Mr, 225 or, Ray Roberts 85 or, Jaqui Spector 279 Mr, James Willis 157 or.

International Coffee Organisation: 66 Mu.

Japan Information and Cultural Centre: 184 or.

John R. Jones: 159 Mu, 188 Mro, 189 or, 192 Ml, 193 ol, 193 Mr.

Katz: Rea Bellavia 180 or, Boisseaux-Chical 223 ul, Bruno Hadjih 72 Mr, Randy G. Taylor 53 ur.

Roger Kohn: 75 Mro.

Korean Tourist Office: 183 ul.

Magnum Photos: Bruno Barbey 236 or, Steve McCurry 99 Ml.

National Cotton Council: 36 Mru.

Nature Photographers: Andrew Cleave 266 Mlo.

Network: Homer Sykes 154 M.

New Zealand Tourist Board: 263 ol.

NHPA: Hellio and Van Ingen 132 oM.

Novosti: 162 or, 162 Mru.

Christine Osborne Pictures: 148 uM.

Oxford Scientific Films: Johnny Johnson 26 Mru.

Panos: M. Adler 235 Mru, 235 ul, Trygve Bolstad 166 ul, 251 or, Katri Burri 217 or, Neil Cooper 169 or, 169 ul, 218 or, Jean-Léo Dugast 135 Mlu, 191 Ml, Mark McEvoy 149 M, Alain le Garsmeur 137 ul, 173 ul, 178 ul, Ron Giling 200 Mr, 200 ur, 222 Mru, Jeremy Hartley 113 ur, 160 or, 207 or, 226 or, 224 Mr, Chris Johnson 251 M, Rhodri Jones 119 oM, Barbara Klass 169 Mr, Jon Levy 276 ur, N. Durrell McKenna 73 ul, Heldur Netocny 272 oM, Michael J. O'Brien 120 or, Trevor Page 163 Mr, Bruce Paton 231 ol, 246 ul, 251 ul, Betty Press 207 Mr, 241 or, 241 M, Dominic Sansoni 202 or, Paul Smith 47 or, 251 Mr, Jon Spaull 136 uM, Sean Sprague 48 ul, 66 oM, 128 ul, 143 Mu, 218 Mr, 234 ul, 241 Mru, Chris Stowers 144 Mo, 168 uM, 170 ur, Penny Tweedie 208 ul, 210 uM, 244 M, 244 Mr, 260 Mr, Philip Wolmuth 68 M, 281 ul.

Performance Arts Library: Clive Barda 88 Mr.

Pictor International Ltd: 23 ul, 24 or, 25 Mu, 36 ul, 41 Mlu, 54 M, 56 Mr, 56 ur, 59 Mr, 67 ul, 68 or, 74 ur, 76 ur, 81 M, 84 or, 93 uM, 114 Mu, 116 ur, 117 or, 122 ul, 129 M, 130 Mr, 135 ur, 137 or, 186 or, 186 ul, 190 Mu, 206 ur, 207 oM, 209 ol, 210 or, 212 Mru, 227 ur, 238 ul, 243 Ml, 264 ul, 268 or.

Pictures Colour Library: 25 ur, 52 or, 52 ul, 58 ur, 60 or, 168 or, 246 Mlo.

Planet Earth Pictures: Andre Bartschi 43 ol, Dave Lyons 78 oM, Nigel Tucker 47 ur.

Popperfoto: 152 Mu/EPA: 48 Mu.

Zev Radovan: 146 ur.

Railway Gazette: 248 M.

Rex Features Ltd.: 31 Ml, 75 Mlo, 94 or, 119 ul, 122 Mr, 125 ul, 125 ur, 126 M, 183 Mr, 200 M, 213 Mro, 213 Ml, 244 uM, 247 uM, 270 uM, 273 Mr, Argas 182 ur, Evrard 201 oM, David Frazier 54 ur, Basile Grigorie 141 or, Tom Haley 122 ur, 125 or, Sylvain Julienne 117 Mu, Charles Knight 270 or, Juhan Kuus 246 or, Laine 121 Mr, Laski 119 Mr, Anatoly Lolis 139 ul, V. Miladinovic 137 Mr, Tim Rooke 252 M, S. Tazana 13 Mlu, Today 140 ul, 152 ur.

Royal Geographical Society: Chris Caldicott 223 Ml, Sitting Images/David Constantine 193 Ml, Ian McWilliam 168 M.

Peter Saunders Photography: 156 M, 157 ur, 158 Ml, 243 uM.

Science Photo Library: Gregory Dimijian 14 Mr, Simon Fraser 13 oM, Martin Land 13 ur, Peter Menzel 17 Mr, Dr. David Miller 268 Mro, Micheal Morten 79 Mr, David Parker 13 Mr.

David Simson: 92 Mu.

South American Pictures: Kimball Morrison 60 ur, Tony Morrison 1 M, 40 Ml, 40 or, 40 ur, 72 Mo.

Jon Spaull: 165 M.

Spectrum Colour Library: D & J Heaton 39 ur.

Frank Spooner Picture Library: /**Gamma**: 270 M, F. Apesteguy 271 Mo, Baitel 150 ul, Bar 192 Mr, David Barritt 253 ul, Borrilson 255 Mr, Boudin 225 ul, Eric Bouvet 149 or, Laurent Maousiz 236 ul, Noel Quidu 151 Ml, Renault 24 uM, Vlastimir Shone 109 ur, Sidali 211 uM, L.Van Der Stockt 157 or, Testelin 26 ul, Torregano/Figaro Magazine 235 Mlo/**Liaison**: 14 ur, Andy Bernandez 141 ul, Engle 47 ol, Giacomoni 53 M, Kinch 26 ol, © Peterson 271 oM, Ken Ross 193 ur, Sallaz 34 M.

Sporting Pictures: 66 ur, 261 ul, Graeme Bachop 263 or, Greg Crisp 31 ul.

Still Pictures: 194 M, 278 ul, Nigel Dickinson 196 M, Mark Edwards 43 Ml, 43 M, 69 ul, 84 Mr, M. Gunther 232 ul, Paul Harrison 43 uM, Teit Hornbak 272 ul, Andre Maslennikov 115 M, Heine Pedersen 278 Mu, Thomas Raupach 94 Mu, 96 Mo, Hartmut Schwarzbach 207 Mlo, J. Schytte 135 ol, 222 M, 277 ur.

Tony Stone Images: 2 Mo, 17 Mlu, 45 Mr, 54 or, 74 M, 82 ul, 111 Mr, 166 ur, 167 ur, 171 or, 173 Ml, 173 Mr, 180 ur, 185 ol, 187 ol, 187 Mr, 208 or, 233 Mru, 234 Mr, 242 Mr, 248 or, Jerry Alexander 120 Ml, Doug Armand Titelseite ul, 57 Ml, 216 ul, Oliver Benn 100 or, 107 or, Kathy Bushue Titelseite Mru, 266 M, Paul Chesley 184 Mlu, 192 or, Joe Cornish 115 or, Tony Craddock 107 M, Nicholas Devore 104 uM, Chad Ehlers 82 ur, David Endersbee 88 M, 92 or, Robert Everts 102 or, Robert Frerck 210 M, John Garrett 202 Mr, Susanne & Nick Geary Titelseite Mr, 80 or, David Hanson 86 Mru, Bruno de Hooves 241 ul, Cris Haigh 56 Ml, Warren Jacobs 211 M, 233 or, Chris Kapolka 51 or, John Lamb 204 ur, 255 Mr, Matt Lambert 89 or, Nadia MacKenzie 255 Mru, Ian Murphy 250 ul, 250 Ml, Nicholas Parfitt 204 Ml, Jean Pragen 115 Mlu, Colin Raw 79 Mo, E. Rooney 60 ul, Andrew Sacks 34 or, Hugh Sitton 83 Mu, Don Smetzer 23 Mr, Aldo Torelli 32 Mr, Terry Vine 30 or, T. Walker 266 or.

Telegraph Colour Library: 24 ul, 25 or, 25 Ml, L.L.T. Rhodes 67 ur.

John Tramper: 176 or, 177 Mr.

Trip Photographic Library: 156 ur, M. Barlow 116 or, 124 Ml, 128 Ml, 252 ur, J. Batten 174 Mo, 178 or, A. Bloomfield 91 ur, 99 ul, M. Both 244 or, D. Davis 245 Mu, Dinodia 166 or, M. Dubin 145 ur, R. Graham 126 Mru, G. Gunnarsson 76 or, J. Highet 158 ur, W. Jacobs 98 Mro, 231 uM, 262 M, P. Joynson-Hicks 240 uM, V. Kolpakov 109 ul, A. Kuznetsov 143 oM, R. Powers 84 uM, S. Pozharskij 118 ur, Janet Pugh 20 M, C. Rennie 128 ur, Hélène Rogers 151 Mr, 158 M, 215 ur, 217 Mr, V. Shuba 110 or, 110 ul, V. Slapinia 118 Ml, Eric Smith 102 Mr, 202 Mlu, G. Spenceley 126 or, A. Tjagny-Rjadno 111 ur, 141 uM, B. Turner 142 ul, E. Wedd 238 Ml, M. Wilson 238 or.

Peter Wilson: 93 M, 127 oM.

World Pictures: 38 Ml, 79 uM, 99 M, 106 ol, 150 or, 200 or.

Zefa: 28 Ml, 28 ul, 44 Mlo, 55 M, 61 Mr, 86 M, 86 Mlu, 87 Mu, 89 ol, 89 Mru, 90 ul, 130 or, 131 uM, 145 ul, 151 ul, 153 ul, 160 Ml, 160 uM, 163 or, 170 M, 173 or, 177 or, 183 or, 187 Ml, 212 Mu, 213 ul, 224 or, 252 Mr, 254 Mr, 257 or, 261 or, 261 Mr, 281 M, / **Australian Picture Library:** J. Carnemolla 257 M, J. Bitsch 181 uM, Bramaz 50 M, Brockhaus 130 M, Damm 20 Mru, 159 ul, 216 M, E. Earp 242 ul, Engen 105 Mru, V. Englebert 222 ul, Enrico 49 ur, Enzinger 94 Mlo, Goebel 195 Mr, Gunter Heil Rückseite ul, Heilman 34 ur, Janoud 64 ol, Helbig K. 196 or, K. Kerth 41 Mlo, Lagerway 180 Mr, O. Luz 46 ur, Maroon 154 Mr, Messerschmi 83 Mu, / Orion Press: 180 M, M. Pitner 32 ul, Kurt Scholz 211 or, Smith 179 ul, Robin Smith 262 ul, / Starfoto: 148 Mr, Steenmans 35 ul, I. Steinhoff 218 ul, H. Sunak 46 or, Surpress 59 ur.

Dorling Kindersley war bemüht, alle Urheber ausfindig zu machen, und entschuldigt sich für eventuell aufgetretene Fehler.

Weitere Fotos von:
Geoff Brightling; Peter Chadwick; Joe Cornish; Geoff Dann; Philip Dowell; Andreas von Einsiedel; Neil Fletcher; Frank Greenaway; Stephen Hayward; Alan Hills; Colin Keates (Natural History Museum); Gary Kevin; Barnabas Kindersley; Dave King; Cyril Laubscher; Bill Ling; Andrew McRobb; Neil Mersh; Ray Moller; David Murray; Martin Norris; Roger Phillips; Martin Plomer; Tim Ridley; Kim Sayer; J. Selmes; Karl Shone; Clive Streeter; Joel Sussman; Harry Taylor (Natural History Museum); Kim Taylor; Matthew Ward; Alan Williams; Jerry Young; Michel Zabe.

Dorling Kindersley dankt folgenden Museen und Organisationen:

The British Library: Frühe Bibel, S. 96; The Churches Ministry Among The Jews: Jüdischer Gebetsschal und Tephillin, S. 150; The Natural History Museum: Kupfer S. 2, Smaragd S. 62, Chinarinde S. 69, Nugget S. 164, Diamant S. 226, Kupfer S. 249, Krill S. 269; The Pitt Rivers Museum: Tiki-Amulett S. 263; The Wallace Collection: Ashanti-Kopfmaske S. 228.

ILLUSTRATOREN

o = oben, u = unten, M = Mitte, l = links, r = rechts

David Ashby
26 Ml, 38 ul, 46 M, 62 M, 75 Ml, uM, 86 u, 90 uM, ur, 99 or, 102 M, 130 ur, uM, 140 M, 148 M, 150 M, 156 u, 168 ur, 171 M, 174 u, 183 Ml, 213 ur, 218 M, 219 Mr, 223 ur, 261 M.

Andrew Beckett
13 M, 60 Ml, 69 Mr, 92 ul, 108 M, 112 M, 115 Mr, 162 M, 166 M, 172 u, 184 u, 187 u, 214 u, 220 l, 243 Mr, 244 ul, 267 Mr.

Fiona Bell Currie
69 uM, 225 ur, 230 uM.

Evelyn Binns
124 ur.

Richard Bonson
96 ul.

Peter Bull
11 or, 12 M, 13 ur, 14 or, Ml, 16 or, 17 or, M, 22 or, ul, 23 ur, 25 Mr, 28 M, 31 or, 32 Ml, 40 Mr, 42 ur, 43 ol, or, ur, 44 ul, 54 Mr, 55 ur, 57 oM, or, 58 ul, 60 Mr, 66 ul, ur, 69 Ml, 70 Ml, ur, 73 r, 75 oM, 76 M, 80 ur, 81 ul, 84 ur, 85 Mr, 86 Ml, 88 Ml, ul, 93 Ml, 94 Ml, 96 Mr, 101 uM, 108 Ml, 114 Mr, 116 Ml, 118 u, 122 M, 125 M, u, 126 uM, 129 uM, 130 M, 132 ul, 135 or, uM, 136 M, 137 M, ur, 140 Mr, 141 M, 142 M, 143 ur, 146 uM, 149 Ml, 164 Mr, 165 ur, 166 uM, 168 Ml, 169 M, 170 M, 177 uM, 180 ur, 181 M, 183 ur, 186 Ml, 198 uM, 199 Mr, 200 Ml, ul, 207 Mr, ur, 211 Mr, 212 Ml, 213 M, 216 M, ur, 220 M, 222 Mr, 227 u, 230 Mr, 235 M, 237 M, ur, 242 M, 245 M, Ml, 246 ur, 248 Ml, 250 ur, 251 M, 253 Ml, 256 or, 257 o, 265 uM, 267 u, 268 Ml, 269 ur, 270 M, ul, 271 o, or, Ml, ur, 274 or, 275 Ml, Mr, 277 or, 279 ur, uM, 280 oM, ur, 281 ur.

Martin Camm
77 ur.

Luciano Corbella
76 ur.

Brian Delf
15 u.

Peter Dennis
48 M, 83 M, 85 M, 143 M, 144 ur, 149 Mr, 155 M, 159 M, 160 ur, 165 Mr, 176 u, 178 M, 187 or, 217 u, 233 M, 237 M, 248 ur, 249 M, 251 ur.

Bill Donahoe
79 ol, 146 M, 253 oM, 260 u.

Richard Draper
30 u.

Michael Fisher
88 ur.

Eugene Fleury
47 Mr, 50 M, 51 M, 149 M, 151 ur, 152 uM, 154 or, 152 uM, 191 Mr, 194 ur, 280 M, 281 o.

Chris Forsey
29 u, 34 Ml, 63 Mr, 64 M, ul, 84 M, 110 M, 128 M, 152 ul, 182 M, 188 u, 197 ur, 263 M.

Adam Hook
229 Mr, 231 or.

Aziz Khan
Alle Positionskarten.

Kenneth Lily
33 ul, 58 or, 61 ur, 67 ul, 71 uM, 79 M, 109 uM, 132 M, 139 ur, 143 u, 173 ur, 197 ol, 209 oM, 238 oM, 254 uM, 258 or, 259 or, 265 ul, 266 M.

David More
102 Ml.

Peter Morter
152 M, 154 u, 188 M, 194 M, 195 or, 197 Mr, 199 or, Ml, Mr.

David Mure
102 M.

Sue Oldfield
26 Ml.

Richard Orr
40 M, 204 uM, 245 ur, 263 u.

Gill Platt
201 ul, 228 u, 264 o.

Catharine Slade
58 M, 104 Ml, 106 ur, 185 o, 211 Ml, 230 ul, 240 M.

Peter Visscher
24 M, 202 M.

Richard Ward
204 M, 255 or.

Debra Woodward
52 M.

DANKSAGUNGEN

Bei der Fertigstellung der englischen Originalausgabe waren folgende Personen unterstützend tätig:

Redaktion: Bernadette Crowley, Christiane Gunzi, Terry Martin

Grafik: Diane Clouting

Inhalts- und Ortsverzeichnis: Lynn Bresler

Fotos: Giselle Harvey

Dorling Kindersley möchte außerdem folgenden Personen und Organisationen für ihre Hilfe bei der Fertigstellung dieses Lexikons danken:

Action Aid; The Algerian Embassy, London; The Arab British Centre, London; The Argentinian Embassy, London; The Australian High Commission, London; The Australian Tourist Commission, London; BP Exploration, London; The Belgium Embassy, London; The Brazilian Embassy, London; Bridgestone Corporation, Belgien; British Airways Holidays, West Sussex; The British Consulate General, Rio de Janeiro; The British Embassy, Argentinien; The British Embassy, Philippinen; The British Museum Education Service, London; The Bulgarian Embassy, London; C. P. Rail System, Montreal, Kanada; Chamber of Mines of South Africa, Johannesburg, Südafrika; China National Tourist Administration, London; Coal World Magazine; The Coffee Museum, London; Cotton Council International, London; The Council for the Advancement of Arab-British Understanding, London; Cyprus Olive Products, Zypern; The Cyprus Tourist Board, London; The Danish Embassy, London; De Beers, London; The Embassy of Ecuador, London; The Embassy of Jordan, London; The Embassy of Mexico, London; The Embassy of the Republic of Estonia, London; The Embassy of the Republic of Yemen, London; The Embassy of the Syrian Arab Republic, London; Farmers Weekly; The Financial Times, London; The Finnish Embassy, London; The Football Association, London; Sir Norman Foster and Partners, London; Fyffes Group Ireland Ltd.; Joss Graham; I. Hennig and Co. Ltd., London; Hong Kong Government Office, London; The Indonesian Trade Center, London; Institute of Civil Engineers, London; International Cocoa Organization, London; International Coffee Organization, London; International Cotton Advisory Committee, Washington, DC; Israeli Government Tourist Board, London; The Jordan Information Bureau, London; Kew Gardens, London; Kibbutz Representatives, London; The Latvian Embassy, London; The Lithuanian Embassy, London; The Luxembourg Embassy, London; The Macao Tourist Information Bureau, London; The Malaysian Rubber Research and Development Board; Menelik Restaurant, London; The Ministry of Agriculture, Grenada; The Ministry of Tourism, Mexiko; The Moroccan Embassy, London; Moss and Co., Timber Importers, London; The Museum of Mankind, London; The National Cotton Council of America, Memphis, Tennessee; Neal Street East, London; Northern Territory House, London; The Royal Norwegian Embassy, London; Oxfam, Oxford; Pilsner Urquell, Tschechische Republik; Portuguese Trade and Tourism Office, London; The Queensland Tourist and Travel Corporation, London; Railway Gazette International; The Romanian Embassy, London; The School of African and Oriental Studies, University of London; Science Museum Library, London; The Swedish Embassy, London; The Swiss Embassy, London; The Taipeih Representative's Office, London; The Trade Delegation of the Russian Federation in the United Kingdom; The Tunisian Embassy, London; The Turkish Information Office, London; Marion Turnock; Joan Twelves; UNICEF, Kampala; United Nations High Commissioner for Refugees, London; Valley of the King's Restaurant, London; Wine and Spirit Education Trust, London.